中国电力工业志丛书

华北
电力工业志

中国科学技术出版社

图书在版编目(CIP)数据

华北电力工业志/华北电管局史志办公室编，—北京：中国科学技术出版社，1997.7

(中国电力工业志丛书)

ISBN 7-5046-2401-2

Ⅰ.北… Ⅱ.华… Ⅲ.电力工业-工业史-中国-华北地区 Ⅳ.F426.61

中国版本图书馆 CIP 数据核字(94)第 13059 号

中国科学技术出版社出版
北京市海淀区白石桥路 32 号　邮政编码:100081
中国科学院印刷厂印刷
787×1092 毫米　16 开　32 印张　40 插页　740 千字
1997 年 7 月第 1 版　1997 年 7 月第 1 次印刷
定价:100.00 元

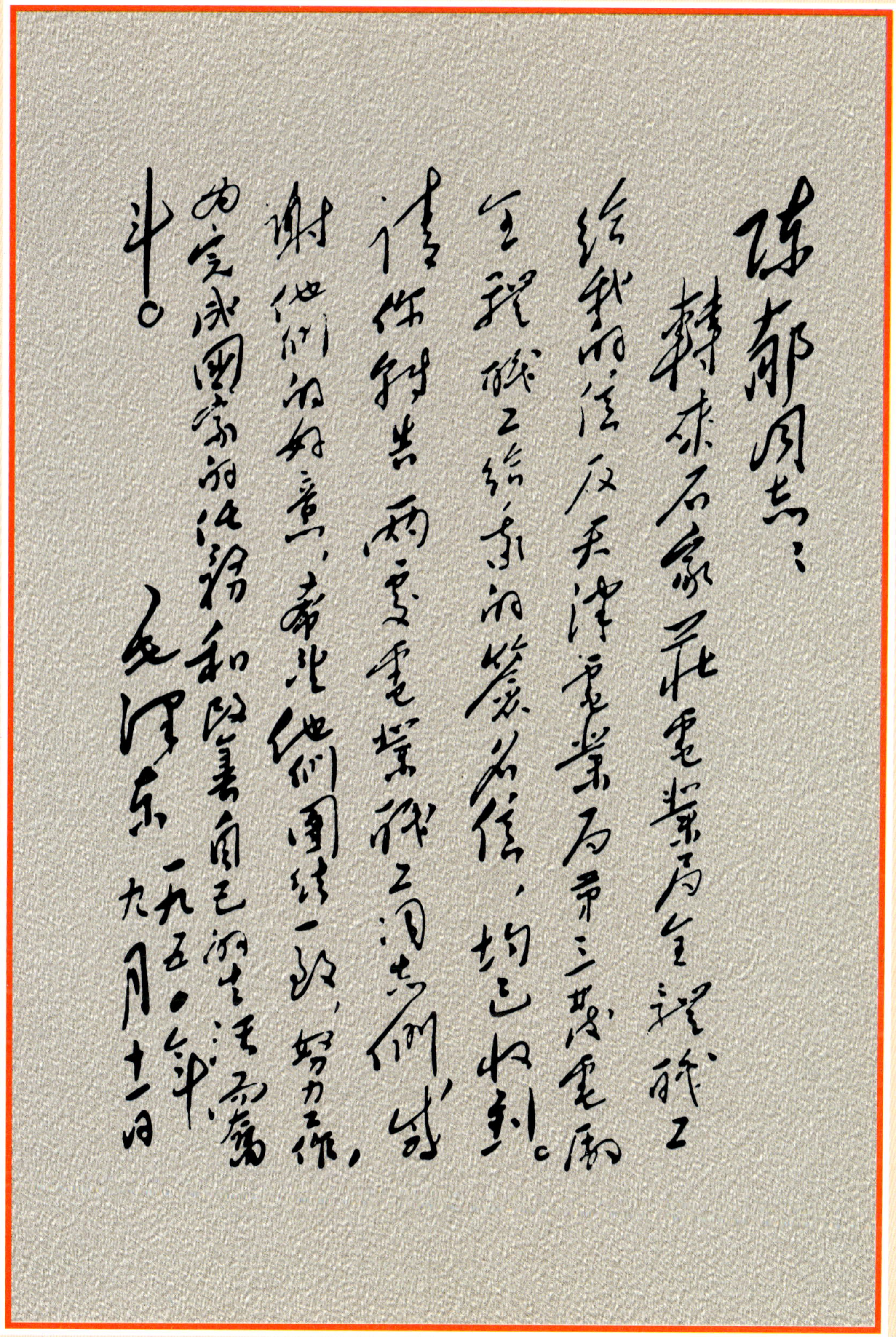

陈郁同志：

转来石家庄电业局全体职工给我的信及天津电业局第三发电厂全体职工给我的签名信，均已收到。请你转告两处电业职工同志们，谢谢他们的好意，希望他们团结一致，努力工作，为完成国家的任务和改善自己的生活而奋斗。

毛泽东

一九五〇年九月十一日

1950年9月，毛泽东主席给燃料工业部陈郁部长的信

华北电网地理接线示意图

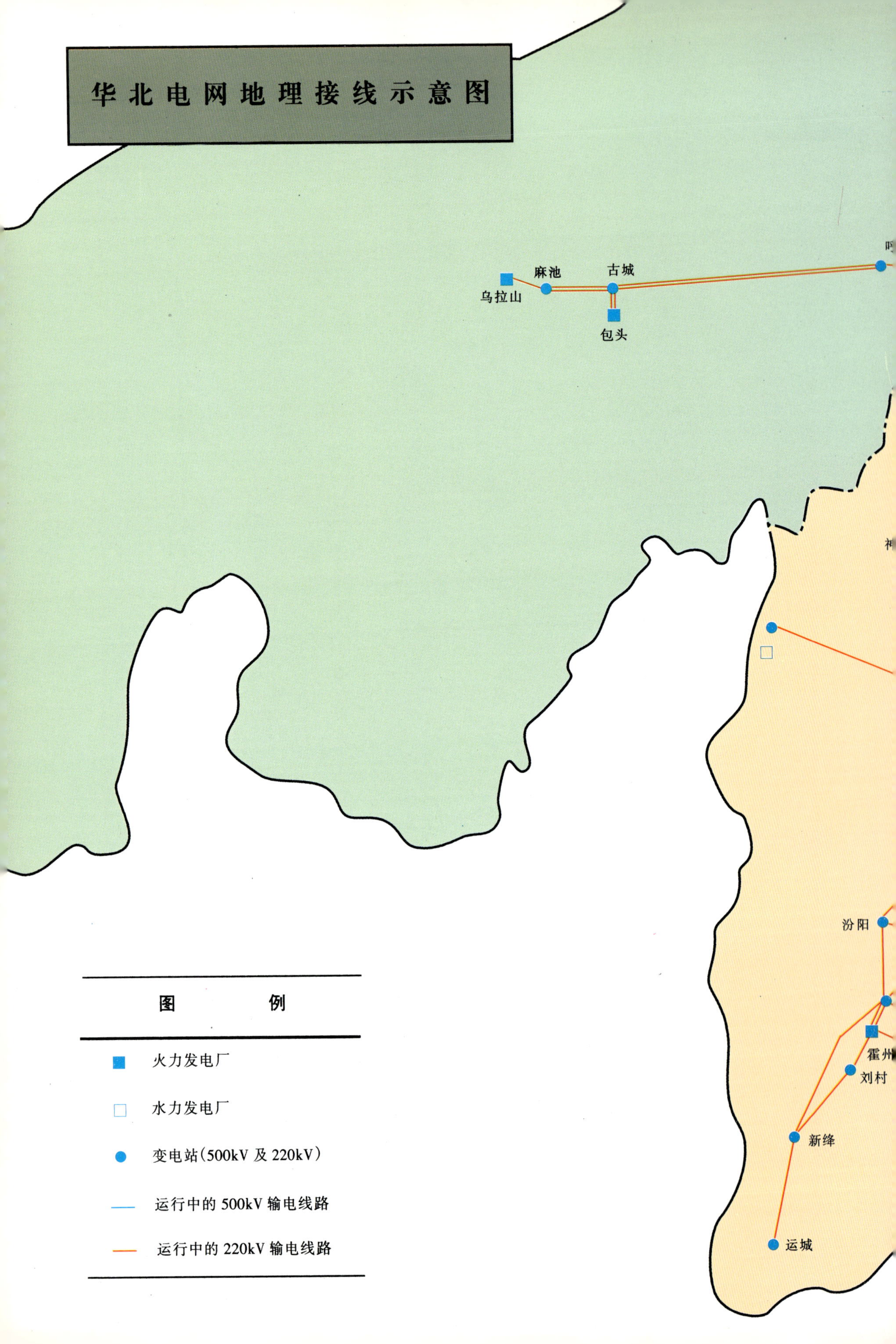

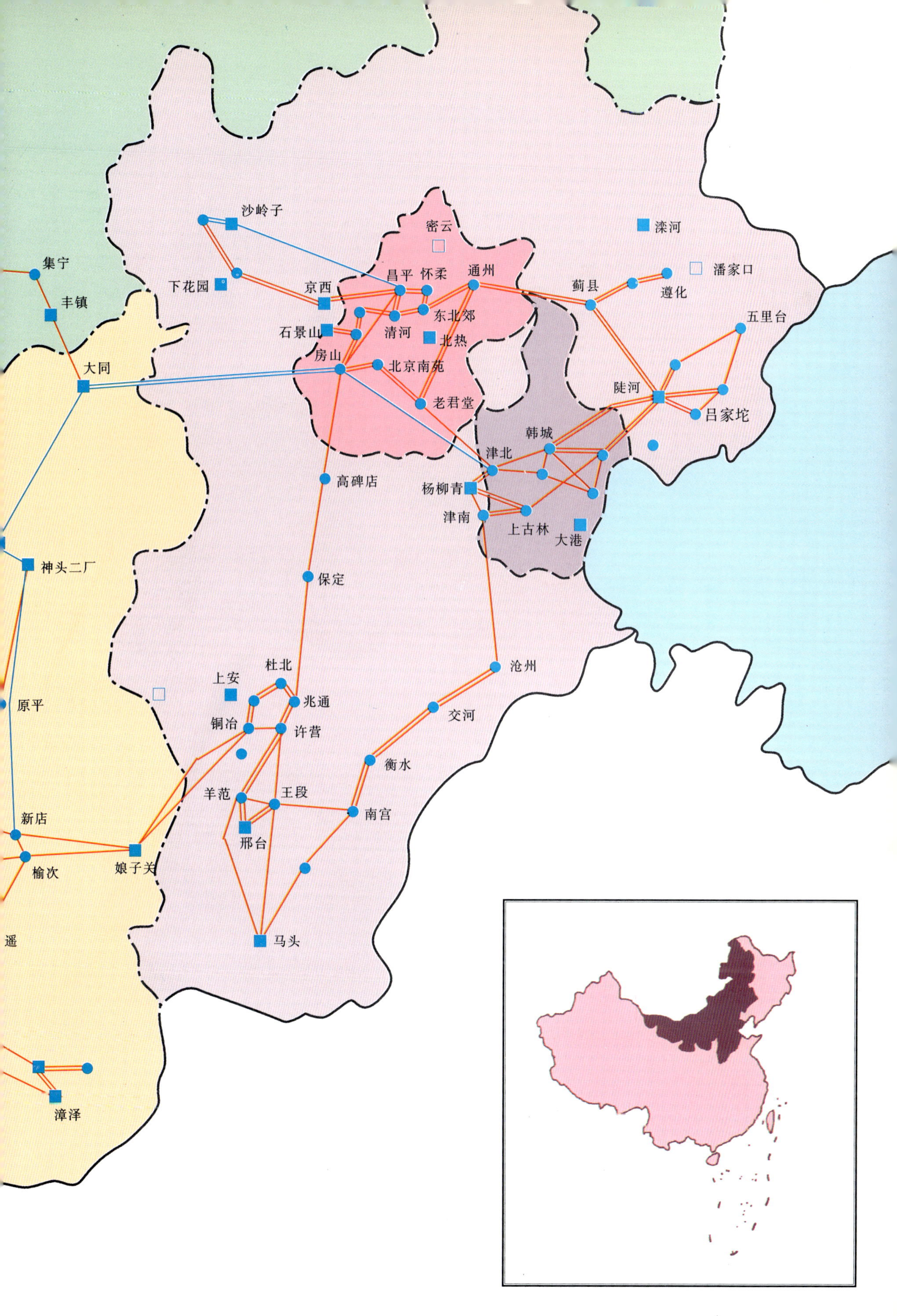
沙岭子
密云
滦河
集宁
昌平
怀柔
通州
潘家口
下花园
京西
蓟县
遵化
丰镇
东北郊
石景山
清河
北热
五里台
房山
北京南苑
大同
陡河
老君堂
吕家坨
韩城
津北
高碑店
杨柳青
津南
上古林
大港
神头二厂
保定
沧州
杜北
上安
兆通
原平
铜冶
许营
交河
衡水
羊范
王段
南宫
新店
邢台
娘子关
榆次
遥
马头
漳泽

1954 年 4 月,毛泽东主席视察官厅水库及水电站工地

毛泽东主席接见全国劳动模范刘德珍

1958 年 7 月，刘少奇委员长参观天津市技术革新展览会电力馆

1958 年，周恩来总理视察密云水库及水电站

1959 年 11 月 2 日,朱德委员长视察北京热电厂

1957 年春,邓小平总书记视察山西省洪洞县明姜水电站

1990年1月，江泽民总书记视察神头第一发电厂

1988年6月，李鹏总理视察建设中的华能上安电厂

1986 年 6 月，乔石视察唐山陡河发电厂

1989 年 8 月，李瑞环视察大同第二发电厂

1984 年 7 月，万里副委员长为大同第二发电厂向北京送电剪彩

50 年代，刘澜波部长视察石景山发电厂

钱正瑛部长为房山500千伏变电站剪彩

1989年4月，
黄毅诚部长视察大港发电厂

史大桢部长视察神头第二发电厂

1993 年 10 月，焦亿安局长陪同赵希正副部长、张绍贤理事长参观国际电力设备及技术展览会

《华北电力工业志》评审会代表合影

初·创·时·期

1906 年 11 月 25 日,华商电灯股份有限公司首台发电机建成发电

1908 年太原电灯公司烟囱旧址

1906 年英商在天津兴建的电灯房旧址

1930 年投产的包头电面公司旧址

1948 年 1 月兴建被誉为“边区创举”的河北省沕沕水水电站

30年代北京石景山发电厂鸟瞰

1946年太岳军区(阳城县)15马力(11.19千瓦)汽油发电机房旧址

"刘伯承电厂"汽机房旧址

"刘伯承电厂"350千瓦发电机

建设中的北京石景山热电厂

工程技术人员精心检查待装50万千瓦发电机静子

河北西柏坡电厂30万千瓦机组吊装锅炉汽包

山西省电力工业局领导
深入施工现场办公

1986 年，河北省政府领导为华能上安电厂奠基

建设中的内蒙丰镇发电厂

神头—大同
500 千伏输电线路联网调试

施工中的天津蓟县发电厂组合场

内蒙古包头第一热电厂烟囱施工

组立输电线路铁塔

输电线路调试

水冷壁安装

气球牵引跨江放线

现场设计

安装汽轮机转子

现场勘测

工程技术人员研究设计方案

华北电力设计院计算机房

全国电力劳动模范张务琪抱病坚持翻译外文资料

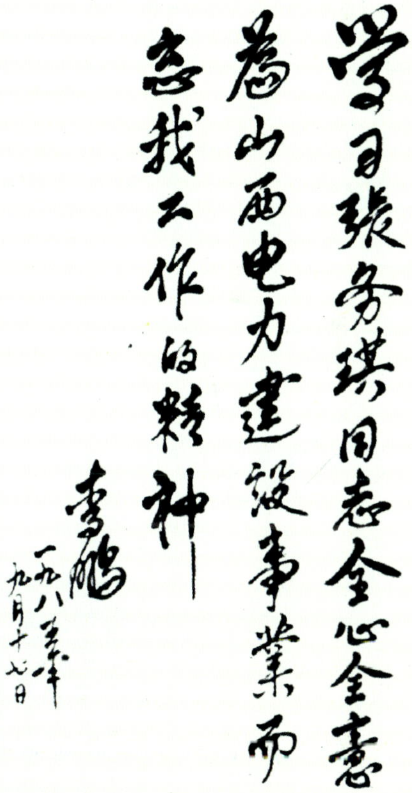

李鹏题词号召向张务琪学习

太原第一热电厂

石家庄热电厂

北京第一热电厂

天津第一热电厂

包头第一热电厂

火·力·发·电

高井发电厂全景

军粮城发电厂

杨柳青发电厂

邢台发电厂鸟瞰

马头发电厂

火·力·发·电

神头第一发电厂外景

元宝山发电厂

大港发电厂

漳泽发电厂

大同第二发

官厅水电站

岗南水电站

天桥水电厂全貌

潘家口水电厂

水·电 风·电

密云水电站机房

朱日和风力发电场

牧区夜色

八达岭风力试验发电站

华北电网调度微波塔

山西省电力调度中心

河北省电力调度大楼

内蒙古电力调度大厦

天津电力调度中心

呼和浩特—丰镇—大同 220 千伏输电线路

1955 年建成的
华北第一条 110 千伏官厅—北京输电线路

呼和浩特—包头
220 千伏输电线路

塔群

邢台王段—衡水 220 千伏输电线路

500 千伏输电线路跨越古长城

昌平 500 千伏变电站

乌拉山发电厂升压站高压出线

元宝山—锦州
500 千伏输电线路

在 500 千伏
超高压输电线路上带电作业

沙岭子—昌平 500 千伏输电线路

在 220 千伏输电线路上作业

山西夏县开辟的电价公布栏

城市配电设备检修

用电咨询

内蒙古自治区首府——呼和浩特夜景

计算机辅助制图

长间隙放电试验

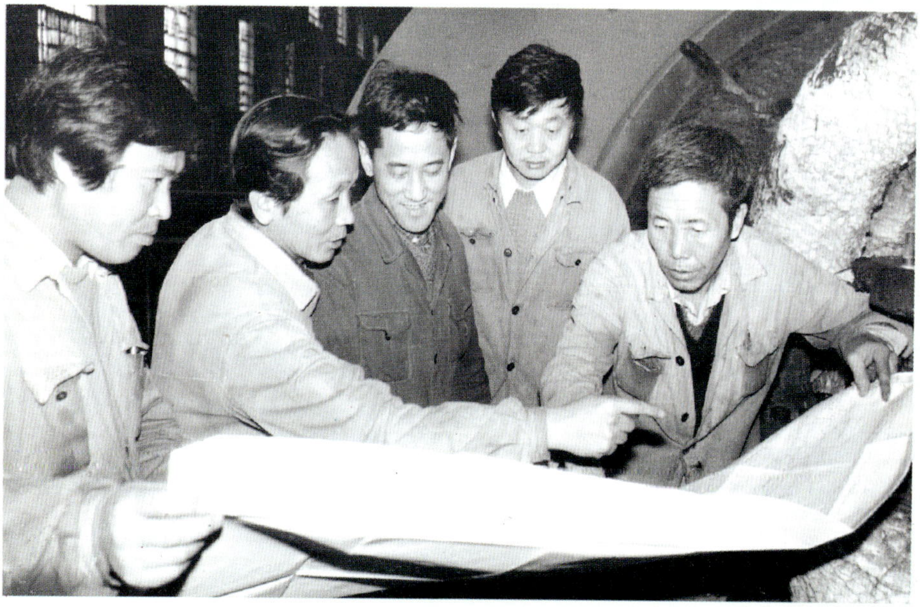

研究技改方案

太原电力专科学校 50 万千瓦机组仿真系统

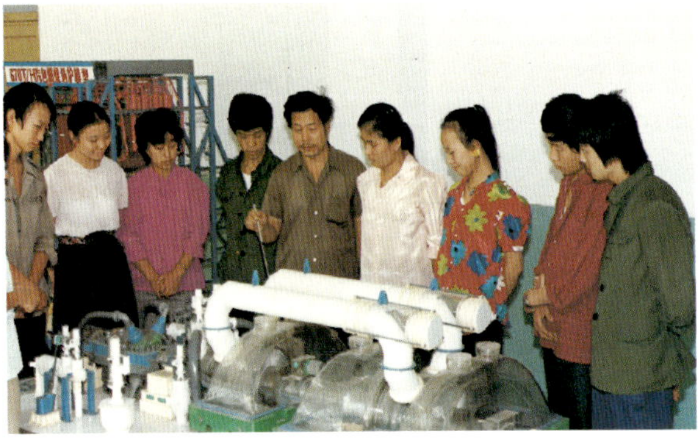

中专学生在上专业课

内蒙古电力学校

在知识的海洋中寻觅

制造凝结器胶球清洗装置

水处理成套设备成品

检修汽轮机转子

胜利之声文艺汇演

赛场上角逐

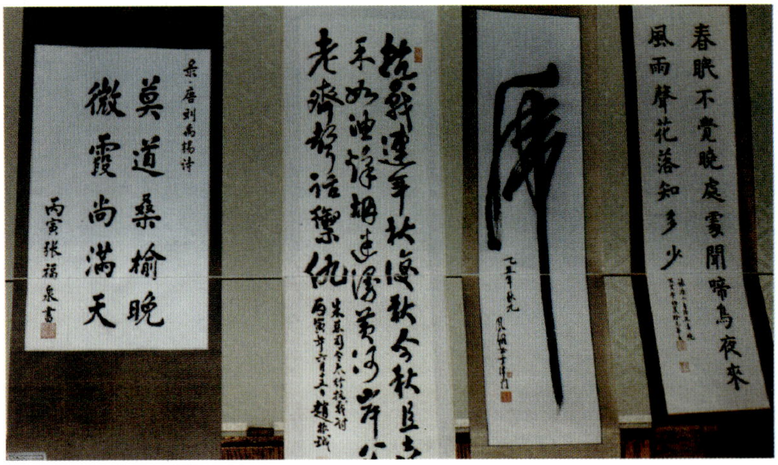

离退休职工书法展

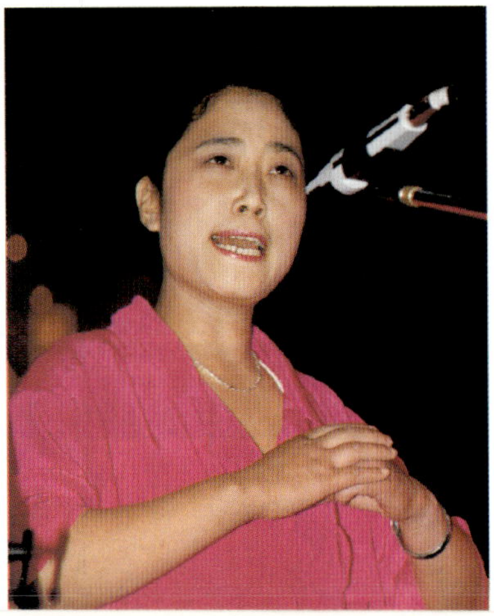

全国十大名票之一——韩淑玲

《华北电力工业志》编纂委员会

主 任 委 员 焦亿安
常务副主任委员 谷永良
副 主 任 委 员 王宏超 李振生 寇士清 臧其臣 刘安琪
罗 挺 周名立
编 委 (按姓氏笔画排列)
于洪基 孔令礼 王宏超 卢晓山 刘安琪
刘金玉 阎建民 孙续华 谷永良 杨 济
李振生 罗 挺 周名立 张沛新 赵建国
高振型 寇士清 黄鹏良 焦亿安 臧其臣

华北电业管理局史志办公室

主 任 张沛新
成 员 李 伟 刘玉琨

《华北电力工业志》编纂人员

主 编 王宏超(兼)
常务副主编 孙续华 张沛新
副 主 编 李忠志 刘玉琨
编 辑 人 员 李 伟 王官箴 沈洪观 刘业忠
参加编纂人员 (按姓氏笔画排列)
孔令礼 朱永乐 刘礼贤 李本智 李学颙
李常熺 李 敏 汪树勋 张 琪 周玉明
高振型 戴宗宝

总　　序

中国的电力工业，从1882年在上海南京路第一次装机发电以来，至今已有一百余年的历史了。在这百余年中，电力工业几经兴衰起落，不断发展壮大，对中国社会生产力的发展，促进社会的进步起了很大的作用。

在百余年的中国电业发展史中，新中国的建立是中国电力工业迅速兴起的里程碑。在新中国建立以前的60多年里，电力工业的发展极其缓慢，技术装备也十分落后，到1949年底全国发电装机容量为185万千瓦，年发电量仅43亿千瓦时，在世界各国分别被排列在第21位和第25位。新中国建立以后，经过40余年的努力，电力工业得到了迅速发展，到1990年底，全国发电装机容量达到13500万千瓦，年发电量为6180亿千瓦时，跃居世界各国的第4位。电力事业兴旺发达，成绩辉煌。

旧中国的电业史，是一部被列强掠夺、饱受战争创伤的辛酸史。从过去的文献档案上，虽然可以查到一些片断的史料记载，但没有一部系统记录旧中国电业的史书或志书。

新中国的电业史，是一部艰苦奋斗、欣欣向荣的社会主义创业史。自1949年以来，虽然历史文献很丰富，也有一些专门论述新中国电业史的著作，但没有一部系统记叙电力事业发展的专业志书。

中国电力工业一百余年的历史，凝聚着广大电业工作者的智慧和奉献，渗透了他们的血汗，业绩昭昭，不可泯没。为了更深入、全面地理解电力行业艰苦奋斗的历程，以求在当前与未来的发展与改革事业中得到更多的启迪，我们有责任把中国电力工业的创建与发展，把各个时期的经验与教训，如实地记录下来，永载史册，以使后人“前有所稽，后有所鉴”，有益当代，惠及子孙，起到“资治、教化、存史”的作用。

盛世修志。中共十一届三中全会以来的大好形势，给我们创造了编纂电力工业志的良好条件。从1984年以来，我们成立了中国电业史志编委会，领导编史修志工作。各网、省（直辖市、自治区）电力局也成立了相应组织，在配合部和地方编纂《当代中国》丛书的同时，相继开始编纂各自的电力工业志。为了推动和组织这一工作，自1986年起，我们每年召开一次全国性的电业修志工作会议。各次会议的主要议题，基本上是结合各网、省（直辖市、自治区）电力局编纂电力工业志的实际，探讨并明确了修志中的有关问题，推动了修志工作的进程。通过历次会议的学习、交流与研讨，在各级领导的关怀和支持下，各修志人员经过不懈的努力，从编拟提纲到收集资料、检索档案、反复考证，用新的观念和新的方法，融资料性、思想性、科学性、指导性为一体，经过精心编纂，一部部新的电力工业志陆续付梓，终于与广大读者见面了。

编纂电力工业志是一项前所未有的工作，它是以马克思主义、毛泽东思想为指导，以辩证唯物主义和历史唯物主义为准则，来记叙电力专业的史实。它是为电力行业立言、存史的。它不同于旧的地方志，而是一项新的专业志。电力工业志力求资料真实，重点突出，繁简得当，皆有备述，能符合时代的要求。但电力工业志毕竟是史志类书开辟的一个新领域，有许多问题还需要不断地探索、研究和创新。这一次的编纂工作仅仅是一个开端，不当之处在所难免。随着社会生产力和四个现代化建设的不断发展，电力工业的历史还将继续发展下去，电力工业志的编纂工作也将延续，并将越来越完善。我们相信电力工业志将会受到广大读者的欢迎，并希望它能对中国电力工业的发展，以及史志学的发展作出应有的贡献。

中国电业史志编委会

1991年10月

序　　言

政通人和，盛世修志。第一部《华北电力工业志》(1888～1990年)已付梓出版。它的问世，真实地再现了百余年华北电业的发展历程，记述了广大电业职工的智慧和奉献。在这里，我向几经寒暑，为这部志书的编纂工作付出辛勤劳动的编纂委员会和全体修志人员致以衷心的谢意。

从1888年华北地区首台机组发电，到1990年的103年间，历经了清朝末期、中华民国时期和中华人民共和国成立以来的时期。在旧中国的61年中，由于帝国主义、封建主义和官僚资本主义的压迫，以及连绵不断的战火、频繁的灾祸、萧条的经济，使华北电业发展缓慢，步履艰难。1949年，华北地区发电装机容量仅有32.99万千瓦，年发电量7.5亿千瓦时；77千伏输电线路350.1公里。新中国建立后，优越的社会主义制度给电力工业这个“光明的事业”带来了勃勃生机。华北电业广大职工以主人翁的英雄气概，奋发拼搏，知难而进，加快了电力工业的发展，尤其在中共十一届三中全会后，乘着改革开放的东风，展翅腾飞，取得了令人瞩目的成就，为发展华北地区的经济，改善人民的生活，做出了重要贡献。到1990年，华北地区的发电装机容量、发电量已分别达到2071.79万千瓦和912.29亿千瓦时，是1949年的62.8倍和121.6倍；110千伏以上输电线路已达29816公里。华北电网已发展成为以500千伏输电线路为网架，以220千伏输电线路为主体的现代化大型电网，逐步形成了电力勘测设计、施工、发电、供电、用电、调度、修造、科技、教育、多种经营、企业管理等门类齐全的电力工业系统。

在百余年的历史长河中，华北电业在前进中有成功的经验，也有失误的教训。第一部《华北电力工业志》(1888～1990年)，本着实事求是的精神，比较系统地记述了华北电业发展的全貌，揭示了华北电业在发展中的兴衰起伏，展现了华北电业的特点及其在国民经济发展中的地位和作用。这些成就的取得，凝结着几代电业职工的辛勤劳动和无私奉献，他们通过长期的职业实践总结的经验和教训，将使后人“前有所稽，后有所鉴”，扬长避短，发挥优势，以加快发展华北电力工业的步伐。这部志书，也将有利于各级领导总结历史经验，为今后华北电力工业的发展，作出正确的决策，同时将激励华北电力系统广大职工继承和发扬电业优良传统，为华北电力工业的腾飞再立新功。第一部《华北电力工业志》的出版，必将对服务当代，惠及后世，起到资政、教化、存史”的作用。

回忆过去，成绩巨大，道路曲折；展望未来，任重道远，前程似锦。华北地区的经济发展和社会进步，要求电力工业要加快发展步伐，再立新功。我们要以史为鉴，再接再励，团结奋进，在改革开放和社会主义现代化建设中，谱写出更加绚丽的篇章，为华北地区提供优质、可靠的电能，再创华北电网的辉煌。

1997年1月

凡　　例

一、指导思想。以马列主义、毛泽东思想为指导，以《关于建国以来党的若干历史问题决议》和中共十一届三中全会以来的各项方针、政策为准则，运用辩证唯物主义和历史唯物主义观点，重点记述华北地区电力工业的形成和发展，兼述生产关系及管理体制的变革，力求所记述的事实达到思想性、科学性、资料性的统一。

二、断限。本志记述华北电力工业百余年历史，上限起于1888年，下限断至1990年。

三、体例。采取横排篇目，竖记历史，纵横交叉，以横为主；史志结合，以志为主。力争做到横不缺项，纵不断线。全书由志、记、传、图、表、录组成，图表分设于卷首和各篇之中，以求文、图并茂。本志采用语体文，记述体，概述、大事记采用编年体兼记事本末体。文字力求严谨朴实，简明通俗，叙而不议，寓褒贬于叙事之中。

四、资料。遵循详今略远的原则，对新中国建立前的资料，经华北电力系统各级修志人员的鉴别、筛选，达到去粗取精，去伪存真，理清脉络，记入志中；对新中国建立后，尤其对中共十一届三中全会后的史实，进行了较详细的记述。

五、编次。本志设篇、章、节、目四个层次，少数章节下设子目或以黑体字标明，力求达到层次分明，结构合理，分类清楚，归属得当。

六、政治运动。本志遵照“宜粗不宜细，宜略不宜详”的原则，不设专章记述，仅记入到“大事记”及有关篇章中。

七、行文规范。有关称谓、数字、纪年、计量单位及引文的书写方式，均根据中国电业史志编委会“关于编写电力工业志行文规定与格式的若干统一要求”编纂。

八、本志对1949年10月1日中华人民共和国成立前，简称“新中国建立前”，以后简称“新中国建立后”；文化大革命称“文革”；其他简称在本志中第一次出现时加注。

目　录

第四篇　电网调度

第五篇　用　　电

第六篇　农　　电

第七篇　科技与教育

概　　述

华北地区(简称华北)位于中国北方,纵横含括北京市、天津市、河北省、山西省、内蒙古自治区。全区面积146.78万平方公里,人口有1.296亿,分别占全国陆地面积和总人口的15.29%和11.49%。华北东临渤海,西拥太行和吕梁山脉,东南居华北大平原,北处内蒙古千里草原,资源丰富,交通方便;东北部与东北重工业基地相连,西部与大西北广袤的能源基地为邻,南接物产丰富经济较发达的华中地区和山东省。华北是中国社会主义现代化建设的重要战略要地。

北京市是世界名城,是具有千年历史的古都。北京是中华人民共和国的首都,是全中国的政治、经济、交通和科学文化的中心,与国际交往的中心,也是中国具有较高水平的综合性产业城市。天津市是首都的门户,史称"津门",是中国北方的海陆交通枢纽和海洋化工、轻工、纺织等综合性工业基地。河北省、山西省和内蒙古自治区是中国的煤炭、钢铁基地,机械制造、轻工、纺织和农牧业也很发达。华北电力工业的发展,以保证首都政治用电需要为特殊使命,以满足全区的经济发展、社会进步和提高人民物质和文化生活水平的用电需求为宗旨。

华北的煤炭储量丰富,且埋藏浅、发热量高、灰份低。到1990年,已探明的储量为4712.61亿吨,当年产量为3.923亿吨,占全国煤炭总产量的37.3%。其中,山西省的煤炭储量和年产量居全国的首位,内蒙古自治区和河北省的煤炭储量也居全国的前列。河北省中部、东部的石油和天然气的储量很丰富,到1990年已探明为16.94亿吨。内蒙古天然草原的风能资源居全国之首,且具有风速稳、持续时间长的特点。这些都是华北发展火力和风力发电的良好资源条件。华北地处黄河和海河水系,受季节性降雨量影响大,各地降雨量悬殊,属少水地区。水力发电资源蕴藏量为1203万千瓦,仅占全国水电蕴藏总量的1.8%。缺水是制约电力建设的重要自然因素之一。华北的动能资源呈"西煤东油"和"西风东气"分布,这为在各大中城市负荷中心建设路口、港口电厂和在山西、内蒙古建设火电基地,构成以火电为主"西电东送"的电力发展战略奠定了资源基础,是建设跨省(市、自治区)的大型电网,实现电力、电量互济,优势互补,共兴华北电力工业的得天独厚的条件。

华北电力工业,从清光绪十四年(1888年)在天津和北京的第一台发电机组先后发电以来,到1990年已经历了103个春秋。百余年来,华北电力工业几经兴衰起伏,不断发展壮大,对推动全华北社会生产力的发展,促进社会的文明与进步起了重要的作用。

在半封建、半殖民地的旧中国,华北电力工业从外商和宫廷办电起步,先后承受着清皇朝腐败没落,日本帝国主义侵略,列强掠夺、欺凌和战争创伤的辛酸,步履艰难,蹒跚前进。

旧中国,华北电力工业经过61年的苦苦挣扎,全区发电装机容量才32.9908万千瓦,年发电量7.5016亿千瓦时,输电线路总长仅1176.4公里。1949年10月1日,中华人民共和国(简称新中国)诞生后,华北电力工业在中国共产党和人民政府的领导下,发生了巨变,扫除了旧中国衰败凋零、气息奄奄的颓唐景象,得到了日新月异的发展,创造了辉煌的业绩。到1990年底,华北电力工业有发电装机总容量2071.79万千瓦,为1949年32.9908万千瓦的62.8倍。其中华北电网直属发电厂63座,发电机组265台,发电装机容量1575.17万千瓦;有110~500千伏输电线路1190条,总长2.9816万公里;110~500千伏变电站636座,变电设备总容量4430万千伏安。1990年全区发电量912.29亿千瓦时,为1949年的121.6倍,年售电量840.6209亿千瓦时。

1990年拥有固定资产原值233.2亿元,净值161.6亿元,销售收入90.3153亿元,销售税金17.2242亿元,销售利润7.2533亿元;职工22.8万人,是全国五大跨省电网之一。

华北电力工业发展至今,经历了几代人的艰苦创业和无私奉献,凝聚着华北电业职工的智慧和汗水,其业绩昭昭,功不可没。在华北电力工业发展壮大的历程中,一直得到中国共产党和各级人民政府的领导和支持,受到老一辈无产阶级革命家的高度重视和亲切关怀。1950年,毛泽东主席亲笔复信,慰勉石家庄电业局和天津第三发电厂全体职工,使华北广大电业职工受到鼓舞和鞭策。1973年,周恩来总理亲切接见北京电力工业局负责人张桂楠,对切实保证首都用电作了指示,要求"把首都电网建设成安全稳定的电网"。刘少奇、朱德、邓小平及江泽民、李鹏等领导人,曾先后亲临华北各地视察电力企业,成为推动和指导华北电力工业不断发展的巨大动力。

华北电力工业百余年的发展,大致分为以下几个历史阶段:

一、1888~1949年的61年中,由低温低压的小型发电机组和枝状供电起步,向中温中压发电机组和33千伏、77千伏电网发展,形成了平津唐跨省市电网。

1888年夏季,天津德商世昌洋行在伦敦路(今泰安道)维多利亚公园前开办的绒毛加工厂安装了直流发电机组,供厂内照明用电;同年12月,清政府工部为修葺北京西苑(今中南海),在仪銮殿(今怀仁堂)西墙外安装容量为20马力(约15千瓦)的发电机1台,成立西苑电灯公所,供清宫廷照明用电。这是华北使用电能的开端。嗣后,1890年清宫廷在颐和园安装1台20马力(约15千瓦)直流发电机组,成立颐和园电灯公所,供园内照明用电。1894年在河北北宁铁路矿山工厂内安装1台40千瓦直流发电机组。1900年,帝国主义列强组成"八国联军"侵入北京,帝国主义侵略者把刚刚兴建的西苑及颐和园两座电灯公所的发电机器和电灯设施全部毁坏。1903年,俄商在满洲里开办1座40千瓦的电灯厂。1905年,为抵制帝国主义列强侵华势力,发展民族工商业,捍卫国家发展权利,由清政府记名御史、刑部员外郎史履晋(康候)、御史蒋式瑆(性甫)、候补同知冯恕(公度)3人发起,在国人中筹集白银20万两,创办京师华商电灯股份有限公司,在北京前门西城根(今北京供电局址)兴建发电厂,安装两台200马力(约149.2千瓦)蒸汽引擎,带动2台150千瓦交流发电机组,于1906年11月25日建成发电,开始向社会供电营业。这是华北建设的第一座公用发电厂。该厂后经三次扩建,装机7台,总容量为3035千瓦,其中2台1000千瓦发电机组,为华北首次出现的低温低压汽轮发电机组。1904年,比商在天津创办电车电灯股份公司,在金家窑建成电灯房，安装2台1500千瓦的汽轮发电机组。1906年，河北开平矿务有限公司建成唐山煤矿电厂，安装3台容量为1040千瓦的发电机组。1907年，山西大学堂安装发电机供照明用电。1908年，曾任山西商会会长的刘笃敬创办太原电灯公司，安装1台容量为60千瓦的直流发电机组。至此，华北两市、两省、一区，均已开始使用当代人类文明先进的电力能源。

1915年，由民族资本家在张家口筹建华北电灯股份有限公司，1917年建成北菜园发电厂，安装98千瓦发电机1台。1919年8月，京师华商电灯公司在北京西郊新建石景山发电分厂，安装2000千瓦汽轮发电机组1台，于1921年10月建成发电。1922年，内蒙古由“大盛魁”商行在归绥（今呼和浩特市）建起1台62千瓦发电机。到1937年抗日战争前夕，华北各地相继开办了一批公用电厂及自备电厂，北京已建成发电厂18座，装机50台，容量为4.4672万千瓦；天津已建成发电厂3座，装机12台，容量为4.084万千瓦；河北已建成发电厂26座，容量为5.8万千瓦；山西已建成发电厂29座，容量为3.4万千瓦；内蒙古已建成发电厂9座，容量为1.4045万千瓦。

华北电力工业随着发电设施陆续在各地出现，电力用户和用电负荷的增加，开始了供电设施的建设。自1902年起，驻天津的法国、比利时、日本、德国商人，相继在租界地区建立4座发电所及各自独立、封闭的区域性供电线路。1906年，京师华商电灯股份有限公司开始供电营业后，在京城的前门、东城、西城等商业繁华地带建设了5.2千伏的变电站和供电线路，是华北输配电网络建设的开端。1919年，由于唐山电源建设的发展和开滦煤矿区用电负荷的增长，在唐山、林西、马家沟、赵各庄先后建成30千伏自备供电网。1919年，山西在阳泉，1922年内蒙古在归绥也相继建成了枝状供电线路。1922年2月，北京建成了石景山发电分厂至前门的华北第一条33千伏输电线路和华北首座33千伏前门变电站，向京城送电。至此，华北电力工业由只供宫廷、官府衙门、外国买办洋行用电，逐步扩展为供民族工商业和市民用电，揭开了电力公用事业服务功能的篇章。

1937年“七七事变”后，侵华日军野蛮占领北平和华北全境，强行接管华北电力事业，成立“兴中公司”，作为控制华北电力事业的组织。1940年2月，“兴中公司”和“东亚电力”逼购原京师华商电灯股份有限公司的股票，成立“北京电业公司”，将石景山发电分厂改称“北京发电所”，解散华商电灯公司董事会，停止前门西城根发电厂发电。在这一时期内，还对华北各地的电力事业以军管、委托经营、“中日”合办、租赁收买等方式强行侵吞。刚刚兴起的华北电力工业，在日本侵略者的占领、掠夺和法西斯控制下，变为其扩大侵华战争和殖民统治的工具。1937～1944年，侵华日军在华北的部分工业基地和战略城市又相继扩建、新建了一些发电厂和输变电设施。计有：天津特一区发电所（今天津第一发电厂），容量为2台3万千瓦；河北的下花园发电一所、二所、三所，共装7台机，总容量为1.8万千瓦；石家庄北道岔发电所，容量为2000千瓦；唐山发电所，共装2台机，容量为2.5万千瓦；微水发电所和峰峰发电所，容量各为5000千瓦；承德双塔山发电所，容量为6000千瓦。山西的太原、大同、临汾、长治、运城等地兴建电厂13座，装机27台，总容量为4.96万千瓦。内蒙古的乌兰浩特、扎兰屯、扎赉诺尔、丰镇、集宁、萨县等地兴建电厂7座，装机13台，总容量为6945千瓦。

1942年3月，北平南苑77千伏变电站及北平至天津77千伏输电线路建成，天津第一发电所与“北京发电所”联网运行，平津间开始相互送受电力、电量，出现了平津电网。1944年

11月，唐山至天津77千伏输电线路建成，唐山发电所与平津电网联网运行，全长337.1公里。使华北倚临渤海的北平、天津、唐山三个城市的输电网络连成一体。至此，初步形成平津唐77千伏输电电网。这是华北首次出现的跨省、市电网。在此期间，平津市区还建设了22千伏的输变电设施，石家庄、太原、包头等城市建设了33千伏输变电设施，为发展区域电网奠定了基础。

1945年8月15日，中国人民抗日战争胜利，日本侵略军投降。

1946年3月，国民党政府资源委员会在北平成立冀北电力股份有限公司，管理平、津、唐电网和北平、天津、河北北部（简称冀北）的电力企业。华北其他各地的电力事业也相继由国民党政府派员接管。从此，华北电力工业又开始为中华民族的社会与经济发展服务。

1946年8月，北平发电所（今石景山发电厂）于1944年动工兴建容量为2.5万千瓦的6号机组竣工发电，是当时华北单机容量最大的中温中压汽轮发电机组。

这一时期，由于国民党政府热衷于发动内战，致使华北电力工业的部分发供电设施毁于战火，勉强运行的设备也因战乱无法维修，事故多，消耗高，发电出力低，线路损失大，电力企业经营每况愈下。与此同时，在华北已解放的地区，根据中共中央关于“建立巩固的华北革命根据地”的指示，发展生产，支援人民解放战争的胜利，建设了一些发供电设施。

岁月沧桑，物换星移。1948年秋，中国人民解放军在取得了“辽沈战役”的伟大胜利之后，迅速完成了“平津战役”的准备工作。当年11月，解放了保定、承德、秦皇岛，1949年1月15日解放天津，1月31日和平解放北平，4月24日解放太原，9月华北全境解放。至此，华北电力工业全部回到中国人民手中，得到了新生。1949年末，华北发电装机容量32.9908万千瓦，年发电量7.45亿千瓦时，年售电量5.0519亿千瓦时；输电线路总长1176.41公里，其中77千伏送电线路2条350.1公里，22～35千伏输电线路839.31公里；变电设备容量16.76万千伏安，其中77千伏5.65万千伏安。这就是旧中国留给华北电力工业的家底。

二、1949～1957年，是恢复生产、实行第一个五年计划（简称“一五”计划），发电设施由建设中温、中压机组向兴建高温、高压机组发展，供电网络开始进行110千伏电网建设的时期。

1949年10月1日中华人民共和国建立，华北电力工业在中国共产党和人民政府的领导下，得到了快速发展，取得了巨大成就。华北电力战线的广大职工，以主人翁的英雄气概，自1950～1952年的3年中，开展了全面的恢复性设备大修，全力搞好安全生产。到1952年，大部分发供电设备达到了铭牌出力，消耗指标开始下降，开始了正常供电营业。在此期间，先后共检修、拆迁安装汽轮机35台，锅炉82台，并修复了相应的输变电设备。由于电力生产的迅速恢复，为华北电力工业的发展打下了基础。

自1953年开始的国民经济和社会发展的“一五”计划为起点，拉开了建设新华北电力工业的宏伟序幕。“一五”计划期间，华北是国家经济建设的重点地区，为适应新工业地区建设的需要，国家将这一时期的156项重点工程项目中的6项电力建设工程安排在华北。在实施中以火电建设为主，并开始兴建热电厂，同时利用现有的资源条件进行水电站建设。

天津第一发电厂一期扩建工程于1953年6月21日开工，安装1台2.5万千瓦汽轮发电机，1954年4月投产发电。1953年开始兴建的太原第一热电厂工程，是华北第一座大容量的火电建设工程，发电装机总容量4.9万千瓦。同年，开始建设由中国自己设计、制造、施工、安装的华北第一座装机总容量3万千瓦的官厅水电站。1955年动工兴建石家庄热电厂，一期工程安装2台1.2万千瓦机组，1956年年底竣工发电。1956年开始建设包头第二热电厂，一期工程安装2台2.5万千瓦机组，1958年11月并网投入运行。这期间，在北京、天津、河北、山西和内蒙古新建、扩建了中温中压机组13台，发电装机总容量29.925万千瓦。随着各地发电设备的投入运行，陆续进行了邯峰安（邯郸、峰峰、安阳）、晋中（太原、榆次、阳泉）、呼包（呼和浩特、包头）的110千伏供电网络建设。1954年11月首先建成了北京南苑至天津白庙的华北地区第一条110千伏输电线路。翌年，建成了官厅—北京东北郊变电站的110千伏官京线及下花园电厂—官厅的110千伏下官线，河北省的张家口地区并入京津唐电网。1957年110千伏邯峰安电网和110千伏晋中电网相继建成。到1957年，华北建成发电装机容量35.322万千瓦，年均增长13.44%，变电设备容量17.7万千伏安，110千伏输电线路880.3公里，开创了华北电力建设的新纪元。

三、1958～1969年，是进行大规模发供电设施建设，发电机组由中温中压向高温高压转化，完善110千伏输电网络的时期。

“二五”计划期间，根据电力主管部制定的技术政策，华北电力建设采取了有力的措施：发扬电业职工自力更生、艰苦奋斗的精神，发展电力系统，加强电网建设，改变依靠孤立电厂供电的状况；继续兴建热电厂，实现热电联产；发展高温高压火电厂，增加发电能力，使华北电力工业的发展由建设中温中压机组向建设高温高压机组转化。1958年起，一批高温高压发电机组在北京、天津、太原、包头、保定等地相继安装投产，单机容量从2.5万千瓦增大到10万千瓦，技术装备和管理水平有了新的提高。1958～1969年，华北电业共有102台发电机组建成投产，装机总容量达到248.9万千瓦。其中高温高压机组36台，设备容量占这个时期建成总容量的68.7%，电力建设得到了新的发展。1957年开始建设的北京热电厂，是首都第一座大型的高温高压、高度自动化、供热式发电厂。在建设中，第一次自己整套编制施工组织设计，采用大组合和预检修、预装配的施工方案，推行土建、安装大交叉作业，第一台2.5万千瓦机组仅用14个月的施工期，于1958年9月投产发电，创造了当时国内电力建设工期短、速度快、质量好、效率高的先进纪录。该厂一二期工程建成后的装机总容量为20万千瓦，在60年代初，占京津唐电网发电能力的25%，其中1959年投产的10万千瓦机组（前苏联生产）是当时国内第一台单机容量最大的高温高压机组。1960年1月，中国自己制造的单机容量最大的5万千瓦发电机组在山西太原第一热电厂建成投产，是工人阶级坚持自力更生、艰苦创业，发展电力工业的具体实践。

60年代初，中国经济建设遇到“大跃进”等指导思想上的偏颇和严重的自然灾害，同时前苏联撤走专家、撕毁合同，给华北电力工业建设带来不利的影响。具有光荣革命传统的华北电力职工，紧紧地团结在中国共产党和人民政府的周围，在生活条件和物资供应困难的情况下，发扬奋发图强的革命精神，知难而进，取得了电力建设的重大胜利。这一时期建成的北京高井发电厂，就是靠这种精神，由中国人自己设计、安装、调试的大型现代化火电建设的典型工程之一。该工程建设中，石景山发电厂采取以老厂包建新厂的方式，在设计、施工、安装、生产各部门的紧密配合下，将原设计的机电炉就地分散控制改为扩大单元集中控制，经过1年零4个月的拼搏，首台10万千瓦机组于1961年4月28日投产发电，被誉为60年代“首都工业战线建设的橱窗”。

1958年后，华北电力工业加快了110千伏输电网络建设。到1969年，北京、天津、河北、山西、内蒙古西部投入运行的110千伏输电线路计55条、3982公里。其中北京地区于1962年5月首先建成了110千伏闭式环网；1969年天津地区建成了110千伏环网；山西地区在1958年5月建成“太原电网”的基础上，1969年又建成了晋南电网。这一时期，在加速地区电网建设的同时，积极进行了跨省、市联网建设。1959年，北京良乡—河北保定的110千伏输电线路和变电站投入运行，1968年天津唐官屯—河北沧州大季屯的110千伏输变电设施建成，实现了京津唐电网与冀南电网联网运行。这就为建设220千伏电压等级的华北电网创造了条件。

在1958～1969年期间，开始正值中国的社会主义建设步入大规模发展的时期，即“大跃进”年代。华北的电力需求增长过快，而电力建设的发展相对缓慢，首次出现了严重缺电局面。北京地区1958年即拉路达328条次，限电821厂次。京津唐电网频率最低时为47.1赫。60年代后期又处于“文革”动乱之中，使华北电力工业在生产和建设上都受到影响。在生产方面，1958年为解决严重缺电，石景山发电厂搞“超铭牌出力”运行，对设备安全运行带来了一系列问题；在工程建设上，1960年把下马岭水电站建设工程改为上马岭水电站，为急于求成，违反基建程序，仓促上马，“边勘察、边设计、边施工”，“简易投产，先简后全”，施工质量差，建成后多次发生事故，难以正常运行；在企业管理上，1958年下花园发电厂提出“痛捣陈规”，大破规章制度，打乱正常生产和工作秩序，造成管理混乱，致使事故频繁，经济效益低下。针对上述情况，1962年华北电业开始进行第一次企业整顿，总结了经验教训，健全了规章制度，恢复了生产秩序，安全生产、电力建设、企业管理水平都有了改进和提高。然而，在1966年开始的“文革”中，又重蹈覆辙，1968年石家庄电业局为缓解缺电的局面，在石家庄热电厂又一次搞发电设备提高铭牌出力运行，超铭牌最高曾达到50%，上级主管部门召开现场会在全国和华北电业推广这个做法，并提出“一厂变一厂半”的口号。提高发电设备铭牌出力虽一时多发了电，但它违反科学，盲目地拼设备，甚至对设备动“开膛剖肚”的大手术，不仅浪费了人力、物力和财力，而且使设备遭到严重损坏，留下了不治之症，还加剧了因电力建设滞后造成的电力供需矛盾，致使1970～1977年华北出现第二次严重缺电的局面。

四、1970～1979年，是华北电力工业持续发展，建设一批大容量、高参数发电机组，京津唐220千伏电网形成环网，石邯、山西、蒙西电网建成的时期。

20世纪70年代初，国家为了缓解首都严重缺电的局面，把一批重点电力建设项目安排在华北。在这一时期，虽有“文革”动乱的干扰，但华北电业职工抵制林彪、“四人帮”反革命集团的破坏，坚持生产，坚守岗位，在保证安全发供电的同时，坚持加快电力建设。在此期间，新建、扩建发电厂37座，安装机组87台，装机总容量552.38万千瓦。其中安装10万千瓦以上发电机组的电厂有：北京高井发电厂、北京京西发电厂、唐山陡河发电厂、天津大港发电厂、河北马头发电厂、山西娘子关发电厂、山西霍县发电厂、内蒙古元宝山发电厂。单机容量最大的是天津大港发电厂的32万千瓦机组、内蒙古元宝山发电厂的30万千瓦机组和唐山陡河发电厂的25万千瓦机组。

这一时期，华北电力工业发展的特点是：加强重点工程建设，兴建高参数大机组，增强发电能力，缓解首都严重缺电的状况；建设调峰、调频机组，改善电网电能质量；加快电网建设，发挥大电网的优越性，提高电网供电的可靠性，实现周恩来总理关于把首都电网建设成为安全稳定电网的目标。

1970～1974年，在北京高井发电厂进行了3台10万千瓦机组扩建，使该厂装机容量达60万千瓦，是供北京用电的主力电厂之一。天津大港电厂工程是国家保首都用电的重点建设项目，也是当时国内单机容量最大，采取浅海滩取水、海水冷却的发电厂。该工程全套设备从意大利引进，采用露天式燃油、燃气锅炉，技术先进，自动化程度高。1974年冬开工，1978年10月和1979年5月两台机组先后建成投产，参加电网的调峰、调频，提高了电网的综合经济效益。内蒙古元宝山发电厂工程于1975年7月开工，一期工程安装1台自法国引进的30万千瓦机组，1979年2月投产发电。该电厂位于内蒙古自治区东部，所发电力送入东北电网。唐山陡河电厂工程也是国家保首都用电的重点工程，具有单机容量大，自动化水平高的特点。一二期工程主设备从日本引进，装机容量75万千瓦。1973年12月破土动工，1978年8月4台机组全部建成投产。建设期间，除因受唐山大地震破坏给工程造成影响，延误一年时间恢复施工条件外，实际施工期为39个半月。陡河电厂的建设工程、安装质量和劳动效率均达到国内同类机组的先进水平，1981年被评为全国优质工程，荣获国家银质奖。

1970年起，为改善电网的调峰能力，先后在北京507电厂（今北京第三热电厂）、北京热电厂和天津军粮城发电厂共安装2台1.7万千瓦、4台2.29万千瓦的燃气轮发电机组；1975年，下苇甸水电站2台1.5万千瓦机组并网发电，至此，永定河水系由官厅、下马岭、下苇甸、模石口4座水电站组成梯级电站群，发电装机总容量13.1万千瓦，丰水季节平均可发电5万千瓦，短时调峰发电出力可达8万千瓦；同年，密云水电厂安装2台1.1/1.35万千瓦抽水蓄能机组，该厂发电装机容量达8.8万千瓦。以上工程的建成，增强了电网的调峰、调频、调相能力。山西天桥水电站，是在黄河中游和陕西省共同建成的第一座水电站，也是黄河流经华北河段建成的唯一一座水电站，1970年4月开工建设，1978年全部建成，安装水轮发电机组4台，装机总容量12.8万千瓦。该站是低水头、大流量的河床式径流电站，也是为在黄河中游多泥沙地段进行梯级开发探索经验而建设的试验性电站，其所发的电力由西北电网和山西电网平均使用。在此时期内，河北建设了岗南水电站、黄壁庄水电站，装机总容量5.9万千瓦，均担负电网调峰、调频和调相的功能。

在此时期建成的电厂还有山西娘子关发电厂、北京京西发电厂、北京113电站。这3个电厂是在“靠山、分散、隐蔽”的方针影响下建设的。娘子关发电厂建在河北与山西省交界的深山中，一期工程安装2台10万千瓦燃煤机组，于1968年8月开工，在建设中四易厂址，浪费资金1000多万元，第1台机组于1971年10月投产，第2台机组于1975年12月竣工移交生产。京西发电厂建在北京远郊区的深山峡谷中，原计划安装2台20万千瓦燃煤机组，第1台机组改为烧油投产发电，承担电网调峰。第2台机组主厂房基础施工已到零米时，因燃煤煤种和运输及灰场、大气污染等问题无法解决，不得不停建，造成280万元的浪费。113地下电站安装1台5万千瓦燃油机组，于1971年投产，作为电网的备用和调峰。

随着大容量、高参数发电机组相继建成投产和110、220千伏输变电系统先后投入运行，逐步扩大了区域性电网。

1971年，北京高井发电厂至天津白庙的华北第一条220千伏输电线路和白庙220千伏变电站建成投产，1975年实现了京津唐电网220千伏联网运行。1977年11月18日，陡河—蓟县—通州220千伏双回输电线路投入运行，形成了京津唐电网220千伏单环形（部分双环形）网络，强化了网架结构，提高了京津唐电网供电的可靠性。

河北省于1970年建成辛集—衡水110千伏输电线路，石家庄与衡水地区联网。到1976年建成刘氏—柏乡110千伏输电线路，石邯110千伏电网建成。1973年建成井陉常峪—留村110千伏输电线路，石邯电网与山西电网开始以110千伏联网运行。1973年建成的山西娘子关—井陉常峪的220千伏输电线路，揭开了河北地区220千伏输变电建设的序幕。1978年投入运行的马头发电厂—邢台王段—石家庄许营的220千伏输电线路使邯郸、邢台、石家庄地区以220千伏联网运行。

1972年，山西实现了太原电网与晋南电网110千伏联网，1979年又实现了与吕梁地区、雁同地区110千伏联网，110千伏山西电网建成。与此同时，220千伏输变电建设以1972年投入运行的榆次—娘子关电厂线路为标志开始进行。1974年，霍县电厂—寺庄—平遥—榆次的220千伏输电线路和220千伏榆次变电站建成投产，实现了太原与晋南地区220千伏联网运行。到1979年，山西电网建成除吕梁地区外的220千伏供电网络，220千伏电压等级基本构成为山西电网的主网架。

内蒙古西部地区于1970年实现了呼和浩特市、包头市和乌兰察布盟110千伏联网运行，1974年又与巴彦淖尔盟联网，建成了两市、两盟联网的蒙西电网110千伏主网架。1978年12月，建成乌拉山发电厂—包头麻池的220千伏输电线路和麻池220千伏变电站，包头市与巴彦淖尔盟实现了220千伏联网运行。

1970～1979年，京津唐电网220千伏形成环网，同时建成了以220千伏为主网架的石邯、山西和蒙西3个区域电网。到1979年，华北电业已拥有110千伏输电线路245条，10007.84公里，变电站119座，主变压器总容量862.66万千伏安；220千伏输电线路46条，3172.84公里，变电站20座，主变压器总容量414.6万千伏安，为建设跨省市区的华北大电网奠定了坚实的基础。

在此期间，华北电力职工经受了唐山地震灾害的考验和进行了第二次企业整顿。

1976年7月28日3时42分，河北省唐山、丰南一带发生强烈地震，并波及天津、北京。这次地震的震级为7.8级，震中烈度为11度。处于极震区的唐山电厂、陡河电厂及唐山地区的输变电系统供电设备遭受到严重破坏。唐山电厂10台机组、9台锅炉受到损坏，新建成的陡河电厂2台12.5万千瓦机组主厂房房顶和天车塌落。唐山地区36座35千伏及以上的变电站，有34座受灾，变电站的主控制室、开关室倒塌，二次系统设备和控制、通讯系统被严重破坏。震坏发电设备110万千瓦，约占京津唐电网发电设备的30%，震坏输、配电线路128条1724公里，占唐山地区输电线路总长度的76%，通讯全部中断。唐山、陡河电厂和唐山供电局办公楼及职工住房等建筑物大部夷为平地，唐山地区电力系统及在唐山电厂和陡河电厂建设施工单位职工共死亡1877人。地震造成京津唐电网解列，负荷由225万千瓦下降到94万千瓦，频率高达51.28赫。

震后，北京电业管理局当天就成立了以李鹏为首的电力抗震抢修前线指挥部，组织了医疗队，陆续从京津唐电网派出了4批2000多人的电力抢修专业队伍，赶赴各受灾现场，抢救人员，抢修电力设备。在华北和全国电力部门的支援下，以最快的速度恢复供电，确保灾区人民恢复生产，重建家园。广大电业职工在余震不断的情况下，冒着生命危险，日夜奋战在抢修现场，8月11日19时10分，唐山电厂2号机组恢复发电，其他9台机组也先后于11月25日前全部修复投入运行，发电能力达到了震前水平。电力的迅速恢复，加快了陡河电厂重建工程进度，震前待试运的2号机组于1977年11月6日并网发电，震前已运行的1号机组于1978年8月10日修复发电。

在“文革”期间，林彪、“四人帮”把行之有效的规章制度和管理方法统统诬为“修正主义路线”、“管卡压”，一时造成纪律松弛、安全生产水平下降、事故增多。根据上级统一部署，华北电业于1978年进行了第二次企业整顿。在电力企业内部开展以安全生产为中心，以加强管理为重点的学大庆活动。通过企业整顿和学大庆、学先进，进一步健全了各级岗位责任制，强化了生产指挥系统，加强了各项管理工作。1979年，北京电业管理局获北京市和电力部联合授予的“大庆式企业”称号。

五、1980～1990年，进入了建设百万千瓦级火电基地和500千伏输变电网络，形成华北超高压电网的新时期。

中共十一届三中全会后，国家对国民经济实行“调整、改革、整顿、提高”的方针，华北电力工业开始进入健康发展的轨道。随着经济的发展，社会的进步，全区人民生活水平的提高，促使用电负荷急剧增长，电力供应的缺口日益扩大。为加速缓解严重缺电状态，国家对华北电力工业的管理机构采取了重大举措：改革了管理体制。1980年1月成立华北电业管理局，对华北的中央直属电力工业实行统一领导，统一规划，统一管理；改革了电力建设投资体制。通过卖用电权，发行债券，集资办电，鼓励地方和其他行业办电，加快电力工业的发展；调整了电源建设布局。在路口港口建设电厂的同时，把重点放在煤炭基地建设矿口电站，向负荷中心输电，加快500千伏主网建设，实现“西电东送”战略；发挥大电网的优越性。本着团结治网的原则，共建华北电业，为首都供电提供可靠的保证。

1980～1990年，新建、扩建、改建发电厂28座，安装发电机组81台，装机总容量1084.25万千瓦。其中建成的百万千瓦级电厂有唐山陡河发电厂、山西神头第一发电厂、山西大同第二发电厂。

唐山陡河发电厂三四期扩建工程，建设规模为4台20万千瓦机组。第1台机组于

1983年12月移交生产，第2台机组1984年12月建成投产，第3台机组1986年11月并网发电，第4台机组1987年10月胜利竣工。全厂形成155万千瓦发电能力，是华北最大的火力发电厂。

山西大同第二发电厂，是华北第一座大型矿口电厂，装机总容量120万千瓦，安装6台20万千瓦机组，向首都送电。1978年开工，1984年创华北电力建设史上一个厂一年内投产两台大机组的施工新纪录。山西神头第一发电厂是华北又一座矿口电厂，建于雁北地区，靠近阳朔煤矿。1973年开始建设，1987年全部建成投产，安装发电机组8台，装机总容量130万千瓦，按调度计划要求分别向山西和京津唐电网送电。其中1985年一年内投产两台20万千瓦机组，山西电力建设公司为此被主管部授予1985年全国投产500万千瓦功臣单位。河北马头发电厂是华北大型火力发电厂之一，装机总容量85万千瓦，1975年开工，1983年6月全部移交生产。其中4－8号机实现了当年投产，当年稳定运行，当年见经济效益，每台机组投产第一年的运行时间都在6500小时以上。建设速度创国内同类机组先进水平，经济效益显著，造价低，投资省，质量高，居“六五”计划期间全国同容量机组的首位。河北邢台发电厂，从1970年破土开工，经四期扩建，装机总容量达到89万千瓦。其中三期工程第1台20万千瓦机组1985年12月投产，被主管部评为优质工程。四期工程2台20万千瓦机组，为中央和地方集资建设的工程，地方出资60%，1986年开工，第1台机组于1988年1月投产，第2台机组于1989年3月建成。五期工程2台20万千瓦机组于1989年12月开工，到1990年仍在施工中。华能上安发电厂是华能国际电力开发公司与河北省政府合资兴建的大型发电厂，一期工程安装从国外引进的35万千瓦发电机组2台，1986年10月开工，1990年8月、12月先后投产。1985年开工的石景山热电厂3台20万千瓦机组，是中央和地方合资兴建的电厂。首台机组于1988年8月投产，第2台机组于1989年9月发电。内蒙古丰镇发电厂位于内蒙古自治区与山西省交界处，是内蒙古电力东送京津地区的必由之路，也是华北电网与蒙西电网的联接点，该厂计划安装20万千瓦发电机组4台，到1990年已投产2台。潘家口水电厂安装1台15万千瓦常规机组，是华北单机容量最大的水电机组，1975年开工建设，1981年建成。北京十三陵抽水蓄能电站是又一座大型水电站，计划安装4台20万千瓦抽水蓄能机组，装机总容量80万千瓦，1990年底仍在施工中。该站建成后，将增加电网的调峰能力，提高电网运行的可靠性。自80年代中期开始，华北电网的火力发电机组普遍担负起调峰任务，调峰幅15%～30%。

到1990年，华北电网已经拥有一批效率高、消耗低、经济效益好的骨干电厂，发电设备最大单机容量从1949年的2.5万千瓦发展到35万千瓦，技术参数达到蒸汽压力17.407兆帕和汽温555摄氏度，电力生产的自动化水平不断提高，新建的陡河电厂、大港电厂、大同第二发电厂、华能上安电厂等大型火电机组实现了机、电、炉集中控制和程序自动控制。实行总厂制和集中检修的管理体制正在逐步发展，电子计算机和信息处理开始进入全面推广应用阶段，全网拥有4万余名装备较好，技术熟练，能打硬仗的火电建设骨干力量和12.5万名掌握了现代生产技术的发供电企业的职工队伍。设计力量也从无到有，已能担当大型电厂整套设计，并且形成了专业配套、结构合理的设计体系。这些是华北电力生产和建设的骨干力量。

进入80年代，随着华北地区一批大容量、高参数发电机组相继建成投产，输变电建设也得到同步发展。电厂单机容量的提高，发电能力的增加，电网的不断扩大，电压等级的升高，管理水平的提高，形成了电网的新格局。

1981年6月，京津唐电网的高碑店变电站与冀南电网的许营变电站以220千伏线路联网运行。1981年9月，山西电网的娘子关电厂与冀南电网的许营变电站间的220千伏线路投入运行，京津唐、冀南、山西间的220千伏电网形成。1987年7月，大同第二发电厂与内蒙古呼和浩特东郊变电站的220千伏线路相联并正式运行。至此，华北五省（市、自治区）电网以220千伏相联，形成220千伏华北电网主网架，成为全国五大电网之一。1985年以后，随着山西大同—北京房山500千伏双回超高压输电线路及500千伏房山变电站的建成投产，华北电网进入了新的超高压电网发展时期。由此，首都地区220千伏双环网，不仅受电于地处北京的发电厂，还受电于唐山发电总厂、下花园发电总厂及由500千伏房山变电站输送的电力，并经老君堂变电站与天津地区联网运行，初步缓解了北京地区的严重缺电局面。到1990年，华北各省（市、自治区）110千伏电网日趋完善。冀南电网供电的6个地市实现了220千伏联网，石家庄、邯郸还形成了220千伏双环网。山西电网实现了全省220千伏联网。蒙西电网供电的5个盟市220千伏实现联网运行。

在此期间，根据国家统一部署，华北电业管理局组织进行了第三次企业整顿。1984年6月，开始了以增强企业活力为中心环节的经济体制改革。经过企业整顿和改革，电力企业的管理思想、管理手段、管理水平有了改变和提高，经济责任制逐步完善，企业管理初步实现了系统化、标准化、程序化、高效化。在发供电企业中推行设备可靠性管理，建立“四全、一保证、一个中心”的管理体系，即实现全面计划管理、全面质量管理、全面经济核算、全面劳动人事管理和安全生产保证体系及信息中心的管理体系。应用“量本利”方法分析售电量、成本利润及消耗指标，利用“回归分析”法进行负荷及人才预测，利用网络技术控制电站建设和设备检修施工进度。电子计算机已应用在电力生产及财务、劳动、人事、物资、信息的管理等方面。企业管理现代化，提高了电网的管理水平和企业的经济效益。

新中国建立以来，华北的农村电力建设取得了很大的成就。到1990年，华北全区358个县(旗)，仅内蒙古尚有1个旗未通电，乡的通电率为96.01%；农户的通电率93.45%，其中北京、天津的乡村已实现户户通电。乡镇企业如雨后春笋，年产值达193亿元。随着农业的发展，为向广大农村供电，加强了农村电力设施的建设。到1990年，全区建起专供农业使用的35千伏变电站1649座，容量805万千伏安，110千伏变电站287座，容量847万千伏安，建设了高低压农用输配电线路79万公里，其中35～110伏输电线路4.02万公里。条条银线密布华北的广大平原和山区。华北的农村用电，主要依靠省市区电力网供给，这是华北电网的又一特色。同时，根据资源条件，因地制宜地发展农村小水电、小火电和风力发电，作为大电网的补充，以解决农村用电之急需。华北小火电主要分布在河北、山西和内蒙古。到1990年，河北省有小火电厂10座，装机容量8.25万千瓦；山西有小火电厂27座，装机容量20.58万千瓦；蒙西有小火电厂11座，容量14.04万千瓦。华北共有小水电站786座，容量39.23

万千瓦，其中北京、河北、山西的装机容量占全区的84.4%。内蒙古地处草原，交通不便，广大牧区适应牧民生产和生活的需要，利用丰富的风力资源发展风力发电，到1990年已有8.6万台风力发电机，容量为0.91万千瓦，颗颗明珠镶嵌在一望无垠的草原上。

随着华北电网的逐步扩大，电压等级的提高，系统的技术设备和调度管理的技术手段也日趋完善。50年代初期只有简单的过流保护，现在已经发展到拥有高频保护、母线差动保护、综合重合闸、故障录波器等保护设施，华北电网继电保护装置平均每年共动作2万余次，总正确动作率自1981年以来一直保持在99.5%以上。远动装置从无到有，遥测信号也由模拟量发展为数字量，大大提高了准确度。华北电网主网和京津唐电网已经实现计算机双机运行。其自动监视彩色屏幕显示系统，不仅可以进行运行监视，还可以进行事故追忆。山西、河北中心调度所实现了单机监视。电力系统通信的手段也有很大改进，从1949年只有1条载波电路和2台载波机，到1990年共安装电力载波设备1481台，其中458台用于主系统，其余为各地区调度使用。电力载波设备运行率，年平均为99.98%。同时还使用了特高频、微波、光导纤维通信手段。由于电网调度自动化水平的提高，对确保电网的安全、稳定、经济运行，提高电能质量和电网管理水平起了重要作用。

新中国建立41年来，随着国民经济的发展、社会的进步和人民生活水平的提高，用电量不断增长。华北1949年用电量仅为5.0519亿千瓦时，到1990年上升到840.6209亿千瓦时，增长165.4倍，电能在华北的社会主义建设中发挥了巨大的经济效益。北京、天津、石家庄、太原、呼和浩特等35个供电局和357个县供电局，在地方人民政府的支持下，为缓解电力供需矛盾，使有限的电力资源更好地发挥效益，坚持"人民电业为人民"的方针，在加强企业管理和推进技术进步、进行技术改造的同时，加强用电管理，全心全意为电力用户服务。1958年以后，为适应电力负荷的迅速增长，进行了配电网的升压改造工作。1972年起，普遍加强了"三电"(计划用电、节约用电、安全用电)工作。到1990年，北京、天津两市已对1459个大电力用户实行凭证供电，控制180.39万千瓦负荷，约占京津负荷的58.8%。同时在大电力用户中加装电力定量器，控制负荷达70万千瓦。为了充分利用电力资源，解决用电高峰期间电力供应不足的矛盾，还采取了一系列调整用电负荷和坚持开展节约用电工作，积极挖掘用电潜力，指导协助用电单位应用新技术，实行经济运行，收到了显著的节电成效。根据电力生产产、供、销同时完成，发供电生产和电力用户紧密联系的特点，高度重视用户的安全用电。成立安全用电监察部门，监督和协助用户进行电气设备的季节性预防性试验，负责用户电气设备的校验和定值整定的管理。广大电业职工为保证首都和天津、河北、山西、内蒙古的省市区所在地的政治用电，恪尽职守，对电网结构、系统调度、电力电量分配、供电方案、设计、施工等方面做了大量艰苦细致的工作，对重要用户实行以双电源和多电源供电，并配置了相应的保护装置，提高了供电可靠性。41年来，保证了历年的节日庆祝活动、历届政治会议、各国首脑访华等重要活动和重要任务的安全供电。

华北电力工业于1980年开始由华北电业管理局统一管理。1980年1月，在北京电业管理局的基础上，组建华北电业管理局，下辖天津市、河北省、山西省电力工业局，并对内蒙古自治区电业管理局实行行业管理，同时，以北京市电力工业局名义，行使对首都电力工业的政府管理职能。为适应电力生产建设的发展，华北电业在管理体制上不断进行改革。新中国建立初期，参照前苏联的管理方式，在发电厂中实行了小分场制；从1954年起，在发供电企业实行了"一长制"和厂(局)长领导下的总工程师技术负责制；从1957年起，在首都的发电厂由机、电、炉分别设置的小分场改为运行、检修两大分场制；1962年为适应电网建设发展的需要，在京津唐电网实行了以老厂带新厂的"一厂多站"体制；1980年，华北的部分发电企业改为总厂体制。1983年，在河北省政府的支持下，精简合并了河北省地、市供电企业，解决长期存在的一个地区设两个供电单位的机构重叠问题。1985年，全区的发供电企业、修造企业和科研设计、施工企业，全部实行厂长(局长、院长、经理)负责制。到1990年底，华北电业拥有发供电企业65个，电力建设企业18个，设计单位34个，科研试验、教育、卫生等事业单位23个。有职工22.774万人，其中，科技人员2.4452万人，占职工总数的10.74%。华北电力工业的生产运行、设计施工，修配制造队伍，随着电力生产建设的发展而不断壮大，电力系统中形成了包括后备培训、在职培训的多层次教育培训体系，培养了大批技术骨干和专业技术人才。电力科学技术的广泛应用，大大解放了生产力。中共十一届三中全会后，华北电业共获国家级科技成果奖11项，省部级科技成果奖108项。到1990年，华北电业管理局已成为中国国有特大型联合企业。

新中国建立41年来，华北电力工业走过的历程证明，坚持中国共产党的领导，坚持企业的社会主义方向，坚持全心全意依靠工人阶级，坚持深化企业改革，切实加强企业管理，推进技术进步，坚持以经济效益为中心，以安全生产为基础，以人民电业为人民为宗旨，坚持两个文明建设一起抓，团结治网，共兴华北电业，是电力事业胜利发展的根本保证。坚持实事求是，从实际出发，遵循客观规律办事，电力工业就能持续健康地向前发展。

根据华北五省(市、自治区)国民经济发展和社会进步的要求及资源分布的特点，华北电网未来10年发展规划的指导原则是：在西部能源基地建设矿口电站与在东部负荷中心建设支撑电站相结合；新建电厂与老电厂改造相结合；电源建设与网络建设相结合；大力发展火力发电与有条件的发展抽水蓄能发电和风力发电相结合，充分利用华北地区资源、市场、交通、技术、人才等优势，加速发展华北电力工业，以适应全区国民经济发展和社会全面进步的需要。计划到2000年，华北电网新建扩建发电生产能力2400万千瓦，投产500千伏超高压输电线路约4700公里，主变压器容量约2500万千伏安，初步形成比较坚强的华北电网500千伏主网架。到2000年，华北电网装机总容量将达到4400万千瓦，年发电量达到2300亿千瓦时，用电量近2000亿千瓦时，人均年用电量可达1300千瓦时。届时华北电网将大大缓解缺电局面，基本上能够适应华北地区经济发展和人民生活水平提高的需要。为此，华北电业管理局制定了"9611工程"目标：第一阶段目标主要包括三个方面内容：一是初步缓解整个华北电网，特别是京津冀地区严重缺电的局面；二是努力实现首都基本不拉闸；三是电网整体水平上一个新台阶，具备创建一流电网的实力。华北电业全体职工决心奋勇拼搏，在"抓住机遇，深化改革，扩大开放，促进发展，保持稳定"的方针指引下，正确处理"改革、发展、稳定"的关系，不断深化电网内部的改革和加强企业管理，积极推进技术进步，建立现代企业制度，为提高电网的整体管理水平和企业的综合经济实力，以坚实的步伐，奔向辉煌的21世纪。

第一篇 发 电

华北的火电厂建设始于1888年的天津和北京。到新中国建立时的61年间,历经清朝末期的腐败统治、民国初期的军阀混战、日本侵略军的占领和掠夺、国民党政府挑起的内战破坏,使华北电力工业半个多世纪的发展极为缓慢。1949年全华北共有电厂73座,装机总容量32.9908万千瓦,发电量7.5016亿千瓦时。其中,北京7.335万千瓦,1.5227亿千瓦时;天津9.8585万千瓦,2.63亿千瓦时;河北10.24万千瓦,2.543亿千瓦时;山西4.0773万千瓦,0.6393亿千瓦时;内蒙古1.3384万千瓦,0.1187亿千瓦时。1949年华北最大的发电厂是北京石景山发电厂,装机5.5万千瓦;最大的火电机组是石景山发电厂6号机,单机容量为2.5万千瓦。

新中国建立后,在中国共产党和人民政府领导下,华北电业职工以主人翁姿态投入电力事业,电力工业得到飞速发展。1949~1957年,华北发电企业的工作重点是搞好设备检修,恢复残旧发电设备,消除缺陷,使发电设备达到铭牌出力,在逐步降低消耗指标的同时,开始了新电厂建设。1958~1965年,大规模的电厂建设全面展开,高温高压单台10万千瓦大容量发电机组陆续建成投产,发电生产规模进一步扩大。1966年"文革"开始后,华北电业职工抵制林彪、"四人帮"干扰破坏,坚持进行生产建设,先后建成投产一批20、25、32万千瓦大容量发电机组,电力工业在曲折中前进。中共十一届三中全会后,华北电力工业高速发展,先后建成陡河发电厂、大同第二发电厂、神头第一发电厂等以20万千瓦发电机组为主的百万千瓦级大型发电厂,其中陡河发电厂装机总容量155万千瓦,为华北最大的火力发电厂。

随着华北电力生产建设的发展,各发电企业的组织形式也不断进行调整和改进。从新中国建立初期单一电厂模式,发展到单一电厂与一厂多站两种模式;1980年后又陆续组建了6个发电总厂。形成总厂、一厂多站和单一电厂三种模式并行运作。

到1990年,华北发电装机总容量达到2071.79万千瓦。其中,北京市241.56万千瓦,天津市201.55万千瓦,河北省661.57万千瓦,山西省583.74万千瓦,内蒙古自治区383.37万千瓦。华北电力系统(指华北电力的所属企业,下同)发电装机总容量为1575.17万千瓦,发电量912.29亿千瓦时。其中,华北电力联合公司直属755.42万千瓦,419.93亿千瓦时;河北省电力公司267.55万千瓦,196.50亿千瓦时;山西省电力公司385.40万千瓦,217.26亿千瓦时;内蒙古自治区电力公司166.80万千瓦,78.60亿千瓦时。华北电力系统1990年发电装机容量比1949年增长47倍,发电量增长119倍。消耗指标大幅度降低,1990年发电标准煤耗率为376克/(千瓦时),发电厂用电率为8.16%,发电设备年均利用小时达到5960小时,发电设备事故率0.59次/(台·年)。华北电业的发电生产实现了发电量增长大于装机容量增长幅度,消耗降低,安全稳定的新局面。

第一章 发电资源

华北的发电资源以煤炭最为丰富，储量居全国各大区前列，因而决定了华北地区电力建设以火电为主的格局。石油、天然气在河北省、天津市储量丰富。全区水力资源匮乏，仅山西省、内蒙古自治区的水源尚较充沛，可供开发利用的约有1千万千瓦左右。内蒙古千里草原的风能资源十分丰富，发展风力发电，是适应牧民用电需求的有效途径。

第一节 煤 炭

山西省、内蒙古自治区、河北省都有丰富的煤炭资源，其中山西省煤炭储量居全国第一。到1990年，华北已探明的煤炭储量为4720.11亿吨。其中山西省2568.50亿吨，内蒙古自治区1982亿吨，河北省169.61亿吨。

山西省的煤田面积达6.18万平方公里，占全省总面积的39.6%，分布在大同、宁武、西山、沁水、霍东、河东等六大煤田和94个县（市）境内，且煤种齐全，品质优良，发热量高，煤层稳定，埋藏较浅，深度在300米以内的占半数左右，具有容易开采、便于运输、投资省、见效快的优势。山西省境内露天煤矿集中在平鲁、朔州地区，已探明储量为120亿吨。山西省1990年原煤产量2.87亿吨，居全国当年煤炭产量第一位。

内蒙古自治区煤炭储量居全国第二，伊克昭盟储量达1053亿吨，占全自治区储量的1/2以上。储量在50～100亿吨以上的大煤田有准格尔、东胜、伊敏河、霍林河、元宝山、白彦花、胜利等12处。“七五”计划期间，国家重点开发的5大露天煤矿中，有准格尔、元宝山、伊敏河、霍林河等4个在内蒙古自治区境内。

河北省的煤炭分布在唐山、邢台、邯郸等地，煤种以炼焦用煤为主。河北省洗精煤产量为1184万吨，居当年全国洗精煤产量之首。

第二节 石油、天然气

天津、河北省已探明的石油、天然气储藏量很丰富，分布在冀东、冀中的华北油田和天津大港油田。到1990年已探明的石油储量为16.94亿吨，天然气417.07亿立方米。1990年华北生产原油570.05万吨，天然气2.4776亿立方米。

根据国家能源政策，火力发电主要烧煤，燃油电厂除大城市中心区已建的供热电厂外，一般不再新建。

第三节 水 力

华北水力资源的理论蕴藏量为1747.38万千瓦，可开发利用的水力资源为1126.2万千瓦。其中，山西省理论蕴藏量946万千瓦，可开发利用730.2万千瓦；内蒙古自治区理论蕴藏量497万千瓦，可开发利用244万千瓦；河北省理论蕴藏量304.38万千瓦，可开发利用152万千瓦。

水力资源主要分布在黄河、海河、滦河、辽河、额尔古纳河、嫩江等流域，其中以黄河北干流水力资源较为丰富。1990年，山西省与陕西省共同组织对黄河北干流进行考察，计划自内蒙古托克托县河口镇至陕西省禹门口全长969公里的北干流河段，开发8座梯级水电站，规划发电装机容量585.2万千瓦。

华北水力资源大部分分布在干流上，分支河流受季节性降雨影响，河道径流丰枯不均，汛期和非汛期的集水量差别很大，可开发利用量较少。到1990年，华北已开发利用的水电资源为84.56万千瓦，其中北京市21.9万千瓦，河北省37万千瓦，山西省22.49万千瓦，内蒙古自治区3.17万千瓦。

第四节　风　力

华北风能资源以内蒙古自治区最丰富，居全国之首。从阴山山脉以北到大兴安岭以西绵延2000多公里的广大地区，都是风能丰富区和较丰富区。年平均风速在5.5米/秒及以上的有8.3万平方公里和年平均风速4.5～5.5米/秒的有20万平方公里，占内蒙古全区面积的24%。据初步测算，内蒙古自治区风能蕴藏总量达10.1亿千瓦，可开发利用量为1.01亿千瓦，是全国最大的风能富区。

内蒙古自治区的风能资源便于利用，具有风速稳定，风力持续时间长，风中无盐雾和腐蚀性物质，一般也没有台风和龙卷风等破坏性大的风等显著特点。风速的年变化规律是3～6月最大，7～9月较小，10月至次年2月较大。日变化规律为白天大，晚间小。这些变化规律与农牧业生产和电网的日负荷变化相吻合，具有很好的开发和实用价值。

1980～1990年，内蒙古自治区风力发电发展迅速，该区88个旗（县），有60个旗（县）推广应用了风力发电，共安装小型风力发电机8.6万台，发电装机容量9100千瓦。

第五节　其他资源

河北省的太阳能、地热、生物质能较为丰富。太阳能的储量仅次于青藏高原及西北地区，年辐射量为119～143千焦/厘米^2，年日照时数为2950～3100小时，日照率为50%～70%。地热资源集中于沧州至新乐以北的河北平原北部地区，总计可采资源量折合标准煤110.5亿吨，仅次于西藏、云南，居全国第3位。河北省有开发价值的热水点241处。生物质能总量折合标准煤2290万吨。

第二章 火电建设

新中国建立后，华北火电建设发展迅速。1949～1990年，华北各省（市、自治区）都经历了修复残旧设备，恢复铭牌出力，建设低温低压、中温中压发电机组，到大规模建设高温高压和超高压亚临界大型发电机组的过程。

“一五”期间开始兴建的太原第一热电厂、石家庄热电厂、太原第二热电厂、包头第二热电厂、北京东郊热电厂和包头第一热电厂工程，是前苏联援建的“156”重点工程建设项目的一部分。这6座电厂的新建，揭开了华北大规模火电厂建设的序幕，积累了火电厂建设的经验。1958～1990年，华北先后兴建发电装机总容量60万千瓦以上的大型火电厂12座，其中，特别是在中共十一届三中全会后，建成投产的陡河发电厂、大同第二发电厂和神头第一发电厂等3座百万千瓦以上的电厂是华北电业的火电建设走向崭新阶段的标志。

到1990年，华北电力系统共建成单机容量1.2万千瓦以上的火电厂50座，安装发电机组236台，装机总容量1812.445万千瓦。

第一节 京津唐火电建设

华北火电建设始于天津、北京。

1888年夏，德商世昌洋行在天津开办绒毛加工厂，安装小型直流发电机，为天津使用电能的开端。1904年，比利时商人在金家窑建设火电厂，安装2台单机容量1500千瓦的发电机，为华北第一台汽轮机，第一台交流发电机，当时单机容量最大。与此同时，英国、日本等国也先后在天津建设了一些火电厂。1911年辛亥革命后到1937年日本侵略军占领华北，天津民族资本家兴建了几座500千瓦以上火电厂。1937～1943年，天津第一发电厂建成，安装2台机、3台炉，装机总容量3万千瓦。到1949年，天津共有公用火电厂4座，装机总容量6.24万千瓦，1949年发电量2.0528亿千瓦时。

北京火电建设是1888年12月清宫廷创办西苑电灯公所起步的。到1907年，陆续建成西苑、颐和园、宁寿宫三处电灯公所，发电装机总容量不足50千瓦。1899年，外商兴办“电气灯车公司”，装机容量最高时为700千瓦，1949年前已停办。1906年，华人集资建设的华商电灯公司西城根发电厂2台150千瓦交流发电机投产发电。到1912年，西城根发电厂共装机7台，总容量达到3035千瓦。1919年开始建设石景山发电厂，首台机组容量2000千瓦，于1921年10月建成投产，到1936年装机总容量达到3.2万千瓦。日本侵略军占领北京期间，石景山发电厂1944年开始安装2.5万千瓦的发电机。日本投降后，于1946年建成发电。北京企业自备电厂主要有1914年建设的北京电车公司通州发电厂，装机总容量3100千瓦；1919年建设的装机总容量9600千瓦的石景山制铁厂发电厂；1938年动工兴建的装机总容量4250千瓦的琉璃河水泥厂发电厂；门头沟煤矿公司电厂等自备电厂 24 座。到 1949 年，北京有公用电厂石景山发电厂 1 座，装机总容量 5.5 万千瓦，是当时华北最大的发电厂；自备电厂 27 座，装机总容量 2.3 万千瓦。

唐山地区 1904 年出现的第一台发电机，安装在北宁铁路唐山工厂，容量为 40 千瓦。1906 年开平煤矿有限公司建成唐山煤矿发电厂，安装 3 台单机容量 1040 千瓦的发电机组。1907 年建成林西煤矿发电厂，安装 2 台单机容量 1040 千瓦的发电机组。唐山发电厂始建于 1941 年，安装两台中温中压发电机组，装机容量分别为 1 万千瓦和 1.5 万千瓦，于 1942、1944 年先后投产发电。

河北省东、北部的山海关、北戴河、张家口、承德地区也兴建了火电厂。其中，张家口地区的下花园发电一所、二所、三所安装的发电机容量分别为 2800、4000 千瓦和 1.2 万千瓦，南莱园发电厂装机容量 2280 千瓦，承德地区的双塔山发电所装机容量 6000 千瓦，秦皇岛发电厂装机容量 4000 千瓦。

新中国建立后，经过 3 年经济恢复，从 1953 年开始，京津唐火电厂建设加快了发展速度。“一五”计划时期（1953 ~ 1957 年），前苏联援建的“156”项重点工程之一——北京东郊热电厂工程开工建设。一批火电厂开始扩建，其中有：天津第一发电厂一二期扩建；下花园发电厂一二期扩建；唐山发电厂一期扩建；石景山发电厂一二期扩建。“一五”计划时期新建火电厂 1 座，扩建火电厂 4 座，共安装发电机组 13 台，装机总容量 29.925 万千瓦。

1958 ~ 1965 年，全国第一台 10 万千瓦机组在北京热电厂投产。奋发图强、自力更生，被誉为 60 年代“首都工业战线建设的橱窗”的高井电站一期工程 2 台 10 万千瓦机组于 1961、1964 年先后建成发电；全国第一台双水内冷 2.5 万千瓦汽轮发电机组于 1961 年在天津第一发电厂投产；新建的滦河发电厂，扩建的下花园发电厂，也相继投产。这一时期，新建电厂 4 座，扩建电厂 4 座，安装发电机组 21 台，装机总容量 89.5 万千瓦。

1966 ~ 1978 年，火电厂建设步伐加快，装机容量增长迅速。这一时期，新建一批燃油电厂，有天津杨柳青发电厂、北京 113 电站、北京第二热电厂；唐山陡河电厂、天津大港发电厂的大容量、高参数、具有当时国际先进水平的发电机组开始安装；在“靠山、分散、隐蔽”方针影响下选在深山中的北京京西电站 20 万千瓦机组建成投产。与此同时，北京热电厂、滦河发电厂、北京 507 电厂、高井电站全部建成。这一时期，新建火电厂 6 座，扩建火电厂 7 座，安装发电机组 33 台，装机总容量 315.42 万千瓦。

1979 ~ 1990 年，电力建设布局执行了在煤炭基地建设矿口电站，向负荷中心地区输电的方针，京津唐火电建设步伐趋缓。这一时期，石景山发电厂老机组全部拆除，在原址新建石景山热电厂；天津第一发电厂进行了供热改造；下花园发电厂、唐山发电厂、陡河发电厂进行扩建，陡河发电厂装机总容量达 155 万千瓦，成为华北最大的火电厂。这一时期，新建火电厂 1 座，扩建火电厂 5 座，安装发电机组 14 台，装机总容量 196.2 万千瓦。

1949 ~ 1990 年，京津唐电网共计新建、扩建火电厂 16 座，安装单机容量 1.2 万千瓦以上发电机组 81 台，装机总容量 631.045 万千瓦。京津唐电网火电厂建设情况统计见表 1－2－1，表 1－2－2。

京津唐电网1949年主要火电厂统计

表1－2－1

厂　　名	机组台数（台）	装机总容量（万千瓦）	最大单机容量（万千瓦）	营业性质	备　　注
石景山发电厂	4	5.5	2.5	公营	
天津第一发电厂4座		6.24		公营	无各厂资料，只有总计
唐山发电厂	2	2.5	1.5	公营	
北京电车公司通州发电厂	4	0.31	0.15	企业自备	
琉璃河水泥厂发电厂	2	0.425	0.3	企业自备	
石景山制铁厂发电厂	2	0.96	0.64	企业自备	
开滦发电厂		2.9		企业自备	
启新水泥厂发电厂		1.28		企业自备	
下花园发电厂		1.228		公营	
双塔山发电厂		0.075		公营	1979年停办
平泉发电厂		0.04		公营	1981年停办
秦皇岛发电厂		0.4		公营	

第二节　冀南火电建设

冀南系河北省中、南部地区，包括保定、衡水、沧州、石家庄、邢台、邯郸6个地（市）。1898年临城矿务局安装2台42千瓦发电机，是冀南火电建设的开端。其后，井陉、保定、石家庄、顺德（今邢台市）、邯郸、沧县、高阳、辛集、胜芳、南宫等地先后建设了一批火电厂。其中较大的火电工程有：1922年石家庄大兴纱厂自备电厂安装的1000千瓦发电机；1937年后建设的石家庄北道岔发电所安装的2000千瓦发电机和微水发电所、峰峰煤矿发电所各安装1台5000千瓦发电机。

新中国建立前，河北省部分地区是中国共产党领导的解放区。1948年在曲阳县兴建葫芦汪火电厂，装机容量650千瓦，为支援解放战争的胜利做出了贡献。

新中国建立后，冀南火电建设进入大发展时期。1954年4月开工建设的石家庄热电厂工程，是前苏联援建的“156”项重点工程之一，一期工程安装2台1.2万千瓦供热机组，施工中，厂房基础由人工开挖，上料靠人搬肩挑，混凝土由人工搅拌，木材用手锯加工，大件运输为滚杠绞磨，吊装主要靠倒链、滑轮、卷扬机。该工程于1956年4月、12月先后投产发电，1957年1月正式向热力网供热。在此期间，微水发电厂、峰峰发电厂进行了扩建。1953～1957年，新建电厂1座，扩建电厂2座，装机总容量3.4万千瓦。

1958～1965年，建设了中温中压、高温高压火电厂。1958年，保定热电厂、邯郸热电厂开工兴建，邯郸热电厂一期工程安装6台1.2万千瓦机组，施工中推广使用了新型粉

1949～1990年京津唐电网火电厂建设情况表

表1－2－2

序号	工程名称	建设分期	建设规模（万千瓦）	建设依据	建设单位	设计单位	施工单位		开工日期	竣工日期	工程投资（万元）	备注
							土建	安装				
1	天津第一发电厂	一期	1×2.5	前苏联专家建议	天津第一发电厂新机工程处		电总土木建筑公司	电业管理总局修建工程局	1953.6	1954.5		
		二期	1×2.5	电力部批准设计任务书	天津第一发电厂扩建工程处	北京电力设计院	北京基建局第一工程处	北京基本建设局第一工程处	1957.8	1958.5		
		三期	3×2.5	北京电业管理局以(58)京电基字第009号文批准初步设计	天津第一发电厂扩建工程处	北京电力设计院	天津市第三建筑工程公司	北京电业管理局基建公司四处	1958.4	1961.11		
		供热改建	1×5＋2×2.5 1×1.2	国家计划委员会〔1982〕163号文批准设计任务书	天津第一发电厂扩建工程处	北京电力设计院	华北电业管理局天津电力建设公司	华北电业管理局天津电力建设公司	1984.7	1989.12		
2	下花园发电厂	一期	1×1.5	电业管理总局以(54/1)电设字第0147号文批准设计任务书	下花园发电厂新机工程处	北京电力设计院	电总基建工程管理局七公司第三十三工程队	电总基建工程管理局七公司第一工程队	1954.4	1955.8	428.6	
		二期	1×2.5	(1959)水电计字第403号文批准	下花园发电厂扩建工程处	北京电力设计院	河北省第三建筑公司三处	北京电业管理局基建工程公司一处	1958.7	1960.11	1358.6	
		三期	2×3	(1959)水电计字第403号文批准，北京电业管理局以(66)京电基字第239号文批准	下花园发电厂扩建工程处	北京电力设计院	河北省第三建筑公司三处	北京电业管理局基建工程公司一处	1960.9	1970.7	2088.7	1962年停缓建，1966年复建
		四期	2×10	国家计划委员会以(77)计字第121号文批准设计任务书	下花园发电厂扩建工程处	河北省电力勘测设计院	北京电力机械建筑公司、天津电力建设公司	北京电力建设公司	1978.6	1983.8	14941.8	
		五期	1×20	国家计划委员会批准设计任务书	下花园发电厂扩建工程处	华北电力设计院(初步设计)、河北省电力设计院	天津电力建设公司	保定电建工程处	1985.6	1988.1	14624	

续表

序号	工程名称	建设分期	建设规模（万千瓦）	建设依据	建设单位	设计单位	施工单位		开工日期	竣工日期	工程投资（万元）	备注
							土建	安装				
3	唐山发电厂	一期扩建	2×2.5+1×0.525	1953年10月燃料工业部批准计划任务书	唐山电厂扩建处	前捷克斯洛伐克设计	沈阳电力基建局十二工程处	沈阳电力基建局第十五工程处	1955.6	1958.9	7220.35	前捷克斯洛伐克供设备
		二期	2×5+1×2.5	1956年9月电力工业部批准计划任务书	唐山电厂扩建处	北京电力设计院	唐山建筑工程局第三工程处	北京基建公司第二工程处	1958.10	1962.4	7020.22	前捷克斯洛伐克供设备
		三期	2×5	水利电力部以〈71〉水电综字第249号文批准建设	唐山电厂扩建处	唐山电厂组织“三结合”设计	唐山地区建筑公司	天津电力建设公司唐山工程处	1971.12	1974.10	4755.5	
		四期	1×5	国家计划委员会以计燃(1980)326号批准	唐山电厂	河北省电力设计院	中建二局第四建筑公司	北京电力建设公司第一工程处	1984.7	1986.11	1956.3	
4	石景山发电厂	一期扩建	2×1.2	国家计划委员会以〈55〉计燃彭字第21号文批准计划任务书	石景山发电厂新机工程处	北京电力设计分院	北京基建局第三工程处	北京基建局第五工程处	1956.3	1957.10	2137	
		二期	1×3.0	电力工业部以〈57〉计发字第002号文批准计划任务书	石景山发电厂筹建处	北京电力设计院	北京基建局第三工程处	北京基建局第五工程处	1957.7	1958.7	1224.8	
5	滦河发电厂	一期	2×1.2+1×2.5	水利电力部以发字(1958)第71号文批准；1963年水利电力部以电计字(1963)第499号文批复关于滦河电厂复工扩建的意见	滦河电厂筹建处	华北电力设计院	承德市建筑公司	北京电力建设公司第二工程处	1958.12	1967.2	2874.2	1962年3月停缓建，1963年11月复工
		二期	2×5	水利电力部以〈69〉水电军综字第206号文批准计划任务书	滦河电厂筹建处	华北电力设计院	承德市建筑公司	天津电力建设公司1号机组北京电力建设公司1号机结尾2号机组	1970.4	1979.3	5250.3	1974年停缓建，1978年复工

续表

序号	工程名称	建设分期	建设规模（万千瓦）	建设依据	建设单位	设计单位	施工单位		开工日期	竣工日期	工程投资（万元）	备注
							土建	安装				
6	北京第一热电厂	一期	2×2.5+1×5	国家计划委员会以〈55〉计燃彭字第18号文批准设计任务书	北京东郊热电厂筹建处	前苏联热电设计院	北京基建局第四工程处	北京基建局第一工程处	1957.7	1959.3	6016	
		二期	1×10	水利电力部以〈58〉计发字5807号文批准设计任务书	北京东郊热电厂筹建处	北京电力设计分院	北京市第四建筑公司	北京基建局第一工程处	1958.10	1959.10	4128	
		三期	1×5	水利电力部以58072号文批准设计任务书	北京热电厂筹建处	北京电力设计院	北京市第四建筑公司	北京基建公司第一工程处	1959.12	1965.12	5500	1961年10月停建，1964年6月复工
		四期	2×2.5	北京市革委会和水利电力部军管会批准	北京热电厂筹建处	北京热电厂和北京电建公司	北京电建公司一处	北京基建公司第一工程处	1971.4	1972.10	2807	背压式机
		五期	2×2.17（燃气轮机）	水利电力部以〈75〉水电计字第135号文批准	北京热电厂筹建处	北京电力设计院	北京市第二建筑公司	北京热电厂	1976.12	1977.5	200	
7	北京第三热电厂	一期	2×1.2	水利电力部以〈59〉水电生郝字第025号文批准	507电厂筹建处	北京电力设计院	北京市第八建筑公司	北京基建公司第三工程处	1959.10	1962.11		
		二期	1×1.2	水利电力部以〈61〉水电计年字第350号文批准	507电厂筹建处	北京电力设计院	北京市第六建筑公司	北京基建公司第三工程处	1963.6	1963.12	463.5	
		三期	2×2.29（燃气轮机）	水利电力部以〈72〉水电综字第128号文批准	507电厂筹建处	华北电力设计院	北京市第六建筑公司	北京电力建设公司	1972.8	1973.6	2322.48	
8	113电站	一期	1×5（燃气轮机组）	水利电力部〈67〉电基字第70号文批准	北京电力公司	华北电力设计院	水电总局第二工程局	北京电力建设公司	1967.10	1971.11	3616	地下电站

续表

序号	工程名称	建设分期	建设规模（万千瓦）	建设依据	建设单位	设计单位	施工单位		开工日期	竣工日期	工程投资（万元）	备注
							土建	安装				
9	高井发电厂	一期	2×10	国家计划委员会以〈59〉党组办刘字第53号文批准建设	高井电厂筹建处	北京电力设计院	北京市第二建筑公司	北京基建公司第三工程处	1959.12	1964.5	10243.5	
		二期	1×10	国家科学技术委员会以〈64〉科三张字第131号文批准计划任务书	高井电厂筹建处	华北电力设计院	北京市第二建筑公司	北京电力建设公司	1964.10	1967.2	4021	中间试验机组
		三期	1×10	水利电力部以〈66〉水电计年字第90号文批准	高井电厂筹建处	华北电力设计院	北京市第二建筑公司	北京电力建设公司	1967.1	1970.12	2811	
		四期	1×10	水利电力部以〈71〉水电综字第231号文批准	高井电厂筹建处	北京电力设计大队	北京市第六建筑公司	北京电力建设公司	1972.3	1973.3	4712	
		五期	1×10	国家计划委员会以〈73〉计字第457号文批准	高井电厂筹建处	北京电力设计院	北京市第六建筑公司	北京电力建设公司	1973.12	1974.10	3230	
10	军粮城发电厂	一期	2×5	国家计划委员会以〈60〉计燃字409号文批准计划任务书	军粮城电厂筹建处	北京电力设计院	天津市第三建筑公司、天津电建公司	北京基建公司第四工程处、天津电建公司	1960.1	1968.9		1963年3月停建，1964年5月复工
		二期	2×5		军粮城电厂筹建处	北京电力设计院	天津市第三建筑公司、天津电建公司	北京基建公司第四工程处、天津电建公司	1966.5	1971.5		
		三期	2×20	国家计划委员会以计字〔1985〕065号文批准计划任务书	天津市军粮城电厂扩建指挥部	华北电力设计院	中建六局第二工程公司	天津电力建设公司	1986.7	1989.11		

续表

序号	工程名称	建设分期	建设规模（万千瓦）	建设依据	建设单位	设计单位	施工单位		开工日期	竣工日期	工程投资（万元）	备注
							土建	安装				
11	杨柳青发电厂	一期	1×5+1×5	国家计划委员会以〈59〉计燃字1011号文批准	天津西郊电厂筹建处	华北电力设计院	天津电建公司	天津电力建设公司	1960.11	1973.12		1961年11月停建，1971年9月复工
		二期	1×10+1×12.5	北京电业管理局以〈72〉京电华生字第139号文批准	杨柳青电厂筹建处	华北电力设计院	天津电建公司	天津电力建设公司	1973.9	1975.12		
12	京西发电厂	一期	1×20	国家计划委员会以〈69〉计燃字073号文批准	京西电厂建设指挥部	北京电力设计院	北京市第二建筑公司	北京电力建设公司	1970.6	1975.7	10110	
13	陡河发电厂	一期	2×12.5	国家计划委员会以〈73〉计字第167号文批准	陡河电厂建设工程指挥部	北京电力设计院	中建二局第一工程公司	陕西电力建设公司、北京电力建设公司	1973.12	1977.11	四期工程总投资128600	1.1976年7月28日唐山发生大地震，1571名职工遇难，10万平方米建筑物全部倒塌，发电设备严重破坏，经一年抢修恢复。2.二期和三期工程荣获国家银质奖章
		二期	2×25	国家计划委员会以〈74〉计计字第008号文批准	陡河电厂建设工程指挥部	北京电力设计院	中建二局第一工程公司	陕西电力建设公司、北京电力建设公司	1974.6	1978.3		
		三期	2×20	国家计划委员会以计计〔1978〕612号文批准	陡河电厂扩建工程处	北京电力设计院	中建二局第一工程公司	天津电力建设公司	1978.10	1984.12		
		四期	2×20	国家计划委员会以计燃〔1979〕100号文批准计划任务书	陡河电厂扩建工程处	华北电力设计院	中建二局第一工程公司	天津电力建设公司	1979.5	1987.10		

续表

序号	工程名称	建设分期	建设规模（万千瓦）	建设依据	建设单位	设计单位	施工单位		开工日期	竣工日期	工程投资（万元）	备注
							土建	安装				
14	大港发电厂	一期	2×32	国家计划委员会以〈74〉计字第84号文批准	大港电厂建设工程指挥部	北京电力设计院	中建六局	天津电力建设公司	1974.12	1979.4		
15	北京第二热电厂	一期	4×5	国家计划委员会以〈72〉计字第217号文批准	北京热电厂	北京电力设计院	北京市第二建筑公司	北京电力建设公司	1976.1	1979.11	13000	燃油机组
16	石景山热电厂	一期	3×20	国家计划委员会以计燃字〔1983〕586号文批准计划任务书	石景山热电厂筹建处	华北电力设计院	北京电力机械建筑公司	北京电力建设公司	1985.10	1989.9	109500	到1990年底正式投产2台机组

煤灰泡沫混凝土，用于锅炉和管道保温工程，对锅炉加热面进行全面组合吊装，加快了工程进度。1号机组仅用188天，比计划提前144天即竣工投产，创中型火电机组施工工期新记录。这一时期，新建火电厂2座，扩建火电厂1座，安装发电机组21台，装机总容量29.4万千瓦。

1966～1978年，高温高压、大容量火电机组陆续建成投产，冀南火电建设进入新阶段。马头发电厂一期工程原已于1958年开工，施工中曾6次变动设计方案，使浇灌至8米的厂房A柱又毁掉重建，工程于1961年被缓建，1966年恢复施工，1968年首台机组建成投产。该厂二期工程安装的2台10万千瓦机组，是当时冀南安装的最大容量火电机组。这一时期，新建火电厂3座，扩建、改建火电厂4座，安装发电机组18台，装机总容量80.2万千瓦。

1979～1990年，单机容量20万千瓦的火电机组工程在马头发电厂、邢台发电厂兴建。邢台发电厂四期工程2台20万千瓦机组，是中央和地方集资兴建的首项工程。华能国际电力开发公司与河北省政府合资建设2台35万千瓦机组的华能上安电厂建成发电。这一时期，新建火电厂1座，扩建火电厂4座，安装发电机组12台，装机总容量212.5万千瓦。

1949～1990年，冀南电网共计新建、扩建单台机组容量1.2万千瓦以上的火电厂9座，安装发电机组51台，装机总容量327.1万千瓦。冀南电网火电厂建设情况统计见表1－2－3、表1－2－4。

冀南电网1949年火电厂统计

表1－2－3

厂　名	所在地	装机总容量（千瓦）	营业性质	备　注
峰峰发电厂	峰峰市	6895	企业自备	
邢台市发电厂	邢台市	128	公营	1974年停办
微水发电厂	井陉县	5000	公营	
石家庄第二发电厂	石家庄市	2000	公营	1958年停办
凤山发电厂	井陉县	1500	企业自备	1958年停办
束鹿发电厂	束鹿县	30	公营	
保定发电厂	保定市	2365	公营	1961年停办
沧县发电厂	沧县	192	公营	1962年停办
泊镇发电厂	南皮县	100	公营	1964年停办

第三节　山西火电建设

山西第一座火电厂1908年由太原电灯公司兴建。之后，随着民族工业的发展，在太

表 1-2-4

1949~1990 年冀南电网火电厂建设情况表

序号	工程名称	建设分期	建设规模（万千瓦）	建设依据	建设单位	设计单位	施工单位		开工日期	竣工日期	工程投资（万元）	备注
							土建	安装				
1	石家庄热电厂	一期	2×1.2	华北电业管理局以〈54〉华北计字第 1866 号通知国家计划委员会批准	石家庄热电厂筹建处	前苏联热电设计院莫斯科分院	电总基建工程管理局第八工程处	电总基建工程管理局第八工程处	1955.4	1956.12	3549.66	
		二期	2×1.25	电力工业部〈56〉计发字第 016 号文批准	施工单位扩大总承包	电力部长春电力设计院	电力工业部北京基建工程局第五工程处	电力工业部北京基建工程局第五工程处	1957.4	1958.3	1932.18	
		三期	2×1.2	1958 年 10 月经水利电力部批准	石家庄热电厂筹建处	河北省电力工业局设计院	河北省电力安装公司二队	河北省电力安装公司二队	1958.12	1960.11	658.36	
		四期	2×1.2	水利电力部〈63〉水电计年字第 24 号文批准	石家庄热电厂筹建处	水利电力部中南电力设计院	河北省第五建筑公司二处	北京电业管理局基建工程公司石家庄分公司	1963.10	1965.10	2295.04	
		五期	2×2.5	1965 年经水利电力部批准	石家庄热电厂筹建处	中南电力设计院	华北电力建设公司石家庄工程公司	河北省电力建设公司	1965.12	1967.12	1281.14	
		六期	1×1.2	1969 年水利电力部军管会生产指挥部专函批准	石家庄热电厂筹建处	中南电力设计院	河北省电力建设公司	河北省电力建设公司	1969.4	1972.5	867.29	
2	保定热电厂	一期	2×2.5	1955 年国家建设委员会批准	保定热电厂筹建处	北京电力设计院	建工部张掖一处	北京基建局第三工程处	1958.2	1960.4	5882.6	
		二期	1×5	水利电力部〈66〉水电计年字 265 号文批准	保定热电厂筹建处	北京电力设计院	河北省第二建筑安装公司	北京电业管理局基建工程公司第二工程处	1966.8	1969.3	3033.9	
		三期	1×5	水利电力部〈71〉电综字第 30 号文批准	保定热电厂筹建处	华北电力设计院	建工部八局二公司三处	天津电建公司保定工区	1971.7	1973.4	2110	

续表

序号	工程名称	建设分期	建设规模（万千瓦）	建设依据	建设单位	设计单位	施工单位		开工日期	竣工日期	工程投资（万元）	备注
							土建	安装				
2	保定热电厂	四期	1×5	国家计划委员会〈77〉计字第164号文批准	保定热电厂筹建处	华北电力设计院	河北省第一建筑公司四处	华北电业管理局保定工程处	1976.10	1981.10	5582	
		五期	1×2.5	国家计划委员会以计燃〔1983〕913号文批准	保定热电厂筹建处	华北电力设计院	河北省第一建筑公司	内蒙古第一电力建设公司	1985.6	1988.4	4760	
3	邯郸热电厂	一期	6×1.2		邯郸电厂工程筹建处	北京电力设计院	河北省第二建筑公司	河北省电力安装公司一队	1958.5	1959.6	6257.1	
		二期	2×1.2		邯郸电厂工程筹建处	北京电力设计院	河北省第二建筑公司	华北电力建设公司石家庄工程公司	1960.7	1966.8	2859.9	1961年2月停建，1964年复工
		三期	2×2.5	国家计划委员会以计燃〔1985〕050号文批准	邯郸电厂工程筹建处	河北省电力设计院	邯郸市第一建筑公司	山西省第三电力建设公司	1985.5	1990.8	8600	
4	马头发电厂	一期	2×2.5	水利电力部以〈58〉水电基设字244号文批准	马头电厂工程筹建处	北京电力设计院	河北省第二建筑公司	河北省电力安装公司，天津电力建设公司	1958.10	1969.12	3072	1962年停建，1966年10月复工
		二期	2×10	水利电力部以〈73〉水电计字157号文批准	马头电厂工程筹建处	河北省电力设计院	河北省电力建设公司	河北省电力建设公司	1975.8	1977.12	11143	
		三期	2×20	河北省电力局以〈75〉冀革电综字121号文转达批准文件	马头电厂工程筹建处	河北省电力设计院	河北省电力建设公司	河北省电力建设公司	1977.7	1980.12	22852	
		四期	1×20	国家计划委员会以计燃〔1979〕第509号文批准	马头电厂工程筹建处	河北省电力设计院	河北省电力建设公司	河北省电力建设公司	1980.7	1983.4	11473	

续表

序号	工程名称	建设分期	建设规模（万千瓦）	建设依据	建设单位	设计单位	施工单位		开工日期	竣工日期	工程投资（万元）	备注
							土建	安装				
5	微水发电厂	二期	2×5	河北省以〈71〉冀革生字第27号文批准	微水电厂扩建工程指挥部	河北省电力局设计队	河北省电力建设公司一处	河北省电力建设公司	1971.8	1973.12	4179	
6	150发电厂	一期	2×5	国家计划委员会〈67〉计燃字409号文批准	150电厂建设工程指挥部	北京电力设计院	河北省第四建筑公司	北京电力建设公司	1968.4	1972.6	9800	
		二期	2×5	国家计划委员会〈67〉计燃字409号文批准	150电厂建设工程指挥部	北京电力设计院	河北省第四建筑公司	吉林火电工程公司	1973.4	1974.9		
7	邢台发电厂	一期	2×2.5	水利电力部以〈69〉水电基字第508号文批准	邢台电厂工程指挥部	华北电力设计院	邢台市建筑公司第一工程处	华北电力建设公司石家庄公司	1970.4	1973.9	3167.63	
		二期	1×5(改为4万千瓦)	水利电力部以〈69〉水电基字第508号文批准	邢台电厂工程指挥部	河北省电力设计院	河北省电力建设公司	河北省电力建设公司	1973.9	1974.12	1613	
		三期	2×20	国家计划委员会以计计字〔1978〕第389号文批准	邢台电厂工程指挥部	河北省电力设计院、华北电力设计院	河北省电力建设公司	河北省电力建设公司	1983.7	1986.10	36234.44	1988年获国家优质工程奖章
		四期	2×20	国家计划委员会以计燃〔1984〕第1780号文批准	邢台电厂工程指挥部	河北省电力设计院	河北省电力建设一公司	河北省电力建设一公司	1986.2	1989.3	37141.47	
8	华能上安电厂	一期	2×35	国务院〈85〉国函字第72号文批准	华能国际电力开发公司石家庄分公司	意大利昂萨尔多公司、河北省电力设计院	河北省邯郸第一建筑公司等	河北省电力建设二公司	1986.10	1990.12	184507	

原、大同、太谷、榆次、祁县、新绛、五台、临汾、忻州、平遥等地兴建了一批火电厂。到1937年，山西共建设火电厂31座，装机总容量2.8万千瓦。1937～1945年，重点在太原、大同、阳泉以及同蒲铁路线上的主要城市扩建火电厂，到1945年，发电装机总容量达6.9万千瓦。1945～1949年，国民党挑起内战，其占领区未进行火电厂建设。而在中国共产党领导下的解放区，火电厂却得到发展。在此期间，八路军总部所在地的太行山区军民接管了长治西关电厂，并迅速恢复生产，又先后在长治市郊西白兔村和兴县建设火电厂，发电装机容量分别为2170千瓦和116千瓦，有力地支援了人民解放战争。到1949年，山西火电设备由于战争和长期失修，能够运行的发电机组容量只有3.68万千瓦。

新中国建立后，山西火电厂建设开始了辉煌的征程。

1949～1952年，山西火电建设主要是安装从外省拆迁的旧机组，大同平旺电厂（今大同第一热电厂）共迁装发电机组6台，装机总容量1.65万千瓦，太原、新绛、汾西等地迁装发电机组5台，装机总容量4600千瓦。

1953～1957年，作为前苏联援建的“156”项重点建设工程的太原第一热电厂和太原第二热电厂工程，先后于1953、1955年开工兴建，由此拉开了新中国建立后山西大规模火电建设的帷幕。大同平旺电厂将废弃多年的1.5万千瓦和2000千瓦发电机组修复安装，于1956年投产发电，该厂成为山西省第一座供热电厂。这一时期，新建火电厂2座，扩建火电厂1座，共计安装发电机组8台，装机总容量14.8万千瓦。

1958～1965年，随着太原第二热电厂1、2号机组于1958年内先后装竣投产，山西火电建设进入安装高温高压机组的新时期。1959年以后，由于前苏联终止合同，撤走专家，太原第二热电厂续建工程和大同平旺电厂扩建工程以及一批中、小电厂工程被迫停缓建，山西火电厂建设受到影响。这一时期，新建火电厂1座，扩建火电厂4座，共计安装发电机组11台，装机总容量33.6万千瓦。

1966～1978年，山西火电建设由在负荷中心城市建设电厂转至偏僻山区。同时，按照“靠山、分散、隐蔽”的方针和推行边勘测、边设计、边施工的“三边”方针，新建了娘子关发电厂、霍州发电厂和神头发电厂（今神头第一发电厂）及一批中、小型火电厂，这些火电厂工程在施工过程和投产后机组运行中，都存在诸多困难，遗留问题也难以解决，迟滞了电力建设的发展速度。这一时期，新建火电厂6座，扩建火电厂4座，共计安装发电机组23台，装机总容量113.4万千瓦。

1979～1990年，山西火电建设走上持续、稳定、协调、高速发展道路。发电机组运行参数大幅度提高，设备技术先进，单机容量增大。先后建成以20万千瓦以上机组为主的大型火力发电厂，其中神头第一发电厂是国家“六五”、“七五”计划期间的重点工程，全厂装机总容量130万千瓦，于1987年全部建成，成为山西省容量最大的火电厂。大同第二发电厂是山西省北部的又一座百万千瓦级大型火电厂，第一期工程安装6台20万千瓦发电机组，1988年全部建成。在晋东南煤炭基地还兴建了漳泽发电厂，全厂装机总容量104万千瓦，已投产83万千瓦。这几座百万千瓦级矿口火电厂的建成，实现了变单一输煤为输煤输电并重的能源发展战略，同时，实现了“西电东送”，为保首都用电做出了贡献。这一时期，新建火电厂2座，扩建火电厂3座，共计安装发电机组23台，已投产装机总容量358万千瓦。

1949～1990年，山西电网共计新建、扩建单机容量1.2万千瓦以上火电厂13座，安装发电机组64台，装机总容量519.8万千瓦。山西电网火电厂建设情况统计，见表1-2-5。

第四节　内蒙古火电建设

内蒙古火电建设始于1903年。当年，俄国商人在满洲里开办电灯厂，安装1台40千瓦发电机。第一座公营电厂于1909年在海拉尔建成，安装1台410千瓦发电机。之后，在博克图、归绥（今呼和浩特）、通辽、赤峰、牙克石、包头等地陆续开办电厂，安装发电机组。1937年，日本侵略军占领包头后，在包头电灯公司安装内蒙古第1台1000千瓦汽轮发电机组，又在乌兰浩特、扎赉诺尔、丰镇、集宁、萨县等地新建了火电厂，疯狂掠夺中国的经济资源。从1903年到1949年的46年间，内蒙古地区火电建设发展缓慢，先后共兴建火电厂16座，装机总容量2万多千瓦。在列强掠夺、战火连绵的年代，有的电厂被拆迁，有的被战火毁坏，到1949年底，生产运行的电厂只有11座，装机总容量1.48万千瓦。

新中国建立后，内蒙古电力工业经过3年恢复，发电设备健康水平提高，基本达到正常出力。同时在通辽电厂、集宁电厂、呼和浩特电厂进行扩建，成为新中国建立后内蒙古最早的火电建设项目。

1953～1957年，包头发电厂进行扩建，先后安装3台共1.5万千瓦发电机组，为新建高温高压热电厂提供了施工电源。还扩建和新建了扎兰屯、乌兰浩特、通辽、赤峰、锡林浩特、呼和浩特、东胜等7座火电厂，安装9台小型发电机组，装机总容量6892千瓦。一些企业自备电厂也同时进行新建和扩建。到1957年底，内蒙古发电装机总容量达到4.05万千瓦。

1958～1965年，内蒙古开始包头钢铁工业基地建设。为包头钢铁公司及机械制造、铝厂等新兴工业服务的包头第一、第二热电厂工程，被列入国家“一五”计划期间“156”项重点建设项目，成为前苏联援建项目之一。包头第二热电厂在“一五”计划期内开工，1958年7月、11月各投产1台2.5万千瓦机组。包头第一热电厂经过近1年的抢建，于1959年国庆节前投产3台共计6.2万千瓦机组，为包头钢铁公司在新中国建立10周年庆典前投产提供了可靠的电能。在1958年“大跃进”中，火电建设一度片面追求建设速度，搞“简易发电，先简后全”，呼和浩特发电厂新建1.2万千瓦机组，在厂房未结顶，给水、上煤、除灰设施仍在施工中，就进行试运行，不得不实行人力给水、上煤和除灰，机组只能带0.2万千瓦负荷，后经停缓建，填平补齐，重新安装，历时5年方告正式建成投产。这一时期，新建火电厂4座，扩建火电厂2座，共安装发电机组10台，装机总容量24.8万千瓦。

1966～1978年，受“靠山、分散、隐蔽”的建设方针影响，远离大城市、远离负荷中心，背靠乌拉山，距水源地远达37公里的乌拉山发电厂工程开始建设。为缓解东北电网严重缺电局面，在内蒙古东部昭乌达盟的元宝山地区建设元宝山发电厂，向东北电网供

表 1－2－5

1949～1990 年山西电网火电厂建设情况表

序号	工程名称	建设分期	建设规模（万千瓦）	建设依据	建设单位	设计单位	施工单位		开工日期	竣工日期	工程投资（万元）	备注
							土建	安装				
1	太原第一热电厂	一期	2×1.2+1×2.5	1950年2月中苏签订的《中苏友好同盟条约》和贷款协定中确定的建设项目	太原新机工程处	前苏联热电设计院莫斯科分院	电业管理总局修建工程局360工程公司	电业管理总局修建工程局360工程公司	1953.10	1955.10	6261.8	前苏联援建“156”项之一
		二期	1×2.5	1953年11月中苏签订的二期供货合同	太原新机工程处	前苏联热电设计院莫斯科分院	北京基建局第六工程处	北京基建局第六工程处	1955.10	1956.12	3341.2	
		三期	2×5	电力工业部计发字57038号文批准	太原第一热电厂筹建处	北京电力设计院	山西电力基建局一工区	山西电力基建局一工区	1958.8	1960.9	4493.3	
		四期	1×1.2	水利电力部以〈71〉水电综字28号文批准	太原第一热电厂筹建处	山西电业局发电公司第四处	山西电业局发电公司第四处		1971.9	1973.10		
2	太原第二热电厂	一期	2×2.5	燃料工业部〈54〉燃料计电徐字第600号文批准	太原第二热电厂筹建处	前苏联热电设计院莫斯科分院	北京基建局第六工程处	北京基建局第六工程处	1956.3	1958.9	4558.9	前苏联援建“156”项之一
		二期	2×5	水利电力部以〈58〉水电基局锐字099号文批准	太原第二热电厂筹建处	北京电力设计院	山西电建190工区	山西电建190工区	1960.3	1967.5	4684	
		三期	2×5	水利电力部以〈65〉水电计字第545号文批准	太原第二热电厂筹建处	华北电力设计院	华北电力建设公司山西电建局	华北电力建设公司山西电建局	1966.12	1972.6	4977	

续表

序号	工程名称	建设分期	建设规模（万千瓦）	建设依据	建设单位	设计单位	施工单位		开工日期	竣工日期	工程投资（万元）	备注
							土建	安装				
3	大同第一热电厂	二期	2×1.2	北京电业管理局以〈56〉电京基王字第2071号文批准	大同平旺电厂扩建处	长春电力设计院	北京基建局第五工程处	北京基建局第六工程处	1956.5	1958.3	2339	
		三期	1×1.2+2×2.5	北京电业管理局以京电计字57019号文批准	大同平旺电厂扩建处	山西电力设计院	山西省第二建筑公司	大同平旺电厂、华北电力建设公司山西电建局	1959.1	1966.9	2749	1961年停建，1964年复工
		四期	1×2.5	山西省革委会以〈72〉晋革电基字第269号文批准	大同平旺电厂扩建处	山西省电力设计院	大同市建筑公司	山西省发电公司第四工程处	1972.7	1973.6	2235	
		五期	1×2.5	国家计划委员会以〈75〉计字53号批准	大同市会战指挥部	山西省电力设计院	山西省建工局第二工程公司	山西省电建二公司	1975.2	1975.11		
4	阳泉发电厂	二期	2×1.2	山西省电力工业厅以〈59〉晋电基字第095号和〈59〉电基楼字第1235号文决定	阳泉电厂扩建工程指挥部	山西省电力工业厅基建局设计院	阳泉市建筑工程局、建工部八局、华北第七工程公司一处	山西电建二处、河北电建二处工程队	1959.4	1966.5	1653.7	
5	巴公发电厂	一期	4×1.2	国家计划委员会以〈62〉计燃字741号批复	巴公电厂筹建处	华北电力设计院	山西省第一建筑公司	山西省发电二公司	1966年初	1971.9	1948.2	
6	侯马发电厂	一期	2×2.5	水利电力部以〈66〉水电计字第020号文批准	侯马电厂工程筹建处	西北电力设计院	山西省第一建筑公司	华北电力建设公司山西工程局	1965.11	1970.8	2677.24	
		二期	2×2.5	水利电力部以〈66〉水电计字第020号文批准	侯马电厂工程筹建处	西北电力设计院	山西省第一建筑公司	华北电力建设公司山西工程局	1970.10	1972.3	1944.85	

续表

序号	工程名称	建设分期	建设规模（万千瓦）	建设依据	建设单位	设计单位	施工单位		开工日期	竣工日期	工程投资（万元）	备注
							土建	安装				
7	娘子关发电厂	一期	2×10	国家计划委员会以〈66〉计燃字771号文批准	160工程指挥部	华北电力设计院	华北电力建设公司石家庄公司、山西省发电工程公司	华北电力建设公司石家庄公司、山西省发电工程公司	1966年洞外工程1968年8月	1975.12	9883.3	先打洞建洞内电厂，因大面积塌方，1969年水利电力部军管会以〈69〉水电军电基字第484号文通知洞内停建，洞外工程1968年8月开工
		二期	2×10	国家计划委员会以〈66〉计燃字771号文批准	娘子关电厂扩建工程处	山西电力设计院	山西省电力建设第三公司	山西省电力建设第三公司	1978.5	1982.9	13488.1	
8	恒山发电厂	一期	2×1.2	国家计划委员会〈68〉计燃字135号文批准	晋红（恒山）电厂筹建处	华北电力设计院	山西省第二建筑公司	雁北电力安装队	1971.1	1975.11	2427.8	
9	永济发电厂	一期	2×5	〈70〉晋革生535号文转发永济发电厂选厂定点会议纪要	永济电厂建设总指挥部	山西省电力设计院	运城地区建筑公司	山西省发电工程公司	1970.12	1974.12	5484	国家未批准计划任务书和初步设计，即开工建设
		二期	2×5	国家计划委员会以计燃字〔1984〕836号文批准	永济电厂扩建处	山西省电力设计院	运城地区建筑总公司、有色二建公司、河南省建二公司	山西省电建三公司	1985.10	1988.10	13938	
		三期	1×5	山西省计划委员会以晋基燃字〈88〉第404号文批复	永济电厂扩建处	山西省电力设计院	运城地区建筑总公司	山西省电建三公司	1989.4	1990.12	5815.6	

续表

序号	工程名称	建设分期	建设规模(万千瓦)	建设依据	建设单位	设计单位	施工单位		开工日期	竣工日期	工程投资(万元)	备注
							土建	安装				
10	霍县发电厂	一期	2×10	水利电力部军管会以〔1969〕水电军电基字第222号文批准	霍县电厂工程会战指挥部	山西省电力设计院	山西省发电公司第三工程处	山西省发电公司第一工程处	1971.3	1974.9	10342	
		二期	2×10	国家计划委员会以计字〔1974〕154号文批准	霍县电厂扩建工程处	山西省电力设计院	山西省发电公司第三工程处	山西省发电公司第一工程处	1974.9	1978.11	8998	
11	神头第一发电厂	一期	2×7.5	水利电力部以〈72〉水电电字第128号文批准	朔县电厂工程指挥部	山西省电力设计院	山西省第二建筑公司	山西电建公司第二工程处	1973.10	1977.12	9975.7	1986年改铭牌为5万千瓦
		二期	2×10	水利电力部以〈75〉水电计字第40号文批准	朔县电厂工程指挥部	山西省电力设计院	山西省电建第二工程公司	山西省电建第二工程公司	1977.12	1981.7	26388.35	
		三期	4×20	水利电力部以〈79〉电计字84号文报国家计划委员会批准	神头发电厂扩建工程处	山西省电力设计院	山西省电建第二工程公司	山西省电建第二工程公司	1982.4	1987.12	108609	
12	大同第二发电厂	一期	6×20	国家计划委员会以计字〔1978〕497号文批复	大同二电厂建设工程指挥部	山西省电力设计院	山西省电建第一公司	山西省电建第一公司	1978.10	1988.11	111262.2	
13	漳泽发电厂	一期	2×10	国家计划委员会以计字〔1987〕530号文批准	漳泽电厂工程筹建处	山西省电力设计院	山西省电建第三公司	山西省电建第三公司	1984.3	1986.9	22380	
		二期	4×21	国家计划委员会以计燃(外)〔1986〕439号文批复	漳泽电厂工程筹建处	山西省电力设计院	山西省电建第三公司	山西省电建第三公司	1987.12	1990.12	119174	

电，第一期工程法国进口的30万千瓦机组于1978年12月竣工投产。这一时期，新建火电厂2座，扩建火电厂3座，共安装发电机组9台，装机总容量75万千瓦。

1979～1990年，国内单机容量最大的元宝山发电厂60万千瓦机组于1985年12月建成投产。为进一步缓解东北电网缺电局面，配合内蒙古东部地区霍林河煤田开发建设的通辽发电厂4台20万千瓦机组，于1985～1990年间陆续投产。丰镇发电厂工程是国家"七五"计划期间的重点工程，是联络华北电网与蒙西电网的大型枢纽发电厂。一期工程安装4台20万千瓦机组，1990年已投产2台机组。包头第二热电厂1987年开始的扩建工程是与华能发电公司合资、向地方集资建设的工程，安装2台10万千瓦机组，1988、1989年先后投产。这一时期，新建电厂2座，扩建电厂9座，共安装发电机组24台，装机总容量244.7万千瓦。

1949～1990年，内蒙古共建成单机容量1.2万千瓦以上的火电厂12座，安装发电机组43台，装机总容量334.5万千瓦。内蒙古火电建设情况统计，见表1-2-6、表1-2-7。

第五节　重点工程

一、石景山发电厂

石景山发电厂位于北京西郊石景山区广宁坟村，距市中心22公里。该厂始建于1919年8月，由"京师华商电灯股份有限公司"筹建，原称石景山发电分厂。自1921年至1936年，共安装锅炉14台，汽轮发电机5台，装机总容量3.233万千瓦，为华北最大的发电厂。

1937年"七七"事变后，日本侵略军占领北平，北平华商电灯公司改称"北京电气事业管理局"。1940年1月，华商电灯股份被日本侵略军强行收买，华商电灯公司董事会遂告解散。同年2月1日，华北电业股份有限公司在中南海居仁堂成立，"北京电业分司"改称"华北电业股份有限公司北京分公司"。

1941年，石景山发电分厂划归华北电业公司直接领导，并改称"北京发电所"。随着日本侵华战争的加剧，北平地区用电量增加。1944年"北京发电所"从日本日立公司引进的2.5万千瓦汽轮发电机和2台75吨/时锅炉开始安装，于1946年投产发电。

到1949年，石景山发电厂在装发电机组4台，锅炉13台，发电装机总容量5.5万千瓦，最大单机容量为2.5万千瓦。

新中国建立后，自1956年3月至1958年7月，石景山发电厂进行了两期扩建，共安装汽轮发电机3台，装机容量5.4万千瓦。

一期扩建工程安装2台1.2万千瓦汽轮发电机、3台50吨/时链条炉，于1955年11月进行场地平整、障碍物拆除。1956年6月，在前民主德国专家指导下，进行安装准备。汽轮发电机和锅炉均采取平行流水作业。2台机组、3台锅炉（均为前民主德国产）先后于1957年4月、10月、11月竣工投产。

二期扩建工程安装瑞典产3万千瓦汽轮发电机和前苏联产130吨/时煤粉炉。1958年3月开始设备安装，同年7月1日投产发电。

内蒙古1949年火电厂统计

表1-2-6

序号	创办时间(年)	厂 名	装机		技术装备	最初经营者	备 注
			台数	容量(千瓦)			
1	1903~1913	满洲里胪滨电灯厂	3	305	蒸汽机.直流	俄国商人	1929年当地政府接管
2	1909	海拉尔电灯厂	1	410		官商	
3	1915~1939	海拉尔广信电灯厂	6	4589	锅驼机.蒸汽机	俄国商人	1920年黑龙江省银行广信公司收买
4	1920	博克图电灯厂	1	70	蒸汽机.直流	俄国商人	1924年转给地方经营
5	1921~1947	赤峰电灯厂	6	906	蒸汽机.柴油机	官商	1933年日军侵占
6	1922~1939	绥远电灯股份有限公司	5	2510		大盛魁联号	1929年绥远省政府接管后为日军侵占
7	1922~1942	通辽电灯厂	3	2100		黑龙江省督军	
8	1927~1944	牙克石电厂	5	295	锅驼机	俄国商人	1944年伪满接管
9	1930~1944	包头电灯公司	4	2860	锅驼机.蒸汽机汽轮机	官商	1937年日军侵占
10	1936~1948	乌兰浩特(王爷庙)发电所	2	525		日军开办	1947年内蒙古人民政府接管
11	1937	扎兰屯发电所	1	70	蒸汽机	俄国商人	1947年当地政府接管
12	1937	扎兰屯电厂	2	250	锅驼机	中长铁路	
13	1938~1941	扎赉诺尔发电厂	3	4240		伪满开办	
14	1939	丰镇发电所	1	500		蒙疆电业株式会社	
15	1940~1941	集宁发电厂	2	1000	汽轮机	蒙疆电业株式会社	
16	1940~1944	萨县电厂	2	360	锅驼机.蒸汽机	蒙疆电业株式会社	
	合计		47	20990			

表 1－2－7

1949～1990 年内蒙古火电厂建设情况表

序号	工程名称	建设分期	建设规模（万千瓦）	建设依据	建设单位	设计单位	施工单位		开工日期	竣工日期	工程投资（万元）	备注
							土建	安装				
1	包头第二热电厂	一期	2×2.5	1954 年 12 月国家计划委员会批准计划任务书	包头第二热电厂工程筹建处	前苏联热电设计院莫斯科分院	北京基建局第一工程处	北京基建局第一工程处	1956.3	1958.11	6041.9	前苏联援建“156”项之一
		二期	1×5	1964 年国家计划委员会批准计划任务书	包头第二热电厂工程筹建处	北京电力设计院	建工部包头第二建筑公司	北京基建局第一工程处	1966.1（开始机组安装）	1966.12	1781.49	主厂房在一期已建成
		三期	2×5	1965 年水利电力部批准	包头第二热电厂工程筹建处	华北电力设计院	建工部八局第八建筑公司	北京基建局第一工程处	1965	1970.8	3789.62	
		四期	2×10	1987 年 8 月国家计划委员会批准计划任务书	包头第二热电厂工程筹建处	内蒙古电力设计院	内蒙古第二建筑公司	内蒙古电力建设第一工程公司	1987.3	1989.12	24500	内蒙古与华能发电公司集资建设
		五期	1×2.5	1988 年内蒙古人民政府批准	包头第二热电厂工程筹建处	内蒙古电力设计院	内蒙古第四建筑公司	内蒙古电力建设第一工程公司	1989	1990.12	1120	地方集资建设
2	包头第一热电厂	一期	1×1.2＋2×2.5	1954 年 5 月国家计划委员会批准计划任务书	包头第一热电厂筹建处	前苏联热电设计院莫斯科分院	华北建筑第一工程公司	北京基建局第一工程处	1958.3	1959.12		前苏联援建“156”项之一
		二期	1×5		包头第一热电厂筹建处	北京电力设计院	华北建筑第一工程公司	北京基建局第一工程处	1960.4	1961.8		
		三期	2×10	1973 年 8 月水利电力部批准计划任务书	包头第一热电厂筹建处	内蒙古电力设计院	内蒙古第二建筑公司	内蒙古电力建设第三工程公司	1975.11	1980.4		
		四期	1×10	1988 年 6 月内蒙古计划委员会批准计划任务书	包头第一热电厂筹建处	内蒙古电力设计院	包头第二冶金建设公司	内蒙古第一电力建设公司	1989.5	1990.12	9525	内蒙古与中信集团新能源开发公司集资建设

续表

序号	工程名称	建设分期	建设规模（万千瓦）	建设依据	建设单位	设计单位	施工单位		开工日期	竣工日期	工程投资（万元）	备注
							土建	安装				
3	呼和浩特发电厂	一期	2×1.2						1960	1966.1		
		二期	2×2.5						1972.4	1977.4		
4	赤峰发电厂	一期	1×1.2						1961	1967		
		二期	2×1.2						1986	1988		
5	乌拉山发电厂	一期	2×5	1968年5月国家计划委员会批准计划任务书	内蒙古180工程指挥部	华北电力设计院和内蒙古电力设计院	内蒙古第二建筑公司	内蒙古电力建设公司一处	1970.1	1975.12	9412	开始打山洞为进洞电厂，因耗资太大又迁出洞外
		二期	1×10	1983年5月国家计划委员会批准计划任务书	乌拉山电厂扩建处	内蒙古电力设计院	内蒙古电力建筑公司	内蒙古电力安装公司	1985.5	1987.8	9745.75	
6	元宝山发电厂	一期	1×30	国家计划委员会以(74)计计字第416号文批准	元宝山电厂筹建处	东北电力设计院	东北电管局第一工程公司	东北电管局第一工程公司	1975.7	1979.2	39375.9	全国第一台30万千瓦机组
		二期	1×60	1979年国家计划委员会批准	元宝山电厂筹建处	东北电力设计院	东北电管局第一工程公司	东北电管局第一工程公司	1981.5	1985.12	87105.5	全国第一台60万千瓦机组

续表

序号	工程名称	建设分期	建设规模（万千瓦）	建设依据	建设单位	设计单位	施工单位		开工日期	竣工日期	工程投资（万元）	备注
							土建	安装				
7	灵泉发电厂	二期	2×2.5						1982	1985		
8	锡林浩特第二发电厂	一期	2×1.2						1987	1990		
9	海拉尔发电厂	扩建	2×1.2							1989		
10	乌达发电厂	扩建	4×2.5							1984		
11	丰镇发电厂	一期	2×20	国家计划委员会以计燃字（85）1543号文批准	丰镇电厂筹建处	内蒙古电力设计院	内蒙古第二、第三建筑公司	内蒙古电力建设第一、第二公司	1986.7	1990.12		
12	通辽发电厂	一期	2×20	1979年9月国家计划委员会批准计划任务书	通辽发电筹建处	东北电力设计院	吉林火电第二公司	吉林火电第一公司	1979.8	1985.12	43984	
		二期	2×20		通辽发电厂筹建处	东北电力设计院	吉林火电第二公司	吉林火电第一公司	1988.5	1990.12		

石景山发电厂经过两期扩建，全厂装机总容量达到 10.9 万千瓦，是当时华北最大的发电厂。

二、天津第一发电厂（今天津第一热电厂）

天津第一发电厂位于天津市中心海河北岸，始建于 1937 年。初期安装 1.5 万千瓦汽轮发电机 2 台，于 1938 年投产，全部主设备均为日本产品，由日本人安装。

新中国建立后，经过三期扩建，共安装 5 台机组。到 1960 年，全厂发电装机总容量达到 15.5 万千瓦，是京津唐电网 60 年代的主力电厂之一。

一期扩建工程，1951 年根据前苏联专家建议，安装原冀北电力公司留下的 1 台 2.5 万千瓦日本芝浦厂制造的发电机、瑞士 BBC 公司生产的汽轮机和从前苏联订购的 1 台 TΠ－130 型煤粉炉。工程由华北电业管理局组织，天津新机工程处负责施工。于 1954 年 5 月并网发电，锅炉于翌年 8 月投入运行。一期扩建工程质量优良，实现了一次并网。

二期扩建工程，1956 年 11 月由电力工业部批准设计任务书，安装 1 台 2.5 万千瓦汽轮发电机和 1 台前苏联产 TΠ－130 型锅炉。工程由天津第一发电厂筹建处负责组织，北京基建局第一工程处负责土建安装，于 1958 年 6 月移交生产。

三期扩建工程安装 3 台国产 2.5 万千瓦机组、3 台国产 130 吨/时锅炉。工程由天津市第三津筑工程公司负责土建施工，北京电业管理局基建工程公司负责设备安装。1959～1961 年，3 台机组先后并网发电。

80 年代，该厂进行了供热改建，拆除旧机组 2 台，新建、改建供热机组 4 台。到 1990 年底，全厂装机总容量为 21.2 万千瓦。1988 年 1 月，该厂更名为天津第一热电厂。

三、下花园发电厂

下花园发电厂始建于 1937 年 8 月，由蒙疆电业股份有限公司筹建。到 1945 年，总装机容量 1.8 万千瓦。1948 年 12 月张家口地区第二次解放时，尚存 3 台机组，发电装机总容量 1.228 万千瓦。

1953～1990 年，下花园发电厂共进行了五期扩建工程，建成投产发电机组 7 台，全厂装机总容量 52.928 万千瓦，其中退役、报废机组容量 10.428 万千瓦。到 1990 年底，运行的有 10 万千瓦机组 2 台，20 万千瓦机组 1 台，2.5 万千瓦机组 1 台，共计 42.5 万千瓦。

一期扩建工程，利用原有厂房安装异地拆迁的 1.5 万千瓦旧设备，于 1955 年 1 月建成试运行，同年 8 月移交生产。

二期扩建工程，安装 1 台 2.5 万千瓦机组。1958 年 4 月改为 2 台 2.5 万千瓦、1 台 5 万千瓦机组，4 台 120 吨/时锅炉。1959 年 5 月又将建设规模改为 1 台 2.5 万千瓦机组和 1 台 120 吨/时锅炉，使已建基础报废，重新设计。北京基建工程公司一处在安装中推行施工现场的水、电、氧气、瓦斯统一供应管理；汽轮机及部分附件实行扩大预组装；汽缸水平调整采取直接用转子轴颈水平找汽缸纵向水平的“三点法”。1960 年 11 月 1 日，比原计划提前 183 天建成投产。

三期扩建工程，安装 2 台瑞典产高温高压 3 万千瓦机组。工程由北京电力设计院设计，北京电力建设公司下花园安装工区施工，1970 年 7 月建成投产。1972 年 3 月，水利电力部电力建设总局在下花园发电厂召开全国基建会议，授予该项工程“全国标兵工程”

荣誉称号。

四期扩建工程安装2台10万千瓦机组，1978年6月开工建设。施工中，采用了承压焊口氩弧焊打底、电焊盖面新工艺；汽轮机、磨煤机安装激光找中心；电缆敷设机械化；复水器胀管自动化；焊口进行了中频热处理；汽机本体喷涂保温；油系统管路强酸清理；输煤皮带冷接等新的施工方法。扩建工程于1982、1983年完成，2台机组先后投产发电。

五期扩建工程安装1台20万千瓦机组，由华北电力设计院进行初步设计，河北电力勘测设计院负责施工图设计，天津电力建设公司承建，北京电力机械建筑公司负责水塔施工，1988年1月建成投产。

四、唐山发电厂

唐山发电厂始建于1941年5月，由“华北电业股份有限公司”筹建，安装1万、1.5万千瓦中温中压机组各1台，分别于1942、1944年建成投产。1953～1990年，进行了四期扩建工程，共安装9台机组，装机总容量33.025万千瓦。

一期扩建工程安装2台2.5万千瓦机组和1台0.525万千瓦背压机组。发电设备由前捷克斯洛伐克提供，并由其承担设计。国产配套设备由电业管理总局北京设计局负责设计，土建和安装工程由沈阳电力基建局第十二、十五工程处承担，生活福利工程由华北工程公司包头工程处及唐山建筑工程局第二、第三工程处施工。3台机组分别于1958年2月、5月、9月建成投产。

二期扩建工程安装2台5万千瓦机组、1台2.5万千瓦机组。2台5万千瓦机组主设备由前捷克斯洛伐克供应，2.5万千瓦机组采用国产设备。工程由北京电业管理局基建工程公司第二工程处承建，先后于1959年12月、1960年3月、1962年4月建成投产。

三期扩建工程安装2台5万千瓦机组。北京电力工业局于1972年1月组织审查初步设计。建筑工程由唐山地区建筑公司、唐山城市管理局市政处承担，安装工程由天津电力建设公司唐山工程处、河北省建筑安装工程公司和陕西电力建设公司承担。于1973年4月、1974年4月投产发电。

为解决唐山市区冬季取暖问题，1984年增装1台5万千瓦供热机组，由河北省电力勘测设计院设计。中国建筑总公司第二工程局第四建筑公司承担建筑工程，北京电力建设公司一处承担安装工程，1986年11月建成投产。

五、太原第一热电厂

该厂位于山西省太原市南郊化工区董茹村。是“一五”时期前苏联援建的“156”项重点工程之一，编号为“360工程”，也是华北第一项大型火电厂建设。工程设计和成套设备均由前苏联承担，并派专家到工程现场指导施工。

1952年8月9日，燃料工业部电业管理总局指定所属太原新机工程处为建设单位，修建工程局负责施工。

一期工程安装1台2.5万千瓦、2台1.2万千瓦抽汽供热汽轮发电机组，3台75吨/时、2台130吨/时燃煤中压锅炉，发电装机总容量4.9万千瓦。1953年10月24日开工，翌年12月28日1号机组移交生产。2、3号机组分别于1955年4月8日、10月25日投产。1956年6月，“360工程”全部竣工，工程投资6261.8万元。

二期扩建工程安装 1 台 2.5 万千瓦机组和 2 台 130 吨/时锅炉，工程编号为“190 工程”。工程全套设计仍由前苏联负责。建筑、安装工程施工由电力部北京基本建设工程管理局第六工程处承担，1955 年 10 月 29 日开工。为解决电厂的水源问题，在电厂东面的汾河畔低洼沼泽地建 5 平方公里筑堤围堰蓄水，作发电厂循环水冷却池。二期工程于 1956 年 12 月 2 日投产，工程投资 3341.2 万元。

三期扩建工程安装国产 5 万千瓦机组和 240 吨/时锅炉各 2 台。由北京电力设计院设计，山西电力工业厅基建局发电一工区承担建筑、安装工程施工。工程于 1958 年 8 月 22 日开工，2 台机组分别于 1960 年 5 月 16 日、9 月 16 日投产，工程投资 4493.3 万元。

四期扩建工程安装 1.2 万千瓦背压式汽轮发电机和 230 吨/时锅炉各 1 台。建筑、安装工程施工由山西省电业局发电公司第四工程处承担。工程于 1971 年 9 月 3 日开工，1973 年 10 月 10 日建成投产，工程投资 1285.4 万元。

太原第一热电厂经四期建设，共安装发电机组 7 台，锅炉 10 台，装机总容量 18.6 万千瓦，工程总投资 15381.7 万元。

1987 年 11 月 23 日，太原第一热电厂五期扩建工程开工，安装国产 30 万千瓦供热机组和波兰进口 1000 吨/时塔式直流锅炉各 2 台。工程由山西省电力设计院设计，建筑单位由山西电力建设公司第四工程公司承担。到 1990 年底，工程建设正在进行中。

六、石家庄热电厂

该厂位于河北省石家庄市区。1955 年开始兴建，经 6 期扩建，到 1972 年共安装发电机组 11 台，装机总容量 15.7 万千瓦，供热能力 374 吨/时。

一期工程建设是“一五”时期前苏联援建的“156”项国家重点工程之一，也是河北省最早建设的中温中压热电厂。安装 1.2 万千瓦供热机组 2 台和 75 吨/时锅炉 4 台，工程编号为“194 工程”。工程设计和成套设备均由前苏联供应，并派专家到现场指导施工。建筑、安装工程由电业管理总局基建工程管理局第八工程处施工。工程于 1955 年 4 月 1 日开工，1956 年 4 月 10 日 1 号机组移交生产，工程评价“良好”。2 号机组于 1956 年 12 月 28 日投产。一期工程投资 3549.66 万元。

二期扩建工程安装前德意志民主共和国生产的 1.25 万千瓦机组 2 台，由电力部长春电力设计院设计。1957 年 4 月 5 日开工，该国专家组到现场指导施工。2 台机组分别于 1958 年 1 月 23 日、3 月 18 日建成投产。

三期扩建工程安装国产 1.2 万千瓦机组 2 台，不装锅炉，由老厂供汽。工程由河北省电力安装公司火电二队施工，1958 年 12 月 12 日开工。2 台机组分别于 1959 年 12 月 10 日、1960 年 11 月建成投产。

四期扩建工程安装 1.2 万千瓦机组 2 台，120 吨/时锅炉 1 台，130 吨/时锅炉 1 台，设备由上海汽轮机厂、上海电机厂、上海锅炉厂制造。工程由水利电力部中南电力设计院设计，河北省电力建设公司施工。1963 年 10 月 14 日开工，分别于 1964 年 12 月、1965 年 10 月建成投产。

五期扩建工程安装 2.5 万千瓦机组 2 台。由水利电力部中南电力设计院设计，工程由河北省电力建设公司施工，1966 年开工，分别于 1967 年 7 月、12 月建成投产。

六期扩建工程安装1.2万千瓦背压机组和130吨/时锅炉各1台。工程由水利电力部中南电力设计院设计，河北省电力建设公司施工，1969年4月开工。汽轮发电机和锅炉分别于1971年12月24日和1972年5月8日建成投产。由于该机达不到铭牌出力，1978年经河北省电力局批准，机组容量改为1万千瓦。

七期扩建工程安装2.5万千瓦供热机组4台，由中南电力设计院设计，河北省电力建设公司承担施工。工程于1989年12月开工，1990年底仍在建设中。

七、太原第二热电厂

该厂位于山西省太原市北郊西留庄村，距太原市区15公里，是“一五”时期前苏联援建的“156”项国家重点工程之一，编号为“402工程”。一期工程安装前苏联产2.5万千瓦供热高温高压机组2台和170吨/时锅炉3台。工程由前苏联热电设计院莫斯科分院设计，北京基本建设局第六工程处402工区承担建筑、安装施工，1956年3月20日开工。2台机组分别于1958年6月14日、9月16日建成投产。后因3号炉设备调到大连，该厂一期工程改为2机2炉，工程投资4733万元。

二期扩建工程安装5万千瓦机组、230吨/时锅炉各2台。工程由北京电力设计院设计，山西电建“190”工区承担工程施工。1959年开工后，因前苏联单方撕毁合同，尚未发运的设备停止供货，1960年又撤走全部专家。承担施工任务的电建职工奋发图强，自力更生，1960年3月改以哈尔滨锅炉厂生产的230吨/时锅炉取代。1960年8月，汽机进厂安装，1963年12月，3号机组投产。4号机改为哈尔滨汽轮机厂生产的5万千瓦机组，1967年5月22日投产。工程投资4684万元。

三期扩建工程安装5万千瓦机组2台、220吨/时锅炉3台。工程由华北电力设计院设计，华北电力建设公司山西电建局承担施工，1966年12月开工。2台机组分别于1971年4月、1972年6月投产。在“文革”中7号炉停止施工，1977年2月复工，1978年8月竣工投产。三期工程从开工到竣工历时11年，工程投资4977万元。

太原第二热电厂经三期建设，共安装6台机组7台锅炉，发电装机总容量25万千瓦，工程总投资14394万元。

八、包头第二热电厂

该厂位于内蒙古包头市青山区。自1956年开始兴建，到1990年共进行了五期建设，安装8台机组，发电装机总容量42.5万千瓦，工程总投资37233万元，是蒙西电网主力电厂之一。

一期工程安装2.5万千瓦机组2台、170吨/时锅炉3台。是“一五”时期前苏联援建的“156”项国家重点工程之一，也是在内蒙古兴建的第一座高温高压热电厂，编号为“406工程”。工程设计由前苏联电站部火电设计院莫斯科分院承担，设备由前苏联供应，建筑、安装工程由电力工业部北京基建局第一工程处扩大承包。1956年3月28日主厂房开工。1号机组于1958年7月16日移交生产，工程质量评为优良。2号机组于1958年11月8日投产，3号锅炉于1960年12月投产。一期工程投资6041.93万元。

二期扩建工程安装5万千瓦机组3台，后因国家经济调整，缩短基本建设战线，二期工程缓建。1964年，国家计划委员会同意先建1台国产高温高压5万千瓦凝汽式机组和1

台230吨/时锅炉。同年9月，华北电力设计院完成修改设计。二期扩建工程的主厂房因在一期工程中已一次建成，故二期扩建只进行设备基础和沟道施工，由建筑工程部第二工程公司负责。设备安装工程由华北电力建设公司内蒙古工程公司承担。3号机组于1966年12月25日投产，二期扩建工程投资1781.49万元。

三期扩建工程安装5万千瓦、230吨/时锅炉各2台。工程由华北电力设计院设计。建筑工程由建工部第八工程局承担，设备安装由华北电力建设公司内蒙古工程公司承担。2台机组分别于1969年1月20日和1970年8月1日投产，工程投资3789.62万元。

四期扩建工程是内蒙古集资建设的工程项目，安装10万千瓦机组和410吨/时锅炉各2台。工程概算投资2.49亿元，由内蒙古电业管理局、呼和浩特市、包头市与中国华能发电公司共同投资建设。主设备采用哈尔滨汽轮机厂、哈尔滨电机厂生产的机组，锅炉为东方锅炉厂生产。工程由内蒙古电力设计院设计，于1987年11月完成。建筑安装工程分别由内蒙古第二建筑工程公司和内蒙古第一电力建设工程公司承担。1987年3月1日主厂房开工，2台机组分别于1988年12月19日和1989年12月17日投产，四期工程完成投资2.45亿元。

五期扩建工程于1988年经内蒙古自治区人民政府批准，由地方集资和贷款，利用老电厂蒸汽扩建1台2.5万千瓦背压式机组。工程由内蒙古电力设计院设计，建筑安装工程分别由内蒙古第四建筑公司和内蒙古第一电力建设公司承担。主厂房于1989年底结顶，机组于1990年12月投产，工程投资1120万元。

九、北京第一热电厂

该厂位于北京市朝阳区红庙，是“一五”期间由前苏联援建的“156”项重点工程之一（原称东郊热电厂），编号为“529工程”，是北京市第一座高温高压热电联产电厂。1957年7月～1977年5月，共安装汽轮发电机组和锅炉各9台，发电装机总容量34.34万千瓦，供汽700吨/时，供热水0.84太焦/时。总投资18651万元。

一期工程安装前苏联生产的2台2.5万千瓦、1台5万千瓦供热机组，160吨/时锅炉1台，220吨/时锅炉2台。由前苏联热电设计院设计，建筑、安装施工由北京基本建设局第一、第四工程处承担，在前苏联专家指导下施工。1957年7月25日，主厂房开工。3台机组（厂编号为1、2、3号）分别于1958年9月23日、10月19日和1959年3月3日投产。

二期扩建工程原计划安装5万千瓦供热机组2台、10万千瓦凝汽式机组1台，220吨/时锅炉3台和410吨/时锅炉2台，共3机5炉。后因前苏联仅有10万千瓦机和220吨/时炉，故二期扩建仅安装10万千瓦机组1台和220吨/时锅炉2台（厂编号为4号机和5、6号炉）。1958年10月建筑工程开工，4号机5号炉分别于1959年10月17日、11月4日投产，6号炉于1960年4月19日投产。

三期扩建工程安装5万千瓦供热机组2台、超高压420吨/时锅炉2台，设备全部由前苏联进口。工程由北京电力设计院设计，建筑、安装工程分别由北京市第四建筑公司、北京电业管理局基建公司第一工程处承担。汽轮机安装于1959年12月17日开工，后因国家经济调整，压缩基建规模及前苏联中断供货，工程于1961年10月停缓建。1964年6

月工程复工，1965年12月29日三期工程1机1炉竣工投产。

四期扩建工程安装2.5万千瓦背压式机组和220吨/时锅炉各2台（厂编号6、7号机和8、9号炉）。工程由北京热电厂和北京电力建设公司采取技术人员、工人、领导干部三结合方式设计。厂房由于已在三期扩建时建成，只进行机、炉设备基础、沟道等施工。工程于1971年4月10日开工。在设备安装中，因设备缺陷严重，汽轮机隔板铸件多处裂纹，制造厂进行了五次返修；7号汽轮机大轴裂纹，推迟了交货期限；8号炉制粉系统安装后因改烧油又拆除等原因，影响了按计划投产。2台机分别于1972年10月19日、1973年8月1日投产，2台炉分别于1972年4月和10月投产。

五期扩建工程安装日本进口快装式2.12万千瓦燃气轮发电机2台。机组先在电厂安装试运后，计划转移到第二地下电站。工程于1976年12月6日开工，1977年5月投产。后国家计划委员会、水利电力部决定，两台机不再向地下拆迁。

十、包头第一热电厂

该厂位于内蒙古包头市昆都伦区，距市区4公里。1958～1990年共进行4期建设，安装7台机组，发电装机总容量41.2万千瓦，是蒙西电网的主力电厂之一。

一期工程安装1台1.2万千瓦、2台2.5万千瓦供热机组，是“一五”期间前苏联援建的“156”项国家重点工程之一。厂址布置在包头钢厂厂区之内，直接为包头钢厂服务。工程由前苏联热电设计院莫斯科分院设计，编号为“187工程”，辅助设计由北京电力设计院完成。建筑、安装工程分别由华北建设一公司和北京电力建设局第一工程处承担。主厂房于1958年3月22日开工，设备安装于1959年3月开始。3台机组分别于1959年8月31日、12月26日、12月28日投产发电。

二期扩建工程安装5万千瓦机组1台、220吨/时锅炉2台。工程由北京电力设计院设计，土建、安装工程分别由华北建设一公司和内蒙古电力工业局第一工程公司承担。当时正值国家经济困难时期，该工程仍被列为国家重点建设项目。工程于1960年4月开工，1961年8月17日1机1炉投产。另1台炉1970年开始安装，1972年7月投产。

1960年10月，北京电力设计院根据水利电力部编制的大中型水、火电厂“填平补齐”规划，对该厂一期工程“简易发电”给生产带来的不良后果进行调查，确定“填平补齐”项目106项，投资636.3万元。1963年3月完成设计，1966年完成“填平补齐”建设。

三期扩建工程是根据1973年6月29日国务院为解决包头钢厂生产建设问题在包头召开的“6部2委”（冶金部、水利电力部、铁道部、交通部、煤炭部、第一机械工业部、国家计划委员会、国家建设委员会）专门会议上决定的。三期扩建工程安装10万千瓦机组2台，由内蒙古电力勘测设计院设计。主设备采用哈尔滨汽轮机厂、哈尔滨电机厂生产的汽轮发电机及武汉锅炉厂生产的410吨/时锅炉。1975年11月主厂房开工，建筑、安装工程分别由内蒙古机械化公司、内蒙古第二建设公司一处、内蒙古电力建设公司三处及内蒙古电力安装公司承担。1979年12月29日，第一台机组试运，1980年4月26日投产。第二台机组1983年3月11日投产。

四期扩建工程由内蒙古自治区和中信集团新力能源开发公司合资建设。工程仍由内蒙古电力勘测设计院设计。建筑、安装工程分别由第二冶金建设公司、内蒙古第一电力建设公司施工。主设备采用北京重型电机厂生产的10万千瓦机组和东方锅炉厂生产的410吨/时锅炉。工程于1989年5月10日开工，1990年12月17日投产。

十一、高井发电厂

该厂位于北京市石景山区高井村，占地26.68公顷，距北京市中心22.5公里。自1959年12月开工兴建，经五期建设，到1974年10月全部建成，历时15年，投资2.5亿元，先后安装汽轮发电机6台，锅炉8台，发电装机总容量60万千瓦，为60～70年代京津唐电网的主力电厂。该厂是由中国自行设计、自行施工，体现自力更生精神的大型火力发电厂，对当时全国火电建设曾起到一定的示范作用。该工程由北京电力设计院设计，建筑安装工程分别由北京市第六建筑公司、北京市政工程公司和北京电业管理局基建公司第三工程处承担。

一期工程安装10万千瓦汽轮发电机2台、220吨/时锅炉4台。建筑工程于1959年12月开工。1960年，正当建筑工程全面展开，设备安装进行准备时，前苏联中断供货合同，撤走专家，使电厂建设受到很大影响。北京电业职工发奋图强，自力更生，把设备安装的7个关键工序作为主攻目标，发动群众组织战役施工，推动了工程的进展。1号机组于1961年4月28日经满负荷试运后移交生产，设备安装仅用了7个月零10天。2号炉于1961年12月28日投产。2号机和3号炉由于压缩基建项目缓建，1963年9月复工，于翌年5月2日投产。4号炉因前苏联停止供货，改装哈尔滨锅炉厂生产的220吨/时锅炉，1966年7月投产。

二期扩建工程，国家计划委员会、国家科学委员会决定将国产第1台高温高压10万千瓦汽轮发电机和410吨/时锅炉，安装在该厂进行中间试验，以考验机炉在材料、结构、性能方面的适用程度及辅助设备、自动化装置的性能。对此，水利电力部、第一机械工业部共同组成中间试验工作组，从设计到满负荷试运行，从移交生产到国家技术鉴定两个阶段进行了试验。扩建工程主厂房按2机2炉建设。3号机组建筑工程和设备安装分别于1964年10月和1965年12月开始，为配合中间试验，装置了大量测点和发送信号的电缆。1966年10月，3号机由4号炉供汽，同年12月并网发电。试运中进行了油膜刚度等中间试验项目，于1967年2月移交生产。“文革”中将机组大量测点拆除，中间试验无法进行。5号炉于1968年9月投产。二期工程中，采用电子计算机对机组主要技术参数实行巡回检测、越限报警等国内新建机组先进控制技术。

三期扩建工程安装10万千瓦机组和前苏联生产的430吨/时锅炉各1台。建筑工程于1967年1月开工，由于主厂房已在二期扩建工程中建成，只进行机炉和附属设备基础及沟道等工程施工。设备安装于1968年12月开始，1969年9月在机组联合试运中，发电机风扇折断，线圈损坏，运回制造厂返修后，于1970年12月投产。

四期扩建工程安装10万千瓦机组1台，建筑工程于1972年3月7日开工。为加快工程建设，施工图实行“三结合”现场设计，土建和安装工程均组织大会战。1973年3月8日机组并网发电，创造了10万千瓦机组建设工期最短的记录。

五期扩建工程是根据周恩来总理指示，要把首都电网建设成安全稳定的电网而抢建的工程。该工程列为北京市重点工程，并组织建筑、市政、机械施工、设备安装、物资供应等单位集中力量抢建。施工中，北京电力工业局组织石景山发电厂、北京热电厂、507电厂在人力、物力上支援基建施工，对设备安装工程进行分片包干，组织大会战施工。五期扩建工程从1973年12月11日开工，到1974年10月22日机组满负荷试运完毕移交生产，仅用了10个月零11天，比国家计划提前一个季度，创造了国内10万千瓦机组建设工期的新记录。

十二、军粮城发电厂

该厂位于天津市东郊区小东庄，距市区20公里，厂区占地12.65公顷。1960～1989年，经三期建设，共安装6台机组，发电装机总容量60万千瓦。

一期工程安装5万千瓦机组、230吨/时锅炉各2台。工程由北京电力设计院设计，建筑安装分别由天津市第三建筑公司和北京电业管理局基建公司第四工程处承担，1960年11月14日主厂房开工。由于压缩基建项目，1963年3月工程停缓建。1964年5月复工，建筑安装工程委托华北电力建设公司天津工程公司施工。1964年9月21日，水利电力部电力建设总局将原设计中温中压5万千瓦机组改为高温高压5万千瓦机组，并采用机、电、炉集中控制。1965年3月23日，主厂房基础开挖复工，同年12月底厂房建成交付安装。1号机组于1966年2月开始安装，同年11月7日完成试运投产。2号机组由于“文革”影响，推迟到1968年9月29日投产。

二期工程安装5万千瓦机组2台，机组设备与一期工程同。1966年5月5日主厂房开工，由于“文革”影响，3号机组于1968年7月才开始安装，1970年7月19日投产。4号机组于1971年5月22日投产。

三期扩建工程安装20万千瓦机组、670吨/时锅炉各2台，其中1台机组投资由国家煤改油专用资金拨付，另1台机组由天津市地方投资。工程由华北电力设计院设计，建筑工程采取议标办法，由中国建筑工程总公司六局二公司中标施工，设备安装由天津电力建设公司承担。1986年7月2日主厂房开工，同年7月7日，天津市人民政府“天津市军粮城电厂工程指挥部”对工程建设实行统一组织、统一指挥。1988年11月6日，第一台20万千瓦机组投产，1989年11月16日，第二台20万千瓦机组投产。

四期扩建工程安装20万千瓦机组2台，由国家能源投资公司和天津市合资建设，天津市投资70%，国家能源投资公司投资30%。设计和建筑安装施工单位与三期工程同。1990年5月1日开工，到1990年底，工程正在建设中。

十三、马头发电厂

该厂位于河北省邯郸市马头镇，距邯郸市中心15公里。1958～1983年分四期进行建设，共安装机组7台，发电装机总容量85万千瓦，工程总投资48542万元，是冀南电网的主力电厂之一。

一期工程原计划安装5万千瓦机组4台，后改为安装2.5万千瓦机组和120吨/时锅炉各2台。工程由北京电力设计院设计，汽轮发电机为半露天布置，1958年10月1日开工。施工中，因设备基础与所订设备不相符，1959年连续6次变动设计方案，将浇铸到8米的厂房A列柱毁掉重建。1962年又因压缩建设项目，工程列为停缓建。1966年10月复工，由天津电力建设公司承担施工。1968年11月，1号机组主体设备安装完竣，但电气和热工部分设备未交货，以代用设备安装后进行试运行，同年12月31日，简易发电移交生产。2号机组于1969年12月22日投产。

二期扩建工程安装10万千瓦机组、410吨/时锅炉各2台。工程由河北省电力设计院设计，冷却水塔和生活建筑由邯郸市第一建筑公司施工，主厂房和辅助生产车间及设备安装工程由河北省电力建设公司承担。1975年8月1日开工，施工单位划分工程战役，推行日标管理，保证关键工序正点运行。1976年8月，汽轮设备进厂安装，1977年1月28日，3号机组投产，4号机组于1977年12月4日投产。

三期扩建工程安装由前苏联进口的20万千瓦机组和670吨/时锅炉各2台，设计、建筑、安装施工单位与二期工程同，1977年10月6日开工。1979年1月16日，5号机组投产，6号机组于1980年12月26日投产。该2台机组投产后第一年，可调小时分别为7133、7207小时，居全国同类型新机投产后稳发满发的前列。

四期扩建工程安装20万千瓦机组、670吨/时锅炉各1台，设计、施工单位与三期工程同，1980年7月29日开工。1981年因工程资金不足，施工进展减慢。1982年又因设备交货推迟，影响安装工程进展，直到1983年2月，机组才进行整套试运，同年4月28日投产。

1982年，水利电力部授予马头发电厂工程“优秀工程”奖牌。

十四、娘子关发电厂

娘子关发电厂工程是山西省建设的第一座单机容量10万千瓦的火电工程。一期工程建设正值“文革”时期，是“边勘测、边设计、边施工”的工程。

娘子关地处山西、河北省交界，位于太原和石家庄电网之间。娘子关靠煤近水，东可向石家庄送电，西能向阳泉、太原送电，进而可与京津唐、石邯电网联网，是跨省联网供电的枢纽电厂工程。1964年5月，水利电力部规划小组办公室、华北电力设计院、山西电业管理局共同对娘子关电厂厂址进行复查，将厂址定在平定县娘子关公社坡底村西，东距石家庄73公里，西到阳泉39公里，处于桃河、汶河汇流的三角河间地带。娘子关泉区地下水丰富，流量达12.1米^3/秒，可保证电厂取水3.7米^3/秒。

1966年10月，国家计划委员会以〈66〉计燃字771号文同意建设娘子关电厂。建设规模40万千瓦，安装国产10万千瓦机组4台、410吨/时锅炉4台，由石家庄电建工程处施工。先进行铁路、公路和水工工程建设，后开始洞内厂房开挖等工程。1969年，水利电力部军管会决定娘子关电厂因洞内地质条件差，改为洞外厂房施工。首台机组设备制造缺陷多，设计先天不足，施工质量差，辅助生产系统布置不合理，使工期拖延，到1971年10月才正式移交生产。

根据国务院《关于加强基本建设管理的几点意见》，山西省革命委员会电业局决定，从1974年起，2号机组建设由山西省电建公司实行投资大包干，山西省电力设计院承担设计任务。1975年12月，2号机组建成投产。

1978年5月，二期扩建工程正式开工，由山西省电力设计院设计，山西省电建三公司施工，2台10万千瓦机组先后于1980年11月、1982年9月投产发电。

十五、霍州发电厂

霍州发电厂是联接太原电网和晋南电网的电源点。该厂规划选厂工作始于60年代初，初选厂址为河东圪塔沟，1967年改厂址为河西辛庄沟。1969年5月，水利电力部军管会、山西省革命委员会生产指挥部共同确定，又将厂址移到辛庄沟外的采石厂。

1970年3月，一期工程动工建设，安装10万千瓦机组2台。施工中采取集中兵力大会战方式，参加会战的人员来自6个省、市和附近7个县的职工和民工。山西省电力设计院设计，山西省发电公司三处、一处承担土建、安装任务，1年内厂房及机炉基础全部完成。1972年7月，国家计划委员会、国家经济委员会、水利电力部将1号机组列为必保项目，山西省建筑工程局安装公司、山西省化工建设公司、太原市政工程局等单位参加会战。水利电力部还从北京、陕西、辽宁等省（市）调技术工人到现场协助工作，数个工程先后组织20多次战役。1973年5月，1号机组投产发电，2号机组于1974年9月建成投产。

二期扩建工程安装2台10万千瓦机组，1975年10月开工。山西省电力设计院设计，山西省电建公司一处、三处负责施工。2台机组先后于1977年11月、1978年11月建成发电。

霍州发电厂经两期建设，建成4机4炉，装机总容量40万千瓦。

十六、邢台发电厂

该厂位于河北省邢台市南郊，京广铁路小康庄火车站西侧，距邢台市区7公里。1970～1990年，经四期建设，共安装机组7台，发电装机总容量89万千瓦，是冀南电网的主力电厂之一。

一期工程建设安装2.5万千瓦机组2台。工程由华北电力设计院设计，建设工程和设备安装分别由邢台市建筑公司第一工程处和华北电力建设公司石家庄工程公司承担。1970年4月13日主厂房开工，2台机组分别于1972年12月26日、1973年9月6日投产。

二期扩建工程安装上海产5万千瓦次高压机组1台，建筑、安装工程由河北省电力建设公司第二工程处承担。工程于1973年9月1日开工，1974年12月31日建成投产。

三期扩建工程安装20万千瓦机组、670吨/时锅炉各2台。设计规模按80万千瓦考虑，在老电厂东侧另建新厂，所有生产和辅助生产系统均独立新建。建筑、安装工程由河北省电力建设公司施工，冷却塔和生活建筑由邯郸市第一建筑公司承担。1983年7月1日，主厂房开工，厂房结构采用装配式混凝土预制构件。第1台机组1985年12月13日投产，第2台机组1986年10月31日投产。2台机组在安装及试运中，都实现了锅炉水压、厂用电带电、汽轮机冲转、发电机充氢、锅炉制粉和机组并网发电六个一次成功。第2台机组在整套试运中，还成功地进行了满负荷20万千瓦甩负荷试验。2台机组投产后第一年，可调小时分别为7570、7397小时，在全国同类机组中名列前茅。三期扩建工程1988年12月14日荣获国家优质工程银质奖章。

四期扩建工程安装20万千瓦机组2台，建筑、安装施工单位与三期工程同。1986年2月20日主厂房开工，2台机组分别于1988年2月10日、1989年3月4日建成投产。

五期扩建工程安装20万千瓦机组2台，工程于1989年12月25日开工，到1990年底仍在建设中。

邢台发电厂三、四、五期扩建工程是华北第一个集资办电工程。

十七、陡河发电厂

该厂位于河北省唐山市北郊陡河水库西侧，距唐山市区20公里。自1973年兴建到1987年，经四期建设，投资12.86亿元，安装8台机组，发电装机总容量155万千瓦。是京津唐电网的主力电厂，也是华北第一座百万千瓦以上的大型矿口电厂。

一期工程安装日本产12.5万千瓦机组和武汉锅炉厂生产的410吨/时锅炉各2台。工程由北京电力设计院设计，建筑工程由中国建筑工程总局第二工程局一公司和唐山市海河工程指挥部施工，设备安装由陕西电力建设公司、北京电力建设公司承担，总计有17个单位万余名职工参加建设。为保证工程顺利进行，中共唐山市委和北京电力工业局成立陡河电厂工程指挥部，负责工程建设的组织领导。1973年12月14日，主厂房开工。1975年12月31日，1号机组并网发电，1976年4月14日投产。1976年7月28日，2号机组正在进行启动试运时，唐山发生了大地震。陡河电厂处于烈度11度地区，唐山电厂（含唐山、陡河两厂）职工409人遇难，施工单位职工及家属震亡1346人（含3名日本技术人员），10万平方米生产、生活建筑近于全部倒塌，1号烟囱拦腰折断，发电设备遭到严重破坏。1976年8月2日，陡河电厂指挥部在余震不断的情况下，召开抢险救灾重建电厂动员大会，决定首先恢复破坏较轻的2号机组。1977年7月28日，2号机组在震后一周年并网发电，1977年11月6日正式投产。

二期扩建工程安装日本产25万千瓦机组、850吨/时锅炉各2台，分别为3、4号机和3、4号炉。设计和建筑、安装施工单位与一期工程同。1974年6月17日主厂房开工，与一期厂房连续施工，一次建成。3号机、炉由北京电力建设公司施工，1976年3月进厂安装，1978年1月27日投产。4号机、炉由陕西电力建设一公司施工，1977年8月开始安装，1978年3月30日投产。1981年9月，一、二期建设工程荣获国家优质工程银质奖章。

三期扩建工程安装国产20万千瓦机组和670吨/时锅炉各2台。工程仍由北京电力设计院设计，建筑工程由中国建筑工程局第二工程局一公司承担，安装工程由北京电业管理局天津电力建设公司承担。1978年10月14日，主厂房开工。1982年7月，设备进厂安装，2台机组分别于1983年12月29日、1984年12月24日投产。1986年1月，三期工程荣获国家优质工程银质奖章。

四期扩建工程安装20万千瓦机组2台，设备型号与三期工程同，增加李家峪灰场建设。设计、施工单位与三期工程同。1979年5月23日，主厂房零米以上建筑开始施工，1985年6月设备进厂安装，2台机组分别于1986年11月22日、1987年10月17日投产。

十八、神头第一发电厂

该厂位于山西省朔县神头镇南桑干河源头神头泉组南侧王家圐圙，距朔县城17公里，是山西省兴建的第一座大型矿口发电厂。1973～1987年，分三期建设，安装8台机组，发电装机总容量130万千瓦，工程总投资13亿元，是山西电网主力电厂之一。

一期工程安装7.5万千瓦机组2台。工程由山西省电力设计院设计，建筑工程和设备安装分别由山西省建筑工程局第二公司和山西省电力建设公司第二工程处承担。工程于

1973年10月开工，2台机组分别于1977年2月17日和同年12月24日投产。由于2台机组是由5万千瓦提高出力制造的，生产工艺差，钢材质量不好，生产运行中汽轮机叶片多次折断或裂纹，经返厂大修后试验，机组最大出力仅能达到6万千瓦。对此，1986年改铭牌出力为5万千瓦。

二期扩建工程安装20万千瓦机组和670吨/时锅炉各2台，设备由前苏联进口。工程由山西省电力设计院设计，山西省电力建设公司第二工程公司负责建筑、安装工程施工。1977年12月27日主厂房开工，2台机组分别于1979年12月11日和1981年7月投产。

三期扩建工程安装前捷克斯洛伐克生产的4台20万千瓦亚临界汽轮发电机组和亚临界直流式锅炉。500千伏升压站的电气和保护设备分别由日本、前联邦德国、前苏联、美国、法国、加拿大、瑞士和瑞典8个国家进口。工程设计和建筑安装施工单位与二期工程同，1982年4月20日开工。

山西电力建设公司第二工程公司在总结一、二期工程施工中的经验教训后，在开工前先修环形公路，敷设电缆，集中照明，施工中采用钢模板组装搬运、4台机组阶梯式流水作业施工等文明施工方法。施工管理上推广应用网络管理方法，提高了施工效率，从而1984年的劳动生产率创出10728元/人·年的新水平。5、6号机组分别于1985年9月24日和同年12月24日投产发电，创造了当年投产2台20万千瓦大型机组的全国记录。山西电力建设公司被水利电力部授予1985年全国投产500万千瓦的功臣单位。7、8号机组分别于1986年12月20日和1987年12月24日投产。

十九、大港发电厂

该厂位于天津市南郊大港区，南靠独流碱河，东距渤海海岸7公里，距天津市区40多公里，是华北地区第一座利用海水做汽机凝汽器冷却水的发电厂。

一期工程安装32万千瓦燃油机组和1025吨/时亚临界强迫循环燃油锅炉各2台。成套设备由意大利GIE集团供货，是当时国内单机容量最大的机组。1974年10月28日成立大港电厂工程指挥部，负责电厂建设的组织领导。工程由北京电力设计院设计，建筑、安装工程分别由中国建筑总公司六局和北京电业管理局天津电力建设公司承担。1974年12月16日主厂房开工。工程动员了上万名民工参加，进行围堰造堤、水下施工及建设海边泵房、引水渠。1号炉于1976年5月组立钢架，1号机1977年7月进厂安装。同年10月，发现高温再热器管材晶间裂纹、渗漏，向意大利GIE集团提出索赔，1978年4月赔付的再热器管材运到现场，工期拖后半年。1978年10月2日，1号机组整套设备启动试运，同年11月25日投产。2号机组于1978年底并网发电，1979年4月18日投产。

二十、元宝山发电厂

该厂位于内蒙古赤峰市元宝山区，老哈河、英金河从南、北流过，地势开阔，水源充沛，与平庄矿区是近邻。1974～1985年，经二期建设，安装30万、60万千瓦机组各1台，发电装机总容量90万千瓦，工程总投资12.64亿元，是一座由国外引进设备，具有现代化生产水平的大型矿口电厂，所发电能大部送往东北电网。

一期工程安装1台自法国引进的具有70年代国际水平、当时为全国单机容量最大的30万千瓦汽轮发电机。锅炉为瑞士制造的低倍率复合循环直流炉，额定蒸发量921吨/

时。工程由东北电力设计院设计，东北电业管理局第一工程公司负责建筑、安装施工。1975年7月5日主厂房开工，1979年2月22日移交投产。

二期扩建工程安装60万千瓦机组1台，设备从国外进口。1979年9月29日，中国技术进出口公司同法国阿尔斯通－大西洋公司签订了进口60万千瓦机组合同，同前联邦德国签订了进口1842.84吨/时亚临界燃煤本生型直流锅炉合同。该机组是全国第1台单机容量最大的汽轮发电机组，自动化程度高，采用计算机监控技术，具有国际先进水平。1981年5月1日主厂房开工，施工单位与一期工程同。由于该机组设备数量多，构件大，给运输、起吊带来一系列困难。长8.7米、宽4.05米、高4.1米的发电机静子，净重263吨，运输重量达301.5吨，超出了铁路常规运输规范。对此，铁道部齐齐哈尔车辆厂专门研制了D－45型钳卡式大型货车，法国阿尔斯通公司和大连金州重型机械厂研制了运输法兰，解决了发电机静子的运输问题。1983年7月14日，由12节车厢组成的运输发电机静子的专列，以每小时不超过30公里的车速，从大连港出发，历时7天才运到元宝山现场。在发电机静子起吊就位时，使用了瑞士进口的4台"劳辛格"液压顶升装置与2台100吨桥式吊车。二期扩建工程于1985年12月31日移交投产。

二十一、大同第二发电厂

该厂位于山西省大同市南郊七里村，距大同市区4公里，占地452.94公顷。1978～1988年，共安装6台国产20万千瓦机组，发电装机总容量120万千瓦，是通过500千伏超高压输电线路向京津地区供电的矿口电厂，也是全国第一座以一期工程建成的百万千瓦以上的大型火电厂。

建设工程由山西省电力设计院设计，建筑、安装工程由山西电力建设一公司施工。在施工程序上，采用先地下，后地上，6台机组的地下部分一次施工；先土建，后安装，土建安装之间保持一定间隔，6台机组的建筑、安装施工，各自进行分段顺序流水作业；在工程总体安排上，先搞外围工程量较大的项目，后进行主体工程施工。按照这种施工程序安排，解决了土方工程重复挖填；减少了建筑与安装施工的大交叉作业和相互干扰；改善了施工安全条件，提高了现场文明施工水平；避免了外围工程（水工、输煤、除灰等）对主体工程影响，加快了整体工程的建设进度。

主厂房工程于1978年10月14日开工，工程列入水利电力部推行全面质量管理试点项目。在210米烟囱施工中，采用无井架液压双滑、激光找中心、混凝土薄膜养生等新技术、新工艺，消除了过去同类型工程中出现的飘移偏差大、筒壁凸凹不平、混凝土表面拉扭、光洁度不好等质量通病，被水利电力部评为全国单项优质工程。1981～1984年，山西电力建设一公司有4个小组荣获水利电力部"全国优秀质量管理小组"称号。

1984年6月30日，1号机组投产，通过大同—房山500千伏输电线路，把山西火电基地的电力送向首都北京。2号机组于同年12月20日投产。3、4、5、6号机组，分别于1985年10月24日、1986年12月31日、1987年12月1日、1988年11月23日投产。工程总投资10.8348亿元，每千瓦造价902.9元。

二十二、通辽发电厂

该厂位于内蒙古哲里木盟通辽县双泡子乡，距通辽市11公里，是国家开发霍林河煤田计划兴建的电厂。1979～1990年，分两期建设，安装4台机组，发电装机总容量80万千瓦，所发电能大部送往东北电网。

一期工程安装哈尔滨汽轮机厂、哈尔滨电机厂和哈尔滨锅炉厂生产的20万千瓦机组、670吨/时锅炉各2台。工程由东北电力设计院设计，水利电力部火电工程一局对工程实行总承包。1979年8月13日，主厂房开工。同年11月，火电工程一局经国务院和中央军委批准整编为中国人民解放军基建工程兵00629部队62支队，继续承担一期工程施工。1981年11月，国务院、中央军委决定撤消基建工程兵62支队，电厂施工总体移交东北电业管理局负责，由吉林省火电一、二公司和东北电力建设三公司分别承担建筑、安装施工。2台机组分别于1985年8月13日和同年12月17日相继投产。

二期扩建工程安装同类型机组2台，设计和建筑安装施工单位与一期工程同。1988年5月开工，2台机组分别于1989年12月和1990年12月投产。

二十三、漳泽发电厂

该厂位于山西省长治市北郊临漳村，东靠太焦铁路干线，距潞安矿务局的常村、王庄、石圪节煤矿10余公里。1984～1990年，经二期建设，共安装6台机组，发电装机总容量104万千瓦，是山西省晋东南地区的大型矿口电厂。

一期工程安装10万千瓦机组和410吨/时锅炉各2台。工程由山西省电力设计院设计，建筑安装由山西省电力建设三公司承担。1984年3月15日，主厂房开工。在施工中发挥机械化施工优势，建筑工程按区域打歼灭战，安装工程按工艺系统组织战役施工。在施工质量管理中抓事先控制，进行设备解体预检修，严格贯彻施工质量责任制，做到人过留名，手过留号，认真进行各道工序的检查验收。在1号机组安装和分部试运中，连续实现了锅炉水压、锅炉酸洗、锅炉制粉、锅炉点火、给水泵启动、厂用电带电、发电机通水、汽机抽真空、汽轮机冲转启动和机组并网发电10个一次成功。2台机组分别于1985年11月27日、1986年9月2日投产。

二期扩建工程安装前苏联产21万千瓦机组和410吨/时锅炉各4台。设计和施工单位与一期工程同。1987年12月1日开工，3、4、5号机组分别于1989年12月25日、1990年10月18日、1990年12月19日相继投产。到1990年底，6号机组仍在施工中。

二十四、华能上安电厂

该厂位于河北省井陉县石太铁路上安火车站南侧，距石家庄市中心30公里，由华能国际电力开发公司与河北省政府合资兴建，是华北第一座中外合资建设的电厂。

一期工程采取国际招标办法建设2台35万千瓦机组，以美国GE公司为首的跨国集团中标。汽轮发电机由美国GE公司供货，锅炉由加拿大巴勃考克公司供货，电气及控制设备由意大利昂萨尔多公司供货。工程设计由美国GE集团总负责，并派技术人员驻现场进行技术指导。厂区规划、总平面布置、卸煤、烟囱、水塔、灰场、灰管线等辅助生产工程设计由河北省电力设计院负责，华能石家庄分公司为建设单位，负责组织工程建设。河北电力建设公司第二工程公司承担建筑、安装工程施工。1985年10月1日，进行“三通一平”和桩基施工，1986年10月4日，主厂房开工。1987年3月16日，汽轮机设备开始安装。1号机组原计划1988年底投产，因多种因素影响，工期拖延近2年，其中设计图纸按合同应于1987年底交齐，实际拖到1989年二季度，且设计变更频繁，仅现场变更就达1000多份；锅炉设备系加拿大首次设计、制造，试运中过热器严重超温；热控装置N90系统，意大利厂家在出厂前未进行模拟试验，在机组试运中才边试验、边调整；由美国GE公司提供的1号汽轮机第2、3、11、12道隔板材质用错，安装中被迫重新制造，反复拆装。由于上述原因，2台机组分别推迟到1990年8月12日和同年12月5日投产。

第六节　地方和企业自备电厂

新中国建立前，华北的地方和企业自备电厂有所发展，这些电厂补充了公营电厂供电之不足，使民族工商业得以振兴。到1949年，华北共建成地方和企业自备电厂40余座，装机总容量10余万千瓦。

新中国建立后，地方和企业自备电厂发展较快，为缓解华北电网供电紧张局面，特别是为支援边远地区和山区经济建设供应了电力。到1990年，华北共建有地方和企业自备电厂141座，安装发电机组315台，装机总容量176.766万千瓦。

一、北京市地方和企业自备电厂

北京自1888年安装第一台发电机后，随着民族工商业的兴起，中外工商人士兴建了一批自备电厂。到1948年底，北京建成企业自备电厂25座。其中，石景山铁厂、琉璃河水泥厂、门头沟煤矿、北京电车公司通州发电厂等4座自备电厂，装机总容量1.845万千瓦，占公用电厂总容量5.5万千瓦的33.55%，并已与电网联网运行。

新中国建立后，以上4座自备电厂继续运行发电。1953年，京西煤矿自备电厂停运拆除，电车公司通州发电厂扩建后于1954年移交北京电业局，1962年停运，机组拆迁。

50年代，718厂（今北京电子动力公司）自备电厂建成发电，是为北京最早的热电站。水利电力部电力科学研究院（当时称技术改进局）自备试验电厂1958年投产发电。玉渊潭试验水电站于1959年发电。到1959年末，北京共有自备电厂5座，装机总容量2.135万千瓦，当年发电量1.3293亿千瓦时，供热量331624百万千焦。

60年代到70年代，北京市相继建成燕山石化公司动力厂两座热电站、北京煤矿机械厂自备列车发电站；燕山石化公司化工一厂（原前进化工厂）、北京内燃机总厂、北京日化二厂、北京焦化厂自备电厂；北京二七车辆厂列车发电站和自备电厂。到1979年末，北京共有自备电厂12座，装机总容量10.8万千瓦，1979年发电量4.2884亿千瓦时，供热量1515601百万千焦。

80年代，北京印染厂、北京造纸一厂、北京新型材料厂、北京化纤厂自备电厂陆续建成投产。1985年后，在深化改革、扩大开放的方针指引下，电力建设开展多渠道、多家集资办电，调动了地方和企业办电的积极性。在此期间，新建燕化公司前进化工厂、燕化公司炼油厂、北京621厂、北京第一毛纺厂、北京造纸七厂、密云水泥二厂、北京左家庄热电厂等自备电厂，扩建首都钢铁公司、燕化公司一站、燕化公司二站、北京矿务局、清河毛纺织厂、琉璃河水泥厂、北京染料厂、新型建筑材料厂自备电厂。

到1990年底，北京市地方和企业共建成500千瓦以上自备电厂20座，安装发电机组

41 台，装机总容量 33.76 万千瓦。1990 年北京市地方和企业自备电厂统计，见表1－2－8。

二、天津市地方和企业自备电厂

新中国建立前，天津市有地方和企业自备电厂 11 座，发电机组 29 台，装机总容量 3.756万千瓦，1949 年发电量 5023 万千瓦时，占全市发电量 2.63 亿千瓦时的 19.1%。

新中国建立后，这些自备电厂在 50 年代自发自用有余，尚能向电网送电。60 年代，棉纺一厂、毛纺一厂自备电厂机组拆迁，天津碱厂、造纸厂、卷烟厂、棉纺六厂自备电厂机组老化报废，这些企业开始向电网购电。到 1969 年，天津企业自备电厂减少到 7 座，到 70 年代末仅剩 4 座。

1990 年北京市地方和企业自备电厂统计表

表 1－2－8

序号	厂　　名	始建年份（年）	装机台数（台）	装机总容量（万千瓦）
1	琉璃河水泥厂电厂	1942	2	0.50
2	首都钢铁公司动力厂	1943	4	15.57
3	北京 751 厂电厂	1957	2	1.10
4	清华大学实验电厂	1958	1	0.15
5	北京日用化工厂电厂	1972	2	0.09
6	燕山石化公司动力厂一站	1972	4	3.25
7	北京焦化厂电厂	1972	3	1.50
8	燕山石化公司动力厂二站	1974	4	2.60
9	北京内燃机总厂电厂	1974	4	0.45
10	燕山石化公司前进化工厂电厂	1976	3	4.45
11	北京化学纤维厂电厂	1979	1	1.20
12	北京染料厂电厂	1980	1	0.15
13	北京造纸一厂电厂	1981	2	0.30
14	北京新型建筑材料厂电厂	1981	1	0.25
15	北京左家庄热电厂	1985	1	0.30
16	燕山石化公司炼油厂电厂	1986	2	0.70
17	北京毛纺厂电厂	1987	1	0.60
18	北京造纸七厂电厂	1988	1	0.15
19	北京 621 厂电厂	1989	1	0.15
20	密云水泥二厂电厂	1990	1	0.30
合计			41	33.76

70 年代中后期，天津市又出现电力供应紧张局面，该市各工业主管部门在一些耗电大的企业中开始新建、扩建自备电厂。天津棉纺三厂自备电厂始建于 1939 年，安装 2 台机组，装机总容量 4400 千瓦。1972 年将原北洋纱厂 1600 千瓦机组移装该厂，到 1990 年共安装 3 台机组，装机总容量 6000 千瓦。天津碱厂自备电厂安装 1 台 6000 千瓦机组，于 1966 年发电。1990 年又建成 2 台 2.5 万千瓦机组，全厂装机总容量达 5.6 万千瓦。石油化工公司于 1976 年兴建自备电厂，安装供热机组 4 台，装机总容量 3.6 万千瓦，1987 年全

部建成发电。第二石油化工厂1976年始建自备电厂，安装2台3000千瓦机组，1980年建成发电。天津硫酸厂1979年建设自备电厂，为利用生产过程中回收的焚硫余热发电，安装1台1500千瓦机组，1984年投产。天津化工厂1982年安装3台燃煤液态排渣炉，替代燃油锅炉供汽，该厂自备电厂安装3台6000千瓦机组，于1987年建成发电。天津大沽化工厂1982年安装2台6000千瓦机组，1985年建成投产。天津振华毛纺厂1984年始建自备电厂，安装2台3000千瓦背压机组，1986、1987年先后建成投产。天津造纸厂自备电厂1984年开工兴建，安装1台6000千瓦机组，1986年竣工发电。天津开发区热电公司1985年安装2台9500千瓦柴油机组，该机组在电网负荷高峰时段发电，低谷时段停机备用，对电网调峰起到积极作用。静海发电厂是天津市所属县集资兴建的电厂，到1990年安装投产1台2.5万千瓦机组。

到1990年，天津市地方和企业自备电厂14座，安装发电机组29台，装机总容量22.81万千瓦。1990年天津市地方和企业自备电厂统计，见表1-2-9。

1990年天津市地方和企业自备电厂统计表

表1-2-9

序号	厂　　名	装机台数（台）	装机总容量（万千瓦）	投产年份（年）
1	大港石油管理局电厂	1	0.80	1976
2	天津化工厂电厂	3	1.80	1967
3	大沽化工厂电厂	2	1.20	1985
4	天津碱厂电厂	3	5.60	1966
5	石油化工公司热电厂	4	3.60	1980
6	第二石油化工厂电厂	2	0.60	1960
7	硫酸厂电厂	1	0.15	1984
8	棉纺三厂电厂	2	0.46	1931
9	天津市印染厂电厂	1	0.50	1939
10	振华毛纺厂电厂	2	0.60	1986
11	天津造纸厂电厂	1	0.60	1986
12	静海热电厂	1	2.50	1990
13	天津开发区热电公司	2	1.90	1989
14	于桥水电厂	4	0.50	1988
合计		29	22.81	

三、河北省地方和企业自备电厂

河北省在1911年辛亥革命前，已建成企业自备电厂6座，安装发电机组10台，单机容量最大为1040千瓦，并已安装使用汽轮发电机组。

1912年以后，河北民族工商业兴起，民族资本家和地方官商绅士筹资兴建一批小火电厂，一些企业也建设了一批自备电厂。装机容量较大的有开滦矿务局发电所、启新水泥厂自备电厂、唐山煤矿自备电厂、开滦发电所、柳江煤矿公司自备电厂。到1937年，河北省有自备和民营电厂26座，装机总容量5.8068万千瓦。1937年河北省民营和自备电厂统计见表1－2－10。

1937年河北省民营和企业自备电厂统计表

表1－2－10

名　　称	所在地址	机组容量（千瓦）	第一台机发电年份	停产年份	营业性质
石家庄新记电灯公司	石家庄市	780	1920	1940年9月	民营
石家庄大兴纱厂自备电厂	石家庄市	1500	1922	1958年拆迁定县	自备
横西煤矿自备电厂	井陉县	314	1908	1944年	自备
正丰煤矿自备电厂(凤山矿)	井陉县	360	1916	1958年拆迁衡水	自备
正太铁路修理厂自备电厂	石家庄市	229.2	1924	1940年	自备
井陉矿炼焦厂自备电厂	石家庄市	240	1923	1944年	自备
开滦矿务局发电所	唐山市	29000	1906		自备
启新水泥厂自备电厂	唐山市	13920	1912		自备
唐山矿自备电厂	唐山市	3120	1908	1950年	自备
唐山机车车辆厂自备电厂	唐山市	720	1894	1973年	自备
滦县发电所	滦县	75	1934	1945年9月毁于地震	
华北电灯股份有限公司(张垣电灯公司)	张家口市	860	1918	日军侵占接管后停产	民营
保定电灯公司	保定市	1355	1921	1948年9月停产 1948年12月恢复	民营
高阳电气股份有限公司	高阳县	42.5	1930	1937年7月	民营
沧县昌明电灯公司	沧县	172	1931	1941年	民营
泊镇电灯公司	泊头市	100	1931	1964年7月	民营
秦皇岛发电所	秦皇岛市	500	1936	1963年拆迁	日伪营建
昌明电灯公司	昌黎县	50	1933	1937年10月后改名昌黎发电所	民营
北戴河(海滨)发电所	秦皇岛	46.5	1934	1941年	铁路系统
柳江煤矿公司自备电厂	秦皇岛	1800	1927	1944年毁于战火	自备
山海关电灯公司(营口水道株式会社建)	秦皇岛	150	1934	1944年	日伪营建
开滦发电所	秦皇岛	2000	1917	1953年改为秦皇岛发电厂发电二场	中英合资
顺德电灯公司	邢台市	128	1925	1974年3月停运	民营
南宫电灯公司	南宫市	46	1926	1937年7月后停运	民营
承德发电所	承德市	500	1934	1942年	日伪营建
平泉发电所	平泉县	60	1937.2	1959年改建新厂 1981年新厂停产	民营
合　　计	26个电厂	58068.2			

资料来源：《石家庄电力工业志稿》、《唐山市志·电力工业分志》、《张家口电业概况》(1915～1988)、《河北保定电力工业志》、《沧州电业志》、《秦皇岛电力工业志》、《邢台电力工业志》、《承德电业志》。

1937～1949年，这些民营和企业自备电厂有的毁于战火或地震，有的拆迁，有的停产。到1949年，仅存有500千瓦以上企业自备电厂4座，计峰峰发电厂0.6895万千瓦，凤山发电厂0.15万千瓦，开滦发电厂2.9万千瓦和启新水泥厂发电厂1.28万千瓦，装机总容量5.0195万千瓦。

新中国建立后，地方和企业自备电厂又有新发展。中共十一届三中全会后，开展多渠道集资办电，河北省新建和扩建一批地方和企业自备电厂。到1990年，河北省共建成地方和企业自备电厂23座，安装发电机组48台，装机总容量36.85万千瓦。1990年河北省地方和企业自备电厂统计，见表1－2－11。

1990年河北省地方和企业自备发电厂统计表

表1－2－11

归属	地区	序号	厂 名	装机容量		备 注
				（万千瓦）	（台数×万千瓦）	
地方和企业自备	石家庄	1	石家庄热电一厂	0.6	2×0.3	
		2	石家庄热电二厂	0.6	2×0.3	
		3	石家庄热电三厂	0.9	1×0.3＋1×0.6	
		4	炼油厂自备电厂	1.2	1×1.2	
		5	元氏热电厂	1.05	3×0.15＋1×0.6	
		6	藁城热电厂	0.6	1×0.6	
		7	获鹿列车电站	0.6	1×0.6	
		8	栾城热电厂	0.6	1×0.6	
	邯郸	1	涉县热电厂	1.2	1×0.6＋2×0.3	
		2	天津铁厂电厂	2.4	2×1.2	
		3	武安热电厂	1.2	2×0.6	
		4	永年焦窑电厂	0.6	1×0.6	
	邢台	1	邢台煤矿矸石电厂	1.2	2×0.6	
	沧州	1	沧州发电厂	5	2×2.5	
	保定	1	涞源发电厂	1.2	2×0.6	
		2	涿州市发电厂	0.6	1×0.6	
		3	灵山煤矿自备电厂	0.6	4×0.15	
		4	保定石油化工厂自备发电厂	0.6	1×0.6	
	唐山	1	唐山新区热电厂	7.5	3×2.5	
		2	丰南钱营电厂	1.8	1×1.2＋1×0.6	
		3	缸窑热电厂	1.2	1×1.2	
		4	开滦自备电厂	3.2	2×0.6＋2×1	
		5	启新自备电厂	2.4	2×0.3＋1×0.6＋1×1.2	
合计		23				

四、山西省地方和企业自备电厂

新中国建立前，山西省地方和企业建成500千瓦以上自备电厂4座，即榆次晋华纺织厂、西北炼铁厂、太原市兰村造纸厂、潞安矿务局自备电厂。建成最早的是榆次晋华纺织厂电厂，于1924年建成。装机容量最大的是西北炼铁厂自备电厂，总容量1.625万千瓦。潞安矿务局电厂的前身是1947年刘伯承、邓小平领导太行军民建成的长治西白兔电厂，供解放军指挥机关用电。

新中国建立后，山西省地方和企业新建、扩建的自备电厂主要有：太原钢铁公司电厂，于1959、1960年扩建2台1.2万千瓦机组，1972年扩建1台1.2万千瓦机组，1985、1990年又先后安装0.3万、1.2万、2.5万千瓦机组各1台，到1990年底，装机总容量7.6万千瓦；潞安矿务局电厂于1970、1986年安装1台0.4万千瓦机组、3台0.6万千瓦机组，装机总容量2.2万千瓦；淮海机械厂电厂安装2台0.2万千瓦机组，其中1台为修复库存旧机组；汾西矿务局电厂先后安装7台机组，到1990年，5台旧机组退役，在装机组2台，装机总容量1.2万千瓦；中条山有色金属公司电厂，自1957年兴建，共安装6台机组，到1990年，仍发电运行的机组2台，总容量2.4万千瓦；五四一厂电厂，于1971年兴建，安装2台2.5万千瓦机组，装机总容量5万千瓦；晋城矿务局电厂为列车电站，装机容量0.6万千瓦；山西焦化厂电厂安装1台背压式汽轮发电机组，装机容量0.6万千瓦；山西铝厂电厂，于1987年投产3台1.2万千瓦机组，装机总容量3.6万千瓦；山西化肥厂电厂，于1987年先后建成投产0.4万、1.2万千瓦机组各1台，装机总容量1.6万千瓦；朔县电厂、沁水电厂、武乡电厂、沁源电厂、临县电厂、左权电厂、阳城电厂、兴县电厂等地方电厂，装机总容量均超过1万千瓦。

1956～1984年，有6座500千瓦以上消耗指标高、安全运行可靠性差的企业自备电厂先后关闭停产，有5台地方电厂机组拆迁。到1990年，山西省有500千瓦以上地方电厂27座，安装69台机组，装机总容量20.575万千瓦；有企业自备电厂15座，拥有机组34台，装机总容量26.6万千瓦。1990年山西省500千瓦以上地方电厂、企业自备电厂统计见表1－2－12、表1－2－13。

五、内蒙古自治区地方和企业自备电厂

内蒙古自治区各地方电厂从1953年开始建设，电厂以当地煤炭为燃料。到1990年末，共有地方电厂11座，安装机组25台，装机总容量14.038万千瓦。其中，为工矿企业和城镇供电的地方电厂主要为：乌达发电厂，于1972年开工兴建，先后安装2台0.6万千瓦机组、4台2.5万千瓦机组，全厂共拥有6台机组，装机总容量11.2万千瓦；海勃湾跃进发电厂，于1968年开工兴建，安装2台0.15万千瓦机组，装机总容量0.3万千瓦。1990年内蒙古自治区地方电厂统计，见表1－2－14。

1955年包头市糖厂自备电厂兴建，拉开了内蒙古自治区企业自备电厂发展的序幕。到1969年，全自治区有企业自备电厂7座，装机总容量1.25万千瓦。70年代，随着国民经济的发展，缺电局面日益严重，许多煤矿、糖厂和根河林业局、扎兰屯纸浆厂、包头钢铁公司等企业相继建设自备电厂。到1979年，共新建企业自备电厂14座，装机总容量达6.1万千瓦。进入80年代，企业自备电厂继续扩建，共扩建机组22台，装机总容量7．65

1990年山西省500千瓦以上地方电厂统计表

表1-2-12

序号	厂名	机组容量构成（台×万千瓦）	台数（台）	装机总容量（万千瓦）
1	朔县电厂	1×0.20+2×0.60	3	1.40
2	沁水电厂	2×0.60	2	1.20
3	武乡电厂	2×0.60	2	1.20
4	沁源电厂	2×0.60	2	1.20
5	临县电厂	1×0.25+3×0.60	4	2.05
6	左权电厂	1×0.15+2×0.60	3	1.35
7	阳城电厂	3×0.15+1×0.10+2×0.60	6	1.75
8	兴县电厂	2×0.15+2×0.30+1×0.60	5	1.50
9	晋城电厂	1×0.26+2×0.15	3	0.56
10	盂县电厂	2×0.32	2	0.64
11	静乐电厂	2×0.30	2	0.60
12	蒲县电厂	2×0.30	2	0.60
13	襄垣电厂	2×0.30	2	0.60
14	隰县电厂	2×0.30	2	0.60
15	离石电厂	2×0.15+1×0.30	3	0.60
16	河曲电厂	3×0.15	3	0.45
17	偏关电厂	1×0.075+3×0.15	4	0.525
18	乡宁电厂	2×0.15	2	0.30
19	中阳电厂	3×0.15+1×0.30	4	0.75
20	广灵电厂	2×0.15	2	0.30
21	王庄电厂	2×0.30	1	0.30
22	上伏电厂	2×0.15	2	0.30
23	北留电厂	3×0.15	3	0.45
24	柳林电厂	2×0.15	2	0.30
25	五台电厂	1×0.30	1	0.30
26	原平电厂	1×0.60	1	0.60
27	金村电厂	1×0.15	1	0.15
合计			69	20.575

1990年山西省500千瓦及以上企业自备电厂统计表

表1-2-13

序号	电厂名称	厂址	建厂时间(年)	装机总容量(千瓦)	单机容量(台×千瓦)
1	太原钢铁公司自备电厂	太原北城区赵庄村	1937	76000	1×3000+1×25000+4×12000
2	潞安矿务局自备电厂	长治市西白兔村	1947	22000	1×400+3×6000
3	淮海机械厂自备电厂	长治市马坊头	1950	4000	2×2000
4	汾西矿务局自备电厂	灵石县南关镇	1950	12000	2×6000
5	新绛纺织厂自备电厂	新绛县城关镇桥西村	1951.12	2500	1×1000+1×1500
6	轩岗矿务局自备电厂	原平县轩岗镇	1954.11	3000	2×1500
7	中条山有色金属公司电厂	垣曲县铜矿峪	1957	24000	2×12000
8	霍州矿务局自备电厂	霍州辛置镇南下庄村	1960.10	4500	3×1500
9	惠丰机械厂自备电厂	长治市马坊头	1960	2500	1×2500
10	国营五四一电厂	绛县安峪镇孙王村	1971.10	50000	2×25000
11	晋城矿务局自备电厂	晋城市	1975.7	6000	1×6000
12	山西焦化厂自备电厂	洪洞县	1981	6000	1×6000
13	山西铝厂自备电厂	河津县清涧镇任家庄	1985	36000	3×12000
14	应县糖厂自备电厂	应县城关	1986	1500	1×1500
15	山西省化肥厂自备电厂	潞城县微子镇	1987	16000	1×4000+1×12000
	合计	26.6万千瓦			34台

万千瓦。同时新建企业自备电厂14座，装机总容量9.9万千瓦。在此期间，关闭4座电厂，淘汰12台机组。到1990年末，全自治区共有企业自备电厂31座，拥有发电机组69台，装机总容量22.413万千瓦。其中，装机总容量0.6万千瓦以上的自备电厂13座，装机容量占全自治区企业自备电厂装机总容量的80%以上。企业自备电厂中，除伊敏河煤矿电厂与呼伦贝尔盟岭西电网并网运行外，主要为自发自用。1990年内蒙古自治区企业自备电厂统计，见表1-2-15。

到1990年末，内蒙古自治区共建有地方和企业自备电厂42座，拥有发电机组94台，装机总容量36.451万千瓦。

六、列车电站

新中国建立后，国家为恢复生产和进行经济建设，适应各地用电迫切需求，于1954年组建列车电业局，建立可移动式的列车发电站。

(一)“一五”计划期间，列车电业局1954年在北京配备列车电站，为通州发电厂扩建、

1990年内蒙古自治区地方电厂统计表

表1-2-14

序号	厂 名	所 在 地 区	机组容量构成（台×千瓦）	台 数（台）	装机总容量（万千瓦）
1	乌达发电厂	乌海市	4×2.5+2×0.6	6	11.20
2	海勃湾发电厂	乌海市	2×0.15	2	0.30
3	额济纳旗发电厂	阿拉善盟	2×0.075	2	0.15
4	榆树湾发电厂	伊克昭盟	2×0.15	2	0.30
5	准格尔旗发电厂	伊克昭盟	2×0.20	2	0.40
6	清水河县一电厂	乌兰察布盟	2×0.15	2	0.30
7	清水河县二电厂	乌兰察布盟	3×0.15	3	0.45
8	东乌旗发电厂	锡林郭勒盟	2×0.15	2	0.30
9	西乌旗发电厂	锡林郭勒盟	2×0.088	2	0.176
10	东苏旗发电厂	锡林郭勒盟	2×0.30	2	0.60
11	拉布达林发电厂	呼伦贝尔盟	2×0.075	2	0.15
合计				25	14.038

北京矿务局开发建设、北京二七机车车辆厂建设急需用电服务。同年，为解决山西省阳泉地区用电，调去一部2500千瓦列车电站。60年代，山西省晋南、晋东南、晋北大同等地区出现严重缺电局面，列车电业局调去列车电站，增加电力供应，缓解电力供需矛盾。到70年代中后期电力供应紧张局面缓解后，各列车电站陆续停运、调出。列车电站在山西省分布、停运情况统计，见表1-2-16。

（二）1957年，河北省沧州市、衡水市各租用一部2500千瓦列车电站，1960年又分别增租一部2500千瓦列车电站。1961年，唐山地区迁安县首都钢铁公司铁矿公司大石河铁矿租用4000千瓦列车电站，1965年该公司水厂铁矿租用6000千瓦列车电站。与此同时，河北省获鹿县、涿县租用列车电站，解决当地工业建设用电急需。

1966年，唐山市华新纺织厂租用6000千瓦列车电站。这部列车电站在1976年唐山、丰南大地震后的抗震救灾中及时供电，为重建家园、恢复生产做出了重要贡献，被誉为“震不垮的列车电站”。到1990年，曾先后安装在河北省的列车电站共8部，装机总容量3.2万千瓦。

（三）内蒙古自治区租用列车电站较多，到1990年尚有4部列车电站仍在发电运行。即大雁煤矿3部，发电机组容量分别为2500、4000、2500千瓦；扎赉诺尔矿1部，发电机组容量4000千瓦。总计发电机组容量1.3万千瓦。

1954年列车电业局成立后，组建了几十部列车电站，随时调往急需用电地区，对解决华北经济建设和国防军工建设用电起到了重要作用。列车电站保定基地于1988年撤销，分布各地的列车电站大部报废，个别保留作为租用企业的自备电站。

1990年内蒙古自治区企业自备电厂统计表

表1-2-15

序号	厂　名	所在地区	机组容量构成（台×万千瓦）	台数（台）	装机总容量（万千瓦）
1	五九煤矿电厂	呼伦贝尔盟	1×0.30+2×0.15	3	0.60
2	伊敏煤矿电厂	呼伦贝尔盟	2×2.50	2	5.00
3	牙克石烤胶厂电厂	呼伦贝尔盟	1×0.30+1×0.08+1×0.128	3	0.508
4	扎兰屯纸浆厂电厂	呼伦贝尔盟	1×0.60+1×1.30	2	0.90
5	扎兰屯糖厂电厂	呼伦贝尔盟	2×0.15	2	0.30
6	大兴安岭电业局	呼伦贝尔盟	4×0.60+3×0.15	7	2.85
7	大杨树煤矿电厂	呼伦贝尔盟	1×0.30+2×0.15	3	0.60
8	大杨树农管局电厂	呼伦贝尔盟	2×0.60	2	1.20
9	赤峰第二毛纺厂电厂	赤峰市	2×0.15	2	0.30
10	赤峰糖厂电厂	赤峰市	2×0.075	2	0.15
11	宁城糖厂电厂	赤峰市	2×0.075	2	0.15
12	林西糖厂电厂	赤峰市	1×0.075	1	0.075
13	霍林河煤矿电厂	哲里木盟	1×0.30+2×0.15	3	0.60
14	宝龙山糖厂电厂	哲里木盟	1×0.15	1	0.15
15	下城湾煤矿电厂	乌兰察布盟	1×0.05	1	0.05
16	察右前旗糖厂电厂	乌兰察布盟	1×0.15	1	0.15
17	兴和糖厂电厂	乌兰察布盟	1×0.075	1	0.075
18	呼和浩特糖厂电厂	呼和浩特市	1×0.30+2×0.15	3	0.60
19	包头钢铁公司热电厂	包头市	1×1.20+3×0.60	4	3.00
20	包头糖厂电厂	包头市	1×0.30+2×0.20	3	0.70
21	临河糖厂电厂	巴彦淖尔盟	3×0.15	3	0.45
22	磴口糖厂电厂	巴彦淖尔盟	1×0.10+1×0.075	2	0.175
23	磴口化工厂电厂	巴彦淖尔盟	1×0.60	1	0.60
24	杭后旗糖厂电厂	巴彦淖尔盟	2×0.15	2	0.30
25	巴彦淖尔化工厂电厂	巴彦淖尔盟	1×0.105	1	0.105
26	杭棉化工厂电厂	伊克昭盟	1×0.075	1	0.075
27	乌达矿务局水电厂	乌海市	2×0.25(列电)+1×0.15	3	0.65
28	乌达煤矿矸石电厂	乌海市	2×0.60	2	1.20
29	海勃湾化工厂电厂	乌海市	2×0.15	2	0.30
30	大雁煤矿电厂	呼伦贝尔盟	2×0.15	2	0.30
31	查干淖尔碱矿电厂	锡林郭勒盟	2×0.15	2	0.30
合计				69	22.413

列车电站在山西省发电和停运年份表

表 1-2-16

序号	电站名称	电站驻地	设备容量（千瓦）	开始发电年份	退出年份	备 注
1	38 号电站	阳泉	2500	1954	1956	1956 年调出，1962～1964 年又调运城
2	44 号电站	惠丰机械厂	2500	1961	1971.4	1971 年 5 月调运城盐化局，1975 年 10 月退役
3	25 号电站	朔县	2500	1970	1975	
4	23 号电站	大同	2500	1970	1975	
5	55 号电站	中条山有色公司	6000	1971.4	1975.9	
6	19 号电站	临汾钢铁厂	1000	1971	1973	1977 年调神头一电厂，1977 年 4 季度退役
7	50 号电站	闻喜县	1000	1971.8	1973.10	1977 年调神头一电厂，1977 年 4 季度退役
8	58 号电站	永济县	6000	1971	1975	1975 年调晋城矿务局
9	54 号电站	大同	6000	1973	1979	
10	13 号电站	大同	2500	1974	1975	
11	10 号电站	大同	4000	1974	1979	
12	33 号电站	运城盐化局	2500	1978.5	1979.9	

第三章 水电建设

新中国建立后，北京市、河北省、山西省先后建成一批 1 万千瓦以上水电站。1960 年后，山西、河北省和内蒙古自治区也加快了水电站建设。到 1990 年，华北建成大、中型水电站 14 座，安装水轮机组 34 台，装机总容量 51.82 万千瓦；地方小水电站 786 座，装机总容量 39.2259 万千瓦。

第一节 直属水电建设

一、北京水电建设

新中国建立后，北京市随着永定河官厅水库的兴建，1954 年在拦河坝下建设了华北第一座水电站——官厅水电站。它是全国最早自行设计、自行制造设备、自行施工的水电站建设工程。官厅水电站安装 1 万千瓦水轮发电机组 3 台，分别于 1955、1956 年建成投产。之后，又相继建设了模石口（2×0.3 万千瓦）、下马岭（1×6.5 万千瓦）、下苇甸（2×1.5 万千瓦）3 座梯级水电站，分别于 1957、1961 和 1975 年投产发电。1959 年，在北京市密云县潮白河水系兴建了白河和潮河两座水电站，总称密云水电站。到 1965 年共安装机组 8 台，发电装机总容量 8.8 万千瓦。1988 年 2 月，国家计划委员会批准了北京十三陵抽水蓄能电站计划任务书，设计安装 20 万千瓦抽水蓄能机组 3 台。1989 年十三陵蓄能电站筹建处成立，1990 年底，已完成工程建设的“三通一平”工程（水通、路通、电通、场地平整）。到 1990 年底，北京市共建设水电站 6 座，安装水轮发电机组 16 台，装机总容量 21.9 万千瓦。

二、河北水电建设

1958 年，为水库配套建设了岗南水电站（4 台机组 4.26 万千瓦）和王快水电站（2 台机组 2.15 万千瓦）。1970 年建成黄壁庄水电站（1 台 1.6 万千瓦）和岳城水电站（1 台1.7 万千瓦）。1978 年建成大黑汀水电站（5 台 2.16 万千瓦）。以上 5 座水电站都是利用泄洪和灌溉做季节性发电。1975 年开始兴建的潘家口水利枢纽工程，主要为解决天津市、唐山市的生活和工业用水，并结合供水发电。1981 年，一期工程安装 1 台 15 万千瓦水轮发电机组并网发电。1987 年开始的二期工程，安装 3 台 7 万千瓦蓄能机组，到 1990 年底，正在施工中。截止到 1990 年底，河北地区共建成大、中型水电站 6 座，安装机组 14 台，发电装机总容量 26.87 万千瓦。

三、山西水电建设

山西省建成的大、中型水电站为天桥水电站，始建于 1970 年，安装 4 台机组，装机总容量 12.8 万千瓦（与陕西省各半），1978 年建成投产。1 万千瓦以上的水电站还有拴驴泉和汾河水库两座水电站，装机 4 台，总容量 3.05 万千瓦，分别于 1987、1990 年投产。

第二节 重点工程

一、官厅水电站

该站位于河北省怀来县境内官厅水库拦河坝下，是新中国建立后华北第一座水电站，也是中国自行设计、自行施工、自己制造水轮发电设备的第一座水电站。1954 年 7 月，国家计划委员会以（54）2060 号文批准初步设计，安装 3 台 1 万千瓦压力水管道式水轮发电机，同年 6 月开工。1955 年 12 月，3 号机组投产，1、2 号机组于 1956 年 4 月建成投产。工程投资 4693 万元。

官厅水电站是永定河梯级水电站的首级电站，对下游各级电站的运行发电起调节和控制作用。该电站投产后，被列为京津唐电网的调频厂，后改为调峰厂，除发电外还担负调相任务。

二、下马岭水电站

该站位于北京市门头沟区下马岭村，是永定河第二梯级水电站。由北京水电勘测设计院设计，初步设计由水电勘测设计总局以水（58）勘设（63）号批准。安装 2 台 6.5 万千瓦水轮发电机组。工程于 1958 年 7 月开工兴建。自上游珠窝水库拦河坝引水，建 7.6 公里引水隧洞至水电站。1960 年底，主要建筑和设备安装基本完成，1961 年 2 月开始简易发电，1966 年底工程竣工，1971 年 1 月正式验收移交。后因水库水量不足，原计划安装 2 台机组只装了 1 台。该电站在建设中由于"大跃进"片面强调"快、省"和边设计、边施工，给工程造成较大后遗症。先后发生发电机区分板脱落损坏事故，厂用变压器爆炸烧毁控制室设备事故和高压引水管道破裂水淹厂房事故，使机组简易发电后又继续进行了 6 年完善化和工程改造。

三、岗南水电站

该站位于河北省石家庄地区岗南水库，系水库配套工程。由北京水电勘测设计院设计，安装 2 台 1.5 万千瓦水轮发电机组，1 台 1.1 万千瓦蓄能机组，利用泄洪和灌溉进行季节性发电。水工建筑工程由河北省岗南水库工程局施工，设备安装由水电建设总局水电安装队承担。1958 年 3 月开工兴建，1961 年 2 台 1.5 万千瓦机组建成投产。后因电网峰谷矛盾日益突出，决定对未进行安装的机坑进行改造，安装 1 台进口抽水蓄能机组，装机容量为1.1万千瓦。工程由水利电力部安装局第八处负责施工，1968 年 5 月建成投产。1970 年，由石家庄热电厂制造并安装的 1 台 0.16 万千瓦低水头水轮发电机组在岗南水库二坝兴建，1970 年 11 月建成投产。岗南水电站共安装机组 4 台，装机总容量 4.26 万千瓦，工程投资 2714.7 万元。

四、密云水电厂

该厂位于北京市密云水库，由白河及潮河两座水电站组成。白河水电站位于白河主坝左侧，潮河水电站位于潮河主坝下侧，两座电站相距 27 公里。共安装 8 台机组，装机总容量 8.8 万千瓦。

白河水电站于 1958 年进行初步设计，计划装机容量为 9 万千瓦，1959 年开工兴建。

在隧洞开挖中遇到困难，将原设计直径由8米改为6米，装机容量也改为6万千瓦，安装4台1.5万千瓦水轮发电机组。工程由清华大学水利系和北京水电勘测设计院共同设计。1960年6号机组开始安装，同年11月17日投产发电。另外3台机组分别于1962年7月、1965年7月、1971年7月投产。

1960年第一台机组投产后，电站运行受灌溉用水控制，不能满足电网调峰发电的需要。1964年经水利电力部批准，利用1、2号机坑位置安装2台1.1万千瓦蓄能机组。1970年开始处理机坑，1973年安装设备，同年11月第一台国产蓄能机组投产发电。第二台机组于1975年2月投产。白河水电站共安装6台机组，装机容量8.2万千瓦。

潮河水电站安装0.3万千瓦水轮发电机组1台，1959年11月开工兴建，1960年1月投产发电。1970年密云水电厂申请扩建1台0.3万千瓦机组，1972年9月水利电力部以〈72〉水电综字第203号文批准，1974年由该厂自行安装，1975年12月投产发电。

五、天桥水电站

该站位于山西省保德县天桥村黄河下游晋陕峡谷中。1967年，山西省水利设计院编制设计任务书，1968年水利电力部审查批准。1969年3月，黄河水利委员会、山西省水利设计院和陕西省水电厅设计院赴现场进行勘测设计，同年11月完成《黄河天桥水电站初步设计》。1970年初经国务院同意，水利电力部以〔1970〕水电军生字第19号文批准。工程建设由山西省水利建筑工程局承担水工建筑施工，水利电力部第六工程局承担设备安装。工程于1970年4月29日破土开工，山西省副省长担任工程建设总指挥。施工中，山西省保德、河曲、偏关、苛岚、五寨县和陕西省府谷、神木、榆林县，共组织民工8000余人，总投入工日1894万个。安装水轮发电机组4台，1、2号机单机容量2.8万千瓦，水轮机从芬兰进口，发电机由东方电机厂制造。3、4号机单机容量3.6万千瓦，成套设备由罗马尼亚进口。天桥水电站第一台机组于1977年2月13日投产，全站装机总容量12.8万千瓦，于1978年8月建成，工程总投资1.98亿元。该站所发电量和陕西省各半。

六、潘家口水电厂

该厂位于河北省遵化市，是国家重点建设项目潘家口水利枢纽工程的组成部分。一期工程由水利电力部天津水电勘测设计院设计，水利电力部工程兵部队承建，安装1台15万千瓦水轮发电机组。工程于1975年破土开工，1981年建成投产。潘家口水利枢纽工程主要为解决天津、唐山市生活和工业用水，并结合供水发电，兼顾防洪。电厂发电的计划安排，由下游供水计划而定，主要在汛期和春灌季节发电。

二期工程安装由意大利引进的蓄能机组3台，单机容量7万千瓦，1987年开工兴建，1990年底尚在施工中。

华北1万千瓦以上水电站建设情况见表1－3－1。

华北1万千瓦以上水电站建设情况表

表1-3-1

序号	水电站名称	所在地区	装机台数	装机容量（万千瓦）	建设年限（年）	工程投资（万元）	备　注
1	潘家口水电站	河北省	1	15	1975~1981		
2	天桥水电站	山西省	4	12.8	1970~1978	19800	
3	密云水电站	北京市	8	8.8	1959~1975		
4	下马岭水电站	北京市	1	6.5	1958~1971	6989	
5	岗南水电站	河北省	4	4.26	1958~1970	2714.7	
6	官厅水电站	河北省	3	3	1954~1956	4693	
7	下苇甸水电站	北京市	2	3	1971~1975	3591	
8	大黑汀水电站	河北省	5	2.16	1987		
9	王快水电站	河北省	2	2.15	1958~1973		
10	拴驴泉水电站	山西省	2	1.75	1990	6065	
11	岳城水电站	河北省	1	1.7	1970		
12	黄壁庄水电站	河北省	1	1.6	1970	1200	
13	汾河水库水电站	山西省	2	1.3	1987		

第三节　地方小水电建设

一、山西小水电建设

山西省小水电建设起步于1953年开始的水能资源调查。1958年“大跃进”时，掀起了小水电建设的高潮。到1960年底，全省小水电建设达179处，装机总容量4678千瓦。1960年2月，农业部组织北京、河北、山东、河南、湖北、四川、浙江、内蒙古、黑龙江等11个省、市、自治区的代表，在山西省洪洞县召开农村小水电现场会议，介绍推广洪洞县兴修小水电的经验。之后，农村小水电建设在山西蓬勃发展，但由于规划设计草率，水轮发电设备制造和工程施工质量较差，大部分小水电站未能坚持发电。从1965年开始，山西省结合水利建设推广“四泵一机”（即4台水轮泵配1台发电机），建设以灌溉为主、兼顾发电的水轮泵站。1966~1978年，山西省共建设500千瓦以上的小水电站18座，安装水轮发电机组50台，装机总容量1.15万千瓦。到1990年底，全省共建小水电站229座，装机总容量10.37万千瓦。其中500千瓦以上的51座，装机容量9.52万千瓦。

二、北京小水电建设

北京地区小水电建设始于1955年底。到1960年底，共建成小水电站40座，装机总容量1197千瓦。60年代以后，又陆续建成30多座小水电站。进入70年代，北京出现严重缺电局面，农村用电得不到保证，郊区农村有条件地区积极发展小水电。到1980年底，北京郊区共有小水电站87座，安装水轮机组150台，装机总容量2.957万千瓦。80年代以后，北京小水电开发得到全面发展，初步缓解了农村用电的不足。到1990年底，北京郊区共建成小水电站122座，装机总容量5.4759万千瓦，其中500千瓦以上小水电站29

座，装机总容量 3.6595 万千瓦。

三、河北小水电建设

60 年代初，河北省小水电建设迅速发展。到 70 年代末达到高峰，全省小水电站达 800 多处，装机总容量 12.11 万千瓦。进入 80 年代，小水电建设实现转轨变型，转移到补充大电网的电力不足。到 1990 年，全省小水电站共有 406 座，装机总容量 19.21 万千瓦。其中 500 千瓦以上的 55 座，装机容量 8.95 万千瓦。

四、内蒙古小水电建设

内蒙古水力发电事业基础薄弱。到 1990 年底，占水能资源 80%以上的水系流域还没有兴建大、中型水电站，只有部分分支河流中修建了为数不多的小水电站，水能资源尚未充分开发利用。1956～1965 年间，农村自办小水电形成高潮，共修建小水电站 90 多座，但由于设备简陋和受季节气候影响，冬季不能运行，多处停运拆除。70 年代以后，在资源条件较好的旗(县)，修建了为数不多的小水电站，但单机容量和工程规模都较前有所增加，机电设备质量、工程设计和施工质量也有提高，多数并入电网运行。到 1990 年末，全自治区有小水电站 28 座，装机总容量 3.67 万千瓦，其中 500 千瓦以上的 10 座，装机容量 3.17 万千瓦。

五、天津小水电建设

天津市小水电开发较少，仅在 1986 年利用引滦入津工程及于桥水库双重水源的输水落差兴建了于桥水电站，安装 4 台 0.125 万千瓦水轮发电机，装机总容量 0.5 万千瓦，1988 年建成发电。

第四章 发电生产

旧中国遗留给华北的发电厂,设备残旧,管理不善,事故频繁,用户用电无保障。新中国建立后,开展了全面的恢复性设备大修,加强了安全管理,到1952年,大部分发电设备达到了铭牌出力。自1953年开始,经过7个五年计划的电力建设,发电生产规模大幅度提高。发电机组最大单机容量从2.5万千瓦提高到35万千瓦;机组技术参数从中温中压发展到高温高压、亚临界;操作方法从手动操作发展到高度自动化、电子计算机集中控制;发电装机总容量1990年比1949年增长63倍,发电量提高133倍。到1990年,发电生产的运行、检修、安全、燃料供应等管理工作形成了较为规范的管理方式和方法,各项规章制度比较健全,华北电业已建立起一套完整的生产体系,保证了发电生产的安全、经济、稳定运行。

第一节 生产指挥

一、组织系统

新中国建立前,华北各发电厂的生产组织指挥机构大体相同,在厂长下设事务科、运转科、工务科。其组织系统见图1-1。

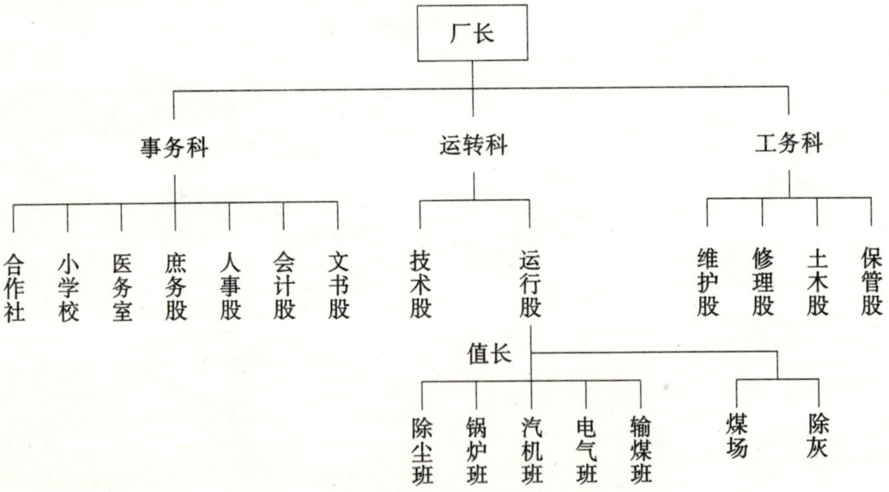

图1-1 新中国建立前发电厂组织系统

新中国建立后,于1950年开始,学习前苏联电厂实行的生产区域负责制,进行了第一次机构改革。按照发电生产过程,划分为汽机、电气、锅炉、运输、修理5个专业分场,各专业分场内分运行、检修两部分,各设一名副主任负责管理。运行工作按值设专业班,检修工作按专业划分班组。运行人员的组织管理、技术培训由分场负责,设备的启停操作由值长统一调度。其组织系统见图 1－2。

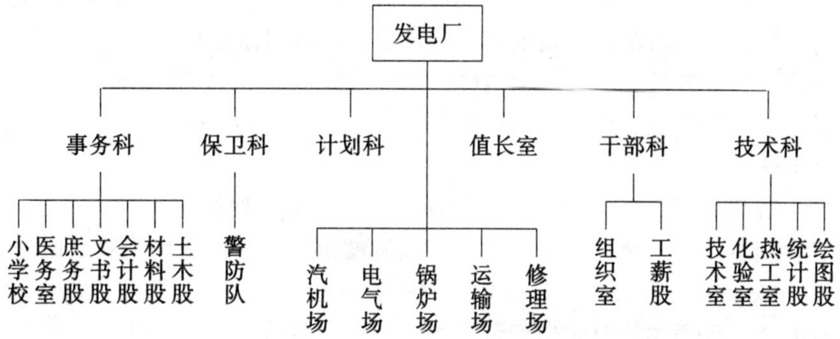

图 1－2　实行生产区域负责制的电厂组织系统

1957 年，华北地区在部分发电厂内开始进行第二次机构改革，改变了由生产区域负责的小分场制，实行检修、运行两大分场制。运行工作按值划分，值长负责全值生产行政领导。检修工作按专业组成工段，在检修分场领导下，实行厂内集中检修。

1965 年，北京热电厂试办检修“托拉斯”（集中检修），该组织形式将检修和运行分开，运行工作由专业工程师、运行管理组领导。大分场制电厂组织系统见图 1－3。

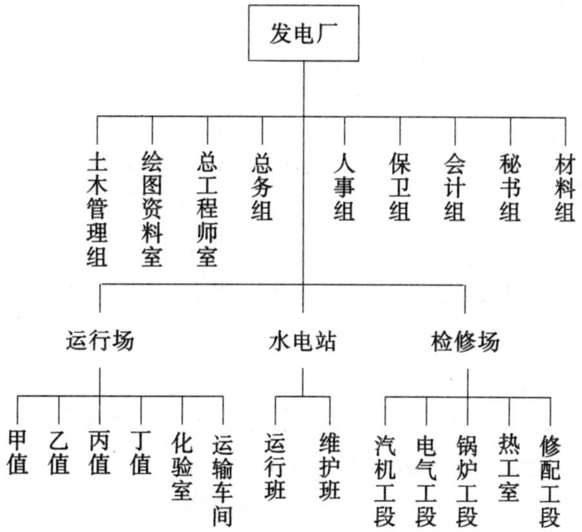

图 1－3　大分场制电厂的组织系统图

随着电力工业的发展，华北电力系统逐渐出现了在一个区域内建设多家由不同容量组成的火、水电厂的“电站群”。为便于老电厂在技术、经营、管理和专用仪器工具方面支援新电厂和便于大电厂带小电厂，在 80 年代初期开始实行总厂体制。华北电力系统先后组建了石景山发电总厂、北京热电总厂、唐山发电总厂、下花园发电总厂、大同发电总厂、神头发电总厂等。各总厂设检修处，实行总厂集中检修或分厂集中检修，有的分厂仍保留小分场制。每个总厂均辖几座发电厂，有的总厂还辖有水电厂，各分厂在总厂统一组织管理下，领导本厂生产等各项工作。各总厂的厂部设厂长工作部、教育中心和职能科室，在厂长领导下行使管理工作的各项职能。

二、调度系统

1949年新中国建立后，华北电力系统的发电运行，由各地区中心调度所（简称中调）值班员对电厂的机组开停、负荷升降及运行方式调度指挥。中调值班调度员通过电厂运行值长进行指挥。1954年开始推行“一长制”，在电厂内建立了总工程师生产技术负责制。每日上午8时由总工程师主持召开生产调度会，检修、生技、安监等部门负责人参加，听取交班值长汇报上一轮值的运行工作。调度会对设备运行中存在的问题提出处理意见，责成有关部门处理，其结果在翌日调度会上汇报。“文革”期间，调度会改由生产组主持。1978年后，由生产副厂长主持，总工程师参加。自1980年起，华北电业管理局及各省（市、自治区）电力工业局也每日召开生产调度会议，由负责生产的副局长主持，总工程师和生产、安监等部门负责人参加，听取调度所负责人汇报电网运行工况，对电网运行中存在的问题作出决定，责成有关部门及时进行解决，保证电网安全、可靠、经济运行。

第二节　发电设备

一、京津唐发电设备

京津唐电力系统自1888年德商在天津租界和北京的西苑（今中南海怀仁堂）安装发电机始，历经61年，到1949年新中国建立时，共建有可运行的公用发电厂10座，安装发电机组27台，装机总容量16.2万千瓦。各电厂装机情况见表1－4－1。

在新中国建立前夕，京津唐电力系统各发电厂广大职工在中共地下党组织领导和影响下，积极开展护厂斗争，使电厂主要设备没有遭致严重破坏。新中国建立后，及时恢复发电，保证了各地区生产、生活供电。唐山发电厂职工在1949年8月因水灾电厂被淹时，奋不顾身抢救设备、器材，并在大水过后迅速恢复发电。

经过三年恢复时期，京津唐电力系统各发电厂修复了残旧设备，消除了设备隐患，解决了多年遗留的缺陷，到1952年底，全部发电设备恢复了铭牌出力，设备利用小时提高，消耗指标降低，为电力建设和生产发展奠定了基础。

1953～1990年，经过7个五年计划的建设，京津唐电力系统电源点得到充分开发。先后安装了一批高温高压、超高温高压、亚临界参数的发电机组，在北京、天津还建设了热电联产的供热机组，水力发电也相应得到发展。到1990年，运行的发电机组96台（其中水电机组16台），装机总容量755.42万千瓦。1990年京津唐电力系统发电厂主设备统计，见表1－4－2。

表 1-4-1　　京津唐电力系统 1949 年公用电厂发电机组统计表

地区	电厂名称	台数（台）	容量（千瓦）	全厂总容量（千瓦）
北京	石景山发电厂	1	5000	55000
		1	10000	
		1	15000	
		1	25000	
天津	第一发电厂	2	15000	30000
	第二发电厂	2	1000	7000
		2	2500	
	第三发电厂	2	3000	20400
		1	6800	
		1	7600	
	法商电力公司	2	1250	9200
		1	2500	
		1	4200	
唐山	唐山发电厂	1	10000	25000
		1	15000	
秦皇岛	秦皇岛电厂	1	500	2000
		1	1500	
承德	双塔山电厂	1	750	750
张家口	南菜园电厂	1	500	500
	下花园电厂	1	1400	12680
		1	1280	
		1	10000	
合计		27		162530

二、冀南发电设备

冀南电力系统发电厂始建于 1898 年，在临城矿务局安装发电机。到 1937 年，先后在临城县、顺德府（今邢台市）、保定、石家庄、井陉、沧县、泊镇等地建设发电厂，装机总容量 7744 千瓦。

抗日战争时期（1937～1945 年），日本侵略军为扩大侵华战争和掠夺资源，在河北石家庄等地抢建了一批发电厂，共安装发电机组容量 1.35 万千瓦。与此同时，在中国共产党领导下的敌后根据地，为支援抗日战争和军工生产，装备了部分小型汽油发电机和携带式轻便发电机，还在涉县八路军一二九师司令部所在地建设了容量为 10 千瓦的木质水轮发电机组。这些电力除供军工使用外，还供部分照明用电。

解放战争时期（1945～1949 年），冀南大部分地区成为解放区。平山县西柏坡还一度是中共中央、中国人民解放军总部所在地。国民党政府发动全面内战，对解放区人民实施

1990年京津唐电力系统发电厂主设备统计

表1-4-2

发电厂	汽轮机				发电机			锅炉				主变压器			水轮机		水轮发电机		台数(台)
	容量(万千瓦)		最大主汽压(兆帕)	最高主汽温(℃)	容量(万千瓦)		最大定子电流(安)	容量(吨/时)		最大主汽压(兆帕)	最高主汽温(℃)	容量(万千伏安)		最高电压(千伏)	总容量(万千瓦)	最大单台容量(万千瓦)	总容量(万千瓦)	最大单台容量(万千瓦)	
	总容量	最大单台容量			总容量	最大单台容量		总容量	最大单台容量			总容量	最大单台容量						
北京第一热电厂	34.34	10	11.768	555	37.34	10	4925	2040	400	12.258	555	45.45	12	121	—	—	—	—	9
北京第二热电厂	20	5	8.826	535	24	6	4125	1320	220	9.807	540	32	8	121	—	—	—	—	4
北京第三热电厂	8.18	2.29	3.432	435	8.18	2.29	1500	225	75	3.825	450	8.3	3.15	121	—	—	—	—	5
高井发电厂	60	10	8.826	535	62	12	6875	2540	430	9.807	540	87	24	242	—	—	—	—	6
京西发电厂	20	20	12.749	535	20	20	8625	670	620	13.729	540	26	26	242	—	—	—	—	1
石景山热电厂	40	20	12.749	535	40	20	8625	1340	670	13.729	540	48	24	242	—	—	—	—	2
113电站	3.5	3.5	—	—	5	5	3490	—	—	—	—	6	6	38.5	—	—	—	—	1
大港发电厂	64	32	16.671	538	64	32	10868	2100	1050	17.407	540	77.2	38.6	242	—	—	—	—	2
天津第一热电厂	21.2	5	8.826	535	22.2	6	4124	1530	220	9.807	540	33.95	7.5	121	—	—	—	—	8
杨柳青发电厂	37.5	12.5	13.239	550	37.5	12.5	6475	1440	410	13.729	555	48.3	18	242	—	—	—	—	4
军粮城发电厂	60	20	12.49	535	60	20	8625	2460	670	13.729	540	72	24	242	—	—	—	—	6
唐山发电厂	30	5	9.807	535	34.62	7.5	4850	1190	220	9.807	540	43.6	9	121	—	—	—	—	7
陡河发电厂	155	25	16.573	550	155	25	11321	5180	850	17.26	555	185	30	242	—	—	—	—	8
下花园发电厂	42.5	20	12.749	535	42.5	20	8625	1610	670	13.729	540	54.15	24	242	—	—	—	—	4
秦皇岛北山电厂	2.4	1.2	3.334	435	2.4	1.2	1375	130	65	3.825	450	3	1.5	121	—	—	—	—	2
大同第二发电厂	120	20	12.749	535	120	20	8625	2680	670	13.729	540	144	24	550	—	—	—	—	6
滦河发电厂	14.9	5	8.626	535	17.4	7.5	4860	650	220	9.807	540	21.45	9	110	—	—	—	—	5
官厅水电站	—	—	—	—	—	—	—	—	—	—	—	—	—	—	3.15	1.05	3	1	3
下马岭水电站	—	—	—	—	—	—	—	—	—	—	—	—	—	—	6.7	6.7	6.5	6.5	1
下苇甸水电站	—	—	—	—	—	—	—	—	—	—	—	—	—	—	3.15	1.575	3	1.5	2
模石口水电站	—	—	—	—	—	—	—	—	—	—	—	—	—	—	0.656	0.328	0.6	0.3	2
密云白河水电站	—	—	—	—	—	—	—	—	—	—	—	—	—	—	8.5	1.575	8.2	1.5	6
密云潮河水电站	—	—	—	—	—	—	—	—	—	—	—	—	—	—	0.666	0.346	0.6	0.3	2
合计	733.52	32	16.671	555	752.14	32	11321	27105	1050	17.407	555	935.4	38.6	550	22722	6.7	21.9	6.5	96

1990年冀南电力系统发电厂主设备统计

表1-4-3

发电厂	汽轮机				发电机			锅炉				主变压器			水轮机		水轮发电机		台数
	容量(万千瓦)		最大主汽压(兆帕)	最高主汽温(℃)	容量(万千瓦)		最大定子电流(安)	容量(吨/时)		最大主汽压(兆帕)	最高主汽温(℃)	容量(万千伏安)		最高电压(千伏)	总容量(万千瓦)	最大单台容量(万千瓦)	总容量(万千瓦)	最大单台容量(万千瓦)	(台)
	总容量	最大单台容量			总容量	最大单台容量		总容量	最大单台容量			总容量	最大单台容量						
保定热电厂	22.5	5	8.826	535	23.5	6	4125	1640	410	9.807	540	25.8	7.5	121	—	—	—	—	6
石家庄热电厂	15.7	2.5	3.432	435		2.5	2860	1090	130	3.825	450	20.95	5	121	—	—	—	—	11
微水发电厂	10	5	8.826	535	10	5	3440	440	220	9.807	540	12.3	6.3	110	—	—	—	—	2
邢台发电厂	89	20	12.749	535	90	20	8625	3110	670	13.729	540	108.6	24	242	—	—	—	—	7
马头发电厂	85	20	12.749	540	87	21	9060	3070	670	13.729	545	102.3	24	242	—	—	—	—	7
邯郸热电厂	14.6	2.5	8.826	535	14.6	2.5	2860	725	220	9.807	540	24.6	5	121	—	—	—	—	10
峰峰发电厂	1.2	1.2	1.549	315	1.2	1.2	1375	75	75	2.157	400	1.5	1.5	38.5	—	—	—	—	1
150发电厂	20	5	8.826	535	20	5	3440	880	220	9.807	540	25.2	6.3	121	—	—	—	—	4
华能上安电厂	70	35	18.78	540	70	35	11196	2380	1190	18.78	540	89.2	44.6	242	—	—	—	—	2
沧州发电厂	5	2.5	—	—	5	2.5	—	—	—	—	—	—	—	—	—	—	—	—	2
岗南水电厂	—	—	—	—	—	—	—	—	—	—	—	—	—	—	4.422	1.575	4.1	1.5	3
黄壁庄水电厂	—	—	—	—	—	—	—	—	—	—	—	—	—	—	1.6	1.6	1.6	1.6	1
岳城水电站	—	—	—	—	—	—	—	—	—	—	—	—	—	—	1.775	1.775	1.7	1.7	1
王快水电厂	—	—	—	—	—	—	—	—	—	—	—	—	—	—	2.245	1.575	2.15	1.5	2
合计	333	35	18.78	540	337.2	35	11196	13410	1190	18.78	545	410.45	44.6	242	10.042	1.775	9.55	1.7	59

野蛮轰炸。中国共产党和人民政府领导边区人民采取各种措施，保护电厂发电设施，将部分设备拆迁隐蔽，在山区安装发电机组坚持发电。还兴建小型水电站，保证了中共中央和中央军委指挥人民解放战争和军工生产的电力供应。冀南解放区人民为人民解放战争的胜利做出了重大贡献。

到1949年新中国建立时，冀南电力系统有500千瓦以上发电厂5座，装机总容量1.6355万千瓦，单机容量最大的是微水电厂、峰峰电厂的0.5万千瓦机组。

新中国建立后，冀南电力系统贯彻第一次全国电业会议决议，实行民主改革，整修发电设备，建立健全技术管理制度，开展安全生产活动。到1952年，发电设备达到了铭牌出力，发电量也逐年提高。

1953～1990年，冀南电力系统新建了一批大型骨干发电厂，还开发建设了一些水电站。随着电力生产发展和技术进步，新装发电机组容量增大，技术参数提高，运行操作的改进，逐渐淘汰了一些小容量、设备陈旧的发电机组。到1990年，冀南电力系统在装发电机组59台（其中水电机组7台），装机总容量342.55万千瓦。1990年冀南电力系统发电厂主设备统计，见表1－4－3。

三、山西发电设备

1908年，民族资本家创建太原电灯公司，安装60千瓦发电机一台，供城市照明，为山西省有电之始。到1937年，全省共建有电厂31座，分布在太原、平定、寿阳、大同、太谷、榆次、祁县、新绛、五台、临汾、平遥、忻州等地，装机总容量2.8582万千瓦。

1937年侵华日军占领山西后，日本侵略者强行将晋北及大同地区电业划入蒙疆电业公司大同支店，将太原、晋中、晋南电业划入华北电业公司太原分公司。这期间，侵华日军为掠夺晋北煤炭资源，新建、扩建了一批电厂。到1945年日本投降时，山西省共有电厂25座，装机总容量6.9712万千瓦。

1945年日本投降后，山西部分地区成为人民解放区。解放区人民在中国共产党和边区人民政府领导下，积极恢复电力生产，有力地支援了人民解放战争。由于国民党政府发动内战，对人民解放区实行疯狂围剿，在战乱中使部分电厂的发电设备全部或部分被毁。到1949年初山西省解放时，发电装机容量减至4.08万千瓦。

新中国建立后，山西电力工业得到迅猛发展，特别是中共十一届三中全会后，火电基地建设初具规模，以单机20万千瓦以上机组为主，百万千瓦大型火电厂在晋北地区崛起。实施“西电东送”战略，向首都北京送电，并为华北经济发展做出了重大贡献。山西省电力工业，经过三年恢复和7个五年计划的建设，发电设备由低温低压到中温中压、高温高压，直到安装一批热效率高、消耗指标低、经济效益好的超高温、超高压亚临界发电机组。到1990年，山西电力系统管辖的电厂共装有发电机组59台（其中水电机组4台），总装机容量398.2万千瓦。1990年山西电力系统各发电厂主设备统计，见表1－4－4。

四、内蒙古发电设备

内蒙古自治区电力工业始于1903年俄商在满洲里开办的电厂。到1949年新中国建立，历经46年，先后兴建16座电厂，装机总容量2.09万千瓦。在此期间，有些发电机组被拆迁，有些则报废，还有一些机组毁于战火。1949年，能生产运行的电厂共11座，

1990年山西电力系统发电厂主设备统计

表 1－4－4

发电厂	汽轮机				发电机			锅炉				主变压器			水轮机		水轮发电机		台数
	容量(万千瓦)		最大主汽压	最高主汽温	容量(万千瓦)		最大定子电流	容量(吨/时)		最大主汽压	最高主汽温	容量(万千伏安)		最高电压	总容量	最大单台容量	总容量	最大单台容量	
	总容量	最大单台容量	(兆帕)	(℃)	总容量	最大单台容量	(安)	总容量	最大单台容量	(兆帕)	(℃)	总容量	最大单台容量	(千伏)	(万千瓦)	(万千瓦)	(万千瓦)	(万千瓦)	(台)
太原第一热电厂	18.6	5	3.432	435	18.6	5	3440	1405	240	3.825	450	21.05	6.9	121	—	—	—	—	7
太原第二热电厂	25	5	8.826	535	27	6	3440	1450	230	9.807	540	30.6	6.3	121	—	—	—	—	6
霍县发电厂	40	10	8.826	535	42	12	6875	1640	410	9.807	540	63	24	242	—	—	—	—	4
娘子关发电厂	40	10	8.826	535	40	10	6475	1640	410	9.807	540	60	24	242	—	—	—	—	4
神头发电厂	130	20	16.181	540	134	21	9060	4600	670	17.456	545	162.5	25	550	—	—	—	—	8
大同第一热电厂	11.2	2.5	3.432	435	11.2	2.5	2860	755	160	3.825	450	19.1	3.15	121	—	—	—	—	8
侯马发电厂	10	2.5	3.432	435	10	2.5	2860	590	200	3.825	440	12.6	3.15	121	—	—	—	—	4
永济发电厂	18	5	8.826	535	20	6	4125	900	230	9.807	540	27	7.5	121	—	—	—	—	4
巴公发电厂	4.8	1.2	3.432	435	4.8	1.2	1380	300	75	3.825	450	6	1.5	121	—	—	—	—	4
阳泉发电厂	2.4	1.2	3.432	435	2.4	1.2	1380	120	40	3.628	450	3	1.5	38.5	—	—	—	—	2
恒山发电厂	2.4	1.2	3.432	435	2.4	1.2	1375	130	65	3.923	450	3	1.5	121	—	—	—	—	2
漳泽发电厂	83	21	12.749	540	86	22	9490	2830	670	13.533	545	99	25	242	—	—	—	—	5
天桥水电厂	—	—	—	—	—	—	—	—	—	—	—	—	—	—	13.24	3.7	12.8	3.6	4
合计	385.4	20	16.181	540	398.4	21	9490	16360	670	17.456	545	506.85	25	555	13.24	3.7	12.8	3.6	59

装机容量1.4678万千瓦，其中500千瓦以上电厂6座，装机总容量1.3274万千瓦。1949年内蒙古地区500千瓦以上电厂统计，见表1-4-5。

表1-4-5 1949年内蒙古地区500千瓦以上电厂

电厂名称	装机容量（千瓦）	投产年份
海拉尔电灯厂	3640	1915
绥远电灯公司	1848	1922
通辽电灯厂	500	1923
赤峰电灯厂	546	1926
包头电灯厂	2500	1930
扎赉诺尔电厂	4240	1938
合　　计	13274	

新中国建立后，塞外草原万象更新，百业更兴。随着工农牧业发展和人民生活水平的提高，电力工业的发展也揭开了新的篇章。1979年以来，实行“改革、开放”的方针，电力工业步入新的发展时期，安装20万、30万和60万千瓦的大型机组，建成了元宝山、通辽和丰镇电厂，分别向东北、华北电网送电。经过三年经济恢复和7个五年计划的建设，到1990年，内蒙古电力系统共建有发电厂15座，安装发电机组51台，装机总容量166.8万千瓦，其中蒙西电网153.35万千瓦。1990年内蒙古电力系统各发电厂主设备统计，见表1-4-6。

第三节 设备出力

一、可调出力

新中国建立初期，由于发电设备长期失修，设备的可调出力与铭牌出力有很大差距。当时华北最高可调出力只有铭牌容量的75.8%，发电设备年均利用小时仅为2480小时。北京石景山发电厂6号机是华北容量最大的机组，铭牌出力2.5万千瓦，占全厂总容量的45%，占京津唐电网总容量的15.4%。该机在新中国建立前最佳状态时，仅短时间发电到2.2万千瓦，而且自1946年投产后的3年中，每年停机检修时间均超过运行发电的时间。天津各电厂的可调出力只有铭牌出力的63.5%。太原4座电厂装机容量3.27万千瓦，可调出力只有50%左右。

1950年，根据第一次全国电力会议精神，华北各电厂大力改进技术，加强管理，开展民主改革，发动群众努力消灭事故。各电厂在三年恢复时期先后完成恢复铭牌出力任务，使可调出力与铭牌出力达到一致。

二、超铭牌出力

1957年上半年，为缓和电源紧张局面，电力部组织了挖潜工作组，配合北京电业局

表 1-4-6

1990 年内蒙古电力系统发电厂主设备统计

发电厂	汽轮机				发电机			锅炉				主变压器			水轮机		水轮发电机		台数
	容量(万千瓦)		最大主汽压	最高主汽温	容量(万千瓦)		最大定子电流	容量(吨/时)		最大主汽压	最高主汽温	容量(万千伏安)		最高电压	总容量	最大单台容量	总容量	最大单台容量	
	总容量	最大单台容量	(兆帕)	(℃)	总容量	最大单台容量	(安)	总容量	最大单台容量	(兆帕)	(℃)	总容量	最大单台容量	(千伏)	(万千瓦)	(万千瓦)	(万千瓦)	(万千瓦)	(台)
包头第一热电厂	41.2	10	8.626	535	43	10	6475	2330	410	9.807	540	49	12	121	—	—	—	—	7
包头第二热电厂	42.5	10	8.626	500	43.5	10	—	2020	410	9.807	510	48.3	12	121	—	—	—	—	8
包头电力修造厂	1.2	0.7	2.256	385	1.2	0.7	1530	105	35	2.354	400	7.75	6	121	—	—	—	—	2
丰镇电厂	40	20	—	—	40	20	—	1340	670	—	—	48	24	242	—	—	—	—	2
乌拉山电厂	20	10	8.626	535	20	10	5150	850	410	9.807	540	30	12	242	—	—	—	—	3
呼和浩特发电厂	7.4	2.5	3.432	435	7.4	2.5	2860	400	130	3.825	450	7.8	3.15	121	—	—	—	—	4
东胜电厂	0.45	0.15	2.354	400	0.45	0.15	—	30	10	2.452	400	0.45	0.15	6	—	—	—	—	3
高头窑电厂	0.6	0.3	2.354	390	0.6	0.3	344	40	20	2.452	400	1.27	0.63	—	—	—	—	—	-
牙克石电厂	0.9	0.6	3.334	435	0.9	0.6	—	55	35	3.825	450	—	—	—	—	—	—	—	3
扎赉诺尔电厂	6.2	2.5	3.432	435	6.2	2.5	2860	330	130	3.825	450	7.9	3.15	121	—	—	—	—	4
海拉尔电厂	1.2	0.6	—	—	1.2	0.6	—	150	75	—	—	1.6	0.8	—	—	—	—	—	2
锡林浩特一电厂	1.05	0.3	—	—	1.05	0.3	—	—	—	—	—	—	—	—	—	—	—	—	5
锡林浩特二电厂	2.4	1.2	—	—	2.4	1.2	—	200	65	—	—	—	—	—	—	—	—	—	2
汇流河发电厂	1.2	0.6	3.334	435	1.2	0.6	688	70	35	3.825	450	1.55	0.8	121	—	—	—	—	2
扎兰屯电厂	0.6	0.3	—	—	0.6	0.3	—	40	20	—	—	0.64	0.32	—	—	—	—	—	2
合计	166.80	20	8.626	535	164.25	20	6475	7960	670	9.807	540	204.26	24	242	—	—	—	—	51

研究如何提高设备短时最大出力问题，写出“6400千瓦设备的潜力是怎样挖出来的?”的总结，摘要登载在《人民电业》杂志上，引起缺电地区电业局、发电厂的重视。电力部于1957年7月发出《关于研究使用汽轮机组短时间最大出力的通知》，决定各缺电地区应根据当地电力平衡情况及设备情况，研究在高峰负荷时间内使用机组短时间最大出力问题。

1958年开始的“大跃进”，电力供求矛盾日趋严重。在“破除迷信，解放思想”口号下，设备潜力被夸大，各电厂陆续开始进行设备提高出力工作。

石景山发电厂于1958年7、8月间试验提高设备出力。初期全厂提高0.4万千瓦，到第四季度，实现超出力2.75万千瓦，为全厂发电装机容量10.9万千瓦的25%。为推广石景山发电厂的“经验”，国家经济委员会、水利电力部于当年12月在北京召开现场会。会议总结时称“在思想上获得一次新的解放，认识大大开阔和提高了一步”。会上各地代表均制订了初步规划，提高出力在华北被全面推开。1963年，鉴于各电厂事故增多，水利电力部决定停止超铭牌出力运行。

石家庄电业局1968年根据电力供需情况及市计划会议精神，决定“挖掘潜力，提高出力”，要求石家庄热电厂利用设备富裕量提高设备出力。石家庄热电厂各专业车间开始对发电设备进行改造，提出“将全厂40台主要设备轮流改造一遍，力争单机超发30%～50%”。到1969年6月，这个厂对主设备进行200多项改造后，在石家庄电业局的组织下，开始进行11台机组的超出力短期测试，结果最高出力达到23万千瓦，比额定14.7万千瓦提高了56%。

1970年，水利电力部军管会召开了“全国电力工业增产节约会议”，提出了“一厂变一厂半”的要求。会后，华北各电厂均开始了大搞超出力活动。北京热电厂将1号发电机改为双水内冷式，发电出力从2.5万千瓦提高到5万千瓦，全厂出力曾达到35.6万千瓦；石景山发电厂7、8号机组短时间超出力100%；唐山发电厂先后对7台机组进行试验改造，发电出力提高到28.1万千瓦，增幅36.9%；河北微水发电厂经过更换1号机转子两侧风扇和改造护环通风机，出力提高到0.7万千瓦，增幅40%；下花园发电厂将7号机由空冷改氢冷，进行汽机油系统改造，试验最高超铭牌出力30%，经常可保持超铭牌7%～18%；河北保定热电厂在1号2.5万千瓦发电机大轴中心内孔通水冷却，静子槽表面装铜管通水冷却，超出力0.35万千瓦；河北邯郸热电厂改双水内冷，试验单机由1.2万千瓦提高到2.4万千瓦；河北峰峰发电厂改双水内冷，加长大轴，更换大容量励磁机，0.5万千瓦机组试验出力可达0.9～1万千瓦；秦皇岛电厂进行了8项设备改进，1.2万千瓦机组超出力0.45万千瓦，0.1万千瓦机组超出力达到0.2万千瓦。由于违背科学规律地大搞超铭牌出力运行，严重降低了设备健康水平，发电机、主变压器烧毁及锅炉爆管、汽机掉叶片的事故屡屡发生，华北共烧毁0.6万千瓦以上发电机11台，容量22.85万千瓦，超铭牌出力运行遂被终止。

1976年以后，华北各电厂管理工作逐渐走入正轨，超铭牌出力运行带来的设备损毁得到修复。到1990年，各电厂机组的可调出力基本上达到铭牌出力值，主要设备完好率为100%。

第四节　热力生产

一、供热能力

华北电业最早兴建的热电厂，是"一五"计划期间由前苏联援建的"156"项重点工程中的石家庄热电厂、太原第一热电厂、太原第二热电厂、包头第二热电厂、北京热电厂、包头第一热电厂，这6项工程于1954年后建成投产，供应低压蒸汽和采暖热水。以后，又陆续兴建一批热电厂，改造了一些机组为抽汽供热机组。到1990年，华北电力系统共有热电厂15座，供热能力为：低压蒸汽3253吨/时，采暖热水12141吉焦/时。各地还结合建设开发区和居民生活小区，建设了区域性热水厂，一些大型企业自建了热电厂，弥补电力系统热力供应缺口。

二、热力用户

新中国建立后，北京市兴建了大量工厂和住宅小区，形成了机械、纺织、印染、化工、建材等行业的新兴工业区。这些工厂和住宅小区在生产过程中需要低压蒸汽和热水。据1955年统计，北京需要工业蒸汽的单位达103个，用汽量为308吨/时，这些用户绝大部分集中在北京东郊地区。因当时无集中供热热源，各厂自装小锅炉267台，锅炉热效率仅有30%~50%，既浪费能源，又污染城市环境。随着工业建设的发展，工业蒸汽需求大幅增长，到1982年已达1470吨/时。与此同时，北京市民用住宅楼数量也逐年猛增，"一五"计划期间年均新建民用住宅150万平方米，1980~1990年，年均新建民用住宅500万平方米，其中10%以上是高层建筑，需集中采暖供热。华北各大、中城市对热力的需求情况与北京大体相同。

第五节　风力发电

一、研制

华北风力发电装置的研究、制造工作始于1970年内蒙古自治区牧民自发制造风力发电机。到1975年，基本上是利用现成材料改装，结构缺陷难以避免，性能、效率也较差，故都未能成为可以实用的定型产品。正式按照风力发电的空气动力条件和技术要求来设计制造风力发电机，是从内蒙古农机研究所研制12千瓦发电机和内蒙古草原研究所研制家用微型发电机开始的。

1975年，内蒙古草原研究所设计出FG－1.3型风力发电机样机2台，风轮直径1.3米，两个叶片，设计风速8米/秒，额定功率100瓦，配以铅酸蓄电池储能，可供照明、收音机用电，能经受10级大风，很受牧民欢迎。但该机输出功率值偏低；限速机构不可靠；发电机为改制的永磁机，效率低，低风速启动困难。1976年，草原研究所又与清华大学电力工程系和商都农牧机械厂合作，对FG－1.3型机进行改进。改进后，输出功率可达到100瓦，结构合理，性能完善，成为内蒙古自治区第一个定型并投入批量生产的机型，型号定为FD1.5－100W。第一批生产50台，分别安装在一些公社试点。

1978年，内蒙古自治区电业管理局根据水利电力部风力发电科研协调座谈会的安排，与华东电力设计院共同研制了FD－13型18千瓦发电机。1979年研制工作中断，1986年恢复，型号定为FD16－20Ⅰ型及FD16－20Ⅱ型，可作并网使用。以后，锡林郭勒盟风能利用研究所与包头电机厂于1980年共同研制出FD1.4－50WYC和FD2-100WYC风力发电机。

内蒙古动力机械厂于1982年研制出FD1.6－50型50瓦风力发电机，1983～1984年在强风区试验良好。

1982年，内蒙古农牧水利科研所研制出6米可变几何型立轴2千瓦风力发电机。首台样机安装在乌兰察布盟察右后旗韩勿拉风力电站进行使用考察，达到了设计要求，具有较好的气动特性和限速功能。1985年7月通过技术鉴定。

1985年，由乌兰察布盟风力发电研究所与商都供电局、商都牧机场共同承担，研制了1台FD6型多功能风力发电机，具有发电、提水、农畜产品加工等用途，1987年在评审会上受到肯定。

二、设备制造

内蒙古自治区经过十余年对小型风力发电机的研制、改进和完善，设计、制造技术基本成熟。在各单位研制的20多种样机中，已有4种50瓦、4种100瓦、3种2千瓦等15种样机通过了技术鉴定。其中10种机型投入了批量生产，成为在市场销售的商品化产品，其型号、规格及生产厂家见表1－4－7。

内蒙古商品风力发电机型号规格

表1－4－7

型　　号	风轮直径（米）	设计风速（米/秒）	额定功率（瓦）	主要生产厂家
FD1.4－50WYC	1.4	6	50	汾西机械厂
FD1.5－50W	1.5	6	50	包头二电机厂
FD1.6－50W	1.6	7	50	内蒙古动力机厂
FD1.5－100W	1.5	8	100	商都牧机厂
FD2－100WYC	2	7	100	汾西机械厂
FD2－100W	2	6	100	商都牧机厂
FD2－100W	2	7	100	包头二电机厂 乌海第一通用机械厂
FD2.5－200W	2.5	6	200	内蒙古动力机厂 商都牧机厂
WG240	2.4	12	750	商都牧机厂
FD5.6－2000W	5.6	8	2000	商都牧机厂

1985年，全自治区小型风力发电设备生产能力达到1.5万台，实际产量9758台，销售8778台。1986年，生产能力达到2万台，实际产量1.4679万台，销售1.3694万台。1987年

以来,由于生产风力发电机厂家的增加,生产能力高达3万台,当年实际产量1.6684万台,销售1.8709万台(含库存2025台),1987年的产量、销售量均创历史最高水平。

近年来,风力发电机产品销售市场不断扩大,除主要销售于自治区内,还行销国内20多个省(自治区),并出口到蒙古、德国、印度尼西亚、泰国、新加坡等国家。

三、开发与应用

1984年后,内蒙古自治区的风力发电进入有计划的发展阶段,重点是全面推广百瓦级微型风力发电机,以解决牧区和边远地区农牧民家庭用电急需。通过有计划的组织推广,到1990年全区风力发电机已达86000台,历年增长情况见表1-4-8。

内蒙古自治区1982~1990年风力发电机数量

表1-4-8

年　　度	保有量(台)	占全国百分数(%)	装机容量(千瓦)
1982	1000	70	100
1983	3200	73	300
1984	8680	75	840
1985	12845	82	1300
1986	33638	89	3380
1987	50178	85	5040
1988	76000	80	7650
1989	83700	80	8420
1990	86000	78	9100

到1990年，全区88个旗县有60个旗县推广应用了风力发电机，受益农牧户约10.5万户，牧民用户占总户数的30%。推广最多的地区是锡林郭勒盟，拥有小型风力发电机3万多台。安装风力发电机最多的两个旗县是乌兰察布盟四子王旗和伊克昭盟杭锦旗，分别为8000台和7500多台，普及率均达到90%以上。至此，内蒙古自治区风力发电除用于家庭生活外，还应用于电围栏、牛奶加工、提水、饲料粉碎等生产领域。河北省到1990年底共有风力发电机1753台，容量为186.42千瓦。其中张家口地区坝上风能资源丰富，地广人稀，农牧民广泛采用FT-1.6型50瓦风力发电机，技术性能稳定，适应性强，年平均有效利用小时高达3000小时。

第六节　发电运行

一、岗位责任制

新中国建立前，华北各电厂尚无明确的岗位责任。新中国建立初期，各电厂也没有完整的岗位责任制。1951年，前苏联技术专家为石景山发电厂编写了6号汽轮机运行规程。随后，燃料工业部把该规程作为典型运行规程正式印刷出版，分发各电业局、发电厂，作为编写运行规程的样板，该规程第一章即成为编写岗位责任制的样板。50年代初期，华北各电厂先后按生产设备的自然分布划分生产区域，在各区域内设若干工作岗位，对各岗位的任务和责任做出明确规定，把岗位责任落实到人，做到人人有专责，各司其职，消除了无人负责的现象。新中国建立后的41年中，岗位责任制在历次政治运动中都遭到冲击，但运动后期均在短期内又重新建立。“文革”结束后，华北一些电厂根据1980年版《电力工业技术管理法规》，把岗位责任制作为运行规程的一章加以贯彻。北京热电厂按照责、权、利相结合的原则，从厂部到班组，从厂长到工人，制订了96个岗位职责条例，共1711条款。其中，厂级4个岗位119条；科室（组）28个岗位500条；车间20个岗位391条；班组44个岗位701条。每个岗位的职责条例，都明确规定了本岗位的职责、权限及工作标准。

二、规程制度

新中国建立前，华北各电厂还未形成完整的规程制度，发电生产一般凭师傅带徒弟，靠经验操作。新中国建立初期，各电厂装备的机组绝大部分为中、低压的中、小型机组，图纸、资料大都在战乱中或辗转多次交替使用中散失殆尽，对生产设备的启、停、调整和事故处理，仍仅靠经验进行，没有文字规定。

1949～1954年，燃料工业部颁发了典型规程26种，专业规程21种，其中锅炉4种，汽机7种，电气8种，运煤2种。华北各省（市、自治区）电业局在组织电厂建设和新机投产中，按以上规程向制造厂家索取技术资料，向有同类型机组的电厂索要规程，先编写出机组远行操作规程初稿，再通过机组试运行的实践进行修改，审定后正式颁发执行。

1950年12月1日，太原电业局、大同平旺发电厂先后颁发了《交接班制度》、《值班制度》，这是山西地区最早成文的运行管理制度。根据燃料工业部要求，太原电业局和大同平旺发电厂于1951～1952年间再次颁发了《交接班检查制度》、《巡回检查制度》、《变压器维护制度》、《安全作业制度》、《技术保安员每周汇报制度》、《安全书面建议制度》等规章制度，同时整顿完善了运行交接班、定期检查、工作票、操作命令、设备缺陷处理和运行日志审查等制度。河北地区微水、凤山、石家庄、峰峰等公营发电厂，于1950年各自编写了机、电、炉专业的运行规程。

1958年“大跃进”中，水利电力部决定废除部颁技术规程和技术管理规程52种，改为参考的46种，尽快修改的40种，各电厂陆续掀起“痛捣陈规”高潮 。有的电厂将275项规程制度取消76项，修改、合并简化177项，下放9项，仅保留13项；生产车间52本规程92万字，修改为6本规程8651字；化验室规程由43.6万字，改为362字；锅炉爆管事故处理规程3200字改为10余字。改后的规程说不清，看不懂，形同虚设，致使生产事故不断增加。北京电业管理局发电事故1958年为11次，1959年升至46次，1960年跃升到108次。

事故教训使电力系统职工进一步认识到，必须重建规章制度。1959年7月，北京电业管理局在香山召开会议，“大破陈规”初步得到扼止。1963年10月，水利电力部在西安召开“电力生产技术管理经验交流会”，提出狠抓检修，健全规程制度，加强技术管理的基础工作。会议强调技术资料、图纸必须正确齐全，有专人管理，使用方便；反事故措施和技术措施必须有明确计划；运行规程、检修规程、安全规程必须严格贯彻；化学监督、绝缘监督、仪表监督、金属监督必须加强；交接班制、巡回检查制、设备缺陷管理制、操作票制、工作票制必须坚持做到。自此，以规程制度为中心内容的技术管理工作初步走上正轨。

1966年开始的“文革”，把规程制度视为对工人的“管、卡、压”，提出工人“自己管理自己”、“自己教育自己”，使发电运行管理又一次受到严重冲击，劳动纪律松弛，组织机构削弱，刚刚重建起来的行之有效的规章制度又遇到夭折，生产事故不断发生。

1972年，企业进行局部整顿，水利电力部颁发《关于继续执行15种生产管理和运行规程的通知》，再一次恢复了现场必要的生产管理制度，使发电生产有了转机。但1973年后，又提出“整顿就是复辟”，使尚未完全恢复的生产秩序再度遭到破坏。

1977年，华北各省（市、自治区）电力工业局进行了全面恢复性整顿。1978年水利电力部颁发了《发电厂技术管理工作条例》。中共十一届三中全会后，1979年电力部生产司发出了《认真抓好发电厂技术管理的通知》；1980年电力部转发了华北电业管理局《关于加强当前发电厂运行管理工作的若干意见》，即运行工作25条。根据这些文件，华北电力系统对发电厂运行管理再度进行了全面系统的整顿。

1979年3月，北京电业管理局转发电力部生产司《关于认真抓好发电厂技术管理的通知》，根据该通知精神，各发电厂建立了在厂长领导下以生产副厂长（总工程师）为首的生产指挥系统及相应的责任制，建立健全了包括原始记录、消耗定额和各项运行、检修、试验标准、图纸资料、规程制度、统计工作6项基础工作制度，建立健全了“三规”（安全规程、运行规程、检修规程）、“十制”（岗位责任制和运行、检修、设备、安全培训、备品配件、燃料、技术资料档案、合理化建议及“双革”等管理制度）和“四项监督条例”（化学、绝缘、仪表、金属监督）等规章制度。

三、运行记录

新中国建立前，各电厂已建立起每小时记载机、电、炉主要参数的运行记录。新中国建立后，随着生产规模的扩大和管理水平的提高，运行记录内容也逐步丰富细致。60年代后，华北各电厂均建立起完整的运行记录及其管理制度。

运行记录主要包括：各岗位的运行日志；倒闸操作记录本；不安全情况和违章违制记录本；设备系统变更记录本；生产命令指示本；工作票登记本；检修申请登记本；设备缺陷记录本；值长操作命令记录本；定期试验记录本；负荷曲线本；现场培训考问讲解记录。

四、运行分析

新中国建立后，华北电业职工自觉加强对设备的检查、调整，建立了设备巡回检查制，1952年该检查制经燃料工业部向全国推广。随着高温高压大容量机组的出现，60年代在电厂中开始推行运行分析法，包括岗位分析、定期分析、事故分析和专题分析。

运行分析的核心是岗位分析，即对本岗位在巡回检查中取得的各项状态参数数据做出综合分析，主要内容是：对照规程、标准中的限额数据，判定有无超出限额的部分；对照本厂或国内、外同类型机组的数据，判定本机组的参数有无异常；对照本机组历史数据，判断机组有无异常；对照与本参数相关的各种参数的仪表指示及运行方式的变化。

80年代初引进的设备诊断是一项新技术，其方法主要是靠科学仪器采集运行状态量信号数据，对信号进行加工，再根据信息做综合判断，得出结论。

80年代末期，华北电力试验研究所首先开展汽轮发电机的振动频谱分析，查出了许多机组的老、大、难问题。此外，利用化学方法诊断热力设备的运行状况，应用在线监测方法诊断高压电气设备的绝缘状况，都陆续应用到运行分析中。

五、岗位培训

（一）培训目标。1950年召开的第一次全国电业会议，将“加强职工教育”列为七项具体工作之一。40多年来，华北电力系统坚持“三熟三能”（三熟是：熟悉设备、系统和基本原理，熟悉操作和事故处理，熟悉本岗位的规程和制度；三能是：能正确地进行操作和分析运行状况，能及时地发现故障和排除故障，能掌握一般的维修技能）的培训目标，要求职工不断提高技术水平。1962年部颁《电业生产人员培训制度》下达后，华北地区各电厂开展大练基本功活动。十年动乱，岗位培训受到干扰和破坏。1977年和1981年又两度结合新形势的发展修订培训制度，并再度重申了“三熟三能”的要求。

（二）师徒合同制。新中国建立初期，师傅文化水平不高，对新工人培训采用“师徒传授”法，在发电厂中推行“师徒合同”制，师徒要共同遵守并执行尊师爱徒公约。

（三）规程学习。1953年以后，华北地区各电厂的培训工作，以学习规程为中心。各电厂利用四班轮值倒班的间隙建立“规程学习日”，组织运行值班人员的学习。学习内容为：电业安全工作规程、现场运行规程和其他有关规程制度；本厂（局）的事故（包括人身伤亡）、障碍、异常运行的技术资料；分析研究反事故演习的结果，学习上级颁发的事故通报、事故资料汇编和反事故技术措施、指示；学习现有设备和新投入运行设备的构造和性能；学习安全经济运行方法及先进工作法；在设备检修和安装时，学习设备的内部构造；学习提高运行方式的季节性特点与变化。

（四）技术问答栏。为了提高运行、检修（试验）人员的技术业务水平，在车间、班组调度值班室内结合当前生产和设备存在的问题，设置技术问答栏，向职工提出有关设备知识和专业理论问题，指出参考资料来源，指定专人进行准备，以培养工作人员的阅读钻研能力。

技术问答栏一般每月一期，先公布问题，由有关人员思考研究，再指定人员限期回答，答案由专人评价，指出错误，向全体人员公布，并留存汇编，作为培训资料。

（五）反事故演习。为推动规程学习，锻炼运行人员处理事故的能力，各电厂在50年代利用规程学习日，陆续建立反事故演习制度，其主要内容应针对：本单位和其他单位发生事故的教训和异常现象；设备上存在的主要缺陷和薄弱环节；新设备投入运行前后可能发生的事故及影响设备安全运行的季节性事故；值班人员对特殊运行方式的掌握以及操作技术上的薄弱环节；在该设备和系统范围内可能进行的复杂操作。

（六）考问讲解。电厂值长、班长，为推动培训工作，在不影响正常运行工作条件下，利用生产空隙对本值成员进行考问讲解，题目有两种；一是根据反事故演习及在考试时值班人员所暴露的缺点，或根据新设备投入运行时值班人员操作还不够熟练的情况拟订；二是根据对值班人员工作的考察，发现个别值班人员在运行操作及维护设备上有不足或不够熟练而拟订。

第七节　设备检修与更新改造

一、设备检修

（一）恢复性检修。新中国建立初期，华北各发电厂设备残旧，缺陷多，事故多，出力低。全华北最大发电出力仅为装机总容量的75.8%，发电设备年利用小时只有2480小时。

1950年第一次全国电力工作会议上。提出当前电业方针任务的七项具体工作，检修工作列为第一项。会后，华北各电厂开始了以恢复铭牌出力为中心的全面检修，并重点改进附属设备。到1952年底，华北共修复汽轮机35台，发电机32台，锅炉82台。1953年初，发电机组基本达到了铭牌出力，设备年均利用小时上升到4310小时。华北电力系统各发电厂发电标准煤耗率比1949年有大幅度下降，北京由993克/千瓦时降到714克/千瓦时，天津由794克/千瓦时降到660克/千瓦时。

（二）整修设备，恢复发电。华北部分电厂在战争时期受到较大破坏。新中国建立前夕的1949年7月，从各电厂抽调检修力量，组建华北最早的电力安装专业队伍——大同工程队，进驻大同平旺发电厂，用最快的速度安装了1台500千瓦美国机组和1台550千瓦加拿大机组，分别于同年11月20日和12月8日投产发电，使停电3年之久的大同市重见光明。1950年先后完成3台1000千瓦发电机组的安装任务，并对蒙疆时期遗留的80吨/时煤粉炉进行修复。

1950年，太原电业局成立电业整修工作组，领导抢修恢复发电设备，首先从太原第二发电厂（北门外发电厂）开始，使废弃4年之久的4000千瓦发电机恢复运行，解决了3000千瓦汽轮机振动问题，迅速投入生产。与此同时，电业管理总局在北京组织检修队伍赴山西地区，协助各发电厂抢修主、辅设备，使原太原第一发电厂1台1150千瓦发电机组恢复额定出力，同时完成了阳泉电厂、太原古城钢铁厂电厂的恢复性检修，基本达到了额定出力。

1950年2月25日，石景山发电厂6号机经167天事故抢修恢复发电，这是新中国建立后北京地区发电厂进行的第一次事故检修。

（三）计划检修。新中国建立前，华北各电厂实行的是事后检修制。1950年开始学习自前苏联引进的预防性计划检修制（定期检修制），明确规定了发电设备每年大修1次，小修2～3次，并且制订大修前计划审批和开工前准备工作的程序和验收、试运、竣工的标准，使华北电厂检修工作向前推动了一大步。在贯彻计划检修过程中，提出了“到期必修，修必修好”的口号，要求各电厂把所管辖的发电设备排出大、小修计划时间表，力争按时开工，按质量标准和规定检修项目及批准工期完成任务。强调在检修前要做好工具、材料、备品、配件以及技术措施的准备。

（四）检修规程。1953年，燃料工业部参照由前苏联引进的规程和来华专家建议，正式颁发《电业检修规程》、《锅炉检修验收规程》和《汽轮机检修验收规程》，使检修管理工作有章可循。遵照部颁规程，石景山、天津、唐山、石家庄、微水等电厂结合本厂情况制订了实施细则。1954年，华北电业管理局颁发了《发供电检修管理制度》（草案），对检修计划的编制及实施作了具体详尽的规定。对此，太原电业局制订了《发电机组检修工艺规程》和《发电机组检修质量标准》。

1955年，华北电业管理局颁发了《生产设备大修、改进工程管理办法》（草案）和《大修理、维护工程委托及验收制度》。

经过几年的实践，电力部对电业检修规程进行修改，于1956年8月颁发新规程，规定锅炉、汽轮发电机组在保证安全运行的条件下，经主管局批准，可延长大修间隔为1年半或2年。

1959年，北京电业管理局颁发《发电设备检修管理制度》，从1960年1月正式执行。各发电厂开始按此制度编制年度发电设备检修计划。1963年1月，唐山发电厂颁发了《主要、辅助设备检修暂行管理制度》，开展了定人、定设备、创建“五好”设备的活动。

1965年，水利电力部制定了《火力发电厂检修规程》，各电厂按此规程要求，将大修标准项目分为常修和不常修两种。新规程把锅炉、汽轮发电机组和水轮发电机组大修间隔分别延长到2～3年、2～4年和3～5年，对主变压器检修间隔，根据运行情况和检验结果确定（一般不少于10年）。

1987年，水利电力部颁发修订的《发电厂检修规程》，补充吸收了全面质量管理等先进管理方法及实行三年滚动计划等内容。

（五）集中检修。50年代初期，各电厂采取“小分场”制，按照生产过程，划分输煤（燃料运输）、锅炉、汽机、电气等分场，将检修人员按专业配属给各分场。“小分场”制虽有利于实行专业化管理，有利于检修与运行人员相互配合，及时消除设备缺陷，但不利于集中力量完成大项目检修，不利于工种和人员的灵活调动，也不利于大型起重、运输工具的统一调配和专业工种发挥专长。1954年，天津电业局成立检修大队，为各电厂检修提供劳务服务。1957年，石景山发电厂把检修队伍集中，实行厂内集中检修。1964年，天津电力系统试办检修“托拉斯”，实行地区性集中检修。1965年，北京热电厂试办检修“托拉斯”，将北京热电厂、507电厂、保定热电厂检修队伍集中，统一调动，统一指挥，实行多厂“托拉斯”的集中检修。1979年11月，组建天津发电设备检修公司，形成地区性集中检修格局。

（六）全面质量管理。华北电业管理局于1980年颁发了《全面质量管理暂行办法》，1981年举办了第一次全面质量管理研讨会，同年10月召开了全面质量管理座谈会。1990年，华北电业管理局召开直属发电厂检修会议，要求各电厂重新修订检修工艺规程和质量标准，加强了从计划制定、检修准备、拆装修理、冷热态验收到启动并网的全过程管理，进一步提高检修质量。

（七）设备定级。华北电力系统设备评、定级工作始于60年代。1964年3月，北京电业管理局颁发《设备定级暂行管理办法》和《重大设备缺陷的几项暂行规定》。同年7月，试行了水利电力部颁发的《电力工业设备评级暂行办法》，将评级标准录入部颁《发电厂检修规程》中。各电厂按部要求，陆续开始设备评级工作，并将评定结果上报主管局。设备评级工作1季度或半年进行1次，评级标准分为一、二、三类，一、二类为完好设备。通过设备评级，加强了设备管理，发电设备运行的安全性、经济性、稳定性逐年提高。

二、更新改造

华北各发电单位十分重视设备的技术改造。新中国建立初期主要针对旧中国遗留下来的主、辅设备不配套、残缺不全、安全防护水平低等问题，采用填平补齐，对设备进行局部改进，以提高安全生产水平，降低消耗，改善职工劳动条件。

1959年，随着电厂规模的扩大，逐步加强了对更新改造工程的管理，华北各省（市、自治区）电业管理局先后制订、颁发了《更改工程管理制度》，对更改工程的范围、审批手续、计划编制程序、工程总结及工程审批权限做出了明确规定。

70年代后期，水利电力部颁发了《直属企业更新改造工程和资金管理暂行规定》，华北电业管理局从1981年开始编制更新改造工程3年滚动规划，在年度计划中对更新改造工程坚持编制3种计划项目，即前期项目、预备项目、正式项目。编制过程采用纵横结合、专业审查、综合平衡，每年各省（市、自治区）电力工业局和华北电业管理局均召开各专业处室、发电厂参加的更改工程审查平衡会，会议对工程立项严格控制，并强调更改工程项目技术要先进，条件要成熟，还需同基本建设、大修统筹安排。

华北电力系统在"七五"计划期间对更改工程总投资额8.6586亿元，重点解决7个方面问题。一是为保证安全发电和电网调峰，更新大港发电厂高压加热器，改造山西省娘子关发电厂锅炉，对天津军粮城发电厂、北京京西发电厂进行调峰改造，加速安排北京第一热电厂溴化锂冷却、薄绝缘变压器加强绝缘及更换变压器等工程。二是针对华北水资源短缺日趋严重，加快安排部分电厂的冷水塔建设、改进循环水系统、开发新水源及工业用水闭式循环、冲灰水回收等工程。三是根据国家对环境保护的规定，对城市附近的电厂安装技术先进的电除尘器5台，新建高烟囱4座，加速多管除尘器的研制。四是改造天津军粮城发电厂、沧州发电厂的燃油机组为燃煤机组。五是为增加电厂供热能力，对天津第一发电厂、唐山发电厂和内蒙古的包头第三发电厂、呼和浩特发电厂等进行供热改造。六是新建电子轨道衡，减少来煤亏吨亏卡。七是新建李家峪等贮灰场14座，修建陡河、石景山、滦河、马头、150、邢台、霍县、娘子关发电厂和包头第一热电厂的除灰管线，解决除灰、贮灰难题，并开展除灰水回收和旧灰场复土、植树、造田等工作。

第八节　安全管理

一、机构与制度

（一）监察机构。新中国建立初期，华北的安全生产工作由各省（市、自治区）电业管理部门配备的技术保安工程师和运行监察工程师负责。

燃料工业部于1952年颁发《电业安全规程》后，华北电业管理部门相继成立了安全监察机构，基层发电厂的车间、班组也设立了专职或兼职安全员，逐步形成三级安全监察网。

"文革"期间，安全监察机构一度被撤消，1972年后陆续恢复。

1989年，华北各省（市、自治区）电力工业局设立安全监察处，其主要职责是：贯彻执行国家有关安全生产的各项方针、政策和法规；监督检查生产活动中安全措施的执行情况，并提出指导性意见；组织重大设备及人身事故的调查分析；督促检查基层单位对安全生产政策、法规的执行情况；组织指导基层单位的安全生产教育活动；负责各种事故的统计上报。

（二）安全规程制度。1950年第一次全国电力工作会议提出“电力工业的基本方针任务是保证安全发供电，加强对职工的教育，贯彻安全第一的思想”和建立生产管理制度的要求。1951～1953年，燃料工业部先后颁发了《电业事故调查规程》、《对今后技术安全工作的指示》和《电业安全工作规程》。华北各发电厂在50年代也制定了《岗位责任制》、《区域责任制》、《巡回检查制》、《交接班制》等安全管理制度和《运行及检修规程》，实行了工作票制度和操作票制度，总结推广了天津第一发电厂创造的以岗位责任范围、交接班制、巡回检查制、操作监视与调整、运行记录与计算、运行与检修联系制为主要内容的“科学安全运行法”。

1958年“大跃进”开始后，华北电业管理部门开展了“改革不合理规章制度”的群众运动，对运行、检修、操作等规程制度进行了修编、简化，造成电力生产无章可循的状态，安全生产遭到破坏，人身和设备事故逐年上升。

1960年全国电力生产会议发出“坚决向事故作斗争”的号召，华北电业管理部门从1961年起，组织所属发电厂重新修订了《运行操作规程》、《检修工艺规程》和《防止人身事故技术措施》等规章制度。1962年又重新印发了《电业事故调查规程》，并且加印了自1958年以来颁发的有关安全管理的文件，包括《水利电力部要求深入掌握和分析事故及时上报的通知》，以及对该通知中某些条文的解释。并严格执行了工作票、操作票、交接班、巡回检查、设备缺陷等管理制度（即两票三制），明确了生产责任制，制定实施了反事故措施计划，使安全生产得以恢复。

“文革”开始后，电力生产“安全第一”方针被否定，正常的安全监察工作再度被打乱，安全生产的各项规章制度名存实亡。

1970年12月，中共中央以（70）71号文发出《关于加强安全生产的通知》，要求“尽快地把安全生产制度建立和健全起来”。1972年，水利电力部发出《关于继续执行十五种生产管理和运行规程的通知》。据此，华北各发电厂逐步恢复和健全了行之有效的规章制度。

中共十一届三中全会后，电力生产“安全第一”的方针得到了全面贯彻。华北各发电单位，认真贯彻了1980年电力部召开的全国电业安全生产会议精神，在防止电气设备误操作、绝缘污闪、汽轮机油系统漏油着火、大容量变压器烧损、电缆着火、继电器误动、锅炉爆管和汽水管道爆破、锅炉灭火放炮和制粉系统爆破、发电机线圈损坏、系统稳定破坏、内过电压闪络、水电厂被淹、人身触电伤亡等方面制定了具体措施。1985年，水利电力部颁发了《电力生产事故调查规程》。1988年3月，水利电力部颁发了《电力安全生产工作条例》。至此，华北各发电厂各种人身、设备、运行、检修、防护等规章制度得到进一步健全和完善。

二、安全活动

（一）安全大检查。1950年9月，华北各发电厂开展了第一次秋季安全大检查。以后，这项活动逐步形成制度，每年除在春、秋季开展两次安全大检查外，还在元旦、春节、“五一”和国庆节前，进行以对防火和易燃、易爆、剧毒物品管理为重点的节日安全大检查。

“文革”期间，安全管理工作遭到破坏，安全活动中断。中共十一届三中全会后，华北各发电厂相继恢复了安全大检查活动。

（二）安全日和安全月。1952年，山西省大同平旺发电厂的保修班每周利用一个下午1～2小时、运行班利用倒班时间进行安全日活动。1957年后，华北各发电厂在班组内设立了安全员，每周以班组为单位，由安全员组织一次安全日活动。1962年起，各发电厂建立了每月一次的车间安全员会和班组安全员会制度，把安全日活动作为车间、班组的正常工作内容。

1980年，国务院批准在全国范围内开展文明生产、安全教育活动，并决定每年5月为全国安全月。

（三）事故预想。1952年，在发电厂中针对事故隐患和气候特点，开展事故预想活动。以后发展为在班组内开展单项事故演习。1954年，在总结单项事故预想的基础上，根据季节变化和人员思想动态，针对运行方式、设备特性设计题目，以不同方式组织车间或全厂性反事故演习。每次演习对被演习人和被演习整体均进行评价和记录。

（四）规程学习。1953年，在发电厂建立了规程学习日制度，并责成考试委员会主管规程学习及考核工作。1954年建立现场规程“考问簿”，考问题由厂总工程师提出阶段要求，各分场、车间具体实施，主任、值长、班长、工人逐级考问，记录在“考问簿”上。后又建立了“规程问答栏”，作为学习规程的辅助形式。

60年代，华北各发电厂普遍建立并实施了安全规程学习年度考核制度，每年“五一”节前完成年度安全规程集中学习及考核。

1989年，华北电力系统根据能源部颁发的安全生产1号令的规定，每年4月上半月集中时间开展安全活动，内容为组织安全工作规程学习，分析1年来的事故，检查安全措施，进行总结评比，表彰先进等。

三、反事故措施

1953年，燃料工业部部长针对电业职工触电、高空摔跌等恶性事故不断发生的严重情况，签发命令，明确规定了10条反事故措施和各级领导的安全责任制。

1954年，华北电业管理部门为消灭部颁14种频发性事故，组织编制了以消灭锅炉汽、水管爆裂、链条炉卡炉排、汽轮机掉叶片、错拉断路器、带负荷拉隔离开关、未拆地线合闸、保护误动和防止雷害、人身伤亡等为内容的各项安全技术、组织措施。

1956年2月，全国电业检修会议制定了统一的机、电、炉、化学反事故措施提纲。会后，华北各发电厂制定了具体的反事故措施计划。内容包括：系统改进，历史性设备缺陷的消除，较复杂的技术问题及需要限期解决的要害性项目。

60年代初，北京电业管理局针对发电厂频发性事故，制定了不飞车、不爆管、不烧发电机和主变压器、不掉叶片、不误操作的“五不”措施，并制定颁发了《继电保护反事故措施》。

“文革”期间，各项安全技术措施和反事故措施被废弃，使人身伤亡和设备事故居高不下。

中共十一届三中全会后，华北电业管理局于1980年下发了《狠抓安全生产的要求和反事故措施》，制定了保证安全生产的一般措施和发电厂各专业的反事故措施，要求各发电厂认真执行。

1983年，华北电业管理局颁发了《反事故技术措施》，要求深入贯彻工作票、操作票和监护制度，票面合格率和实际执行率都争取达到100%，尤其要防止5种特大、重大事故及14种频发性事故的发生。

在企业全面整顿中，华北电业管理局于1983年6月要求各电厂贯彻“三三制”安全管理法，其主要内容为：安全保证“三条线”，即各级领导对安全的负责保证、安监机构的专业安全监察保证、群众安全网监察保证；安全工作“三个三”，即每年进行3次安全大检查，对待事故贯彻“三不放过”（事故原因不清不放过，未定出防止发生的措施不放过，责任者不清或没有接受教训不放过）原则；执行规章制度坚持“三个百分之百”（百分之百地执行各项规章制度，违章违制百分之百上报，对违章者不论是否造成事故、是否造成经济损失百分之百扣除当月奖金）和“三条措施”（安全教育的思想措施、各种监护制的组织措施、反事故和防止误操作的技术措施）。

1986年，华北电业管理局组织设计、制造、科研和发电厂运行等部门研究制定了《防止大型氢冷发电机、封闭母线氢爆事故技术措施》。翌年8月，华北电业管理局根据全国电业安全生产会议提出的《关于防止电力生产重大事故的18项反事故措施》，在发电生产中实行了安全目标管理，由省（市、自治区）电力工业局与所属发电厂厂长签订安全承包合同书，发电厂厂长再与车间（分场）主任签订安全承包合同书，形成自上而下的安全生产网络。

1988年6月，华北电业管理局制定了《发供电单位恶性事故范围》，并颁发了《直属发供电单位无恶性事故长周期奖励办法》，规定了恶性事故的认定范围和各发电厂无恶性事故长周期安全天数、奖励金额及申报手续。1990年4月，为吸取氢罐爆炸死亡事故教训，制定了《防止氢站及氢气系统爆炸事故技术措施》。

四、灾害案例

（一）火灾。40多年来，华北各发电厂在防火工作中始终坚持贯彻“消、防结合，以防为主”的方针，并对电厂要害部位的消防工作均做了具体规定，但仍发生过一些火灾，尤其是“文革”期间发生的火灾较为严重。

天津杨柳青发电厂于1973年1月9日发生1号油罐爆炸着火，并波及2号油罐，蔓延至油泵房。大火持续37小时，造成多人伤亡，损失约160万元。

北京第三热电厂1号机1974年8月2日进行启动试运行时，油箱西南角起火，火势迅猛，蔓延至2号机电话室、主汽门和机房零米，大火持续50分钟才全部扑灭。

1975年9月1日，天津军粮城发电厂3号机密封油备用管道法兰漏油，油溅到裸露的高温蒸汽管道上着火，4号机一些设备烧毁，造成全厂停电，天津市大面积停电，少发电1.4亿千瓦时，直接经济损失106万元。

（二）自然灾害。1949年8月上旬，河北省唐山地区连降暴雨，陡河水位迅速上涨。8月8日晚，唐山发电所水泵房河堤决口，洪水涌入厂区，2台发电机零米设备被淹停机，经全力抢修，先后于9月2日、8日恢复发电。

1963年8月上旬，河北省中部和南部连降暴雨，引起山洪暴发，小水库溃堤，给邯郸、邢台、石家庄、保定等地区的电力设施造成严重损坏。

1966年3月8日和22日，河北省邢台地区连续发生两次强烈地震，震区的农电设施遭到严重破坏，石家庄、邯郸地区的发供电设施也受到影响。

1973年2月2日（农历除夕），呼和浩特发电厂升压站2号主变压器隔离开关因降雪相继污闪，造成呼和浩特市大面积停电，内蒙古广播电台中断播音15小时。

1976年7月28日凌晨3时42分，河北省唐山、丰南一带发生里氏7.8级大地震，震中烈度11度。唐山地区的电业职工和家属及参加陡河电站建设的施工单位职工2100余人在地震中遇难，1100余人受重伤，电力设施遭到毁灭性破坏。这次地震波及到天津、秦皇岛、廊坊、北京等地，使以上地区的电力设施受到不同程度的损坏。

1990年2月10～19日，北京、天津、河北出现大雾，相对湿度平均达98%，严重时为100%，能见度仅有2米，造成线路瓷瓶绝缘急剧下降、反复闪络，大面积跳闸断电。冀南电网被解列成4个小网孤立运行。山西电网被解列成南北或东西两网。500千伏超高压输电线路故障22条次，220千伏输电线路故障107条次，多次重合闸失败，华北电网被肢解成3块，北京地区缺电1/3，被迫压负荷限电。华北电业管理局面对雾害的严重威胁，紧急动员部署，组织抢修队伍，领导干部去第一线指挥抢修，于22日全部恢复供电，受到国务院、北京市政府领导表彰。

第九节　燃　料

一、供应

新中国建立初期，华北各电厂发电用煤一般靠火车、汽车运输，卸煤、倒垛、碎煤、上煤等工作，主要靠输煤工人的高强度体力劳动进行。50年代初期，华北各电厂先后建立了运输车间，其工作仅限于供煤。1958年“大跃进”开始，到“文革”结束，煤炭供应十分紧张，各发电厂需抽调骨干力量驻矿催交催运，这种情况到80年代才得到缓解。到1990年，华北电力系统年耗煤4273.67万吨，国家统配煤的定货指标3575.92万吨，实际到厂的统配煤只占全年消耗煤量的74.15%，其不足部分靠小窑煤补充，因而形成一个全局统筹计划供应与因地制宜的市场调节相结合的煤炭供应体制。

华北电力系统火电厂中，京西发电厂、北京第二热电厂、天津杨柳青发电厂、天津大港发电厂和113电站为燃油电厂，北京第一热电厂、北京第三热电厂、天津军粮城发电厂的部分机组也以燃油发电。所燃渣油、重油、浓柴油多为北京燕山石油化工公司生产，少部分由河北省及东北输送，大港电厂燃用大港炼油厂渣油、柴油。

二、管理

（一）新中国建立初期，各电厂燃料管理的重点是燃料供应，各电厂派专人驻矿催交催运，这种局面一直持续到80年代才缓解。

（二）电厂存煤一般都在万吨以上，大型电厂存煤可达十几万吨。各厂都建有燃料账册，由于缺少计量手段，帐物常有差别，在计划经济体制下，一般只作帐簿调整或将盘盈部分收入煤帐及将盘亏部分加进煤耗率予以冲销。80年代后，随着小窑煤增多，来煤的质量经常达不到合同要求，在数量上也与运单不符，各电厂先后采取派驻矿员、驻站员，建设轨道衡，清扫车底，对来煤采样化验等措施，建立亏吨亏卡索赔制度后，亏吨亏卡问题才逐步得到解决。

（三）华北各电厂均设燃料分场（车间），负责厂内燃料运输与加工，其主要工作内容围绕燃料的卸车、筛分、破碎、输送、混配、分堆存放进行。卸车工作由人工接卸到用抓斗机、扒煤机、绞笼、翻车机、底开门煤车自动卸车；输送煤炭由链斗式提升机发展到使用输煤皮带。由于接卸、运输工作的机械化、自动化，生产效率有了明显提高。

第十节 节 能

一、机构及管理

新中国建立初期，各电厂的节能工作由计划科（股）负责。“一五”计划末期，部分电厂划归生产科负责。车间、班组设经济员，建立了局、厂、车间、班组四级节能管理网。华北电力系统各省（市、自治区）局生产处（或计划处）负责汇总审定年度、季度节能计划，督促检查计划的落实，组织考核，开展竞赛。

1959年11月，北京电业管理局召开燃煤专业会议，提出“一改二化三结合”（改进为生产服务的思想方法和工作作风；取样机械化、试验快速化；煤质监督工作要和煤场管理、锅炉燃烧、技术管理相结合）的方针，并组织开展同工种的对口竞赛，促进了煤质管理技术业务的提高，解决了燃烧低质煤及如何指导降低煤耗等问题。

1961年5月，水利电力部发出《关于进一步开展电厂节约用煤工作的指示》，要求降低煤耗，提高掺烧低质煤的比重。1963年，水利电力部转发了“全国节约煤电会议”文件，表彰了北京热电厂，并提出了第二年度的节约煤电规划。

“文革”期间，节能管理工作处于瘫痪状态。1979年，电力部颁发了《电力网和火力发电厂省煤节电工作条例》，华北地区各电厂的节能管理工作逐步得到恢复。

1980年5月，华北电业管理局连续发文，转发国家经济委员会、电力部开展“质量月”和“节能月”活动的通知和电力部关于开展全国司炉工节能竞赛的通知，华北电力系统各电厂广泛开展了“节能月”活动，组织了竞赛评比。

华北电业管理局于1981年7月转发国家经济委员会、国家计划委员会、国家能源委员会《关于试行对工矿企业和城市节约能源的若干具体要求》的通知。按照该通知要求，华北地区各电厂建立健全了节能管理机构，开展了以节能降耗为目标的设备改造。1981年10月，华北电业管理局又结合全国第三次“节能月”活动，进行了能源普查工作。到

1990年，已摸清了能源消耗及设备使用情况，发现了节能工作中的问题，提出了改进措施，进一步加强了能源管理。

二、节煤

火电厂燃煤数额大，1990年华北火电厂燃用煤炭高达4000余万吨，节约燃煤消耗是火电厂节能工作的首要任务。

新中国建立初期，唐山发电厂、微水发电厂、风山发电厂改造锅炉设备，改进操作方法，大幅度降低了发电煤耗率。唐山发电厂发电煤耗率从1948年的710克/（千瓦时），降到1950年的581克/（千瓦时），创造了全国同类型电厂的最好水平。微水发电厂发电煤耗率由1645克/（千瓦时），降到1032克/（千瓦时）。风山发电厂发电煤耗率从1949年的1910克/（千瓦时），到1950年降至1020克/（千瓦时）。

1953～1956年，华北各火电厂的链条炉推广上海杨树浦发电厂"分压分层燃烧法"和加阻力棒控制煤层法后，进一步降低了燃煤消耗。

50年代，华北各火电厂用盐酸清洗凝汽器，清除铜管内壁水垢。70年代开始，推广使用凝汽器胶球清洗装置，这一新方法可使凝汽器冷却水端差降低1～2℃，真空度提高0.1%～0.2%，折合节约标准煤1.2～1.4克/（千瓦时）。进入80年代，神头发电厂采用高压水冲洗获得成功，节能效果明显。

41年来，华北各电厂不断采用新技术，以较少的投资获取明显的节能效果。开展热效率综合查定，并进行综合分析，提高机组热效率，降低能源消耗。采用机组滑参数启停，缩短机组启动时间，每启停1次可节煤30吨，这一方法在华北各电厂普遍推广。

三、节油

1973年，邯郸热电厂通过改造设备，改进操作方法，将冷炉点火用油由1次5吨降为0.7吨，热炉点火用油由1次2吨降为30公斤，每年可节油1000多吨。1981年，下花园发电厂改进8、9号炉的喷燃器，年节油59.4吨。1983年将7号炉改直流钝体预燃室燃烧器，使热态点火耗油稳定在2～10公斤。1982年，内蒙古电力试验研究所研制成功煤灰预燃室燃烧器，可节省锅炉点火用油90%以上，并能在机组50%额定负荷时，不投助燃油使炉膛内保持稳定燃烧。1982～1984年，马头发电厂研制成功两级预燃室，使用小油枪伴烧，锅炉启动和低负荷燃烧稳定，每次节油70%～80%。1982年，太原第二热电厂在2号炉安装2台贫煤预燃室旋流燃烧器，经工业试验，获得贫煤锅炉冷态点火成功，点火用油下降85%。到1985年，太原第二热电厂在3、6、7号炉和巴公发电厂1～4号炉相继安装了这种燃烧器。1985年，石家庄热电厂将3号炉4、5号喷燃器改为预燃室旋流燃烧器后，60%低负荷运行可不用助燃油，点火用油在热态时降低42.8%，冷态时降低43.9%。1989年，太原第二热电厂与清华大学联合研制成功多功能燃烧器，先后在4台锅炉上安装，使锅炉在低负荷稳燃性上得到了保证，不需再投助燃油。1989年，大同第二发电厂完成4、5号炉预燃室改进工程，其中4号炉安装两台旋流式稳燃室和两台煤粉直接点火助燃设备，两台锅炉每年可节约点火用油1200吨。

四、节电

从60年代开始，华北电力系统各发电厂加强了对辅助设备的改造。各电厂相继开展了设备改型和配套完善工作，以效率高的风机叶轮替代原效率低的风机叶轮，给水泵改高效泵，选配合适设备消除“大马拉小车”的弊病，降低无功消耗等工作。娘子关发电厂原有7台给水泵，所配电动机为3200千瓦，从1980年起陆续将其中6台电动机改为2300千瓦，一年可节电350万千瓦时。霍州发电厂改进8台高效水泵，永济发电厂将7台给水泵中的6台改为高效水泵，太原第二热电厂4台给水泵改为高效水泵。其中1台于1985年改装液压联轴器。

1983～1985年间，微水、150发电厂把给水泵改为高效泵，并试验1台泵带2台炉成功。150发电厂每吨蒸汽的给水耗电量由6.24千瓦时降到5.61千瓦时。微水发电厂改进后，按实际运行小时计算比原来1泵带1炉年节电35.75万千瓦时。

1985～1989年，马头发电厂先将2台10万千瓦机组的4台给水泵改为高效泵，实现了满负荷单泵供单炉运行，每年可节电500万千瓦时。全厂根据不同情况对16台给水泵改进后，每年可节电3000多万千瓦时。下花园发电厂将2台10万千瓦机组的3台给水泵改为高效泵，并加装调整耦合器，实现变速调节，效率提高11.3%，每吨水单耗降低1.401千瓦时，全年可节电516.5万千瓦时。陡河发电厂对4台20万千瓦机组的12台给水泵进行了改进，每年可节电1000多万千瓦时。

微水发电厂运用优选法测定，将磨煤机装钢球量减少4吨，仍能满足燃烧要求，年节电49万千瓦时。150、邯郸、滦河、马头等电厂运用优选法对30多台磨煤机测定了最佳装钢球量，取得明显节电效果。

五、节约火电厂用水

60年代后，华北火力发电厂循环冷却水供应的矛盾日见突出，各电厂先后建造机力通风冷却水塔，以提高冷却水重复使用率。

1979年，电力部发出《关于火力发电厂节约用水措施的通知》。1980年7月，电力部在北京召开自然通风冷却水塔除水器总结鉴定会议，肯定了高井发电厂试用塑料弧形除水器的冷却效果。

1981年5月，华北电业管理局转发《火力发电厂循环冷却水处理技术经验交流会纪要和防垢处理方法技术总结》，要求各火电厂做好节水保电工作。此后，各火电厂节水保电工程陆续竣工，基本上实现了发电冷却水的密闭式自循环运行。

华北电力系统还采用干式冷却塔，安装冷水塔除水器和改造循环水冷却系统，将冷却水、除灰水和生活污水经处理后循环使用，以节约火电厂用水。

为节约用水，华北电业管理局还制订了节约用水奖励办法，各电厂也先后建立了节水组织机构，将用水指标逐级下达到车间、班组，做到用水有计划，耗水有定额，考核有标准，奖罚有制度。

第五章　技术经济指标

第一节　北京电力技术经济指标[①]

一、生产指标

新中国建立后，北京电力系统各发电厂在未增加新机组的情况下，到1952年发电量增长0.9110亿千瓦时，比1949年提高71.5%，年均发电设备利用小时达到3766小时，比1949年增长1571小时。1957年，发电装机容量增加7.15万千瓦，发电量6.2910亿千瓦时，分别比1949年增长1.3倍和3.94倍。1965年，发电装机容量达到72.9万千瓦，发电量36.87亿千瓦时，比1949年分别增长12.25倍和27.97倍。1980年，发电装机容量为176.4万千瓦，发电量突破100亿千瓦时，达到101.1436亿千瓦时，比1949年分别增长31.07倍和78.44倍。1990年，发电装机容量达207.92万千瓦，发电量110.94亿千瓦时，年均发电设备利用小时为5336小时，与1949年相比，发电装机容量增长36.8倍，发电量增长87.13倍，发电量增长远大于发电装机容量的增长，年均发电设备利用小时增加了3141小时。

二、消耗指标

1950年，石景山发电厂成立治理跑煤粉技术研究小组，进行设备改造，将磨煤系统细粉分离器排出的风、粉混合物引回炉内燃烧，每天可节省煤粉6~7吨。1952年，石景山发电厂试烧低热值煤成功，每年可节约标准煤14万吨，电厂总成本大幅度降低。到1952年，发电标准煤耗率从1949年的993克/（千瓦时），降到714克/（千瓦时），厂用电率也由14.71%降到9.56%。

1957年1月，北京电业局发出《为加强煤耗、厂用电工作的通知》和《关于加强煤耗、厂用电管理工作的几项措施》，要求北京地区各电厂制定煤耗、厂用电管理办法，以加强对能耗的管理。进入60年代，随着高效、低耗发电机组的陆续投产，对旧有设备的更新改造以及推广新技术，改进操作方法，使能源消耗不断降低。1975年北京热电厂将前苏联制造的10万千瓦凝汽式汽轮机改造为采暖抽气式后，不仅提高了这台机的热效率，每小时还节约标准煤8吨。一个采暖期中可节约标准煤26200吨。这个厂还将给水泵加装液力耦合器，使耗电量由每吨水7.06千瓦时下降到6.52千瓦时，年节约厂用电736.36万千瓦时。

到1990年，北京电力系统发电标准煤耗率降到357克/千瓦时，是1949年的35.95%；厂用电率降到7.40%，是1949年的50.3%。

1949~1990年北京电力系统发电技术经济指标统计，见表1-5-1。

---

① 北京电力系统是京津唐电网的组成部分，由于统计上的原因单设节记述。

北京电力系统 1949～1990 年发电技术经济指标统计

表 1－5－1

项目		指标单位＼年份	1949	1950	1951	1952	1953	1954	1955	1956	1957	1958	1959	1960	1961	1962
全地区装机容量		万千瓦	7.335	7.335	7.335	7.335	7.335	7.335	7.785	10.635	14.355	21.825	37.23	45.38	63.08	63.015
其中	火电	万千瓦	7.335	7.335	7.335	7.335	7.335	7.335	7.785	7.635	10.755	18.225	33.5	39.85	57.55	57.55
	水电	万千瓦	0	0	0	0	0	0	0	3	3.6	3.6	3.73	5.53	5.53	5.465
电力系统装机容量		万千瓦	5.5	5.5	5.5	5.5	5.8	5.8	7.4	9.25	12.65	20.12	35.12	43.12	60.82	60.82
其中	火电	万千瓦	5.5	5.5	5.5	5.5	5.8	5.8	7.4	6.25	9.05	16.52	31.52	37.72	55.42	55.42
	水电	万千瓦	0	0	0	0	0	0	0	3	3.6	3.6	3.6	5.4	5.4	5.4
全地区发电量		亿千瓦时	1.5227	1.9858	2.3423	2.7646	3.4782	3.9107	4.4373	5.7119	7.0274	10.5084	20.6465	30.7582	28.6623	26.3423
其中	火电	亿千瓦时	1.5227	1.9858	2.3423	2.7646	3.4782	3.9107	4.4373	4.8105	5.4845	8.9912	18.6037	28.9034	26.1710	22.2130
	水电	亿千瓦时	0	0	0	0	0	0	0	0.9014	1.5429	1.5172	2.0428	1.8548	2.4913	4.1302
电力系统发电量		亿千瓦时	1.2732	1.6705	1.9106	2.1842	2.7350	3.1583	3.7125	4.7356	6.2910	9.3068	19.2836	29.3069	27.6410	25.2028
其中	火电	亿千瓦时	1.2732	1.6705	1.9106	2.1842	2.7350	3.1583	3.7125	3.8342	4.7481	7.7896	17.2459	27.1670	25.4642	21.1004
	水电	亿千瓦时	0	0	0	0	0	0	0	0.9014	1.5429	1.5172	2.0377	1.8399	2.1768	4.1024
供热量		太焦	0	0	0	0	0	0	0	0	0	0	1792	4243.74	5499.99	5867.80
发电设备年均利用小时		小时	2195	2880	3294	3766	4715	5445	5813	5481	5656	6270	7316	7819	5201	4144
发电标准煤耗率		克/(千瓦时)	993	818	720	714	645	607	607	596	598	536	435	406	414	386
供电标准煤耗率		克/(千瓦时)	—	—	—	—	—	—	—	—	—	—	—	—	—	-
供热标准煤耗率		公斤/吉焦	—	—	—	—	—	—	—	—	—	—	—	—	—	-
厂用电率		%	14.71	11.24	10.39	9.56	8.86	8.20	7.81	6.21	5.38	5.63	6.19	6.45	7.25	6.81
发电设备事故率		次/(台·年)	28.75	9.5	1.25	4.0	4.75	2.5	0.5	1.5	0	1.0	1.7	1.24	1.4	0.5

续表

项目		单位	1963	1964	1965	1966	1967	1968	1969	1970	1971	1972	1973	1974	1975	1976
全地区装机容量		万千瓦	63.005	75.205	75.08	75.08	85.085	85.085	85.085	95.085	96.585	103.585	124.259	135.48	161.08	163.04
其中	火电	万千瓦	50.975	61.675	60.06	60.05	70.055	70.055	70.055	80.055	80.055	87.055	106.454	117.85	139.35	141.01
	水电	万千瓦	12.03	13.53	15.03	15.03	15.03	15.03	15.03	15.03	16.53	16.53	17.805	17.63	21.73	22.03
电力系统装机容量		万千瓦	60.82	73.02	72.9	72.9	82.9	82.9	82.9	92.9	94.4365	100.4	118.175	128.175	152.1	152.4
其中	火电	万千瓦	48.92	59.62	58	58	68	68	68	78	78	84	100.5	110.675	130.5	130.5
	水电	万千瓦	11.9	13.4	14.9	14.9	14.9	14.9	14.9	14.9	16.4365	16.4	17.675	17.5	21.6	21.9
全地区发电量		亿千瓦时	27.4860	32.3208	38.1851	41.4373	41.8111	43.2382	52.3323	60.2602	67.9745	72.3440	75.3865	84.1905	914200	93.8085
其中	火电	亿千瓦时	24.9002	30.5374	35.6486	38.8105	37.3286	38.3523	48.8993	55.4946	64.7230	70.1673	74.0281	80.0594	86.5700	90.9226
	水电	亿千瓦时	2.5858	1.7834	2.5365	2.6268	4.4825	4.8859	3.4330	4.7656	3.2515	2.1767	1.3584	4.1311	4.8500	2.8859
电力系统发电量		亿千瓦时	26.3020	31.0435	36.8787	42.6991	40.6457	42.2996	51.0485	59.8728	66.6255	70.9676	73.4204	80.7834	87.7955	89.5185
其中	火电	亿千瓦时	23.7162	29.2601	34.3422	40.0723	36.1858	37.4205	47.6405	55.1443	63.3953	68.8079	72.0920	76.6823	82.9761	86.6826
	水电	亿千瓦时	2.5858	1.7834	2.5365	2.6268	4.4599	4.8671	3.4080	4.7285	3.2302	2.1597	1.3284	4.1011	4.8194	2.8359
供热量		太焦	6197.67	6610.96	7215.53	8782.23	8958.03	8966.03	12755.09	11746.49	13024.30	13732.70	14961.95	17575.77	17916.99	18815.90
发电设备年均利用小时		小时	4325	4615	5070	5857	4981	5102	6606	7027	7113	7089	6577	6727	6362	5884
发电标准煤耗率		克/(千瓦时)	377	374	368	355	354	351	352	348	356	357	351	347	355	359
供电标准煤耗率		克/(千瓦时)	—	—	—	—	—	—	—	—	—	—	—	—	—	-
供热标准煤耗率		公斤/吉焦	—	—	—	—	—	—	—	—	—	—	—	—	—	-
厂用电率		%	7.00	6.99	6.67	6.38	6.11	6.33	6.24	6.20	6.77	6.72	6.58	6.18	6.29	6.74
发电设备事故率		次/(台·年)	0.57	0.1	0	0.48	0.55	0.36	0.77	0.78	0.92	1.5	0.52	0.69	0.54	0.37

续表

项目 \ 指标 \ 单位 \ 年份	单位	1977	1978	1979	1980	1981	1982	1983	1984	1985	1986	1987	1988	1989	1990
全地区装机容量	万千瓦	172.044	183.201	187.8	190.0	191.15	191.545	186.179	186.327	189.002	—	—	—	240.86	241.56
其中 火电	万千瓦	150.014	161.171	165.77	166.08	166.69	166.986	161.036	160.925	163.6	—	—	—	215.17	215.87
其中 水电	万千瓦	22.03	22.03	22.03	23.92	24.46	24.559	25.143	25.402	25.402	—	—	—	25.69	25.69
电力系统装机容量	万千瓦	161.4	171.4	176.4	176.4	176.4	174.8	166.5	166.5	167.92	167.92	167.92	187.92	207.92	207.92
其中 火电	万千瓦	139.5	149.5	154.5	154.5	154.5	152.9	144.6	144.6	146.02	146.02	146.02	166.02	186.02	186.02
其中 水电	万千瓦	21.9	21.9	21.9	21.9	21.9	21.9	21.9	21.9	21.9	21.9	21.9	21.9	21.9	21.9
全地区发电量	亿千瓦时	100.9488	99.7464	104.2668	106.4348	98.3495	95.5900	102.7150	103.8264	103.6279	—	—	—	119.28	125.23
其中 火电	亿千瓦时	98.1802	96.9804	98.9377	99.9912	95.4812	92.9058	99.5608	101.4060	101.7806	—	—	—	117.17	123.26
其中 水电	亿千瓦时	2.7686	2.7660	5.3291	6.4436	2.8683	2.8842	3.1542	2.4204	1.8473	—	—	—	2.11	1.98
电力系统发电量	亿千瓦时	96.6556	95.0241	99.6783	101.1436	93.9534	95.1576	97.9730	98.2902	97.8934	96.9610	94.9217	97.5748	106.7529	110.9400
其中 火电	亿千瓦时	93.6661	92.2767	94.4429	95.0224	91.1443	92.9058	95.1486	96.1900	96.3617	—	—	—	—	-
其中 水电	亿千瓦时	2.7493	2.7474	5.2354	6.1212	2.8091	2.2518	2.8244	2.1002	1.5317	—	—	—	—	—
供热量	太焦	19681.73	20480.57	21851.75	22483.12	22552.62	22609.56	22670.27	24045.63	24014.23	23387.46	23533.17	28081.29	32498.79	34059.20
发电设备年均利用小时	小时	6215	5820	5800	5734	5325	5394	5807	5903	5880	5774	5652	5581	5528	5336
发电标准煤耗率	克/（千瓦时）	357	355	372	371	375	371	369	365	375	363	363	363	352	357
供电标准煤耗率	克/（千瓦时）	—	—	—	—	—	—	—	—	—	—	—	—	—	-
供热标准煤耗率	公斤/吉焦	—	—	—	—	—	—	—	—	—	—	—	—	—	-
厂用电率	%	6.41	6.57	6.34	6.34	6.69	6.68	6.61	6.63	6.84	6.95	6.89	6.67	7.12	7.40
发电设备事故率	次/（台·年）	0.68	0.45	0.41	0.22	0.23	0.45	0.17	0.07	0.02				5.37	6.02

第二节　天津电力技术经济指标[①]

1949年前，天津电力系统经济指标管理极为薄弱，各公用发电厂煤耗率很高，有的达1100克/（千瓦时），煤耗率最低的第一发电所也达800克/（千瓦时）。1949年后，在学习前苏联电力工业管理经验的基础上，加强了技术经济指标管理，建起了煤、油、水、蒸汽、灰渣、烟气的化验、校验、研究分析制度及生产技术经济指标的统一计算标准办法，使技术经济指标管理开始走上正轨。1951年，天津地区各发电厂普遍进行了热力试验，摸清设备效率和各种特性。同年6月30日，天津第三发电厂4号机做了效率试验，工人们克服重重困难，测得该发电厂煤耗率为906克/（千瓦时）；9月进行全厂性热力试验，对4台机、12台炉查清了底数，改进了操作，1951年度煤耗率较1949年降低230克/（千瓦时），天津各发电厂对照法规改进设备，加强计量统计核算，完善了发电厂机、电、炉效率、补充水率、厂用电率及供热厂用率的统计、分析，促进了运行操作水平的不断提高。

“文革”时期，正常生产秩序受到干扰，技术经济指标分析工作停顿。发电量、标准煤耗率、厂用电率、供热量主要指标的统计报表，虽经各级统计人员的努力没有中断，但分析核审、小指标统计，则时断时续，流于形式。1978年局直属天津大港发电厂2台32万千瓦机组投产，增强了天津地区的发电能力。1980年，天津第一发电厂、军粮城发电厂、杨柳青发电厂采用现代化手段，开展发电厂热效率综合查定工作，采用等效热降法原理，利用微机技术，对能耗进行实时分析诊断，实现了技术经济管理工作开始向科学化迈进，把省煤节电工作又向前推进了一步。

1949～1990年天津电力系统发电技术经济指标统计，见表1－5－2。

第三节　河北电力技术经济指标[②]

1894年，河北省发电装机容量为40千瓦，年发电量48000千瓦时。1937年，“七七”事变后，日本侵略者为了掠夺河北省煤炭、钢铁等资源，先后在省境内建成500千瓦以上发电所9座，新增装机容量6.4万千瓦。

1949年后，唐山、下花园、石家庄、峰峰、微水等11座500千瓦以上发电厂，经过3年恢复性检修及开展安全生产等活动，使一些老设备达到了从未有过的铭牌出力。1952年，全省装机容量仅比1949年增加3652千瓦，发电量却比1949年增加1.6亿千瓦时，达到4.14亿千瓦时。

1966～1978年间，马头、陡河、邢台等发电厂大型机组与岗南、黄壁庄等中型水电站

---

① 天津电力系统是京津唐电网的组成部分，由于统计上的原因，单设节记述。

② 河北省境内的唐山、秦皇岛、张家口、承德地区属京津唐电网，其他地区统称冀南电网。由于统计上的原因，河北省电力系统单设节记述。

天津电力系统 1949～1990 年发电技术经济指标统计

表 1－5－2

项目＼指标单位＼年份		单位	1949	1950	1951	1952	1953	1954	1955	1956	1957	1958	1959	1960	1961	1962
全地区装机容量		万千瓦	9.8585	9.8585	9.8585	9.8585	9.8585	12.3585	12.3585	12.1085	12.1085	14.5485	17.0485	19.5485	22.0485	22.0485
其中	火电	万千瓦	9.8585	9.8585	9.8585	9.8585	9.8585	12.3585	12.3585	12.1085	12.1085	14.5485	17.0485	19.5485	22.0485	22.6485
	水电	万千瓦	—	—	—	—	—	—	—	—	—	—	—	—	—	—
电力系统装机容量		万千瓦	6.24	6.04	6.04	7.15	7.15	9.65	9.40	9.40	9.40	11.65	14.15	16.65	19.15	19.15
其中	火电	万千瓦										11.65	14.15	16.65	19.15	19.15
	水电	万千瓦	—	—	—	—	—	—	—	—	—	—	—	—	—	—
全地区发电量		亿千瓦时	2.6300	2.9800	3.6000	3.9200	4.5200	5.5000	5.8600	6.9100	7.4000	9.0800	10.5700	11.3800	8.7300	8.6800
其中	火电	亿千瓦时	2.6300	2.9800	3.6000	3.9200	4.5200	5.5000	5.8600	6.9100	7.4000	9.0800	10.5700	11.3800	8.7300	8.6800
	水电	亿千瓦时	—	—	—	—	—	—	—	—	—	—	—	—	—	—
电力系统发电量		亿千瓦时	2.0528	2.2177	2.8290	2.8735	3.3175	4.0706	4.7302	5.4183	5.9776	7.3404	8.9117	10.2360	8.0213	7.7348
其中	火电	亿千瓦时	2.0528	2.2177	2.8290	2.8735	3.3175	4.0706	4.7302	5.4183	5.9776	7.3404	8.9117	10.2360	8.0213	7.7348
	水电	亿千瓦时	—	—	—	—	—	—	—	—	—	—	—	—	—	—
供热量		太焦	—	—	—	—	—	—	—	—	—	—	—	—	—	-
发电设备年均利用小时		小时	2867	3186	4065	4019	4640	4611	4902	5764	6359	6936	7528	6644	4732	4040
发电标准煤耗率		克/(千瓦时)	794	693	659	660	649	628	597	590	574	534	519	517	505	499
供电标准煤耗率		克/(千瓦时)	881	755	712	708	695	670	639	631	614	571	554	558	555	550
供热标准煤耗率		公斤/吉焦	—	—	—	—	—	—	—	—	—	—	—	—	—	-
厂用电率		%	9.84	8.31	7.41	6.79	6.65	6.35	6.48	6.35	6.54	6.41	6.30	7.28	8.95	9.22
发电设备事故率		次/(台·年)	—	—	—	—	—	—	—	—	—	—	—	—	—	-

续表

项目	单位	1963	1964	1965	1966	1967	1968	1969	1970	1971	1972	1973	1974	1975	1976
全地区装机容量	万千瓦	22.6485	22.6485	22.6485	26.5885	25.8785	30.8050	30.8050	30.8050	40.6050	41.8450	60.8450	70.8450	83.3450	82.3650
其中 火电	万千瓦	22.6485	22.6485	22.6485	26.5885	25.8785	30.8050	30.8050	30.8050	40.6050	41.8450	60.8450	70.8450	83.3450	82.3650
其中 水电	万千瓦	—	—	—	—	—	—	—	—	—	—	—	—	—	—
电力系统装机容量	万千瓦	19.15	19.15	18.65	23.15	22.85	27.85	27.85	32.85	37.85	38.89	57.89	67.89	80.39	79.21
其中 火电	万千瓦	19.15	19.15	18.65	23.15	22.85	27.85	27.85	32.85	37.85	38.89	57.89	67.89	80.39	79.21
其中 水电	万千瓦	—	—	—	—	—	—	—	—	—	—	—	—	—	—
全地区发电量	亿千瓦时	8.9100	9.8600	11.5200	12.6500	13.0300	13.1000	18.4400	21.0900	28.2300	29.2900	31.6600	37.2600	44.9900	47.4500
其中 火电	亿千瓦时	8.9100	9.8600	11.5200	12.6500	13.0300	13.1000	18.4400	21.0900	28.2300	29.2900	31.6600	37.2600	44.9900	47.4500
其中 水电	亿千瓦时	—	—	—	—	—	—	—	—	—	—	—	—	—	—
电力系统发电量	亿千瓦时	7.9560	8.7474	10.6030	11.1666	12.1216	12.3371	17.5886	20.1838	26.8194	27.8778	31.0327	35.9538	43.7628	46.6765
其中 火电	亿千瓦时	7.9560	8.7474	10.6030	11.1666	12.1216	12.3371	17.5886	20.1838	26.8194	27.8778	31.0327	35.9538	43.7628	46.6765
其中 水电	亿千瓦时	—	—	—	—	—	—	—	—	—	—	—	—	—	—
供热量	太焦	—	—	—	—	—	—	—	—	—	—	—	—	—	-
发电设备年均利用小时	小时	4155	4568	5350	5735	5282	5117	6317	6740	7458	7303	7052	6088	6371	5884
发电标准煤耗率	克/(千瓦时)	494	496	494	488	473	483	462	451	446	450	444	426	419	423
供电标准煤耗率	克/(千瓦时)	541	540	536	527	515	525	506	493	487	491	483	463	453	457
供热标准煤耗率	公斤/吉焦	—	—	—	—	—	—	—	—	—	—	—	—	—	-
厂用电率	%	8.69	8.16	7.90	7.58	8.25	8.34	8.58	8.36	8.22	8.31	7.98	7.81	7.44	7.33
发电设备事故率	次/(台·年)	—	—	—	—	—	—	—	—	—	—	—	—	—	-

续表

项目	指标	单位	1977	1978	1979	1980	1981	1982	1983	1984	1985	1986	1987	1988	1989	1990
全地区装机容量		万千瓦	83.1650	116.2100	152.4100	152.4100	152.4100	151.5200	148.1000	146.9000	148.2500	147.8500	153.1500	171.6100	198.5100	201.5500
其中	火电	万千瓦	83.1650	116.2100	152.4100	152.4100	152.4100	151.5200	148.1000	146.9000	148.2500	147.8500	153.1500	171.6100	198.5100	201.5500
其中	水电	万千瓦	—	—	—	—	—	—	—	—	—	—	—	—	—	—
电力系统装机容量		万千瓦	79.21	111.21	143.21	143.21	143.21	142.77	139.35	138.40	138.40	137.10	142.10	160.20	182.70	182.70
其中	火电	万千瓦	79.21	111.21	143.21	143.21	143.21	142.77	139.35	138.40	138.40	137.10	142.10	160.20	182.70	182.70
其中	水电	万千瓦	—	—	—	—	—	—	—	—	—	—	—	—	—	—
全地区发电量		亿千瓦时	47.2564	50.7573	52.5363	63.4061	73.0074	75.0074	77.0796	79.2981	80.4598	77.9910	80.2685	90.1334	95.2169	93.6162
其中	火电	亿千瓦时	47.2564	50.7573	52.5363	63.4061	73.0074	75.0074	77.0796	79.2981	80.4598	77.9910	80.2685	90.1334	95.2169	93.6162
其中	水电	亿千瓦时	—	—	—	—	—	—	—	—	—	—	—	—	—	—
电力系统发电量		亿千瓦时	46.6247	49.7670	51.6839	62.1211	70.9746	72.7505	75.2741	77.6082	78.3170	75.1731	77.3136	86.6770	91.5641	89.9361
其中	火电	亿千瓦时	46.6247	49.7670	51.6839	62.1211	70.9746	72.7505	75.2741	77.6082	78.3170	75.1731	77.3136	86.6770	91.5641	89.9361
其中	水电	亿千瓦时	—	—	—	—	—	—	—	—	—	—	—	—	—	—
供热量		太焦	—	—	—	—	—	—	—	—	—	—	—	—	—	-
发电设备年均利用小时		小时	5913	6315	5579	5701	5582	5452	5577	6238	5758	5897	6274	6069	5364	5226
发电标准煤耗率		克/（千瓦时）	428	412	407	401	400	400	396	396	397	396	395	395	391	393
供电标准煤耗率		克/（千瓦时）	462	443	438	431	431	429	425	426	428	428	427	427	425	430
供热标准煤耗率		公斤/吉焦	—	—	—	—	—	—	—	—	—	—	—	—	—	-
厂用电率		%	7.41	7.09	6.94	6.92	7.12	6.82	6.82	5.94	7.21	7.43	7.46	7.65	8.07	8.55
发电设备事故率		次/（台·年）	—	0.67	0.24	0.35	0.29	0.47	0.18	0.20	0.23	0.64	0.57	0.33	0.56	0.28

建成投产，1978年全省发电装机总容量达295.19万千瓦，年发电量为167.58亿千瓦时，居全国第三位。中共十一届三中全会后，河北省各电厂在贯彻“调整、改革、整顿、提高”的方针中，先后安装了一批超高压、亚临界参数火电机组，1979~1990年全省新增装机容量366.37万千瓦。到1990年，河北省500千瓦以上电厂装机总容量661.57万千瓦，年发电量367.25亿千瓦时，居全国第四位。1976~1990年，发电量年平均递增率为7.5%，高于装机年递增率6.3%的幅度。

河北电力系统热电联产机组建成于1956年。当年4月，石家庄热电厂首台1.2万千瓦抽气式机组投产，开始向社会供热。到1990年，河北电力系统热电厂供热能力为1534吨/时。

1949~1990年河北电力系统发电技术经济指标统计，见表1－5－3。

第四节　山西电力技术经济指标

1949年底，山西省全年发电量为0.64亿千瓦时，仅占全国发电量的1.48%，发电运行和检修管理水平落后，消耗很大。发电设备“不坏不修”，带病运行，发电标准煤耗率达1600克/（千瓦时），发电厂用电率13.12%，全年设备利用小时只有1568小时。

三年恢复时期，山西省广大电力职工发扬工人阶级主人翁精神，克服重重困难，抢修被战争破坏的发电设备，积极为国民经济恢复发展提供电力。1952年，发电装机容量比1949年增长37.7%，发电量增长2.4倍，超过全国发电量平均递增19%的速度，发电设备利用小时达到2781小时，比1949年增加1213小时。发电标准煤耗率达到1158克/（千瓦时），比1949年下降442克/（千瓦时），发电厂用电率为12.2%，比1949年下降0.92%。“文革”期间，山西省电力工业深受其害，1968年，发电量比1967年下降了22.49%，设备利用小时4057小时，为1958年以来最低水平。消耗指标大幅度上升，发电标准煤耗率达到529克/（千瓦时），发电厂用电率达到8.96%。1970年山西省电力系统掀起大搞设备超出力运动，太原第二热电厂综合出力提高33%，浑源县城关电厂提高出力50%。超出力使发电设备遭到严重破坏，安全生产不稳定，事故频繁发生，1971年山西省电力系统共发生事故176起。

中共十一届三中全会后，山西省电力工业局认真贯彻“调整、改革、整顿、提高”的方针。从改变电力供不应求的局面入手，加紧能源基地建设，加强对发电设备整修。发电量从1978年的106.6亿千瓦时增长到1985年的184.59亿千瓦时，设备利用小时达到5876小时。

1986~1990年，随着神头第一发电厂三期扩建工程的完成，大同第二发电厂一期工程投产发电，漳泽发电厂进行扩建，山西省电力工业进入了向高参数、大容量、大电厂、大电网、高度自动化发展的阶段。

1949~1990年山西电力系统发电技术经济指标统计，见表1－5－4。

河北电力系统 1949～1990 年发电技术经济指标统计

表 1－5－3

项目	单位	1949	1950	1951	1952	1953	1954	1955	1956	1957	1958	1959	1960	1961	1962
全地区装机容量	万千瓦	10.24	10.21	10.57	10.61	11.07	12.36	15.04	18.30	20.98	31.12	41.46	58.62	59.70	62.88
其中 火电	万千瓦	10.24	10.21	10.57	10.61	11.07	12.36	15.04	18.30	20.98	31.12	41.46	57.12	56.70	59.88
其中 水电	万千瓦	0	0	0	0	0	0	0	0	0	0	0	1.50	3.00	3.00
电力系统装机容量	万千瓦	1.54	1.52	1.81	1.81	2.28	3.28	4.53	7.72	10.07	12.47	17.27	21.17	22.67	22.67
其中 火电	万千瓦	1.54	1.52	1.81	1.81	2.28	3.28	4.53	7.72	10.07	12.47	17.27	19.67	19.67	19.67
其中 水电	万千瓦	0	0	0	0	0	0	0	0	0	0	0	1.50	3.00	3.00
全地区发电量	亿千瓦时	2.5430	2.9392	3.5423	4.1385	4.8344	5.6886	6.4324	8.6390	10.4117	15.7476	23.1661	34.8347	29.2146	25.0343
其中 火电	亿千瓦时	2.5430	2.9392	3.5423	4.1385	4.8344	5.6886	6.4324	8.6390	10.4117	15.7476	23.1661	34.7253	28.9422	24.4327
其中 水电	亿千瓦时	0	0	0	0	0	0	0	0	0	0	0	0.1094	0.2724	0.6016
电力系统发电量	亿千瓦时	0.1954	0.2541	0.4294	0.5300	0.8052	1.2147	1.4980	2.4083	3.5144	5.3993	9.6875	13.4890	10.4814	8.6673
其中 火电	亿千瓦时	0.1954	0.2541	0.4294	0.5300	0.8052	1.2147	1.4980	2.4083	3.5144	5.3993	9.6875	13.3796	10.2090	8.0657
其中 水电	亿千瓦时	0	0	0	0	0	0	0	0	0	0	0	0.1094	0.2724	0.6016
供热量	太焦	—	—	—	—	—	—	—	200	400	1470	2250	3400	4080	3790
发电设备年均利用小时	小时	2050	2880	3439	3901	4366	4602	4779	5721	5665	6056	7235	6418	4615	3801
发电标准煤耗率	克/(千瓦时)	1062	990	901	868	824	797	765	710	669	578	551	523	520	528
供电标准煤耗率	克/(千瓦时)	—	—	—	—	—	—	—	—	—	—	—	—	—	—
供热标准煤耗率	公斤/吉焦	—	—	—	—	—	—	—	—	—	—	—	—	—	—
厂用电率	%	10.82	8.92	8.00	7.41	6.55	6.30	6.06	6.57	6.48	7.06	7.16	8.33	9.23	9.87
发电设备事故率	次/(台·年)	—	—	—	—	—	—	—	—	—	—	—	—	—	—

续表

项目	指标单位	1963	1964	1965	1966	1967	1968	1969	1970	1971	1972	1973	1974	1975	1976
全地区装机容量	万千瓦	62.70	64.37	67.29	71.57	80.17	85.07	92.63	104.68	105.37	114.30	142.14	168.44	169.50	198.17
其中 火电	万千瓦	59.70	61.37	63.99	67.97	76.57	80.37	87.93	96.52	97.21	106.06	131.37	157.03	157.27	185.87
其中 水电	万千瓦	3.00	3.00	3.30	3.60	3.60	4.70	4.70	8.16	8.16	8.24	10.77	11.41	12.23	12.30
电力系统装机容量	万千瓦	22.67	24.47	25.89	29.89	32.39	37.29	39.79	48.25	49.05	56.55	64.45	83.45	83.45	93.45
其中 火电	万千瓦	19.67	21.47	22.89	26.89	29.39	33.19	35.69	40.69	41.49	48.99	55.89	75.89	75.89	85.89
其中 水电	万千瓦	3.00	3.00	3.00	3.00	3.00	4.10	4.10	7.56	7.56	7.56	7.56	7.56	7.56	7.56
全地区发电量	亿千瓦时	26.2665	28.8657	35.7483	43.1223	43.0921	47.4147	55.8379	65.3185	74.3937	80.8868	87.1611	97.0104	112.0321	112.2941
其中 火电	亿千瓦时	25.6794	27.7961	35.0879	42.6763	42.4137	46.5719	55.1593	63.7521	72.7823	79.6282	85.2677	94.6810	110.5666	110.4481
其中 水电	亿千瓦时	0.5871	1.0696	0.6604	0.4460	0.6794	0.8428	0.6786	1.5664	1.6114	1.2586	1.8934	2.3294	1.4655	1.8460
电力系统发电量	亿千瓦时	8.9213	9.8513	13.4456	17.1760	18.2831	21.5499	25.5795	30.7171	34.7645	38.1836	41.1151	45.2996	53.7968	60.3222
其中 火电	亿千瓦时	8.3342	8.7817	12.7802	16.7888	17.7840	20.8956	25.0643	29.3803	33.2172	36.9488	39.6019	43.7578	52.7760	58.9135
其中 水电	亿千瓦时	0.5871	1.0696	0.6654	0.3872	0.4991	0.6543	0.5152	1.3368	1.5473	1.2348	1.5132	1.5418	1.0208	1.4087
供热量	太焦	3690	4080	4800	6220	7460	8760	11230	12380	13350	13580	14190	14830	15740	16040
发电设备年均利用小时	小时	4190	4604	5571	6204	5671	5817	6272	6797	7155	7410	6967	6323	6621	6172
发电标准煤耗率	克/(千瓦时)	499	468	458	449	451	452	490	484	476	469	465	455	454	453
供电标准煤耗率	克/(千瓦时)	—	—	—	—	—	—	—	—	—	—	—	—	—	—
供热标准煤耗率	公斤/吉焦	—	—	—	—	—	—	—	—	—	—	—	—	—	—
厂用电率	%	9.39	8.68	7.93	7.35	7.35	7.38	7.78	7.66	7.81	7.78	7.90	8.11	8.33	8.24
发电设备事故率	次/(台·年)	—	—	—	—	—	—	—	—	—	—	—	—	—	—

续表

项目 指标	单位 年份	1977	1978	1979	1980	1981	1982	1983	1984	1985	1986	1987	1988	1989	1990
全地区装机容量	万千瓦	245.07	295.19	313.85	311.45	323.99	339.68	339.38	408.93	426.1885	475.96	490.24	538.64	561.59	661.57
其中 火电	万千瓦	232.49	282.29	300.36	298.26	295.78	309.89	309.59	378.46	395.355	—	—	—	525.78	624.50
其中 水电	万千瓦	12.58	12.90	13.49	13.19	28.21	29.79	29.79	30.47	30.8335	—	—	—	35.81	37.07
电力系统装机容量	万千瓦	102.95	130.33	148.73	148.23	145.97	145.47	204.32	203.81	223.01	248.11	240.55	259.55	277.78	374.06
其中 火电	万千瓦	95.39	122.77	141.17	140.67	138.41	137.91	194.61	194.10	213.30	—	—	—	261.25	356.45
其中 水电	万千瓦	7.56	7.56	7.56	7.56	7.56	7.56	9.71	9.71	9.71	—	—	—	16.53	17.61
全地区发电量	亿千瓦时	121.3277	127.5756	189.8328	195.8331	198.6596	204.2592	217.5384	240.7107	261.6923	291.7647	311.1254	344.0858	361.4900	367.2500
其中 火电	亿千瓦时	117.9876	124.4647	186.3730	194.3992	197.9688	202.5711	214.3894	238.2082	260.1781	—	—	—	355.9200	361.5500
其中 水电	亿千瓦时	3.3401	3.1109	3.4598	1.4339	0.6908	1.6881	3.1490	2.5025	1.5142	—	—	—	5.5700	5.7000
电力系统发电量	亿千瓦时	67.1677	80.5062	87.1592	92.2609	93.6049	95.2786	121.9932	131.0298	138.8726	156.1100	165.7200	181.4400	192.3500	196.5000
其中 火电	亿千瓦时	64.7720	78.6781	85.1865	91.5657	93.2551	94.5676	120.9286	130.2836	138.6113	155.2200	165.4700	179.9400	189.8300	193.3100
其中 水电	亿千瓦时	2.3957	1.8281	1.9727	0.6952	0.3498	0.7110	1.0646	0.7462	0.2613	0.8900	0.2500	1.5000	2.5200	3.1900
供热量	太焦	16430	17100	16840	16530	16670	16570	17200	17290	19980	21160	23810	24470	24280	29370
发电设备年均利用小时	小时	6058	6396	6456	6288	6693	6012	6142	6183	6394	6705	6550	6467	6458	6190
发电标准煤耗率	克/(千瓦时)	445	411	396	378	384	380	377	373	376	375	373	374	375	376
供电标准煤耗率	克/(千瓦时)	—	—	429	418	415	411	408	406	407	406	404	406	406	407
供热标准煤耗率	公斤/吉焦	—	—	—	—	—	—	—	—	41.56	41.50	41.64	42.17	42.79	42.84
厂用电率	%	8.29	7.72	7.56	7.68	7.52	7.42	7.43	7.55	7.61	7.51	7.52	7.68	7.67	7.73
发电设备事故率	次/(台·年)	—	—	—	—	0.48	0.36	0.45	0.34	0.34	0.30	0.21	0.23	0.20	0.16

表 1-5-4

山西电力系统 1949~1990 年发电技术经济指标统计

项目 \ 指标 单位 \ 年份		1949	1950	1951	1952	1953	1954	1955	1956	1957	1958	1959	1960	1961	1962
全地区装机容量	万千瓦	4.0773	4.5853	4.7500	5.6187	5.9742	6.4306	10.8526	14.6582	16.7061	23.3765	27.1829	44.2305	43.1800	42.9900
其中 火电	万千瓦	4.0773	4.5853	4.7500	5.6187	5.9742	6.4306	10.8526	14.6582	16.5961	23.3365	27.1229	44.1305	42.8500	42.6500
其中 水电	万千瓦	0	0	0	0	0	0	0	0	0.11	0.04	0.06	0.10	0.33	0.34
电力系统装机容量	万千瓦	1.894	2.344	2.394	3.105	3.555	3.555	7.07	11.02	12.43	19.08	19.33	33.68	33.68	33.68
其中 火电	万千瓦	1.894	2.344	2.394	3.105	3.555	3.555	7.07	11.02	12.43	19.08	19.33	33.68	33.68	33.68
其中 水电	万千瓦	—	—	—	—	—	—	—	—	—	—	—	—	—	—
全地区发电量	亿千瓦时	0.6393	0.8379	1.0231	1.5278	1.9446	2.6107	3.4716	4.7804	5.7172	9.4176	14.8540	21.8400	18.6853	17.9907
其中 火电	亿千瓦时	0.6393	0.8379	1.0231	1.5278	1.9446	2.6107	3.4716	4.7804	5.7172	9.4176	14.8440	21.8000	18.6453	17.9307
其中 水电	亿千瓦时	0	0	0	0	0	0	0	0	0	0	0.0100	0.0400	0.0400	0.0600
电力系统发电量	亿千瓦时	0.4058	0.4940	0.6277	0.9053	1.1516	1.5309	2.6621	3.8582	4.8697	8.2684	13.2181	18.4351	15.9642	15.1408
其中 火电	亿千瓦时	0.4058	0.4940	0.6277	0.9053	1.1516	1.5309	2.6621	3.8582	4.8697	8.2684	13.2181	18.4351	15.9642	15.1408
其中 水电	亿千瓦时	0	0	0	0	0	0	0	0	0	0	0	0	0	0
供热量	太焦	—	—	—	—	—	—	—	7636.7	15098	813.94	2916.5	5460.4	5781.9	5947.7
发电设备年均利用小时	小时	1568	—	—	2781	3107	4169	4054	3938	3428	4727	—	6479	4465	4283
发电标准煤耗率	克/(千瓦时)	1600	1430	1354	1158	1087	970	773	644	629	569	524	528	545	565
供电标准煤耗率	克/(千瓦时)	—	—	—	—	—	—	—	—	—	—	—	—	—	—
供热标准煤耗率	公斤/吉焦	—	—	—	—	—	—	—	—	—	39.41	41.22	40.68	40.63	43.09
厂用电率	%	13.12	11.77	11.34	12.20	10.08	9.38	10.01	9.46	8.90	8.50	7.74	7.65	8.61	9.17
发电设备事故率	次/(台·年)	—	26.67	7.9	12.6	8.5	3.67	2.5	1.0	0.57	0.6	0.94	1.44	3.7	3.74

续表

项目 指标	单位 年份	1963	1964	1965	1966	1967	1968	1969	1970	1971	1972	1973	1974	1975	1976
全地区装机容量	万千瓦	48.1900	48.7700	51.9800	53.96	60.958	64.23	65.43	70.1105	88.6544	102.2562	124.4073	143.861	154.4584	159.3538
其中 火电	万千瓦	47.6500	48.2500	51.4400	53.39	59.718	62.99	64.19	67.9105	86.4721	99.7907	120.6164	139.8186	150.3285	155.6052
其中 水电	万千瓦	0.54	0.52	0.54	0.57	1.24	1.24	1.24	2.2	2.1823	2.4655	3.7909	4.0424	4.1299	3.7486
电力系统装机容量	万千瓦	38.68	38.68	41.78	42.635	52.435	54.765	55.565	59.12	75.15	85.15	103.84	120.57	131.77	134.27
其中 火电	万千瓦	38.68	38.68	41.78	42.635	52.435	54.765	55.565	59.12	75.15	85.15	103.84	120.57	131.77	134.27
其中 水电	万千瓦	—	—	—	—	—	—	—	—	—	—	—	—	—	—
全地区发电量	亿千瓦时	18.7000	20.9900	25.6997	30.8907	29.8372	23.1868	30.6961	42.0475	49.8300	57.8319	66.2238	68.8084	77.8463	75.8253
其中 火电	亿千瓦时	18.6200	20.8900	25.5697	30.8307	29.4820	22.7574	30.2161	41.4975	49.4400	57.2619	65.5738	68.1584	77.0363	75.2353
其中 水电	亿千瓦时	0.0800	0.1000	0.1300	0.06	0.3552	0.4294	0.48	0.55	0.39	0.57	0.65	0.65	0.81	0.59
电力系统发电量	亿千瓦时	15.9028	18.0408	22.6130	27.6405	26.9974	21.1611	28.1406	38.6247	45.1889	52.0405	58.9397	62.1747	70.1070	68.5347
其中 火电	亿千瓦时	15.9028	18.0408	22.6130	27.6405	26.9974	21.1611	28.1406	38.6247	45.1889	52.0405	58.9397	62.1747	70.1070	68.5347
其中 水电	亿千瓦时	0	0	0	—	—	—	—	—	—	—	—	—	—	—
供热量	太焦	5464.5	5315.8	6375.5	7495.2	8421.5	7505.9	8952.8	11119.2	12256.6	12025.6	12370.5	12575.3	12635.3	11302.1
发电设备年均利用小时	小时	4430	4413	5293	5891	—	4057	—	6204	6644	6380	6198	5568	5532	5024
发电标准煤耗率	克/(千瓦时)	553	523	503	486	489	529	528	513	542	530	535	536	533	541
供电标准煤耗率	克/(千瓦时)	—	—	—	—	—	—	—	—	—	—	—	—	—	—
供热标准煤耗率	公斤/吉焦	41.54	40.68	40.34	39.51	38.91	40.94	40.91	41.13	41.85	40.85	40.41	41.14	40.50	41.53
厂用电率	%	9.09	8.86	8.35	7.94	8.07	8.96	8.86	8.55	8.78	8.63	8.61	8.93	8.96	9.33
发电设备事故率	次/(台·年)	2.16	1.06	1.09	1.42	1.44	0.78	0.8	0.78	4.29	2.16	1.89	3.0	4.12	6.14

续表

项目 \ 指标 \ 单位 \ 年份		单位	1977	1978	1979	1980	1981	1982	1983	1984	1985	1986	1987	1988	1989	1990
全地区装机容量		万千瓦	197.3576	212.4805	238.1149	248.1834	267.0680	275.7686	270.4359	306.7354	376.17	431.33	480.18	515.21	542.53	589.14
其中	火电	万千瓦	183.6188	195.0438	219.6319	227.6390	246.2497	254.0614	251.1567	286.9046	356.40	410.21	459.03	493.97	520.68	566.65
	水电	万千瓦	13.7388	17.4367	18.483	20.5444	20.8183	21.7072	19.2792	19.8308	19.77	21.12	21.15	21.24	21.85	22.49
电力系统装机容量		万千瓦	159.07	181.46	201.46	209.46	230.268	226.138	225.13	261.958	329.7	377.2	422.2	444.2	463.4	385.4
其中	火电	万千瓦	159.07	181.46	201.46	209.46	230.268	226.138	225.13	261.958	329.7	377.2	422.2	444.2	463.4	385.4
	水电	万千瓦	—	—	—	—	—	—	—	—	—	—	—	—	—	—
全地区发电量		亿千瓦时	88.2918	106.6347	114.1009	120.2368	124.5713	136.9193	151.2745	167.5301	184.1807	220.22	263.42	277.74	303.13	314.16
其中	火电	亿千瓦时	86.6918	103.1847	109.7760	115.8763	120.2018	132.1824	145.8036	161.9166	177.7107	214.09	258.74	271.80	295.11	307.01
	水电	亿千瓦时	1.60	3.45	4.3249	4.3605	4.3695	4.7369	5.4709	5.6135	6.87	6.13	4.68	5.94	8.02	7.15
电力系统发电量		亿千瓦时	76.8085	92.2314	99.5532	104.8095	111.3707	119.7554	133.0806	148.3737	163.4250	196.96	239.83	248.67	207.53	217.26
其中	火电	亿千瓦时	76.8085	92.2314	99.5532	104.8095	111.3707	119.7554	133.0806	148.3737	163.4250	196.96	239.83	248.67	207.53	217.26
	水电	亿千瓦时	—	—	—	—	—	—	—	—	—	—	—	—	—	—
供热量		太焦	12603.7	12712.6	12635.8	12237.8	12080.9	12361.3	12884.8	12739.07	12965	12584.3	12452.9	13238.9	10839	18695.2
发电设备年均利用小时		小时	5385	5451	5466	5230	5037	5273	5686	6101	5876	5790	—	—	5943	5836
发电标准煤耗率		克/(千瓦时)	547	518	502	492	477	468	457	452	441	435	426	429	432	423
供电标准煤耗率		克/(千瓦时)	—	—	550	540	524	513	502	476	483	477	468	471	475	465
供热标准煤耗率		公斤/吉焦	41.53	40.45	41.27	41.69	41.75	42.21	41.72	41.54	41.44	41.89	41.79	42.02	41.85	41.00
厂用电率		%	9.21	8.69	8.45	8.49	8.73	8.65	8.53	8.35	8.36	8.67	8.72	8.78	8.67	8.85
发电设备事故率		次/(台·年)	4.9	3.15	2.53	1.64	1.27	1.54	1.19	0.84	0.82	1.57	1.63	1.8	1.2	1.07

第五节 内蒙古电力技术经济指标[①]

1949年，内蒙古自治区电厂装机总容量仅有1.48万千瓦，发电量约1666万千瓦时。经过三年恢复，从“一五”计划开始，内蒙古自治区电力工业开始走上蓬勃发展之路。

“一五”计划时期，新建、扩建了包头、扎兰屯、乌兰浩特、通辽、赤峰、锡林浩特、东胜、呼和浩特电厂，到1957年末，全区发电装机容量达到4.05万千瓦，比1949年增长1.7倍，发电量9390万千瓦时，比1949年增加4.6倍。

列为国家156项重点建设项目的包头第一、第二热电厂工程，始建于“一五”计划后期，于“二五”计划时期陆续投产发电。到1962年底，全区发电装机容量达到27.48万千瓦，比1949年增长17.6倍，发电量8.79亿千瓦时，比1949年提高51.7倍。

“文革”10年，内蒙古电力生产建设受到冲击，但电力职工仍坚守岗位，克服困难，排除干扰，进行新电厂建设，完成乌拉山发电厂新建和包头第二热电厂扩建，同时在11个盟市安装50台、12.43万千瓦小型火电机组，成为内蒙古电力发展史上小机组建设发展最快的时期，使25个旗县结束了无电的历史，在一定程度上改善了内蒙古的电源布局，适应了地方经济发展对用电的需要。到1975年末，全区发电装机容量达到65.15万千瓦，发电量28.26亿千瓦时，分别比1962年增长1.4倍和2.2倍。

中共十一届三中全会后，内蒙古电力工业揭开了历史的新篇章。“六五”期间内蒙古西部电网的包头第一热电厂完成两台10万千瓦国产机组的扩建工程后，东部的灵泉发电厂、西部的乌达发电厂和中部的呼和浩特发电厂，也相继扩建完成了6台2.5万千瓦机组。

“七五”计划期间，是内蒙古西部电网大发展时期，也是实现内蒙古电管局“投入产出”承包经营第一个翻番目标的关键时期。丰镇发电厂第一台国产20万千瓦机组，于1989年11月建成投产，第二台同容量机组，于1990年12月投产。乌拉山发电厂、包头第一热电厂扩建工程均在1990年12月底前完成。蒙西电网到“七五”计划期末，新增装机容量82.5万千瓦，全网装机总容量达到153万千瓦，比1985年增长1.17倍。内蒙古自治区电业管理局直属系统5年累计新增发电装机容量87.2万千瓦，总装机容量达到166.8万千瓦，实现了“投入产出”第一个翻番目标。全自治区500千瓦以上火力发电装机总容量达到380.8万千瓦，比1985年增长53.8%。到1990年底，内蒙古电管局直属系统发电量达到78.6亿千瓦时，比1985年增长76.6%。全自治区发电量达到168.88亿千瓦时，比1985年增长1倍。

1949～1990年内蒙古自治区发电技术经济指标统计，见表1－5－5。

---

① 内蒙古自治区分东部、西部两地区。西部地区电网与华北电网联网，称蒙西电网。内蒙古自治区电业管理局辖东部、西部两地区，称内蒙古电力系统。

内蒙古电力系统 1949～1990 年发电技术经济指标统计

表 1－5－5

项目	指标单位	1949	1950	1951	1952	1953	1954	1955	1956	1957	1958	1959	1960	1961	1962
全地区装机容量	万千瓦	1.3384	1.3384	1.3384	1.4524	1.5024	1.55	2.54	3.87	4.05	8.65	16.16	19.75	24.94	25.65
其中 火电	万千瓦	1.3384	1.3384	1.3384	1.4524	1.5024	1.55	2.54	3.87	4.05	8.65	16.16	19.75	24.94	25.65
其中 水电	万千瓦	—	—	—	—	—	—	—	—	—	—	—	—	—	—
电力系统装机容量	万千瓦	1.2384	1.2384	1.2384	1.3524	1.4024	1.7024	1.9024	3.2624	3.2624	6.4	12.6	13.8	18.8	20.85
其中 火电	万千瓦	1.2384	1.2384	1.2384	1.3524	1.4024	1.7024	1.9024	3.2624	3.2624	6.4	12.6	13.8	18.8	20.85
其中 水电	万千瓦	—	—	—	—	—	—	—	—	—	—	—	—	—	—
全地区发电量	亿千瓦时	0.1187	0.1332	0.1472	0.1523	0.2905	0.3776	0.4851	0.7317	0.9186	1.9919	4.3236	12.0669	9.9854	8.7874
其中 火电	亿千瓦时	0.1187	0.1332	0.1472	0.1523	0.2905	0.3776	0.4851	0.7317	0.9186	1.9919	4.3164	12.0480	9.9818	8.7840
其中 水电	亿千瓦时	—	—	—	—	—	—	—	—	—	—	0.0072	0.0189	0.0036	0.0034
电力系统发电量	亿千瓦时	—	—	—	—	—	—	—	—	—	1.2789	3.4101	10.0470	8.0721	6.7440
其中 火电	亿千瓦时	—	—	—	—	—	—	—	—	—	1.2789	3.4101	10.0470	8.0721	6.7440
其中 水电	亿千瓦时	—	—	—	—	—	—	—	—	—	—	—	—	—	—
供热量	太焦	—	—	—	—	—	—	—	—	—	150	1560	6220	5890	5440
发电设备年均利用小时	小时	—	—	—	—	—	—	—	—	—	3853	4663	7864	5149	3603
发电标准煤耗率	克/（千瓦时）	—	—	—	—	—	—	—	—	—	553	433	387	395	457
供电标准煤耗率	克/（千瓦时）	—	—	—	—	—	—	—	—	—	630	481	419	433	507
供热标准煤耗率	公斤/吉焦	—	—	—	—	—	—	—	—	—	38.7	38.9	38.9	38.9	38.5
厂用电率	%	—	—	—	—	—	—	—	—	—	12.32	10.02	7.66	8.69	9.91
发电设备事故率	次/（台·年）	—	—	—	—	—	—	—	—	—	—	—	—	—	—

续表

项目 \ 指标 \ 单位 \ 年份	单位	1963	1964	1965	1966	1967	1968	1969	1970	1971	1972	1973	1974	1975	1976
全地区装机容量	万千瓦	26.27	25.8	27.53	32.26	33.53	33.76	39.25	45.37	46.6	48.1	49.61	56.11	64.81	68.37
其中 火电	万千瓦	26.27	25.8	27.53	32.26	33.53	33.76	39.25	45.37	46.6	48.1	49.61	56.11	64.81	68.37
其中 水电	万千瓦	—	—	—	—	—	—	—	—	—	—	—	—	—	—
电力系统装机容量	万千瓦	21.04	21.04	23.04	27.12	27.12	27.12	32.12	34.8	35.2	35.2	35.2	40.5	45.1	47.85
其中 火电	万千瓦	21.04	21.04	23.04	27.12	27.12	27.12	32.12	34.8	35.2	35.2	35.2	40.5	45.1	47.85
其中 水电	万千瓦	—	—	—	—	—	—	—	—	—	—	—	—	—	—
全地区发电量	亿千瓦时	10.3288	10.6798	12.5471	13.8300	15.0400	14.3900	16.6700	22.0100	25.8900	26.0400	26.0173	25.1100	28.2600	30.1280
其中 火电	亿千瓦时	10.3273	10.6773	12.5326	—	—	—	—	—	25.8800	26.0298	26.0045	25.0150	28.0033	29.8440
其中 水电	亿千瓦时	0.0015	0.0025	0.0145	—	—	—	—	—	0.0100	0.0102	0.0128	0.0950	0.2567	0.2840
电力系统发电量	亿千瓦时	8.1489	8.7264	10.1927	12.9334	12.2914	11.4012	13.6745	18.2714	21.2567	21.1174	20.6008	19.2513	21.5413	22.5023
其中 火电	亿千瓦时	8.1489	8.7264	10.1927	12.9334	12.2914	11.4012	13.6745	18.2714	21.2567	21.1174	20.6008	19.2513	21.5413	22.5023
其中 水电	亿千瓦时	—	—	—	—	—	—	—	—	—	—	—	—	—	—
供热量	太焦	5150	4910	5300	7590	7700	7300	8930	11870	13820	12260	11200	10380	11280	11590
发电设备年均利用小时	小时	4228	4466	4890	5045	4808	4474	4499	5250	6067	6016	5852	5445	5341	4918
发电标准煤耗率	克/(千瓦时)	444	422	396	372	384	406	404	358	369	366	381	395	405	418
供电标准煤耗率	克/(千瓦时)	490	464	430	399	416	443	441	389	404	403	417	433	444	461
供热标准煤耗率	公斤/吉焦	38.5	38.1	39.1	38.2	38.3	39.5	39.4	40.8	40.6	40.2	40.2	40.2	40.5	40.2
厂用电率	%	9.57	9.17	8.06	6.89	7.71	8.32	8.41	8.02	8.61	9.02	8.62	8.82	8.84	9.30
发电设备事故率	次/(台·年)	—	—	—	—	—	—	—	—	—	—	—	—	—	—

续表

项目 指标	单位	1977	1978	1979	1980	1981	1982	1983	1984	1985	1986	1987	1988	1989	1990
全地区装机容量	万千瓦	73.41	105.5	117.6	118.3	118.5	118.9	134.7	141.2	242.9	242.16	259.91	269.19	325.73	383.37
其中 火电	万千瓦	73.41	105.5	117.6	118.3	118.5	116.2069	132.0069	138.5341	240.0403	239.63	257.38	266.66	323.20	380.20
其中 水电	万千瓦	—	—	—	—	—	2.6931	2.6931	2.6659	2.8597	2.53	2.53	2.53	2.53	3.17
电力系统装机容量	万千瓦	50.35	50.35	64.96	64.96	64.89	64.89	74.89	78.14	79.66	78.93	89.45	100.2	133.3	166.80
其中 火电	万千瓦	50.35	50.35	64.96	64.96	64.89	64.89	74.89	78.14	79.66	78.93	89.45	100.2	133.3	166.80
其中 水电	万千瓦	—	—	—	—	—	—	—	—	—	—	—	—	—	—
全地区发电量	亿千瓦时	33.0699	37.7839	43.7774	49.0454	54.5005	58.4049	60.8232	69.5504	80.4338	110.71	125.91	137.64	153.28	168.88
其中 火电	亿千瓦时	32.7673	37.4172	43.6679	48.6096	54.1318	57.9923	60.3653	69.1568	79.8268	110.07	125.25	137.17	152.89	168.33
其中 水电	亿千瓦时	0.3026	0.3667	0.1095	0.4358	0.3687	0.4126	0.4579	0.3936	0.6070	0.64	0.66	0.47	0.39	0.55
电力系统发电量	亿千瓦时	24.9743	28.7077	30.7213	30.9923	32.3095	35.6716	37.8901	40.6965	44.4921	48.7974	53.6309	59.2216	66.3842	78.6974
其中 火电	亿千瓦时	24.9743	28.7077	30.7213	30.9923	32.3095	35.6716	37.8901	40.6965	44.4921	48.7974	53.6309	59.2216	66.3842	78.6974
其中 水电	亿千瓦时	—	—	—	—	—	—	—	—	—	—	—	—	—	—
供热量	太焦	11510	11460	11460	10480	11140	11200	11090	11380	11950	12290	12570	13640	13440	14200
发电设备年均利用小时	小时	5014	5694	5810	4774	4977	5488	5190	5325	5545	6182	6400	6518	6416	5853
发电标准煤耗率	克/(千瓦时)	418	420	417	422	422	418	415	416	413	416	424	425	424	409
供电标准煤耗率	克/(千瓦时)	460	459	454	461	459	455	452	453	450	453	463	466	463	449
供热标准煤耗率	公斤/吉焦	40.2	40.1	39.7	40.0	39.7	39.8	39.7	39.6	39.5	39.6	39.7	39.7	40.3	40.6
厂用电率	%	9.15	8.51	8.04	8.52	8.13	8.14	8.14	8.12	8.18	8.24	8.40	8.36	8.60	8.82
发电设备事故率	次/(台·年)	—	—	—	—	1.33	1.17	0.53	0.53	0.47	0.42	0.73	0.68	0.80	0.68

第六节 华北电力联合公司技术经济指标

1980年1月10日，根据国务院（79）184号文件精神和国发（79）303号文件通知，正式成立华北电业管理局，为电力部的派出机构，负责对北京、天津、河北、山西、内蒙古的电力生产、基本建设实施管理。跨省（市）的京津唐电网结构紧密，继续实行集中统一管理体制。

华北电业管理局负责统一编制、综合平衡、归口上报、统一下达电网长远规划和年度计划。在计划体制上，华北电业管理局对省（市、自治区）电力局实行指令性和指导性两种计划，用经济责任制的形式协调各直属单位和企业的关系。对电力基本建设，华北电业管理局是基建项目的总承包单位，实行华北电业管理局、省（市、自治区）电力局或工程承包公司及发电厂、供电局三级投资包干责任制。

华北电业管理局的成立，进一步推动了华北电网的发展。1981年实现了京津唐电网与冀南电网、山西电网以220千伏联网。1984、1985年先后建成联结山西北京的大（同）房（山）双回500千伏超高压输电线路，1987年又建成呼和浩特—大同220千伏输电线路，电力自能源基地的山西、内蒙古大量输入到京津唐电网和冀南电网。

1988年12月成立华北电力联合公司。到1990年底，华北电力系统发电装机总容量为1575.17万千瓦，年发电量912.29亿千瓦时，供电标准煤耗率完成410克/（千瓦时），发电设备事故率实现0.58次/（台·年）。

第二篇 供　电

华北自1888年有电，到1901年的14年间，是由宫廷、外商、民族资本家自建电厂，发供电合一，自发自用。

1902年，天津市法租界公议局建设第一个营业性发电厂及输电线路，供给法租界范围内的用户用电，为华北建设供电设施之始。

1903年，俄国商人在内蒙古满洲里建设电灯厂；1906年，清宫廷官吏筹资在北京开办京师华商电灯股份有限公司；1908年，山西太原商会会长开办太原电灯公司；1914年，河北省唐山开办华记电力厂。在这10年间，各地在建设发电厂，兴办电力公司的同时，陆续建设供电设施，供给用户用电。

1916年，河北省内首次建成林西—赵各庄—马家沟30千伏输电线路及林西、唐山、马家沟、赵各庄4座煤矿用的30千伏变电站投入运行；1922年2月，北京首次建成石景山电厂至前门变电站的33千伏输电线路投入运行；1938年5月，内蒙古首次建成札赉诺尔至满洲里铁路变电所的22千伏输电线路投入运行；1938年6月，天津首次建成从特三区电厂，经4条跨海河至琼州道变电站的22千伏输电线路投入运行；1939年，山西在首次建成岩岭—大同33千伏输电线路26公里后，又于1944年建成华北地区第一条平旺—岩岭77千伏输电线路，全长13公里（按33千伏降压运行）；1944年11月，在北平、天津、唐山间建成北平至天津到唐山的77千伏跨省、市输电线路（京津唐电网雏形）。自1902年至1949年的48年中，华北共建设配电线路2441.3公里，配电变压器容量29.18万千伏安；建设22～77千伏输电线路1176.41公里（其中77千伏输电线路350.10公里），主变压器容量16.76万千伏安（其中77千伏变电站主变压器容量5.65万千伏安）。

新中国建立后，华北电业在增加电源点建设的同时，加快了输变电设施建设，到1990年，投入运行的110千伏输电线路931条，18051.62公里，110千伏变电站540座、主变压器容量2279.07万千伏安；220千伏输电线路253条、10612.22公里，220千伏变电站94座、主变压器容量1864.70万千伏安；500千伏超高压输电线路6条、1152.25公里，500千伏变电站2座、主变压器容量286.9万千伏安。

到1990年，华北电网的供电网络结构日趋完善，供电设施的运行工况在不断改进，设备完好率、电压合格率有了显著提高，设备事故率、线路损失率有了明显减小，“人民电业为人民”的服务方针与“安全、经济、多供、少损”的生产经营方针，一步步得到落实，电网安全、可靠、经济运行水平不断提高。

第一章　供电网络

建设华北跨省、市电网是从1941年6月开始的，1942年实现北平与天津两市的77千伏联网，1944年11月实现了平津唐（北京、天津、唐山）的77千伏联网运行（今京津唐电网），这是国内最早的跨省、市电网。新中国建立后，华北各省（市、自治区）伴随着电厂建设的同时，加快了供电网络建设。1957年4月，京津唐电网首先实现了110千伏联网运行后，110千伏太原电网、石邯电网、蒙西电网相继投入运行。70年代中期，华北各地的110千伏地区电网，开始进行升压改造。到1981年，220千伏京津唐、冀南、山西、蒙西电网的陆续建成，奠定了华北电网联网的基础。80年代初，华北电网已承担起北京市、天津市、河北省、山西省和内蒙古自治区西部地区的电力供应。到1990年末，华北电网的供电范围，西至内蒙古自治区的吉兰太，西南至山西省的南李庄，南至河北省的申家庄，东至河北省的五里台，北至内蒙古自治区的二连浩特，已基本覆盖了华北全境。华北电网已成为以500千伏超高压输电线路为网架，以220千伏输电线路为主体，把能源基地与负荷中心相连的现代化大型电网。

第一节　京津唐电网

1941年6月，华北电业股份有限公司开始筹建北平石景山发电所—北平南苑变电站—天津第一发电所—天津塘沽变电所—唐山发电所的77千伏输电线路，全长337.10公里；同时建设南苑、塘沽两座77千伏变电站，主变压器容量共5.65万千伏安。1942年3月平津段建成，暂以33千伏降压运行；1944年11月津唐段建成后，平津唐电网全线以77千伏投入运行。这是华北最早建成的跨省、市供电网络，也是现京津唐电网的雏形。1944～1956年77千伏平津唐电网联网情况，见图2－1。

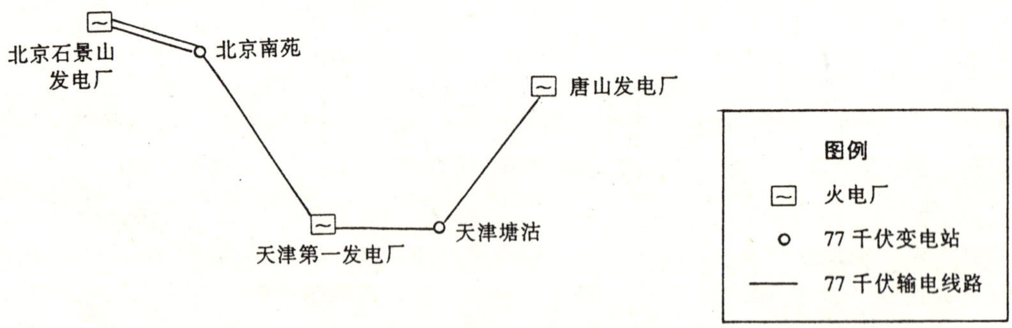

图2－1　77千伏平津唐电网示意图
（1944～1956年）

77 千伏平津唐电网建成后，自唐山向天津、北平送电，正常情况向天津日送电 0.5 万千瓦，天津向北平日送电 0.8 万千瓦。

新中国建立后，随着电源建设和电力负荷增长，京津唐电网得到迅速发展，供电范围覆盖了北京、天津两市和河北省北部唐山、秦皇岛、承德、张家口、廊坊 5 个地（市）。

1954 年 11 月，由中国自己设计、施工的第一条北京南苑—天津宜兴埠 110 千伏输电线路建成，全长 108.3 公里（暂以 77 千伏降压运行）。1955 年 12 月，又随着官厅水电站 3 台 1 万千瓦水轮发电机组的相继投产，建成了官厅水电站—北京东北郊变电站和官厅水电站—下花园发电厂的两条 110 千伏输电线路，使河北省张家口地区与京津唐电网相联。1957 年 4 月，天津白庙—汉沽—塘沽—韩城（唐山市）3 条 110 千伏输电线路投入运行，京津唐电网开始由 77 千伏升压为 110 千伏。1959 年 110 千伏京津唐电网联网情况，见图 2－2。

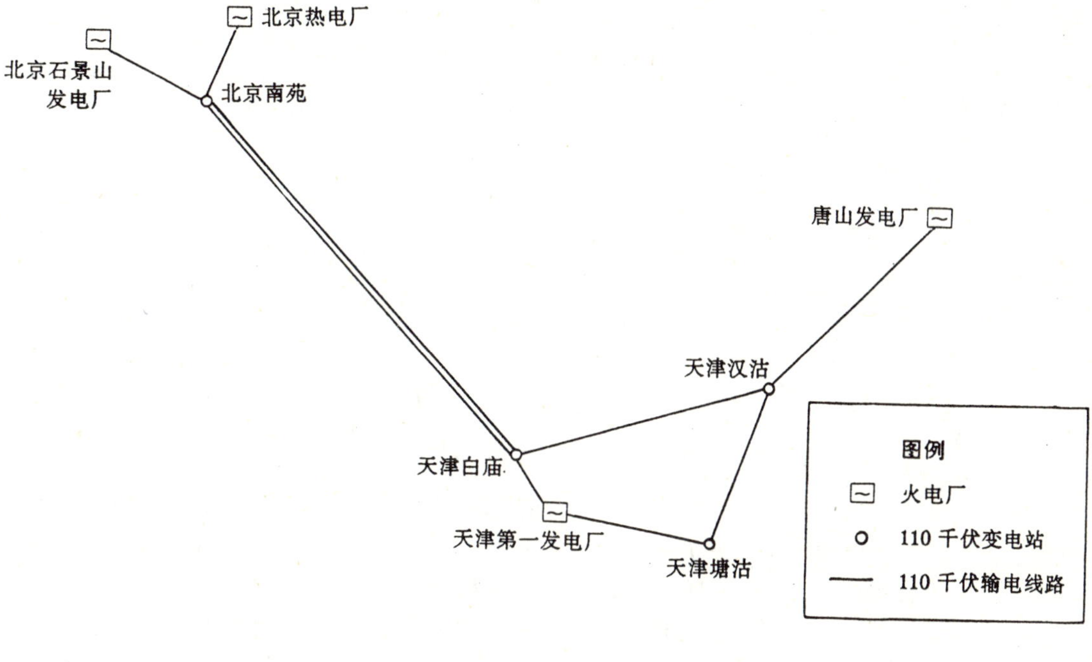

图 2－2　110 千伏京津唐电网联网示意图
（1959 年 11 月）

1959 年，由于唐山　承德寿王坟、保定—良乡、唐山吕家坨—秦皇岛、天津白庙—廊坊等 110 千伏输电线路投入运行，京津唐电网扩展到河北省承德、保定、秦皇岛和廊坊地（市）。

1971 年 4 月，高井电站—天津白庙 220 千伏输电线路和天津白庙变电站投入运行；1974 年 5 月，天津白庙—汉沽的 110 千伏输电线路和汉沽变电站升压为 220 千伏；同年 12

月 29 日，高井电站—北京南苑—天津白庙 110 千伏输电线路及变电站升压为 220 千伏；天津汉沽—唐山发电厂的 110 千伏输电线路也升压为 220 千伏。至此，110 千伏京津唐电网实现了升压为 220 千伏的改造。1977 年 11 月 18 日和翌年 1 月 17 日，唐山陡河电站—天津蓟县—北京通州—北京老君堂—天津北郊—唐山韩城—唐山陡河电站 220 千伏双回输电线路的投入运行，正式形成 220 千伏京津唐电网环形网络。1983 年 220 千伏京津唐电网联网情况见图 2－3。

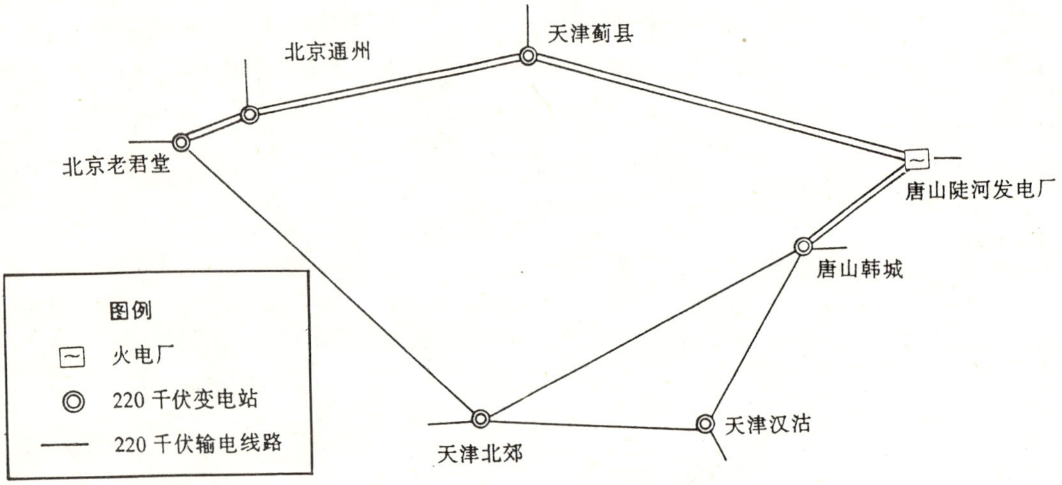

图 2－3　220 千伏京津唐电网联网示意图
（1983 年）

1977 年 12 月 5 日，北京京西电站—河北省张家口侯家庙变电站的 220 千伏输电线路投入运行，京津唐电网以 220 千伏与张家口地区相联。1978 年又随着唐山陡河电站—迁安—秦皇岛五里台 220 千伏输电线路投入运行，京津唐电网延伸至秦皇岛市。1980 年 9 月 16 日，北京南苑—房山—河北省新城县高碑店 220 千伏输电线路建成，京津唐电网与河北省保定地区以 220 千伏相接。1987 年唐山遵化—承德袁庄 220 千伏输电线路建成，京津唐电网以 220 千伏向承德地区供电。到 1990 年，京津唐电网包括北京市、天津市、河北省北部唐山、秦皇岛、承德、张家口、廊坊 5 个地（市），共建成 110 千伏输电线路 362 条，5917.43 公里。其中：北京地区 155 条，1755 公里；天津地区 54 条，1129.43 公里；冀北 5 个地（市）153 条，3033 公里。220 千伏输电线路 114 条，3277.92 公里。其中：北京地区 34 条，979.15 公里；天津地区 37 条，1108.77 公里；冀北 5 个地（市）43 条，1190 公里。500 千伏超高压输电线路 3 条（京津电网部分）161.65 公里。1990 年 500 千伏超高压输电线路及 220 千伏京津唐电网联网情况，见图 2－4。

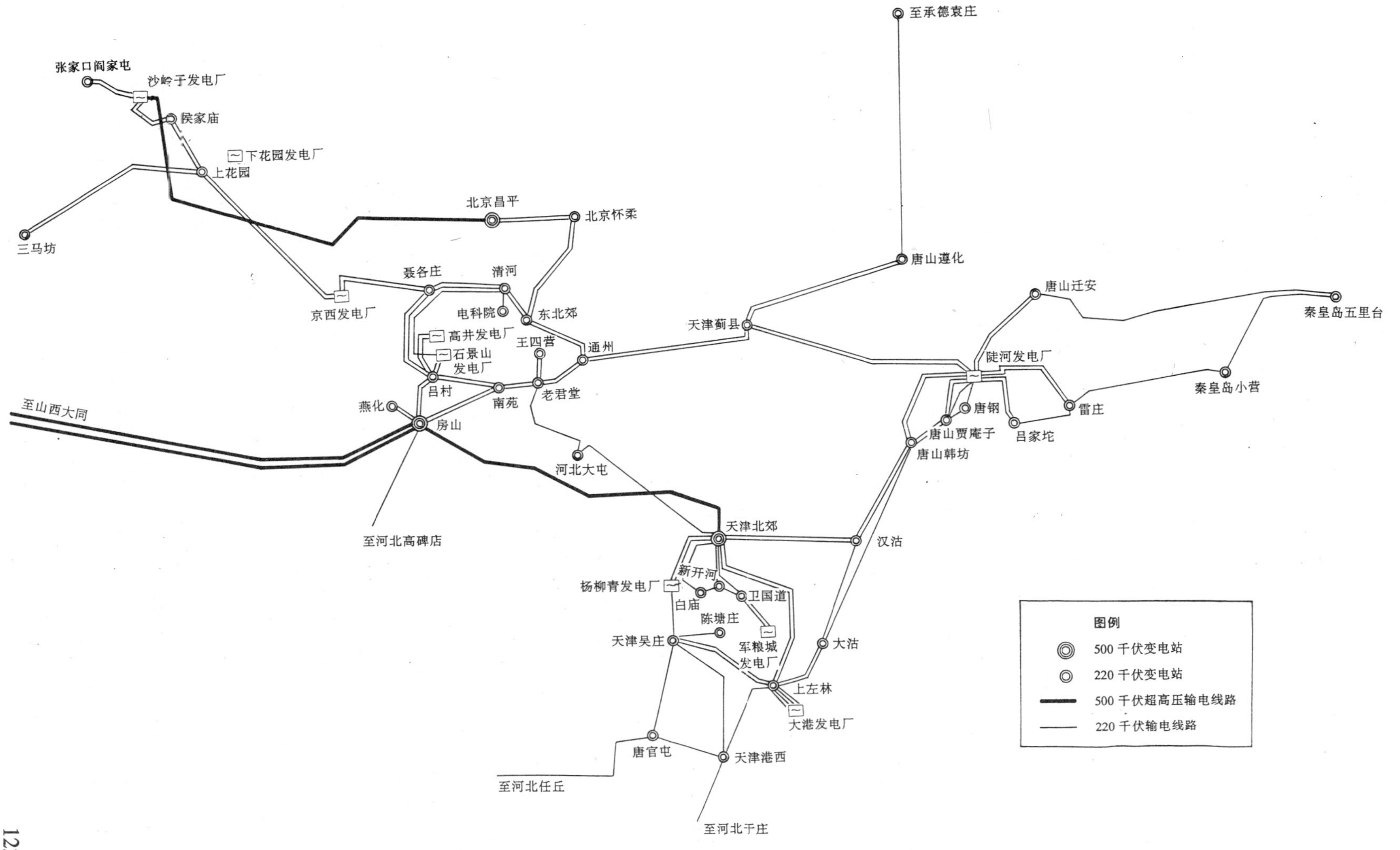

图 2－4　500 千伏超高压输电线路及 220 千伏京津唐电网联网示意图(1990 年)

注:沙岭子－昌平 500 千伏输电线路,1990 年 8 月暂以 220 千伏投入运行。

第二节　冀南电网

冀南电网是河北省中、南部地区电网。供电范围包括邯郸、邢台、石家庄、衡水、沧州、保定6个地（市）。新中国建立初期，冀南电网只有33千伏输电线路300多公里，均为枝状供电，未形成网络。1956年建成峰峰发电厂—河南省鹤壁冀南地区第一条110千伏输电线路（暂以35千伏降压运行）。翌年，峰峰—邯郸110千伏输电线路建成（暂以35千伏降压运行）。自此，初步形成邯郸、峰峰、安阳的邯峰安电网。1958年，石家庄—岗南水电站110千伏输电线路建成，翌年邯郸—邢台110千伏输电线路建成（暂以35千伏降压运行），形成邯邢电网。

1959年12月，随着邯郸发电厂—邢台西郭村110千伏输电线路的建成，开始了冀南电网的110千伏网络建设。其后，又相继建设了石家庄、邢台、邯郸地区的110千伏供电网络。到1976年，联接石、邢、邯三个地市的110千伏联网线路投入运行，形成了110千伏石邯电网（又称冀南电网）的雏形。

1968年，天津唐官屯—河北沧州大季屯的110千伏输电线路投入运行，开始了京津唐电网与冀南电网的联网运行。1970年投入运行的石家庄辛集—衡水的110千伏输电线路，开始了石家庄与衡水地区供电网络的联网运行，石家庄开始东送电力到衡水地区。

1973年建成山西娘子关—井陉常峪的冀南电网第一条220千伏输电线路，全长39公里（暂以110千伏降压运行）。随后，井陉常峪—留村的110千伏输电线路建成，开始了石家庄电网与山西电网的110千伏联网。

1976年元氏—柏乡110千伏输电线路建成后，石家庄电网开始与邯邢电网联网运行。

到1981年，石家庄、邢台、邯郸、衡水、沧州5个地（市）的供电网络实现联网运行后，110千伏冀南电网即已建成。1981年110千伏冀南电网联网情况见图2-5。

冀南电网220千伏输变电设施，始建于1976年。首先进行了南起邯郸马头发电厂，中经邢台王段变电站，北至石家庄许营变电站的220千伏输变电建设。这一工程于1978年10月5日投入运行后，将邯郸、邢台、石家庄3个地区的220千伏供电网络连在一起，开始联网运行。

其后，邢台王段—衡水的220千伏输变电设施于1979年投入运行，衡水地区供电网络并入220千伏冀南电网。1981年2月，由于保定南郊—石家庄许营的220千伏输电线路和220千伏保定南郊变电站投入运行，使冀南电网首次向北延伸经保定至高碑店，当年9月28日，实现了京津唐、山西、冀南3个电网以220千伏联网运行。

1984年，沧州地区220千伏于庄变电站与衡水—于庄的220千伏输电线路及天津港西—于庄变电站的220千伏输电线路先后投入运行，使220千伏冀南电网扩展到沧州地区，并增加了1个与京津唐电网的联网点。至此，冀南的保定、石家庄、邢台、邯郸、衡水、沧州6个地市的220千伏供电网络，形成联网运行。1984年220千伏冀南电网联网情况见图2-6。

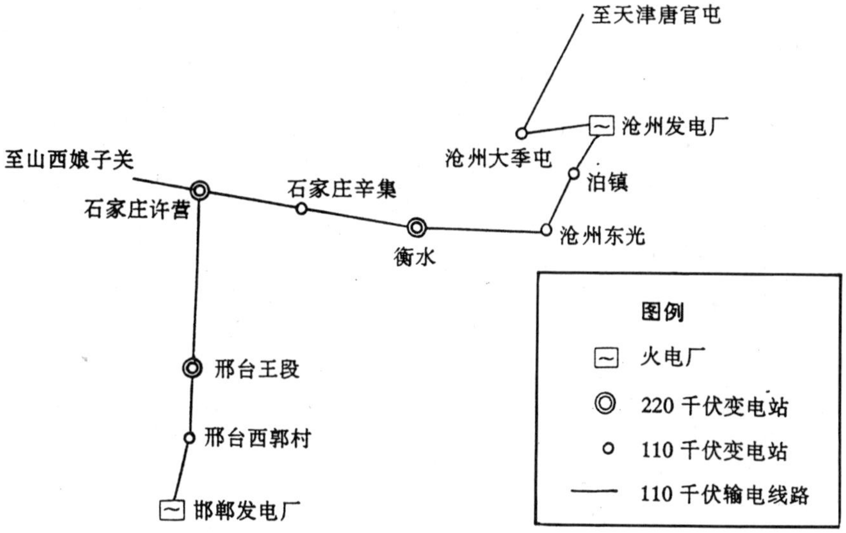

图 2－5　110 千伏冀南电网联网示意图
（1981 年）

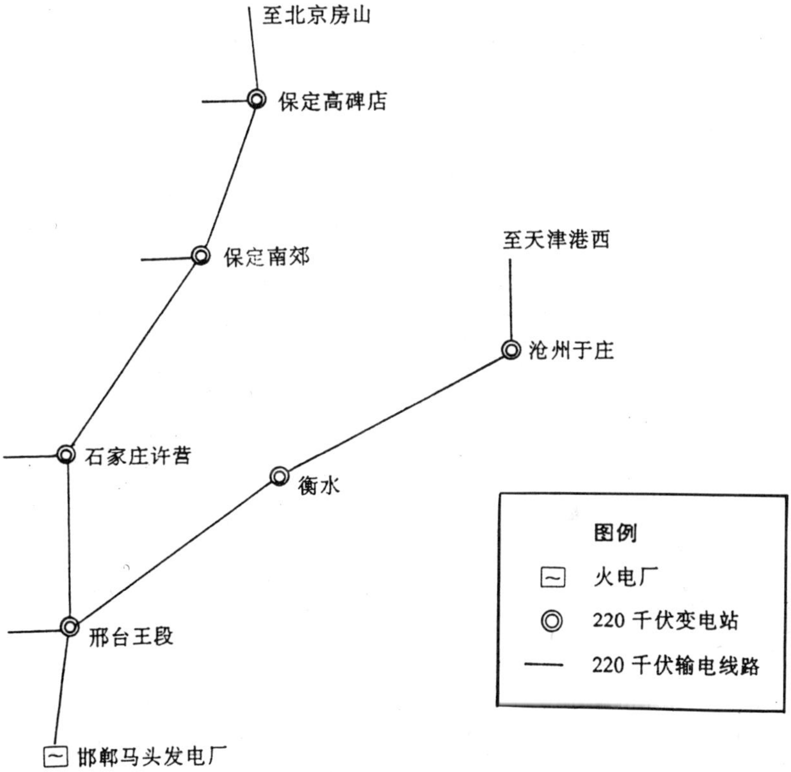

图 2－6　220 千伏冀南电网联网示意图
（1984 年 12 月）

1984年后，冀南电网的结构日臻完善，联络线路的回路增加，由局部地区的枝状线路，发展成220千伏环形网络。到1990年，保定—石家庄、邢台—邯郸、衡水—沧州的联络线已建成双回路；石家庄—邢台、邢台—衡水等地区间的220千伏联路线已建成三回线。石家庄与邢台间从枝状线路联网，建成石家庄许营—邢台王段—邢台羊范—石家庄许营及许营—王里—柏乡—王段—羊范—许营的220千伏环形网络。邢台与邯郸间亦建成邢台王段—西郭村—邯郸来马—马头电厂—邯郸夏庄—邯郸武安—邢台羊范—邢台王段的220千伏环形网络。邢台与衡水间也建成邢台王段—邢台南宫—衡水—邢台王段的环形网络。以上两个地区间的220千伏小型环网联网，网网相联，环环相套，将石家庄、邢台、邯郸、衡水4个地区联在一个大型环网内。到1990年，除保定与沧州两个地区仍为枝状线路联网外，其他地区均建成环形网络。

到1990年，冀南电网共建成110千伏输电线路207条、3261公里，220千伏输电线路65条、2367.3公里，500千伏超高压输电线路（河北省部分）457公里。1990年220千伏冀南电网联网情况见图2-7。

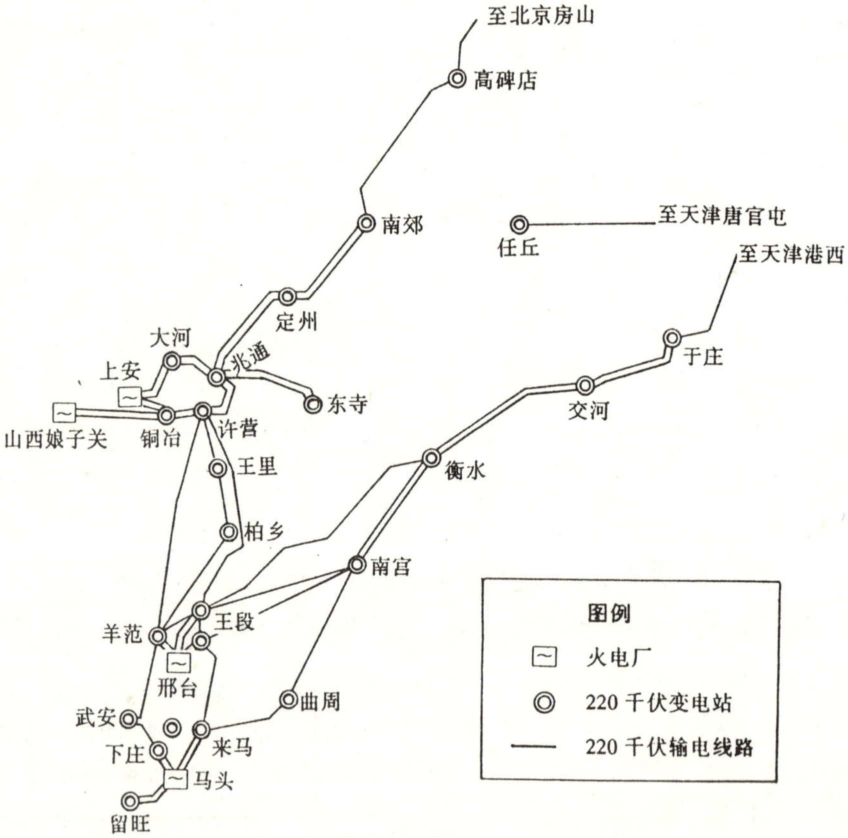

图2-7　220千伏冀南电网联网示意图
（1990年）

第三节　山西电网

1939～1944年，在大同建成岩岭—大同、平旺发电厂—煤峪口矿区的2条33千伏、平旺—岩岭1条77千伏（以33千伏降压运行）输电线路及相应的变电设施，为山西电网33千伏供电线路投入运行之始。到60年代，山西地区的太原、晋中、阳泉、忻州、运城、临汾、长治、晋城、大同、雁北、吕梁等11个地区，陆续建成35千伏供电网络。

1955年12月，太原一电厂—阳泉马家坪110千伏输电线路与110千伏马家坪变电站投入运行后，太原与阳泉两个地区的110千伏供电网络联网运行，开始了山西地区110千伏供电网络建设。

1957年6月，110千伏太原—阳泉输电线路破口接入新建成的晋中110千伏榆次变电站，至此太原、榆次、阳泉3个地区110千伏供电网络联网运行。

1958年3月，110千伏榆次—介休的输变电设施投入运行后，山西地区中部的110千伏"太原电网"初步形成。

1960年4月，太原电网向北延伸，进入忻州，建成太原二电厂经忻州、原平、枣林至峨口的110千伏太原—峨口输电线路与110千伏峨口变电站。此时，扩大后的太原电网，已覆盖了太原、晋中、阳泉、忻州4个地区。

晋南电网是从南向北延伸建设的。1960年，运城古堆建成110千伏变电站，从河南郑州—洛阳—三门峡水电站引入电源，河南电网开始向运城送电。1968年，侯马电厂建成后，相继建设了侯马—中条山、侯马—运城、侯马—临汾、侯马—翼城、侯马—河津等5条110千伏输电线路。同年，侯马电厂—临汾九州堡的110千伏输电线路与110千伏九州堡变电站投入运行后，运城与临汾两地区110千伏供电网络联网运行，形成晋南电网。

1972年8月，晋中介休—晋南霍县大张的110千伏输电线路及110千伏大张变电站投入运行，开始了110千伏太原电网与晋南电网的联网。

雁同地区的恒山发电厂投产后，1974年9月，又相继建成了110千伏西万庄变电站，及恒山发电厂—西万庄变电站的110千伏输电线路。1976年9月，神头发电厂—西万庄变电站的220千伏输电线路建成（暂以110千伏降压运行），开始了雁同地区的110千伏网络建设。1979年6月，神头发电厂—原平变电站220千伏输电线路投入运行后（暂以110千伏降压运行），太原电网从忻州、原平经神头电厂与雁同山阴的110千伏供电网络联接。至此，实现了110千伏晋南电网、太原电网、雁同电网联网运行。

吕梁地区的110千伏供电网络建设始于1974年，到1983年的10年间，相继建成3条由太原电网的祁县、平遥、清徐分别向吕梁地区的文水、汾阳、交城送电的110千伏输电线路。自此，吕梁电网与太原电网联网运行，受电于太原电网。组成了110千伏山西电网。

晋东南的110千伏供电网络建设，始于1967年3月投入运行的巴公发电厂—长治城南的110千伏输变电设施。1974年12月以后，这条110千伏输电线路又从城南向长治地区西北方向的沁县延伸。

1979年9月，晋城地区的110千伏高平变电站投入运行，与巴公发电厂—长治城南的110千伏输电线路破口引入站内，自此长治与晋城两地区的110千伏供电网络联网运行，组成了晋东南电网。

1979年110千伏山西电网联网情况见图2-8。

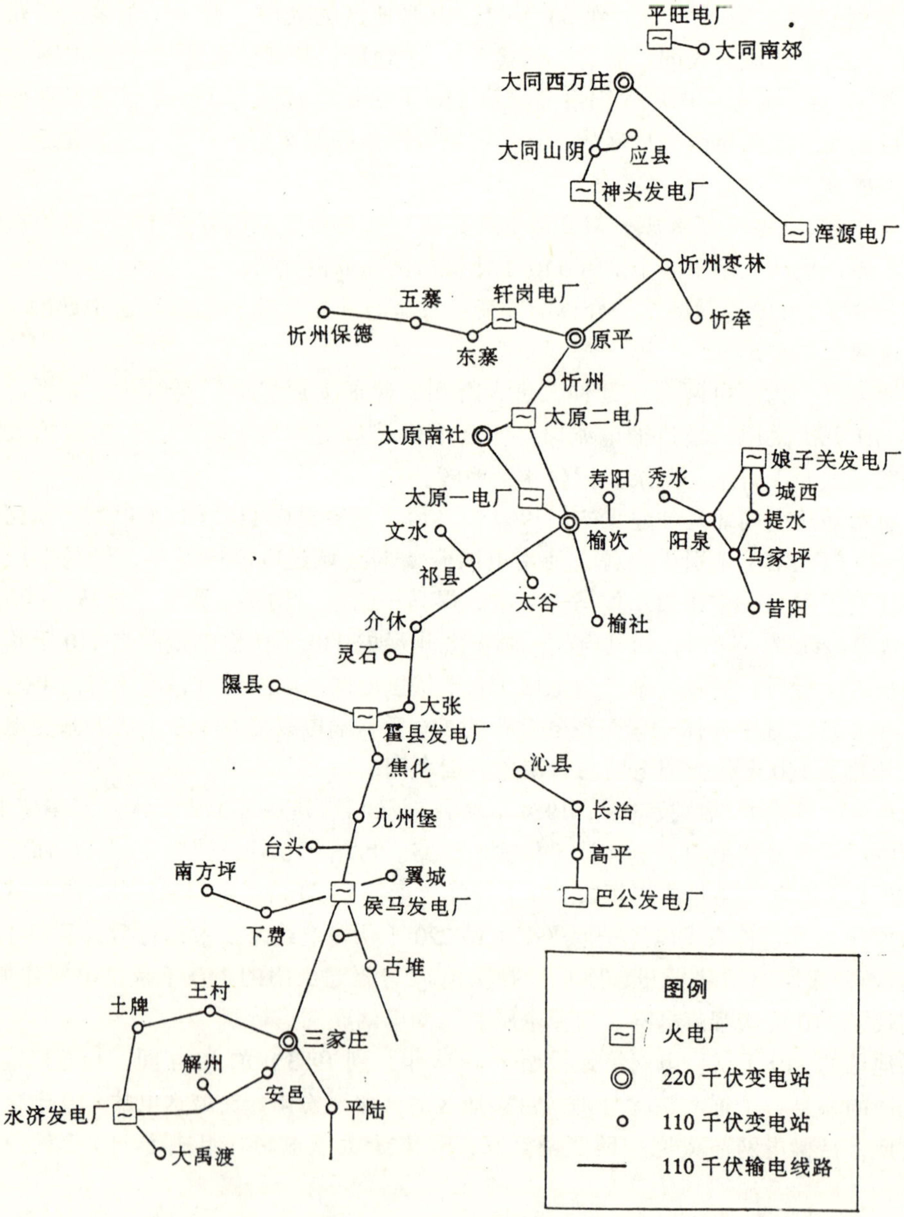

图2-8　110千伏山西电网联网示意图

（1979年）

进入70年代，山西电网开始进行220千伏输变电设施建设。1973年投入运行的榆次—娘子关电厂山西省第一条220千伏输电线路，全长116.8公里。1973年12月，建成了霍县电厂经寺庄、平遥至榆次的220千伏输电线路及220千伏榆次变电站，实现了两个地区的联网运行。1977年3月，220千伏平遥变电站投入运行后，破口将220千伏霍县电厂—榆次输电线路引入站内。

1978年3月，霍县电厂—长治的220千伏输电线路与220千伏长治变电站投入运行，使晋东南110千伏区域性电网与晋南电网联网运行。至此，太原、晋南、晋东南、雁同、吕梁5个地区电网联为一体，构成"山西电网"。

1978年10月，忻州地区220千伏原平变电站与神头经原平—南社的220千伏输电线路投入运行；次年12月28日，220千伏南社变电站投入运行，将神头—南社的220千伏输电线路引入站内，分为神（头）原（平）线和原（平）南（社）线，并通过神头电厂—西万庄、神头电厂—原平、原平—南社、榆次—南社4条220千伏输电线路与太原联网。

至此，除吕梁地区外，山西电网形成了以太原为中心，北自阳高、大同、神头、原平，南到平遥、霍县、临汾、运城、长治，西通保德、河津，东至阳泉、娘子关的220千伏供电电网，基本构成了山西电网的主网架。

1979年220千伏山西电网联网情况，见图2－9。

1979年后，山西电网的220千伏供电网络继续延伸。到1988年9月13日，吕梁地区的220千伏汾阳变电站投入运行后，又从南侧的霍县电厂—汾阳、北侧的南社—汾阳，建成2条220千伏输电线路，使吕梁地区电网也进入了山西电网的220千伏主网架。

到1990年，山西电网以220千伏输电线路，将北部雁同电网内的大同二电厂与蒙西电网内的丰镇电厂实现联网运行；南部延伸至晋南电网的三家庄；东部经娘子关电厂与冀南电网的220千伏输电线路相联；西部延伸至黄河边的保德。至此，山西电网110千伏与220千伏网络建设已遍及山西全省，共建有110千伏输电线路274条、5192.6公里，220千伏输电线路48条、2499公里，500千伏超高压输电线路3条（其中大同—房山的山西段以500千伏运行、神头—大同已建成、神头—太原暂以220千伏降压运行）483公里。1990年500千伏超高压输电线路与220千伏山西电网联网情况，见图2－10。

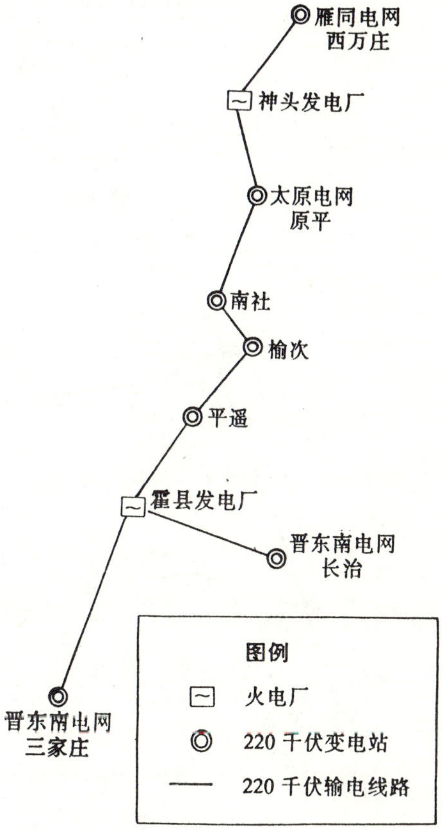

图2－9　220千伏山西电网联网示意图
（1979年）

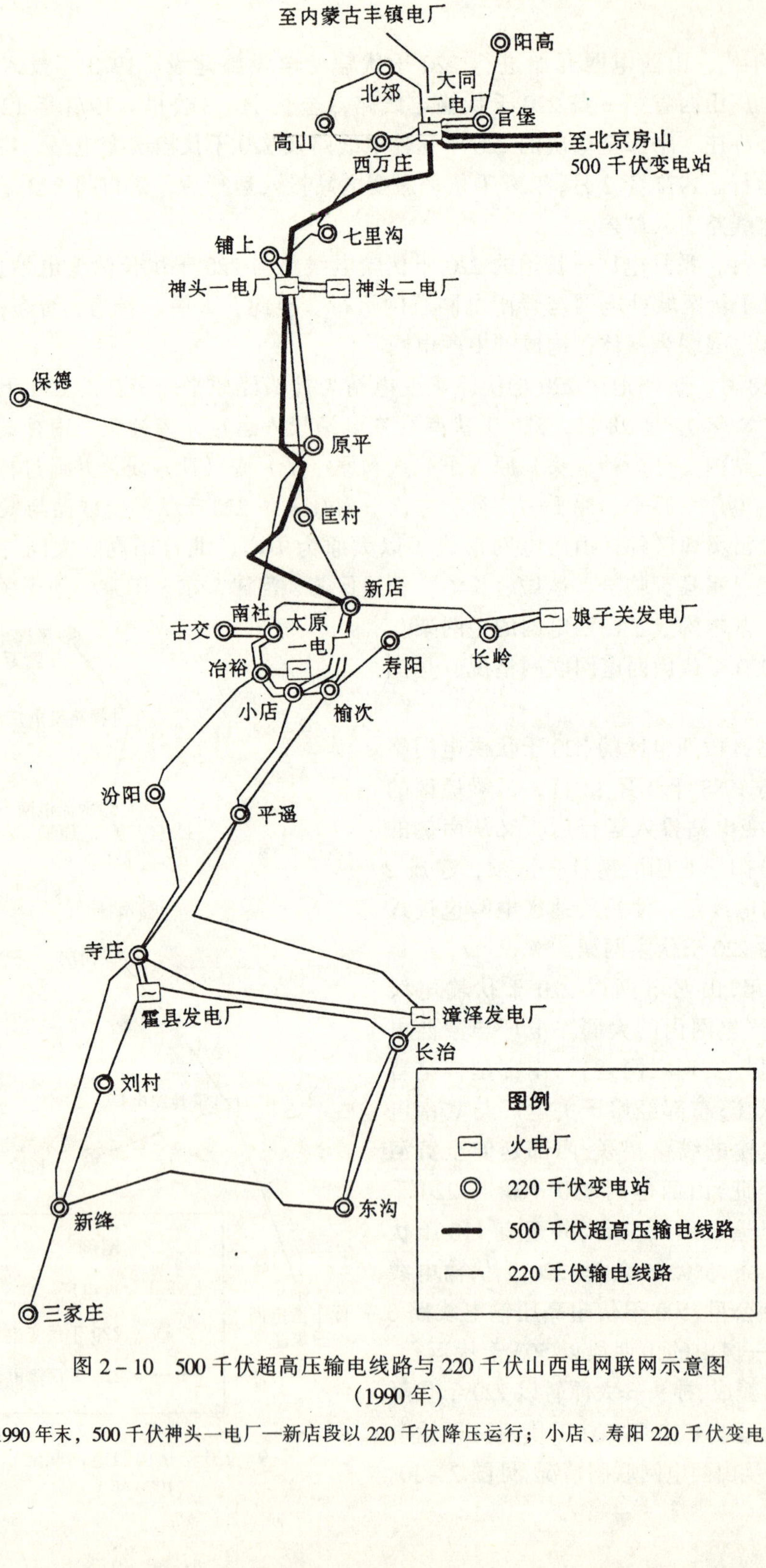

图2-10 500千伏超高压输电线路与220千伏山西电网联网示意图
（1990年）

注：到1990年末，500千伏神头一电厂—新店段以220千伏降压运行；小店、寿阳220千伏变电站及神头二电厂正在建设中。

第四节　内蒙古电网

一、蒙西电网

蒙西电网原称呼包电网，始建于1958年，后随着电网的扩展，1987年改称蒙西电网。蒙西电网是由包头、呼和浩特、乌兰察布、伊克昭、巴彦淖尔、锡林郭勒等6个盟（市）的110千伏与220千伏供电网络联网运行所组成。

蒙西电网的建设是从1958年7月包头二电厂—包头白云鄂博的110千伏输变电设施投入运行开始的（暂以35千伏降压运行，当年10月升压到110千伏）。这一年10月，从包头二电厂与呼和浩特电厂分别向包头铝厂建设2条110千伏输电线路，由东、西向铝厂供电，形成了最初的蒙西电网。

1970年，呼和浩特发电厂以110千伏输电线路向乌兰察布盟的110千伏卓资山变电站送电，蒙西电网向东延伸至乌兰察布盟，实现两市一盟联网运行。

蒙西电网在向东延伸的同时，开始向西延伸。1974年1月，包头—乌拉山电厂的110千伏输电线路投入运行，蒙西电网扩至巴彦淖尔盟，其后继续向巴盟西部延伸，直至陕坝、炭窑口等地。

进入80年代,蒙西电网开始向南延伸,1981年建成从包头麻池—达拉特旗的110千伏输电线路和110千伏达拉特旗变电站。蒙西电网伸入到伊克昭盟后,又继续向南延伸至松定。

蒙西电网向东伸入至乌兰察布盟后，110千伏输电线路继续向东伸入到商都、兴和；向北经白音察干、朱日和至锡林郭勒盟的赛汉塔拉。1988年12月，110千伏赛汉塔拉变电站投入运行，蒙西电网向北延伸至二连浩特。至此，蒙西电网所辖6个盟、市的110千伏供电网络，实现联网运行。1990年110千伏蒙西电网联网情况，见图2-11。

从70年代末期开始，蒙西电网为强化主网结构，增加输电能力，提高供电可靠性，分期将主网架的110千伏提高到220千伏。1978年12月，乌拉山电厂—包头麻池的220千伏输电线路与220千伏麻池变电站的投入运行，开始了巴彦淖尔盟与包头市两地间220千伏供电网络的联网运行。

1980年12月，包头—呼和浩特市东郊的220千伏输电线路与220千伏东郊变电站投入运行后，包头与呼和浩特两地间220千伏供电网络联网运行。

到80年代后期，220千伏供电网络继续向东、南扩展。到1987年7月18日，扩展至丰镇发电厂，并通过丰镇—大同二电厂220千伏输电线路，与大同二电厂实现联网运行。至此，华北两省、两市、一区联成统一电网。

1988年，蒙西电网从呼和浩特市东郊向东延伸至集宁，1990年向南延伸至准格尔。由于以上两条220千伏输电线路与集宁、准格尔两座220千伏变电站相继投入运行，蒙西电网220千伏输变电设施已实现巴彦淖尔盟、包头市、呼和浩特市、乌兰察布盟、伊克昭盟5个地（市）的联网运行，成为蒙西电网的主网架。到1990年，蒙西电网共建有110千伏输电线路87条、3671公里，220千伏输电线路26条、2468公里。1990年220千伏蒙西电网联网情况，见图2-12。

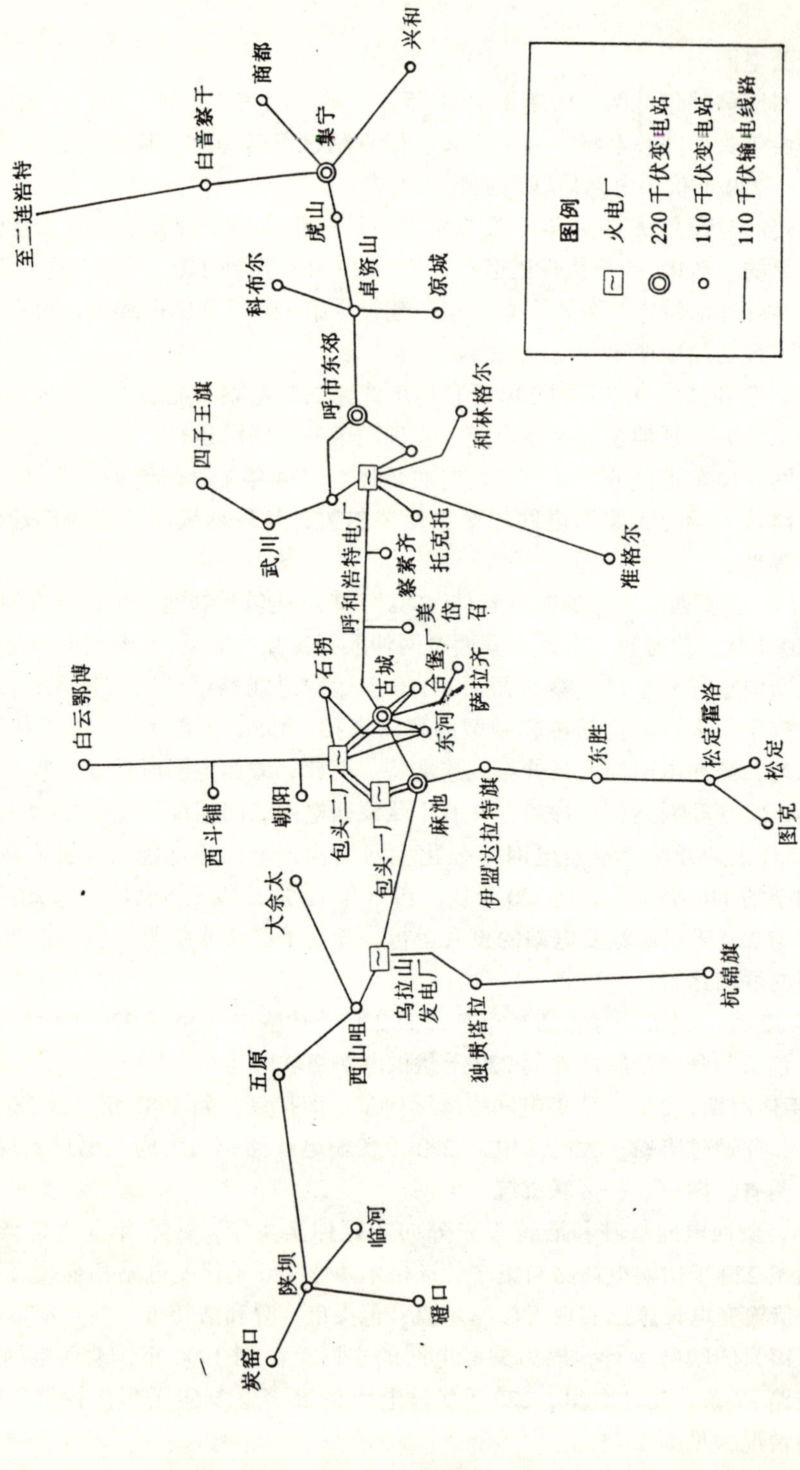

图 2－11 110千伏蒙西电网联网示意图
（1990年）

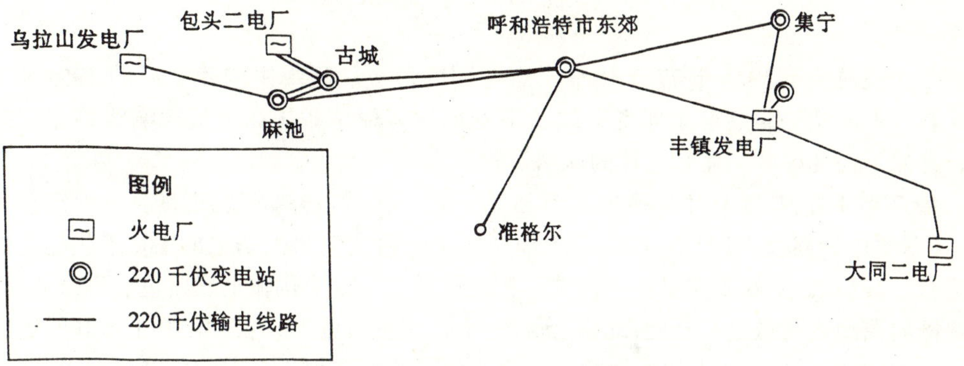

图 2-12　220 千伏蒙西电网联网示意图
（1990 年）

二、赤峰地区、哲里木盟地区电网（东北电网部分）

（一）赤峰地区电网。1964 年 2 月，赤峰发电厂—平庄变电所 110 千伏输变电工程建成，电网发展自此起步。在这之前赤峰地区的供电是由电厂直配，没有形成地区电网。1966 年 12 月平庄—建平叶柏寿变电所 110 千伏输变电设施投运，使赤峰地区开始由东北电网供电，是 1967～1978 年（元宝山—建平 220 千伏线路投运前）赤峰地区电网与东北电网的主要联络线。1970 年 7 月 1 日，赤峰地区电网与东北主网并网运行。元宝山一次变电所—建平一次变电所的 220 千伏线路于 1978 年 12 月 9 日随元宝山电厂和元宝山一次变电所投运向东北电网送电。1984 年 5 月，由元宝山发电厂经锦州至辽阳、海城 500 千伏输电线路全线建成（暂以 220 千伏降压运行），1985 年全线开始以 500 千伏电压运行。

到 1990 年末，赤峰地区供电设施主要有：线路 100 条、2854 公里，其中 220 千伏 6 条，437 公里；110 千伏 8 条，223 公里；66 千伏 86 条，2194 公里。变电站 77 座，主变压器 103 台，总容量 80.93 万千伏安，其中 220 千伏变电站 4 座，主变压器 5 台，总容量 34.9 万千伏安；110 千伏变电站 12 座，主变压器 15 台，总容量 15.59 万千伏安；66 千伏变电站 61 座，主变压器 83 台，总容量 30.44 万千伏安。

（二）哲里木盟地区电网。1976 年 12 月大林—双辽 66 千伏线路投运，哲盟地区正式并入东北电网。1979 年 6 月 1 日通辽一次变电所和四平—通辽 220 千伏线路投运，从此，哲盟地区电网以通辽一次变电所为中心，以通辽发电总厂为主要电源点，有 2 条 220 千伏线路与东北主网联接，3 座一次变电所与 5 条 220 千伏线路形成地区电网的骨架。

1990 年末，哲盟地区供电设施主要有：线路 56 条，2123 公里，其中 220 千伏线路 7 条，722 公里；66 千伏线路 49 条，1431 公里。变电站 72 座，主变压器 87 台，总容量 71.25 万千伏安，其中 220 千伏变电站 3 座，主变压器 4 台，总容量 36.6 万千伏安；66 千伏变电站 69 座，主变压器 83 台，总容量 34.65 万千伏安。

第五节　华北联网

华北联网始于1944年77千伏平津唐电网的形成。到新中国建立后的1955年12月，由于官厅水电站—北京东北郊变电站及下花园—官厅两条110千伏输电线路相继投入运行，开始了河北地区与北京地区的联网运行。

1957年4月,77千伏京津唐电网升压为110千伏后,1959年北京良乡—保定热电厂的110千伏输电线路投入运行。1968年天津唐官屯—河北沧州大季屯的110千伏输电线路投入运行。其后,山西娘子关电厂—河北石家庄秀岭的110千伏输电线路也相继投入运行,山西电网向冀南电网送电。至此,北京、天津、河北、山西4省(市)实现110千伏联网运行。

到1990年，北京、天津、河北、山西4省（市）实现110千伏联网运行有14处。其中，天津与冀南两地联网的有唐官屯—大季屯、唐官屯—青县、港西—黄骅、港西—南大港、汉沽—韩城、杨柳青—胜芳、天津北郊—廊坊、唐官屯—大城、蓟县—三河等9处；北京与冀南两地区联网的有延庆—官厅、天宫院—佃庄、魏善庄—大屯、魏善庄—国安等4处；冀南与山西两地区联网的仅有娘子关—岭林1处。

1971年后，220千伏供电网络建设开始起步，到1990年，北京、天津、冀南、山西、蒙西等5个地区的220千伏与500千伏供电网络实现了联网运行。其中220千伏与华北电网的联网点在5个省（市、自治区）有12处，500千伏联网点有2处。

220千伏京津唐电网　1974～1975年，110千伏京津唐电网升压至220千伏后，继续进行了供电网络的扩展与延伸。到1990年，唐山陡河电厂与唐山韩城、天津汉沽、天津北郊、河北大屯、北京老君堂等9座220千伏变电站间实现了联网运行，并以唐山韩城—天津汉沽、天津北郊，天津北郊—河北大屯，河北大屯—北京老君堂3条220千伏输电线路，与华北电网联网。

220千伏陡蓟通输电线路　1977～1981年，220千伏陡蓟通输电线路投入运行后，继续向北延伸，建设了蓟县—遵化—袁庄的220千伏输电线路。实现了与唐山陡河电厂—天津蓟县，天津蓟县—北京通州，天津蓟县—河北遵化3条220千伏输电线路与华北电网联网。

220千伏京宣双回输电线路　1977年12月5日，京西电站—河北侯家庙的220千伏输变电设施投入运行后，继续向东、西延伸。向东建设了220千伏京西电站—聂各庄双回线，向西北建设了京西电站—张家口上花园—侯家庙—沙岭子电厂—阎家屯的220千伏输电线路，实现了河北地区与华北电网的联网。

220千伏房山—高碑店输电线路　该线1980年投入运行后，实现了京津唐电网南侧与冀南电网中部及华北电网的联网。

220千伏娘子关—许营双回输电线路　该线1981年9月28日投入运行后，山西电网与冀南电网实现了联网。1983年山西长岭、河北铜冶两座220千伏变电站建成后，使山西榆次—长岭—娘子关电厂—河北铜冶—许营实现了与华北电网的联网。

220千伏港西—沧州—衡水输电线路　该线1982年投入运行后，使220千伏京津唐电网的西南侧与冀南电网的东北侧实现联网。1984年沧州于庄220千伏变电站建成后，组成天津港西—河北于庄—河北衡水的供电网络。以后，天津唐官屯—河北任丘220千伏输变电设施投入运行，实现了与华北电网的联网。

220千伏丰镇—大同二电厂输电线路　该线于1987年投入运行后，使山西电网的北侧与蒙西电网的东南侧联网运行，实现了蒙西电网与华北电网的联网。

500千伏大同—房山、房山—天津北郊输电线路　1979年10月，国家计划委员会批准建设"晋京500千伏输变电工程"，并把该工程作为"六五"期间重点工程项目之一。1985年12月6日，山西大同二电厂—北京房山的500千伏输变电设施投入运行；1986年10月15日北京房山—天津北郊的500千伏输变电设施投入运行，组成了大同二电厂—北京房山—天津北郊的500千伏供电网络，实现了山西、北京、天津3个地区间联网运行。

第六节　500千伏输电线路

80年代初，国家加快了山西省火电基地建设步伐。在建设大同二电厂和神头电厂两座百万千瓦以上大型电厂的同时，决定建设神头—大同、大同—北京、再到天津北郊的500千伏输电工程，以实现西电东送，缓解京、津地区缺电局面。同时，又由国家和山西省合资建设了神头—太原的500千伏输电线路，把晋北的电力输送到晋中。随着河北省沙岭子大型火电厂建设，1987年华北电业管理局批准建设沙岭子—北京昌平500千伏输电线路。截止到1990年末，华北已建成500千伏输电线路6条（大同—房山1回及2回、神头—大同、神头—太原、房山—天津北郊、沙岭子—昌平），线路全长1152.25公里，形成山西太原—神头—大同—北京房山—天津北郊，横跨山西、河北两省和北京、天津两市的500千伏电网主网架。

一、大同—房山500千伏双回输电线路

1979年10月，国家计划委员会以〈79〉计燃字第597号文，批准建设山西大同—北京房山500千伏超高压输变电工程。大同—房山500千伏输电线路分一、二回两条，两条线路分别架设，走向基本平行，起点均为山西大同二电厂，终点为北京房山500千伏变电站。沿途路经山西省、河北省、北京市的9个县，经过恒山、太行山，跨越御河、桑干河、胡流河、拒马河等较大河流。两回线路总长度571.1公里，其中一回路长285.7公里，二回路长285.4公里。工程建设由水利电力部晋京超高压输变电工程总指挥部统一组织，工程设计由华北电力设计院和山西省电力设计院负责，北京送变电公司、山西省送变电公司、吉林省送变电公司分段承包施工。工程的选线、测量、定位工作，采用了航空摄影测量方法，解决了山陡、地险、交通不便等困难。施工中采用张力放线，解决了导线磨损问题。一回路于1981年7月开工，1984年5月29日竣工，同年6月暂以220千伏降压运行，将大同二电厂1号机所发电力送到北京。两年后的1986年6月，升压至500千伏运行。二回路于1984年4月开工，1985年9月竣工，经调试后于当年12月6日以500千伏投入运行。

二、神头—大同500千伏输电线路

该工程以神头发电厂500千伏升压站为起点，向北经雁北平原直到大同二电厂，全长

114 公里，共设 307 基铁塔。工程由山西省电力设计院设计，山西省送变电工程公司施工。工程于 1984 年 9 月 1 日开工，1985 年 9 月 28 日竣工。该工程 1987 年荣获国家优质工程银质奖章。

三、房山—天津北郊 500 千伏输电线路

该工程横跨北京市、河北省廊坊市、天津市，途经京、津平原，地形平坦，交叉跨越多。线路全长 126.3 公里。工程由水利电力部晋京超高压输变电工程总指挥部组织建设，华北电力设计院设计，北京送变电公司和河北省送变电公司分段施工。工程总量为：混凝土 1.7276 万立方米，组立铁塔 319 基，架设导线 1736.24 吨，架设避雷线 166.4 吨，耗用钢材 4237.7 吨。工程总投资 3806.7 万元。该工程于 1985 年 3 月开工，当年 10 月 15 日竣工投产，被水利电力部评为部级优秀工程。

四、神头—太原 500 千伏输电线路

该工程以神头电厂 500 千伏升压站为起点，途经朔县、宁武、原平、忻州、阳曲 5 县，至太原市河西区侯村 500 千伏变电站，全长 166 公里，组立铁塔 382 基。工程由山西省电力设计院设计，山西省送变电工程公司施工。该工程于 1987 年 3 月开工，1988 年 6 月竣工，当年 7 月 1 日以 220 千伏降压运行。

五、沙岭子—昌平 500 千伏输电线路

该工程以沙岭子电厂 500 千伏升压站为起点，途经河北省宣化、涿鹿、怀来和北京市延庆、昌平 5 个市、县。线路全长 174.85 公里，组立铁塔 422 基。工程由水利电力部晋京超高压输变电工程总指挥部组织建设，华北电力设计院设计，北京送变电公司、河北省送变电工程公司、山西供电承装公司分段施工。工程总量为：混凝土 1.8297 万立方米，架设导线 2377 吨，架设避雷线 73.4 吨，耗用钢材 6791.3 吨，总投资 9322 万元。该工程于 1988 年 4 月 1 日开工，1989 年 6 月 30 日竣工。1990 年 8 月，以 220 千伏降压运行。

1949～1990 年华北 110、220 千伏输电线路及变电站投入运行情况，见表 2－1－1、2－1－2。

表 2－1－1

110 千伏、220 千伏输电线路历年投入运行情况统计表

年份	华北地区				北京				天津			
	110 千伏		220 千伏		110 千伏		220 千伏		110 千伏		220 千伏	
	数量（条）	长度（公里）	数量（条）	长度（公里）	数量（条）	长度（公里）	数量（条）	长度（公里）	数量（条）	长度（公里）	数量（条）	长度（公里）
1949												
1950												
1951												
1952												
1953												
1954												
1955	1	263.90			1	105.90						
1956	1	510.20			1	105.90				181.30		
1957	4	880.30			4	223.30				220.00		
1958	19	1662.70			9	353.20				220.00		
1959	35	2147.00			13	435.80			6	220.00		
1960	43	2551.23			15	471.33			7	230.70		
1961	56	2768.75			24	619.00			11	300.55		
1962	43	3024.82			22	698.60			11	300.22		
1963	46	3200.06			25	795.20			11	313.86		
1964	49	3322.60			26	807.50			11	299.10		
1965	69	3433.34			28	845.74			11	326.60		
1966	63	3863.14			32	938.54			14	327.60		
1967	70	4091.60			38	1004.30			15	376.30		
1968	52	4146.51			35	859.21			—	376.30		
1969	57	4492.30			40	981.00			—	376.30		
1970	84	5532.93	1	60.00	40	981.00			22	551.13	1	60.00
1971	142	7173.05	2	158.11	40	846.99	1	98.11	21	527.00	1	60.00
1972	141	7173.05	4	307.24	42	877.74	1	98.11	21	467.11	2	94.13
1973	148	6700.41	7	511.69	43	893.41	3	132.56	20	466.00	2	94.13
1974	168	7438.9	9	592.13	48	967.24	4	173.94	21	564.46	3	111.19
1975	179	7803.36	15	776.12	57	1028.65	8	286.33	22	587.51	4	145.79
1976	195	8209.93	13	1088.87	59	1050.83	8	286.33	22	606.20	—	243.54
1977	203	8689.78	19	1613.90	64	1082.21	10	347.38	22	691.07	4	242.52
1978	216	9612.44	27	2405.67	68	1108.46	11	408.38	30	725.48	8	337.49
1979	245	10007.84	46	3172.48	75	1161.46	13	453.54	35	808.18	18	518.34
1980	272	10567.24	52	3755.83	83	1177.69	17	530.07	38	861.65	19	547.56
1981	291	11122.73	54	4252.42	88	1195.93	17	530.12	42	947.90	18	612.10
1982	309	11689.64	54	4419.24	89	1231.23	18	549.14	43	957.51	18	680.90
1983	325	12204.75	58	5005.22	94	1202.46	18	549.00	43	893.79	19	716.62
1984	364	13294.32	74	5822.79	100	1287.55	21	617.37	46	921.10	24	734.62
1985	400	14300.79	82	6513.63	110	1348.93	21	617.29	48	906.59	25	734.63
1986	425	15129.13	88	7228.77	119	1395.69	26	718.88	45	884.77	22	870.60
1987	457	15708.74	103	8136.66	126	1408.66	29	743.45	47	949.61	27	851.30
1988	506	16724.79	119	9467.51	145	1696.55	32	850.80	50	942.66	29	943.28
1989	535	17262.45	138	9957.02	151	1732.79	33	895.89	55	979.46	38	904.70
1990	931	18051.62	253	10612.22	155	1755.19	34	979.15	54	1129.43	37	1108.77

续表

年份	河北				山西				蒙西			
	110 千伏		220 千伏		110 千伏		220 千伏		110 千伏		220 千伏	
	数量（条）	长度（公里）	数量（条）	长度（公里）	数量（条）	长度（公里）	数量（条）	长度（公里）	数量（条）	长度（公里）	数量（条）	长度（公里）
1949												
1950												
1951												
1952												
1953												
1954												
1955		46.00				112.0						
1956		111.00				112.00						
1957		325.00				112.00						
1958		484.00			5	232.00			5	373.50		
1959		642.00			7	382.00			9	467.20		
1960		776.00			12	606.00			9	467.20		
1961		776.00			12	606.00			9	467.20		
1962		943.00			—	578.00			10	505.00		
1963		943.00			—	643.00			10	505.00		
1964		998.00			—	694.00			12	524.00		
1965		998.00			18	739.00			12	524.00		
1966		1082.00			—	806.00			17	709.00		
1967		1119.00			—	883.00			17	709.00		
1968		1185.00			—	1017.00			17	709.00		
1969		1315.00			—	1111.00			17	709.00		
1970		1790.00			—	1369.00			22	841.80		
1971		2131.00			55	1779.00			26	1058.30		
1972		3707.00			51	1055.00	1	115.00	27	1066.20		
1973		2382.00		19.00	54	1745.00	2	285.00	31	1214.20		
1974		2620.00		19.00	68	2073.00	2	288.00	31	1214.20		
1975		2816.00		19.00	67	2150.00	3	325.00	33	1221.20		
1976		3000.00		138.00	78	2196.00	5	421.00	36	1356.90		
1977		3203.00		496.00	78	2207.00	5	528.00	39	1506.50		
1978		3785.00		790.00	78	2384.00	5	678.00	40	1609.50	3	191.80
1979		3785.00		963.00	93	2531.00	11	938.00	42	1722.20	4	299.60
1980		3969.00		1257.00	106	2706.00	11	938.00	45	1852.90	5	483.20
1981		4213.00		1481.00	112	2843.00	14	1146.00	49	1922.90	5	483.20
1982		4553.00		1560.00	125	2981.00	13	1146.00	52	1966.90	5	483.20
1983		4762.00		1944.00	132	3110.60	16	1312.40	56	2235.90	5	483.20
1984		5210.00		2174.00	160	3546.77	22	1618.20	58	2328.90	7	678.60
1985		5431.00		2321.00	177	3895.37	25	1668.71	65	2718.90	11	1172.00
1986		5863.00		2464.00	192	4103.77	29	2003.29	69	2881.90	11	1172.00
1987		6110.00		2889.00	212	4350.87	33	2135.91	72	2889.60	14	1517.00
1988		6179.00		3285.00	232	4641.58	39	2489.43	79	3265.00	19	1899.00
1989		6242.00		3417.30	245	4892.20	43	2496.13	84	3416.00	24	2243.00
1990	360	6294.00	108	3557.30	275	5202.00	48	2499.00	87	3671.00	26	2468.00

注：由于河北地区南北电网统计上的困难，华北地区 1990 年前历年投入运行的 110、220 千伏输电线路条数，未包括河北地区。

110千伏、220千伏变电站历年投入运行情况统计表

表2－1－2

年份	华北地区				北京				天津			
	110千伏		220千伏		110千伏		220千伏		110千伏		220千伏	
	数量（座）	容量（万千伏安）	数量（座）	容量（万千伏安）	数量（座）	容量（万千伏安）	数量（座）	容量（万千伏安）	数量（座）	容量（万千伏安）	数量（座）	容量（万千伏安）
1955	2	6.15			1	5.40						
1956	1	8.15			1	5.40						
1957	2	17.70			2	10.80						
1958	7	20.19			5	15.80						
1959	11	69.10			6	19.80			2	9.45		
1960	13	106.66			7	24.95			3	12.60		
1961	15	112.06			8	27.50			3	12.60		
1962	20	132.17			9	30.51			7	23.05		
1963	21	148.62			11	35.26			6	21.95		
1964	22	170.72			12	41.41			6	24.20		
1965	31	183.02			12	46.56			6	29.10		
1966	35	200.93			12	46.56			7	32.25		
1967	27	224.09			12	46.56			8	34.25		
1968	28	234.89			13	49.71			8	34.25		
1969	32	265.40			16	62.51			8	34.25		
1970	37	321.57			16	62.51			11	54.65		
1971	40	326.87	1	12.00	16	64.70			12	59.90	1	12.00
1972	48	399.48	1	12.00	18	82.70			13	64.50	1	12.00
1973	80	406.93	3	49.35	18	84.95	1	12.00	13	57.40	1	28.35
1974	91	466.68	5	72.30	21	101.10	2	24.00	13	67.05	2	39.30
1975	105	558.06	7	108.00	26	123.95	3	36.00	16	87.10	2	45.00
1976	114	583.30	9	131.00	26	126.95	3	36.00	16	89.95	3	57.00
1977	122	652.16	12	200.00	26	132.20	5	60.00	17	99.55	3	57.00
1978	137	765.57	14	288.60	29	136.35	5	78.30	19	113.00	3	57.00
1979	119	862.66	20	414.60	31	159.50	5	102.30	21	124.35	6	93.00
1980	171	996.46	21	472.20	36	190.65	5	102.30	21	142.55	6	105.00
1981	183	1085.13	24	692.20	36	204.70	5	102.30	21	162.20	7	129.00
1982	190	1152.16	24	752.20	37	212.85	5	102.30	20	164.95	7	153.00
1983	202	1253.22	28	802.20	34	209.55	5	102.30	23	164.40	8	144.00
1984	220	1402.80	33	935.50	35	232.60	7	132.00	23	164.40	8	165.00
1985	236	1515.90	36	1071.40	38	242.55	6	156.00	24	167.55	8	177.00
1986	257	1675.03	38	1176.10	41	266.60	7	180.00	26	177.00	8	189.00
1987	274	1810.62	45	1360.40	46	301.90	8	204.00	26	183.85	9	213.00
1988	299	1947.34	52	1612.70	52	337.45	9	252.00	28	187.60	10	237.00
1989	322	2074.23	73	1775.60	57	363.20	9	252.00	26	188.15	11	249.00
1990	540	2279.07	94	1864.70	60	391.25	9	252.00	27	189.30	11	276.00

续表

年份	河北				山西				蒙西			
	110 千伏		220 千伏		110 千伏		220 千伏		110 千伏		220 千伏	
	数量（座）	容量（万千伏安）	数量（座）	容量（万千伏安）	数量（座）	容量（万千伏安）	数量（座）	容量（万千伏安）	数量（座）	容量（万千伏安）	数量（座）	容量（万千伏安）
1955					1	0.75						
1956					—	2.75						
1957					—	6.90						
1958					—	1.89			2	2.50		
1959		9.40			—	19.85			3	10.60		
1960		22.80			—	35.71			3	10.60		
1961		22.80			—	37.06			4	12.10		
1962		27.70			—	38.81			4	12.10		
1963		28.70			—	46.56			4	16.15		
1964		31.70			—	57.26			4	16.15		
1965		33.20			9	58.01			4	16.15		
1966		40.40			9	63.26			7	18.46		
1967		47.50			—	77.32			7	18.46		
1968		50.50			—	81.97			7	18.46		
1969		54.50			—	94.93			8	19.21		
1970		73.80			—	108.65			10	21.96		
1971		102.80			—	76.76			12	22.71		
1972		131.80			—	93.51			17	26.97		
1973		139.60			31	98.01	1	9.00	18	27.77		
1974		155.70			36	112.76	1	9.00	21	30.87		
1975		186.00		12.00	40	126.04	2	15.00	23	34.97		
1976		189.60		12.00	46	138.03	3	26.00	26	38.77		
1977		228.50		48.00	49	150.14	4	35.00	30	41.77		
1978		288.30		84.00	58	184.65	6	51.00	31	43.27	2	18.30
1979		322.60		132.00	31	201.13	7	69.00	36	55.08	2	18.30
1980		381.80		156.00	76	222.03	7	69.00	38	59.43	3	39.90
1981		406.50		316.00	86	249.30	8	105.00	40	62.43	4	39.90
1982		445.60		340.00	93	265.33	8	117.00	40	63.43	4	39.90
1983		510.30		376.00	101	297.03	11	140.00	44	71.94	4	39.90
1984		570.60		424.00	115	360.46	14	174.60	47	74.74	4	39.90
1985		630.80		460.00	122	383.34	15	204.60	52	91.66	7	73.80
1986		691.50		508.00	131	441.52	16	231.60	59	98.41	7	67.50
1987		777.30		568.00	140	442.01	18	276.60	62	105.56	10	98.80
1988		780.45		634.00	148	497.45	21	363.60	71	144.39	12	126.10
1989		780.45		682.00	162	579.91	40	430.50	77	162.52	13	162.10
1990	197	781.45	37	694.00	179	746.80	24	477.60	77	170.27	13	165.10

注：由于河北地区南北电网统计上的困难，华北地区 1990 年前历年投入运行的 110、220 千伏变电站数，未包括河北地区。

第二章　枢纽变电站

华北的变电站建设始于1922年2月建成的33千伏北京前门变电所。新中国建立后，随着用电负荷的增加，在建设输电线路的同时，进行了变电站的配套建设。电压等级也由33、35、77千伏，逐步发展到110、220千伏和500千伏。在建设过程中，大部分变电站都是先从安装单台主变压器供电起步，再逐步增容扩建，增加送、受回路和主变压器台数，或增装补偿设备。华北各地也基本上随着用电负荷的增加，自城市向农村延伸。以后，随着电源点的增多和电网的发展扩大，各省（市、自治区）又相应建设了一批枢纽变电站，承担起各地区电网间的电力供、受和传输。

华北第一座110千伏变电站，是1955年投入运行的山西省阳泉马家坪变电站；第一座220千伏变电站是1971年4月投入运行的，由110千伏升压为220千伏的天津白庙变电站；第一座500千伏变电站是1985年12月6日投入运行的北京房山变电站。

第一节　220千伏变电站

一、北京南苑220千伏变电站

南苑220千伏变电站位于北京大兴县南苑镇新宫村。1941年开始筹建，1944年11月建成投入运行。安装77千伏5000千伏安单相变压器4台（其中1台备用），受电于“北京发电所”，并通过北京南苑—天津白庙77千伏输电线路，受电于天津第一发电厂和唐山发电厂，组成新中国建立前的77千伏平津唐电网。

1944年，原南苑临时变电站的33千伏1000千伏安3台主变压器也移入该站内。1946年，南苑变电站又增设77千伏1000千伏安单相变压器4台（其中1台备用）。到1949年新中国建立时，南苑变电站设33千伏出线5路，两路送电至前门、西城地区，两路送电至东城，一路送电至丰台、长辛店。

1957年10月，南苑变电站从77千伏升压为110千伏，安装1.35万千伏安主变压器4台（其中1台备用），5万千伏安主变压器1台，以110千伏双回线受电于石景山发电厂，并与天津白庙联网运行。到1974年，南苑变电站有110千伏出线5路，为北京地区110千伏环形网络的枢纽变电站。

1974年12月29日，110千伏南苑变电站升压为220千伏。先后安装220千伏、12万千伏安主变压器两台，通过高井—南苑220千伏双回线受电于高井电站，后改往吕村220千伏变电站。以220千伏房山—南苑双回线受电于房山500千伏变电站，并与220千伏老君堂变电站以220千伏南苑—老君堂双回线相联。为北京地区220千伏双回闭式环形电网的枢纽变电站。

二、山西榆次220千伏变电站

1952年，33千伏榆次郭家堡变电站建成，与太原城南变电站以33千伏输电线路相联，送电至晋中地区。1955年升压为35千伏。

110千伏榆次变电站位于山西省榆次市使赵村，1957年6月22日投入运行。先后安装110千伏1万千伏安与3.15万千伏安主变压器各1台，自太原第一热电厂—阳泉马家坪变电站的110千伏线路破口引入站内。组成太原第一热电厂—榆次变电站—马家坪变电站的110千伏输电线路，成为太原、晋中、阳泉3个地区联网运行的枢纽变电站。

榆次220千伏变电站，是在110千伏基础上，升压改造后于1973年12月投入运行的。先后安装220千伏9万千伏安主变压器2台，1985年又扩建换装为15万千伏安2台，并安装2.5万千乏调相机1台。

榆次220千伏变电站受电于霍县发电厂。1973年12月5日，娘子关电厂至该站的220千伏输电线路投入运行后，又受电于娘子关发电厂。1990年，通过榆次变电站，组成榆次—新店—南社—冶裕—榆次的太原地区220千伏环网，并与晋南电网联网，是晋中地区的枢纽变电站。

三、山西西万庄220千伏变电站

西万庄220千伏变电站位于山西省大同市西南郊西万庄村。西万庄变电站原为110千伏变电站，于1974年9月建成，安装110千伏2万千伏安主变压器1台。该站受电于恒山发电厂，还经35千伏输电线路，受电于平旺发电厂。1975年，西万庄变电站升压扩建为220千伏，安装220千伏9万千伏安主变压器1台。1985年增装12万千伏安主变压器1台。1988年将原9万千伏安主变压器更换为12万千伏安，容量增到24万千伏安。

西万庄220千伏变电站受电于神头第一发电厂，建有神头—西万庄220千伏输电线路，后又相继建成大同第二发电厂—西万庄220千伏双回输电线路。组成大同第二发电厂—西万庄—高山—大同北郊—大同第二发电厂的220千伏环形网络及西万庄—七里沟—铺上—神头第一发电厂的220千伏输电线路。该站是大同地区雁北电网和山西电网最北端的枢纽变电站。

四、河北许营220千伏变电站

许营220千伏变电站位于河北省石家庄栾城县，安装220千伏12万千伏安主变压器2台，5万千乏调相机2台，1978年10月4日投入运行。

许营220千伏变电站经马头发电厂—王段—许营220千伏输电线路，受电于马头发电厂。该站是石家庄地区的枢纽变电站，通过该站组成许营—铜冶—上安发电厂—大河—兆通—许营的220千伏环形电网。并以220千伏输电线路与羊范、王段、经柏乡至王里3条220千伏输电线路相连。

许营220千伏变电站南与邢台、北与保定的供电网络联网运行，是冀南电网220千伏枢纽变电站。

五、河北王段220千伏变电站

王段220千伏变电站位于河北省邢台市北，安装220千伏12万千伏安主变压器2台，1978年10月投入运行。

王段220千伏变电站受电于同时建成的马头发电厂及扩建后的邢台发电厂，以7路220千伏输电线路与许营、衡水、南宫、羊范220千伏变电站相连。该站为邢台地区与冀南电网的220千伏枢纽变电站。

六、内蒙古麻池220千伏变电站

麻池220千伏变电站位于内蒙古包头市麻池镇东北，原为110千伏变电站。1978年12月31日升压为220千伏，为蒙西电网第一座220千伏变电站。安装220千伏9万千伏安与12万千伏安主变压器各1台。

麻池220千伏变电站受电于乌拉山电厂，东侧以220千伏双回输电线路与呼和浩特市东郊220千伏变电站相联，并经110千伏输电线路送电至伊克昭盟的110千伏达拉特旗变电站。

麻池220千伏变电站在包头地区以220千伏与110千伏输电线路混合组成包头第一热电厂—包头第二热电厂—古城—麻池—包头第一热电厂的环形电网。该站是包头地区和蒙西电网的枢纽变电站。

七、天津上古林220千伏变电站

上古林220千伏变电站位于天津市大港发电厂北侧，是大港发电厂的配套工程。该工程由北京电力设计院根据北京电业管理局（75）京电设字第80号文进行设计，建设规模安装220千伏12万千伏安主变压器2台，进出线4路。主结线采用一个半开关结线，是天津地区第一次采用的新结线方式。两台主变压器分别于1979年11月13日、1980年10月投入运行。

上古林220千伏变电站受电于大港发电厂和500千伏天津北郊变电站。该站向北与天津地区220千伏环形电网相联，送电至吴庄与大沽；向南送电至唐官屯、港西。上古林220千伏变电站还以110千伏输电线路组成大港发电厂—上古林—万码—吴庄—东南郊—军粮城发电厂—大港发电厂环形网络。

上古林220千伏变电站，是天津地区110、220千伏供电网络的枢纽变电站，也是京津唐电网的枢纽变电站。

八、内蒙古呼和浩特东郊220千伏变电站

呼和浩特东郊220千伏变电站位于内蒙古呼和浩特市东郊机场路，安装220千伏12万千伏安主变压器2台，1980年12月29日投入运行。1987年又安装3万千乏调相机1台。

东郊变电站在建设的同时，还新建了包头麻池—东郊与包头古城—东郊的两条220千伏输电线路和乌兰察布盟集宁—东郊与丰镇发电厂—东郊的两条220千伏输电线路。

呼和浩特东郊变电站受电于丰镇发电厂，并经丰镇发电厂，与山西电网、华北电网联网运行，为蒙西电网的枢纽变电站。

九、河北来马220千伏变电站

来马220千伏变电站位于河北省邯郸东北郊，安装220千伏12万千伏安主变压器2台，1982年12月投入运行。

来马220千伏变电站受电于马头发电厂，并经110千伏输电线路，受电于邯郸热电厂。该站以东至曲周、西至齐村、北至邢台的220千伏输电线路，形成邯郸地区的供电网络，是邢台与邯郸220千伏电网的联络点，冀南电网的枢纽变电站。

十、河北韩城220千伏变电站

韩城220千伏变电站位于河北省唐山市西南郊，安装220千伏12万千伏安主变压器1台。从唐山陡河发电厂—天津的220千伏输电线路上破口引入站内，1983年11月投入运行。该站有220千伏进出线7路，其中至陡河发电厂、至贾庵子均为双回线，至天津北郊、汉沽、大沽为单回线。

韩城220千伏变电站，还以110千伏输电线路，受电于唐山发电厂，再以110千伏送电至唐山市城区、西南郊及南端的南堡、田庄和西端的新军屯、鸦鸿桥等110千伏变电站。

韩城220千伏变电站，是唐山地区110、220千伏供电网络的枢纽变电站，也是京津唐电网的枢纽变电站。

十一、北京吕村220千伏变电站

吕村220千伏变电站位于北京丰台区赵辛店乡吕村。该站由北京电力设计院根据电力工业部（79）水计字第65号文《关于北京220千伏合环送变电工程计划任务书的批复》设计。北京供电局为建设单位，北京电力机械建筑公司负责建筑施工，北京送变电公司负责安装施工。

吕村220千伏变电站的建设规模为安装220千伏12万千伏安主变压器2台，220千伏进出线8回，110千伏进出线7回，10千伏无功补偿电容器2台（总容量7.2万千乏）。该站220千伏和110千伏电气主接线均为双母线带旁路母线。该站建筑工程于1985年4月开工，设备安装于1985年10月开始。1986年1月第一台主变压器竣工投入运行，第二台主变压器于1987年1月投入运行。

吕村220千伏变电站在建设的同时，还架设了220千伏高井—吕村和石景山—吕村双回输电线路。通过以上两条线路，受电于高井发电厂、石景山热电厂。在房山500千伏变电站建设的同时，还建设了220千伏房山—吕村、吕村—聂各庄、吕村—南苑双回输电线路，受电于房山500千伏变电站和北京第三热电厂。

十二、河北上花园220千伏变电站

上花园220千伏变电站位于河北省张家口市宣化区。安装220千伏12万千伏安主变压器1台，从京西发电厂—侯家庙的220千伏双回输电线路上，破口引入站内，1987年10月投入运行。该站有进出线8回，至京西发电厂、下花园发电厂、侯家庙变电站、三马坊变电站均为双回线。

上花园220千伏变电站直接受电于京西发电厂、下花园发电厂，与北京地区220千伏电网联网运行，为京津唐电网、张家口地区电网的枢纽变电站。

十三、山西寺庄220千伏变电站

寺庄220千伏变电站位于山西省临汾地区霍县发电厂北侧，安装220千伏12万千伏安主变压器1台，1988年12月15日投入运行。该站有进出线6路，从霍县发电厂—平遥的220千伏输电线路上破口引入站内。分别受电于霍县发电厂与晋东南长治的漳泽发电厂。

寺庄220千伏变电站，经寺庄—平遥220千伏输电线路与太原电网联网运行。该站是

晋南电网、山西电网的枢纽变电站。

第二节　500千伏变电站

一、房山500千伏变电站

房山500千伏变电站是神头与大同大型矿口电厂出线的配套工程，是北京地区供电网络的枢纽变电站，也是华北电网的枢纽变电站。该站位于北京西南郊房山区大紫草坞乡西坟上村南侧，距市区36公里，是华北电网第一座500千伏变电站。该站将山西大同和神头电厂部分电力，经大同—房山500千伏输电线路送向京津两地。

房山500千伏变电站建设由水利电力部晋京超高压输变电工程总指挥部组织建设。华北电力设计院设计，国家建筑工程第一工程局三公司承担建筑工程施工，北京送变电工程公司负责设备安装，北京电力科学研究所负责设备调试。该站安装国产500千伏25万千伏安单相变压器4台(其中1台备用),前苏联生产的500千伏26.7万千伏安单相变压器4台(其中1台备用。1988年这台变压器调出该站,主变压器总容量改为180.1万千伏安)。

房山500千伏变电站设进出线6回，建筑面积5.4万平方米，工程投资1.0923亿元。1979年，国家计划委员会以〈79〉计燃字597号文批准工程计划任务书。但因主设备货源变化多次，致使设计阶段延长，最后确定主设备和继电保护设备由前苏联、日本、前联邦德国、瑞典、瑞士、法国、美国、加拿大等8个国家的10个公司进口，部分设备为国产。该站建筑工程于1981年开工，1985年10月竣工，同时开始设备安装，当年10月完成。1985年11月1日开始系统调试，12月6日完成，正式投入运行。

房山500千伏变电站，将来自神头、大同的电力，以220千伏房山—吕村、房山—南苑双回输电线路，送电至北京地区的吕村与南苑两座220千伏变电站，入北京地区双回闭式环形电网；又通过500千伏房山—天津北郊输电线路，送电至天津地区；还经220千伏房山—高碑店输电线路，送电至冀南电网。

二、天津北郊500千伏变电站

天津北郊500千伏变电站是在原220千伏变电站原址上，经国家计划委员会批准扩建的，是“六五”计划期间国家重点工程项目之一，是天津地区供电网络的枢纽变电站，也是华北电网的枢纽变电站。该工程由天津市电力工业局500千伏工程指挥部组织建设，华北电力设计院设计，天津电力修建公司承担土建施工，北京送变电公司负责设备安装，水利电力部电力科学院负责设备调试。

天津北郊500千伏变电站的建设规模为两组主变压器,分两期建设。“六五”计划期间先安装前苏联生产的500千伏26.7万千伏安单相主变压器4台(其中1台备用),总容量为106.8万千伏安。该站于1986年10月15日投入运行,经500千伏房山—天津北郊输电线路受电于山西大同第二发电厂,再以220千伏输电线路送电至天津地区的汉沽、卫国道、新开区、白庙4座220千伏变电站,入天津地区220千伏环形电网。该站还建有220千伏主变压器2台,总容量24万千伏安,以110千伏输电线路送电至天津北部的蓟县、下仓、宝坻、武清、隋庄。该站并与唐山韩城220千伏变电站相联,受电于唐山陡河发电厂。

第三章 供电管理

华北早期电力建设，大多为商办。伴随着各地工矿事业的建设，筹建电厂，自发自用，谈不上供电管理。之后，由于官商的收购或日本军国主义的侵占，不断扩大供电范围，各地陆续设立了供电管理机构，开始了供电管理工作。

第一节 机 构

一、北京供电机构

1905年，京师华商电灯股份有限公司设立了供电管理机构。1937年，日本帝国主义侵占华北。1940年2月成立华北电业股份有限公司，强行接管了华商电灯股份有限公司，下设“北京分公司”，管理北京地区供电业务。1945年日本投降后，翌年3月成立冀北电力股份有限公司，下设北平分公司，管理北平地区供电工作。以上3个时期的供电管理机构，基本与发电同属一个机构管理。

新中国建立后，北京地区供电管理机构，除极少数时间为发、供电同属一个部门管理外，基本上由华北(北京)电业管理局下设的北京供电局管理。

二、天津供电机构

天津地区的供电管理机构，组建于1902年法租界输电线路投入运行时。以后，到1941年的40年中，基本上由外商管理，没有形成统一的供电管理机构，分别由比利时、英国、日本、德国、法国商人设置的机构管理，其中以比利时设置的机构最大。

1940年，华北电业股份有限公司在天津设立分公司，对原外商设置的供电管理机构，除法租界外，陆续并入天津分公司。

抗日战争胜利后，冀北电力股份有限公司下设天津分公司，统一管理天津地区供电业务。

新中国建立后到1990年，天津地区的供电与发电工作，统一由天津市电力工业局管理。

三、河北供电机构

河北地区的供电业务管理，始于1914年的民营唐山华记电力厂。到1990年经70多年的变迁，河北省已按行政区域划分为石家庄、保定、邢台、邯郸、衡水、沧州、唐山、秦皇岛、承德、张家口、廊坊等11个地区，各地区均设有管理供电业务的机构，负责供电业务管理工作。其中前6个地区隶属于冀南电网，其供电管理机构由河北省电力工业局管理；后5个地区隶属于京津唐电网，其供电管理机构由华北(北京)电业管理局直接管理。

四、山西供电机构

1908年，山西省商会创办太原电灯公司，1920年由阎锡山僚属出面收购，改为太原电灯新记股份有限公司。以后，在太原、太谷、大同、榆次、祁县、平定、新绛、临汾、平遥、五台县等地，陆续办起发电厂31座。这些电厂除极少数为“官办”外，多数为“商办”的自备电厂，没有设置专职的供电管理机构。1937年侵华日军开始对各电灯公司、发电厂实行军管，改由日蒙合办的蒙疆电业公司管理。1940年2月，华北电业股份有限公司在太原成立支店，管理山西省的供电业务。1945年日本投降后，由西北实业公司接管。

新中国建立后，太原电业局内设供电科负责供电运行维护。1958年山西省电力厅成立后，下设太原供电局、阳泉供电所、榆次供电所、晋东南供电所、晋南电业局和忻县电业局等供电机构。从60年代开始，改设晋南电业局、晋东南电业局、晋中电业局、忻县电业局和阳泉供电局负责山西各地区的发、供电生产。

“文革”开始后，供电运行机构曾一度被打乱。1973年，各电业局（供电局）逐步恢复科（室）建制。中共十一届三中全会后，进一步健全了供电管理机构，山西省电力工业局和下属各电业局（供电局）内，分别设置或增设了负责供电、用电、农电、安监等管理部门。

五、内蒙古供电机构

1929～1930年，内蒙古地区为民族资本办电时期，供电管理工作由电灯公司董事会负责。1932～1945年，内蒙古地区被侵华日军占领，供电业务由满洲电业株式会社和蒙疆电业株式会社所属各支店管理。1946～1949年，供电业务由发电厂或电灯公司的工务课与营业课管理。新中国建立后的1949～1955年，供电业务由发电厂管理。

1956年4月，包头电业局成立，发供电开始实行分别管理。1957年4月成立包头供电所，隶属于包头电业局，负责包头市的供电管理。1960年后，内蒙古地区各盟、市陆续成立供电管理机构。

1969年8月，国务院决定将内蒙古的呼伦贝尔（包括兴安盟）、哲里木、昭乌达3个盟分别划归黑龙江、吉林、辽宁三省，3个盟的电力企业相应的划归东北电业管理局领导。1979年7月，3个盟又划回内蒙古自治区管理。后电力工业部又决定，将哲里木盟和昭乌达盟两个盟的电业局，定为电力工业部直属企业，仍由东北电业管理局管理。呼伦贝尔盟电业局为内蒙古自治区直属企业，由内蒙古电业管理局管理。到1990年，内蒙古自治区除阿拉善盟外，各盟市都已成立单独的供电管理机构。

第二节　供电运行

一、安全供电

旧中国的电力企业，由于供电运行组织各异，有关供电安全的规章制度很不健全。新中国建立后，华北各地的供电管理机构，虽有若干次变迁，但始终坚持设置了专职管理安全供电的机构，认真执行“安全第一”的生产方针。1952年，华北各省（市、自治区）的供电企业，按照燃料工业部颁发的《电业安全工作规程》，成立了安全监察机构，配备了技术保安工程师和运行监察工程师；在基层的车间（工区）、班组设置了专职或兼职安全员，逐步形成三级安全监察网。

1954年，华北各供电企业，依照燃料工业部颁发的《电力工业技术管理暂行法规》，制定了《岗位责任制》、《巡回检查制》、《交接班制》和工作票、操作票、缺陷管理、设备定级等有关安全供电的规章制度。并对各类人员进行了定期或不定期的培训、考核。

1958 年“大跃进”中，华北各供电企业，开展了“改革不合理规章制度”的群众运动，对各项规程制度进行了修编、简化，使安全供电遭到破坏。

1960 年后，华北各供电企业，响应全国电力生产会议“坚决向事故作斗争”的号召，从 1961 年起，对 50 年代制定的行之有效的规程制度重新进行了修订，并严格执行工作票、操作票、交接班、巡回检查及设备缺陷管理等安全管理制度，使供电安全得到保证。

“文革”开始后，电力生产“安全第一”的方针被否定，安全管理机构曾一度被撤消，有关安全管理的规程制度名存实亡。

1970 年 12 月，华北各省（市、自治区）电力局，遵照中共中央〈70〉71 号文《关于加强安全生产的通知》和“尽快地把安全生产制度建立和健全起来”的指示，组织所属供电企业逐步恢复和健全了各项行之有效的安全管理制度。

中共十一届三中全会后，电力生产“安全第一”的生产方针又得到了全面贯彻。1980 年，电力工业部召开了全国电业安全生产会议，要求全国电力系统坚定不移地贯彻“安全第一”的生产方针，并做出“关于加强安全生产管理的几项规定”，制定了《安全生产中急需解决的若干技术问题》，包括：防止电气误操作、绝缘污闪、大容量变压器烧损、电缆着火、继电保护误动、人身触电伤亡等多种事故。华北电业管理局以〈80〉华北电发字第 30 号文转发了会议文件，要求各发供电生产单位认真贯彻落实，同时颁发了《反事故技术措施》。

1983 年，在企业全面整顿改革中，华北电业管理局于当年 6 月提出了“三三制”安全管理法，即安全保证“三条线”、安全工作“三个三”、执行规章制度坚持“三个百分之百”（具体内容见发电篇）。同时还提出了防止事故发生的“三条措施”，即安全教育的思想措施、各种监护制的组织措施、反事故和防止误操作的技术措施。

1987 年，华北电业管理局按照水利电力部安全工作会议精神，在供电企业中进一步充实了专职人员，完善了三级安全监察网，强化了安全监察机构。1989 年，华北各省（市、自治区）电力工业局为贯彻执行好国家有关安全生产的方针、政策及法规，监督检查生产活动中安全组织措施的落实，组织好对重大设备及人身伤亡事故的调查、分析，将安全监察科从生产处划分出来，成立了安全监察处，负责华北电业的安全管理工作。

截止到 1990 年，华北电网主要供电单位最高安全生产运行天数记录见表 2－3－1。

华北电网部分供电单位到 1990 年最高安全生产运行天数记录

表 2－3－1

单　　位	最高安全天数（天）	起　止　时　间
北京供电局	101	1982 年 12 月 31 日～1983 年 4 月 10 日
天津供电系统	369	1987 年 12 月 29 日～1988 年 12 月 31 日
邯郸供电局	435	1979 年 1 月 11 日～1980 年 3 月 21 日
邢台供电局	205	1989 年 6 月 13 日～1990 年 1 月 3 日
石家庄供电局	495	1981 年 8 月 7 日～1982 年 12 月 14 日
太原供电公司	452	1978 年 4 月 28 日～1979 年 7 月 13 日
包头供电局	245	1988 年 11 月 12 日～1989 年 7 月 14 日
呼和浩特供电局	304	1987 年 8 月 30 日～1988 年 6 月 28 日

二、巡视检查

为防止事故的发生，从50年代开始，华北各供电单位，加强了对供电设备的巡视检查、试验测定，并依此对设备进行维护检修。同时还通过不断采用新技术，引进新设备，对旧有设备进行更新改造。在巡视检查中，逐渐从地面与外观巡视，上升到登杆与解体检查；从停电作业检查，发展为带电作业检查；从直观目测发展到利用仪器仪表及红外线进行监测；从单项数据分析发展为综合分析。并以鉴定的健康状况，分析引起缺陷与存在隐患的原因，制订检修计划，拟定反事故措施。到1990年，天津地区供电设备完好率达到98%以上，其中110千伏及以上的供电设备完好率为100%；山西地区主变压器的完好率为100%，输电线路为96.8%；北京地区主变压器完好率为100%，500千伏输电线路完好率为66.67%，220千伏为96.96%，110千伏为97.36%，35千伏为87.66%。

三、首都安全供电

首都北京地处华北。为确保首都天安门广场、中南海、建国门外外国驻华使馆区，以及重要集会、重要活动、国宾访华等用电，确保供应不间断的、质量合格的电源，做到万无一失，京津唐电网及随着华北电网组成后联入华北电网的冀南电网、山西电网、蒙西电网，在华北电业管理局的统一领导与安排下，尽最大可能多发电，降低本地区的供电负荷与供电量，确保向首都安全可靠供电。

新中国建立后的41年中，北京电力系统为确保中共中央、国务院在京召开的历次重要会议、组织的重要活动及国宾访华等外事活动的安全供电，采取了多项保证措施。其中包括成立临时专职办公室，负责组织安排；对有关供电设备，组织专人进行全面的逐项检查与试验，开展反事故演习；补装无功补偿装置，平衡电压，配置第二、第三电源；制订万无一失的供电方式与调度方案；配备专职人员值班，并对天安门及其广场、中南海、驻华使馆区、人民大会堂等重要用电处所的供电设施，建设了多座小区配电室，从多方敷设双回地下电缆线路，就地组建成环形网络，以确保供给不间断的电源。

第三节　设备检修

一、输电线路检修

新中国建立前，华北各地供电单位无专门输电检修组织与专职检修人员，更无计划检修。一般是“不坏不修、随坏随修”。在供电单位（公司、工区）内设一个由10几人组成的外线班，负责输电线路巡视和维修。新中国建立后，随着电力建设的发展，华北各地供电单位在对输电线路普遍进行恢复性大修、处理设备缺陷、保证正常供电的基础上，加强了检修工作。

1953年后，北京、河北等地区，认真贯彻燃料工业部颁发的《检修管理制度》，成立专门检修队伍，对输电设备进行了系统的安全检查，并据此安排检修计划。北京地区在当年对77千伏石景山—南苑输电线路检查中，发现设备缺陷1024件。后经大修，改善了不安全状况，提高送电能力10%。河北地区根据安全检查情况，制订月、季、年度停电检修计划，统一安排，减少了停电损失。北京、内蒙古地区，自 1958 年试验成功带电作业后，带电检修措施日益严密，作业范围逐渐扩大，由配电扩大到输电，由输电扩大到变电，并逐步扩大到带电综合检修。

为加强对输电线路的检修管理，1963 年后，华北各地供电单位修编了检修工艺规程。京津地区开始实行分片检修办法，确定检修周期，制定了以反污清扫、防雷雨灾害、迎负荷高峰和防冻、防雨为重点的“运行年历”制度，将检修、维护工作提高到以“预防为主”的管理阶段。

“文革”结束后，1979～1983 年中，华北各地供电单位，陆续恢复了对输电线路的计划检修，完善了大小修制度，开展了以提高检修质量为中心的“质量月”活动。

1983～1990 年，华北各地供电单位，继续健全各级人员的岗位经济责任制，加强对大修与更新改造工程的管理，并采用先进监测设备，对输电线路运行状况进行自动控制。山西地区组织各供电单位负责检修的技术人员，制订和颁发了《供电设备检修管理制度》和《供电单位各级人员检修责任制》，使检修工作逐步走向正规。河北地区制定了自检、互检、负责人检的“三级检查验收制度”，并相应制订了“奖惩办法”。

二、变电站检修

华北各地供电单位有组织的对变电设备进行检修，也是从新中国建立后开始的。1952 年，各供电单位开始制订“检修规程”。1954 年，各省(市、自治区)电业管理部门依据华北电业管理局制订的《检修管理办法草案》，陆续设置了变压器检修工区(车间)，明确专人负责辖区内各变电站主变压器、配电变压器的大小修和电压、电流互感器检修，使变电设备的完好率有了明显提高。山西地区的发电、供电设备事故，由 1949 年的 846 次降到 1952 年的 298 次，1957 年又降到 53 次。北京地区供电设备平均事故率 1955 年为 6 次/(百台·年)，1958 年降至 0.8 次/(百台·年)，1959 年又降至 0.48 次/(百台·年)。

从 60 年代开始，华北各地供电单位，从健全生产秩序入手，总结了“大跃进”的经验教训，加强对变电设备的质量管理，制订了检修工艺规程。进入 70 年代，随着供电电压等级的升高和主变压器的增大，各供电单位对主变压器的检修能力也进一步增强。北京地区 1973 年首次完成了通州变电站 220 千伏 12 万千伏安大型主变压器安装。1976 年又研制出以真空断路器取代有载调压变压器中的调换开关，为北京地区在三环路内的变电站加装主变压器有载调压设备提供了新技术。山西地区在 1980～1990 年间，共大修(包括事故抢修)110 千伏主变压器 86 台，176 万千伏安。由于及时更换、修复变电设备，确保了工农业生产的正常进行。

第四节 线路损失率

新中国建立前，由于电网结构不合理、电压等级混乱、供电范围半径大、导线截面小、管理不善、计量不全不准及社会上窃电，军警宪特土豪劣绅强用电等因素，使线路损失率高。1949 年华北各地区线路损失率除内蒙古为 18.42%外，其他省、市均在 25%～30%之间。

新中国建立后，各地区贯彻执行“多供少损”的节约能源方针，以电网结构、负荷组成、电压等级、系统运行方式等为依据，进行理论计算与分析，制订出每条线路的损失率指标，以此进行考核，并相应明确降低线路损失的技术组织措施。到1990年，华北的线路损失率降到7.33%。1949～1990年华北各省(市、自治区)线路损失率统计见表2－3－2。

表2－3－2 1949～1990年华北各省（市、自治区）线路损失率统计表

单位：%

年度	北京地区	天津地区	河北地区	山西地区	蒙西地区	年度	北京地区	天津地区	河北地区	山西地区	蒙西地区
1949	29.80	25.62	30.35	28.07	18.42	1970	1.44	3.43	6.37	10.89	5.61
1950	20.79	14.32	13.40	19.17	14.95	1971	3.60	2.32	5.98	10.45	5.26
1951	18.06	13.18	11.32	12.58	10.35	1972	3.64	2.25	6.66	12.13	6.62
1952	16.17	10.90	9.80	7.15	10.33	1973	3.99	2.67	7.00	12.07	7.46
1953	16.90	9.87	10.50	8.84	10.96	1974	3.96	2.28	6.61	13.09	7.85
1954	13.88	9.94	9.92	7.31	11.37	1975	4.55	1.76	7.46	13.70	8.54
1955	11.59	9.70	9.13	7.03	10.54	1976	4.03	1.20	7.46	13.81	6.40
1956	11.73	8.46	7.55	7.97	12.06	1977	3.19	2.34	8.10	15.21	6.85
1957	8.85	8.10	6.93	6.45	10.41	1978	3.52	1.93	7.07	14.06	8.69
1958	8.18	7.61	6.27	7.67	10.46	1979	2.74	1.35	7.36	13.31	7.75
1959	5.88	6.31	5.99	7.64	6.87	1980	6.16	3.59	7.15	13.50	7.72
1960	4.18	4.58	5.67	6.02	5.10	1981	6.11	3.59	7.27	13.90	7.26
1961	4.58	5.93	7.23	5.73	5.04	1982	4.92	3.18	6.06	13.03	6.81
1962	4.41	6.12	7.89	7.69	5.34	1983	4.87	3.11	6.58	11.68	6.18
1963	3.66	5.25	7.79	6.42	4.32	1984	4.86	3.13	6.42	11.53	6.54
1964	3.32	4.25	5.85	6.38	4.12	1985	4.93	3.23	5.82	11.15	6.32
1965	2.93	3.40	5.53	6.85	5.77	1986	5.37	3.23	5.67	9.70	6.27
1966	3.01	3.91	5.23	7.68	4.71	1987	5.14	3.15	5.60	8.76	6.50
1967	3.67	3.64	5.51	8.22	4.96	1988	5.89	2.88	5.89	8.75	6.19
1968	3.40	3.82	5.55	10.49	6.50	1989	5.83	2.13	5.71	9.40	5.66
1969	2.43	3.37	6.96	10.40	6.32	1990	5.54	2.88	5.33	8.87	5.71

一、线损管理

第一次全国电业会议于1950年2月19日召开。会后，华北各地陆续在计划、生产技术、调度等有关部门逐级设置专人负责线路损失率的管理，并相继拟订出有关办法。1976年，根据水利电力部颁发的《线路损失管理条例》，修改了华北及其所属各地的线路损失率管理办法。1983年，华北电业管理局结合企业整顿，制订了管理线路损失工作的岗位责任制，并逐步进行分解管理。其中华北为一级、各省（市、自治区）为二级；各省、市又依本地区情况进行分级管理。蒙西电网，对网内各地区间联络线的损失（即网损），由蒙西电网中心调度所管理；35千伏及以上的输变电设备损失，由地区调度所管理；用电范围损失，由用电部门管理；实行营配合一的供电局，由基层供电单位管理。冀南电网，按电压等级分为220、110、35、10千伏4级管理，在调度、农电、用电部门和工厂车间内

设1名管理线路损失的负责人，形成管理网，实行分级、分压、分线管理。山西电网及其所属各供电局，均配备有管理线路损失的专职人员，实行分级管理。天津地区在计划部门内设置专人负责管理线路损失，实施综合治理。北京地区在由计划、生产技术部门负责管理线路损失的同时，又在调度、变电、输配电、用电等有关部门内，指定专人负责线路损失管理。

各地区将华北电业管理局下达的线路损失率指标，经逐级分解，再下达到基层单位，以进行考核。

二、降低线损措施

（一）统一电压，提高电压等级。1949年前，供电电压为22~33千伏与部分77千伏，配电电压为2.2~6.6千伏。1949年后，陆续将供电电压统一升压到35千伏，77千伏升压到110千伏，并建设了220千伏与500千伏输电线路。配电电压统一升压到10千伏。由于电压等级的统一与升高，使线路损失率降低。到1959年的10年间，华北各地的线路损失率降低到5.88%~7.64%。

（二）改善电网结构。新中国建立后，华北各地在建设供电网络的同时，不断完善电网结构。蒙西电网控制每条输电线路的传输负荷，不超过经济电流值；对建有2台以上主变压器的变电站，按多台变压器经济运行分配负荷，并适当提高配电变压器出口电压，消除导线“卡脖子”。冀南电网在输电线路恢复性大修改造中，更换小线号与同线线号不一的导线。天津地区对低压小区，进行了节能改造，确定1平方公里为一个小区的供电范围，按负荷密度配置8~15台配电变压器。1982~1984年中，共改造了42个小区、44.29平方公里，平均每小区每年可节电4万千瓦时。

（三）对供电设备进行节约电能的更新改造。天津地区改造空载损耗高于JB1300－73热轧硅钢片损耗标准的变压器，在1984~1987年中，共改造主变压器与配电变压器1205台、50.9905万千伏安。配电变压器改造后，平均每年每千伏安节约电能60~70千瓦时。蒙西电网、山西电网和京津唐电网，普遍采用了节能低损变压器，1979~1988年，仅北京地区共更换3892台。

（四）防止电能损失。1949年前，由于电度表计不准，损失电能严重。1949年后，更新改造了表计校验的厂房与设施，制订并实施了定期现场校验表计与轮换表计的制度，提高了电度表计质量，减少了电量的损失。同时，在各级地方政府的支持下，开展了反窃电活动，对窃电和违章用电者进行检查与处罚。各供电部门还设专人定期到现场抄录电表，防止了电能的丢失。

第五节　保证电压质量措施

新中国建立前，华北各地的电压质量差，几乎没有无功补偿设备。

新中国建立后，各地供电电网的供电负荷迅速增长，但因无功补偿设备容量不足，电压质量没有得到相应的改善。从50年代开始，各地区采取以无功电力“就地平衡，就地补偿”的原则，陆续在变电站内安装电力电容器与调相机，调整了无功电力的盈亏，提高了电压质量。

1953年，北京电业局首先在右安门变电站安装了北京地区第一组3163千乏电容器。以后，在1953～1978年的26年间，电容器安装迟缓，仅安装了15.71万千乏。1979年后，加快了安装步伐，1979年安装了13.56万千乏，1980年安装了11.06万千乏，其后北京地区到1990年历年平均安装5万～10万千乏，安装电容器总量达110.6万千乏。同时供电部门也动员用户在自管的变电站内共安装电容器92万千乏。

天津地区在变电站内以电容器为无功补偿装置是从新中国建立初期开始的，到1977年的20余年中，共安装电容器51.7万千乏。1978年后，加快了电容器安装进程，1979～1982年的3年多时间中，增装59.3万千乏。到1990年，天津地区共安装电容器157.88万千乏，其中安装在供电部门所属变电站内的为59.4万千乏，安装在用户自管变电站内的为98.48万千乏。

冀南电网在1979～1983年，先后在220千伏许营变电站安装5万千乏调相机2台，在铜冶变电站安装5万千乏调相机1台。

山西电网1972～1973年在榆次变电站由110千伏升压为220千伏扩建中，安装了山西地区第一台容量为2.5万千乏的调相机。

蒙西电网于1985年在呼和浩特市220千伏东郊变电站内安装1台3万千乏调相机。

1980年华北电业管理局成立后，认真贯彻电力工业部当年颁发的《电力系统电压与无功管理条例》，要求各地在职能部门与生产单位中，要分级设专人管理无功电压。并依电力工业部下达的《条例》，修订本地区的无功电压管理制度，并对电容器安装及运行管理重新作了规定，下达了电压质量考核指标，实行目标管理。要求各地将指标再行分解，以此考核。

为改善电压质量，天津地区1980～1986年间对所属各台变压器进行全面检查，对电容器投切控制装置进行调查分析。北京地区也在这个时期对配电变压器的二次电压情况进行实测。天津地区以3座发电厂、7座变电站的28条母线作为系统电压监测点，60个用户作为电压质量考核点；北京地区选择电网电压中枢点23个、31座变电站46条母线与15个用户变电站母线为电压监测点。各电压监测点，按规定的日期与时间正点记录。这项工作开始时靠人工操作。1986年后，天津地区在市内31座变电站54条母线与140个用户监测点中，安装了电压监测表。1987年，北京地区开始安装交流电压自动记录仪，到1988年的两年间，共安装352具，改手抄记录为自动连续统计记录。

根据对电压水平、无功电能消耗及损耗的分析，依“就地平衡，就地补偿”的原则，各地区安装了无动补偿装置。天津地区增装无功补偿装置后，其无功补偿度从1977年的0.58，1978年提高到0.7，1983年提高到0.93，1990年末达到0.94。北京地区到1990年达到0.87；冀南电网达到0.92；山西电网达到0.55；蒙西电网达到0.38。

为保证电容器的安全运行，华北各地供电部门还换装了真空开关，解决了投切电容器组时重燃过电压与适合电容器组频率操作问题；试装磁吹避雷器、氧化锌过电压保护设施；对用户安装的无功补偿装置，确定以用电端的电压补偿为主；研制了晶体管无功联合控制调节装置。

为改善电压质量，70年代初，北京地区开始安装或更换有载调压变压器，开始时安装在重要用户用电变电站内；80年代后，在220千伏及110千伏主网与枢纽变电站内均安装了这一装置。到1990年，天津地区共安装有载调压变压器123台、容量为445.14万千伏安；北京地区共安装126台、容量589万千伏安；山西地区在55.9%的110千伏变压器和62.7%的220千伏变压器中，安装了有载调压装置。华北各地区供电部门，还制订了电压曲线，确定了定点、定分头和电压逆调整等原则，并从远方手动电机控制，逐步过渡到以工业控制机来控制切换分头；试装了电压、功率因数、时钟等多功能自动控制装置及微机综合控制装置；在用户向电网送电与受电处还安装了双向计量装置。

由于安装无功补偿装置与有载调压变压器，电压合格率得到提高。1990年，华北电业管理局向各省（市、自治区）电力工业局下达的电压监测点的电压合格率考核指标为90%，天津地区达到98%，其中监测点用户电压合格率达到95%；北京地区达到92.36%～96.86%，其中220千伏的电压水平为217.1千伏，110千伏为111.1千伏，35千伏为35.4千伏；蒙西电网在1981年电压合格率为93.65%的基础上，1990年提高到99.28%。

第六节　城市照明

1888年在宫廷内的乾清门附近安装了三四盏路灯，是华北最早安装的路灯。作为公用照明用的路灯，1906年在天津北门里大街与北京东单一带出现。1908年在山西省太原市南肖墙一带，1917年在河北省石门市（今石家庄市）也相继出现。公用路灯的出现，曾轰动了各地，一时成为“珍闻奇观”。到1949年新中国建立前，北平、天津、太原、石家庄等城市共装有路灯2.6065万盏。

新中国建立后，京津两地和各省、区首府随着市政道路的增加、展宽与城市小区建设，加快了路灯的建设进程。到1990年，北京市共有路灯6.8484万盏（不含10个远郊区县）；天津市5.7554万盏（不含塘沽、汉沽、大港3个沿海区）；太原市1.4762万盏；石家庄市1.1928万盏；呼和浩特市0.67万盏。

一、路灯光源

20世纪初，华北各城市出现路灯时均为白炽灯。到1964年，北京、天津、太原开始采用第二代光源的高压汞灯。进入70年代，石家庄、呼和浩特市也陆续启用高压汞灯。1978年，北京市东单—建国门，天津市和平路—南京路，太原市的迎泽大街开始采用第三代光源的高压钠灯。第三代光源经京、津两地试验，发光亮度为高压汞灯的2倍。1987年后，石家庄、呼和浩特市也陆续采用第三代光源。到1990年，京津两地和太原、石家庄、呼和浩特等城市安装的路灯中，白炽灯为3.5947万盏、高压汞灯为8.6468万盏、高压钠灯为3.0313万盏。

二、路灯线路

路灯的供电方式，从初期的低压，陆续改为高压。初期的低压电源与配电线路和变压器混用，配电线路停电，路灯也无电源，很不方便。北京地区于1946～1948年首先在前门变电站内设2路高压路灯专用线。新中国建立后，北京地区陆续将路灯低压线路改为高压专用线路和专用变压器。到1990年，北京地区有高压控制线路838.6公里，电缆线路2519.3公里；太原市有781.56公里（其中电缆线路162.63公里）；石家庄市101公里；天津市和呼和浩特市的10千伏路灯高压控制线路分别为18条和11条，天津市的电缆线路516.4公里。

三、路灯建设

路灯建设是京津两地和省、区首府市政工程建设的配套工程。1959年为庆祝新中国建立10周年，在首都天安门广场和东西长安街进行道路扩展与改建，相应对天安门广场增装了96基莲花灯，在东西长安街增装145基棉桃灯。以后，因交通流量增加，路灯照度不足，经测试，照度最高处仅有12勒克斯，最低处1.7勒克斯，平均为4.4勒克斯。为不改变天安门广场的整体形象，经多次研究，在原灯具的下方加装了2盏400瓦高压钠灯的投光灯具。安装后测试，照度最高处为116勒克斯，最低处（人行道）为4.2勒克斯，平均为28.9勒克斯，较增装前提高了5.57倍。太原市从60年代初开始，在提高路灯普及率的同时，开始解决灯源老化、设备陈旧、造型单调等问题，先后在主要街道、广场将木灯杆更新为水泥灯杆，灯具、光色也都有了较大更新。

80年代后，京、津两地市政建设规模日益增大，路灯安装工程日益增多。天津市相继建成了100多个小区，并进行了古文化街、食品街、旅馆街、服装街“四大街”及中环路等道路建设。北京市进行了京周（北京—周口店）、京昌（北京—昌平）、京顺（北京—顺义）等郊区公路与二、三、四环路的道路建设。京津两地在加快路灯建设步伐的同时，注意了路灯在设计上与市容的协调。天津市古文化街的路灯，装配了宫灯，显示了典雅、古朴，体现了古文化街的特色；北京市在三元桥、西直门桥上，装配了高25~30米的“牵牛花”型高杆灯；太原市在火车站广场和立交桥上安装了高30米的400瓦钠灯。高杆灯的出现，为高架立交桥又添上了一景。

四、启闭方式

北京、天津、太原、石家庄等城市在安装路灯高压控制线路以前，每日路灯的启闭，用人工拉合闸。操作人员无论刮风下雨、寒冬炎夏，都要随着季节的日出日落的变化，到控制路灯的刀闸处去拉合闸。人工操作既费时费工，又易造成失误。从改为10千伏高压控制线路后，由变电站值班人员控制路灯启闭。进入80年代后，开始研制路灯自动启闭开关，经多次改进与试装，已研制出“附加在石英钟上的模拟日照程序自动开关”、“光控开关”、“时控开关”和“单片机的路灯控制仪”等自动控制设施，实现了路灯自动启闭。

五、采用新灯具

到1990年，京津两地和各省、区首府的路灯灯具在不断更新。从小弯头灯、长臂灯、双火灯、混光双火灯，到五珠灯、莲花灯、棉桃灯、牵牛花灯及防雨、防热等新型灯具，还引进了比利时生产的Z-2型、Z-3型灯具及RT3新型路灯灯具等。

到1990年，华北各大城市的路灯安装数量有了成倍增长，京津两地为1949年的4.84倍，这两个地区的大街小巷、居民住宅区、乡镇主要街道、郊区主要公路，基本上已实现了路灯照明。在1988~1990年全国路灯评比中，天津连续3次获得第一名。

第三篇　设计与施工管理

华北电力建设的设计和施工队伍，是在新中国建立后，随着电力建设任务的发展，从无到有，由小到大，逐步发展壮大起来的。其所承担的工程设计和施工任务，由中温、中压中小机组的发电工程和35、110千伏的输变电工程，发展到承担超高压、亚临界大型发电机组工程和220、500千伏超高压大型输变电工程。

新中国建立初期，各省（市、自治区）电力工业没有专业设计与施工队伍。电力建设的设计与施工项目，由燃料工业部电业管理总局统一管理，设计和施工任务则由电业管理总局统一分配和下达到各地区。1958年，随着基建管理体制改革，一部分设计和施工队伍下放到各省（市、自治区）电力局，他们的电力建设队伍才随着基本建设任务的增加，而逐步得到发展。到1990年末，华北共有电力设计院4个、地（市、盟）以上电业局（供电局）设计所30个，设计人员总计5020人；共有火电施工企业12个，职工总数4.0394万人；送变电施工企业6个，职工总数1.0856万人。各省（市、自治区）电力工业局（包括部分电业局、供电局），均建有110千伏以下的送变电施工队，职工总数约8.7万人。新中国建立后的40年，依靠这支设计和施工力量，完成了华北电业各个时期的电力建设任务。

第一章　勘测设计

新中国建立后，华北电业的电力建设设计队伍，随着电力建设工程的发展，经历了组建、发展、解体及重建的曲折过程。到1990年末，已建成电力（勘测）设计院4个，即华北电力设计院、河北省电力勘测设计院、山西省电力设计院和内蒙古电力勘测设计院。这4个电力（勘测）设计院共有职工4533人，均具有承担30～50万千瓦发电机组及500千伏超高压输变电工程的勘测设计能力。此外，各省（市、自治区）电力工业局（电业管理局）所属地（市、盟）电业局（供电局）共建有设计所（室）30个，职工总数901人，承担本地区部分小型火电建设工程和输变电工程的设计任务。

第一节　设计队伍

一、华北电力设计院

华北电力设计院是部直属事业单位，委托华北电业管理局代管。

1951年6月，燃料工业部电业管理总局将原工程处改组为设计处，有技术人员60余名，分土木、机务、电气3个专业，负责华北的发、送、变电工程设计，这是华北最早的电力设计专业队伍。1953年1月，设计处改组为设计局，有设计人员230人，由电业管理总局设计管理局领导。1955年9月更名为北京电力设计分院后，承担起华北大、中型发、送、变电工程的设计和标准设计，并配合国外援建的电站建设项目，承担部分设计任务。1957年，北京电力设计分院更名为北京电力设计院，并抽调800余名设计人员，充实河北省、山西省、内蒙古自治区电力局的设计力量，组建了各省、自治区的电力设计机构。此后，2.5万千瓦机组及以下的发电工程和110千伏以下的输变电工程设计，由各省、自治区电力设计院承担。

京津唐电网的基建设计任务由北京电力设计院承担，并负责华北的电力系统规划、大型发电工程及援外工程设计。1957年，北京电力设计院有职工1000余人。1963年2月，北京电力设计院改称华北电力设计院，原支援华北各省、自治区电力设计院的部分骨干又调回华北电力设计院工作。“文革”期间的1970年，水利电力部军管会决定撤销华北电力设计院，将设计人员又分别下放到河北省、山西省、内蒙古自治区电力工业局。留在北京、天津的200余名设计人员，合并成立设计大队，由北京电力工业局所属北京电力建设公司领导。1972年5月，设计大队改名为北京电力设计所，有职工374人，改由北京电力工业局直接领导。1973年8月，又恢复了北京电力设计院名称，职工充实到601人，主要承担京津唐电网的火电和220千伏以上的输变电工程设计任务。1981年，电力工业部决定将1970年下放到华北各省、自治区电力局的火电设计力量集中，重新组建华北电力设计院。1984年9月重建工作完成，恢复了华北电力设计院。到1990年末，该院职工已达1864人，其中工程技术人员1151人，占职工总数的62%。在1151名工程技术人员中，高级工程师312人，工程师468人。

到1990年，华北电力设计院已具有工程勘测和设计的甲级合格证书及建设项目的环境影响评价合格证书。可承担单机容量30万～50万千瓦大型火电厂及500千伏及以下各级电压的送变电工程设计。到1990年，该院共设计发电工程185项，总容量1570余万千瓦；输电线路120余项，总长5230余公里；变电工程102项，总容量847万千伏安。在以上设计中，共获得国家优秀工程银质奖、优秀设计奖、优秀勘察奖11项；完成150余项科研课题，其中21项获国家奖励，32项获部级奖励，78项获华北电业管理局和电力规划设计院奖励，并先后获得各类先进（文明）企业（单位）称号27个。

二、河北省电力勘测设计院

河北省电力勘测设计院隶属于河北省电力工业局。该院组建于1958年7月，有职工144名。1962年撤销其建制，并入省水利厅；1963年改由省农业机械电力管理厅领导，成立电力设计室；1965年5月划归河北省农田水利电力局领导；1966年“文革”开始后，设计工作停止，1968年11月，全体职工先至宣化“五七”干校，后至沧州地区参加劳动。

1971年1月，华北电力设计院300余人下放划归到河北省电力局；北京水电勘测设计院地质勘探二队130人也下放划归到河北省电力局。以上两部分人与省电力设计室于1972年2月共同组建成河北省电力勘测设计院。

1982年，华北电力设计院重建，原华北电力设计院下放的133人返回原单位。到1990年，河北省电力勘测设计院有职工652名，其中工程技术人员377名。

该院自1972年重建到1990年，完成了微水、保定、马头、邢台、上安、西柏坡发电厂的施工图设计或初步设计，发电装机总容量245万千瓦；完成马头—王段—许营、石家庄—保定—高碑店、邯郸—南宫—衡水和港西—沧州—衡水等220千伏输电线路及兆通、于庄、衡水、大河等220千伏变电站工程设计。其中邢台发电厂三、四期工程设计被评为部级优质工程，三期工程及邯郸—南宫—衡水220千伏输电线路工程，还荣获国家优质工程银质奖。

三、山西省电力设计院

山西省电力设计院隶属于山西省电力工业局。该院于1958年成立，主要承担小型电厂和110千伏以下输变电工程设计。1963年，山西电力设计院改为山西电业管理局设计处。1970年，华北电力设计院下放到山西省390人，与山西电业管理局设计处合并，组建山西电力设计院，开始设计包括高温高压大型机组在内的省内大部分电力建设项目。

1982年开始重建华北电力设计院，原1970年下放到山西电力设计院的280人陆续返回华北电力设计院，山西电力设计队伍相对削弱。山西省电力工业局从历届大专毕业生和基层工程技术人员中选拔优秀者充实设计队伍，完成了大同第二发电厂2台空冷20万千瓦机组、漳泽电厂二期4台21万千瓦机组、太原第一热电厂五期2台30万千瓦机组等大型机组的设计。同时，承担了山西省内全部500千伏和220千伏输变电工程设计。此外，山西电力设计院在80年代期间，每年都要完成发电、送变电工程设计项目近60项，还承担天津、广州、河北、山西等省市的一些设计项目，并参与国外电力建设的招标、投标工作，承揽了巴基斯坦、尼泊尔等国家的发电及送电工程设计项目。

1990年，山西电力设计院已有千名职工，其中专业技术人员720人，高中级工程技术人员421人。拥有VAX—Ⅱ型计算机、APPOLLOCAD工作站、微机CAD和MLS等近70台，有较先进的复印、出版、晒图设备及地质、水文测试仪器和机具，成为全国甲级设计院。

四、内蒙古电力勘测设计院

内蒙古电力勘测设计院隶属于内蒙古电业管理局。该院组建于1958年8月，由北京电力设计院下放内蒙古的74人与原包头电业局设计科的8人合并，成立内蒙古电力设计院。1959年，该院由包头市迁到呼和浩特市。1960年12月又与水利勘测设计院合并为内蒙古水利电力设计院。1963年5月水利、电力分开后，组成内蒙古电业管理局设计室。1972年4月，设计室人员与华北电力设计院下放人员合并，成立内蒙古电力设计处。1978年11月，经自治区革委会批准，将内蒙古电力设计处改为内蒙古电力勘测设计院。从1978年起，原华北电力设计院下放人员陆续调回北京，至1982年1月全部调走。到1990年末，全院职工603人，各类专业技术人员414人，其中具有高级技术职称的46人，中级技术职称的112人，初级技术职称的265人。从1984年开始，实行企业化管理。

1958～1990年，内蒙古电力勘测设计院共完成火电勘测设计项目87项，发电装机容量314.3万千瓦（含企业自备电厂10项，容量2.4万千瓦）；完成35千伏以上输电线路设计143条，近6677公里；完成35千伏以上变电站设计107项，主变压器容量239.4万千伏安。

内蒙古电力勘测设计院于1987年3月获得水利电力部颁发的甲级工程勘测设计证书和工程设计证书。1990年8月获国家环保局颁发的环境影响评价甲级（资格）证书，成为专业配套齐全，技术装备先进，技术力量雄厚的专业设计队伍，可承担各种大中型电力工程的勘测设计任务。

该院自建院以来，在科研和设计技术方面共获得科研成果奖、优秀设计奖6项；在精神文明建设方面，获得了自治区、呼和浩特市的“自治区精神文明建设先进集体”、“市级文明单位”和“民族团结进步先进集体”、“自治区文明单位”等称号。

第二节 设计能力与装备

“一五”时期，华北电力设计机构刚组建时，缺乏经验，主要是学习前苏联电力设计技术，配合国外援建工程，承担部分设计工作。随着电力建设的发展，逐渐承担起天津第一发电厂、下花园发电厂、石景山发电厂等扩建工程的中、小型机组及相应的35、110千伏输变电工程设计任务。并结合中国国情，对前苏联的某些设计进行了修改，将110千伏变电站标准设计型钢变电架构，改用钢筋混凝土架构和预应力钢筋混凝土架构。1960年，前苏联专家撤走，电力设计坚持走自立更生的道路，使中国的发电与输变电设计技术得到了新的发展。北京高井发电厂2台10万千瓦新建机组的工程设计，北京电力设计院是在没有外国专家的参与下进行的，是当时全国第一个由中国自行设计的大型火电工程。在工程设计中，革新了前苏联提供的主厂房设计布局，将原设计机、炉就地分散控制方式，改为单元集中控制方式。1963年1月，水利电力部对高井电厂的设计进行复查鉴定，认为工程“建设标准合适，建厂主要原则确定适当，主要设计方案合理”。这项工程设计，在60年代对全国火电厂建设起到了一定的示范作用。

随着电力建设的迅速发展，华北电力设计队伍在设计能力逐步提高的同时，加速了设计技术装备方面的革新。在计算技术上，60年代各设计院都结束了拉计算尺，用人工手算的历史，代之以计算器和计算机。进入80年代，各设计院都配备了比较先进的VAX型电子计算机和计算机辅助设计工作站，用计算机处理数据，绘制图纸，提高了设计工作效率和设计水平。在设计文件印刷出版方面，70年代前大都用普通晒熏机、打字机和油印机，进入80年代全部更换为较先进的晒熏机、复印机、胶印机、打字机和制版机。在勘测技术装备上，也同样经历了由低到高的发展过程，到1990年，各设计院都配有先进的钻探机械和测量仪表。华北各省、自治区电力设计院，均获得水利电力部颁发的甲级工程勘测设计证书和工程设计证书。

第二章　施　工

华北电业的火电施工，起步于1947年新中国建立前的晋察冀边区工业局张垣电灯公司，当时以70余名电业职工为骨干，组建成第一发电工程处。1947年下半年，这支队伍在河北省曲阳县和平山县，分别建设了葫芦旺发电厂和沕沕水水电站，为当时中共中央所在地的西柏坡和边区兵工厂供电，是华北电力建设施工队伍的雏形。新中国建立后，为尽快修复华北各地的发电设备，燃料工业部华北电业管理总局（后改为电业管理总局）决定，以晋察冀边区工业局组建的第一发电工程处为骨干，再抽调各电厂部分检修力量，于1949年6月至1950年5月期间，组建大同、峰峰、太原、淮南4个工程队，由电业管理总局直接领导，担负华北各电厂的设备检修和拆迁安装任务。这4个工程队，是华北电业组建最早的电力建设施工队伍。

1951年10月，为适应新中国建立后电力建设工程的需要，电业管理总局组建了修建工程局，将大同、太原、峰峰、淮南4个工程队扩充为8个工程队，由修建工程局统一领导，担负华北电力建设和检修任务。同时，电业管理总局还组建了土木建筑工程公司，下设15个工程队，承担电力工业的建筑工程施工。1954年10月，修建工程局与土木建筑工程公司合并，改称电业管理总局基建工程管理局第七工程公司，成为电力建设建筑、安装综合施工队伍。同时，又将在山西省太原第一热电厂施工的360工程公司，改称基建工程管理局第八工程公司。1955年5月，第七、第八两公司合并，成立华北电业工程公司，下辖8个工程处。1956年8月将该工程公司改为基本建设局，职工总数2万多人，分别承担包头、大同、北京、太原、峰峰、郑州、洛阳等地的电厂建设任务。1958年，实行管理体制改革，将电力建设施工队伍中的建筑施工力量，全部下放到各省（市、自治区），由当地建筑部门统一管理，负责各地电力建设工程中的建筑工程施工。1958年4月，北京基建局与北京送变电工程局合并，改称北京电力建设局。同年7月，北京电力建设局又与北京电业局合并，改称北京电业管理局，对电力生产建设实行统一领导。北京电业管理局下辖4个火电安装工程处，承担北京、天津、唐山施工的火电安装任务。其中一处、三处在北京，二处在唐山，四处在天津。同时，将承建河北省邯郸、峰峰、石家庄电厂的施工队伍，承建山西省太原、阳泉、大同电厂的施工队伍，承建内蒙古自治区包头、呼和浩特、赤峰电厂的施工队伍，分别下放给河北省、山西省、内蒙古自治区电力局管理。自此，华北各省、自治区都组建了电力建设专业施工企业。这支专业施工队伍的隶属关系，虽经过多次变化，但与华北电力建设的发展同步壮大。到1990年末，华北共有火电建设施工企业12个，职工总数4.0394万人。

华北送变电施工，起步于新中国建立前的冀北电力公司机电处所属的40余人送电队。新中国建立后的1951年，送电队改为修建工程局领导。该局所属的第六工程队（送电专业）和第八工程队（变电专业），共有职工百余人，承担北京地区的输、变电工程的改造和新建任务。1954年4月，为建设北京南苑至天津白庙110千伏输电线路，将东北送变电工程公司的302工程队、303工程队调入北京，与修建工程局第六、第八两支送变电工程队合并，共同组建送变电第二工程公司，驻地在河北省杨村。同年12月迁址到北京良乡，隶属电业管理总局基建工程管理局，有职工706人。1956年8月，该公司改称北京送变电第二工程局，承担华北各地区的110千伏送变电工程任务。职工队伍已发展到2700余人，下设9个送变电工程处。1958年4月，基建管理体制改革，北京送变电第二工程局改为北京送变电工程局，以后又与北京基本建设局合并，成立北京电力建设局。同年8月，北京电力建设局与北京电业局合并，成立北京电业管理局。北京送变电公司由北京电业管理局领导。河北省、山西省、内蒙古自治区的送变电施工队伍，下放到各省、自治区电力局管理。自此，华北各省、自治区在下放的送变电人员的基础上，都分别组建了送变电施工企业，承担起本地区的输变电工程建设任务。各地送变电施工队伍随着各地区输变电工程的发展，逐步发展壮大。到1990年末，华北共有送变电施工企业6个，职工总数为1.0856万人。

第一节 火电施工队伍

一、北京电力建设公司

北京电力建设公司是北京地区火电安装专业施工的骨干队伍，组建于1964年5月，隶属于华北电业管理局直接领导。1956～1964年，北京电力建设公司前身的火电安装一处和三处，承担了北京第一热电厂、高井发电厂的新建和石景山发电厂、下花园发电厂的扩建任务。共安装汽轮发电机组15台，发电装机容量51.5万千瓦，锅炉18台，总蒸发量2665吨/时。其中北京第一热电厂4号机是国内安装的第一台10万千瓦机组。

1964～1990年底，北京电力建设公司承担了北京第一热电厂、高井发电厂、下花园发电厂、承德滦河发电厂、北京第三热电厂、唐山发电厂的扩建任务和150电厂、列车电站、京西发电厂、113电站、陡河发电厂、北京第二热电厂、丰润热电厂、蓟县电厂的新建及石景山发电厂的改建工程。在这一段时间里，北京电力建设公司还派出施工队伍支援了延安地区姚店、牛武、子长电厂和贵阳电厂的建设，及一些企业自备电厂发电机组的安装；承担了越南、柬埔寨、几内亚、蒙古等国家电厂的援建任务。到1990年底，北京电力建设公司共安装发电机组66台，发电装机容量288.32万千瓦；锅炉106台，总蒸发量13927.5吨/时，单机容量最大为25万千瓦。其中安装在北京地区公用电厂的发电设备为185.30万千瓦（不包括企业自备电厂的3.53万千瓦）。

新中国建立初期，北京电力建设公司的施工机具比较简陋，只有一般的手工工具和简易的起吊机具。随着电力建设的发展，施工机具和机械装备逐步得到改善。到1990年，公司已有主要吊车25台、866吨，拖板车和铁路平板车6台、210吨，2吨以上载重汽车35辆、196吨，全部施工机械资产原值达1825.31万元，全员技术装备率为1385.24元/人。到1990年底，全公司共有职工3719人，其中生产工人2748人，工程技术人员381人。

二、北京电力机械建筑公司

北京电力机械建筑公司是由华北电业管理局直接领导的建筑专业施工队伍，主要承担北京地区和京、津、唐电网的电力建设施工任务。1975年，为适应京、津、唐电网电力建设的需要，北京电业管理局决定筹建北京电力土建队伍。同年12月经水利电力部批准，成立北京电力土建工程处，1976年7月改名北京电力土建公司。1978年9月，北京电力机械工程处和北京电力土建公司合并，成立北京电力机械建筑公司，隶属北京电业管理局。

该公司成立初期，技工少、青工多，生产能力小，技术装备少。当时以培训队伍、提高队伍的技能为主，承担北京电力工业局的改进工程和零星任务。1978年后生产手段日趋完善，施工能力逐渐增强，承担的工程规模加大。主要工程项目有：下花园电厂四期扩建2台10万千瓦机组主厂房零米以下建筑工程和2座2500平方米冷却水塔建筑；北京化纤厂自备电厂2台1.2万千瓦机组、4台20吨/时锅炉的建筑工程；北京清河毛纺厂动力厂的全部辅助建筑工程；北京石景山热电厂3台20万千瓦机组汽机基础，主厂房建筑和两座6000平方米冷却水塔、高210米烟囱及5个万吨储煤仓、输煤栈桥、输煤廊道的全部建筑工程；昌平500千伏变电站，东直门、六里桥、温泉110千伏变电站的土建工程，北京第三热电厂扩建工程和蓟县发电厂主体建筑工程，北京电力科研所沙河试验大厅建筑工程等。

1987年，北京电力机械建筑公司被北京市评为资质一级、信誉一等建筑企业，被能源部评为火电建筑施工一级企业，并取得北京市二级（副）建筑企业资格。1989年获建设部颁发的《火电建筑施工一级企业》证书。1990年被评为华北电业管理局先进企业。到1990年底，公司已有各种施工机械988台。其中：土石方机械42台，起吊机械104台，运输机械221台，其他各类机械621台。机械设备原值2426.8万元，净值1631.7万元，人均技术装备6090.7元/人。到1990年底，全公司共有职工2872人，其中工程技术人员282人。

三、天津电力建设公司

天津电力建设公司隶属于华北电业管理局直接领导。该公司是在原华北组建天津第四基建工程处的基础上，于1964年5月4日组建的。

自1954～1990年，该公司及其前身在天津、河北等地共承建、扩建了大中小型电厂19座（其中大型电厂6座），安装机组57台，总容量为374万千瓦。其中，天津大港、军粮城、杨柳青发电厂的新建和天津第一发电厂的扩、改建工程，均由该公司承担。该公司还承担了唐山陡河、下花园电厂的扩建和天津市部分自备电厂的建设工程。其中有天津化学纤维厂、振华毛纺厂、造纸厂、3527厂，还完成了白庙、汉沽、红旗路、上古林、程林庄等5座大型变电站及其调相机的部分安装。此外，还参与或承担了蒙古、几内亚、马里、越南等国家电力建设的援外工程。该公司1973～1990年共上交利润3984.07万元，总产值和劳动生产率逐年提高。1990年总产值1.206亿元，劳动生产率2.1548元/人，工程优良品率达96.5%。到1990年底，天津电力建设公司拥有固定资产原值8198万元。净值为6009万元；各种施工机械装备1843台（件），其中包括500千瓦和100千瓦微机监控中频弯管机各1台。到1990年底，全公司共有职工5091人。

天津电力建设公司承担的唐山陡河电厂三期扩建工程（陡河发电厂5号和6号20万千瓦机组），被评为优质工程，荣获国家工程质量银质奖。该公司还荣获过天津市人民政府、华北电业管理局“重合同守信誉单位”、“文明单位”、“先进企业”等光荣称号。

四、天津市电力建筑工程公司

天津市电力建筑工程公司隶属于天津市电力工业局。该公司是在原天津送变电工程公司土建工区的基础上于1979年3月9日组建的建筑专业施工队伍。

该公司自成立到1990年底，已承建了各种电压等级变电站的土建工程32项，其中35千伏变电站13座、110千伏变电站10座、220千伏变电站8座、500千伏变电站1座，共计建筑面积为4.2156万平方米。完成办公楼及生产厂房等建筑工程28项，建筑面积共7.2449万平方米。完成5~6层住宅楼16项，建筑面积7.0994万平方米。改造和扩建35~220千伏变电站的土建工程6项，建筑面积7532平方米。自公司成立以来累计完成建设项目141个，总计建筑面积16.5779万平方米。累计完成建筑工作量8473.66万元，年均递增22.94%。到1990年底，全公司共有职工855人。在承担国家重点之一的天津铁路枢纽改造工程赤峰桥35千伏变电站的施工中，获天津市和铁道部的表彰。

五、保定电力建设公司

保定电力建设公司的前身是天津电力建设公司保定工区，1977年11月12日由天津电力建设公司划出。1978年1月1日成立保定电力建设工程处，由北京电业管理局直接领导。1988年12月12日正式更名为保定电力建设公司。

保定电力建设公司是专业性火电建筑安装施工队伍，成立初期在册人数仅为513人。由于施工力量不足，工种不配套，公司组建初期，仅有几台废旧的施工机械，只能承担大型电站锅炉的安装任务。面对组建后的新形势、新任务，全公司职工发扬自力更生、艰苦奋斗、顽强拼搏精神，使公司有了很大发展。到1990年，公司在册人数已近千人，由承担机、炉部分工程项目，过渡到独立承担20万千瓦机组整套设备的安装。该公司自1977~1990年底，已先后完成大港发电厂2号炉、陡河发电厂除灰工程、神头第一发电厂5号炉及预处理工程、山东省连云港新海发电厂12号发电机、下花园5号机组（10万千瓦）、保定热电厂5号机组（5万千瓦）及系统外委托完成的机、炉安装任务。

六、河北省电力建设公司

河北省电力建设公司是冀南电网火电建筑安装专业的骨干施工队伍，隶属于河北省电力工业局直接领导。公司组建于新中国建立前的1947年春。新中国建立后，公司机构名称几经变更，曾隶属于燃料工业部电业管理总局北京修建工程局、北京电业管理局基建工程公司。1958年下放河北省，组建成该公司前身的河北省电力工业局安装公司。1972年1月，更名为河北省电力建设公司。

公司自1958年成立至1990年底，除承担娘子关发电厂、马头发电厂、邢台发电厂的建设任务外，还参加了冀北地区下花园、唐山，内蒙古地区包头，山西地区阳泉、太原，河南省新乡、洛阳，贵州省贵阳，宁夏自治区石咀山等发电厂的建设任务。到1990年，共建成投产火力发电机组51台，装机总容量291.63万千瓦。其中，70年代中后期在马头发电厂施工中以52个月零26天，投产了2台10万千瓦、2台20万千瓦机组，实现“一年一台机、台台出满力”，被水利电力部评为“优质工程”、“新机投产标兵”。80年代，在邢台发电厂三、四期工程施工中，承担的2台20万千瓦机组建设任务，被评为国家优质工程，荣获“1988年国家优质工程银质奖”。

公司组建初期，施工机械设备少，仅有小型设备59台件，其中6吨以上吊车3台。到1990年，公司有施工机械2187台件，总功率3.42万千瓦，资产原值3081万元，全员技术装备率4397元/人，动力装备率4.494千瓦/人。到1990年，全公司下辖3个工程公司，职工总数为7029名，其中工程技术人员221名。

七、山西省电力建设一公司

山西省电力建设一公司（简称山西电建一公司）隶属于山西省电力工业局。该公司由山西省电力建设工程公司的一处、三处于1976年合并组建而成。

1953～1990年，山西电建一公司在合并前后承建了太原第一热电厂、太原第二热电厂、大同第一发电厂、河北省石家庄热电厂、娘子关电厂、霍县电厂、大同第二发电厂、河北省沙岭子电厂、晋城矿务局自备电厂和山西电力大厦等建筑安装工程，共装机投产156.7万千瓦。从1983年以来，先后安装日本、美国、前联邦德国、瑞士、前苏联等10余个国家的发电设备，尤其是在大同第二发电厂安装的匈牙利空冷系统，受到了国内外专家的好评。到1990年，全公司拥有固定资产净值3876万元；各种大型起重机械45台，土方施工机械19台，8吨以上自卸汽车23辆，15吨以上载重汽车10辆，一般运输车51辆，混凝土集中搅拌站2座，混凝土泵车、灌车5台。到1990年，全公司共有职工4570人，其中高级职称378人，中级职称149人，初级职称523人。

山西电建一公司多次被评为省、部、华北网局、山西省电力工业局先进企业和“文明单位”，有5个质量管理小组被评为“全国优秀质量管理小组”，大同第二发电厂1号210米烟囱荣获水利电力部“单项标兵优质工程”。1979年和1986年被山西省人民政府授予先进单位和重点建设先进单位，1984年被水利电力部授予先进企业。承建的大同第二发电厂44项、河北省沙岭子电厂7项工程被评为部、省级优质工程。

八、山西省电力建设二公司

山西省电力建设二公司（简称山西电建二公司）隶属于山西省电力工业局。该公司由山西省电力建设工程公司的二处、四处于1976年合并组建而成。

山西电建二公司组建以来，转战山西省内外，建成投产装机容量223.5万千瓦。1985年在神头第一发电厂施工中创1年投产2台20万千瓦进口机组纪录。

1987年神头第一发电厂8号20万千瓦进口机组试运行达到72小时、24小时以及14天连续考核标准，投产第一年运行6664小时。同年在江苏省盐城电厂安装的12.5万千瓦机组，投产第一年运行达7659小时。

山西电建二公司坚持“用户至上，质量第一”的宗旨，狠抓全面质量管理，1989年能源部对全国15个主管局所承担的55个重点工程土建工程质量检查时，神头第二发电厂工程质量获得好评。公司与良乡电力建设研究所共同研制成功CYT－200型钢索液压提升装置吊装大型塔式锅炉设备，通过能源部鉴定。到1990年，公司固定资产净值3316.1万元，其中设备净值3047万元。现有机械1649台，其中主要施工机械1120台，全员动力装备率6.3千瓦/人。技术装备率5769元/人，总技术装备能力3.3450万千瓦。是具备施工50万千瓦以上大型机组的火电施工企业之一。到1990年底，全公司共有职工3047人，专业技术人员619人，其中高级职称8人，中级职称147人，初级职称464人。

山西电建二公司1985、1986年连续2年获水利电力部“功臣单位”，1987年获山西省人民政府“重点工程建设双节先进单位”，1988年获水利电力部“粉煤灰开发利用先进单位”，1989年获山西省电力系统科技改革先进单位称号。神头第一发电厂8号机组、3号冷却塔及210米烟囱获山西省优质工程。

九、山西省电力建设三公司

山西省电力建设三公司（简称山西电建三公司），隶属于山西省电力工业局。公司由山西省电力建设一公司10%的职工与山西省建五公司一处的职工于1978年2月合并组建而成。

公司自组建以来，先后完成霍县电厂、娘子关电厂、漳泽电厂、天津铁厂自备电站、永济电厂、河北省邯郸电厂、阳城南关电厂、上伏电厂等共18台154.5万千瓦机组的建筑安装任务，并承担了阳泉长岭变电站、太原冶峪变电站、山西省电力试验研究所大楼、太原第一热电厂210米烟囱等10余项工业与民用建筑工程，同时还援助大同第二发电厂、神头第一发电厂一期扩建、广州沙头角B厂20万千瓦锅炉及电除尘安装工程。

山西电建三公司注重经济效益和社会效益的同步提高，承建的霍县电厂4号机组比计划工期提前33天，娘子关电厂4号机组比计划工期提前105天，漳泽电厂2号机组比计划提前210天。漳泽电厂二期4台21万千瓦前苏联进口机组工程的施工创造总工期比国家定额工期提前18.3个月的好成绩，受到能源部的表扬。

到1990年底，山西电建三公司拥有固定资产净值3787万元，其中施工机械净值2459万元；拥有各类施工机械1716台，全员技术装备率6039元/人，动力装备率7.4千瓦/人，具有同期承担2个单机20万千瓦及以上大型火电厂的施工能力。到1990年底，全公司共有职工3540人，工程技术人员535人，管理人员623人，其中高、中级职称84人。

山西电建三公司1986、1987年连续2年被水利电力部授予“功臣单位”，1986年被山西省人民政府评为“重点建设先进单位”，1989年被评为省级先进企业，1990年晋升为国家二级企业。全员劳动生产率、产值利润率、资金利润率、工程质量优良品率4项综合指标被评为全国30家最佳效益建筑企业之一。

十、山西省电力建设四公司

山西省电力建设四公司（简称山西电建四公司），隶属于山西省电力工业局领导。公司在山西省电力建设一公司太原工程处的基础上，于1988年元月16日组建而成。

公司主要承担大中型火力发电厂的建筑、设备安装工程任务，兼营工业、民用建筑及工业设备安装等工程项目。到1990年承担的主要工程有太原第一热电厂五期扩建2台30万千瓦机组工程的施工任务，在土建工程中，烟囱施工采用了“有井架翻模双浇新工艺”，比原方案节约5万元。210米烟囱仅用220天完成施工任务，创造了烟囱施工3月破土、10月到顶的新记录，获山西省电力工业局科技成果一等奖。在锅炉吊装中采用“双车抬吊大板梁"、"组合吊装水冷壁"、"逐级提升、整体就位吊装三器排管"等新工艺、新方法，既安全可靠又加快了进度，获山西省电力工业局科技成果三等奖。同时在工程中强化质量管理，到1990年底已验收的1855项工程中，有1542项达到优良工程。

到1990年底，山西电建四公司拥有固定资产净值3838.4万元，其中施工生产设备1559.3万元，车辆922.4万元，机具478.79万元，房产856.63万元，其它21.2万元。全公司共有职工2083人，其中高级职称10人，中级职称36人，初级职称237人。

十一、内蒙古电力建设一公司

内蒙古电力建设一公司（简称内蒙古电建一公司），隶属于内蒙古电业管理局。公司是1958年北京电力建设局第一工程处下放到内蒙古地区后组建起来的，当时称内蒙古火电安装工程公司。随着内蒙古电力事业的发展，职工队伍素质逐步提高，施工内容由第一火电安装发展为火电建筑与安装的综合性施工企业。

1958～1990年，内蒙古电建一公司共安装汽轮发电机66台，总容量139.275万千瓦；电站和其他工业锅炉72台，总蒸发量7733.5吨/时；建设地区变电站7座，总容量21.6万千伏安。总计完成工作量3.3亿元。其中，1975年承建的包头第一热电厂2台10万千瓦机组扩建，是内蒙古西部电网首次安装，也是内蒙古电建一公司第一次承建。从1978年10月开始设备安装，2台机组分别在1979年12月和1982年12月建成投产。1986年乌拉山发电厂1台10万千瓦机组扩建和1988年开始的包头第二热电厂2台10万千瓦机组扩建，以1年投1台的速度完成建设任务，工期和质量均获好评。

中共十一届三中全会后，在经济体制改革中，扩大了企业自主权，内蒙古电建一公司积极开拓新市场，扩展业务范围，开展多种经营，提高经济效益，变生产型企业为生产经营型企业。在指令性计划任务不饱满的情况下，主动"找米下锅"承揽工程。1982～1989年，在完成指令性计划之外，还在山西、山东、河北、北京、甘肃、宁夏等省、市、自治区承揽工程30项，完成中小型发电设备安装总容量23.7万千瓦，产值7862万元，占同期总产值的43%。同时，还充分利用加工制造能力，承揽了输电线路铁塔的加工制造，承揽了包头第二热电厂贮灰池坝加高和新贮灰池工程以及乌拉山发电厂水工建设工程、准格尔煤炭工业公司供水管道等工程。

到1990年，内蒙古电建一公司有固定资产净值1052.6万元；有大中型机械设备634台件，总功率1.3749万千瓦；有固定职工2193人，其中专业技术人员176人。

十二、内蒙古电力建设二公司

内蒙古电力建设二公司隶属于内蒙古电业管理局。是1975年根据国务院、中央军委关于改变内蒙古生产建设兵团体制的决定和自治区革命委员会关于改变兵团体制的实施方案，由内蒙古电业管理局接收了743名兵团人员后，于当年11月正式成立内蒙古电力建设第三工程处。1981年11月改称内蒙古电力建筑工程公司。1987年2月，电力建筑工程公司又与第二工程处合并，改称内蒙古电力建设二公司，成为电力建筑、安装的综合性施工企业。

1975～1990年，电建二公司先后建成电厂主厂房4座，水塔27座，烟囱11座，安装汽轮发电机组7台49万千瓦，安装锅炉6台1855吨/时。此外还承揽了区内外冶金、医药、橡胶、卷烟、铁路、轻工等系统部分锅炉和管道安装任务。累计完成建安产值2.7476亿元，上交国家利税1051万元。1990年与1975年相比，固定资产增加21.2倍，机械设备增加25.5倍，全员劳动生产率提高6.9倍，职工队伍扩大2.9倍，其中蒙古族职工人数增长8.6倍。到1990年，全公司共有职工3111人，其中专业技术人员406人。

第二节　送变电施工队伍

一、北京送变电公司

北京送变电公司，是京津唐电网的送变电工程专业施工队伍，组建于1954年，前身系原冀北电力公司机电处组织的送电队。到1964年的10年中，机构名称经几次变化，改称华北电力建设公司北京送变电工程公司。1971年7月后，公司与北京电力器材厂合并，成立北京电力器材一厂。1972年8月，恢复北京送变电公司名称，改由北京电力工业局领导。

1954年送变电第二工程公司成立时，有固定职工706人，施工机械很少，仅配有汽车19部，载重量76吨；拖拉机、吊车9台，机床8台；水压机、电焊机、卷扬机、滤油机等40台，各种泵56台。承担北京至天津110千伏输变电工程时，开挖杆塔基础、浇筑混凝土施工主要靠人力；杆塔组立靠人推绞磨单杆起吊，组立铁塔采用分节吊装；架线施工用人力或畜力拽引放线；由于汽车很少，材料运输也主要靠马车。1960年以后，主要承担110千伏和220千伏送变电工程。1983年，开始承担大同至房山500千伏超高压输电线路和房山500千伏变电站工程。

随着施工能力与施工技术的不断提高，杆塔基础施工已采用了压固爆破杆坑等先进方法。70年代以后，又研究推广爆沉桩基础、爆扩桩基础、钻孔灌注桩基础及沉井基础等。1984年在大同至房山500千伏线路施工中，采用了掏挖式基础。土石方开挖采用了大爆破、定向爆破和无声爆破等新技术。杆塔组立，依地形、地况、杆塔型式等条件，采用了倒落抱杆整体组立、通天抱杆组立、摇臂抱杆组立、汽车吊车组立、内外拉线悬浮抱杆组立和双牵组立高大铁塔等施工工艺。架线施工，在80年代已应用拖拉机和汽车牵引放线，在山区还研制成功索道运输。500千伏超高压输电线路施工，对防止导线磨损和驰度调整有更高的要求，推广应用了成套张力放线和机械架线工艺。实行按区段连续直通放线和四分裂导线弛度综合调整新工艺，使架线工作提高到新水平。1978年，北京送变电公司在广东省沙江500千伏输电线路跨越西江架线施工中，首次应用充氢气球高空跨江放线技术，开创了输电线路交叉大跨越施工的新途径。到1990年，技术装备几经更新换代，已拥有施工生产机械2493台。

到1990年底，北京送变电公司共建成输电线路240条，8782.75公里；变电站168座，安装主变压器236台，总容量905.35万千伏安。其中，仅1989、1990年，共建成输电线路26条，548.92公里；变电站17座，安装主变压器25台，总容量53.4万千伏安。到1990年底，公司有固定职工和合同制职工2563人，其中工程技术人员512人。

二、天津送变电工程公司

天津送变电工程公司隶属于天津市电力工业局。是在天津电业局工程科的基础上于1953年组建的。

公司由组建初期仅能承担市区配电线路的维修和检修，发展到能承担220千伏及以下输电线路、变电站的新建、扩建、改建、大修改造和110千伏及以下电缆的敷设任务。到1990年底，天津送变电工程公司有职工1166人；拥有固定资产980.68万元；各种施工、加工设备682台（件），其中镀锌设备处于华北电力系统的领先地位。

1979～1990年，共架设10～220千伏线路961.81公里；敷设高低压电缆482.01公里；安装主变压器247.97万千伏安；累计完成安装工作产值2.1289亿元。劳动生产率也由1979年的6974.58元/人，提高到1990年的1.9645万元/人。在引滦入津的重点工程及城市改造的输变电工程中，获得天津市和天津市电力工业局的嘉奖。

三、河北省送变电工程公司

河北省送变电工程公司是冀南电网建设的骨干企业，隶属于河北省电力工业局。组建于1958年7月，称石邯线路工程处，后机构名称经多次变更，于1983年改称河北省送变电工程公司。

公司自1958年成立至1990年末，曾先后在河北、河南、山西、山东、四川等省架设35～500千伏输电线路3968公里，安装变电站设备58座，总容量185万千伏安。其中，1984年后，与北京送变电公司、山西供电承装公司共同承担了房山至天津北郊、沙岭子至昌平两条500千伏输电线路工程的施工。

1983年，公司承建的邯郸—南宫—衡水220千伏输电线路工程，被水利电力部命名为“优质工程”，同年又荣获国家优质工程银质奖。

公司在石家庄和元氏还建有两处加工铁塔、附件及混凝土电杆的生产基地，年生产能力可架设500千伏输电线路150公里，220千伏输电线路400公里。铁塔及配件3500吨，可生产电杆15万根，为国家二级企业。

到1990年末，该公司职工总数为2347名。

四、山西省送变电工程公司

山西省送变电工程公司隶属于山西省电力工业局。是山西省电网建设的骨干企业，国家建筑施工一级企业，是新中国建立初期，在太原电业局检修工程队的基础上发展壮大起来的。1956年更名为太原电业局供电承装公司。1958年7月15日与北京送变电工程局下放的一部分人员合并，1960年，定名为山西省电力工业厅工程公司送变电工程处。1965年又更名为华北电力基建送变电公司山西工区。1970年与山西省农电修建公司合并成立山西省送变电工程公司。到1990年底有职工2000人，其中高中级工程技术人员及管理人员320名。能承担高压、超高压输变电工程施工安装和电气调试、微波通讯、铁塔、铁构件的加工及热处理、土木建筑、基础施工及大型设备和变压器的运输。到1990年，全公司拥有施工生产设备683台（件），总功率达1.4054万千瓦，年施工生产能力由60年代的200万元上升到80年代末的7000万元。

山西送变电公司先后建成不同电压等级的输电线路200余条，总长度7000公里，施工安装变电总容量600万千伏安。1982～1985年完成大同—房山500千伏超高压输电线路Ⅰ回路、Ⅱ回路（山西段）建设。所承建的神头—大同500千伏超高压输电线路获1987年度国家优质工程银质奖。1987年中标承建广东省第一条500千伏沙（角）江（门）超高压输电线路，提前75天在珠江口建起2座高达240米、重1050吨的输电铁塔，并架起跨越3.81公里江面、最大跨距1.55公里的跨江线路。此项工程按照国际电工标准检验，质量全部达到或超过设计要求，创国内施工一流水平。1988年又建成神头—太原500千伏超高压输电线路。

山西送变电公司多次受到上级的表彰奖励。1988年获“全国施工企业管理先进单位”，1986年获水利电力部“500万千瓦投产功臣单位”，1985、1986、1987年连续3年获山西省“重点工程建设先进单位”。

五、山西省供电工程承装公司

山西省供电工程承装公司隶属于山西省电力工业局。公司的前身为临汾电业局工程队，1983年上划山西省电力建设工程局，更名为山西省送变电工程队。1985年更名为山西省供电工程承装公司。

山西省供电工程承装公司能承担电力系统110～500千伏输变电建筑安装工程，为能源部核准的送变电工程施工二级企业。到1990年底，固定资产净值736万元；拥有各种机动车辆115辆及一牵四、二牵二的牵引机和与之相配套的架线专用大型设备，总功率达9040千瓦，人均8.9千瓦；全公司共有职工1015人，其中具有专业职称的70人。

山西供电承装公司组建以来，先后转战广东、河北、福建，承担输变电工程21项，架设500千伏线路76公里，220千伏线路1010公里，完成新建220千伏变电站1座和增容扩建220千伏变电站3处，安装主变压器7台，容量为93万千伏安。在河北省沙（岭子）昌（平）500千伏线路施工中采用异型钢模板和支模一次成型、一次浇制完成的新工艺，1989年7月被评为华北电业管理局优质工程。与机械电子工业部204研究所共同研制QF—500型发射器牵引放线技术，开辟了一种架线的新方法，获国家专利。与山西省建筑科学研究所合作研制超声波检测新技术，获能源部技术进步三等奖。

六、内蒙古送变电工程公司

内蒙古送变电工程公司隶属于内蒙古电业管理局。公司的前身是北京电力建设局1958年6月下放到内蒙古自治区的第七工程处和第九工程处。同年8月两处合并，组建成内蒙古电力工业管理局送变电工程公司。到1990年底，全公司共有职工1765人（含集体职工230人）其中专业技术人员293人。

到1990年底，内蒙古送变电工程公司有大中型施工机械设备75台（件），总功率9553千瓦，机械设备净值346.16万元。全公司固定资产净值1364万元。

内蒙古送变电公司从1958年组建到1990年，共建成330千伏及以下输电线路104条，总长4822.6公里；变电站86座（台），总容量147.93万千伏安；小型火（风）力发电机组7台，总容量2848千瓦；大中型民航机场助航灯光安装工程5项等，累计完成施工总产值3.04亿元。

进入80年代，企业改革逐步深化。从1985年1月开始，内蒙古送变电工程公司全面推行了百元产值工资含量包干办法。从1988年起，实行了企业承包经营，到1990年3年共实现利润499.33万元。推行了目标管理和全面质量管理，制定了企业升级达标规划。1989年经自治区加强企业管理领导小组考核批准，内蒙古送变电工程公司为自治区级先进企业。1990年1月经内蒙古城乡建设环境保护厅和国家建设部审查核定内蒙古送变电公司为一级企业，成为1990年全国93个火电及送变电建设一级施工企业之一。1990年3月被自治区人民政府评为1989年度自治区经济效益先进企业。同时，被中共呼和浩特市委、市人民政府命名为先进单位。

第三节　施工装备

一、火电施工机械

新中国建立初期，火电施工机械装备简陋，主要靠人力操作。土方施工靠人工开挖，混凝土搅拌靠人工抄盘，工地运料靠手推车，大型设备搬运靠滚杠、绞磨，设备吊装靠卷扬机、扒杆，设备和管道安装用榔头、锉刀和搬手。施工中劳动强度大，效率低。“一五”计划期间，各施工单位不断充实了施工机械装备，在较大规模的火电建设中，配备了汽车、翻斗车、龙门吊、轨道吊、汽车吊等各种吊车，以及挖土机、推土机、搅拌机、筛砂机、切管机、切板机、坡口机等大型和中小型施工机械，施工机械化水平有了明显提高，加快了施工进度，提高了工程质量，节省了劳力。进入70年代，随着火电建设机组容量的增大，20、30、50万千瓦机组的投入，施工工艺和施工水平又有了较大的发展。到1990年末，各火电施工企业土方工程，实现了挖、铲、运“一条龙”施工；混凝土作业配备了罐车、泵车，实现了从搅拌到浇灌、震捣的“一条龙”作业；烟囱施工广泛采用滑模、液压提升、无脚手架作业；水塔施工配备了定型模板和提升装置；安装作业采用钢管脚手架，搭拆灵活、方便；垂直吊装配备了龙门吊车、塔式吊车、汽车吊车、履带吊车，水平搬运配有100、200吨大型拖车，实现了机械化作业。北京电力建设公司和山西省电力建设公司，还配备有总起重能力达800~1000吨的钢索液压提升装置。各施工企业都配有大、中型施工机械1000~2000台件，人均技术装备率，由50年代的人均不足100元，已发展到人均4000~7000元，有的公司已突破人均万元。

二、送变电施工机械

新中国建立初期，各送变电施工企业机械装备少，主要靠人力手工工具作业。材料运输用马车，开挖杆塔基础靠人力，浇灌混凝土靠人工搅拌，放线、架线靠人工牵引，组立杆塔靠人推绞磨。施工能力，只能承担35千伏以下的输变电工程改造和部分新建工程施工。进入60年代，随着输变电工程增多和电压等级提高到110、220千伏，各地送变电施工机械装备都有了很大提高，材料运输主要用汽车和拖车，在陡峻山区还应用了架空索道运输；导线施放用拖拉机牵引，杆塔组立用汽车吊车或倒落抱杆。进入80年代，开始承担500千伏超高压输变电工程，施工工艺和技术装备都获得进一步提高。土石方开挖采用了定向爆破、无声爆破及掏挖式基础等新技术、新工艺；铁塔组立依据地形、地况和杆塔形状，分别采用通天抱杆组立、摇臂抱杆组立、内拉线悬浮抱杆组立等新工艺；放线架线从国外引进了张力架线机，实行按区段连续直通放线和四分裂导线弛度综合调整新工艺。到 1990 年末，各送变电施工企业的技术装备，几经更新换代，大都拥有大型施工机械百余台，人均技术装备率已达 3000~4000 元。

第三章　基建管理

新中国建立初期，主要对旧中国遗留下来的残旧发电设备和城市供电设施进行修复和拆建，工程完工后实报实销。1952年，政务院财政经济委员会以(52)财经计(建)字第24号命令，颁布了《基本建设工作暂行办法》。同年7月，燃料工业部召开了第一次全国电业基本建设会议，根据《暂行办法》要求，学习了前苏联电力建设经验，制定了24种电力建设工程管理条例、规程、制度及办法。电力建设的管理工作开始起步。以后近40年中，随着各个时期政治运动的开展和方针、政策的调整，电力建设管理工作经历了两次重大变化和反复。

1958年“大跃进”中，大破规章制度，不顾基建程序，提倡“三边”（边勘察、边设计、边施工）工程，大搞“简易发电”，不仅不能发挥投资效益，反而造成很大损失。1962年，贯彻“调整、巩固、充实、提高”的八字方针和《工业七十条》，在电力建设中强调按基建程序办事，恢复、修订、贯彻执行各项规章制度，加强各项管理基础工作，使华北电业的电力建设工程取得了进度快、质量好的效果，全区各省（市、自治区）的火电和输变电工程建设项目，都涌现出一批质量好、工艺精的样板工程。

1966～1976年“文革”期间，全面否定了电力建设的管理工作，把各种规章制度一概说成是“修正主义的管、卡、压”而被废除。解散了各种管理机构，管理人员、技术人员全部下放劳动，各项管理工作均被废弃殆尽。

中共十一届三中全会后，进行拨乱反正，整顿恢复了各项合理的规章制度，修订颁发了技术规程、规范、标准，充实调整了管理机构和人员。1980年，贯彻“调整、改革、整顿、提高”新八字方针，再次对施工企业进行了全面整顿，由生产型向生产经营型转变。电力建设工程投资，由原来的国家预算拨款改为向建设银行贷款，并推行了投资包干制度。1986年后，电力建设工程的投资来源，发展为包括引进外资在内的多方集资、多渠道办电，使电力建设规模有了更大的发展。在管理体制改革中，又引进了竞争机制，使几十年由上级主管部门指定设计与施工单位的做法，改由建设单位招标，择优选定设计与施工单位。各设计院也由几十年一贯制的事业单位，改为按设计工程规模收取设计费的企业化管理单位。各电力建设基层企业也相应建立与健全了各级的技术责任制与经济责任制，把建设工程的质量、安全、进度、节约等内容与企业和职工的经济效益和个人的收益结合起来，促进了建设工程的进展。到1990年，随着经济体制改革的深入发展，华北电力建设工程中的设计管理、投资管理、工程项目管理、施工质量管理等都有了较大改进。

第一节　机构变革

一、华北电业管理机构

新中国建立初期，华北电业电力建设由燃料工业部电业管理总局直接管理。1952年12月华北电业管理局成立后，除北京、天津、唐山、张家口、石家庄、太原、包头7个电业局及峰峰、大同两个电厂划归华北电业管理局管理外，电业管理总局所属的修建工程局和土木建筑公司，也划归华北电业管理局领导。1953年7月，为适应“一五”计划时期电力建设的发展，华北电业管理局学习前苏联的模式，成立天津、太原、微水、峰峰、焦作5个新机工程处，在华北电业管理局直接领导下，具体负责工程项目的筹建工作。

1955年8月，燃料工业部改组为电力工业部，原电业管理总局改为电力工业部基建总局，负责全国电力基本建设工程的管理工作。1958年7月，北京电业局与北京电力建设局合并，成立了北京电业管理局，负责京津唐电网的生产与基本建设工作。以后，河北省、山西省、内蒙古自治区电力基本建设的管理工作，也陆续划到各地区，由各省（市、自治区）电业管理单位负责。因此，电力建设的管理权限，虽经几次“下放”（由中央下放地方）和“上划”（从地方划到中央），但电力建设的管理机构，一直由部（或华北电业管理局）和省（市、自治区）电力局两级负责管理。

二、省（市、自治区）电力管理机构

50年代初，学习前苏联电力工业管理模式，在各省（市、自治区）电力局内成立了新机工程处，负责工程项目的设计委托、设备订货、前期准备和工程开工后的施工组织、工程竣工验收、投产移交及新机投产前的人员培训、生产准备等工作。1956年，新机工程处改为筹建处。以后，随着基建管理体制演变，1958~1965年，曾取消筹建处，由施工单位扩大总承包。当时，天津军粮城发电厂一期工程、邯郸热电厂一期工程、包头第一热电厂一期工程等，均由施工单位实行扩大总承包的方式进行建设。“文革”时期，批判了甲、乙方制度，华北电业普遍实行由工程会战指挥部管理工程建设。“文革”结束后，又继续恢复了筹建处的组织形式。

新中国建立后的41年中，由于火电、水电、输变电三种工程类型不同，因此，基层管理机构的组织形式也不相同。火电工程的筹建处，根据工程规模定员为80~120人，组织机构情况见图3-1。

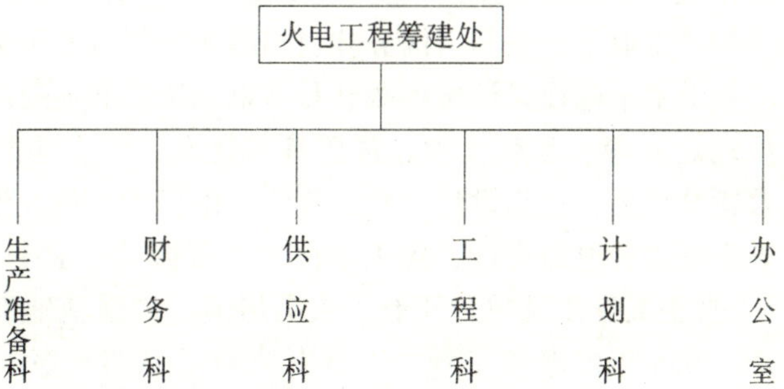

图3-1　火电工程筹建处

输变电工程由于工期短、线路长，一般按地（市）供电局（电业局）设立基建科为工程管理机构，负责本局管理范围内的所有输变电工程。但有些工程规模大、技术复杂的项目，则按工程项目组建管理机构，工程竣工后机构撤销。水电站工程建设，一般与水库建设配套进行，华北地区均实行由施工单位扩大总承包的方式，工程项目的管理单位，只负责设备订购、生产准备和工程的竣工验收。

第二节　基建管理程序

新中国建立后的41年中，华北电业的电力建设围绕遵循基建程序还是违反基建程序，经历了两次较大的反复。1952年7月，燃料工业部召开的第一次全国电业基本建设会议，对电力建设的基建程序，在学习前苏联经验的基础上作出明确规定，要求各电力建设项目，一定要按基建程序办事。因此，“一五”计划时期建设的太原第一热电厂、太原第二热电厂、包头第二热电厂、石家庄热电厂、北京东郊热电厂和第一条110千伏北京至天津输电线路等工程，都是按基建程序进行建设的，工程进展顺利，投产后安全稳定运行效果好。

1958年“大跃进”，冲破基建程序，电力工程建设违反基建程序，提倡边勘测、边设计、边施工，片面追求缩短建设工期，降低工程造价，搞“简易发电”，造成工程投产后达不到设计要求，不能正常投入生产，被迫再进行“填平补齐”，浪费了人力、物力。其中，1958年建设的邯郸热电厂一期工程，6台1.2万千瓦机组的总工期虽仅用了21个月，但因“简易发电”遗留问题多，结果又用3年多的时间，进行了230项的“填平补齐”工程，机组才能正常生产。这一年兴建的包头第一热电厂的一期工程，在施工中提出“从图纸里找黄金”的口号，结果盲目修改设计，压缩投资，片面抢进度、搞“献礼”，投产后机组不能正常运行，又花了4年时间，追加投资554.8万元进行了106项“填平补齐”工程。1961年投产的北京下马岭水电站，虽然仅用了两年多时间就简易发电，但投产后3天就发现引水隧洞漏水，后经多次处理未能根除。机组投产后未满3年，又发生高压引水管道破裂，被迫停机两年，进行填平补齐修缮。

1961年，贯彻中共中央“调整、巩固、充实、提高”的方针，国家制订了《国营工业企业条例（草案)》(即“工业七十条”)。国务院也相继颁发了《关于编制和审批基本建设设计任务书规定》、《关于基本建设设计文件编制和审批办法的几项规定》、《关于加强基本建设计划管理的几项规定》等一系列文件，强调基本建设工程必须严格按基建程序办事。水利电力部和电力建设总局，组织设计与施工单位，修订了设计、施工各项规程、规范和技术责任制度。华北电业各电力设计、施工单位，在贯彻“工业七十条”，学习“大庆精神”、“三老四严”，改变工作作风中，开展了人员培训，加强基础工作，认真执行了各项规章、制度。1962～1965年的新建工程中，认真执行了基建程序，投产后的工程项目，出现了一批质量好、工艺精、系统完整、运行稳定的工程。比较突出的是河北省下花园电厂三期扩建工程。1972年3月，水利电力部电力建设总局为此专门在下花园电厂召开了全国电力基建会议，授予下花园电厂三期扩建工程“全国标兵工程”荣誉称号。

“文革”开始后再一次打破基建程序，不顾客观条件，不按程序办事，片面强调“战备要求”，盲目开工了一批火电建设项目，给投产后的机组遗留下很多顽症，造成人力、物力的极大浪费。1970年开工建设的北京京西电厂，对煤源、运输、灰场等关键性建厂条件和烟尘污染均未详细调查核实，片面追求“靠山、隐蔽”等战略要求，盲目确定了厂址设在珠窝村。原确定机组燃煤由京西煤矿供应，但工程建设后期，接到煤炭部函告“京西煤只供民用尚感不足，无煤供电厂发电”。不得已改烧山西煤，但电厂又无扩建铁路的场地，只好另建油区，改烧煤为烧油发电。这样原设计安装2台20万千瓦机组，改为只能安装1台，第2台机组的厂房和设备基础，以及建成的输煤设施弃而无用，浪费资金282万元。1966年10月开工建设的山西省娘子关电厂，在不了解地质情况的基础上，即匆忙确定厂址进洞方案，开工后，凿山挖洞，困难重重，人身事故频繁发生，直到1968年底，洞内大面积塌方，工程无法进行时，水利电力部于1969年决定改变设计，靠山建厂，不再进洞，浪费资金1000多万元。

1978年，国家计划委员会、国家建设委员会、财政部联合颁发了《关于基本建设程序的若干规定》，明确要求所有基本建设项目，一定要严格按“（一）计划任务书；（二）建设地点选择；（三）设计文件编制；（四）建设准备；（五）计划安排；（六）施工；（七）生产准备；（八）竣工验收交付生产。”的基建程序办事。1983年，国家计划委员会吸取国外基本建设经验，又确定在基本建设项目批准立项前，必须进行（一）初步可行性研究；（二）项目建议书；（三）可行性研究；（四）编制设计任务书等步骤，然后才能进行初步设计、建设准备、计划列项、工程开工。华北电业自1980年以来进行的电力建设工程，都是按上述基建程序，循序进行的，取得了质量好、建设速度快、保证安全经济运行的效果。

第三节　设计管理

一、设计程序

新中国建立初期，华北电业的电力建设工程的勘测设计管理工作，主要是学习前苏联的经验。从设计工作程序、设计阶段划分、各阶段设计内容及深度、设计技术规程与标准等，都基本仿照前苏联的规程办。1952年，第一次全国电业基本建设会议，在推行前苏联经验的基础上，对电力建设工程的设计程序、设计阶段和设计内容，结合中国实际情况做出了规定。其程序和阶段为：“在轮廓计划指导下，先搞调查研究，搜集基础资料，选定厂址和路径，在此基础上编制设计任务书。设计任务书在上报审批后，按初步设计、技术设计、施工图设计3个阶段编制设计文件”。1958年“大跃进”，冲破了这些规定，提倡“边勘测、边设计、边施工”，搞所谓的“当年勘测、当年设计、当年施工、当年投产”。打乱了设计程序，简化了设计内容，使电力建设工程出现了配套不全、结尾不清，不能发挥应有的效益，只得再进行“回头设计”，搞“填平补齐”。

1961年，前苏联撤走全部技术人员后，电力工程的勘测设计工作，开始依靠自己的力量，走自立更生的道路。1962年，国务院颁布了《关于基本建设设计文件编制和市审批办法的几项规定》。把设计阶段改为两段设计，即：初步设计和施工图设计。对设计工作程序，强调要严格按基建程序循序进行。特别对设计任务书的编制内容和审批权限做出了明确规定。华北电业各电力设计院，贯彻执行了这些规定与要求，加强了对设计工作的管理。

“文革”时期，撤销了设计机构，取消了设计管理，在工程会战指挥部直接领导下，搞现场“三结合”设计，实行指挥部“一锤定音”。再一次打乱了设计程序，简化了设计内容，给工程建设造成了很大损失。北京京西电厂、山西娘子关电厂、河北150电厂、内蒙古乌拉山电厂等工程的建设，就是在这一时期进行的，都不同程度的浪费了建设资金，给电厂生产运行遗留下不少后患。

1978年，国家建设委员会以（78）建发设字第410号文件，重新颁发了《设计文件的编制和审批办法》。该文件对设计依据、设计程序、设计指导思想、设计阶段划分、设计内容与深度、设计水平、设计质量、设计单位责任、设计文件审批权限和设计文件的修改、变更等都做了明确规定。华北电业各建设单位和设计单位，在工程设计中，认真贯彻了这一系列规定。1983年，国家计划委员会要求所有基本建设项目，在编制设计任务书前，都要进行可行性研究的论证和审批。水利电力部根据电力建设的实际情况，规定了设计工作程序为：初步可行性研究；编制项目建议书；可行性研究；编制设计任务书；初步设计；施工图设计。华北电业管理局按要求，在发电和输变电建设中，各设计单位，要加强设计管理，认真贯彻落实部以上规定要求，保证设计质量，提高电力建设投产水平。

二、审批程序

在设计管理中，对设计文件的审批权限，是随着电力建设的发展和建设经验的积累，逐渐作了调整。

“一五”时期，甲类工程投资1000亿人民币（币制改革前，旧币1万元＝新币1元）设计任务书，由国务院批准；初步设计由中央财政经济委员会批准。乙类工程（投资1000亿人民币以下）设计任务，由中央财政经济委员会批准；初步设计，由燃料工业部批准。

60～70年代，甲类工程（装机2.5万千瓦及以上水、火电厂，投资1000万元以上或电压220千伏及以上输变电工程）设计任务书，由国家计划委员会批准；乙类工程（装机1.2万千瓦及以下水、火电厂，投资300万元及以上的输变电工程）设计任务书，由水利电力部批准；甲、乙类工程的初步设计，均由水利电力部审批。

1984年，水利电力部根据国家计划委员会《关于简化基本建设项目审批手续的通知》和《简政放权的规定》，对电力建设项目的审批权限重新做了规定。即：水利电力部直属大、中型项目（本期容量25万千瓦及以上的水、火电厂、核电站和电压330千伏及以上的输变电工程），除核电站以外的初步可行性研究，均由各大区电网局审批。规划容量80万千瓦及以上，或单机容量30万千瓦及以上的可行性研究，由水利电力部审批，其他均由各大区电网局审批。初步设计文件，单机容量为60万千瓦以上的火电工程、核电工程、直流输电工程、各地区第一条500千伏输变电工程，由水利电力部审批，其他均由各电网局审批。10万千瓦以下的火电工程，220千伏及以下的输变电工程的可行性研究及初步设计，由各省电力局审批。

第四节　质量管理

“一五”时期，华北电业电力建设工程的质量管理，主要按前苏联做法，执行甲、乙方制度（甲方即建设单位，乙方即施工单位）。工程施工中，由甲方代表根据设计图纸检查和验收工程质量。华北电业在“一五”计划期间“156”项国家重点建设项目的电力建设工程，均由工程筹建部门的技术人员配前苏联专家进行质量检验。1958年“大跃进”后，冲破了甲、乙方制度，片面追求高速度，削弱了质量管理工作，工程质量有较大幅度的下降。各工程项目的建筑工程，存在地面裂纹、沉陷，钢筋混凝土工程出现麻面、露筋、蜂窝、狗洞；在安装工程中，存在漏水、漏汽、漏油、漏风、漏煤、漏粉、漏灰等“七漏”现象；在输变电施工中，出现电缆敷设混乱、附属设备故障多、工程投产结尾不清等问题。1961年，贯彻“调整、巩固、充实、提高”的方针，按“工业七十条”要求，华北电业各施工企业都开展了“学大庆”、“三老、四严”的管理方法和工作作风。电力建设总局先后重新制定颁发了《电力基本建设工程质量管理制度》、《施工质量检查验收制度》、《电力建设工程施工及验收技术规范》、《火力发电厂启动验收规程》等规程、规范、标准、制度。同时恢复了甲、乙方承包制度。各施工企业内部建立了三级质量检查制度（即班组自检、工地复查、工程处检验），经过三级检查合格后，才能报甲方进行检查验收。1962～1965年，华北电业各电力工程项目的工程质量均有较明显的改进和提高，涌现出一批“质量好、工艺精、系统全、结尾清”，投产后生产运行稳定的典型工程。

“文革”时期，质量管理工作再度受到冲击，合理的规章制度，被批判为“管、卡、压”；甲、乙方质量检查验收程序，被说成是“修正主义”的东西而“砸烂”；质量管理机构撤销，检验人员下放劳动，质量管理工作又受到摧残，致使这一时期的电力建设工程的质量再度下降，事故增多。中共十一届三中全会后，开始拨乱反正，进行企业整顿，重建管理机构，恢复各项合理的规章制度，各建设项目的工程质量，又逐步得到提高。

1979年，根据电力工业部要求，华北电业各电业管理（电力工业）局，在电力建设工程中推行了全面质量管理。1980年，电力建设总局在上海召开全面质量管理试点座谈会，下发了《全面质量管理试点通知》，确定大同第二发电厂建设为全面质量管理试点工程之一。施工中，山西省电力建设一公司认真推行了全面质量管理方法，各主要工程都建立了QC质量小组，并坚持按施工工序开展QC活动，运用P、D、C、A循环方法，控制和检查各道工序的施工质量。在210米高的烟囱施工中，消除了同类型工程存在的中心飘移偏差大、钢筋混凝土表面拉扭光洁度差的质量通病，被水利电力部评为全国单项优质工程。1981～1984年，山西省电力建设一公司有4个QC小组，连续被评为“全国优秀质量管理小组”。华北地区在电力建设工程中，推行全面质量管理，加强了施工全过程的质量控制，80年代施工的马头发电厂三、四期工程、陡河发电厂三期工程、邢台发电厂三期工程、神头至大同500千伏超高压输电线路工程等，被水利电力部评为全国优质工程，荣获了“优质工程银质奖章”。

第五节　管理改革

华北电业电力建设工程管理工作的改革，是在1978年中共十一届三中全会后，随着改革、开放方针的贯彻执行和国家对经济体制改革的深化，而逐步开展起来的。其中较大的改革项目有：

建设资金改革　电力工程项目的建设资金，1953～1980年，由国家预算拨款，无偿使用。1981年后，为控制投资规模，国家对电力建设投资试行将投资拨款制改为投资贷款制，简称"拨改贷"。贷款利率为年息3%，以后又两次提高贷款利率，结束了由国家拨款无偿使用的办法。1984年，为调动各地方、各部门、各企业的办电积极性，补充电力建设资金的不足，水利电力部颁发了《关于筹集电力建设资金的暂行规定》，提倡集资办电。1985年，国务院批转了国家计划委员会、国家经济委员会、水利电力部、国家物价局《关于鼓励集资办电和实行多种电价的暂行规定》，华北地方和企业集资建电厂的积极性提高。1986年开工的华能上安发电厂，是河北省和华能国际电力开发公司合资兴建的。1987年开工的内蒙古包头第二热电厂四期扩建工程，是内蒙古自治区和华能发电公司合资建设的。邢台发电厂三、四期工程为中央与地方合资建设的项目；

设计管理改革　自新中国建立到1984年,设计单位按事业单位进行管理。勘测设计费用,每年按各设计院人数拨给,与完成的设计任务数量无联系。甚至出现完成设计任务越多,经费越不足的不合理现象。1980年,电力部对设计院试行技术经济责任制的企业化试点。1983年,国家计划委员会、财政部、劳动人事部又以设计(1983)1022号文件,颁发了《关于勘测设计单位试行技术经济责任制》的规定。在责任制中规定,各电力勘测设计院,自1984年1月1日起,实行勘测设计技术经济责任制,实行企业化管理。按承担的设计任务和水利电力部制定的设计收费标准,向委托设计的单位收取设计费用。改变了每年按人头由国家拨给设计经费的办法；

施工管理改革　华北电力建设工程施工任务的承接方式,自新中国建立以来到1984年,都是由上级主管单位指定施工单位,以布置任务的方式承担工程施工任务。施工单位(乙方)和建设单位(甲方)虽然也签订施工承包合同,但甲、乙双方都是在一个行政机构领导下(或在同一系统内)进行工作,遇到问题不是检查执行合同情况,而是由上级主管协调处理。1984年,国家计划委员会和建设部以计施(1984)2410号通知,颁发了《建设工程招标、投标暂行规定》,把市场竞争机制引进工程建设领域。1986年,水利电力部对电力基建工程实行招标承包,颁发了《水利电力工程施工招标工作条例》,要求电力建设工程,要通过招、投标方式,择优选择施工单位,改变了过去由上级主管部门指定施工单位的办法。通过平等竞争,择优选定施工单位,在一定程度上打破了施工企业的"铁饭碗",迫使施工单位提高企业素质,提高社会信誉,提高竞争能力,从而调动了施工企业的积极性。1984年,石景山热电厂旧厂房爆破拆除工程,试行以招标、投标方式选择施工单位,取得了很好的效果,使工程造价节约了700余万元。以后,在华北电力建设新建工程中,都采取了招标或议标的方式来选定施工单位,在此基础上,再签订工程施工承包合同。

第四篇　电网调度

新中国建立前，华北各地伴随着用电负荷及电源点的增加，供电网络逐步扩大，电压等级也不断提高，从建设初期的低压配电网络，陆续发展为 2.2～6.6 千伏不同电压等级。1941 年 6 月，华北电业股份有限公司开始筹建北平石景山发电所—北平南苑变电站—天津第一发电所—天津塘沽变电所—唐山发电所的 77 千伏输电线路，同时建设南苑、塘沽两座 77 千伏变电站。到 1944 年 11 月，平津、津唐段线路相继建成，形成了京津唐电网的雏形。

新中国建立后，京津唐电网迅速发展，供电范围覆盖了北京、天津两市和河北北部的唐山、秦皇岛、承德、张家口、廊坊等 5 个地区。1954 年 11 月，开始建设 110 千伏输电线路，1971 年开始建设 220 千伏输电线路。到 1977 年 11 月，正式形成 220 千伏京津唐电网环形网络。

1981～1987 年，是华北电网内的京津唐、冀南（河北省南部）、山西、蒙西电网（内蒙古自治区西部电网）进行大联网的时期。

1981 年 6 月 10 日，京津唐电网经 220 千伏高碑店变电站至冀南电网 220 千伏许营变电站的输电线路联网运行。1981 年 9 月 28 日，山西电网的娘子关电厂至冀南电网许营变电站的 220 千伏联网线路正式投入运行，使山西、冀南、京津唐三个电网联网运行。1987 年 7 月，蒙西电网经大同—丰镇—呼和浩特 220 千伏联网线路与山西、京津唐、冀南电网联网运行。至此，华北电网已形成。

华北电网的组成，为统筹规划、完善电源布局、加快电力建设步伐创造了有利条件。1981～1990 年的 10 年间，电网发展很快，有一批大容量机组建成投产；500 千伏系统已初具规模，成为华北电网东部和西部地区交换电能的主干线路；220 千伏系统的环状网络已成为电网的主网架。

第一章　调度机构

华北电业的电网调度工作，始于1942年北平至天津77千伏电网联网运行，在北平南苑变电所设置了中央给电所，负责平津两市间的联网调度运行。于1944年迁入城区，1958年改称北京中心调度所，1976年发展成为北京电力中心调度所（又称京津唐电网中心调度所）。1949～1956年山西太原、河北石家庄、内蒙古包头电业局先后设置电网调度机构，70年代中期分别形成山西、冀南、蒙西电网中心调度所。随着电网的发展，华北电业管理局于1980年在京津唐电网中心调度所的基础上，组成华北电网总调度所，负责组织京津唐、冀南、山西、蒙西电网间的电力互相支援，并担负其调度范围内的运行操作和事故处理。

华北电网的调度机构，随着电网的发展和调度管理体制的变化进行了调整。由新中国建立初期的一级制调度，到1958年起逐步发展为两级、三级制调度，1990年开始出现了四级制调度体制。华北电网的四级调度体制为：总调度所（简称总调）—中心调度所（简称中调）—地区调度所（简称地调或区调）—县调度所（室）（简称县调）。

1990年末，华北电网设总调1个、中调4个、地调27个、县（市）调233个。

1990年，华北电力联合公司颁发的《华北电网调度管理规程》中规定："……在全网统一调度的原则下，各公司（指各省、市、自治区电力公司）电网间主要实行合同调度，各公司电网内部实行统一调度，分级管理"。

各级调度机构是各电业管理部门的职能机构和调度指挥中心，在调度业务上实行上级调度机构领导下级调度机构。

1990年华北电网调度系统机构见图4－1。

第一节　总调度所

1980年2月23日，华北电业管理局以北京电力中心调度所（京津唐电网中心调度所）为基础，组成华北电网总调度所，隶属华北电业管理局。总调是华北电网运行的指挥中心，兼行京津唐电网中调职权。

一、职责

总调负责监督京津唐、冀南、山西、蒙西4个中调严格按电网间联络线送受电计划，供应和平衡电网间的负荷需要，保证电网的安全运行和频率质量符合规定标准。并协助各中调调整电压，保持电网中枢点电压在正常范围内运行。发挥大电网的优越性，在允许范围内组织网间互相支援。负责调度范围内的运行操作和系统性事故处理。

二、调度范围

1990年10月8日，华北电力联合公司颁发的《华北电网调度管理规程》中规定，总调调度的范围是：网间联络线，500千伏网架及相关设备；涉及华北电网安全稳定的安全

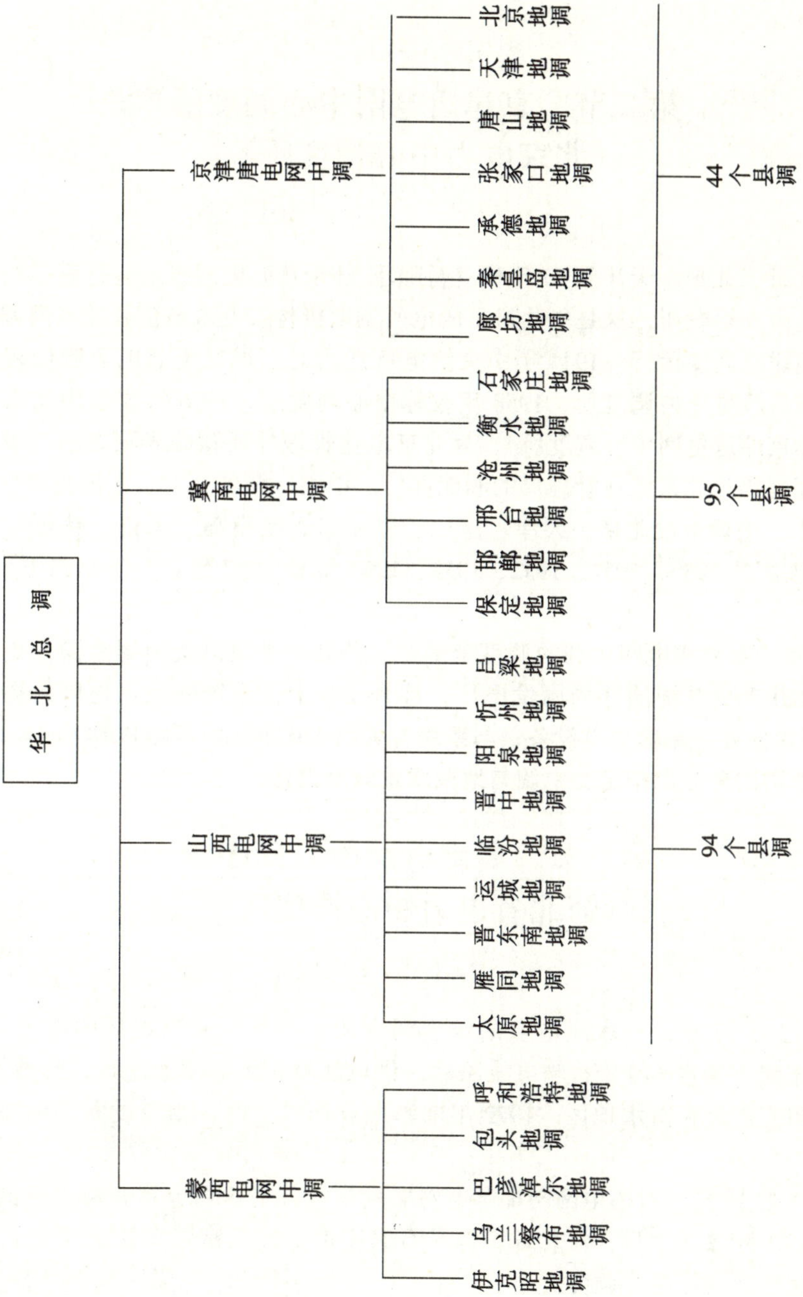

图4－1　1990年华北电网调度机构示意图

自动装置；网间主干通信网网络；必要时按规定直接调度指定的发电厂。

三、机构设置

1990年末，总调设有调度、通信、继电保护、自动化、通信工程、综合6个职能科，职工223名。

第二节 京津唐电网中心调度所（北京电力中心调度所）

1942年3月，北平~天津间77千伏（暂降压33千伏）电网投入运行后，在北平南苑变电所设置了中央给电所，这是华北最早的电网调度机构。变电所值长兼电网调度员负责平津两市间的联网调度运行。1944年中央给电所迁入北京城区华北电业股份有限公司本部。日本投降后改称中央调度所，1958年改称中心调度所，1976年改名为北京电力中心调度所（又称京津唐电网中心调度所），为北京电业管理局所辖的半独立的二级单位，与其并设的调度处仍为北京电业管理局的职能部门。中调、调度处为一个机构两块牌子。

1990年末，中调下设北京、天津、唐山、张家口、秦皇岛、承德、廊坊7个地区调度所，分别成立于1950、1951、1952、1959、1960年和1987年。7个地调下设44个县（市）调。

到1990年，京津唐电网中调的调度范围是：华北电业管理局所属京津唐电网内的发电厂及接入220千伏系统的非局属发电厂，接入110千伏系统的北京地区的局属发电厂（站）；220千伏主要环路输变电设备；与系统有关的110千伏主环路和地区间联络线等。

中调与地调的分界设备定为中调与地调双重调度设备。

第三节 冀南电网中心调度所（河北省电力中心调度所）

1951年12月27日，石家庄电业局设立调度所，担负石家庄地区的电力调度工作。1970年建成辛集－衡水110千伏输电线路后，供电区域扩大到衡水地区，形成石衡电网，调度范围也相应扩展到衡水地区。1972年邯郸电业局成立时，相应设立了邯郸电网调度机构。

1976年1月19日，石衡电网与邯郸电网联网运行并与山西电网并网。根据电网的扩大与发展，1976年2月2日，河北省中调在石家庄市长安区富强大街正式成立。同年10月1日，冀南电网实行统一调度。

1977年10月27日，河北省电力局颁发了《关于省属电网加强调度管理的几项暂行规定》，对电网调度的运行、管理及中调的性质、职权、职责和任务作出规定。1978年9月29日，该局颁发了第一部《河北省电力系统调度管理规程》，使电网的调度管理进一步规范化。

1990年，冀南电网中心调度所下设运行、通信、继电保护、自动化4个科。

一、地区调度所

随着发电设备装机容量和输变电设施不断增加，河北省南部区域性电网逐步形成，各地（市）陆续成立了调度所（室）。1982~1983年间，为适应电力体制改革的需要，冀南电网各地（市）调度所（室）合并为6个地区调度所，即石家庄、衡水、沧州、邢台、邯郸、保定（1985年1月1日由京津唐电网划归冀南电网）。地调业务受冀南电网中调领导。其职权、职责与中调相似，但调度范围相对较小。地调下设置专业班。

二、县级调度所（室）

冀南电网县级调度所（室）成立于70年代中期，调度手段比较简陋，调度范围较小。到1985年，河北省人民政府以冀政字（85）第69号文将35千伏电力设备下放到县级管理后，冀南电网内各县陆续成立了95个县级调度机构。县调在调度业务上受地调领导。县调的主要任务是对35千伏及以下电网的调度运行实行管理，监督计划用电，有选择、有计划地调整用电负荷，保障县内重点用户用电，避免因超指标用电导致中调直接拉闸限电。

第四节　山西电网中心调度所（山西省电力中心调度所）

1949年5月12日，太原电力公司在第一发电厂内设立调度机构，配备4名调度员，负责太原市区的电力调度工作。1951年8月，太原电业局（原太原电力公司）设立调度台，对太原市的各发电厂（包括太原钢厂自备发电厂）的电力生产实行统一调度，同年第四季度将调度台改名为调度所。1955年底又改名为中心调度所，设置调度和运行方式两个组，职工12人。1958年1月，太原电业局中心调变所改为山西省电业局中心调度所。随着电网的发展和调度业务的扩充，机构和人员不断增加。到1990年末，山西电网中调设有运行、继电保护、通信、自动化4个专业科，职工252人。

一、调度体制与职责

50年代初，山西电网中调为一级调度。1955年，随着电网的发展，调度机构也发展为省、地两级调度。1970年后，又增设了县级调度，形成山西省电力中心调度所、地区调度所和县调度室三级调度体制。到1990年，共有地调9个，即太原、雁同、晋东南、运城、临汾、晋中、阳泉、忻州、吕梁地调，设县（区）调94个。

山西省电网中调，行政上由山西省电力工业局领导，业务上归华北总调领导。各地调属地区电业局（电力公司）领导，业务上属中调领导。各县（区）调度属县（区）电业局领导，业务上属所在地区的地调领导。

山西电网内部实行统一调度、分级管理的原则。中调负责编制和执行电网运行方式、调度计划和设备检修计划，指挥电网运行操作、事故处理，并组织分析电网事故，制定反事故措施，负责网间联络线电力潮流和调度范围内的中枢点电压调整，参加通信、调度、自动化和继电保护的规划编制，严格监督和控制按计划指标用电。

二、调度范围

山西中调的调度范围是：装机容量10万千瓦及以上发电厂的机、电、炉、主变压器等设备；220千伏主网联络性变电站的调相机、电容器；220千伏主网络内的联络线、联络变压器；220千伏和110千伏电压的电磁环网内的联结设备；非华北总调管辖的省内500千伏设备。到1990年，山西电网中调直接调度发电厂12座、水电站1座、220千伏变电站18座、220千伏联络线37条。

各地调的调度范围为：10万千瓦以下发电厂，220千伏系统部分设备，110千伏变电站主变压器及三侧母线，110千伏输电线路和35千伏联络线路，35千伏变电站全部设备。

县（区）调度机构负责本县（区）35千伏变电站以下设备的调度和负荷调配工作。

第五节　蒙西电网中心调度所
（内蒙古电力中心调度所）

1956年7月，经北京电业管理局批准，在包头电业局内设立调度所和通信组，负责包头地区的电力调度工作，是内蒙古自治区最早的电力调度机构，1957年改名为包头电力调度所。1958年，呼和浩特－包头的110千伏输电线路建成后，呼包电网形成，调度范围扩大到呼和浩特市，包头电力调度所同时易名为呼包电网调度所。1960年1月，另行成立包头地区电力调度所，呼包电网调度所改称内蒙古电力中心调度所。至此，呼包电网建成两级调度机构。1960年末，内蒙古中心调度所由包头市迁至呼和浩特市，成为蒙西电网的调度指挥中心。

1990年末，蒙西电网中调内设调度、运行方式、继电保护、调度自动化、通信5个专业科。蒙西中调下设5个地区调度所，即包头、呼和浩特、乌兰察布、伊克昭、巴彦淖尔地调。

一、职责与调度范围

蒙西电网中调直接调度电网内的一类设备，监督二类设备（指电厂、变电站自己调度的设备）。一类设备主要是：包头第一热电厂、包头第二热电厂、乌拉山发电厂、呼和浩特发电厂、丰镇发电厂的机、炉、电气设备；各电厂110千伏和220千伏升压站的设备和相关的安全自动装置；枢纽变电站110千伏和220千伏系统的输、变电设备；地区网络间的联络线等。

各地调调度本地区所管辖的三类设备，主要是35千伏及以下输、变电系统和小型公用发电厂、已联网企业自备电厂的发电设备。

二、区域性调度机构

内蒙古自治区除蒙西电网外，还有几个地区性小电网，这些电网均设有调度机构。

哲里木盟地区电网于1975年11月成立调度室，归哲里木电业局领导。1976年末改为调度科，主要负责哲里木盟地区电网的调度运行管理工作。发电生产由东北电业管理局调度通信局直接调度。

呼盟岭西电网调度所设在呼伦贝尔电业局内，成立于 1976 年 9 月，主要负责呼盟岭西电网的调度运行管理工作。

赤峰地区电网于 1979 年 1 月成立调度所，负责赤峰地区电网的调度工作和电网的远动、自动化工作。各旗、县供电局也相继成立了调度室，形成比较完善的调度体系。赤峰地区调度所在调度业务上归东北电业管理局调度通信局领导。

乌海市地区电网于 1982 年成立乌海市电业局时设立了调度所，负责乌海地区的电力调度工作，在调度业务上归宁夏中调领导。

与吉林省白城电网并网的兴安盟地区电网原由白城电业局负责调度。1987 年 12 月，白城电业局将兴安盟地区电力调度权移交给兴安盟电业局调度所。

锡林郭勒盟地区电网于 1988 年 8 月在锡林郭勒电业局内设立了地区电力调度所，统一管理电网生产调度业务。

呼盟岭西、兴安盟、锡林部勒盟等区域电网的调度业务均由内蒙古中调指导。

第二章　电网运行

50年代到60年代初，华北电业除京津唐电网容量较大、电压等级较高外，冀南、山西、蒙西地区均为容量小、电压等级低的分散区域性的电网。进入70年代后，区域性电网逐渐互联成省、市、自治区统一电网，110千伏系统构成电网的主网架，220千伏系统也初具规模。80年代初，华北电业管理局成立后，加快了华北500千伏电网建设，建成了联结五省（市、自治区）的华北电网，形成了电网间超高压、远距离、大功率电能交换的新格局。华北电网各级调度机构，始终把保证电网安全稳定运行，实现经济调度，确保电网频率、电压质量作为主要工作职责。80年代华北联网后，为实现“西电东送”战略，将西部地区的发电基地与东部的负荷中心以500千伏输电网络紧密相联，缓解京津冀负荷中心地区严重缺电局面，各级调度部门加强了对网间电能交换的管理，发挥大电网的优越性。

第一节　系统稳定

一、系统振荡

华北电网自1959年发生首次系统振荡到1990年末，共发生系统振荡32次，其中在华北电网联网前发生25次。联网后由于电网结构的改善和安全自动装置的更新，10年间仅发生了7次。发生系统振荡最早的是京津唐电网及山西太原电网与河北石家庄电网联网期间。

1971年4月16日，北京高井电站发电机组对系统振荡，历时4～5分钟，使由北京古城、八里庄变电站供电的大部分用户停电，并造成天津地区因振荡甩掉8万千瓦负荷。高井电站两台10万千瓦发电机组负荷在21.5万千瓦至6万千瓦间上下摆动，5分钟后自动拉入同期，振荡消除。同年8月12日，京津唐110千伏电网发生振荡。在振荡期间110千伏输电线路大量过负荷，使输电线弧垂加大，对跨越的配电线路放电而跳闸，京津唐电网解列为东、西两片。东部的天津、唐山、承德、秦皇岛系统因缺电使频率大幅度下降，低频率自动减负荷装置动作，切除负荷和因振荡甩掉负荷，以及手动拉闸停电共13.6万千瓦。

1972年2月13日，石家庄电网与太原电网发生振荡，长达20分钟，后调整发电机组出力，振荡消除。事故后分析，当时由于电网处于低谷负荷，网间联络线输送功率小，且无操作故障，振荡原因系发电机组（汽轮机）调速器不稳所致。

1981年华北电网联网后至1990年间，发生的7次系统振荡中，影响较大的有3次：1982年7月2日17时，娘子关电厂至榆次变电站的220千伏输电线路榆次侧断路器C相阻波器坠落，砸坏线路两相隔离开关，由于断路器C相拒动，且母线差动保护装置检修未投入运行，使线路越级跳闸，1.9秒后系统开始振荡，瓦解为晋北、晋中、晋南和晋东南4片，频率分别低至47.2赫和47.73赫，低频率自动减负荷动作，切除线路48条，共停电12.9万千瓦；1985年6月4日7时，北京通州220千伏变电站（2213）线路断路器发生爆炸，除本站全停电外，使华北电网瓦解成3片。北京地区的高井电厂部分发电机组和北京第三热电厂的全部发电机组对系统发生振荡。此次事故共停电23.1万千瓦，损失电量24.33万千瓦时，使部分重要用户的生产用电受到影响；1986年7月26日，唐山陡河发电厂至吕家坨变电站的220千伏2号输电线路母线隔离开关故障，使陡河发电厂4台（共75万千瓦）发电机组停机。在故障过程中，两台20万千瓦发电机组与系统振荡而跳闸，陡河发电厂6台共115万千瓦发电机组全停，该厂7条220千伏出线也全部停电。

1959～1980年发生的25起系统振荡中，有11起为电网网架结构松散、输电线路距离远、功率大造成；有2起因电磁环网运行，由局部故障引起输电线路的输电功率大量增加造成；有4起因网间联系薄弱造成；有3起因输电线路超过稳定极限值运行造成；有5起因发电机失磁和汽轮机调速器失灵造成。

二、防止振荡措施

（一）进行系统稳定计算。1956年末，水利电力部技术改进局等单位组成系统稳定计算小组，在前苏联专家指导下，对京津唐电网开展稳定计算。确定输电线路输出功率的稳定极限值及保障系统稳定的措施。1958年，京津唐中调与清华大学合作，用该校的交流计算台对京津唐电网稳定再次作了较全面的计算。1959年，京津唐电网中调用自行研制的交流计算台进行了稳定计算。1968年，京津唐电网中调用自编程序使用国产第一台DJS－21晶体管电子计算机进行系统稳定计算。70年代初，山西电网中调用交流计算台、电子计算机开展了系统稳定计算。1975年又委托清华大学对发电机失磁、发电机组“快关”进行了计算和动模试验，并采取了解开环网运行和装设安全自动装置的保障系统稳定措施。1981年华北电网总调与冀南电网中调、山西电网中调共同对联网后的系统稳定进行计算，确定了联络线的稳定极限并装设了振荡解列装置。1981年7月，全国系统稳定工作会议后，按水利电力部颁发的《系统稳定导则》要求，对京津唐电网220千伏输电线路和母线做了动稳定校验，确定了稳定极限值。1985年，500千伏大房（大同—房山）2回线投入运行前，总调在电力科学研究院稳定计算的基础上又做了检修方式下的稳定计算，确定了500千伏网间联络线的稳定极限，并采取了解开环路、联切线路、联切大同第二发电厂两台20万千瓦发电机组的保系统稳定措施。

1985～1986年，冀南电网中调、电力工业部调度通信局、电力科学研究院共同对冀南电网与河南电网联网的110千伏输电线路的低频振荡进行了试验和计算，试验中发现联网线上确存在低频振荡现象，最后决定不宜联网。1986年，总调与蒙西电网中调共同对220千伏大丰呼（大同—丰镇—呼和浩特）联网线路的稳定进行了计算，确定了联网线的稳定极限值，装设了振荡解列装置。

（二）装设安全自动装置。60年代初至70年代末，京津唐电网在110千伏输电线路上，选择解列点安装了低频率、低电压解列装置。1961年，首先在下花园至官厅水电厂的110千伏输电线路上使用了振荡解列装置，这是华北电网第一套消除系统振荡保障系统稳定运行的安全自动装置。以后在下花园—官厅110千伏输电线路上发生的8次振荡中安全自动装置均正确动作，使下官线与主系统解列，消除了振荡。1972～1981年，京津唐电网又先后在唐山玉田变电站、张家口侯家庙220千伏变电站内装设了类似的改进型振荡解列装置，这些装置在电网发生振荡时，也发挥了消除振荡，保障电网稳定运行的作用。

80年代初，华北电网联网后，简易的振荡解列装置已不能满足要求，在联网线路上安装了性能较先进的ZZJ1和ZZJ2型振荡解列装置。此间，山西电网在娘子关发电厂、大同第二发电厂、西万庄220千伏变电站、马家坪变电站共装设了8套振荡解列装置。

1984年4月，山西电网为提高霍县—平遥220千伏输电线路的暂态稳定极限，在霍县电厂1、2号发电机组上首次采用"快关"主汽门和4号发电机组联切机的保稳定措施后，机组曾多次正确动作。1985年5月2日，220千伏霍平线（霍县—平遥）故障跳闸联切了4号机、"快关"了1号机，减少了13万千瓦发电出力，避免了110千伏霍介（霍县—介休）线路潮流超过稳定极限值而导致系统稳定破坏的重大事故。

1986年初，为提高大房500千伏超高压输电线路网间联络线的稳定极限值，在一回线路上装设了故障联切220千伏房高（房山—高碑店）线和联跳大同第二发电厂两台发电机组的安全自动装置。

北京京西电厂和山西娘子关电厂在1983、1989年分别装设了高频率切机装置，防止发生输电线路故障和运行机组与系统解列后负荷降低而超速。

1990年，华北电网将低频率自动减负荷装置更新为较先进的数字式SQP型，动作级数增加至6级，自动减负荷容量占全网总负荷的40%～45%。在500千伏超高压输电线路上均装设了两套高频继电保护装置，21条220千伏输电线路已开始装设第二套高频继电保护装置。对系统稳定有影响的110千伏输电线路的继电保护也相应进行了更新，缩短了动作时间，提高了灵敏度。220千伏及以上输电线路普遍采用综合重合闸，并选用具备快速跳闸功能的油断路器。

（三）解开电磁环网。1986年初，解开了500千伏大房线与220千伏娘铜（娘子关—铜冶）线的大环网。1988年，解开了500千伏房津（房山—天津北郊）线与220千伏老北（老君堂—天津北郊）线的环网。两个环网的解环运行，提高了500千伏超高压输电线路的稳定极限值。到1990年末，全网绝大部分电磁环网已解开运行，暂时还不宜解环运行的，均已采取了安全措施。

（四）加强安全思想教育，强化职工安全意识。华北电网各级调度机构，利用安全日活动，组织调度人员学习事故通报及有关规章制度；强调严格执行操作制度，防止误发调度命令和误操作发生；根据运行方式的变化，组织各级调度人员做好事故预想和反事故措施。各级调度机构还注意加强对各级调度人员和主要厂、站运行值长、值班长的培训，开办以系统稳定为主要内容的学习班，提高全网运行人员的整体素质。1985～1988年间，总调还举办了5期学习班，请大专院校教师讲解有关系统稳定的基本知识，并结合系统振荡事故分析原因，提出反事故对策。各级调度机构还定期进行反事故演习，提高调度人员处理系统事故的本领。

第二节　经济调度

一、等微增率调度

50年代初，华北电业有4个主要区域性电网先后开展了电网经济调度。初期主要采用简单的按发电煤耗率的高低而分配发电出力的经济调度方式。京津唐电网于1950年首先在石景山发电厂采用较先进的等微增率经济调度方式，其他电厂也于60年代中期和80年代初期陆续采用了这种经济调度方式。由于“文革”和严重缺电等原因，等微增率经济调度经历过一些起伏。

（一）京津唐电网。1950年，等微增率经济调度在石景山发电厂经过一年的实践后，煤耗率有显著下降。1952年由于试烧低质煤，锅炉效率有变化，等微增率经济调度暂时停顿。1953年5月重新进行了机、炉热效率试验，继续实行等微增率经济调度，使全厂煤耗率在1950～1953年的4年内逐年下降。这个厂还用两台同容量锅炉进行对比试验，按等微增率分配负荷，试验结果每发电1000千瓦时，可节约标准煤32公斤。继石景山发电厂之后，京津唐电网在所属其他电厂内也开始了按煤耗率高低进行经济调度。1957年，全电网煤耗率较1953年有明显降低，其中北京从645克/千瓦时降到598克/千瓦时，天津从649克/千瓦时降到574克/千瓦时。

1958年“大跃进”，用电负荷猛增，发电出力严重不足，频率降低，电网经常拉闸限电，发电机组超铭牌出力运行，等微增率经济调度无法继续进行。

1963年以后，水利电力部根据国家10年（1963～1972年）科技发展规划，在京津唐电网开展了自动调频和经济调度。规划要求要首先实现以经济调度模拟机进行等微增率负荷分配，再进一步实现自动调频加经济负荷分配。为此，由水利电力部电力建设研究所、华北电力建设公司、北京工程公司和北京无线电一厂4个单位联合组成经济调度模拟计算机研制组，并由北京电力公司、北京电力中心试验所、唐山发电厂的专业人员组成热力试验组，经过近两年的工作，完成了5个电厂的热力试验。联合试制的“DJMJ”型经济调度模拟计算机也开始进行试算。后因“文革”开始，试制组和试验组工作被迫中断。

1968年，中国自制的第一台晶体管电子计算机DJS－121在京津唐电网正式投入使用，计算人员编制了经济调度程序，后因调度人员大批下放劳动，未能实用。1973年，补充了编制日发电计划人员，恢复了按等微增率人工分配出力编制每日发电计划。1981年开始运用DJS－320电子计算机进行经济负荷分配。1982年4月，在电力科学研究院的协助下，通过了考虑线损修正的经济负荷分配程序。京津唐电网中调开始运用电子计算机计算编制每日发电计划，并打印成表，供电网运行使用。按经济调度程序分配负荷，每年可降低全网发电所用燃料的0.5%。仅以北京地区各发电厂1988年总耗煤量（油机的耗油量已换算为原煤量）计算，一年可节约原煤1.5万吨。

（二）冀南电网。1976年开始，按发电厂煤耗率大小分配发电出力，编制了基本负荷、调峰、调频电厂顺序表，煤耗率低的发电机组带基本负荷，煤耗率高的发电机组和水电机组进行调峰、调频。到1983年，因高温高压机组投产增多，经济调度除按煤耗率高低分配负荷外，又尽量提高高温高压机组发电比。1984年，各发电厂编制了机、炉不同运行方式的微增曲线和按等微增率确定的全厂综合出力曲线，冀南电网中调以此运用计算机求得经济调度程序，编制出每日发电计划，供调度运行使用。经计算，1985年可节约原煤1万吨。冀南电网还根据水电厂水库拦洪蓄水与农田灌溉的特点，运用经济调度程序，使水电多发，减少水库弃水，提高电网的经济效益。1983～1990年冀南电网所属高温高压机组发电比见表4－2－1。

1983～1990年冀南电网所属高温高压机组发电比

表4－2－1

年度	高温高压机组容量比（%）	高温高压机组发电比（%）
1983	67.79	70.73
1984	69.97	74.08
1985	73.40	77.70
1986	76.69	79.29
1987	78.48	80.89
1988	80.80	83.50
1989	82.30	85.00
1990	82.30	84.80

（三）山西电网。1965年山西电网曾做了机、炉热效率试验，编制了发电厂机、炉不同组合方式的煤耗微增率曲线，“文革”开始后停顿。到1990年，经济调度主要是按各发电厂煤耗率大小进行出力分配，高温、高压机组多发电，中温中压机组少发电，并开停机组调峰，使高温高压发电机组的发电比接近容量比，以提高全电网的经济效益。1981～1990年山西电网所属高温高压机组发电比见表4－2－2。

1981～1990年山西电网所属高温高压机组发电比

表4－2－2

年　度	高温高压机组容量比（%）	高温高压机组发电比（%）
1981	65.14	62.0
1982	66.96	68.26
1983	70.83	71.06
1984	73.15	72.49
1985	76.20	75.04
1986	81.24	77.62
1987	82.4	81.6
1988	85.12	81.3
1989	79.05	77.22
1990	85.81	84.12

（四）蒙西电网。1986年，蒙西电网完成了各发电厂的机、炉热力试验，电网中调以此次试验数据编制了等微增率分配负荷程序，用计算机编制出每日发电计划。以后，由于电网缺电日益严重，各电厂在一天内大部分时间满负荷运行，电网内又实行以电量完成多少确定留利的承包方式，因此造成各发电厂抢带负荷，又迫使等微增率经济调度中断。为扭转这种现象，改以提高高温高压机组发电比进行经济调度后，收到了效益。高温高压机组发电比：1987年为88.96%，1988年提高到89.8%，1989年又提高到91.07%，1990年达到91.2%。

二、降损调度

1981年后，华北电网加强了降低一次网损管理，每年针对降损情况，制定降低网损的措施，主要在改进和完善地区分界点的计量表计，通过网损理论计算，找出网损增大的原因。通过对多种运行方式进行电力潮流计算，选定最佳运行方式，减少电力潮流迂回和无功电力倒送。通过编制变压器运行曲线，按经济负荷投切并联的变压器，并及时停用空载变压器，调整有载调压变压器的“电压调节分头”，使电压在电压曲线内运行。合理分布电容器，避免在同一时间内电压高低不均等。采取降低网损措施后，华北电网1982～1990年线损率分别为7.53%、7.55%、7.51%、7.31%、7.27%、7.14%、7.43%、7.50%、7.39%，1990年比1982年降低0.14%。

第三节 电能质量管理

新中国建立后，华北各地区电网的电能质量优劣经过了几度反复。1978年9月1日，全国开展质量月活动后，电网各部门采取了一系列措施，使电能质量明显提高。

一、频率质量

（一）合格率。

京津唐电网 1950～1957年，电网频率合格率年平均99%（正常偏移为50±0.5赫），仅在发电机组临时发生故障，电力不能平衡时，出现短时间的低频率运行，最低频率为48赫。电网运行中，当大用户突然甩负荷或调度不当时，曾瞬时出现高频率运行，最高频率为50.6赫。

1958年“大跃进”时期，由于电网用电负荷迅猛增加，电力供求失去平衡，加上发电燃料供应不足，造成1958年下半年至1959年上半年，频率不合格时间平均每天达18小时20分钟，不合格率77%。1959年全年频率合格率仅为23%，最低频率47.1赫。1962年开始好转，频率合格率为99%。

1963～1967年，由于加强了计划用电管理，实行电力限额分配等措施，电力供求矛盾有所缓和，电网频率合格率能保持在合格范围内。

1967年，在“文革”影响下，频率质量又逐渐恶化，长时间处于低频率或高频率状态下运行，电网安全受到严重威胁。1974～1977年的4年间，频率合格率仅达40%～50%，最低频率47.3赫。1974年3月份前24天的统计中，京津唐电网中调直接向变电站下令拉路409次，但频率不合格时间每天仍有6小时29分钟。1975年中，仅在重大政治活动和节日时，尚能维持频率在正常变动范围内。由于各地区超指标用电，发电厂汽轮机在低频率运行中先后掉叶片13台次，低频率自动减负荷装置也经常动作。1976年，京津唐电网有2458套低频率自动减负荷装置动作，共切除供电线路7363条·次。1976年3月份，有22天在电网高峰负荷时，运行频率为48赫。

1977年2月，国家计划委员会和水利电力部为加强计划用电的管理，加速电源点的建设，共同组织召开了两市（北京、天津）一省（河北）计划用电会议。以后因新机组陆续投产，1978年频率合格率上升到91.7%。从1978年第四季度开始，北京电业管理局将频率偏移值由50±0.5赫，改为50±0.2赫。由于严格计划用电，切实做好调荷节电，增加新机组投产，1979～1981年，频率合格率均保持在98%以上，达到水利电力部对频率质量的考核标准。

冀南电网　1976年9月，冀南电网初步形成后，一度曾与太原电网联网。在联网期间，高峰负荷时出现低频率运行，最低时为47.4赫，电网低谷负荷时高频率运行，最高时达52.7赫。据1977年1～7月份资料统计，每日频率合格率仅为20.4%，由此出现多次汽轮机断裂叶片事故。

1978年9月1日，水利电力部要求自9月1日零时起电网要保持正常频率运行，为此，全冀南电网加强了计划用电管理，落实各项提高频率质量的措施，加上新机组的陆续投产，1979～1981年上半年，电网频率逐步恢复正常。

山西电网　1959年前，电力供求尚能平衡，频率质量较好。1960～1962年，负荷上涨很快，一度出现电力紧张，低频率运行。当时未实行计划用电，只靠临时拉路限电维持频率在正常范围内（50±0.5赫）运行。

1963～1966年，电力供求矛盾有所缓和，同时加强了计划用电管理，实行电力限额分配等，电网频率均能保持在合格范围以内。

1967～1978年9月1日，由于受“文革”的影响，频率质量逐渐恶化，电网长时间处于低频率和高频率状态运行，使电网安全受到严重威胁。1972年8月，太原电网频率低于49.5赫运行的时间为102小时，占全月的13.8%，月合格率为86.2%。1977年1至7月份，电网频率平均每天只有4.9小时在合格范围内运行，有16.6小时处于低频率状态运行，最低频率47.4赫，有2.5小时在高频率状态下运行，最高频率52.7赫，频率合格率只有20.4%。据1977年9月统计资料记载：由于电网长时间低频率和高频率运行，使全省22台大机组中有12台叶片断裂，危害十分严重。造成低频率和高频率的主要原因是“文革”中的无政府状态使电网的科学管理、“三电”（计划用电、节约用电、群众办电－后改为安全用电）工作遭到破坏，调度指挥失灵，规章制度失效，以及用电负荷上涨，电力建设速度放慢，造成严重缺电局面，因而在电网运行中表现出“自由频率”、“自由电压”、“自由用电”的混乱现象。在不准“拉社会主义闸”的错误口号下，不但不能用拉闸限电维持正常频率，而且有大部分地区（太原、晋中、运城、忻县）将48赫的一轮低频率自动减负荷装置停用，使处于崩溃边缘的电网又失去了一道重要的安全防线。电网低谷负荷时，电厂不听从调度命令，不降低发电出力，造成高频率运行。在此期间，频率质量也不再考核，只要求不停电不发生事故，根本不谈电能质量。

1978年9月1日，国家开展质量月活动后，山西电网开展了频率在合格范围内运行的活动，采取一系列有力措施提高频率质量，1978年9月21日恢复了合格频率运行。并按水利电力部规定的频率年平均合格率要达到98%的要求进行考核。

1979～1981年9月间，频率合格率年平均在98%以上。

蒙西电网　蒙西电网与华北电网联网前，频率正常偏移范围为50±0.5赫。由于电力供求基本平衡，加上调荷节电等措施，频率合格率年平均为98%以上，频率合格率最高的1981～1987年的7年中，除1987年为99.67%外，其他5年频率合格率均为99.9%以上。

1981年6月，华北地区联网后，虽然发电装机容量不断增加，但仍满足不了用电负荷增长的需要，电网仍处于严重缺电状态。由于联网后除京津唐电网担负调频任务外，其他3个电网还肩负调整网间联络线电力潮流任务，从而加大了调频容量，加上不断严格执行计划用电、调荷限电、频率质量奖励等措施，保证了频率质量。1981～1990年，频率合格率除个别年份低于98%外，其他年份合格率均高于98%。

1981～1990年华北电网频率年平均合格率见表4－2－3。

表4－2－3　　1981～1990年华北电网频率年平均合格率

年　度	1981	1982	1983	1984	1985	1986	1987	1988	1989	1990
合格率（%）	99.62	97.30	99.12	98.20	98.25	81.31	98.29	96.06	98.63	98.89

（二）监督手段。1964年前，各地区电网频率的监视和调整由各电网中调值班调度员监督，由调频发电厂值班人员手动调整。监督手段只靠调度室的电话和频率表，值班调度员根据频率的变化，用电话指挥电厂调整发电出力。担任调频的电厂要经常根据频率的变化和中调的指令，手动调整发电机出力，以维持电网频率变化不超出正常变动范围。

1965年，京津唐电网官厅水电站、下马岭水电站、天津第一发电厂、高井电站、石景山电站、北京热电厂自动调频调功装置投入运行。1966年“文革”中因自动调频装置存在缺陷停用，仍由人工手动调频。

70年代中至80年代初，频率监视逐步实现了电子计算机实时监视。1976年，京津唐电网的DJS－121电了计算机实现在线运行，继而SD－176双机实时监视系统也相继建成。1983年，山西电网中调的DJS－130电子计算机在线运行。同年，冀南电网中调SD－176电子计算机实时监视系统投入运行。计算机实时监视系统投入使用后，调度人员通过调度室的屏幕显示装置（CRT）可监视、了解电网内各发电厂的发电出力，使频率和出力的监视手段前进了一步。

1987年和1988年，在华北电网总调和冀南电网中调分别安装了具有发电自动控制（AGC）等多功能的能量管理系统（EMS），该系统分别于1989年1月24日和1989年底正式投入运行，使电网频率的监视、调整手段逐步迈向自动化。

二、电压质量

（一）电压合格率。1950～1957年间，京津唐、太原、邯峰安和包头4个主要电网的中枢点电压偏移值在额定电压的±5%以内。1958年后，因供电负荷大幅度增加，电力供需严重不平衡，发电机组超出力运行，无功出力减少，无功补偿不足，导致低频率、低电压互相影响的恶性循环。1958年石景山发电厂35千伏母线电压年平均只有33千伏，最低31千伏。北京热电厂为当时北京地区的供电中心，供前门地区、中南海、北京饭店和19号电台等重要用户的用电，1958年35千伏母线电压年平均34.2千伏，高峰负荷时最低33千伏。南苑变电站为当时北京地区的枢纽变电站，35千伏母线电压年平均33千伏，高峰负荷时最低31千伏。1960年初，太原电网的河西、城南两个变电站35千伏母线电压低至28千伏，低于额定电压20%左右，使用电户无法正常生产。邯峰安电网在高峰负荷时，电压经常在额定电压的－5%～－10%范围内运行。

1963～1965年，电网投产新机组，增装无功补偿设备，电压质量有所提高，中枢点电压年平均合格率98%左右。

1966～1978年的12年中，华北4个电网在不同时期均出现了低频率、低电压运行。北京热电厂35千伏母线电压年平均31千伏，最低30千伏，后夜低谷时仅34.5千伏，110千伏母线电压年平均91千伏，最高为105千伏，平均低于额定电压12%。1974年6月27日和29日的上午10时，因电压过低，北京饭店电梯卡在中间达15分钟。1975年5月13日，19号电台停止播音，民航飞机不能起飞。山西太原第一热电厂6千伏母线电压低至5.4千伏，10千伏电压低至9.6千伏，35千伏电压低至32千伏，110千伏电压低至102千伏。山西榆次是枢纽变电站，110千伏母线电压低至98千伏。马家坪变电站110千伏电压低至92千伏，低于额定电压10%～15%，经远距离送电到用户，电压更低。冀南电网在高峰负荷时，发电机出口电压均低于额定电压7%～14%。在此期间，唯有蒙西电网发电负荷与供电负荷尚能平衡，频率、电压质量均保持在合格范围内。

1980年，电力工业部颁发的《电力系统电压和无功电力管理条例》（试行）中规定："为使各级电压质量符合国家标准，各级电力部门要做好电网的规划、建设和管理，使电网结构、布局、供电半径、潮流分布合理。各级电压的电力网和电力用户都要提高自然力率，并按无功就地补偿的原则，安装无功补偿设备。必要的地点应安装带负荷调整电压的设备"。根据"条例"要求，各级电业部门加速了无功电力补偿设备的建设。1980～1985年，年平均增装无功电力补偿55万千乏，到1985年末，华北电网无功电力补偿容量达到577.79万千乏，无功补偿度提高到0.66，达到电力部规定的补偿度为0.6～0.7的标准。

1986～1990年，又增装了一些无功电力补偿设备，到1990年末全网无功电力补偿容量已增加到988.3万千乏，无功补偿度为0.81。1981～1990年的10年中，全网中枢点电压合格率不低于98%，低谷负荷时，部分地区电压略有偏高。

（二）调压手段。1955年后，电网调压手段主要以增减发电机无功出力，投停电容器和改变运行方式来解决。仅在北京地区的南苑变电站装有1台有载调压变压器，每日高峰或低谷负荷时，通过"电压调节分头"调整电压。

1956年后，除发电机正常工况调整电压外，新投产的官厅、下马岭、密云、下苇甸、岗南、黄壁庄、天桥（山西省）水电站的水轮发电机和石景山发电厂的7、8、6号汽轮发电机组，以调相运行调整电压。

1964~1987年，先后在北京的东北郊、老君堂、良乡、房山变电站，在天津的白庙、汉沽、红旗路变电站，在唐山的吕家坨变电站，在秦皇岛的五里台变电站以及河北许营、山西榆次、内蒙古呼和浩特东郊变电站共安装投产了58.25万千乏的调相机进行电压调整。220千伏系统普遍安装了有载调压变压器。冀南电网有载调压变压器数量较多，1987年底全网共有变压器760台，其中有载调压变压器162台，占总台数的21.3%。

到1990年末，华北电网220千伏变电站共安装有载调压变压器78台，110千伏系统的负荷中心或末端变电站均安装了有载调压变压器。

从1987年底开始，在部分变电站试用VQMC－1微机电压、无功综合控制装置。该装置根据已整定的限值，自动确定调压变压器的分头位置和电容器的投切组数，进行电压、无功的综合控制，自动按实时负荷进行逆调压，并可计算、打印电压合格率和定时打印报表。

第四节　电能交换

一、网间联络线建设

华北电网的西部地区——山西省和内蒙古自治区有丰富的煤炭资源，电网东部地区的京津唐电网，是华北电网的负荷中心，年最高负荷占华北电网的47.2%~49.1%，年供电量占华北电网总供电量的44.7%~46%。自60年代起，京津唐与冀南电网即出现了严重缺电局面，拉闸限电十分频繁。1981年华北电网联网后，华北电业管理局加速了西部地区矿口电源的布点和建设。80年代，在山西北部筹建了大同第二发电厂和神头第二发电厂。大同第二发电厂计划安装6台20万千瓦机组，总装机容量120万千瓦。神头第二发电厂第一期计划安装两台50万千瓦机组，总容量100万千瓦。同时扩建了神头第一发电厂。80年代中期，加紧建设内蒙古丰镇电厂，该厂计划安装4台20万千瓦机组，总容量80万千瓦。到1990年底，丰镇电厂2台、大同第二发电厂6台及神头第一发电厂扩建的一台共9台20万千瓦（总容量180万千瓦）机组投产。新机组的投产，加大了西电东送电力，为缓和东部地区电力紧张起了一定作用。

在西部矿口电厂建设的同时，加速了网间联络线的建设：1981年初，建成高碑店—许营变电站的220千伏联网输电线路；1981年2月，建成许营变电站—娘子关电厂的220千伏联网输电线路；1983年1月7日，又建成许营变电站（后改线接入铜冶）—娘子关电厂的第二回220千伏联网输电线路。联网输电线路的建成投产，增加了西电东送的输电能力，但随着西部新机组的陆续投产，已建成的输电线路满足不了西电东送要求。

为加大网间联络线的输电能力，晋京500千伏超高压输、变电工程开始建设。大同—房山的第一回500千伏输电线路于1981年7月正式开工，1984年6月30日竣工，暂降压为220千伏运行，1986年6月30日恢复至500千伏运行。大同—房山第二回500千伏输电线路于1984年4月20日开工，1985年9月25日竣工，同年12月6日送电。神头第一发电厂—大同第二发电厂的500千伏输电线路也同时投产。1987年7月，大同经丰镇—呼和浩特的220千伏输电线路送电。1990年又建成神头第一发电厂－大同第二发电厂的第二回500千伏输电线路。这一系列输电线路的建成投产，使西电东送的电力最大可达150万千瓦。

二、网间联络线的管理

为加强网间联络线的管理，1981～1990年间，华北电业管理局陆续制定了以下规章制度和管理办法：

1981年6月，制定了《华北电网调度管理暂行办法》。在"办法"中明确了调度范围，其中京津唐与冀南电网，总调可调度许营变电站的220千伏母线及许营—高碑店的220千伏输电线路。许营变电站220千伏母线隔离开关为双重调度设备。同样，对山西、蒙西电网与京津唐、冀南电网，亦按上述原则划分了总调与中调的调度范围。对500千伏输、变电系统，"办法"中规定，500千伏输、变电系统（包括500千伏与220千伏联络变压器）均由总调调度。在"办法"中还规定了联网运行方式，联络线输送功率的稳定极限值和网间事故支援原则等。

1981年10月制订了《网间通信线路管理办法》。

1982年初，制定了《网间联络线潮流控制奖惩办法》，按"办法"中的有关规定，由专人负责统计、分析，进行奖惩，后因工作量大，送受双方统计数字又难以相符，致使奖惩办法难以施行。1988年在大同—房山500千伏双回输电线路上使用了联络线潮流、频率偏差的监测、监控、统计、分析装置，总调编制了奖惩程序，由计算机分析、计算并打印成表。从此，联络线潮流监控初步进入自动化。

1990年，华北电力联合公司颁发了《华北电网调度管理规程》，规程中的条款是在原暂行"办法"的基础上，补充和修改了有关联络线管理的内容。其中，明确京津唐电网为华北电网的调频网，冀南、山西、蒙西为非调频网，但负责调整联络线潮流；各电网要严格按联络线送受电计划曲线运行；任何情况下，联络线均不能超过稳定极限值，设备必须在安全电流下运行。为严格执行《华北电网调度管理规程》，在联络线计量点上装有联络线潮流和频率偏差的监测、监控、统计、分析装置，联络线潮流超出规定时发出警告信息，超出稳定极限值和设备安全电流时除报警外，经一定时间后将联网线自动解列。对联络线送受电量以调度计划曲线为依据，实行日控制，旬结算，上一旬偏差电量在下一旬按峰谷时间分别归还并相应修改计划曲线，连续两旬仍未还清，采取解网控制直至扣清电量为止，若有的电网不顾计划曲线强行送受电量造成调频困难时，总调有权下令解网运行。

三、联络线潮流日计划曲线

联络线潮流日计划曲线是根据华北电业管理局所定的联络线送受电原则而编制，由总调于前一日12时前下达有关省（市）电网中调执行。1981～1990年间，联络线送受电原则有过几次较大的变更。1986年以前，送受电多少是按各网设备检修情况，由总调、中调和华北电业管理局计划部门共同研究，制定出每月或每季度联络线高峰和低谷时送受电力，报华北电业管理局批准，由总调编制日计划曲线；1987年，华北电业管理局规定，日计划曲线的编制按大同第二发电厂和神头第一发电厂的总发电电力扣除厂用电10%后，山西电网自用40%，其余60%送京津唐电网。京津唐电网将60%中的14.3%送电至冀南电网。1988年10月27日，大同第二发电厂划归华北电业管理局直属后，京津唐电网与山西电网联络线送受电确定为零。1989年4月，为解决大同第二发电厂发电用煤所需电力，华北电业管理局又决定高峰负荷时给大同地区送电5万千瓦，低谷时送电4万千瓦。

四、西电东送

随着西部发电装机容量的增加和输、变电设备能力的提高，东送电力逐步增加。1983~1990年间，电网高峰负荷时，山西电网东送电力最大为99万千瓦，最小为7万千瓦。低谷负荷时，东送电力最大为57.5万千瓦，最小为7.5万千瓦。蒙西电网1989年最大送电3.5万千瓦，1990年达到10万千瓦。华北电网各网间送受电力统计见表4-2-4、表4-2-5、表4-2-6、表4-2-7。

1982~1990年，山西电网净送电量186.03亿千瓦时，年均20.67亿千瓦时。蒙西电网净送电量1.01亿千瓦时，年均（1989、1990年）5043.2万千瓦时。京津唐电网净受电量123.04亿千瓦时，冀南电网净受电量64亿千瓦时。1982~1990年华北电网各网间送受电量统计见表4-2-8。

9年间，山西电网东送电量185亿多千瓦时，为促进京津唐电网和冀南电网用电地区的工、农业生产，尤其对缓和首都北京严重缺电局面，均起到了积极作用。

1983~1990年山西电网东送（年最大）电力

表4-2-4 （万千瓦）

年度 / 最大电力	1983	1984	1985	1986	1987	1988	1989	1990
时间	11月28日13点	11月28日17点	12月12日23点	12月19日21点	11月11日19点	3月2日18点	12月24日7点	12月27日10点
送	27.2	38.4	57.5	78.0	64.5	99.0	7.5	7.0
受	0	0	0	0	0	0	0	0

1989、1990年蒙西电网（年最大）送受电力

表4-2-5 （万千瓦）

年度 / 最大电力	1989	1990
时间	12月24日4点送7点受	12月27日9点
送	3.5	10.0
受	6.0	0

表 4-2-6

1983～1990 年京津唐电网（年最大）受电电力

（万千瓦）

最大电力＼年度	1983	1984	1985	1986	1987	1988	1989	1990
时　间	11 月 28 日 13 点	11 月 28 日 24 点	12 月 12 日 15 点	12 月 19 日 10 点	11 月 11 日 20 点	3 月 2 日 15 点	12 月 24 日 23 点	12 月 27 日 20 点
送	0	0	0	0	0	0	0	0
受	23.2	35.4	54.5	71.0	53.0	94.0	7.0	14.5

表 4-2-7

1983～1990 年冀南电网（年最大）送受电力

（万千瓦）

最大电力＼年度	1983	1984	1985	1986	1987	1988	1989	1990
时　间	11 月 28 日 13 点	11 月 28 日 19 点	12 月 12 日 18 点	12 月 19 日 18 点	11 月 11 日 20 点	3 月 2 日 21 点	12 月 24 日 19 点	12 月 21 日 20 点
送	（10 点送）2.0	0	0	0	0	0	0	0
受	18.7	18.0	21.5	22.0	17.0	19.5	12.0	10.0

表 4-2-8

1982～1990 年华北各地区网间送受电量

（万千瓦时）

年份＼单位		山西电网	冀南电网	京津唐电网	蒙西电网
1982	送	74600	0	0	0
	受	0	46094	28506	0
1983	送	130951	0	0	0
	受	0	66328.7	64622.3	0
1984	送	172115	0	0	0
	受	0	60937.9	111177.1	0
1985	送	198723	0	0	0
	受	0	139643	59080	0
1986	送	326234	0	0	0
	受	0	113438	212796	0
1987	送	495979	0	0	0
	受	0	123178	372801	2214
1988	送	458500	0	0	0
	受	0	79800	378700	580
1989	送	31.45	0	0	8476.1
	受	0	5894.9	523.3	0
1990	送	3144.1	0	0	4404.3
	受	0	4662.5	2181.2	0
备　注		1989、1990 年因送受电量很小，计量有误差			

第三章　调度设施

华北电网的调度设施是在旧中国遗留的烂摊子上起步发展的。50年代配备了电磁型、感应型继电保护和自动装置，70年代开始使用整流型和半导体型器件，80年代发展到使用高运算速度的电子计算机。电力通信装备也由手摇电话通信、租用市话电路，发展到1990年的光导纤维和数字微波通信，调度自动化程度已接近国际先进水平。

第一节　继电保护

一、机构建立

1950年前，京津唐电网既无继电保护机构也无继电器修试人员，继电保护定值无人管理。1950年8月至1952年11月，电业管理总局运行处调度科技术组设一名继电保护定值计算人员，第一次完成京津唐电网和自备电厂的过电流继电器定值整定调试工作。1952年12月，在新成立的华北电业管理局生产处内设置继电保护科，负责继电保护定值计算，同时对发电厂和供电局继电保护专业实行归口管理和业务指导。按照前苏联专业管理模式实行以继电保护科为主的现场工作责任制。

1953年5月，石家庄电业局在调度所设置了继电保护组，随着新建电厂的投产，在电厂的电气车间（分场）内设立继电保护班（组），各供电（电业）局调度所或变电工区内设立继电保护班（组），负责其管辖范围内继电保护定值整定计算和运行管理。1979年6月，冀南电网中调设置了继电保护科，负责冀南电网220千伏系统和110千伏地区网络联接线继电保护定值整定计算和运行管理，并对下一级继电保护专业实行归口管理。

1956年，内蒙古包头电业局内设立继电保护科。1959年包头第一热电厂投产前，编制了呼包电网第一个继电保护方案。1963年，制订了内蒙古电网继电保护整定计算规程，作为呼包电网继电保护整定计算的依据。

1958年，太原电网中调内设立继电保护组，1975年改为继电保护科，负责山西电网继电保护定值整定计算、运行管理和装置调试。

到1990年底，华北电网总调、各网中调均设有继电保护科，各供电（电业）局、发电厂均设有继电保护班（组），有的供电（电业）局还设为科。

二、专业管理

1958年，继电保护专业管理，以加强基层专业班组建设为重点，使专业管理上下形成一个完整的体系，将继电保护定值整定方案与日常的运行定值更改、保护装置定期校验和日常维护三项工作紧密结合在一起，使专业管理工作初步走上正轨。继电保护专业管理的主要内容有：继电保护装置定期校验和维护；继电保护装置动作统计、分析和评价；定值整定计算和管理；专业技术管理工作。

（一）定期校验和维护。1956年，电力工业部颁发了中国第一个继电保护与自动装置校验条例。京津唐电网1954年继电保护正确动作率为90.5%，1962年正确动作率提高到97.9%。根据“条例”，京津唐中调又相应制定了各种校验规程，有《RQ7距离保护校验规程》、《RSZ－2f、RSZ－3f过流继电器校验规程》、《RQS－2、RQS－3差动保护校验规程》。1961～1963年，还制定了变压器保护、35千伏线路保护、电压校正器和复式励磁、瓦斯保护、CH－11距离保护等一系列校验规程。山西、冀南、蒙西电网中调于1958年以后也陆续制定了各种继电保护校验规程，并成立了继电保护装置试验室。1964年，全国制定了统一使用的各种继电器校验报告45种，统一了试验方法和标准，对防止漏项和提高专业人员技术水平起了很大作用。1966年“文革”开始，大部分继电保护机构被解散，专业人员下放劳动，使一些行之有效的制度和规章被废除。在此期间，保护校验周期延长到2～4年（原规定每年至少一次），有的达7～8年，校验项目大为减少，标准也不统一，形成各自为政，无章可循的局面。

1972年9月27日，水利电力部生产事故通报第八期中指出：“由于今年以来继电保护事故已发生160余起，其中引起大面积停电20余起。要求要适当充实继电保护骨干力量，实行集中管理，加强定值管理，坚持定期校验制度”。

1972年底，被解散的继电保护机构重新恢复，下放人员重返岗位，专业管理工作和校验制度也逐步得到加强和恢复。1987年，水利电力部重新颁发了新的校验条例，1988年开始施行，到1990年使校验工作进一步得到加强。

（二）定值计算。华北各电网的发电和输、变电设备的保护定值在1974年前由中调专责人员负责计算和管理。1975年后，逐步将发电厂的发电设备保护定值计算和管理下放给各发电厂。1977年后，改为分级管理，各中调负责220千伏输、变电系统及110千伏环路网络的输电线路的继电保护定值计算和管理，各地调负责本地区的继电保护定值计算和管理。华北地区联网后，到1990年底，500千伏系统及220千伏网间联络线的保护定值由总调负责计算，保护装置日常维护和管理由装置所在地的中调负责。

（三）继电保护动作统计、分析。1956年，电力工业部颁发了继电保护动作统计和评价规程，规定了继电器误动作分类，并提出了继电保护正确动作率的概念。此后，华北各电网中调对继电保护动作情况按月（季）进行统计、分析并编制了运行月（季）报。1981年联网后，总调对各中调月（季）报进行综合分析，从中总结经验教训，提出改进措施。1990年华北电网总调、各网中调已实现微机统计、分析，提高了工作效率，使统计工作更加科学、规范化。

统计分析表明，随着继电保护新技术的应用和专业管理水平的提高，继电保护正确动作率自70年代后逐步提高。华北电网全部保护正确动作率由1982年的99.3%提高到1990年的99.64%。其中，冀南电网由1972年的97.7%提高到1990年的99.6%；山西电网由1978的97.5%提高到1990年的99.78%；蒙西电网由1979年的98.7%提高到1990年的99.7%。华北各电网继电保护正确动作率统计见表4－3－1、表4－3－2、表4－3－3、表4－3－4、表4－3－5。

表 4-3-1

1982~1990 年华北电网继电保护正确动作率

(%)

项目 \ 年度	1982	1983	1984	1985	1986	1987	1988	1989	1990
全部保护	99.3	99.41	99.35	99.57	99.61	99.6	99.68	99.67	99.64
主系统保护	91.0	90.25	87.3	92.32	92.83	93.67	93.95	93.99	96.9
220 千伏以上系统保护	—	85.63	—	93.45	93.45	91.19	94.35	91.7	96.36
500 千伏系统保护	—	—	—	—	91.45	82.22	93.04	92.45	88.31

(四) 专业技术管理工作，主要包括制定继电保护规程，组织专业技术培训，开展专业竞赛。

制订规程　1961 年 1 月，北京电业管理局颁发了 150 条继电保护规程和反事故措施。后又补充反事故措施 25 条。为防止继电保护工作人员发生人为的"三误"事故，北京电业管理局于 1964 年颁发了继电保护及自动化装置现场工作规程。为了强化继电保护班、组工作，又制定了"继电保护技术组织措施 30 条"。在此期间，太原、石家庄、呼包电网均根据水利电力部颁发的继电保护规程和反事故措施，结合本电网实际制定了规程和反事故措施。

1976 年，水利电力部制定了提高晶体管继电保护可靠性的技术措施后，京津唐、山西、冀南、蒙西电网均制定了相应的措施。

1977 年，根据水利电力部颁发的距离保护、接地距离保护反事故措施及提高高频保护安全运行水平意见的要求，制定了各类反事故措施。

80 年代初到 1990 年，光纤、微机保护被广泛使用后，制定了相应的校验规程、运行管理规程和反事故措施。

组织技术培训　1980 年 2 月，总调组建后，每年举办一至两次华北电网继电保护专业人员学习班，每次 15~20 天，每期 60~70 人。各地区中调每年对基层继电保护专业人员进行轮训。通过学习，使继电保护专业人员掌握了新型继电保护的性能，熟悉了保护运行管理工作。除组织继电保护人员学习外，总调还组织调度值班人员学习继电保护基本知识和继电保护装置的操作规定。

开展专业竞赛　1956 年开始，京津唐电网开展了继电保护专业竞赛活动，"文革"期间被迫中断，1978 年恢复。1980 年华北电业管理局成立后，各中调也陆续开展了这一活动。1982 年，华北电网总调将一年一度的继电保护专业会议与竞赛活动合并举行，会上总结上年工作，部署本年度工作计划，交流经验，表彰先进，促进专业管理水平和电网安全运行水平不断提高。

三、装置更新

新中国建立前，华北的发电厂、电网的输、变电系统，所安装的继电保护设备为日本、瑞士、英国、德国等国生产的反时限过电流继电器、接地继电器和用于保护发电机、变压器的比率差动、瓦斯继电器，形式多达 20 余种，技术水平低，维修管理困难。1953

表 4－3－2

1974～1990 年北京、天津地区继电保护正确动作率

（%）

地区＼年度	1974	1975	1976	1977	1978	1979	1980	1981	1982	1983	1984	1985	1986	1987	1988	1989	1990
北京	99.5	99.4	99.23	98.8	99.56	99.65	99.8	99.8	99.57	99.84	99.65	99.67	99.7	99.67	99.7	99.8	99.82
天津	98.3	98.4	99.5	99.7	99.1	99	99.4	99	98.9	99	98.73	98.61	99.52	99.21	99.32	99.06	99.13

表 4－3－3

1978～1990 年山西电网继电保护正确动作率

（%）

项目＼年度	1978	1979	1980	1981	1982	1983	1984	1985	1986	1987	1988	1989	1990
全部保护	97.5	98.33	99.33	99.33	99.4	99.6	99.44	99.67	99.59	99.63	99.7	99.8	99.78
主系统保护	87.6	87.7	90	90.6	86	93.3	84.36	92.84	93.08	91.12	93.2	95.53	96.14
220 千伏及以上保护	93.3	93.5	87	91.67	93.3	86.7	84.43	92.34	91.05	93.68	93.17	95.06	95.64
500 千伏系统保护	—	—	—	—	—	—	—	无 500 千伏	82.3	76.47	87.5	75	80

表 4-3-4

1979～1990 年蒙西电网继电保护正确动作率

（%）

项目 \ 年度	1979	1980	1981	1982	1983	1984	1985	1986	1987	1988	1989	1990
全部保护	98.7	98.7	98.8	98.9	99.6	99	99.55	99.55	99.73	99.48	99.8	99.71
主系统保护	92	96.3	95	92	85	85	93.8	87.5	93.42	90.43	95.56	97.22
220 千伏系统保护	—	81.89	93.8	—	85.7	78.9	100	—	100	100	85.71	97.06

表 4-3-5

1972～1990 年冀南电网继电保护正确动作率

（%）

项目 \ 年度	1972	1973	1974	1975	1976	1977	1978	1979	1980	1981	1982	1983	1984	1985	1986	1987	1988	1989	1990
全部保护	97.7	97.9	97.3	—	98.9	97.9	98.2	—	99	98.9	99.19	99.25	99.4	99.59	99.68	99.68	99.6	99.6	99.6
主系统保护	—	—	—	—	—	90.6	90.5	—	89.7	90.2	95.06	87.86	84.0	93.73	92.47	96.78	93.68	91.7	98.0
220 千伏系统保护	—	—	—	—	—	—	—	—	83.3	70.0	84.0	84.62	94.6	94.74	89.47	96.58	92.21	86.3	97.6

年后，随着电网的发展，陆续安装了前民主德国生产的差动继电器、方向继电器和自制的自动重合闸装置。同时在前苏联专家的指导下，自制了继电强行励磁装置，于 1953 年安装在石景山发电厂的 2.5 万千瓦机组上。

1955 年，黑龙江省阿城继电器厂开始批量生产电磁型和感应型仿苏继电器系列产品。华北各电网的继电保护装置全部采用该厂产品，淘汰了反时限过电流继电器，提高了电网继电保护装置的可靠性。

1956～1959 年，随着华北 110 千伏输电线路的运行和 5 万、10 万千瓦发电机的投产，从前苏联引进了输电线路距离保护、三相重合闸装置、发电机复式励磁及电压校正器。1971 年，在新投的输电线路上引进安装了高频保护。

1971 年后，华北各电网在投产的发电机和 110 千伏、220 千伏输、变电设备上，大都采用了国产整流型和半导体器件继电器组成的发电机负序电流保护、零序电流保护、纵差动保护、失磁保护、定子接地保护、转子过负荷保护、高频保护、断路器失灵保护和综合重合闸。

1984 年，在天津杨柳青发电厂 3 条 220 千伏出线上采用了南京自动化设备厂生产的微电子计算机保护。同年，在冀南电网的马头电厂至留旺变电站的 220 千伏输电线路上采用了华北电力学院研制的微电子计算机保护。到 1990 年，微电子计算机保护在华北电网 220 千伏输电线路上已被广泛使用。

1985 年，500 千伏超高压输电线路投入运行时，继电保护装置引进了国外先进设备。

1990 年 12 月，在山西冶峪至太原第一热电厂的 220 千伏输电线路上采用了 JKF－1 型集成电路光纤工频变化量快速方向保护、CGZ－1 型集成电路光纤纵差保护和 JCJ－8012 型集成电路综合重合闸及微机故障录波器，新型录波器不仅能打印各种故障电气量，而且还有测距功能，从而大大方便了事故分析，提高了电网的运行管理水平。

第二节　调度通信

华北调度通信网为专业通信网，是在电力网形成和扩大的过程中发展起来的。由新中国建立初期发电厂内部电话发展成区域电网的通信，由区域性通信连接成华北统一的电力系统通信网。通信技术装备由开始时只有手摇“强力”电话，发展成可长途/本地组网、电路交换、数据交换和带有智能调度台的程控交换机。通信功能也由单一的通话发展成为继电保护、调度自动化、计算机通信、业务传真提供多种信息通道。通信电路由 50 年代初的电力线路电杆上添加线的通信线，发展成载波、微波、光纤电路。汇接交换不再是原始的人工汇接，已发展成高度自动化的程控交换网。通信机构在新中国建立时，除北京电业局设有通信科外，其他地区的电网均无通信机构，仅有少数电话接线员。1955 年后，各地区电网开始成立通信班（组）。到 1990 年末，总调、中调内均设立了通信科，各供电（电业）局及发电厂设有通信班（组），形成一支 2560 名通信运行、维护和通信工程施工的专业队伍。

一、有线通信

新中国建立初期，华北电业的电力调度通信，主要靠33千伏和6千伏电力线路电杆上添架的通信线和租用市内电话局几条话路。调度机构与发电厂、变电站以手摇“强力”电话通话。

随着国民经济恢复和第一个五年计划的建设，电网通信有了长足发展。1952年，架设了京津唐电网中调至南苑变电站长9公里的架空通信线路，这是华北电网第一条专用有线通信线路。1954年，山西省太原第一发电厂（1958年改为太原第一热电厂）投产时，架设了山西电网中调至汾河桥西约5公里音频电缆5对及汾河桥西至太原第一发电厂34对明线，开通了中调与电厂的调度通信。1955~1956年，石家庄电网建成西郊变电站经获鹿、微水至新井的架空明线，并自行设计、制作、安装了调度总机。在此期间还建成北京至官厅水电站和北京至天津的两条长途架空线路。

1958~1959年，建成京津唐电网中调至东北郊、至南苑枢纽变电站各一条音频电缆，总长35公里。1974年，建成京津唐电网中调至南苑变电站8公里的高频对称电缆，这是华北电网第一条高频电缆。

随着专用架空通信线路和通信电缆的发展，到70年代中期，全部取消了电力杆塔上添架的通信线路。

远动装置的安装和使用，使电网调度的有线通信开始向邮电载波（即通信线载波）方向发展。

京津唐电网中调1975年开通了经南苑变电站至507电厂的北京地区第一条3M－202型电子管式邮电3路载波电路，和中调经南苑变电站至良乡北京送变电公司的3M－312型电子管式邮电12路载波电路。两年后又开通了中调至天津北郊变电站和天津市电力工业局至北郊变电站3ZM－305晶体管12路邮电载波电路。80年代初，完成北京至张家口地区的12路邮电载波工程。至此，京津唐中调至北京、天津地区的发电厂、枢纽变电站和地调间均开通了12路邮电载波，并作为远动传输信息及主要发电厂和枢纽变电站间的联络通道。邮电载波的建成与使用增加了话路容量，改善了转接电路的质量。

1982年11月，太原地调至110千伏辛贤变电站采用光导纤维通信试用成功，光纤长7.2公里，是华北电网第一条光导纤维通信线路。1984年6月，又在雁同地调至大同北郊变电站间采用了数字光纤通信，光纤长13公里，是当时国内电力系统最长的一条架空光纤通信线路。1988年，冀南电网中调至石家庄供电局的480路数字光纤通信建成投入使用。到1990年末，华北电网有5条共23.2公里光纤通信线路正式运行。

二、电力线载波通信

电力线载波通信是50年代后期，随着高压、超高压输电线路的建设而迅速发展起来的。新中国建立前，北京南苑变电站装有一台同天津通话的日本产双边带电子管载波机。新中国建立初，改制了D－90和820载波机，开通了京津唐电网第一条77千伏电力线路上的变频式电力线载波通信电路。1954年，京津唐电网陆续从前捷克斯洛伐克引进23台变频式载波机，从前苏联引进2台单边带复合式载波机，从瑞士引进2台哈斯拉两路复合式载波机。分别安装在主要发电厂和变电站内。

1955年，下花园—官厅、官厅—东北郊的110千伏输电线路建成投产，开通了下官、官京（北京东北郊）电力载波电路。同年，山西电网太原—榆次—阳泉的110千伏输电线路投产，以一对前捷克斯洛伐克产CZ－75000型电力载波机，开通了山西中调至阳泉的电力载波通信。1957～1958年，又开通了山西中调至榆次变电站，太原第一热电厂至介休变电站的电力线载波电路。

1958年，内蒙古包头第一热电厂至白云鄂博110千伏输电线路投产，开通了内蒙古第一条电力线载波通道。

1960年，冀南电网在110千伏邯（郸）邢（台）输电线路和邯（郸）羊（范）输电线路上开通了电力线载波通道。

60年代初，华北各中调对原有电力载波通信系统进行改造和设备更新。改造后的通信网均采用国产设备。1961年，在110千伏主网新装国产变频式载波机2台，复合式载波机18台，并开始复用遥信和遥测等远动信息。同时在电网边缘地区安装了一批国产双边带载波机，用于电力调度通信。1961年后，各地区中调陆续安装国产ZDD－5、ZDD－3晶体管载波机，用于调度通信。

70年代，电话、远动、高频继电保护对通信通道的需求日益增加，造成电网内电力线载波频道拥挤，相互干扰严重。因此，1978年各地区中调开始对载波频率和机型进行改造。采用了4.0千赫和2.5千赫的混合标准频谱，频率分配采取“电网分区，频谱分组，重复使用”；以ZDD－5、ZDD－8、ZDD－10、ZDD－12 4种设备为标准机型。1982年改造工程完成后，使电网电力载波电话机型简化，通道数量增加一倍。

华北电网联网后，为配合大同—房山500千伏超高压输电线路建设的需要，1982年与瑞士BBC公司签订了引进15台ETI－101电话和远动复用载波机及其相应的结合设备。与美国GE、前联邦德国西门子公司分别签订了引进8台高频继电保护专用载波机的合同，1986年安装完毕开通使用。

到1990年底，华北电网共安装电力载波设备1481台，其中458台用于主系统，其余为地区电网调度使用。电力载波设备运行率年平均为99.98%。

三、无线通信

50年代初，山西电网中调与阳泉电厂的调度通信采用了一对50瓦的无线电台。北京电力部门约有10部SCR－284短波电台，主要用于临时性行政业务通信，通信质量差。1963年，京津唐电网先后开通4路特高频电路，后因通信保密问题未能解决，于1966年停用。在1963～1979年间，山西电网曾使用4路和12路特高频通信，后因设备不过关，电路不稳定，音质差而停用。

微波电路通信于1969年首先在京津唐电网使用，也是国内电力系统第一条微波电路，全线采用匈牙利产PM－28型PPM调制方式的电子管微波设备。这条通信电路的使用，使北京至天津、唐山的通信各增加两条话路。该通信电路共设6个微波站，其中北京和通州站为最早的微波站，全站总长222.4公里。1974年开始对PM－28微波通信电路进行更新改造，并增加唐山至秦皇岛一段话路，称为京津唐电网微波通信干线。1978年末，第一期改造工程京唐段120路2GC模拟微波通信干线建成投产。全线设9个微波站，总长287

公里，成为京津唐电网主要通信干线，也是华北电力系统第一条国产微波通信电路。同年，北京供电局采用150兆赫无线电对讲机，用于电力线路检修和站内施工通信，到70年代末期已有对讲机200台左右，北京送变电公司开始将其用于送变电工程施工通信。这种通信方式曾被华北电业的电力施工企业广泛采用。

进入80年代，加速了微波通信电路的建设。1980年，山西电网南线微波通信电路开始施工，这条微波通信电路自太原至运城共设16个微波站，其容量为300路，1983年10月26日全线投入运行，这是山西电网第一条微波通信电路。该微波通信电路的开通，在山西电网首次实现了运城、临汾、晋中电力（业）局及霍县、侯马间的直拨电话，开辟了山西电网主网的第二种通信方式，初步缓解了山西电网南部地区通信通道紧张局面。

1981年4月，水利电力部引进日本NEC设备，建成北京至武汉的480路数字微波通信电路，在北京建成房山微波站，保定、石家庄、邢台、邯郸也先后建成了微波通信支线。此条微波通信电路的部分话路供华北电网使用。1983~1984年，先后在北京供电局的10个区、县供电局建成以特高频为主的选呼无线电二次通信网，共有分台220部。70年代末，蒙西电网呼和浩特东郊变电站与中调、区调间使用208特高频通信。1985年，北京供电局引进建成飞利浦8信道100部分台和加拿大6信道80部分台的自动拨号可进市话系统的无线电一级通信网。石景山发电总厂、华北电力试验研究所建成生产、指挥、防汛、高压试验、风力发电专用无线电台。1986年，北京送变电公司、北京电力设备总厂建成三个有分机160部的袖珍无线电传呼网。无线通信已成为北京地区电力调度、生产指挥和电力线路检修的主要通信手段之一。1986年末，北京、天津、沧州、石家庄480路数字微波通信电路（日本NEC设备）建成试运行，1987年5月正式投产运行，全线共25个微波通信站，电路总长454公里。

1986年11月25日，由总调组织建设北京至山西省的数字微波通信电路（日本NEC设备），北京—大同段为960路，太原—神头段为480路，全线总长438.9公里，包括支线（石门洞山—张家口）共设25个微波通信站，太原至神头段共设14个微波通信站，于1988年11月15日投入运行。全线于1988年11月25日提前竣工，1989年10月1日试运行。

1987年，蒙西电网建成中调至呼和浩特东郊变电站的120路数字微波通信电路，更替了208特高频通信设备。同年12月20日，山西省神头电厂至铺上变电站的30路数字微波通信电路也投入运行。1988年，石家庄供电局至王里、大河变电站，沧州电业局至交河变电站5条30路数字小微波通信工程安装完毕，1989年投入使用。

1989年10月至1990年11月间，山西电网先后开通了：七里沟至应县数字微波通信电路30路，太原至漳泽电厂微波通信电路12路，晋中至使赵变电站模拟微波60路，中调至太原第一热电厂480/60路数字微波通信电路（日本NEC设备），临汾至留村变电站30路数字微波通信电路。

到1990年末，由京津沧石、京晋和京津唐秦三个主干微波通信电路，59个微波通信站，总长1179.9公里组成的微波通信电路网络纵横华北电网的东西南北，加上17个无线电台和地区电网的微波通信支线共同组成的无线通信系统，成为全网80年代末电力调度的主要通信手段。

四、汇接交换

（一）电力调度通信交换网。新中国建立初期，电力调度通信用人工磁石交换机。京津唐、太原、石家庄3个较大的电网，共有磁石交换机110门左右，中调与发电厂均无专用调度台。1951年初，石景山发电厂首先使用了调度台，继而京津唐中央调度所（中调）及其他地调陆续设立了调度台，但仍为人工汇接通信。1954～1969年，各电网先后安装了自前捷克斯洛伐克引进的USH系列步进式自动电话交换机及前苏联的ПК－40门共电式调度总机。1970年后，对调度总机进行更新。1976年首先以DT型晶体管调度总机更替了原有总机，1985年，华北电业管理局与挪威EB公司签订了引进17台DCX－5型调度程控交换机并配套25部智能调度台的合同。1987年开始安装于网、省、地区三级调度中心和12个主要厂、站的通信枢纽点，形成一个长途与本地合一的电力调度电话汇接交换网，1989年5月9日正式运行。这部电力调度程控交换机的使用，提高了电力调度的可靠性和灵活性，在全国电力系统居领先地位。

（二）行政通信交换网。1954年前，行政通信交换多为共电式和磁石交换机。1955年开始使用前捷克斯洛伐克产的SUS－100门和200门步进式自动交换机。1962年，北京电业管理局调度处通信科自行设计制造了16个方向的电子管型会议电话总机和分机，利用网内行政长途电话定期召开北京电业管理局直属发、供电单位的电话会议，指挥电网生产运行。1977年，会议电话交换机更新为晶体管型，并建立了主网和地区分网两级汇接方式，北京电业管理局直属21个单位均可参加电话会议。

行政长途电话直拨系统，于1980年首先在北京、天津电力部门开通。1985年开始实施华北全网长途电话直拨组网工程，经过3年的工作，开通了华北电网21个单位由华北电业管理局直接汇接长途直拨电话和47个由省、市、地区电力企业，二次汇接的长途电话直拨单位。

华北电业管理局1985年自美国Telex公司引进的行政程控交换机于1988年正式运行。1986年3月，河北省电力工业局引进日本NEC公司产的NEAX－2400程控1000门交换机正式投入使用，实现了省电力局与各供电局、发电厂及华北、华中、华东、东北、西北电业管理局联拨电话。部分供电（电业）局和发电厂还利用电话联拨完成传真业务。山西省电力工业局引进加拿大LS－1型数字程控交换机1100门，于1990年7月23日投入运行，实现了山西省与全国各省、市电力部门及电力部所属企事业单位的直拨电话。并为实现计算机联网、办公自动化和建立山西省电力工业局综合数字通信网打下了基础。华北电网三套行政程控交换机的投产使用，组成了全网电话联拨、直拨的汇接交换网，加快了电力生产经营信息的传输，强化了联合公司对电力生产、经营、建设的指挥和管理，提高了工作效率。

第三节　调度自动化

华北电网调度自动化起步于1954年，随着电网的扩大和技术进步及自动化装置的更新，使调度自动化水平不断得到提高。到 1990 年，华北电网已建立了计算机实时监控和能量管理系统（EMS）。

一、远动装置

1955 年，山西太原第一热电厂在建厂时，配套引进了前苏联电磁式近作用遥测装置，对发电机组的有功功率、无功功率、母线电压，在当地进行遥测显示，这是华北电网第一套远动装置。1956 年 8 月 3 日，京津唐电网中调至西城变电站的 CF-56 型遥控装置投入运行，该装置由电力部门和中国科学院自动化研究所联合研制，是华北电网运行的第一套遥控装置。1957 年，在电力工业部技术改进局（今电力科学研究院）的帮助下，又在太原第二发电厂（原城外发电厂）及 35 千伏河西变电站加装了电流、电压遥测。1958 年，太原第二热电厂投产时也配备了类似的遥测装置，并将信息量引至中调和省电业局总工程师办公室。同年，北京地区调度所和毛家坟 35 千伏变电站安装使用了自制的 SF-58 型远动装置。1960 年 3 月，35 千伏毛家坟变电站实现了远动遥控无人值班。这一年内，北京地区有 27 座变电站中使用了简易“电钟遥控”装置，呼包电网也使用了类似装置。后因可靠性差，陆续退出运行。

进入 60 年代，远动技术迅速发展，装置不断更新。1960 年 12 月，SF-58 型有触点召唤遥测装置更替了 SF-58 型远动装置，1962 年又更新为 SF-58 型无触点远动装置，增加了遥测量，提高了遥测精度。1963 年，采用了一批上海、阿城、锦州等地生产的远动装置。同年，京津唐电网的石景山电站、高井电站、北京热电厂、天津第一发电厂、官厅水电站、下马岭水电站还投入了自动调频和自动调整有功功率的自动装置，后在“文革”中因自动调频装置存有缺陷而停用。

随着远动技术的发展，70 年代初，开始采用更新型的晶体管远动装置和集成电路为主的远动装置。1971 年，100 点巡回监测装置投入使用，更替了 SF-58 型无触点远动装置，中调调度值班人员可随时掌握负荷变化，监视各地区间的实时交换功率。1974 年末，具有遥测、遥信双功能 WYZ-1 型（B·C·E·F）型远动装置投入使用，使信息由模似量变为数字量，遥测、遥信精度进一步提高。

80 年代开始，微机进入远动系统。1984 年 8 月，SNY-1 型（1∶N）微机远动首先在京津唐电网试运行，1985 年 9 月经部级鉴定合格，正式投入运行。1987 年，从瑞士引进了一套 PDP-11/73 微机系统，用于天津北郊 500 千伏变电站，进行数据采集，完成当地自动功能，并有屏幕显示和自动打印、制表装置。1985 年 7 月，河北中调安装了一台南京自动化设备厂生产的 MWY 微机转发装置。同年，总调、山西中调 MWY-D、MWY 微机远动装置也陆续运行，总调可收集山西、冀南两个电网转发的 233 个遥测量和 141 个遥信量。至此，华北电网的远动装置联成系统。

1989 年 1 月 24 日，总调端 EMS（能量管理系统）正式运行，逐步更新了原有远动装置。

二、监控（视）系统

计算机应用于电网调度的安全监控起始于京津唐电网的北京地区供电系统。1974 年 8 月，北京供电局地区调度所建立了以国产 DJS-17（原名 153）型电子计算机为核心的供电电网调度安全监控系统。此后，华北电网总调、各中调也陆续建立了计算机监控（视）系统。

1976年，京津唐中调DJS－121晶体管计算机在线运行，以黑白屏幕显示电网运行工况。

1978年8月，建立了SD－176计算机彩色屏幕显示调度运行实时监视系统。同年3月，山西中调采用太原市无线电六厂生产的DJS－130电子计算机，实现了山西电网在线计算机安全监视。

1983年，京津唐电网中调SD－176双机实时监视系统和北京地区供电网的DJS－130双机实时监视系统先后试运行。同年5月，冀南电网中调SD－176计算机安全监视系统投入运行，可进行数据采集处理及屏幕显示和打印输出，可显示43幅画面。

到1983年末，总调及山西、冀南电网中调均已实现了在线计算机实时监视系统。1984年10月1日，京津唐电网中调SD－176双机电网调度安全运行自动监测显示系统经水利电力部鉴定合格后正式投入运行，共配有4台彩色屏幕显示和两台打印机，可实现15种功能，显示126幅画面。可监视发电机有功功率和发电厂的功率总和、发电厂和变电站母线电压和运行方式、联络线电力潮流和稳定极限、地区负荷、联络变压器电压和电流、断路器位置，并有越限报警和事故追忆功能。

在SD－176双计算机实时监视系统运行期间，不但提高了电网安全、经济运行和事故处理水平，而且取得了一定的社会效益。仅据京津唐电网1984年4月～1985年4月的统计计算，一年可节约当年发电燃料的2‰～3‰，折合标准煤3.26万吨，约合173万元。同时由于事故处理及时，减少停电损失70万元。SD－176双机年平均使用率已达99.78%，年平均运行率99.62%，事故时遥信动作正确率年平均为99.2%。

1985年后，华北电网先后引进了一些功能较多的计算机实时监控（视）系统，逐步更替SD－176计算机。当年9月30日与美国西屋系统有限公司（WSL）签订合同，由WSL提供VAX－11/785作为主计算机的WESDAC－32能量管理系统（EMS），对京津唐电网进行实时监控、数据采集、自动发电控制和经济调度控制。同时还引进新制式问答式RTU装置15台，分别安装在7个发电厂和8个变电站。EMS系统运行初期仍接收原有国产远动装置的信息，实现其设计功能，然后逐步过渡到RTU。此项引进工程，国外设备投资人民币2600万元，国内配套设备投资人民币900万元。1988年1月开始现场安装、调试，12月30日试运行，1989年1月24日正式运行。实现了对95个发电厂、变电站的实时运行工况监视，对部分220千伏变电站断路器和500千伏房山变电站主变压器有载调压开关的遥控，对3个主力发电厂的9台发电机组总容量为169万千瓦的自动发电控制。1990年底，EMS系统计算机自动打印电网频率和中枢点电压，为实现以自动打印代替值班调度员手工记录调度运行日报奠定了基础。

在这一时期内，冀南电网中调于1987年底与加拿大CAE公司签订了引进EMS系统的合同。山西电网于1988年初与美国TI公司签订了山西电网新的计算机实时监控合同，由该公司提供S/3实时监控系统。同年3月通过华北电力设计院和山西电力勘测设计院的设计审查。1989年3月山西省电力工业局派人赴美国进行培训和参加出厂验收。1990年2

月设备全部到货，7月下旬TI公司派技术人员到现场安装，8月下旬完成现场验收。同年12月，S/3实时监控系统试运行。

EMS和S/3实时监控的投入运行，使华北电网能实时监控东西约800公里，南北约450公里范围内发电厂和枢纽变电站的运行工况，使中心调度机构的调度自动化水平提高到一个新的高度。

按能源部对调度自动化实用化的要求标准，到1990年，总调，山西、冀南中调的调度自动化均已达到可实时监控：发电厂有功功率总和≥90%，用电负荷总和≥90%，电网主接线及联络线功率采集≥90%，远动系统月平均运行率≥95%，电网事故时遥信正确动作率≥95%，在线计算机月平均运行率单机系统≥95%，85%的实时画面对命令的响应时间不大于3~5秒，调度报表制表合格率≥93%。

在电网中心调度机构调度自动化水平提高的同时，各地区调度机构的调度自动化设施也有很大发展。1990年底，华北电网的27个地区调度所中，已有北京、天津、太原、石家庄等19个地区调度所建立了计算机电网安全实时监视系统，使安全监视范围扩大到19个地区的供电系统。

第四节　计算机应用

50年代末期，电网调度用自制的交流计算台计算系统短路电流，用以整定继电保护定值，继而自制和使用了交流计算台，计算输电线路潮流、电压、短路电流及简单的系统稳定，用于编制电网运行方式。

60年代初，电网调度开始使用电子计算机进行离线计算，更替了50年代的交流计算台。随着电网发展的需要和计算机技术的进步，电网调度使用的计算机也不断更新，使用范围亦愈加广泛。1968年开始安装和使用国产晶体管DJS－121电子计算机，计算系统稳定并代替交流计算台的所有计算工作。1981年使用华北电力试验研究所的DJS－320计算机终端机，进行系统稳定计算和编制京津唐电网经济调度方案。1983年10月，以日本索德M－243计算机更替了DJS－320终端机进行计算和编制经济调度方案。1984年上半年使用电力科学研究院容量较大的日产M－160计算机终端机进行系统稳定和联络线潮流计算。1985年11月，山西中调以PDP11－73计算机更替了PDP11－23计算机，使计算速度提高30%。同年3月，京津唐中调安装并使用美国PDP11－73型计算机，进行电网继电保护定值和短路电流计算。1986年，华北电力试验研究所VAX－11/780计算机投入运行后，京津唐中调应用该主机的终端机替换了M－160终端机进行输电线路潮流和系统稳定计算。山西中调为了进一步提高计算机的计算速度，1988年1月，安装使用了一台配置68020协处理板IBMPC－286计算机与PDP11－73计算机联网使用，使计算机运算速度提高近百倍。1986年后，开始应用各类微机进行生产调度、专业管理、工程管理、科技管理、通信管理及财务、劳资、人事、物资管理和办公自动化的统计、打印、制表和计算工作。

第五篇　用　　电

华北的用电，始于19世纪末天津租界地的买办洋行和北京的宫廷用电。伴随着各省（市、自治区）发电厂和供电设施的投入，电力开始进入社会，用电户逐渐增多，负责用电的营业部门也不断扩大。当时的营业部门，基本上与发电、供电由一个机构管理。

到1949年，华北总用电量为5.0519亿千瓦时，人均年用电量11.52千瓦时。其中北京、天津、河北3个经济发达的地区，用电管理机构和管理制度也较其他地区完善。3个地区1949年总用电量中，工业用电量的比重已占87.19%，农村用电量的比重为0.74%。北京、天津两市1949年的最高负荷已分别达到3.54万和5.4万千瓦。

自1953年起，经过两个五年计划的建设，华北的钢铁、煤炭、建材、机械、纺织等行业的用电量增长，农田水利排灌用电量也迅速增长。到1962年，华北总用电量增长到71.5090亿千瓦时，比1953年增长4.68倍。其中工业用电量的比重为81.25%；农村用电量增长迅猛，比1953年增长52.13倍，其比重由0.74%提高到7.07%。华北全区1962年总用电量比1949年增长13.16倍，人均年用电水平达到98.09千瓦时。

在电量销售上，新中国建立初，华北执行了“一种商品、多种价格”的电价政策，1953年后改由国家统一制订电价。据北京、天津、山西3个地区的统计，每千千瓦时的平均电价，1953年分别为196.39元、184.21元、59.32元，1962年为92.22元、94.18元、91.59元，由于实行优待电价，京津两地平均电价下降1倍左右。电费收取方法，也由初期的“走取”，逐步改为银行代收、无承付托收、有承付托收或每月3次计划划拨电费等方法。

1964年以后，华北石油开采与加工工业迅猛兴起，用电量增长很快。70年代后，石油与化工用电量已占工业总用电量的首位，其与钢铁、煤炭行业用电量之和，占华北工业总用电量的一半以上。到1975年，华北总用电量为292.9213亿千瓦时，较1962年增长3.1倍。其中工业用电量占总用电量的比重为74.42%，较1962年下降7.54%；农村用电量大幅度上升，1975年农业用电量为50.6052亿千瓦时，比1962年增长9.1倍，占总用电量的16.99%，比1962年上升9.92%。1975年人均年用电水平为306.12千瓦时。1975年北京地区最高负荷为96.15万千瓦，天津地区为70.2万千瓦。由于优待电价范围不断扩大，平均电价仍不断下降，北京、天津、山西3个地区1975年每兆瓦时平均电价分别为64.02元、68.85元、71.83元，较1962年下降30.58%、26.88%、21.57%。

中共十一届三中全会后，工农业生产持续增长，城市建设与人民生活水平不断提高，家用电器已大范围进入家庭，乡村工业兴起，农田电灌面积扩大，大多数县达到村村有电。到 1985 年，华北总用电量增至 594.9132 亿千瓦时，其中农村用电量增至 110.5461 亿千瓦时，较 1953 年增长 1160.2 倍，占总用电量比重上升到 18.58%。工业用电量占总用电量比重为 69.53%。1953～1985 年，工农业用电量占总用电量比重始终在 83.68%～91.41%之间。1990 年华北总用电量比 1985 年增长 51.61%，比 1953 年增长 70.7 倍。全华北 1985 年人均年用电水平为 530.49 千瓦时，较 1949 年增长 45.05 倍。到 1990 年，京津两地的人均年用电水平增至 1400 千瓦时以上。

计划用电工作，从 1978 年开始实行凭证供电。1982 年实行计划用电包干制度，推行定电力、定电量、定电耗、定用电时间的“四定”制度，执行电力、电量分配与考核办法，安装电力定量器、定时开关钟、负荷分配器、音频等控制用电的设施，并深入开展节约用电、降低电耗工作，在此期间，华北年平均节电 15 亿千瓦时。80 年代中期，各地区采取“来油、来煤加工”、“购买电力债券”、“购买退役发电机组发电”等开源措施，向电网购买用电权。同时在电价上，增加了实行煤运加价、峰谷电价、超产自销电价、小火电电价以及来油、来煤加工电价等，由于逐渐停止实行工业优待电价，平均电价有所回升，北京、天津、山西 3 个地区 1990 年每兆瓦时平均电价分别为 87.61 元、82.13 元、112.96 元，较 1975 年回升 36.85%、19.29%、57.26%。

第一章　用电结构

新中国建立后，随着华北国民经济的发展和人民生活水平的提高，用电量增长很快。1990年比1949年的年用电量提高207倍。农村用电由于国家在60年代初开始执行优先发展农业政策，使农业生产、农村工业、水利事业及农村人民生活用电聚增，1990年比1949年的年用电量增长近4千倍，增长幅度居首位。其次是交通运输用电量增长574倍，市政生活用电量增长175倍，为第3位。工业用电量提高135倍，占第4位。1990年，华北人均用电量比1949年增长77.6倍。

第一节　华北总用电量

1888年，在天津市由德商世昌洋行为其开办的绒毛加工厂使用电力打包，为华北工业用电之始；同年，该厂自备电厂向荷兰驻华机构提供1千瓦生活照明用电，与北京宫廷照明用电，同为华北生活用电的开端；1922年，山西地区太谷县的曹家，在其住所北洸村“三多堂”安装5千瓦发电机，供其生活照明用电，此为华北农村生活用电之首；农业生产用电，则始于20世纪30年代之后。

到1949年，华北有电已有61年的历史，这一年北京、天津、河北、山西地区总用电量为4.9361亿千瓦时，其中工业用电量为4.2832亿千瓦时，占总用电量的86.76%，农村用电量为0.0336亿千瓦时，占总用电量的0.68%，市政生活用电量为0.5766亿千瓦时，占总用电量的11.68%，交通运输用电量为0.0433亿千瓦时，占总用电量的0.88%。

1949年后，华北工农业生产迅速发展，人民生活水平不断提高。到1990年，经过41年的建设，华北总用电量增长为1023.3258亿千瓦时，扣除发电厂厂用电120.2115亿千瓦时和线路损失62.4934亿千瓦时，用户总用电量为840.6209亿千瓦时。

1990年在用户总用电量中，按1949年分类方法，工业用电量为580.6994亿千瓦时，占总用电量的69.08%，居首位；农村用电量为133.9804亿千瓦时，占15.94%。居第2位；市政生活用电量为101.0606亿千瓦时，占12.02%，居第3位；交通运输用电量最小，为24.8805亿千瓦时，占2.96%。

1949～1985年华北各地区历年用电结构、1986～1990年华北各地区用电结构（1986年后按国家新规定分类）、1990年华北分类用电量统计，见表5－1－1、表5－1－2、表5－1－3。1953、1985、1990年用电结构，见图5－1、图5－2、图5－3。

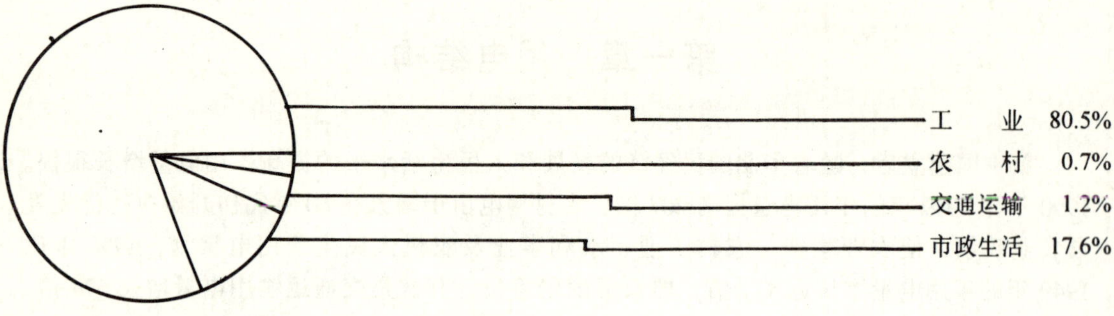

图 5－1　1953 年用电结构图

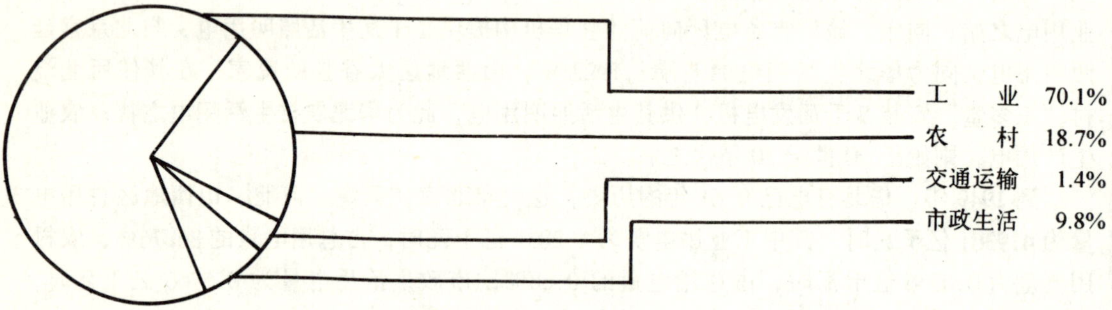

图 5－2　1985 年用电结构图

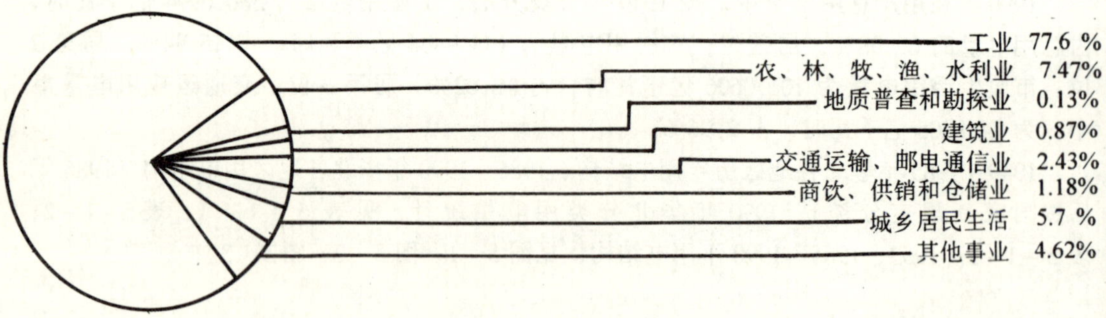

图 5－3　1990 年用电结构图

华北各地区 1949～1985 年用电结构统计

表 5－1－1　　单位：亿千瓦时

分类 地区 年份	用电量总计				
	北京	天津	河北	山西	内蒙古
1949	0.8224	1.9635	1.71	0.4405	0.1155
1950	1.3649	2.6436	2.21	0.6438	—
1951	1.7755	3.2228	2.57	0.8333	—
1952	2.045	3.8733	3.16	1.2285	—
1953	2.5323	4.7352	3.8606	1.6169	0.221
1954	3.033	4.869	4.83	2.2286	—
1955	3.7318	4.8154	5.41	2.9548	—
1956	4.9341	5.7822	7.16	3.8007	—
1957	5.4678	6.3134	8.62	4.7489	0.7421
1958	7.8771	8.5549	13.28	7.8517	—
1959	12.9704	11.052	21.44	12.3621	0.8395
1960	19.5368	13.8087	31.03	18.7524	—
1961	19.3619	10.6505	24.95	16.0234	3.0924
1962	17.6654	10.3944	21.56	15.1304	6.7588
1963	18.898	11.8392	19.42	15.8492	7.4837
1964	21.9674	14.5049	23.29	17.9793	8.2001
1965	26.2718	16.9123	29.25	22.3132	9.7716
1966	29.7327	18.9059	36.42	27.233	12.4254
1967	27.9028	17.7733	37.56	26.1145	11.7849
1968	27.3454	18.5391	39.59	19.3945	—
1969	34.5416	22.7872	46.51	24.9244	—
1970	37.899	30.8025	52.37	34.3474	17.17
1971	43.377	35.4177	64.69	40.4767	—
1972	45.5598	36.9192	72.16	45.0563	18.7373
1973	48.9387	39.2406	80.92	51.4453	18.5978
1974	54.6302	43.6307	90.85	51.933	17.1742
1975	60.7359	48.5271	107.34	59.0101	17.3082
1976	63.0825	45.7009	109.21	56.8823	20.5175
1977	65.4222	49.944	115.73	66.227	22.8046
1978	75.7619	60.3015	143.1	81.8437	26.7133
1979	82.5641	68.1058	151.88	89.2116	35.9048
1980	88.113	73.6457	161.93	93.7587	37.9526
1981	90.4563	76.1143	163.91	94.4694	39.6926
1982	93.5963	79.2731	170.33	102.0718	46.5557
1983	97.6377	76.3655	185.54	109.657	48.0653
1984	103.2442	80.6465	199.64	120.1538	52.3773
1985	110.956	80.4008	210.18	131.21	57.31

续表

年份＼地区＼分类	工业用电量				
	北京	天津	河北	山西	内蒙古
1949	0.8085	1.5314	1.58	—	—
1950	0.8589	2.1081	2.07	—	—
1951	1.0795	2.5656	2.37	—	—
1952	1.3218	3.1322	2.88	—	—
1953	1.5451	3.8116	3.5	1.45	0.1238
1954	1.7944	4.3687	4.42	1.99	—
1955	2.2467	4.449	4.41	2.69	—
1956	3.0495	5.5239	6.54	3.41	—
1957	3.4497	6.1667	7.65	4.29	0.4021
1958	5.3861	9.1456	12.17	7.19	—
1959	9.307	12.0236	19.92	11.42	—
1960	15.0107	11.5992	28.81	17.32	—
1961	14.7482	10.3967	22.41	14.24	—
1962	12.4156	9.5886	17.73	13.08	5.7914
1963	12.7358	10.5345	14.86	13.56	—
1964	15.3581	12.2297	17.92	15.56	8.7141
1965	18.0694	14.9709	21.84	19.09	—
1966	21.0283	17.8877	27.19	23.29	—
1967	18.9066	16.7767	27.62	21.91	—
1968	17.948	17.7816	27.94	14.97	—
1969	24.9279	21.9172	34.65	20.08	—
1970	28.5628	24.3497	37.51	28.95	15.58
1971	32.9011	27.6254	45.87	33.8	—
1972	34.0514	29.0285	48.84	37.13	—
1973	37.2668	30.4817	55.86	41.89	—
1974	41.2627	33.0698	61.9	41.12	—
1975	44.9509	35.747	75.35	46.71	19.07
1976	46.9151	33.05	78.09	43.9	—
1977	48.7044	34.7035	83.66	51.9	—
1978	57.0621	41.7136	104.87	64.44	—
1979	62.0262	36.9875	111.72	69.44	—
1980	64.8496	48.9796	114.58	71.42	27.8568
1981	64.3976	51.0764	111.72	70.60	—
1982	65.706	53.5793	116.83	78.11	—
1983	68.7937	56.2064	124.15	85.28	—
1984	71.6653	58.6631	132.72	92.7	—
1985	74.6324	60.9595	137.8	98.77	41.4856

续表

年份 \ 地区 \ 分类	农村用电量				
	北京	天津	河北	山西	内蒙古
1949	0.0003	0.031	0.0018	—	—
1950	0.0015	0.0431	0.0136	—	—
1951	0.0034	0.0747	0.029	—	—
1952	0.0051	0.0654	0.03	—	—
1953	0.004	0.0539	0.035	0.0002	0.0021
1954	0.003	0.0478	0.044	0.0002	—
1955	0.0045	0.0601	0.039	0.0002	—
1956	0.0111	0.1111	0.057	0.0002	—
1957	0.0316	0.171	0.07	0.0022	0.015
1958	0.1406	0.1674	0.082	0.017	—
1959	0.2473	0.2278	0.117	0.0876	—
1960	0.2813	0.5569	0.42	0.3927	—
1961	0.4938	0.6669	1.11	0.5883	0.0588
1962	0.8038	1.0914	2.28	0.8238	—
1963	1.4806	1.2189	3.12	1.08	—
1964	1.4643	1.5098	3.74	1.11	—
1965	2.2259	1.3314	5.69	1.79	0.1897
1966	2.71	1.1352	7.56	2.39	—
1967	2.7393	0.9931	8.28	2.52	—
1968	3.3637	1.0336	9.97	2.81	—
1969	3.0892	1.1932	9.98	2.99	—
1970	2.8126	1.6538	12.99	3.43	0.56
1971	3.4707	1.8626	16.89	4.41	—
1972	4.3879	1.8048	21.02	5.39	—
1973	4.2692	1.8718	22.17	6.84	—
1974	5.1554	3.3547	25.21	7.96	—
1975	6.8054	4.6348	28.23	9.02	1096
1976	7.0372	5.7830	27.17	9.32	—
1977	7.0325	5.6601	26.96	10.58	—
1978	8.1421	7.8548	32.06	13.42	—
1979	8.6447	8.2844	34.34	15.20	—
1980	10.3246	10.1697	39.41	17.11	—
1981	11.9431	18.4529	43.31	18.04	—
1982	12.6569	10.1732	43.70	17.17	—
1983	12.1195	10.4261	50.38	15.40	—
1984	12.2304	11.9049	54.40	17.33	—
1985	13.0135	11.5934	56.93	19.08	9.9292

续表

年份 \ 分类地区	交通运输用电量				
	北京	天津	河北	山西	内蒙古
1949	0.0024	0.0296	0.0078	0.0035	—
1950	0.0215	0.0402	0.0089	0.005	—
1951	0.0296	0.0807	0.0125	0.006	—
1952	0.0276	0.1737	0.0148	0.0145	—
1953	0.0309	0.0885	0.0156	0.0129	0.0071
1954	0.0371	0.0808	0.0121	0.0102	—
1955	0.0318	0.0766	0.0074	0.0122	—
1956	0.015	0.0918	0.0097	0.0134	—
1957	0.0183	0.1024	0.014	0.017	0.025
1958	0.0131	0.1213	0.0399	0.0172	—
1959	0.0403	0.1397	0.022	0.0373	—
1960	0.0775	0.132	0.0334	0.0572	—
1961	0.0575	0.1322	0.042	0.0698	—
1962	0.0529	0.1354	0.088	0.0801	0.1246
1963	0.0562	0.1423	0.082	0.0754	—
1964	0.0574	0.1646	0.097	0.0757	—
1965	0.0788	0.1752	0.105	0.08	0.078
1966	0.0847	0.1844	0.099	0.078	—
1967	0.0745	0.1437	0.093	0.0705	—
1968	0.0733	0.143	0.087	0.0671	—
1969	0.082	0.1553	0.088	0.1281	—
1970	0.162	0.1758	0.099	0.1059	0.06
1971	0.2978	0.2241	0.11	0.1252	—
1972	0.3077	0.2373	0.13	0.2335	—
1973	0.3068	0.2773	0.18	0.2597	—
1974	0.2809	0.3707	0.28	0.1766	—
1975	0.4355	0.3707	0.41	0.1859	0.10
1976	0.5224	0.4303	0.49	0.2107	—
1977	0.3922	0.4853	0.48	0.2655	—
1978	0.3386	0.5589	0.62	0.2931	—
1979	0.3978	0.6759	0.42	0.3858	—
1980	0.4981	0.5881	0.63	0.5502	0.3955
1981	0.5272	0.6044	1.02	0.7166	—
1982	0.5837	0.6380	1.06	1.02	—
1983	0.7193	0.6441	1.24	1.88	—
1984	0.8918	0.4877	1.38	2.01	—
1985	1.0993	0.4902	2.24	3.73	0.4777

续表

年份 \ 地区 \ 分类	市政生活用电量				
	北京	天津	河北	山西	内蒙古
1949	0.0112	0.3715	0.12	0.0739	—
1950	0.483	0.5795	0.12	0.0829	—
1951	0.663	0.6952	0.154	0.1183	—
1952	0.6905	0.7473	0.24	0.1235	—
1953	0.9523	0.7812	0.31	0.1538	0.088
1954	1.1985	0.7715	0.36	0.2299	—
1955	1.4488	0.7223	0.43	0.253	—
1956	1.8585	0.8035	0.56	0.3779	—
1957	1.9682	0.9087	0.89	0.4395	0.3
1958	2.3373	1.0749	0.99	0.6226	—
1959	3.3758	1.2875	1.38	0.817	—
1960	4.1673	1.4372	1.76	0.9923	—
1961	4.0624	1.4215	1.38	1.1297	—
1962	4.3931	1.5663	1.46	1.1431	0.784
1963	4.6254	1.7521	1.37	1.1343	—
1964	5.0876	2.0223	1.53	1.23	—
1965	5.8977	2.0901	1.61	1.36	0.7898
1966	5.9097	1.9128	1.57	1.48	—
1967	6.1824	1.8966	1.57	1.62	—
1968	5.9604	1.7926	1.59	1.55	—
1969	6.4425	1.8736	1.79	1.73	—
1970	6.3616	1.8548	1.76	1.85	0.97
1971	6.7074	1.9251	1.81	2.15	—
1972	6.8188	1.654	2.17	2.3	—
1973	7.1409	1.9272	2.71	2.46	—
1974	7.9312	2.4031	3.46	2.68	—
1975	8.5441	2.9068	3.35	3.09	1.33
1976	8.6078	2.6036	3.46	3.45	—
1977	9.2931	2.7153	4.63	3.48	—
1978	10.2191	2.9744	5.54	3.69	—
1979	11.4954	3.2414	6.00	4.18	—
1980	12.4407	3.5336	7.32	4.68	2.616
1981	13.5884	3.6429	7.86	5.11	—
1982	14.6497	4.1031	8.74	5.78	—
1983	16.0052	4.7596	9.72	7.10	—
1984	18.4567	6.2384	11.14	8.12	—
1985	22.2108	7.3577	13.21	9.63	5.4175

华北各地区 1986～1990 年用电结构统计

表 5－1－2　　　　　　　　　　　　　　　　　　　　单位：亿千瓦时

分类	年份（用电量 / 地区）	华北	北京	天津	河北	山西	内蒙古
农、林、牧、渔、水利业	1986	80.5731	10.5688	6.6849	42.8489	14.8297	5.6408
	1987	78.6910	7.7909	6.1679	43.7451	15.1822	5.8046
	1988	76.8524	8.3809	6.8243	42.1904	13.4067	6.0501
	1989	84.6000	10.0151	7.6308	44.7938	14.6360	7.5243
	1990	76.4680	9.3049	7.1332	37.3927	14.6279	8.0093
工业	1986	597.1286	100.9628	82.7289	201.8504	149.9762	64.0458
	1987	660.9397	108.8439	86.9205	219.4746	172.6879	69.6072
	1988	719.3069	114.6508	92.1358	242.8756	190.4305	79.2142
	1989	770.1349	116.5756	94.2036	262.2306	207.4501	88.7943
	1990	794.0332	122.2656	96.3044	267.4559	212.7321	95.2750
地质普查和勘探业	1986	0.6775	0.0877	0.0603	0.3478	0.0953	0.0864
	1987	0.8644	0.0904	0.0546	0.4720	0.0893	0.1581
	1988	1.0656	0.1080	0.0640	0.5666	0.1001	0.2269
	1989	1.2034	0.0979	0.0721	0.6294	0.1259	0.2781
	1990	1.3115	0.1084	0.0713	0.6718	0.1116	0.3484
建筑业	1986	6.3906	1.5794	0.7240	1.9478	1.4409	0.6985
	1987	9.0872	2.4037	0.8947	2.3146	2.6332	0.8410
	1988	9.3370	2.7502	0.8673	2.3034	2.5252	0.8909
	1989	8.9777	2.9587	0.7837	2.7676	1.3446	1.1231
	1990	8.9191	2.7681	1.0050	2.7169	1.2648	1.1643
交通运输、邮电通信业	1986	13.6959	2.4094	0.9708	4.6530	4.9723	0.6904
	1987	17.0329	3.3024	1.2746	5.9723	5.6132	0.8704
	1988	19.3612	3.4808	1.4561	6.8540	6.4943	1.0760
	1989	22.2157	3.8074	1.6222	7.6217	7.8692	1.2952
	1990	24.8805	4.4734	1.6567	8.3805	8.9230	1.4469
商业、公共饮食、物资供销和仓储业	1986	6.5771	1.6996	1.3676	1.6878	1.1535	0.6686
	1987	8.1135	2.1129	1.7092	2.0286	1.2651	0.9977
	1988	9.6909	2.7284	1.9380	2.3265	1.5119	1.1861
	1989	11.1704	3.1237	2.1448	2.7726	1.8283	1.3010
	1990	12.1927	3.6014	2.3059	2.9578	1.8284	1.4992

续表

分　类	用电量（地区）/ 年份	华　北	北　京	天　津	河　北	山　西	内蒙古
其他事业	1986	30.2127	13.3123	3.9033	6.6057	4.2302	2.1612
	1987	37.3856	16.9690	4.6654	6.8704	5.6844	3.2594
	1988	40.6256	18.5274	5.0072	7.8751	5.3362	3.8797
	1989	41.7629	18.7777	5.0721	8.5238	5.3949	3.9944
	1990	47.2968	22.0943	5.4183	9.5811	6.2173	3.9858
城乡居民生活用电	1986	34.0834	4.8858	3.1433	13.9326	7.6061	4.5156
	1987	37.6279	5.8570	4.1655	15.7747	7.0851	4.7456
	1988	42.5488	7.5434	5.3189	16.7184	7.2663	5.7018
	1989	49.8730	8.4383	6.7688	18.7956	8.3360	7.5544
	1990	58.2240	9.4924	8.0270	22.3957	9.5128	8.7961
合　计	1986	771.7764	135.5058	99.5831	273.8740	184.3062	78.5073
	1987	846.3363	147.3702	105.8524	296.5893	210.2404	86.2840
	1988	918.7884	158.1699	113.6116	321.7100	227.0712	98.2257
	1989	989.0574	163.7944	118.2781	348.1351	246.9850	111.8648
	1990	1023.3258	174.1087	121.9218	351.5524	255.2179	120.5250

华北 1990 年分类用电量统计

表 5-1-3　　　　单位：万千瓦时

用电类别	用电量	用电类别	用电量
一、工业	7940332	4. 电力、蒸气、热水生产与供应	1649838
其中：乡村工业	313853	5. 石油加工	159104
（一）采掘业	1238294	6. 炼焦、煤气及煤制品	56128
1. 矿业	1143214	7. 化学工业	1271521
(1)煤炭采选业	760521	8. 医药工业	73889
(2)石油及天然气开采业	92996	9. 化学纤维工业	72114
(3)黑色金属矿采选业	162740	10. 橡胶及塑料制品	77912
(4)有色金属矿采选业	61840	11. 建筑材料及其他非金属矿制品	448500
(5)建筑材料及其他非金属矿采选业	50774	12. 黑色金属冶炼及压追加工	1089272
(6)采盐业	11431	13. 有色金属冶炼及压追加工	248454
(7)其他矿采选业	2912	14. 金属制品	168233
2. 木材及竹材采运业	320	15. 机械工业	292671
3. 自来水生产及供应	94760	16. 交通运输、电气、电子设备制造业	148606
（二）制造业	6702038	17. 其他工业	290778
1. 食品、饮料、烟草制造	197644	二、农、林、牧、渔、水利业	764680
2. 纺织业	311526	其中：排灌	392914
3. 造纸及纸制品	145758	农副业加工	127037

续表

用电类别	用电量	用电类别	用电量
1. 农业	502798	七、其他事业合计	472968
2. 林业	7757	1. 房地产管理、公用事业、居民服务和咨询业	129978
3. 畜牧业	17868	其中：市内公共交通业	19553
4. 渔业	8948	路灯业	14438
5. 水利业	126024	2. 卫生、体育和社会福利业	47632
6. 其他	101285	3. 教育、文化艺术、广播电视业	90885
三、地质普查和勘探业	13115	4. 科学研究和综合技术服务业	49644
四、建筑业	89191	5. 国家、政党机关和社会团体	100682
五、交通运输、邮电通讯业	248805	6. 其他	54147
1. 交通运输业	229838	八、城乡居民生活用电	582240
其中：管道运输业	14490	其中：乡村	261289
电气化铁道	168251	城市	320951
2. 邮电通讯业	18967	全社会用电总计	10233258
六、商业公共饮食业、物资供销和仓储业合计	121927		

第二节　工业用电

华北各省（市、自治区）的工业用电，由于各工业发展结构及行业特点不同，有较大的差别。

一、华北工业用电

华北1990年工业用电量为794.0332亿千瓦时，按照1985年的统计口径扣除发电厂用电、线路损失电量和乡镇工业、自来水用电量，实际工业用电量为580.6994亿千瓦时，占用户总用电量840.6209亿千瓦时的69.08%，比1953年的10.4305亿千瓦时增长55.67倍。其中，石油化工、炼焦、煤气、煤制品生产用电量157.9749亿千瓦时，占27.2%；黑色金属采选、冶炼及压延加工用电量125.2012亿千瓦时，占21.56%；煤炭采选用电量76.0521亿千瓦时，占13.1%；建筑材料生产用电量49.9594亿千瓦时，占8.6%；机械制造与金属制品加工用电量46.0904亿千瓦时，占7.94%；纺织、化纤工业用电量38.364亿千瓦时，占6.61%；有色金属生产用电量31.0294亿千瓦时，占5.34%。这7个行业总用电量为524.6714亿千瓦时，占工业总用电量的90.35%。

二、北京工业用电

北京市工业用电起步于20年代末、30年代初，初期仅有面粉加工、织布、造纸、制铁等行业用电。到40年代，由于煤炭、制铁、矿砂等行业发展，其用电量占工业用电量的47.8%。新中国建立后的1949～1952年，煤炭工业用电量占工业用电量的30.3%，食品加工用电量占18.2%，建筑材料用电量占17.4%，这3项共占55.9%。其后，北京开始建设门类齐全的工业基地，重点是冶金、机械加工、石油加工、化工、建筑材料等行业。1957年机械加工业占20.3%，纺织业占18.6%，钢铁工业占15.7%，合计共占

54.6%。1965年，钢铁工业用电量上升到第1位，比重为29.1%，石油加工与化工用电量占22.3%，为第2位，钢铁和石油、化工共占51.4%。到1980年，其比重升至60.5%，1990年仍为53.99%。

三、天津工业用电

1912年后，天津市民族工业有所发展，纺织与化学工业兴起。20世纪20年代，建有500千瓦以上用电设备的裕元、北洋、华新、宝成等数座纺纱厂及永利化工厂。到1949年新中国建立时，工业用电量为1.5314亿千瓦时，主要为纺织、化工、造纸、食品加工行业，这4个行业占当年工业用电量的82%。1949年后，随着经济建设的发展，纺织、化工、金属加工、建筑材料等行业用电量增长较快，1957年较1949年增长10倍以上；"三五"和"四五"计划期间，由于大港油田的开发，石油工业用电量大幅度增长，1967年为598万千瓦时，1975年增至1.9949亿千瓦时，8年增长32.36倍；1976年以后，石油、建筑材料、轻工业用电量有较快增长，1981～1985年工业用电量以年均4%递增，其中重工业用电量比重占工业用电量的76%；到1990年，工业用电量已增至96.3044亿千瓦时，较1949年增长61.89倍。

四、河北工业用电

河北省工业用电量始终占全省用电量的首位。"一五"计划以前，工业用电量占全省用电量的90%左右。直到1980年所占比重不低于70%，1985年为65.5%，1990年为68.88%。工业用电量中，煤炭工业一直是用电大户，50年代初期占工业用电量一半以上，以后由于其他工业的发展，煤炭工业用电量的比重开始下降，1980年以前降至20%左右，1985年下降至15.9%，列工业用电量的第3位。化工与钢铁工业，在50年代初，其用电量分别占工业用电量的2.5%、3.5%，以后随着国民经济的发展，到1970年用电量已占工业用电量的20%左右。到1985年，化工行业用电量比重上升至25.4%，为工业用电量的第1位，钢铁工业用电量比重上升到18.8%，为工业用电量第2位。到1990年，化工、钢铁、煤炭3个行业用电量，占工业用电量的60%以上。

五、山西工业用电

山西省工业用电始于1920年。1949年以前，工业用电多集中于太原市。最早的工业用电始于煤矿，其后机械加工、钢厂、铝厂、面粉加工、印刷、纺织、建筑材料等行业用电相继发展。到1948年，水泥生产用电量占工业用电第1位，为26.73%；机械制造业用电量为第2位，占18.44%；面粉加工用电量为第3位，占14.33%，3者共占工业用电量的59.5%。1949年以后，随着工业的发展，工业布局遍及全省，各行业用电量比重也在变化。"一五"计划期间，钢铁工业用电量居第1位，其比重为28.67%，煤炭工业用电量居第2位，占26.33%；"三五"计划期间，化工行业用电量上升为第1位，其比重为27.75%，煤炭工业用电量居第2位，比重为24.26%，钢铁工业用电量居第3位，占20.73%，这3项共占工业用电量的72.74%。直到1990年，这3项占工业用电量的比重仍在70.52～76.4%之间。

六、内蒙古工业用电

内蒙古自治区工业用电始于包头工业基地建设，随着冶金、机械、建筑材料、煤炭等工业的发展，工业用电量逐渐增加。到1957年为4021万千瓦时，比1953年增长2.25倍，工业用电量占总用电量的54.2%。50年代末与60年代初，钢厂、铝厂、机械制造厂相继建成投产，工业用电量增加较快，1962年为5.7914亿千瓦时，较1957年增长13.4倍。其后，工业用电量增长速度趋缓，1975年以后又逐步回升，到1990年增至95.28亿千瓦时，比1986年增长48.9%，年均递增率为10.44%，1990年工业用电量占总用电量的比重为80.27%。

第三节　农业用电

农业用电从农村照明用电开始，逐步发展为水利、排灌、农副业加工、乡村工业及农、林、牧、副、渔业和农民生活用电。1949年前，仅极少数农户用电灯照明，极少的农田使用电力排灌，用电量甚微。1949年华北农业用电量为0.0331亿千瓦时，占总用电量的0.66%。

一、华北农业用电

1990年华北农业用电量为133.9804亿千瓦时，占全区总用电量840.6209亿千瓦时的15.94%。其中，电力排灌用电量39.2914亿千瓦时，占农业用电量的29.33%，连同水利业用电量12.6024亿千瓦时，共占农业用电量的38.73%，居首位。乡村工业1990年用电量31.3853亿千瓦时，占农业用电量的23.42%，居第2位。农村居民生活用电量1990年为26.1289亿千瓦时，占农业用电量的19.5%，居第3位。农副业加工用电居第4位，1990年用电量12.7037亿千瓦时，占农业用电量的9.48%。

二、北京农业用电

1949年前，北京市农业用电很少，1949年用电量仅为3万千瓦时。1957年农业用电量为316万千瓦时，平均每亩农田年用电量仅0.4千瓦时。1956年第一次在大兴县建设专为农业用电的3座33千伏变电站及相应的输、配电线路，1958～1962年相继在远郊10个区县建设输变电设施。从1963年开始，农业用电有了较快的发展，到1965年，平均每亩年用电量增至33.23千瓦时，较1957年增长82.08倍。在这个时期，农业用电主要是电力排灌，1970年电力排灌用电量占农业总用电量的53.41%。70年代前后，农副加工业生产迅速发展，其用电量占农业总用电量的8.26%。80年代，乡村工业用电量增长很快，1980年为1.1231亿千瓦时，1985年增至4.6928亿千瓦时，占农业总用电量的36.06%。到1990年，农村用电设备发展到315.2059万千瓦，其中电力排灌设备106.3234万千瓦，乡村工业设备64.4032万千瓦，农副加工业设备43.1983万千瓦。1990年农业用电量为26.6049亿千瓦时，比1949年的3万千瓦时增长8万多倍，比1962年的8038万千瓦时增长32.1倍。1990年平均每亩农田用电量429.8千瓦时，比1957年的0.4千瓦时提高1千余倍。

三、天津农业用电

天津市50年代开始大兴水利建设。到1957年，农业用电较1949年增长5倍多，其中89%用于排灌。“二五”计划期间与三年国民经济调整期间，农业用电增长较快，1965年比1957年增长13.8倍，其中农副业加工用电量开始增长，占农业用电量的13%。其后，农业用电发展缓慢，到“五五”计划期间，农业用电又有了较大发展，尤以乡村工业用电增长较快，占农业用电量的比重增至12%。“六五”计划期间，因受缺电的影响，1985年的农业用电量比1980年仅增长25%左右。到1990年，农业电力用户发展为1.5988万户，农村生活照明用电户2.2616万户，用电量7.1332亿千瓦时。农业用电量占总用电量的比重由1949年的1.58%增至1990年的5.85%；用电量较1949年的310万千瓦时增长229.1倍。

四、河北农业用电

河北省1962年前，农业用电量甚微。从1963年开始，农业用电迅速增长，到1985年农业用电量占总用电量的27.1%。在农业用电量中，电力排灌用电始终占第1位，1970年最高，占69.7%，1985年占44.5%；农副业加工用电量占第2位，1985年为20.1%；农村生活照明用电量居第3位，1985年占12.5%。1986年以后，乡村工业蓬勃发展，用电量迅速增长。到1990年，乡村工业、农田排灌、农副业加工与农民生活用电量增至60.12亿千瓦时，比1949年的18万千瓦时增长3万多倍，比1963年的3.12亿千瓦时增长18.27倍。1990年农业用电量占总用电量的比重为19.94%。

五、山西农业用电

山西省农村用电灯照明始于1922年。到1949年前，仅在太原、阳泉等极少郊区农户中有电灯。新中国建立后，1953年在临汾、长治等市郊区，开始以电力排灌，之后陆续向全省扩展。1954年，太原市郊区开始使用电力磨面。1956年以后，逐步在各地农村发展生活照明用电。1957年在长治市农村开始使用电力进行农副业加工。1958年农村生产大队开始兴办社队企业，用电量大幅度增长，“二五”计划期间社队工业用电量为156万千瓦时，“三五”计划期间增加到5.5740亿千瓦时，“六五”计划期间增到22.6590亿千瓦时，比“三五”计划期间提高3.07倍。乡村工业在80年代迅速发展，到“七五”计划期间，用电量达到40.5770亿千瓦时，比“二五”计划期间增长259.11倍。电力排灌用电量在全省发展较快，到“六五”计划期间，排灌机械增至12.1161万台，“七五”计划期间排灌面积达1255.11万亩，用电量40.48亿千瓦时，较“二五”计划期间的5951万千瓦时增长67.02倍。到“七五”计划期间，农村生活用电量增至17.0210亿千瓦时，比“二五”计划期间增长6.49倍。

六、内蒙古农业用电

内蒙古自治区1956年前农村用电很少，仅在个别城市郊区用电力排灌，1953年农牧业用电量为21万千瓦时，占总用电量的比重不足1%。1958年后，在呼和浩特、包头等城市郊区和旗县，不断发展农牧业用电。到1965年农牧业用电量增至1897万千瓦时，比1956年的120万千瓦时增长14.8倍，平均年递增率为35.9%。其后，农牧业用电持续增长，1976年增至2.28亿千瓦时，比1965年增长5.2倍，年均递增率为19.8%。1978年后，农村实行经济体制改革，推动了农牧业生产的发展。到1985年，用电量增至9.9亿千瓦时，比1976年增长3.34倍。到“七五”计划期间，农牧业用电量年均递增率为9.16%。

第四节　交通运输用电

华北交通运输与邮电通信用电，在总用电量中的比重始终很小，北京、天津、河北、山西4个地区1949年的用电量只有433万千瓦时。

1949年后，增长幅度也不大。到1953年全区交通运输用电量仅为1550万千瓦时，1970年为6027万千瓦时，到1975年才超过1亿千瓦时，达到1.5021亿千瓦时，仅占当年总用电量292.9213亿千瓦时的0.5%。

80年代初，华北6条电气化铁路陆续建成。为其行驶用电，在山西地区建设23座电力牵引站变电站，在北京地区建设6座牵引站变电站，安装主变压器容量共计186.3万千伏安。到1990年，电气化铁路用电量增至16.8251亿千瓦时，占当年交通运输用电量22.9838亿千瓦时的73.2%。

华北从1949年开始，加快各种邮电通信设施建设。到1990年，邮电通信设施用电量为1.8967亿千瓦时。

华北1990年交通运输与邮电通信用电量为24.8805亿千瓦时，占总用电量的2.96%。

第五节　市政生活用电

从1888年到1907年，在华北陆续开始使用电灯为生活照明。1904年，在天津地区开始用电力作为市内电车的动力。

新中国建立前，市政生活用电主要用于生活照明。到1949年，北京、天津、河北、山西4个地区的市政生活用电量为5766万千瓦时，占其总用电量4.9364亿千瓦时的11.68%。

新中国建立后，人民生活水平逐渐提高，生活照明用电从大城市内繁华街道的居民照明逐渐向城近郊区发展。到1962年，华北市政生活照明用电量增至9.3465亿千瓦时。

1962年以后，生活照明陆续从城市发展到农村，从平原发展到山区。70年代后，相继发展到几乎村村有电，户户使用电灯。80年代后，家用电器日益发展，电视机、电冰箱、洗衣机、音响、录相机、空调器以及各种以电热为能源的炊事用具进入居民家庭，城乡居民用电量增长较多。1990年华北城乡居民生活用电量为58.2240亿千瓦时，其中城市居民用电量为32.0951亿千瓦时，乡村居民用电量为26.1289亿千瓦时。

新中国建立后，城市人民生活用水陆续改用自来水。80年代起，乡村农民生活用水也逐步从井水、河水发展为自来水。为供应人民生活用水，各地区的取水、净水、供水所需用的电力也相应增加，到1990年，华北为自来水生产和供应的用电量增至9.4760亿千瓦时。

华北的市内公共交通，在1949年前只有为数很少的有轨电车。1949年以后，逐渐发展了无轨电车、地下铁道等以电力为动力的市内交通工具。到1990年，华北市内公共交通用电量增至1.9553亿千瓦时。

路灯照明从油灯发展为电灯，始于19世纪末。新中国建立后，配合市政建设的道路展宽与延长及居民住宅小区楼群的发展，安装路灯的数量和路灯的容量也相应增加。到1990年，华北路灯用电量已增至1.4438亿千瓦时。

到1990年，华北市政生活用电量增至101.0606亿千瓦时，占当年总用电量的12.02%。

第六节 人均用电水平

1949年，华北人均年用电水平仅为11.52千瓦时。其中天津市为49.15千瓦时，北京市为19.91千瓦时，河北省为8.24千瓦时，山西省为4.94千瓦时，内蒙古自治区为1.9千瓦时。

新中国建立后，随着工农业生产和城乡建设的发展，人民生活水平的提高，以及发、供电设施的大量增加，人均用电水平也逐步提高。到1957年，华北人均年用电水平增至39.94千瓦时，比1949年增长2.47倍。

“二五”计划期间，化工行业用电量增长较快，钢铁冶炼与压延行业用电量猛增，农田水利与排灌的用电设施大量增加。到1962年，华北人均年用电水平增至98.09千瓦时，比1957年提高58.15千瓦时。

“三五”计划期间，用电水平略有提高。1970年，华北人均年用电水平为207千瓦时，比1960年提高71.98千瓦时。

“四五”计划期间，人均用电水平增速加快。到1975年，华北人均年用电水平为306.12千瓦时，较1970年提高99.12千瓦时。

中共十一届三中全会后，加快了工农业生产发展速度，其中石油化工、钢铁冶炼与压延、煤炭行业等增加迅猛，用电量大增；农村已基本实现村村有电，农民生活水平有了明显提高，乡村工业高速发展，农业用电量增长很快；城市建设日新月异，宾馆酒家、商业大厦、旅游景点、居民小区楼群、自来水、煤气、热力以及家用电器设施，日益增多，品牌更新，市政建设与人民生活的用电量增幅较大；交通运输用电量原在总用电量中所占比重较小，自电气化铁路投入运营后，用电量迅速增长。1980年华北人均年用电水平为433.62千瓦时，1985年为530.49千瓦时，1990年达到905.56千瓦时。其中，北京市为1461.44千瓦时，天津市为1400.66千瓦时，河北省为570.81千瓦时，山西省为880.38千瓦时，内蒙古自治区为557.3千瓦时。

1949~1990年华北各地区人均年用电量统计，见表5-1-4。1949、1957、1965、1980、1990年华北人均用电量增长情况，见图5-4。

华北各地区1949～1990年历年人均用电量统计

表5-1-4　　单位：千瓦时/人·年

年份＼用电量＼地区	华北	北京市	天津市	河北省	山西省	内蒙古自治区
1949	11.52	19.91	49.15	8.24	4.94	1.90
1950	16.19	31.75	65.37	9.34	6.20	—
1951	19.50	39.44	76.53	11.05	7.52	—
1952	22.44	42.87	88.82	12.65	10.39	—
1953	22.43	50.40	94.50	14.46	13.35	2.91
1954	28.76	56.15	102.51	16.52	17.64	—
1955	31.80	67.13	99.53	18.23	23.10	—
1956	40.27	82.48	114.86	24.07	29.10	—
1957	39.94	88.32	120.00	28.36	34.93	7.90
1958	65.93	124.69	157.06	42.20	57.13	—
1959	81.17	189.60	195.99	61.10	87.43	7.90
1960	135.02	266.86	238.04	92.18	126.85	—
1961	103.40	268.54	183.38	76.98	109.89	26.59
1962	98.09	244.12	175.58	64.45	103.83	57.68
1963	106.42	266.23	193.61	66.44	105.49	61.57
1964	115.79	287.16	231.86	72.28	155.60	65.41
1965	137.06	338.60	266.84	87.64	141.02	75.37
1966	158.42	386.09	296.94	103.35	168.87	93.45
1967	149.08	356.81	275.34	101.55	160.36	85.96
1968	157.33	349.82	284.91	109.26	120.49	—
1969	190.42	449.99	352.58	125.75	151.10	—
1970	207.00	491.43	475.27	143.45	193.26	115.20
1971	254.59	554.34	537.69	160.33	231.32	—
1972	240.57	574.74	551.12	171.08	251.34	116.90
1973	255.39	607.89	578.34	182.64	285.92	112.64
1974	262.11	671.13	634.54	187.65	288.00	100.72
1975	306.12	738.61	695.23	239.40	323.02	99.59
1976	306.28	761.41	651.38	242.43	309.10	115.97
1977	330.49	780.62	705.52	257.20	359.98	126.83
1978	389.04	892.26	838.42	312.83	430.55	146.50
1979	416.98	948.36	921.10	312.83	459.95	193.89
1980	433.62	994.84	983.37	321.73	478.86	202.25
1981	448.39	1004.18	1001.11	339.32	480.82	208.59
1982	459.93	1019.79	1022.98	339.90	508.06	230.04
1983	479.11	1046.27	972.46	367.97	527.15	245.80
1984	505.63	1092.53	1013.50	387.57	566.64	263.83
1985	530.49	1158.33	1059.28	396.72	611.11	285.59
1986	708.05	1219.99	1111.34	—	679.00	332.52
1987	976.48	1304.21	1164.48	—	762.29	—
1988	1034.48	1380.80	1234.92	—	808.95	—
1989	1100.50	1396.73	1380.22	—	865.70	—
1990	905.56	1461.44	1400.66	570.81	880.38	557.30

注：1949、1953、1957、1959、1961～1967、1970、1972～1985、1990年为华北五省（市、自治区）数值，1987～1989年为京、津、晋数值，1986年为京、津、晋、内蒙古数值，其他年份为不含内蒙古数值。

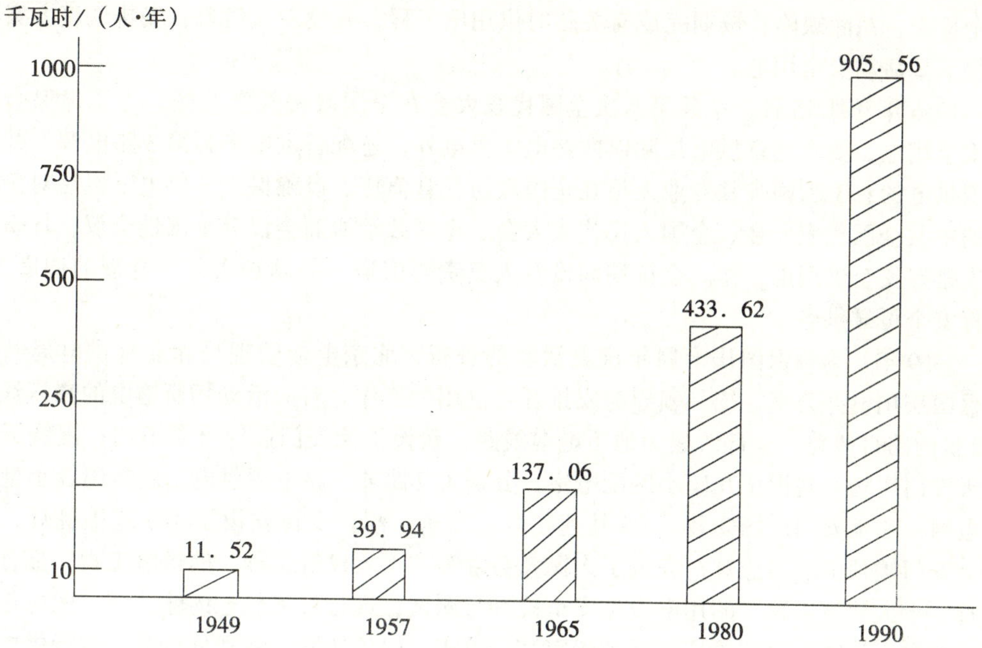

图5－4　华北部分年份人均用电量增长情况

第七节　首都用电

保证首都重要活动安全供用电，是华北电业职工既光荣又艰巨的任务。新中国建立以来，华北电业职工胜利地完成了首都重要活动供用电的各项任务，深受中共中央、国务院和北京市委、市政府的信任与好评，成为华北电业职工的殊荣。

1949年3月，根据中共北平市委的指示，为迎接中共中央从河北省平山县西柏坡迁至北平香山双清别墅办公，按期完成了双清别墅的供电与用电工程，于当年3月25日供电，保证了中共中央用电。

1949年10月1日，在天安门广场举行中华人民共和国开国大典。根据上级要求，在天安门城楼上安装了勾边灯，在天安门城楼下的树枝上安装了彩灯，为鸣放礼炮与阅兵式用电提供了电源。为开国大典升国旗，与有关部门配合，安装了升旗用的电动装置与供电电源。9月30日聂荣臻市长亲自检查合格，10月1日毛泽东主席在城楼上亲自按动电钮，新中国第一面五星红旗在天安门广场上空冉冉升起。为了保证开国大典的安全供电，在天安门城楼上配置2个配电室，由几座变电站多路电源输电，还配备25千瓦与15千瓦移动式柴油发电机各1部，作为备用电源。同时，对登天安门城楼的电梯、城上城下的配电室，均派有专人值班，并制订了万无一失的供电方式与电力调度方案，保证了开国大典与晚会活动的安全用电。

此后，对首都历年各种节日活动，北京供电局均事先进行有关供电设施与用电设施的安全检查，消除缺陷，按期完成有关临时供用电工程，并设专人值班，安排调度方案，以确保节日活动安全用电。

1956年9月15日，中共第八次全国代表大会在全国政协礼堂召开。为了确保会议期间安全用电，要求北京供电局除以两路电源供电外，还配备发电车为第3路电源，并安排负责供电的总工程师带领专业人员在全国政协礼堂值班，以确保安全供电。以后对历次召开的中共全国代表大会、全国人民代表大会、全国政治协商会议等全国性会议，均事先组织安排好安全供用电工作。会议期间设专人负责与值班，并制定出科学合理的调度方案，确保安全可靠供电。

1959年，为确保国庆十周年庆典活动的进行，北京电业管理局和北京供电局共同成立保国庆用电办公室，统一领导与安排各项供用电工作。对向活动场所输电的高压线路与220伏的路灯线路，全部改建为地下电缆线路，敷设于天安门前综合管道内；围绕天安门及天安门广场，建设了几座小区配电室，分别由2路或3路电源供电，就地组成小型环形供电网；在天安门广场安装了96基莲花灯，在东、西长安街安设了145基棉桃灯，改装了天安门楼顶上的勾边灯；完成了人民大会堂等“十大建筑工程”的供电工程，配合用户进行“十大建筑工程”的用电设施安全检查与测试；进行有关供电的输、变、配电与路灯设施的安全检查；对有关庆祝活动的宾馆、饭店、娱乐场所、参观处所等，进行供电与用电设施的安全检查；制订节日用电的供电方式及电力调度方案，培训并配备专人值班。以上措施，每次均由北京电业管理局有关领导审查，水利电力部有关技术负责人亲自过问后，由北京供电局的中共党委书记和局长联名向庆典指挥部报送书面文件，保证节日的安全用电。

1972年，天安门重新进行了修建。配合修建，改装了天安门楼顶上的勾边灯。1973年完工后，中央警卫处召开专门会议，确定每年3月、8月，由天安门管理处统一组织，对天安门各项设施进行两次检修。北京电业管理局每次均责成北京供电局指派专人对供用电设施进行检查、测试与检修。

对历次节日晚会与游园活动，北京电业管理局均要求北京供电局进行有关供用电设施的安全检查、检修，设专人值班，确定供电方式与电力调度方案。

1984年庆祝建国35周年，举行盛大阅兵式及群众游行等各项庆祝活动。为了保证节日安全用电，华北电业管理局于1984年4月成立领导小组，统一指挥与安排各项工作。首先对有关供电设施进行检查、试验与检修，其中包括35座变电站，17座小区配电室，89条1142公里输电线路，52条3600公里10千伏架空线路，1109公里路灯高低压线路，269路10千伏及以上地下电缆线路，并对142路低压电缆进行了摇测，对28条重要线路的断路器和41套自投装置作了传动试验，对3个电话总机与463公里通信线路与电缆进行了检查与试验。对天安门楼顶的灯具全部更新，对广场华灯更换560盏高显色钠灯，并为2处高杆照明灯组、4处大型霓虹灯、9组激光灯提供了电源，同时安装了1万余盏彩灯，使天安门广场照度比过去提高3.7倍。同时，还对首都中心区18条干道的1316盏路灯的灯具全部油饰一新，对105处指挥点、活动点，59处礼花点以及医疗处所等，安装照明灯2000余盏及相应的供电设施，对31个电台、广播、电视、通信、机场等用户，进行了全面检查，协助与督促用户消除用电设施的缺陷，并对有关活动的80个用户的继电保护与用电设施，进行了校验与试验。为了节日安全供用电，组织调度员、值班员学习节日的供电方式，依照运行方式进行事故预想与反事故演习，同时进行防火检查，在节日期间对重要变电站设民警日夜巡逻，并报请公安局对重要线路与变电站进行重点安全保卫。经过半年的工作，保证了国庆35周年各项活动的安全用电。

随着中国国际地位的日益提高，来华访问的国宾也逐渐增多。为此，对国宾下榻的宾馆、旅游景点、访问处所、通信卫星站、通信处、传真电报点等，均需保证不间断的合格与稳定的电能质量。1972年2月美国总统尼克松访华，1972年9月日本首相田中角荣访华，均对其访问期间的活动场所进行供用电设施的安全检查与检修；对长城、故宫、定陵等活动场所，配置数部发电车为备用电源；由于当时电网的供电电压质量不好，难以保证传真电报与地面卫星站的需要，突击安装电容器20余万千乏；同时，全华北各地均压低用电负荷，向首都送电，并限制部分工业生产用电负荷，保证了国宾访华期间的充足电源和电压质量。

首都的重大集会与国际会议较多。1962年第26届世界乒乓球锦标赛、1973年亚非拉乒乓球赛、声援第三世界民族解放正义斗争等活动，1966～1975年在天安门广场11次检阅红卫兵，1990年亚运会的举行等，均以节日活动用电标准，采取措施，确保安全供用电。

1949年以来，华北电业职工，为保证首都重要活动用电，发扬团结治网的精神，千方百计，进行艰苦细致的工作，做出了重大贡献。

第八节　供需矛盾

新中国建立前，华北地区电力工业发展缓慢，供与需的矛盾十分突出。1944年，77千伏平津唐联网后，正常情况下唐山向天津送电0.5万千瓦，天津向北平送电0.8万千瓦。但由于机组故障、燃煤供应不足、设备可靠性不良、输电线路事故等因素，仍然经常处于缺电状态。1945年后，北平地区29条配电线路有23条为隔日停电或日日停电，市民怨声载道。

新中国建立后，国家在华北地区增加投资、新建、扩建了电源点和配套建设的输、变、配电设施，电力工业的生产能力得到发展。但电力工业的增长与国民经济发展的正常需要仍不相适应，致使1949～1990年的41年间，除个别年份供需矛盾较缓外，大部分年份均出现持续缺电的局面，且由局部地区缺电发展到全华北地区缺电，电力供应已成为各省（市、自治区）安排生产的首要因素，形成“以电定产”的局面，长时期使生产企业因缺电而不能充分发挥其经济效益。

“一五”计划时期，华北地区新机投产容量的增长，年均不足5万千瓦，在50年代上半期即开始出现缺电现象，在晚间负荷高峰时，除节电限电外，尚需断断续续拉路停电。到1956年，仅北京地区日均缺电即达1万千瓦左右，1957年更为严重。“二五”计划期间，华北地区新装发电机组投入运行较多，年均增长20万千瓦以上，但仍赶不上用电需求的增长，缺电更为严重。1958年，为了多发电，开始搞超铭牌出力发电和提高发电机组利用小时，京津唐电网的发电机组年利用小时数，从1957年的5656小时增到6270小时，1959年又增到7316小时，1960年达到7819小时。超铭牌出力发电和年利用小时提高后，仍弥补不了缺电的缺口，仅北京地区1960年仍缺电2万千瓦，每天拉路停电4~5个小时。三年调整时期，各行各业均进行调整，电力供需矛盾趋向缓和，个别时期电力尚有余。“三五”计划期间，华北地区年均新机投产容量不足15万千瓦，中期开始，用电需求迅速上涨，发电用燃料又供应不足，电力供需矛盾日益突出，从1969年起缺电十分严重。虽然“四五”计划期间年均增加发电装机容量27万千瓦，仍不能缓解缺电缺口，且日益增大。1970~1972年，京津唐电网发电机组年均利用小时7112小时，其中火电机组高达8430小时。但由于严重缺电，电能质量大幅下降，电网频率降到48赫以下，最低时为47.34赫，10千伏电压降到8千伏。1971年7月，天津地区有29天拉路停电，共拉832路次，最大拉掉负荷11.4万千瓦，到1975年增至21.4万千瓦。北京地区1970年缺电15万千瓦，到1972年增至30万千瓦。这种严重缺电局面，持续到1977年。“五五”计划期间，华北地区年均增加发电装机容量50万千瓦。1978~1980年各行业生产在调整，电力供需矛盾稍有缓和，电力缺口缩小，拉路停电次数减少。“六五”计划期间，华北地区年均增加发电装机容量66万千瓦，“七五”计划期间为120万千瓦，但在这10年间，由于生产力的发展、城市的建设与人民生活水平的提高，用电需求增加甚多，发电装机的增加不仅不能弥补电力缺口，且与用电需求增长的差距更加扩大，缺电日益严重。1986年，天津地区缺电55万千瓦，年缺电量26亿千瓦时，北京地区缺电50万千瓦，华北电网的频率合格率仅为81.3%，由于低频率运行，造成严重的停、限电。天津地区1986年4月持续20天出现大范围低周减载装置动作，跳闸475线次，最严重的1天，有12座变电站的59条线路跳闸，限制负荷30万千瓦。1980~1987年，北京地区不仅没有增加1台发电机组，由于石景山发电厂改建，又拆除10.9万千瓦旧机组。1980~1985年，天津地区也未增加1台发电机组。1980~1984年间，京津唐电网只靠河北北网增加发电装机80万千瓦，年均只有16万千瓦，而京津唐电网最大负荷已达400万千瓦，发电装机容量的增长，远低于用电需求的增长，电力缺口越来越大，虽采取节约用电、计划用电、装置控制用电设备等措施，仍不能得以缓解，电力供求矛盾愈加突出。1986年，天津地区全年限电拉路达350天，北京地区为313天，1989年天津地区拉路停电的最大负荷为44.2万千瓦，相当于其最大用电负荷的1/4。1990年，京津唐电网全年拉路停电达6.7463万路次，累计拉路停电负荷7121万千瓦。

1990年京津唐电网拉路停电情况统计，见表5-1-5。

1990年京津唐电网拉路停电情况统计

表5-1-5

地区	分类＼月份	1	2	3	4	5	6	7	8	9	10	11	12	总计
北京	拉路次数(次)	185	1254	230	5	1304	2027	2732	5202	0	0	5064	3176	21179
	累计拉路负荷(万千瓦)	11.52	128.4	13.55	1.27	117.28	171.84	235.24	347.55	0	0	414.26	202.7	1644
天津	拉路次数(次)	0	0	0	240	362	1079	144.8	2269	5	0	3	14	5420
	累计拉路负荷(万千瓦)	0	0	0	85.6	132.8	183.85	249.03	287	2.73	0	14	19.4	975
唐山	拉路次数(次)	95	27	458	341	124	293	966	5376	51	181	1135	1945	10992
	累计拉路负荷(万千瓦)	12.48	6.75	101.03	88.87	30.49	111.85	186.67	478.28	6.96	50.3	236.03	219.58	1529
秦皇岛	拉路次数(次)	76	73	133	108	180	386	382	625	0	146	827	562	3498
	累计拉路负荷(万千瓦)	7.53	6.29	12.4	14.94	24.97	55.68	46.06	66.55	0	20.04	83.96	51.05	389
廊坊	拉路次数(次)	50	285	549	7639	4617	106	2084	247	35	124	602	4795	21133
	累计拉路负荷(万千瓦)	4.89	13.05	25.98	458.59	261.8	7.3	71.68	11.25	1.8	6.7	34.3	200.1	1097
承德	拉路次数(次)	76	41	448	348	136	234	211	169	19	26	289	837	2834
	累计拉路负荷(万千瓦)	22.5	5	88	49	21	34.7	27.7	28	2.6	2.3	34.8	85.1	402
张家口	拉路次数(次)	97	82	153	76	126	371	236	530	21	76	262	377	2407
	累计拉路负荷(万千瓦)	51.77	27.05	80.7	30.47	86.9	174.56	137.39	184.39	7.35	40.1	123.3	140.59	1085
全网	拉路次数(次)	579	1762	1971	8757	6849	4496	8059	14418	131	553	8182	11706	67463
	累计拉路负荷(万千瓦)	111	186	322	729	675	741	954	1403	22	119	940	918	7121

第二章　用电管理

新中国建立前，华北电业的用电管理工作，一般均由发电或供电专职机构，统一管理。当电力供应紧张时，靠停电拉路作为缓解措施，对偷窃电力的用户，进行用电稽查。

新中国建立初期，为防止人身触电事故的发生，组织人力进行了安全用电的宣传工作。1952年后，各省（市、自治区）电业局陆续设置了用电监察机构，在供电部门配备专职用电监察人员，负责安全用电、节约用电、计划用电工作。到1990年，供电部门虽经历了数次组织机构的调整和人员职责的修改，但在供电部门内部，均设置有用电管理工作的专职机构，并配备有专职人员。

70年代前后，由于缺电情况日益严重，各地陆续在当地政府直接领导下，在供电部门内设置“三电办公室”。初期，“三电办公室”负责计划用电、节约用电和群众办电，以后改为负责计划用电、节约用电和安全用电。计划用电是从调整负荷开始的。以后陆续进入电力分配、电力与电量分配、凭证供电与计划用电包干等项目工作。节约用电是从节约灯光照明用电开始的。以后陆续进入产品单位耗电量定额的制订与管理，继而进行改进生产工艺、改进生产设备、降低无功功率等节电措施的采用。安全用电是从安全用电宣传工作开始的。以后陆续进入对社会电工的管理与组织，并发展到进行预防性试验、继电保护整定与校验、季节性安全检查与检修、用电设备的更新与改造，以及建立与修订有关安全用电的规程与制度。

第一节　计划用电

一、调整负荷

新中国建立后，随着国民经济的发展，城市建设与人民生活水平的提高，对电力的需求日益增长。1949年天津、北京地区最大负荷分别为5.4万、3.54万千瓦，到1990年增至174.5万和249.9万千瓦，分别增长31.31倍和69.59倍。

在用电负荷迅速增长的初期，地区的负荷率却很低，北京地区1949年负荷率仅为50.2%。高峰与低谷负荷相差很大。因而，压低高峰负荷，提高负荷率，成为缓解电源紧张的主要措施之一。第二次全国电力工业会议于1951年召开，会议确定：为了缓解电源不足，把调整负荷列为用电监察工作的重点。之后，华北相继开展了调整负荷工作，主要工作内容是：

（一）电网调整周负荷。把各厂的厂休日进行合理安排，在一周内尽量错开各厂的厂休日，使厂休日与线路检修日相一致。供电部门也力争将正常检修或施工的停电时间，与厂休日统一。以后又相继发展为发电机组检修与大用户设备检修的时间统一。

（二）电网调整日负荷。华北各生产企业的作息时间基本上是一班制、两班制、三班制与连续生产4种。各地区的最大负荷，最初仅出现在照明时间，以后随着生产的发展，用电高峰负荷段形成为照明时间、上午及下午3个时间段。对此，要求一班与两班制生产的工厂与车间，实行避开高峰负荷时间；对三班制生产的工厂与车间，实行6、5、7倒班制，即每周减少1个早班，增加1个夜班；严重缺电时，曾一度实行每周7个早班、4个中班、7个夜班；最严重缺电时，曾短期实行小三班，即每班上班7个小时，每天用电高峰时间3小时不生产，所缺工时由厂休日上班补齐。这几种倒班方法，压低了高峰负荷，填补了低谷负荷，但给组织生产和职工生活带来严重困难，因而难以坚持，只在特殊缺电时期作为临时措施。

（三）大用户调整厂内负荷。工厂企业是电力的大用户，工厂内部，有些用电设备并非全班开动。对此，各地供电部门组织各大电力用户进行调峰挖潜工作。对煤矿的井下水泵、造纸厂的打浆机、水泥厂的粉碎机等用电设备，组织有关生产企业事先做好测试，做好安排，以避开高峰负荷时间用电。

调整负荷工作开展后，各地区供电部门对大用户先后进行了收集代表日的用电记录。作法是以每月选同一日，由大用户记录该日24小时的每小时用电量，由供电部门的用电管理人员进行用电负荷的管理，并分别不同项目、类别进行统计分析，了解地区负荷曲线的组成，以提供进一步开展调整负荷工作的第一手资料。

调整负荷工作在华北各地随着不同时期的用电情况，时深时浅，但始终坚持进行管理。山西太原地区的调整负荷工作，采取调整周负荷、生产班次、避峰用电、早夜班对倒等4项措施，使用电负荷率日趋合理。燃料工业部曾授予太原电业局业务科用电监察股先进小组光荣称号，并奖以银盾。

到1990年，调整负荷工作已逐步纳入计划用电正常工作之中，从而提高了负荷率，缓解了部分缺电局面。据北京、天津、山西地区的统计，由于采用调整负荷和限电拉路的措施，1972年天津地区负荷率高达95.7%，1977年北京地区高达91.7%，1990年山西地区为91.2%。

华北各地，1949～1990年最大负荷统计，见表5－2－1。

二、电力计划分配

国家计划委员会与电力工业部于1955年发出对京津唐电网实行电力计划分配的联合通知，要求自1956年1月1日起实行。具体规定是："凡京津唐地区用电设备装机容量在200千瓦以上的工业企业、交通运输业、公用事业单位以及用电管理和用电计划有基础，容量在150千瓦以上均可列入。各企业在接到电业局通知后，应在20天内与电业局签订供用电合同。"

天津市于1955年已开展电力计划分配试点工作，主要是选择大用户进行试点。首先实行电力计划分配的是冶金、化工、纺织、机械、轻工等70个行业，并组织了学习班，讲授有关电耗定额计算方法、节电经验及技术措施。试点企业的车间都安装了用电分表，测定电耗定额，按照年度生产计划和电耗定额提出用电计划，实行电力、电量分配。1956年又对150个用户实行电力计划分配。对一些小电力用户，采取连续用电申请批准制度，用电监察部门按季节特点与负荷变化，不定期下厂检查用电情况，保证了电力按计划分配的正常进行。电力计划分配工作在1967年受到干扰，1970年后逐渐恢复。1972年下半年，

华北各地区1949～1990年最大负荷统计

表5-2-1　单位：万千瓦

年份＼负荷＼地区	北京市	天津市	河北省	山西省	内蒙古自治区
1949	3.54	5.40			
1950	4.28	5.80			
1951	4.82	6.40			
1952	5.88	7.20			
1953	6.68	8.00			
1954	7.53	8.60			
1955	8.77	8.80			
1956	11.20	10.00			
1957	10.90	11.80		6.79	1.20
1958	19.57	15.80			4.11
1959	27.60	22.50		17.87	10.47
1960	33.80	23.90		22.47	16.07
1961	34.00	20.30		21.56	12.32
1962	36.10	20.60		19.46	11.68
1963	37.14	22.30		20.36	12.10
1964	40.93	25.30		23.05	12.92
1965	47.99	28.70		27.43	15.00
1966	54.33	32.30		32.42	19.18
1967	54.48	31.90		33.20	20.80
1968	58.47	33.60		28.70	21.90
1969	62.10	35.80		34.10	22.40
1970	67.17	47.60		43.10	28.70
1971	74.51	52.70		51.70	35.20
1972	70.70	51.10		55.25	30.00
1973	82.96	61.70	159.25	69.20	31.30
1974	93.33	66.60	169.11	71.40	30.50
1975	96.15	70.20	197.12	80.70	33.80
1976	108.60	78.60	201.02	84.50	34.90
1977	107.99	79.65	136.02	118.80	40.00
1978	128.30	103.20	136.30		
1979	128.90	104.60	255.62	159.30	
1980	133.90	111.70	265.78		44.55
1981	142.50	117.60	282.59		49.31
1982	153.50	119.20	293.60		52.40
1983	159.40	128.40	314.23		53.60
1984	170.60	136.00	335.66		55.75
1985	184.10	140.90	346.36		60.80
1986	206.00	152.70	373.79		58.67
1987	213.00	155.60	406.70		65.58
1988	216.70	157.90	424.39		75.51
1989	235.10	163.70	461.96	312.00	80.88
1990	249.90	174.50	493.08	344.00	89.30

由于电源供应日趋紧张，开始按供电线路把用电单位组成 108 个线路委员会，电业局按线路的分布，制订并颁发用电负荷指标，实行日检查、周结算，以限补超的考核办法，落实指标用电，对超指标单位限电 1～2 天。1972 年全年月平均日负荷率达到 95.7%。1980 年，按变电站供电区域，将线路委员会调整为 22 个，直到 1990 年。这种群众管电的组织形式，在严重缺电的情况下，对保证全市生产计划的完成发挥了作用。

河北省 1956 年 1 月 1 日首先对唐山地区的钢铁、机车车辆等 41 个用户实行电力计划分配，这 41 户的用电量占全市总用电量的 94.21%。当年 7 月 1 日，又对煤矿、水泥厂等 17 个用户实行电力计划分配。1958 年后，河北省各地区相继开始按计划分配电量。1970 年，根据周恩来总理提出的要加强计划用电工作的指示和国务院提出的各行各业都要实行计划用电的要求，北京电力工业局确定了京津唐电网 1971 年实行电力分配的原则，按照 1970 年的用电水平，规定了冀北 5 个地市的负荷分配指标，冀南各地市由河北省三电办公室负责指标分配。

北京市于 1956 年 1 月 1 日按照电力计划分配原则，将电力、电量指标分配到户。其中分配的电力负荷是用户在指定时间内的绝对负荷，电量是按照用户产品产量与电力消耗定额确定的用电量。在执行过程中，由于对产品的电力消耗定额缺少依据与经验，电力计划分配工作进展迟缓，为此一方面进行严格考核，一方面着手积累与制订产品的电力消耗定额。1962 年，从电力分配到户改为对地方企业由企业主管局归口分配到户，对中央直属企业仍为直接分配到户。当时电力计划分配到 16 个主管局和 46 个中央企业，其用户负荷占地区负荷的 79%。1973 年学习天津群众管电的经验，组织了 25 个线路供用电管理组。70 年代后期，电力、电量供应愈趋紧张，开始试行电力、电量分配，确定冶金、化工、纺织行业的用户，负荷率不得低于 95%，机械行业不得低于 85%。其后，陆续推行地方企业的用电指标到各主管局和中央直属企业用电到用户的措施。

山西省于 1956 年 7 月 1 日在太原、阳泉地区开始实行电力计划分配，1957 年在大同开始实行，以后扩展到其他地区。1963 年 7 月，山西电业管理局制订了《山西省电力分配办法（草案）》，提出定负荷、定电量、定用电时间、定单位产品电耗定额的“四定”原则。电业部门根据上级批准的年度电力生产计划，按年、季分配电力指标，用户与电业部门签订供用电合同。当年与钢铁、机械、煤矿等大用户签订了合同。1964 年，山西省人民委员会颁布了《山西省电力分配暂行办法（草案）》，对 18 个大企业实行了电力分配，要求用电量不得超过分配指标，对超过部分每千瓦时加收 1 倍的电费，最大负荷超过分配指标部分按基本电价 4 倍收费。

内蒙古自治区 1970 年前，在当地政府支持下，由供电部门负责电力指标的计划分配。1972 年 7 月，国家计划委员会在转发水利电力部供用电规则的通知时强调，电力的生产与分配必须纳入国家计划。内蒙古地区按要求做到：用电有人管，使用有计划，耗电有定额，考核有制度。并进一步加强计划用电工作，按照保证重点，兼顾一般，统筹安排的原则，进行电力分配。具体措施是“一查、五清、四定、三落实”。即：开展用电大普查；查清供用电设备、用电性质与规律、用电负荷、电耗及其升降原因、电力浪费及非法用电；定电耗、用电量、电力负荷、用电时间；做到组织、指标、措施三落实。

三、凭证供电

1978年，国务院以国发（1978）2号文要求电业部门像管口粮一样管好电，实行凭证供电，其内容包括：定电量、定负荷、定电耗、定用电时间4项内容。

北京市实行凭证供电前，先调查了1724户，从中选择80个用电户实行凭证供电，其用电量占总售电量的50%，用电负荷占地区负荷的40%。在北京市统一安排下，对电力、电量每季进行一次平衡，并掌握每日8～11时、17～21时的用电负荷与用电量。

河北省在查清供电设备、用电性质、电耗上升原因、电力浪费与非法用电的基础上，实行定电力、定电量、定用电单耗、定用电时间的凭证供电，按季下达指标，并进行考核。

山西省于1978年除对专用线路供电的重点户仍实行计划用电合同外，对公用线路的中小动力用户组成线路用电管理委员会，开展凭证供电等工作。

内蒙古自治区于1978年严格执行计划用电分配方案。1981年，蒙西电网各盟、市经济委员会，制订超指标用电限电拉路方案，实行工业、农业用电按指标包干。

四、计划用电包干

1982年5月，国务院以国发（1982）78号文，批转水利电力部《关于按省、市、自治区计划用电包干的暂行管理办法的通知》，要求各地区要合理使用现有电力，切实保证国家需要的产品正常生产，加强电网统一调度，保证电网安全、经济、稳定运行。各地区要在电网季度、月度分配的用电指标内，综合平衡包干使用。要求各地区必须严格执行用电包干办法。

北京市政府为此颁发了北京市实行计划用电定量包干暂行管理办法，规定全市供电范围内的工业、农业、市政、交通、军事、科研、机关、院校等，按单位、地区，分批分期逐步实行。分配原则是：在保证首都的政治、军事、市政、人民生活、交通运输、能源生产用电的情况下，优先安排轻纺工业和重点骨干企业用电。根据上级下达的年度计划，按季、月对实行用电包干单位，分配电力、电量指标，并实行日考核、月结算。对超指标用电与违反计划用电制度，均定有具体处理办法。1982年7月，北京市政府对15个工业局实行了计划用电包干，对200个大电力用户实行了月考核，到1984年扩大为实行日考核。为严格指标考核，以后又陆续安装了700台电力定量器和3341台音频控制接收机。

天津市在1984年前，由华北电业管理局下达供电量和电力指标。1984年后，用电计划改由国家计划委员会统一下达，并把地方用电与重点企业的用电指标分开，重点企业的用电指标按用户直接下达。实行用电包干后，天津市对各单位用电实行三种办法：将国家下达给重点企业的用电指标原数转给该企业；地方用电由天津市计划委员会、经济委员会和三电办公室提出分配方案，下达执行；在制订年度电量计划时，适当考虑市政生活用电的增长，并按历年线路损失率的指标，核定电网损失电量，提出电力、电量的平衡措施。为切实做好计划用电工作，在用电容量1000千伏安及以上的用户，安装电力定量器，其后扩大到其他用户。到1990年共安装电力定量器704台，控制的负荷，占工业负荷的78%。对用电设备在50千瓦及以上的用户加装定时钟，共安装627台，能控制负荷3.6万千瓦。从1983年开始，对近郊乡镇安装负荷分配器1300多台，保证了8个乡镇的363个村、20万户、75万人口不因计划用电影响居民正常生活用电。对5个县的计划用电，以签订协议书形式，加强了对用电的管理。对重要用电线路及可拉路停电线路也相应排定了拉路限电顺序。

河北省自1983年1月1日起，根据河北省政府《计划用电包干暂行实施办法》，正式执行计划用电包干。其办法是省对各地、市按年度计划电量包干，在年度电量包干基础上，进行季分配、月调整。省对地、市日供电量和负荷实行日考核、旬结算、月调整，并执行“谁超限谁”、“超用扣还，节约归己”的办法。由京津唐电网供电的地、市，按照华北电网领导小组确定的河北省包干用电量，向冀北地区各地、市分配。为了落实计划用电，冀南电网到1990年共安装电力定量器1943台，定时开关钟3330台，并在石家庄开始使用音频控制负荷 。

山西省按照国务院关于实行计划用电定量包干办法的通知，于1983年3月在太原地区推行“计划用电协议”，以后逐步向全省推广。1986年下半年开始，对电力、电量同时实行计划分配和考核。1988年，山西省三电办公室和电力工业局制订了《山西省推广使用电力负荷控制装置的暂行规定》，到1989年全省共安装负荷定量器1237台，可控制负荷143万千瓦。1990年，实行老电老价、新电新价，并按类别分时记录，不同时间用电收取电费的标准也不同，以制约大电力用户的高峰用电。到1990年底，全省负荷率提高到91.2%，其中太原地区为93.9%。

内蒙古自治区按照国家生产计划分配电力指标，从1985年开始执行计划用电包干办法，各地区实行电量切块下达，对超计划用电和超电耗的用户实行罚款。到1990年，蒙西电网安装电力定量器250多台，定时开关钟200台，可控制全网电力负荷的53.3%。

第二节　节约用电

一、组织、宣传

华北各地区电业部门，为开展节约用电工作，在当地政府领导下，从建立健全节电组织入手，初期是建立节电小组、节电委员会，后发展为三电办公室，配备专职人员，宣传、组织、推动与监督节电工作。

节约用电工作是从宣传节电的重大意义开始的。各地政府为了推动节电工作，召开会议进行宣传与布署，提出节电工作的要求与措施；在报刊发表节电文章；组织地区间的同行业对口节电竞赛，京津两地曾组织19对43个企业的对口赛；组织节电经验的技术交流；组织节电评比活动；在全国节能月活动中，进一步深入推动节电工作。

二、技术措施

50年代初，首先从节约照明用电开始，采取的措施有：人走灯灭，大灯泡换小灯泡、分段安装电灯开关、禁用使用生活用电炉及路灯改用第二代、第三代光源、取消包灯制安装电表计费、取消包电包费制安装电表由个人付费等。天津地区取消11.3883万户包电包费制用电户，节约电量70%。

华北各地根据行业特点改进设备，更换轻载变压器；更换大马拉小车的电动机；对盐液炉加装快速启动装置；改进母线或将插入式改为埋入式，天津地区改为埋入式479台，可节电30%，河北邢台改造盐液炉后，年节电30万千瓦时。同时，华北各发供电企业，从改进旧设备入手，对耗电大的水泵、机床、变压器、风机、空调风机、电加热器等进行改造或更新设备，节约了大量电能。

在改进发供用电设施的同时，改进了电力用户的生产工艺和操作方法。天津地区采用负荷特性曲线，使电炉炼钢缩短了冶炼时间；在纺织系统简化工艺流程、改进布机操作、手工润滑，实现机器部件的轴承化。各地区还先后推行同步电机进相运行，异步电机同期化。山西太原用制氧理论分析制氧机的操作程序，创造间断制氧法，日节电300千瓦时；推行直流电弧炼钢技术，节电15%~20%；推行磁镜反射式直流电弧炼钢节电技术。内蒙古地区推行自备发电机无蒸汽调相运行；推行盐液炉快速启动技术。纺织行业推行调整锭带能力及直心轴转数；面粉加工改为前路出粉、分磨分筛；冶炼工业推行加氧炼钢、双联冶炼和热处理炉高温渗炭等节电新技术。

华北各地不断研究、推广各项节电措施，切实起到了节电作用。据统计、天津地区1970~1990年共节电26.7769亿千瓦时；河北地区1973~1990年共节电107.8959亿千瓦时；山西地区"六五"计划期间节电20亿千瓦时，"七五"计划期间节电21.8亿千瓦时；内蒙古地区1981~1990年共节电23.5亿千瓦时；北京地区1981~1990年共节电19.61亿千瓦时。

三、降低单位产品耗电量

50年代初期，以降低单位产品耗电量作为节约用电工作的重要内容。1955年，天津用电管理部门组织70个行业学习班，讲授有关电耗定额计算方法，在试点企业的车间安装用电分表，测定电耗定额，以此作为编制用电计划与考核节电效果的依据。1955年，燃料工业部与电业管理总局在天津进行电力分配试点工作，集中全国主要城市的节电人员，进行电耗测定，经过2年的工作，天津有200多用户的产品有了较为准确的电耗定额。1956年和1964年，电力工业部和水利电力部相继颁发《单位工业产品耗电导则》以耗电定额作为电力分配的依据。在以后的10年中，天津市逐步深入与扩大范围，并按年度进行统计与分析，以此考核电耗定额的执行情况。

河北省于1953年开始对重点产品电耗进行考核，1954年以纺织行业的21支筒子纱较其他地区每件耗电高10千瓦时为例，查找原因，推动了节电工作。1965年后，开始考核产品电耗，分析耗电的构成，加强电耗管理，到1987年考核电耗的产品用电量占本地区工业用电量的70%，1988年有60%的产品电耗低于定额，1990年23项主要产品的电耗中，有5项低于全国平均水平。

山西省于1956年，在太原市开始对21个用户共20种产品的电耗进行统计分析。其后，陆续在各地、市，各行业进行电耗管理。1963年，以电耗定额为四定项目之一，列入电力分配的项目。到1990年，有59种产品电耗为上报电耗考核的项目。

内蒙古自治区于1961年开始加强对产品电耗的统计与考核，建立了主要产品电耗报表制度。1972年，查清了产品电耗情况及其升降原因，以电耗定额为电力分配的依据之一。1982年，内蒙古自治区经济委员会制订了主要工业产品电耗定额47种211项，1984年根据执行情况进行修订，改为49种217项，1988年又归并为23种459项。为了严格执行电耗定额，包头地区实行了超耗罚款制度，1983～1985年，先后对23户进行超耗罚款，共计116万元。1987年，包头地区对324项工业产品电耗进行考核，有97项高于定额，多用电6193万千瓦时，有172项低于定额，少用电1.3328亿千瓦时，超耗罚款的94户，共罚款156万元。

北京市于1955年进行电力分配时，以产品产量与电耗作为分配电量的依据。当时对电耗情况尚处于初期管理，电耗定额缺乏科学依据。随着在电力分配工作过程中进行统计、分析，进行了与用电单位共同调查、测定以及制订电耗定额等各项工作。1964年，有28个单位将电耗定额工作列入本单位的生产计划，并作为考核经济指标之一。经过对电耗的资料积累等，于1974年以电耗定额作为分配电量的依据和考核节电效果的标准。

从50年代开始，华北电业陆续开展与逐步深入进行单位产品耗电量定额工作，逐年进行统计、分析、考核。到1990年，所统计的主要产品电耗定额共计40种，其用电量达316.0151亿千瓦时，占全年工业总用电量580.6994亿千瓦时的54.42%。

1990年华北地区主要产品产量、用电量统计，见表5－2－2。

第三节　安全用电

一、宣传教育

50年代初期，华北各供电部门即建立组织，配备专职人员进行安全用电的宣传教育工作。

河北省从50年代初开始，举办安全用电训练班，开展安全用电常识的宣传，向用户讲解有关安全用电的知识。并以小型展览会、组织人工呼吸法表演等形式，在街头和工矿企业巡回展览和演出。1956年仅在石家庄地区即散发安全用电宣传品1.6万份，在获鹿县组织宣讲会，听众达3000多人。

内蒙自治区从50年代中期起，即开展安全用电的宣传教育，普及防止人身触电、人工呼吸法、触电急救法等安全用电常识。

北京市于1953年开展安全用电宣传教育，陆续制作了安全用电活动模型，在各主要街道、各区文化馆、各营业站巡回展出，宣传安全用电及触电急救常识，并编印了安全用电图册，以通俗文字进行宣传。

天津市为宣传安全用电，普及安全用电知识，先后组织全市性安全用电会议、事故现场会、千人安全大会等，通过介绍事故案例，从中吸取教训，提出防范措施。

二、用电安全措施

1951年后，华北各供电部门开始组织用户对用电的安全检查。天津地区在普查中，重点解决了防雷保护装置、安全防护用具、油断路器及其保险爆炸与动作失灵等问题。1955年又针对用户事故情况，召开分析会，协助用户制订反事故措施。其后，建立用户用电的技术资料：一图（一次结线图）、一本（用户行业本）、四卡（缺陷卡、事故卡、力

1990年华北地区主要产品产量、用电量统计

表5-2-2

用户类别	产品名称	产品产量		用电量(万千瓦时)	单位产品耗电量	
		单位	产量		单位	耗电量
一、煤炭工业						
其中：原煤开采	原煤	万吨	17645.65	477149	千瓦时/吨	27
二、石油工业				158195		
其中：开采	原油开采	万吨	1107.85	116938	千瓦时/吨	105
加工	原油加工	万吨	1103.86	41257	千瓦时/吨	37
三、黑色金属工业				789661		
其中：开采	铁矿石	万吨	12146.02	26850	千瓦时/吨	2
选矿	精矿石	万吨	1873.67	96172	千瓦时/吨	51
炼铁	生铁	万吨	1228.14	72363	千瓦时/吨	58
炼钢	钢锭	万吨	978.27	89462	千瓦时/吨	91
电炉钢	钢锭	万吨	79.77	50431	千瓦时/吨	632
手炉钢	钢锭	万吨	184.3	7366	千瓦时/吨	40
转炉钢	钢锭	万吨	660.3	32316	千瓦时/吨	49
轧钢	钢材	万吨	909.28	82696	千瓦时/吨	91
高炉铁合金	铁合金	万吨	8.0016	19626	千瓦时/吨	2452
(75%)	铁合金	万吨	5.9881	58721	千瓦时/吨	9806
烧结矿	烧结	万吨	1812.1	65655	千瓦时/吨	36
炼焦	焦炭	万吨	1039.6	25444	千瓦时/吨	24
电解铝	铝锭	万吨	12.48	162559	千瓦时/吨	13025
四、金属加工工业				166533		
其中：机械制造	总产值	万元	388025.7	130491	千瓦时/万元	3362
机械电炉钢	机械用钢	吨	459429.7	36042	千瓦时/吨	784
五、化学工业				565281		
其中：合成氨	合成氨	万吨	180.5	207758	千瓦时/吨	1151
化肥	化肥	万吨	213.54	25911	千瓦时/吨	121
电石	电石	万吨	47.22	168967	千瓦时/吨	3593
烧碱	烧碱	万吨	16.68	36636	千瓦时/吨	2196
电解烧碱	烧碱	万吨	41.12	112797	千瓦时/吨	2743
硫酸	硫酸	万吨	59.23	6203	千瓦时/吨	105
塑料	塑料	万吨	7.78	5872	千瓦时/吨	754
人造纤维	纤维	万吨	0.7444	1137	千瓦时/吨	1527
六、建材工业				118161		
其中：水泥	水泥	万吨	1014.2	110040	千瓦时/吨	108
平板玻璃	玻璃	万箱	1038	8121	千瓦时/箱	8
七、纺织工业				132240		
其中：棉纱	纱	万吨	46.02	75559	千瓦时/吨	1641
棉布	布	万米	128051.8	30482	千瓦时/百米	23
化学纤维	纤维	万吨	113862	26199	千瓦时/吨	2300
八、造纸工业				46916		
其中：机制纸	纸	万吨	58.37	42261	千瓦时/吨	724
纸浆	纸浆	万吨	8.99	4655	千瓦时/吨	518
九、食品工业				13464		
其中：机制糖	糖	万吨	10.0876	2637	千瓦时/吨	261
面粉	面粉	万吨	116.24	6217	千瓦时/吨	54
卷烟	卷烟	万箱	184.34	4610	千瓦时/吨	25

率卡、试验卡）。同时，按季节特点，协助与督促用户做好防雷、反污等季节性反事故措施。1982年后，重点贯彻安全用电“七防”（鼠、误操作、污闪、雷、反串电、雨、汛）工作，并召开会议摆案例、订措施、督促用户消灭事故。

北京市在开展安全用电检查中，按季节组织用户进行清扫、防雷、防汛、防寒、防冻等反季节性事故的措施，并对用电设备进行安全普查，针对设备缺陷，帮助用户制订措施，督促落实。

内蒙古自治区在用电安全监察中，侧重帮助用户培训专业人员，组织用户进行用电设备检查，消除设备缺陷，制订与落实安全用电措施，并在全自治区开展用户标准化变电站竞赛评比活动，提高用户安全用电水平。

山西省在用电设备安全大检查中，实行电气设备缺陷通知单制度，将检查的缺陷通知用户。还针对电气化铁路的投入运行，对全省9个地区的220千伏和110千伏变电站，安装90余台谐波、负序监测记录仪，以进行测试与分析，减少与避免事故的发生。

三、安全规程与电工管理

1962年，国家经济委员会批准试行《用电监察条例》（草案），华北各地区电业部门贯彻此条例，使用电监察工作进入正轨。并以此编写地区性的工业企业电气设备运行管理规程和安全工作规程，陆续将电业部门执行的停电检修制度、停送电联系制度以及两票、三制等推行到用电单位，并贯彻执行。

新中国建立后，华北电业各供电部门与当地政府有关部门配合，加强了社会电工的管理。定期由电业部门负责，对社会电工组织技术培训、登记考试、发放电工执照，明确其工作范围。

各地区电工管理部门，通过当地文化宫、业余技术培训班、专业培训会议、事故分析会等不同形式，讲授设备安全运行、防止人身设备事故、变压器结构、继电保护调试、电气绝缘试验等有关安全用电的技术知识。各地区在不同时期，还根据用电情况，采取不同形式，进行技术培训。编制《电工实用问答》、《工业企业电气设备及其运行》等教材。定期发行刊物，介绍有关安全用电的情况与知识，以提高社会电工的技术水平。

在进行培训的同时，各地区还通过电工登记，分地区有组织地对社会电工进行考试，考试合格发给证件，并按证件规定的业务范围，上岗操作。

为了便于调动社会电工的力量，各地区分别组织社会电工进行安全检查，组织检修，相互支援，提高用户安全运行水平。

第三章　营　业

华北用电营业始于1906年京师华商电灯股份有限公司前门西城根电厂建成投产。当时，主要供给部分商店、官吏、衙门及极少数市民住宅和主要大街公共路灯用电。以后，华北各地的民族资本陆续开办"电灯公司"或"电灯股份有限公司"，开始向社会供电。在新中国建立前的几十年中，由于各地基本上是自建电厂、自发、自供、自销，供电量少，没有形成规模，因此，也没有统一的营销机构。新中国建立后，华北各省（市、自治区）的营销机构随着供电设施的增加、用户的增多，不断得到加强与完善。并根据国家颁布的电价政策、制订、充实了各项规章制度和办事细则，建立了正常工作程序，加强了为用户服务工作，保证了电费的及时回收和上缴。80年代以后，由于电子计算机的广泛应用，营业管理工作又迈上了一个新的台阶。

第一节　业扩报装

新中国建立后的41年来，华北电业各供电部门，在各个时期均设置有负责业扩报装工作的专职机构和专职人员办理用户用电申请或增加用电容量的报装手续，并随着业扩报装工作量的加大，各地区又相继进行了分级管理。但由于供电部门内部的历次调整，业扩报装工作也相应有不同程度的调整与变动。有时业扩机构与职责分别隶属于不同的职能单位，形成多口对外；有时又将业扩机构与职责确定在少数职能单位，形成少口对外；有时又指定一个职能单位负全责，形成一口对外。在业扩报装工作中，由于缺电，使供电能力与用户对电力的需求始终存在着尖锐的矛盾。

一是在用户申请用电或增加用电容量时，由于电网处于缺电状态，接受新用户的用电申请，必然要相应减少对原有用电户的供电量，甚至造成拉闸停电，很难作到两全。

二是供电部门的供电设施又总是处于"满负荷"、"过负荷"甚至"卡脖子"的困境。这种困境，在华北的不同地区、不同电压等级的供电设施上，此起彼伏，一直困扰着各供电单位。如接受用户业扩报装用电1户的申请，就要在非统筹计划下新建或扩建供电设施。因此，一次又一次地盲目或半盲目进行建设，又迫使电网只能投入更多的人力和物力，进行供电设施改造，改善电网结构，使电网的困境加剧。

三是业扩报装工程资金常年不畅，入不敷出。1949～1962年，华北电业各供电部门的业扩报装工程的资金来源，各不相同，大致为：10千伏及以下工程资金，用户投资2/3，电业部门投资1/3；用户距供电设施近者，由电业部门投资，按用电容量收取贴费及变压器租赁费。35千伏及以上的业扩报装工程资金，除专供工程由用户投资外，均由电业部门投资。但由于电业部门对供电设施新建或扩建工程的资金常年不足，业扩工程进度受到严重影响。与业扩工程直接关连的110、220千伏骨干网架，由于资金不足而拖后建设，使业扩工程成了无源之水，无本之木。华北各地区110千伏电网是从50年代中期开始建设的，到60年代形成骨干网络。但由于200千伏电网建设到1971年才迟迟起步，使华北电网的220千伏电网建设处于全国六大电网之末。这不仅给110千伏供电网络带来过重的负荷，也加剧了电网的缺电局面。直到80年代中期，220千伏才形成网络，解脱了110千伏供电电网20多年来承担主网架的困境。由于主网架、骨干网络的“满负荷”、“过负荷”、“卡脖子”状态，业扩报装工程更难以挤入电业部门的基本建设项目，难以分得一部分资金。使业扩报装的35千伏及以上的工程，处于既无项目又无资金的境地。

随着国民经济的发展，用户用电容量日益增长，在供电设施不足的状态下，每遇用户申请用电，多需新建或扩建35千伏及以上的输变电工程。但因用户用电的地区不同，用电的时间不同，所属的部门也不同，造成业扩报装的输变电工程投资多无着落。供电职工为解决用户用电，不得不在报装用户之间筹措资金，这又成为“吃用户”、“吃大户”，这种错误的认识和传言从50年代初开始，一直流传到1984年。1984年3月，国家计划委员会规定了用户用电收取贴费的办法，从只限于10千伏及以下的工程，扩展到35千伏与110千伏的输变电工程。这样，才使供电部门依据国家规定能名正言顺地去筹措业扩工程资金。

四是业扩报装工程的物资供应没有正当的供应渠道。业扩工程所需材料、物资只能由用户自备，而用户既无此专业人员，又需购置技术与质量有严格要求的供电专业器材，因此往往是跑遍全国，不一定能购回可用的器材。

新中国建立后的41年中，业扩报装工作在“缺电”、“卡脖子”、“无投资”、“缺器材”的四大矛盾中进行。华北电力职工在艰难的困境中，尽量为用户着想，扩大供电能力，但仍不能满足用户所需。到1990年，用电难仍然困扰着华北电力职工和广大用户。

第二节 电能计量

一、表计修校

20~40年代，各用电单位虽安装有电能计量装置，但既无修校设施，也无专职机构与人员。以后，各地相继配备了专职人员，设置了专职机构，对电能计量装置进行修校工作。修校厂房为一般房屋，无防尘、调温、调湿等设施，校验仪器仅有电压表、电流表、时间秒表与灯泡等，用计算数据与实际负荷对照，误差较大。到新中国建立前，有的地区配备了单相标准表，担负起单相表、三相表的维修、校验与铅封工作，并建立资产卡等进行管理。

新中国建立后，逐步扩大修校厂房，并逐渐从防尘、调节温度与湿度等方面进行改善。修校表计的设施，亦增添了0.5级、0.2级的设备，设置了校表试验台，从单相校表台，逐渐增设三相校表台、互感器试验台。其后陆续配置了现场校表的试验车等设施。以后，根椐1984年11月21日水利电力部的规定和1988年5月9日全国电能计量工作座谈会精神，确定华北及各省（市、自治区）电力试验研究所为华北地区第一级电能计量传递机构，在电能计量方面，代表国家技术监督局；各发、供电单位为第二级；县、区等单位为第三级，并相应规定了各级被试表与应配置的标准表。具体为：第一级被试表为发供电单位，其被试标准表为0.1~0.2级，配备的标准表为0.05级；第二级被试表为县、区单位与大用户，被试标准表为0.5、1.0、2.0、3.0级，配备的标准表为0.1、0.2、0.3级；第三级被试表为直供用户，被试标准表为1.0、2.0级，配备的标准表为0.2级。第三级视各地情况，略有差异。华北各地区均按照以上规定，逐步配置标准表等设施。担负所规定的电能计量的校验工作。

二、表计更新

新中国建立前装置的电能计量表，均系由不同国家进口的产品，表件互换性差，修校难度大，损坏后无法修复。50年代初，国产表达不到4.0级的要求，仍需购置国外产品。50年代中期，采用哈尔滨仪表厂的产品（DT_1、DS_1、DX_1），开始更换原装置的日本表。60年代，第一机械工业部制订了JB793-66电度表标准，逐步淘汰1949年以前安装的表计。1978年，第一机械工业部颁发了JB793-78电度表标准，上海电度表厂按此标准制造了DX_8、DS_8、DT_8型电度表，由于其性能较好，温差变化较小，逐步淘汰了原性能较差的表计。

60年代与70年代间，为了防止无功表倒转，各地区先后自行加装了防倒转装置。以后，根据计费的需要，增加了最大需量表、双向表、铜铁损失表、分时计费表等。同时，随着电能计量表的技术水平与产品质量的提高，各地区陆续淘汰了性能差、误差大、难修复的表计与互感器。对大用户的计费表计，以提高计量精度等级为主，一般用户的计费表计以延长使用寿命，减少更换次数为主，进行电能计量表计的更新换代。

三、修校与轮换

新中国建立后，华北电业对计费用的电能计量表，陆续开始正规的修校与轮换工作。1954年，北京电业局颁发了《电度表管理和检修工艺规定》，各地区先后拟定实施办法，进行修校与轮换工作。在天津市，制订了《大电力表计管理暂行规程》，内蒙古自治区制订了《电度表管理办法》。50年代中期，各地区相继对大电力用户计费表计进行现场定期校验，60年代陆续对一般用户计费表计进行轮换。以后，在不同时期，各自均规定了大电力用户计费表计现场校验的周期与一般用户计费表计轮换的周期。“文革”期间，校验工作曾一度停顿，到1979年，各地区均恢复了在规定周期内对计费表计及互感器进行校验与轮换工作。

为确保校验质量，水利电力部相继颁发了《电气测量仪表检验规程》、《计费电度表管理制度》，并随着经济建设的发展，在70~80年代对校验规程进行了修订，华北各省（市、自治区）电力工业局陆续制订了本地区的实施细则及《电能计量装置安装测试工艺要求》、《电度计量手册》等有关规程制度。1984年，水利电力部又颁发了《电能计量装置检验规程》，进一步推动与提高电能计量的修校质量。

为提高电能计量装置的修理质量，各地区相继从个人包修改为推行流水作业；从整体清洗改为解体清洗，并不断改善清洗溶液；陆续增添设施，提高检查宝石磨损程度的精确度，对轻微磨损者，进行再生处理，并逐步更换使用适合本地区环境的表油；对换回外装表的“卡表”，组织分析，查找原因，采取措施，提高工艺；对线包损坏的残旧表，重新用新漆包线绕制；对永久磁石用磁通表测量其磁通量，对磁通量小于10%的，重新励磁等，不断提高修表质量，逐步统一修表的工艺标准。

第三节 销售电价

华北电能销售的价格，始终执行“一种商品，多种电价”政策。

新中国建立前，各电力公司的电价一般由本企业制订，报地方政府批准后执行，所以各地电价皆不统一，一般为单一电价。其后，为了推销电能，实行电价递减制，即照明用电分为表灯电价和包灯电价。表灯按用电量计费，每千瓦时电价在0.15~0.30元之间，包灯电价按不同瓦数定价，每盏灯为0.8~3元不等。电力电价每千瓦时为0.1元左右。

1940年后，冀北电力公司在京津唐地区统一了电价，实行电量电费加底度电费的两部制电价（后称基本电费），即电量电费按千瓦时计费，底度电费是：表灯按电表容量、电力按用电设备容量计费。1943年，因电源不足，限制灯光用电，实行电价递增制，对每盏灯定有标准用电量，超过标准用电量，电价加倍。到1944年，仍实行基本电费与电量电费两部制电价。电量电费中表灯为两档递增，电力为三档递减，其中表灯：基本电费为每盏灯每日0.30元；电量电费为每盏灯每日标准用电量为1千瓦时，在1千瓦时以下为0.5元/千瓦时，超过时加倍收费。包灯：每盏每月20瓦为12.5元，30瓦为3.10元，40瓦为3.70元，60瓦为4.90元，100瓦为7.30元。电力：基本电费为6元/千瓦；电量电费为50千瓦时以下0.23元/千瓦时，51~100千瓦时0.175元/千瓦时，101千瓦时以上0.145元/千瓦时。电热：基本电费为6元/千瓦；电量电费为工业与医疗用电0.23元/千瓦时，其他用电30千瓦时以下0.50元/千瓦时，30千瓦时以上1元/千瓦时。其他地区视本地区情况，实行自行制定的递增或递减、单一或两部电价制。

1946年后，电价迅猛上涨，随煤价上涨每月调整一次电价。到1948年8月，表灯电价每千瓦时33~40万元，电力电价为28万元，到1948年11月又涨价7倍。到新中国建立前，电价仍是频繁上涨，有时一个月调整两次。

新中国建立后，各地电厂和电力公司普遍沿用了原来的电价制度，由于物价波动，多数地区采取按当地人民银行公布的“折实单位”计算电费。1953年8月后，实行了照明电价、非工业与普通工业电价、大工业电价、农业生产电价、趸售电价等五类电价体系。其后，1960、1965、1976年又进行了三次较大的电价调整。调整的原则是：从1960年起，由国家颁发“全国统一电价目录”，电价仍以用途划分，按电压等级分别制定电价，照明与非工业、普通工业为单一电价，大工业用电为两部制电价。京津唐电网电价见表5-3-1。

在此期间，大工业用电实行两部制电价，实施范围为：1953年的起点为50千瓦或50千伏安及以上，1961年改为100千伏安以上，1974年又缩小为320千伏安以上。

1953年起，实行功率因数调整电费。凡自然调整功率因数的用户，标准值为0.75，机械调整功率因数的用户，标准值为0.85。1961年改为0.85一种标准值，但220千伏及以上用户和电解铝、矽铁、电石生产等用户，标准值为0.9。

1960年，对国家急需且耗电量大的工业产品进行扶植，实行优待电价。优待电价分为一类、二类，其中电解铝为一类，矽铁、电石为二类。1963年增加了电解烧碱、合成氨产品，1965年增加电炉钙镁磷肥产品，1974年增加电炉黄磷产品，1978年增加镁、钛、纯硅、金属钠产品等。经过20年优待电价的实施，平均电价逐年下降。到1980年7月，开始缩小实施优待电价的范围，原已享受优待电价的产品暂时保留优待，对新增者不再实施优待电价。1982年8月以后，逐步取消了工业用电优待电价。

对部分工业产品实行优待电价的同时，于1963年降低了农业用电电价，1965年实行农业优待电价的范围，从电力排灌、电犁用电扩大到打井、打场、脱粒、积肥、育秧、社员口粮加工、牲畜饲料加工、防汛临时照明等用电。1973年扩大了黑光捕虫，1978年增加了现代化养猪、养鸡用电，并降低了深井用电、高扬程提灌用电等电价。

京津唐电网电价表

表5-3-1

项目		年份	1953	1960	1965	1976
照明用电（元/千瓦时）		1千伏以下	0.148	0.148	0.148	0.148
		1千伏以上	0.148	0.145	0.145	0.145
非普通工业用电（元/千瓦时）		1千伏以下	0.085	0.085	0.085	0.085
		1~10千伏	0.085	0.083	0.083	0.083
		35千伏及以上	0.085	0.080	0.080	0.080
大工业用电	基本电费	报装设备容量（元/千瓦·月）	3.000	3.000	3.500	
		主变压器容量（元/千伏安·月）	3.000	3.000	4.000	4.000
		最大需量（元/千瓦·月）	5.200	5.200	6.000	6.000
	流动电费（元/千瓦时）	1千伏以下	0.070	0.070	0.063	
		1~10千伏	0.068	0.068	0.058	0.058
		35千伏及以上	0.065	0.065	0.055	0.055
		优待电价 第一类		0.035	0.035	0.035
		优待电价 第二类		0.050	0.045	0.045
农业用电（元/千瓦时）		1千伏以下	0.085	0.085	0.060	0.060
		1~10千伏	0.085	0.083	0.058	0.058
		35千伏及以上	0.085	0.080	0.055	0.055
趸售用电（阮/千瓦时）		1~10千伏		0.055	0.035	0.035
		35千伏及以上		0.055	0.030	0.030

注：1.本表为京津唐电网电价表，其他地区微异。 2.1963年农业电价调整为0.060元/千瓦时。

1985年，相继实行了煤运加价、峰谷电价及超产自销、小火电、华能上安电厂上网等多种电价，并从1987年起，在电费中加收电力建设资金。

由于1960年后实行优待电价，平均电价逐年下降，1953年每兆瓦时平均电价为91.40元，1965年降为77.50元，1975年降至65.57元，直到1980年才得到控制。从1981年起，平均电价开始回升，到1990年升为103.85元。华北各地区1949~1990年历年平均电价统计，见表5-3-2。

华北各地区1949～1990年历年平均电价统计

表5－3－2

年份	华北			北京		
	售电量（亿千瓦时）	电费收入（亿 元）	平均电价（元/兆瓦时）	售电量（亿千瓦时）	电费收入（亿 元）	平均电价（元/兆瓦时）
1949	2.5546	0.4414	172.79	0.7857	0.1543	196.39
1950	3.2413	0.3251	100.30	1.0253	0.1091	106.41
1951	4.1928	0.4135	98.62	1.3250	0.1365	103.02
1952	5.56312	0.53879	96.85	1.4391	0.1545	107.36
1953	6.94187	0.63452	91.40	1.8491	0.1988	107.51
1954	7.6942	0.7433	96.60	2.3402	0.2473	105.67
1955	9.7184	0.8962	92.22	3.0966	0.3136	101.27
1956	12.8768	1.1880	92.26	4.2675	0.4209	98.63
1957	16.3156	1.513769	92.78	4.9366	0.4790	97.03
1958	19.8553	1.6581	83.51	6.9655	0.5696	81.77
1959	32.5246	2.9362	90.28	11.8343	1.0759	90.91
1960	46.4820	4.1394	89.05	18.3192	1.6672	90.02
1961	41.8685	3.8245	91.35	18.5197	1.6803	90.73
1962	52.7340	4.800185	91.03	16.7189	1.5418	92.22
1963	42.7597	3.8133	89.18	17.8610	1.6078	90.02
1964	50.3510	4.3185	85.77	20.7645	1.8196	87.63
1965	81.9685	6.352297	77.50	25.0381	2.0389	81.43
1966	70.7776	5.3347	75.37	28.3950	2.2097	77.82
1967	67.6880	4.9790	73.56	26.7993	1.8641	69.56
1968	62.2372	4.6224	74.27	26.5341	1.7857	67.30
1969	78.8174	5.6466	71.64	33.3676	2.2077	66.16

续表

年 份	华 北			北 京		
	售电量（亿千瓦时）	电费收入（亿 元）	平均电价（元/兆瓦时）	售电量（亿千瓦时）	电费收入（亿 元）	平均电价（元/兆瓦时）
1970	140.18936	9.462821	67.50	36.7928	2.4088	65.47
1971	104.3879	6.7997	65.14	42.2246	2.7725	65.66
1972	113.5558	7.2712	64.03	44.6756	2.8878	64.64
1973	129.5919	8.9644	69.17	47.9879	3.0822	64.23
1974	146.0742	10.0236	68.62	53.1720	3.3940	63.83
1975	228.19529	15.190386	65.57	58.1751	3.7241	64.02
1976	160.6783	11.0718	68.91	60.2339	3.8282	63.56
1977	173.2855	12.0287	69.42	61.8929	4.0719	65.79
1978	207.3429	14.0389	67.71	71.6526	4.5984	64.18
1979	229.3498	15.2896	66.66	78.3978	4.9812	63.54
1980	360.08547	23.888561	66.34	83.5883	5.3276	63.74
1981	253.4373	16.8665	66.55	85.9631	5.4452	63.34
1982	270.5405	18.6448	68.92	89.4666	6.2846	70.25
1983	285.3835	19.8706	69.43	93.8544	6.6635	70.80
1984	308.0695	21.7242	70.52	98.8107	7.0775	71.63
1985	534.8856	37.64172	70.37	106.1739	7.4802	70.45
1986	418.54197	31.211654	74.57	112.5117	8.4363	74.98
1987	474.56334	35.705895	75.24	120.1249	9.0557	75.39
1988	504.64759	39.956015	79.17	126.9888	9.9385	78.26
1989	484.20785	44.701566	92.32	132.2557	11.4566	86.62
1990	683.75119	71.007059	103.85	138.9781	12.1765	87.61

续表

年 份	天 津			河 北		
	售电量(亿千瓦时)	电费收入(亿 元)	平均电价(元/兆瓦时)	售电量(亿千瓦时)	电费收入(亿 元)	平均电价(元/兆瓦时)
1949	1.4382	0.2649	184.21	0.1807	0.0136	75.26
1950	1.8860	0.1914	101.48	—	—	—
1951	2.4478	0.2429	99.22	—	—	—
1952	2.8967	0.2663	91.92	0.43556	0.0383	87.93
1953	3.7704	0.3207	85.05	—	—	—
1954	3.6840	0.3413	96.24	—	—	—
1955	4.3118	0.3811	88.37	—	—	—
1956	5.8093	0.5232	90.06	—	—	—
1957	5.1338	0.4590	89.40	2.6710	0.2286	85.59
1958	7.1698	0.6334	88.34	—	—	—
1959	9.5603	0.8421	88.08	—	—	—
1960	12.8128	1.1039	86.16	—	—	—
1961	10.0588	0.9208	91.55	—	—	—
1962	9.6005	0.9040	94.16	7.24176	0.62424	86.20
1963	10.9987	0.9808	89.18	—	—	—
1964	13.5665	1.1422	84.19	—	—	—
1965	15.7059	1.2459	79.33	11.5208	0.94505	82.03
1966	17.7026	1.3729	77.55	—	—	—
1967	17.0087	1.3613	80.07	—	—	—
1968	17.8431	1.4100	79.03	—	—	—
1969	22.0198	1.6838	76.47	—	—	—

续表

年　份	天　津			河　北		
	售电量（亿千瓦时）	电费收入（亿　元）	平均电价（元/兆瓦时）	售电量（亿千瓦时）	电费收入（亿　元）	平均电价（元/兆瓦时）
1970	29.9416	2.1440	71.61	26.7196	1.60879	60.21
1971	34.2133	2.4301	71.03	—	—	—
1972	35.7002	2.5422	71.21	—	—	—
1973	37.9040	2.6710	70.47	—	—	59.77
1974	42.4822	2.9706	69.93	—	—	
1975	47.4758	3.2687	68.85	48.33195	2.89992	60.00
1976	45.5144	3.1913	70.12	—	—	60.64
1977	49.3626	3.4963	70.83	—	—	60.67
1978	59.4303	4.1267	69.44	—	—	66.79
1979	67.1920	4.6136	68.66	—	—	66.16
1980	72.4700	4.9566	68.40	88.7659	5.80884	65.44
1981	74.2642	5.1083	68.79	—	—	65.01
1982	77.2139	5.3378	69.13	—	—	65.33
1983	74.4991	5.3331	71.59	—	—	65.64
1984	78.9088	5.7611	73.01	—	—	66.65
1985	83.0999	6.2281	74.95	162.1348	10.92789	67.40
1986	87.7509	6.7105	76.47	—	—	71.21
1987	93.5491	7.2647	77.66	—	—	73.29
1988	100.1792	7.9052	78.91	—	—	78.84
1989	104.2690	8.4134	80.69	—	—	99.84
1990	105.7413	8.6845	82.13	174.1063	19.20392	110.26

续表

年 份	山 西			内蒙古		
	售电量（亿千瓦时）	电费收入（亿 元）	平均电价（元/兆瓦时）	售电量（亿千瓦时）	电费收入（亿 元）	平均电价（元/兆瓦时）
1949	0.1500	0.0086	59.32	—	—	—
1950	0.3300	0.0246	74.66	—	—	—
1951	0.4200	0.0341	82.27	—	—	—
1952	0.7200	0.0679	95.82	0.07176	0.01179	164.30
1953	1.2300	0.1002	81.51	0.09237	0.01482	160.44
1954	1.6700	0.1547	92.45	—	—	—
1955	2.3100	0.2015	87.39	—	—	—
1956	2.8000	0.2439	87.19	—	—	—
1957	3.1500	0.2776	88.90	0.4242	0.069569	164.00
1958	5.2200	0.4551	87.20	—	—	—
1959	11.1300	1.0182	91.45	—	—	—
1960	15.3500	1.3683	89.11	—	—	—
1961	13.2900	1.2234	92.08	—	—	—
1962	12.9800	1.1892	91.59	6.19284	0.540945	87.35
1963	13.9000	1.2247	88.08	—	—	—
1964	16.0200	1.3567	84.70	—	—	—
1965	20.1200	1.4444	71.81	9.5837	0.678047	70.75
1966	24.6800	1.7521	71.00	—	—	—
1967	23.8800	1.7536	73.45	—	—	—
1968	17.8600	1.4266	79.89	—	—	—
1969	23.4300	1.7551	74.91	—	—	—

续表

年　份	山　西			内蒙古		
	售电量（亿千瓦时）	电费收入（亿　元）	平均电价（元/兆瓦时）	售电量（亿千瓦时）	电费收入（亿　元）	平均电价（元/兆瓦时）
1970	31.6600	2.2948	72.49	15.07536	1.006431	66.76
1971	27.9500	1.5971	57.15	—	—	—
1972	33.1800	1.8412	55.50	—	—	—
1973	43.7000	3.2112	73.49	—	—	—
1974	50.4200	3.6596	72.58	—	—	—
1975	57.1600	4.1057	71.83	17.05244	1.191966	69.90
1976	54.9300	4.0523	73.77	—	—	—
1977	62.0300	4.4605	71.91	—	—	—
1978	76.2600	5.3138	69.68	—	—	—
1979	83.7600	5.6948	67.99	—	—	—
1980	89.2500	5.9919	67.13	26.01127	1.803621	69.34
1981	93.2100	6.3130	67.73	—	—	—
1982	103.8600	7.0224	67.62	—	—	—
1983	117.0300	7.8740	67.28	—	—	—
1984	130.3500	8.8856	68.17	—	—	—
1985	144.3000	10.1127	70.08	39.1770	2.892830	73.84
1986	174.9200	12.5833	71.97	43.35937	3.476554	80.18
1987	212.9300	15.2749	71.74	47.95934	4.110595	85.71
1988	224.1200	17.2043	76.77	53.35959	4.908015	91.98
1989	187.5900	18.0795	96.38	60.09315	6.752066	112.36
1990	194.0800	21.9228	112.96	70.84549	9.019339	127.31

注：华北全区数据因河北省、内蒙古自治区只有代表年份值，故售电量、电费收入不全，平均电价基本符合规律；河北地区的数据为河北省电力工业局直管地区的数据。

第四节 电费抄核收

华北电业各用电管理部门的营业电费管理工作人员，根据国家规定和各类销售电价计算办法进行抄表、核算与收费。新中国建立后，各地均分别设抄核收3个专职机构与人员，分别进行工作。50年代起，先后实行了“抄核收合一工作法，即在抄表的同时，在用户现场进行核算，当即收取电费。这种方法既不符合财务制度，且弊病较多。各地区在较短时期内改为抄核收分三步进行，或分为抄核与收费两步进行。有的地区因工作人员不足，曾试改为红绿两色卡片,用户一套，电业部门一套，两套交替互换，以卡片代替用电凭证。有的地区试改实行用户电费自理，用户自己抄表、核算，自己去银行交款，以银行转来的凭证倒作应收，或雇用社会闲散人员负责电费工作。还有的试改隔月抄表、核算、收费。这几种办法，多则半年，少则两个月均告失败。其后，实行的是两种方法，即抄表与核算在用户现场同时进行，当即交用户用电凭证，用户持凭证交费的两步工作法和实行抄、核、收三步分别进行的工作法。

电费的收取方法，初期为“走取”，由收费人员到用户处收取电费。其后，部分地区改为设置营业站、收费站，由用户到站交费或到银行交费，称为“坐收”。银行代收电费法经实践证明效果较好，一般用户每月定期抄表、核算，在限期内赴银行交费，除逾期交费者外，均由银行代收，既加速电费资金的回收，亦避免了弊病。机关、团体、企事业单位，经银行采用无承付托收或有承付托收。大用户电费逐步采用月底抄表，实行计划结算方式，每月三次按计划由银行划拨，月底结算，这种方法加速了电费的回收。呼和浩特市昆都伦区于1984年对新迁入楼房的用户，装设投币电表，试行先购币后用电法。各地区还先后将计算机引入电费管理工作。

为防止用户窃电或违章用电，电业部门设置专职机构，并派电费管理人员具体负责。各地区在当地政府支持下，开展反窃电工作，深入宣传，进行检查，对窃电设施予以没收并处以罚款。从50年代到70年代，窃电仅是极个别现象。进入80年代，有的用户私增设备容量，少付基本电费；有的将高价用电设施接入低价计费表计，少交电费；有的光、力综合用电户，光力比例长期不符合实际，电光用电量挤入电力用电量，少交用电电费；有的用户甚至窃电。各地区针对这种种违章用电，开展电费普查，堵漏增收，减少电量与电费损失。在普查中，对表计错接线、漏计费、错计费等均予纠正。这项工作在各地区已形成制度，每年进行，均收到不同程度的实效。

第五节 用电服务

“人民电业为人民”，是电力企业为用户服务的指导方针。为贯彻这一方针，首先在电业职工中开展宣传教育，各地区均根据各自情况，进行学习、讨论、交流、评比。曾进行“假如我是用户”的讨论、“门里门外负责到底”的思想教育和“在缺电的情况下能不能创一流水平?”的辩论，扭转服务窗口“门难进、脸难看、事难办”的形象教育。曾组织

“三优一创”活动，即优质供电、优质管理、优质服务、创一流服务水平。曾进行争创三优五好争一流的立功活动，还组织双文明服务窗口竞赛评比活动等。为了实施这一服务方针，以信函、访问、座谈等形式征求意见，广泛听取用户的要求，了解用户的困难，征求用户的意见和建议。并聘请用户监督员，组织监督网，聘请用户中的职工代表、政协委员、人大代表等组成用户评议委员会，使用户对电力工业的监督更具有广泛的民主性、社会性。以“为人民服务”为指导思想，进行优质服务的思想教育，提高供电质量与服务质量。1986年在水利电力部召开的全国第一次供电系统提高服务质量经验交流保彰会上，天津市电力工业局被授予全国供电系统为用户服务优秀集体光荣称号。

为了贯彻执行“人民电业为人民”的指导方针，曾建立服务台，为用户用电咨询，开展电话报装、电话办业务等活动，并为此编印了“户号索引”。还将为用户服务的多口对外改为一口对外，进行一条龙服务以及延长营业时间、假日值班办公等。

1980年，电力工业部颁发《供电部门职工服务守则（暂行）》，提出8条要求。华北电网各供用电部门修订原自订的“服务守则”、“服务准则”等，并先后制订了不同条款的服务措施、服务标准。有的地区设置了供用电工程承发包公司，统一协调各项供用电工程，他是具有法人资格、独立经营、自负盈亏的经济实体，是地方政府与供电企业双重领导的基本建设工程施工企业。

到1990年，华北电网各供用电部门的服务思想进一步明确，服务质量有了较大提高。

第六篇 农 电

华北农村照明用电始于1922年山西太谷，农业生产用电始于20世纪30年代之后，分布在城市近郊、工矿区和铁路沿线。新中国建立前，华北的农电事业发展缓慢，只有少数农村用上电。到1949年全区农村用电量为331万千瓦时（其中天津最多，为310万千瓦时），占全区总用电量的0.66%，且主要用于农村照明。

新中国建立后，华北的农电事业从小到大，逐渐成为农村经济发展的支柱。到1990年，华北的农村用电经过4个阶段的发展，用电量已达133.9804亿千瓦时，占华北总用电量的15.94%。

1949～1957年，是农电发展的第一阶段。这一时期，华北农村主要进行土地改革和对农业进行社会主义改造，由依靠人力和畜力，开始兴办水利、电力。随着1956年农业社会主义改造的基本完成，农村生产力得到进一步解放。华北的一些市、县出现了农村办电的势头。同年，北京、天津市郊区建起了第一批农用35千伏变电站，农村用电开始由水利专用逐渐向农副业生产及生活照明发展。到1957年，华北农村用电量达2898万千瓦时，比1949年增长8倍，占华北总用电量的1.06%。

1958～1970年，是农电发展的第二阶段。随着农业经济的高涨，兴修水利在广大农村、牧区普遍展开，打井抗旱、低洼排涝、筑坝蓄水、引水上山等逐步以电力代替人力和畜力，农村的用电量与日俱增。这一时期，各级政府重视了农电的发展和管理，开始建立省（市）、地、县三级农电管理机构，农村的电力建设有了较大发展。农电建设逐步纳入国家计划，资金、设备、原材料的来源有了一定渠道，并发挥了地方办电的积极性，除国家投资外，出现了集体办电的新趋势。各项农电管理制度开始建立，加强了农电管理。1958年，内蒙古自治区揭开了农电建设的序幕，开始自筹资金办电，结束了该地区农村无电的历史。1960年山西省农村用电量为3927万千瓦时，比1949年全省的用电量还多20%以上。河北省1961年的农村用电量为1949年的617倍，天津、北京两市分别于1960年和1962年实现了县县有电。1963年10月，华北第一座专为农村供电的110千伏变电站——河北省高碑店变电站2台2万千伏安主变压器建成投产，使保定地区的新城、涿县、雄县、易县、涞水、定兴等6个县排涝和灌溉面积增加7.5万余公顷，提高了农业电气化水平。到1970年，华北农村用电量达22.5亿千瓦时，比1957年增长77.6倍，年均增加1.7亿千瓦时，占全华北总用电量的13.5%，其中农田灌溉用电占农村总用电量的60%。由于农电发展较快，且受“左”的指导思想影响，导致一些农电设施不完备，质量低，管理落后，安全措施无保障，以及过多地推行“两线一地”和“一线一地”供电方式，造成供电和人身事故增多，经济效益低下。

1971～1978年，是农电发展的第三阶段。1971年国家提出“以副养农，以机促农”的方针，社队企业兴起，农业用电骤增。为适应新形势下的要求，针对存在的问题，华北电业开始对农电设备、农电管理进行了整顿，进一步促进了农电的全面发展。各省（市、自治区）农电管理部门对不合格的变压器和线路进行了更新改造，并有计划地安排了农电建设，安全状况得到好转，线路损失率逐年下降。1976年和1977年，天津、北京两市分别实现了村村有电；山西省于1976年实现了县县有电。随着农电负荷的增长，农用变电站开始由35千伏向110千伏过渡。发展较晚的内蒙古自治区也于1978年建成了全自治区最大的农村供电电网。到1978年，华北的农业用电量为52.28亿千瓦时，比上一年增长4.9亿千瓦时，增长率为13%。

1979～1990年，是农电发展的第四阶段。中共十一届三中全会后，华北的农电事业贯彻国民经济“调整、改革、整顿、提高”的方针，把工作重点转移到对现有农电电网进行挖潜、革新、改造。国家每年为华北补贴农电整改费用2000余万元，促进了农电效益的提高。为加快农电建设，各省（市、自治区）在整顿的基础上，实行集资办电、联合办电，出现了国家、集体、个人共同办电的新局面，农电事业进入新的发展时期。80年代前期，国家提出对农村电网进行整改，重点解决网络布局、35千伏变电站补点，调整线路过长、线号过小的配电线路，有步骤地把“两线一地”、“一线一地”线路改为三线，更换不合格的电气设备，改造简易变电站，在低压线路及设备达到技术要求的基础上，安装分户电度表及触电保安器等。经过5年的整改，农村电网安全经济水平有了较大提高。80年代后期，华北各省（市、自治区）电力工业局贯彻国家“以电养电”政策，建立了农电发展专项基金，从体制和管理上理顺了地方与行业管理的关系，并在农电系统开展了标准化管理。农村用电结构发生变化，排灌用电量所占比例逐年减少，县及县以下工业用电量猛增，生活用电和农副产品加工用电比例亦有所增长。到1990年，华北农村用电量（包括工业及乡镇企业和乡村生活用电）为133.9804亿千瓦时，占社会总用电量的15.94%，其中农、林、牧、渔、水利业为76.47亿千瓦时，占社会总用电量的9.1%。

随着农村电力事业的发展，农电职工队伍迅速发展壮大。到1990年末，华北有农电职工7.1617万人，农村电工18.26万人。经过长期锻炼，职工队伍的文化水平和技术水平得到不断提高，已能全部承担起35千伏变电站及线路的设计、施工、运行管理和检修维护等工作。一些县局还承担了110千伏变电站及线路的设计、施工和运行工作。

第一章　农电建设

新中国建立后，华北农村以发展小水电、小火电为主。进入60年代，随着农业社会主义改造的基本完成，华北各地，出现了大办农业，兴办电力的形势；各省（市、自治区）电力系统也有计划的把供电线路逐步向农村延伸。进入70年代后，电力供需矛盾日益突出，京、津、冀、晋地区出现严重缺电，但小水电、小火电建设作为大电网的补充，缓解了农村用电的紧张局面。中共十一届三中全会后，华北各地为逐步提高农村的用电水平，调整了网络布局，加快了输变、配电设施建设。到1990年末，华北有小水电、小火电厂830座，装机总容量75万千瓦，年发电量22.79亿千瓦时。有农用35~110千伏输电线路4.02万公里；6~10千伏配电线路29.12万公里。有农用110千伏变电站287座，变压器总容量847万千伏安；35千伏变电站1649座，变压器总容量805万千伏安。

第一节　农村电源建设

一、小水电

华北兴建小型水力发电站始于1942年2月。八路军129师在河北省涉县漳河南岸的赤岸村建成一座容量为10千瓦的水电站，供师部照明和机电科通讯用电。1944年和1945年又分别建成涉县西达水电站和茅岭底水电站，容量分别为28千瓦和10千瓦，供军工厂和晋冀鲁豫边区太行银行用电。这三座小水电站随着解放战争的胜利，于1949年前后拆除或搬迁。

1948年1月，晋察冀解放区军民建成河北省平山县沕沕水水电站，装机容量194千伏安（155千瓦），供西柏坡中共中央用电，被誉为“边区创举”。

新中国建立后的50年代，华北各省（市、自治区）的大电网骨架尚未完全形成，电网尚未延伸到农村，农村以发展小水电为主。1955年，山西省洪洞县建成全省第一座小水电站——明姜水电站，装机48千瓦。到1957年，华北共建成小水电站32座，其中河北省19座，山西省13座。装机总容量1400千瓦。

1958年，随着“大跃进”，农村水利建设掀起高潮，农村小水电建设也得到相应发展。同年，北京市在偏远郊县建成小水电站27座，装机总容量700千瓦；内蒙古自治区建成小水电站16座，装机总容量400千瓦。1960年2月，中共中央农村工作部在山西省洪洞县召开了全国11个省、市农村小水电现场会议，总结和交流了该县发动群众发展小水电的经验。之后，华北各省（市、自治区）的小水电建设遍地开花，迅速发展。到1963年，除天津市外，华北共建成小水电站431座，其中北京市20座，河北省44座，山西省264座，内蒙古自治区103座。装机总容量2.03万千瓦。小水电的发展，对于促进偏远山区、牧区的农牧业生产，改善农牧民生活发挥了一定作用。但由于“大跃进”的影响，重建轻管，加之设备和技术条件的限制，真正巩固下来的为数不多。河北省1961年建成小水电站358座，装机总容量1.57万千瓦，时隔1年，到1962年能运行的只剩下27座，装机容量仅有0.12万千瓦。

1966年前，山西省平顺县陆续建成王曲、实金、耽车、奥治、阳高、石城、王家庄、马塔等8处水电站，装机总容量546千瓦。1967年该县两台单机容量3000千瓦的侯壁水电站建成，成为当时山西省最大的水电站。到1970年，华北共建成小水电站642座，装机总容量3.29万千瓦，其中河北省数量最多，为371座；山西省容量最大，为2.21万千瓦。

70年代初，华北各省（市、自治区）电力系统的供电线路开始向边远山区、农村延伸，国家对农业用电又实行了优待电价，电网电价比小水电站发电成本还低，加之一些小水电站因管理不善或设备失修，不能正常发电，因此，各地小水电站纷纷停用或拆除。

1973年，由于京津唐、冀南、山西电网再次出现严重缺电局面，对农村经常拉闸限电。同时，一批中小型水库正在建设中，国家对小水电采取了“补助资金，谁建、谁管、谁受益”的政策，又一次促进了山区和农村小水电建设的发展。

1974年，河北省青龙县因发展农村小水电事迹突出，被誉为“北方山区的明珠”。这个县的东蒿村，充分利用溪流发展小水电，大的水电站装机50千瓦，小的水电站只有1～5千瓦，使全村家家都用上电，其模型在秋季广州交易会上展出。

1978年，山西省平顺县小水电装机容量达1万千瓦，全县小水电年发电量4000万千瓦时。

到1980年末，华北共建成小水电站1116座，装机总容量18.65万千瓦。其中河北省706座，总容量7.36万千瓦，在全华北均属第一。

进入80年代后，华北小水电资源的开发和利用得到全面发展。各省（市、自治区）采取因地制宜、多级建站、多次利用、建管结合的方针，提高小水电的经济效益，使之成为大电网的补充，缓解了农村严重缺电的局面。

1983年12月，国务院以国发［1983］190号文件，批准山西省平顺县和内蒙古自治区克什克腾旗进入全国首批100个农业电气化试点县行列。这两个县（旗）在发展农村电网、建设小火电厂的同时，大力开发利用小水电。截至1989年，克什克腾旗建成100千瓦以上的小水电站5座，装机总容量达1.026万千瓦，平均年发电量2439万千瓦时，占全旗总用电量的56%，使全旗人均综合用电量达188千瓦时，基本达到国家初级电气化县的标准；山西省平顺县建立了全县小水电调度中心，实现了小水电发、供、用由单轨一线变成并网和供电分开的双轨两线，建立了小水电安装、修试、培训中心，为农村电气化奠定了基础。到1990年，全县共建成小水电站19座，装机39台，总容量达2.285万千瓦，全年小水电发电量达6746万千瓦时，人均用电量267千瓦时，全县工农业总产值突破1亿元，达到了农村电气化县的标准。

1990年华北小水电装机总容量达39.24万千瓦，其中北京市5.48万千瓦，天津市0.5万千瓦，河北省19.21万千瓦，山西省10.37万千瓦，内蒙古自治区3.67万千瓦；小水电发电量7.79亿千瓦时，其中北京市0.79亿千瓦时，天津市0.72亿千瓦时，河北省3.36亿千瓦时，山西省2.31亿千瓦时，内蒙古自治区0.61亿千瓦时。

二、小火电

华北专供农村用电的县或县级市的小火电厂建设，是从新中国建立后开始的。到

1957年底，华北共建成小火电厂22座，装机总容量4132千瓦。

1958年，华北各省（市、自治区）贯彻中共中央“大中小并举、土洋结合”的两条腿走路方针和在水利电力部发展农电“水火并举、因地因时制宜”的指导思想下，一些小火电厂竞相开工。到1959年末，河北省建有小火电厂430处，总容量2.19万千瓦。因设备粗制滥造，质量低；施工时忽视质量，简易发电；运行人员多数未经过正规培训，即上岗操作等诸多原因，所建小火电厂绝大多数不能正常运行，旋即报废。有的因电网延伸至所在地，失去小火电存在的作用，因此而停建。

1963～1965年，贯彻中共中央提出的“调整、巩固、充实、提高”的八字方针，华北小火电的发展，实行了“积极调整、认真补套、全面规划、重点发展、加强管理、保证安全”的原则，纠正了不顾主客观条件一轰而起的小火电建设，少数县的小火电厂经过完善化改造，得以巩固，并发挥了一定的效益。

70年代末期，随着电网供电形势的紧张及乡镇企业的发展，一些有煤水资源的县（市），着手兴建小火电，作为大电网的补充。

进入80年代后，随着改革开放和乡镇企业的大发展，一些比较正规的小火电厂相继建成。到1986年，华北共建成较正规的小火电厂（站）42座，装机总容量22.375万千瓦，年发电量9.13亿千瓦时。其中河北省6座，3.15万千瓦；山西省23座，14.625万千瓦；内蒙古自治区13座，4.6万千瓦。

80年代后期，华北各省（市、自治区）电力工业局均在农电处内设立专门负责小火电的管理人员，从规划选厂、前期工作、初步设计到运行、检修，均有专人管理，使小火电得到健康发展，社会效益和企业经济效益有了进一步提高。1988年4月，山西省建成全省乡镇最大的小火电厂——阳城县北留电厂，装机3台，总容量4500千瓦。并将北留镇划为电力自供区。该厂的建成投产，每年可为北留镇400多家乡镇企业增加产值约800万元；可节约柴油机发电费用130万元；可使3万吨积压的煤转换为电力。到1990年，华北共建成小火电站44座，装机总容量33.73万千瓦，年发电量约15亿千瓦时。其中天津市1座，装机容量2.5万千瓦；河北省10座，装机容量8.25万千瓦；山西省27座，装机容量20.58万千瓦；内蒙古自治区6座，装机容量2.4万千瓦。

三、柴油机、风力和其他发电

（一）柴油机发电。1954年，在内蒙古草原城镇锡林浩特建成1座小柴油发电厂，安装柴油发电机480千瓦。1965年改建成燃煤发电厂，安装1台1500千瓦机组。70年代，河北省在大搞农业机械化时，曾提倡用柴油机发电，主要用于偏僻地区的农田提灌、排涝、扬场、农副产品加工及放映电影等。80年代以后，随着大电网输电线路的延伸，河北省的柴油发电机逐步淘汰。到1990年，华北共有柴油发电机2518台，总容量12.75万千瓦，年发电量4430万千瓦时。其中天津市493台，2.22万千瓦；山西省1025台，8.3万千瓦；内蒙古自治区1000台，2.23万千瓦。

（二）风力发电。华北的风力发电始于1958年，以后时起时伏。1980年，北京八达岭风力试验站建成后，中共中央总书记胡耀邦和当时任水利电力部副部长的李鹏曾到该站视察。到1990年，华北共安装风力发电机8.6663万台，装机总容量9167千瓦，年发电量

2072万千瓦时。其中河北省663台，67千瓦；内蒙古自治区8.6万台，9100千瓦，成为该区牧民生活的主要电源。

（三）其他发电。到1990年，华北共装有太阳能、沼气等发电设备960台，总容量294千瓦，年发电量21万千瓦时。这些设施全部装在内蒙古自治区。

华北农村电源发展情况见表6－1－1。

1986～1990年华北农村电源情况

表6－1－1　　　　单位：万千瓦、万千瓦时

年份	名称		华北	北京市	天津市	河北省	山西省	内蒙古自治区
1986	总计	装机容量	51.9	4.81	—	14.19	22.78	10.1
		年发电量	128229	5432	—	16888	87995	17914
	小水电	座数	832	95	—	456	247	34
		装机容量	27.13	4.81	—	11.04	8.15	3.12
		年发电量	35067	5432	—	12011	11033	6591
	小火电	座数	42	—	—	6	23	13
		装机容量	21.38	—	—	3.15	14.63	4.6
		年发电量	91307	—	—	4866	76961	9480
	柴油机发电	座数	583	—	—	—	—	583
		装机容量	2.05	—	—	—	—	2.05
		年发电量	1595	—	—	—	—	1595
	风力发电	台数	33871	—	—	222	11	33638
		装机容量	0.341	—	—	0.0022	0.00 07	0.338
		年发电量	259	—	—	10.7	1.0	247
1987	总计	装机容量	59.308	4.86	—	17.60	27.67	9.178
		年发电量	173782	6300	—	47739	96433	23310
	小水电	座数	797	96	—	421	248	32
		装机容量	28.48	4.86	—	11.49	9.07	3.07
		年发电量	35895	6300	—	11246	10700	7649
	小火电	座数	41	—	—	5	24	12
		装机容量	24.69	—	—	5.61	15.68	3.41
		年发电量	128787	—	—	36152	84640	7995
	柴油机发电	座数	1143	—	—	64	466	613
		装机容量	5.52	—	—	0.50	2.93	2.08
		年发电量	8219	—	—	330	1093	6796
	风力发电	台数	50484	—	—	294	12	50178
		装机容量	0.508	—	—	0.0032	0.0007	0.504
		年发电量	451	—	—	11	0	440
	其他	台数	833	—	—	—	—	833
		装机容量	0.11	—	—	—	—	0.11
		年发电量	430	—	—	—	—	430

续表

年份	名称		华北	北京市	天津市	河北省	山西省	内蒙古自治区
1988	总计	装机容量	65.625	4.87	0.5	16.14	33.98	10.135
		年发电量	178593	6078	0	38060	114686	19769
	小水电	座数	758	97	1	407	224	29
		装机容量	29.73	4.87	0.5	12.19	9.16	3.01
		年发电量	46717	6078	0	17596	17135	5908
	小火电	座数	44	—	—	5	24	15
		装机容量	25.53	—	—	3.60	18.08	3.86
		年发电量	126237	—	—	20324	95664	10250
	柴油机发电	座数	1717	—	—	48	967	702
		装机容量	9.57	—	—	0.35	6.74	2.49
		年发电量	4128	—	—	119	1887	2122
	风力发电	台数	76530	—	—	529	1	76000
		装机容量	0.775	—	—	0.0056	0.0001	0. 765
		年发电量	1480	—	—	21	0	1459
	其他	台数	862	—	—	—	—	862
		装机容量	0.02	—	—	—	—	0.02
		年发电量	29	—	—	—	—	29
1989	总计	装机容量	75.76	4.87	5.20	16.40	40.30	8.99
		年发电量	217908	4800	5600	46918	145240	15349
	小水电	座数	652	97	1	301	224	29
		装机容量	30.43	4.87	0.50	12.79	9.26	3.01
		年发电量	49600	4800	0	21500	18400	4900
	小火电	座数	42	—	1	5	28	8
		装机容量	31.63	—	2.50	3.6	22.98	2.55
		年发电量	157900	—	1511	25398	124312	6679
	柴油机发电	座数	2611	—	—	485	1141	985
		装机容量	12.82	—	—	2.20	8.06	2.56
		年发电量	8711	—	—	4089	2529	2094
	风力发电	台数	84229	—	—	529	—	83700
		装机容量	0.84	—	—	0.0056	—	0.84
		年发电量	1679	—	—	20	—	1659
	其他	台数	1080	—	—	—	—	1080
		装机容量	0.036	—	—	—	—	0.036
		年发电量	16	—	—	—	—	16

续表

年份	名称		华北	北京市	天津市	河北省	山西省	内蒙古自治区
1990	总计	装机容量	89.54	5.60	7.38	27.47	39.24	9.55
		年发电量	234485	7900	13413	70338	126886	15948
	小水电	座数	786	122	—	406	229	28
		装机容量	39.24	5.48	0.50	19.21	10.37	3.68
		年发电量	77900	7900	7200	33600	23100	6100
	小火电	座数	44	—	1	10	27	6
		装机容量	33.73	—	2.50	8.25	20.58	2.4
		年发电量	150062	—	6175	36715	101334	5838
	柴油机发电	座数	2518	—	—	493	1025	1000
		装机容量	12.75	—	—	2.22	8.30	2.23
		年发电量	4430	—	—	38	2452	1940
	风力发电	台数	86663	—	—	663	—	86000
		装机容量	0.9167	—	—	0.0067	—	0.91
		年发电量	2072	—	—	23	—	2047
	其他	台数	960	—	—	—	—	
		装机容量	0.0294	—	—	—	—	0.0294
		年发电量	21	—	—	—	—	21

第二节　农村电网建设

一、输电线路

1955年以前，华北没有专门为农村用电的供电设施。1956年，北京电业局拨专款在大兴县进行农村供电试点时，建成33千伏输电线路3条，全长40.7公里，并与南苑变电站连接。1958年，随着一批水库施工供电和农田水利配套用电，华北加快了农村电网建设速度。到1962年，北京市远郊10个区、县除延庆县由张家口供电局下花园供电所供电外，其余9个区、县共建有35千伏输电线路47条，总长300公里，河北省建成35千伏输电线路1600公里。此后，华北各省（市、自治区）农用35千伏输电线路每年都有增加。到1990年，华北共有农用35千伏输电线路3.08万公里，其中北京市1400公里，天津市1700公里，河北省1.06万公里，山西省7900公里，内蒙古自治区9200公里。

70年代末至80年代初，华北各省（市、自治区）农用110千伏输电线路相继延伸到农村，且发展较快。到1990年，华北共建有农用110千伏输电线路9400公里，其中北京市200公里，天津市100公里，河北省4300公里，山西省2900公里，内蒙古自治区1900公里。1962～1990年华北农用高压输电线路发展情况见表6－1－2。

1962～1981年华北农电高压线路情况

表6-1-2　　　　单位：万公里

年份	名称		华北	北京市	天津市	河北省	山西省	内蒙古自治区
1962	总计		1.86	0.33	—	1.45	—	0.08
	其中	35千伏及以上	0.19	0.03	—	0.16	—	—
		6～10千伏	1.67	0.30	—	1.29	—	0.08
1963	总计		2.22	0.36	—	1.75	—	0.11
	其中	35千伏及以上	0.24	0.04	—	0.19	—	0.01
		6～10千伏	1.98	0.32	—	1.56	—	0.10
1964	总计		2.6	0.40	—	2.05	—	0.15
	其中	35千伏及以上	0.28	0.05	—	0.22	—	0.01
		6～10千伏	2.32	0.35	—	1.83	—	0.14
1965	总计		4.39	0.51	0.03	2.47	1.17	0.21
	其中	35千伏及以上	0.39	0.05	0	0.25	0.08	0.01
		6～10千伏	4.00	0.46	0.03	2.22	1.09	0.20
1966	总计		3.89	0.55	0.04	2.96	—	0.34
	其中	35千伏及以上	0.38	0.06	0	0.29	—	0.03
		6～10千伏	3.51	0.49	0.04	2.67	—	0.31
1969	总计		7.45	0.62	0.05	4.45	1.92	0.41
	其中	35千伏及以上	0.65	0.04	0	0.41	0.16	0.04
		6～10千伏	6.80	0.58	0.05	4.04	1.76	0.37
1970	总计		8.37	0.70	0.06	4.89	2.12	0.60
	其中	35千伏及以上	0.73	0.05	0	0.44	0.19	0.05
		6～10千伏	7.64	0.65	0.06	4.45	1.93	0.55
1971	总计		10.05	0.90	0.20	5.42	2.84	0.69
	其中	35千伏及以上	0.90	0.05	0.03	0.51	0.26	0.05
		6～10千伏	9.15	0.85	0.17	4.91	2.58	0.64
1972	总计		11.54	0.84	0.34	6.18	3.35	0.83
	其中	35千伏及以上	1.07	0.05	0.10	0.54	0.30	0.08
		6～10千伏	10.47	0.79	0.24	5.64	3.05	0.75
1973	总计		12.73	0.89	0.64	6.11	3.74	1.35
	其中	35千伏及以上	1.08	0.06	0.09	0.53	0.30	0.10
		6～10千伏	11.65	0.83	0.55	5.58	3.44	1.25
1974	总计		13.39	0.98	0.59	6.42	4.09	1.31
	其中	35千伏及以上	1.16	0.06	0.07	0.53	0.34	0.16
		6～10千伏	12.23	0.92	0.52	5.89	3.75	1.15

续表

年份	名称		华北	北京市	天津市	河北省	山西省	内蒙古自治区
1975	总　计		14.52	1.06	0.77	6.81	4.53	1.35
	其中	35 千伏及以上	1.20	0.06	0.11	0.55	0.35	0.13
		6～10 千伏	13.32	1.0	0.66	6.26	4.18	1.22
1976	总　计		15.01	1.10	0.49	7.09	4.88	1.45
	其中	35 千伏及以上	1.23	0.07	0.05	0.56	0.40	0.15
		6～10 千伏	13.78	1.03	0.44	6.53	4.48	1.30
1977	总　计		16.10	1.15	0.64	7.59	5.21	1.51
	其中	35 千伏及以上	1.36	0.07	0.07	0.64	0.43	0.15
		6～10 千伏	14.74	1.08	0.57	6.95	4.78	1.36
1978	总　计		17.20	1.21	0.72	8.08	5.57	1.62
	其中	35 千伏及以上	1.55	0.09	0.08	0.65	0.56	0.17
		6～10 千伏	15.65	1.12	0.64	7.43	5.01	1.45
1979	总　计		20.50	1.23	0.73	8.45	6.15	3.94
	其中	35 千伏及以上	1.99	0.10	0.09	0.67	0.62	0.51
		6～10 千伏	18.51	1.13	0.64	7.78	5.53	3.43
1980	总　计		21.60	1.26	0.94	9.05	6.12	4.23
	其中	35 千伏及以上	1.95	0.08	0.10	0.73	0.53	0.51
		6～10 千伏	19.65	1.18	0.84	8.32	5.59	3.72
1981	总　计		22.49	1.27	0.97	9.38	6.27	4.60
	其中	35 千伏及以上	1.98	0.08	0.10	0.74	0.54	0.52
		6～10 千伏	20.51	1.19	0.87	8.64	5.73	4.08
1982	合　计		24.48	1.35	0.86	10.15	6.93	5.19
	其中	110 千伏	0.41	0.02	0.02	0.18	0.15	0.04
		35（63）千伏	2.10	0.11	0.11	0.76	0.59	0.53
		6～10 千伏	21.97	1.22	0.73	9.21	6.19	4.62
1983	合　计		25.39	1.62	1.11	10.22	7.24	5.20
	其中	110 千伏	0.25	0.02	0.02		0.17	0.04
		35（63）千伏	2.12	0.12	0.10	0.76	0.60	0.54
		6～10 千伏	23.03	1.48	0.99	9.46	6.48	4.62
1984	合　计		26.16	1.38	1.13	10.71	7.63	5.31
	其中	110 千伏	0.27	0.02	0.02		0.18	0.05
		35（63）千伏	2.30	0.12	0.10	0.84	0.68	0.56
		6～10 千伏	23.59	1.24	1.01	9.87	6.77	4.70

续表

年份	名称		华北	北京市	天津市	河北省	山西省	内蒙古自治区
1985	合计		27.50	1.40	1.14	11.41	7.90	5.65
	其中	110千伏	0.53	0.02	0.02	0.22	0.19	0.08
		35（63）千伏	2.46	0.13	0.10	0.84	0.71	0.68
		6~10千伏	24.51	1.25	1.02	10.36	6.99	4.89
1986	合计		29.09	1.43	1.23	12.09	8.26	6.08
	其中	110千伏	0.60	0.02	0.02	0.31	0.14	0.11
		35（63）千伏	2.60	0.14	0.16	0.92	0.70	0.68
		6~10千伏	25.89	1.27	1.05	10.86	7.42	5.29
1987	合计		30.28	1.43	1.23	12.75	8.54	6.33
	其中	110千伏	0.68	0.02	0.02	0.32	0.20	0.12
		35（63）千伏	2.71	0.13	0.17	0.95	0.76	0.70
		6~10千伏	26.89	1.28	1.04	11.48	7.58	5.51
1988	合计		31.41	1.45	1.25	13.14	8.85	6.72
	其中	110千伏	0.73	0.02	0.02	0.35	0.21	0.13
		35（63）千伏	2.87	0.14	0.17	1.01	0.78	0.77
		6~10千伏	27.81	1.29	1.06	11.78	7.86	5.82
1989	合计		32.31	1.46	1.24	13.46	9.14	7.01
	其中	110千伏	0.85	0.02	0.01	0.38	0.24	0.20
		35（63）千伏	2.98	0.15	0.16	1.08	0.78	0.81
		6~10千伏	28.48	1.29	1.07	12.00	8.12	6.00
1990	合计		33.14	1.46	1.24	13.73	9.39	7.32
	其中	110千伏	0.94	0.02	0.01	0.43	0.29	0.19
		35（63）千伏	3.08	0.14	0.17	1.06	0.79	0.92
		6~10千伏	29.12	1.30	1.06	12.24	8.31	6.21

二、变电设施

1955年以前，华北没有专供农村用电的变电站。1956年，北京市建成了邢各庄、小营和永和庄3座33千伏变电站，各安装主变压器1台，容量分别为2400、3200千伏安和2400千伏安，总容量共8000千伏安，这是华北地区第一批为农村用电建设的变电工程。

1958~1961年，河北省农村用电发展的初期，因供电负荷较小，部分农用变电站在建设中简化了设计，主要是：35千伏侧采用熔断器保护变压器，10千伏侧采用柱上油断路器。出线采用两线一地，省去配电室，主控室内只装设计量屏，10千伏出线保护开关自带。此种变电站占地少，投资小，对于用电量较小的农村还比较适用。到1962年，华北共建成农用35千伏变电站总容量为32.5万千伏安，其中北京市3万千伏安，河北省19.5万千伏安，山西省9.73万千伏安，内蒙古自治区0.27万千伏安。

1963年10月，建成华北第一座专为农村供电的110千伏变电站——河北省高碑店变电站，安装两台各为1万千伏安的变压器，总容量为2万千伏安，使保定地区北部6县增加灌溉面积113万亩。

1978年，华北共建成35千伏及以上变电站总容量390.48万千伏安，其中北京市45.85万千伏安，天津市38.21万千伏安，河北省128.47万千伏安，山西省159.12万千伏安，内蒙古自治区18.83万千伏安。

到1990年末，华北共有110千伏农用变电站287座，主变压器406台，总容量847万千伏安。其中北京市15座，23台，55万千伏安；天津市9座，13台，39万千伏安；河北省126座，172台，430万千伏安；山西省99座，150台，272万千伏安；内蒙古自治区38座，48台，51万千伏安。共有35千伏农用变电站1649座，总容量805万千伏安。其中北京市75座，57万千伏安；天津市155座，91万千伏安；河北省708座，368万千伏安；山西省431座，196万千伏安；内蒙古自治区280座，93万千伏安。

三、配电网络

新中国建立初期，华北大中城市近郊农村的配电线路，基本上是利用工厂和企事业单位建设的供电设施建立起来的。远离中心城市的县、区多数是采取自行装设柴油机、锅驼机或自建小水电站供电，基本上是自发自用。已经供电地区的电压也极不统一，有3.3、5.2、6、6.3千伏等。

1957年，北京市大兴县供电局将两座变电站的5条配电线路由三线制供电改为“两线一地”制供电，以减少建设资金和器材，经试运行，在全县推广。1959年初，石家庄供电局在获鹿县搞“两线一地”供电试点，架设6千伏配电线路0.5公里。之后，又将两条配电线路改为“两线一地”。由于这两条线路靠近铁路，对铁路信号有影响，遂于1964年8月恢复三线制运行。

到1962年底，华北有3~10千伏配电线路1.67万公里，其中北京市0.3万公里，河北省1.29万公里，内蒙古自治区0.08万公里；3~10千伏配电变压器总容量90.73万千伏安，其中北京市17.06万千伏安，河北省50.8万千伏安，山西省20.5万千伏安，内蒙古自治区2.37万千伏安。

60年代中后期，华北各省（市、自治区）供电部门根据水利部门的工程计划、提水设备指标和供电器材的供应情况，对水利工程的供电设计进行了集中统一管理。同时按照各省（市、自治区）农村电气化发展规划的要求，对农村配电网络进行了技术改造，基本上扭转了水利工程与配电网络建设互不协调的局面。

1966年，河北省农田水利电力局在农电设施大修改造中推广10千伏配电线路“两线一地”供电制，到年底全省新建和改建（即将原三线供电改为两线一地）“两线一地”制线路1973公里，其中由三线供电改为“两线一地”供电的1200公里。

1970年5月，北京电业管理局转发了水利电力部军事管制委员会关于推广“两线一地”制供电的通知后，北京市相继组织了大会战，并召开了现场会，到年底“两线一地”制供电范围扩大到包括新建工程在内的38座变电站，10千伏配电线路达6460公里，占远郊区、县10千伏线路总长的54%。“两线一地”制供电虽然对解决山区供电建设资金短缺和器材供应不足、促进农村配电网建设起到了一定作用，但同时也带来了烧毁木电杆、木横担及人身、牲畜的触电事故，仅河北省统计，1971 年就发生人身触电死亡事故 730 起。

1973 年 4 月，国务院、中央军委以国发［1973］40 号文批转了通信兵部电信总局《关于消除输电线路对通信的严重影响的报告》，水利电力部提出在消除电力线对通信线路干扰影响的技术措施出台前，暂停推广“两线一地”、“一线一地”（指低压配电线路）供电方式，华北各省（市、自治区）革命委员会要求辖区内各供电单位，要根据国发［1973］40 号文件精神进行检查，凡对通信和铁路信号有干扰，又无切实可靠消除干扰措施的，不许再搞“两线一地”架设，35 千伏及配电线路一律按三线架设。由于“两线一地”和“一线一地”制供电存在诸多弊端，从 1975 年开始，华北各省（市、自治区）先后恢复了三线制供电。

进入 80 年代，华北的农村配电网络不断完善，供电可靠性也逐步提高。1983～1985 年，水利电力部农电司在内蒙古自治区达茂旗牧区进行单、三相混合供电试验。这种供电方式在美国、加拿大、澳大利亚等国农村广泛采用，适合于地广人稀负荷密度小的地区。达茂旗试点选在红旗牧场 35 千伏变电站的 914 配电网络中进行，利用原有 10 千伏三相线路 21 公里，再延接 10 千伏单相线路 30 公里，送电至相距 51 公里的满都拉公社（过境公社）。单相一线制 10 千伏线路每公里造价 3100 元，比常用的两线一地制三相线路投资降低 50%。1984 年 5 月建成投入运行，供电质量达到要求，随后又在另外 3 个旗（县）修建了部分单相供电线路。

到 1990 年，华北电业共有农村 3～10 千伏配电线路 29.12 万公里，其中北京市 1.3 万公里，天津市 1.06 万公里，河北省 12.24 万公里，山西省 8.31 万公里，内蒙古自治区 6.21 万公里；农村低压线路 46.82 万公里，其中北京市 2.42 万公里，天津市 1.99 万公里，河北省 21.98 万公里，山西省 11.65 万公里，内蒙古自治区 8.78 万公里；配电变压器（包括 35/0.4 千伏和 3～10/0.4 千伏）总容量 2623 万千伏安，其中北京市 172 万千伏安，天津市 235 万千伏安，河北省 1227 万千伏安，山西省 698 万千伏安，内蒙古自治区 291 万千伏安。

1962～1979 年华北农村变配电设备发展情况见表 6－1－3，1980～1990 年华北农村变电站发展情况见表 6－1－4。

第三节　农村电网整顿与地域联网

一、大修改造

50年代末至 60 年代初，“大跃进”带来华北农村办电的高潮。由于投资渠道混乱及缺乏统一规划，造成农村电网布局不合理，线路迂回架设，电压质量低劣，经济效益差。农电设备的大修未能有计划进行，而是修中有改，改中有修，边修边改，以改为主。

1962 年，华北各省（市、自治区）农电部门，按照水利电力部统一部署，由部出资金，地方供应设备物资，逐步对“群众办电”中的农电设备进行大修和改造。主要内容是：

1962～1979年华北农村变配电设备情况

表6－1－3　　　　　　　　　　　　　　　　　　　　单位：万千伏安

年份	名称		华北	北京市	天津市	河北省	山西省	内蒙古自治区
1962	合计			20.06	—	70.30	30.23	2.64
	其中	35千伏及以上		3.00	—	19.50	9.73	0.27
		3～10千伏		17.06	—	50.80	20.50	2.37
1963	合计			22.17	—	95.35	31.61	3.41
	其中	35千伏及以上		4.51	—	25.60	8.86	0.45
		3～10千伏		17.66	—	69.75	22.75	2.96
1964	合计			26.81	—	116.96	35.60	4.30
	其中	35千伏及以上		7.02	—	31.67	8.53	0.58
		3～10千伏		19.79	—	85.29	27.07	3.72
1965	合计			34.38	—	141.24	47.81	7.70
	其中	35千伏及以上		8.38	—	39.42	14.05	2.00
		3～10千伏		26.00	—	101.82	33.76	5.70
1966	合计			35.19	—	170.00	60.90	11.70
	其中	35千伏及以上		9.78	—	51.00	15.82	3.00
		3～10千伏		25.41	—	119.00	45.08	8.70
1969	合计		376.49	37.70	13.28	215.60	92.20	17.71
	其中	35千伏及以上	99.61	7.83	3.19	62.70	19.98	5.91
		3～10千伏	276.88	29.87	10.09	152.90	72.22	11.80
1970	合计		436.29	40.76	16.11	260.19	99.69	19.54
	其中	35千伏及以上	106.91	7.93	2.83	65.00	24.98	6.17
		3～10千伏	329.38	32.83	13.28	195.19	74.71	13.37
1971	合计			38.38	—	289.10	155.59	21.11
	其中	35千伏及以上		8.41	—	82.34	44.25	3.64
		3～10千伏		29.97	—	206.76	111.34	17.47
1972	合计			46.71	—	326.15	199.73	27.77
	其中	35千伏及以上		9.79	—	88.53	49.67	6.77
		3～10千伏		36.92	—	237.62	150.06	21.00
1973	合计		736.08	56.85	91.82	322.58	226.92	37.91
	其中	35千伏及以上	183.17	12.79	32.00	79.10	48.43	10.85
		3～10千伏	552.91	44.06	59.82	243.48	178.49	27.06
1974	合计		812.96	63.51	84.11	359.40	258.21	47.73
	其中	35千伏及以上	186.46	14.23	19.61	83.15	58.49	10.98
		3～10千伏	626.50	49.28	64.50	276.25	199.72	36.75
1975	合计		1006.47	81.88	163.83	425.55	278.46	56.75
	其中	35千伏及以上	224.79	18.62	45.75	94.11	56.08	10.23
		3～10千伏	781.68	63.26	118.08	331.44	222.38	46.52

续表

年份	名称		华北	北京市	天津市	河北省	山西省	内蒙古自治区
1976	合计		1023.62	94.79	68.39	472.91	327.74	59.79
	其中	35千伏及以上	221.59	22.42	17.80	103.23	66.28	11.86
		3~10千伏	802.03	72.37	50.59	369.68	261.46	47.93
1977	合计		1266.66	110.35	92.86	575.86	418.94	68.65
	其中	35千伏及以上	272.20	26.50	31.58	126.58	74.23	13.31
		3~10千伏	994.46	83.85	61.28	449.28	344.71	55.34
1978	合计		1447.48	142.49	109.84	623.79	489.68	81.68
	其中	35千伏及以上	390.48	45.85	38.21	128.47	159.12	18.83
		3~10千伏	1057.00	96.64	71.63	495.32	330.56	62.85
1979	合计		1670.76	155.77	122.14	667.67	540.42	184.76
	其中	35千伏及以上	453.78	50.01	43.40	137.30	177.65	45.42
		3~10千伏	1216.98	105.76	78.74	530.37	362.77	139.34

1980~1990年华北农村变电站情况

表6-1-4　　　　单位：万千伏安

年份	名称		华北	北京市	天津市	河北省	山西省	内蒙古自治区
1980	容量合计							
	110千伏	座数						
		台数						
		容量						
	35（63）千伏	座数	1019	60	94	365	331	178
		台数	1441	81	163	598	363	236
		容量	365.49	31.50	49.20	139.71	97.70	47.38
1981	容量合计							
	110千伏	座数						
		台数						
		容量						
	35（63）千伏	座数	1003	63	122	381	255	182
		台数	1530	87	203	626	370	244
		容量	394.17	35.30	57.21	152.45	105.36	43.82

续表

年份	名称		华北	北京市	天津市	河北省	山西省	内蒙古自治区
1982	容量合计		747.38	65.50	74.72	310.99	242.45	53.72
	110千伏	座数	131	8	7	43	64	9
		台数	176	14	11	56	86	9
		容量	332.97	29.10	30.05	136.15	129.79	7.88
	35（63）千伏	座数	1051	64	108	418	282	179
		台数	1624	89	180	692	414	249
		容量	414.41	36.40	44.67	174.84	112.66	45.84
1983	容量合计		642.63	70.53	85.36	173.86	251.90	60.98
	110千伏	座数	90	9	7		62	12
		台数	127	15	11		86	15
		容量	204.7	32.25	30.05		133.96	8.44
	35（63）千伏	座数	1092	66	130	418	296	182
		台数	1695	93	231	687	429	255
		容量	437.93	38.28	55.31	173.86	117.94	52.54
1984	容量合计		736.15	73.02	85.83	216.73	298.37	62.20
	110千伏	座数	97	9	7		69	12
		台数	136	15	11		98	12
		容量	233.24	33.90	30.05		157.86	11.43
	35（63）千伏	座数	1180	67	131	462	331	189
		台数	1851	94	229	783	482	263
		容量	502.91	39.12	55.78	216.73	140.51	50.77
1985	容量合计		986.31	78.42	91.59	414.78	328.30	73.22
	110千伏	座数	178	10	9	63	80	16
		台数	230	16	13	78	107	16
		容量	464.43	37.05	34.80	190.65	186.48	15.45
	35（63）千伏	座数	1245	69	131	490	342	213
		台数	1946	100	228	818	494	306
		容量	521.88	41.37	56.79	224.13	141.82	57.77
1986	容量合计		1123.60	84.5	116.5	520.8	315.2	86.6
	110千伏	座数	193	10	9	84	68	22
		台数	258	16	13	109	96	24
		容量	526.9	37.0	34.8	272.8	157.4	24.9
	35（63）千伏	座数	1365	76	150	537	372	230
		台数	2150	113	265	894	553	325
		容量	596.7	47.5	81.7	248.0	157.8	61.7

续表

年份	名称		华北	北京市	天津市	河北省	山西省	内蒙古自治区
1987	容量合计		1287	100	123	606	367	91
	110千伏	座数	218	12	9	95	79	23
		台数	296	20	13	124	114	25
		容量	621	50	35	314	196	26
	35（63）千伏	座数	1473	76	159	594	405	239
		台数	2303	112	272	994	587	338
		容量	666	50	88	292	171	65
1988	容量合计		1403	103	124	668	397	111
	110千伏	座数	238	12	9	103	86	28
		台数	325	20	13	137	123	32
		容量	681	50	35	348	216	32
	35（63）千伏	座数	1574	77	160	657	423	257
		台数	2479	113	267	1093	624	382
		容量	722	53	89	320	181	79
1989	容量合计		1546	109	126	745	442	124
	110千伏	座数	272	15	9	117	95	36
		台数	382	23	13	158	144	44
		容量	796	55	37	402	253	49
	35（63）千伏	座数	1608	74	152	683	430	269
		台数	2553	112	256	1127	647	411
		容量	750	54	89	343	189	75
1990	容量合计		1652	112	130	798	468	144
	110千伏	座数	287	15	9	126	99	38
		台数	406	23	13	172	150	48
		容量	847	55	39	430	272	51
	35（63）千伏	座数	1649	75	155	708	431	280
		台数	2639	114	259	1187	652	427
		容量	805	57	91	368	196	93

调整布局，更换不合格电杆和变压器，换铁导线为铝导线，改地爬线为架空线等。到1966年，华北各地的农村供电设备和配电设施均进行了较大范围的大修和改造，并开始按照部颁大、小修规程要求的间隔期和标准项目进行设备大修和小修，提高健康水平。

1967年，受“文革”影响，农电设备有计划的大、小修制度被迫中断，取而代之的是“以改修”。1974年，华北各省（市、自治区）供电部门为推广“两线一地”供电制和配电线路“一线一地”制的供电方式，对低压电网进行了整顿改造。其原则是：充分利用原有的设备、材料，不搞推倒重来、大拆大换。整顿改造的重点是，1970年以前架设的不合格线路；主要改造生产用电，优先改造线路质量差、积极性高的农村；做好规划，合理布局，变压器移至负荷中心，低压线路供电半径合理，不许任意延长；更新改造的物资专材专用，严禁用拆除的设备材料再搞发展。整顿改造资金以自筹为主、国家补助为辅。国家补助一般占20%～30%。补助资金由县电力部门和公社（乡）掌握，用补助款和自筹资金购成物资后，再发给大队（行政村）。

1975～1980年，按照水利电力部要求，华北的农电更新改造重点是：35千伏“两线一地”供电制和6～10千伏“两线一地”供电制恢复为三线供电制；低压线路进行“一改五化”，即低压整改，触电保安器化、电动机保护化、配电室化、电机房化、配电盘交流接触器化；对部分木杆、横担不合格，供电半径长，电压降过大，导线“卡脖子”，对地距离不够，危及安全的线路和变电站进行改造。华北35千伏和6～10千伏线路恢复三线供电制的改造，分别于1980年和1983年基本完成。

1981～1985年，华北的农村电网进行了以完善化为主的更新改造。主要内容有：35千伏输变电设施的增补建设，改造简易变电站，主变压器增容及更换高损耗变压器，增装无功补偿电容器，安装无线通信等。通过更新改造，使设备健康水平有了明显提高，电网结构逐步趋于合理，降低了损耗，提高了经济效益。农村低压电网结合供电线路的整顿改造，开始进行标准化村、线、站的建设。

1986～1990年，华北电业贯彻水利电力部提出的农电“以电养电”方针，农电的更新改造和大修资金基本有了保障，更新改造项目的管理，仿照农电基本建设管理办法，实行分级管理，调动了各方面的积极性，保证了更改工程质量，提高了投资效益。

二、地域联网

华北农村电网的发展，是随着大电网的发展，从中心城市到郊县，再到边远区、县而延伸的。到1990年，华北电网按中心调度（即省、市、自治区级调度机构）划分为以下几个电网：京津唐电网，包括北京市14个郊县、区，天津市5个县，河北省唐山、秦皇岛、承德、张家口、廊坊5个地（市）的44个县；冀南电网，包括石家庄、保定、沧州、衡水、邢台、邯郸6个地（市）98个县（市）；山西电网，包括太原、雁同、忻州、晋中、吕梁、临汾、运城、晋东南、阳泉9个供电区的110个县；内蒙古自治区，1990年由电网供电的旗（县）达81个，占全区旗（县）总数的92%，该自治区由于农村供电电源来自不同电网，其农村和牧区的供电分别由6个电网承担：内蒙古西部电网，包括呼和浩特市、包头市、锡林郭勒盟、乌兰察布盟、伊克昭盟、巴彦淖尔盟共6个盟（市）的35个旗（县），年用电量13.56亿千瓦时；东北电网，包括呼伦贝尔盟岭东地区、兴安盟、哲里木盟、赤峰市4盟（市）的26个旗（县），年用电量12.85亿千瓦时；华北电网，包括锡林郭勒盟的4个旗（县），年用电量2439万千瓦时；西北电网，包括乌海市郊区、伊克昭盟、阿拉善盟3个盟（市）的5个旗（县），年用电量9817万千瓦时；呼伦贝尔盟岭西电网，包括呼伦贝尔盟的7个旗（县），年用电量2539万千瓦时；锡林浩特电网，包括锡林浩特市和1个旗，年用电量8161万千瓦时。

第二章　农村用电

华北农村用电分为排灌用电、农副产品加工用电、乡镇企业用电和居民生活用电四大部分。由于华北干旱少雨，1978 年的各农村用电多为农田灌溉，这一年全区排灌用电量占农村总用电量的 60.2%。中共十一届三中全会后，华北乡镇企业迅猛发展，农村居民生活用电逐年增长，农村用电结构发生较大变化。1990 年，全区农村总用电量达 133.98 亿千瓦时，其中：排灌用电量为 39.28 亿千瓦时，占 29.3%；乡镇企业用电量为 43.98 亿千瓦时，占 32.83%；居民生活用电量为 25.46 亿千瓦时，占 18.95%；农副产品加工及其他用电量为 25.25 亿千瓦时，占 18.92%。

到 1990 年末，华北 358 个县（市）中，有电县为 357 个，全区通电率为 96.21%，乡的通电率为 96.01%，农户通电率为 93.45%。

第一节　排灌用电

华北历史上干旱少雨，水利资源不足，农业灌溉以开采地下水为主。1952 年前，除北京、天津两市近郊和河北省部分城郊有少量排灌用电外，山西省和内蒙古自治区均无农业排灌用电。1952 年，山西省开始发展农田机井灌溉，在太谷县安装了第一眼机井。

1953～1961 年，随着农业合作化和人民公社的建立，华北掀起农田基本建设高潮，农业排灌用电增长较快。据北京、河北、山西、内蒙古 4 个地区统计，1962 年共有农业排灌用电设备 41.14 万千瓦，其中北京市 8.01 万千瓦，河北省 23.7 万千瓦，山西省 8.38 万千瓦，内蒙古自治区 1.05 万千瓦；排灌面积达 89.66 万公顷，其中河北省最多，为 73.33 万公顷；排灌用电总量 39.29 亿千瓦时，其中河北省排灌用电量最大，占 4 个地区农村排灌总用电量的 69%。

1963～1978 年，由于海河流域排涝及连续多年的大旱，这期间虽有“文革”干扰，但农业排灌用电设备的排灌用电量仍有大幅度增长。到 1978 年末，华北农业排灌用电设备总容量增至 863.76 万千瓦，其中北京市 76.47 万千瓦，天津市 82.15 万千瓦，河北省 369.69 万千瓦，山西省 275.11 万千瓦，内蒙古自治区 60.34 万千瓦；全地区电力排灌面积 432.73 万公顷，其中北京市 29.07 万公顷，天津市 44.13 万公顷，河北省 226.26 万公顷，山西省 70.07 万公顷，内蒙古自治区 63.2 万公顷；全地区排灌用电量 31.48 亿千瓦时，约占全区农村总用电量 52.28 亿千瓦时的 60.2%，其中河北省排灌用电量最大，为 16.02 亿千瓦时。

1979～1990 年，随着中共十一届三中全会各项方针政策的落实，华北农村乡镇企业、农副业产品加工和生活照明用电增长较快。农业排灌用电量虽也有所增长，但在农村总用电量中的比重下降 。到 1990 年末，全区农村排灌用电设备总容量为 799 万千瓦，低于 1978 年水平。由于部分地区应用了电力喷灌和提高了排灌设备健康水平等因素，灌溉面积增加到458.13万公顷。全区农业排灌用电量为39.29亿千瓦时，占全区农村用电量133.98亿千瓦时的29.3%，其中河北省最多，为22.04亿千瓦时。

第二节　农副业加工用电

1949年，华北有少量的农副业加工用电。据河北省统计，全年用电量为1万千瓦时，仅占当年全省农村用电量的5.5%。1953年，北京市郊区开始使用电力加工口粮和农副业产品。山西省农副业加工用电始于1962年。1971年内蒙古自治区有了农副业加工用电的统计。据原能源部农电司《农村电气化统计年报汇编（1949～1991年）》统计，1976年华北农副业加工用电为6.91亿千瓦时，占全区农村总用电量39.58亿千瓦时的17.5%，其中山西省最多，为3.27亿千瓦时。

1977～1990年，华北农副业加工用电有了较大幅度增长。1990年全区农副业加工用电设备总容量达337万千瓦，占全区农村用电设备总容量的17.3%，其中河北省最多，为141万千瓦；农副业加工用电为12.70亿千瓦时，占全区农村总用电量133.98亿千瓦时的9.48%，其中河北省最多，为7.76亿千瓦时。

第三节　乡镇企业用电

1958年前后，北京市、天津市和河北省已通电的社队相继开办了农机修配、造纸、酿酒、铁业等小工厂，并逐步以电能代替人力和畜力。1975年，山西省和内蒙古自治区的社队工业异军突起，加大了在农村用电构成中的比例。两省、区的社队工业用电量分别占本地区农村总用电量的11.2%和40%。

1979年，社队工业改称乡镇企业。1980年，山西省共有乡镇企业7.5137家，当年总收入16.7亿元，占全省农业总产值的43.1%；全年乡镇企业用电量1.78亿千瓦时，占当年农村总用电量的9.9%。1985年，随着地方铁路的延伸，小煤窑逐渐扩大，山西省乡镇企业生产的建筑材料（砖、瓦、灰、砂、石等）占全省供应量的80%，使乡镇企业用电量逐年上升，到1990年底，山西省乡镇企业用电量达12.73亿千瓦时，占全省农村总电量的39%。

到1990年，华北乡镇企业用电设备容量达454万千瓦，占农村用电设备总容量1949万千瓦的23.3%，其中河北省最多，为193万千瓦；全区乡镇企业用电量达43.98亿千瓦时，占全区农村总用电量133.98亿千瓦时的32.83%，其中河北省最多，为17.37亿千瓦时。

第四节　生活用电

新中国建立前，华北部分城市近郊和工矿区的农村有少量生活用电，主要用于照明。

1949～1957年，华北农村照明用电以小水电电能为主，少数县城开始用电网电能照明。

1958～1978年，由于初期的“先生产、后生活”电力发展政策的限制和中后期“文革”的影响，加之农民生活贫困，华北各地农村生活用电增长缓慢，且以照明用电为主。据1978年统计，华北农村生活用电量为6亿千瓦时，占全区农村总用电量的11.5%，其中河北省最多，为4.88亿千瓦时。

中共十一届三中全会后，随着农村经济的发展和农民生活的不断改善，农村生活用电逐年增长。1990年，华北农村居民生活用电达25.46亿千瓦时，占全区农村总用电量的19.5%。其中河北省最多，为12.69亿千瓦时。

第五节　用电水平

华北1949年农村用电量为331万千瓦时，占全区总用电量的0.66%。经过“一五”计划时期，农村用电量有所增长，到1957年达到2898万千瓦时。“二五”计划开始，国家增加对农村用电的投入，农田水利事业和电力排灌得到较大发展。到1965年，农村用电量增至11.227亿千瓦时，比1949年提高339倍。1980年，农村用电量为77.0143亿千瓦时，比1949年增长2326倍。随着县、乡工业的发展和农村人民生活水平的提高，华北农村用电量有了大幅度增长，1990年农村用电量达到133.9804亿千瓦时，比1949年增长4047倍，占当年全区总用电量的15.94%。

按照通电率来考虑，水利电力部还规定，如一个县范围内，凡拥有固定的发电或供电设备容量达到1000千瓦（千伏安）以上的，为有电县；发供电设备不足1000千瓦（千伏安）者为无电县。以上述标准统计：北京市1963年全市9个县实现县县有电，1969年实现乡乡通电，1977年实现村村通电，1979年全市农户通电率达100%；天津市1962年全市6个县实现县县有电，1976年实现乡乡通电，1977年实现村村通电，1978年全市农户通电率达100%；河北省1984年全省149个县（市）实现县县有电，1990年全省乡镇通电率为99.76%，农村通电率为98.97%，农户通电率为96.33%；山西省1980年全省108个县实现县县有电，1985年实现乡乡通电，1990年农村通电率为93.65%，农户通电率为94.38%；内蒙古自治区1990年全区88个旗（县）中87个有电，有电率为98.86%，乡（苏木）通电率为82.4%，村（嘎查）通电率为75.7%，农牧户通电率为79.1%。

到1990年末，华北358个县（市）中，有电县为357个，乡镇通电率达96.01%，农村通电率为93.85%，农户通电率为93.45%，均高于全国平均水平。

第六节　农电安全

一、安全机构

1963年前，华北各省（市、自治区）凡属于由电网直接供电的农村用户，由所在地的供电局安全监察科负责安全工作；各趸售县区的用户由各县区电力局（电管所、站）自行管理。

1964年北京市郊区电力局安全技术科归口管理北京市的农电安全工作，1969年改由北京供电局农电管理处负责，业务上受北京电业管理局农电处指导。

1973年，河北省静海、武清、宝坻、宁河、蓟县划归天津市，1974年成立天津市农电公司，在农电公司生技科设兼职安全员，1983年农电公司成立安全监察科，各县局均在供电科设专职安全员，形成完整的安全网络。

河北、山西两省和内蒙古自治区也不断完善和加强农电安全体系，到1990年各县（市）电力部门均设立了安全监察科（股），负责农电设备和人身的安全管理工作。

二、农电安全制度

1958～1963年，华北各省（市、自治区）农村用电上升较快，且隶属不同的部门管理，使设备和人身事故不断发生，用电极不安全。1963年以后，逐渐理顺了隶属关系，各地农电工作均由电力部门管理，并贯彻了水利电力部提出的“安全第一”的生产方针和部颁《电业安全工作规程》、《电业事故统计规程》，制定了相应的安全技术措施；各县电力局建立了局、队、班组三级安全责任制；对主管安全生产的局长进行了国务院《关于企业生产中安全的几项规定》的考试；对专职安全员进行现场安全工作规程考试；对班组兼职安全员进行安全技术培训，学习电业安全生产的有关规程制度；对全体技术干部和工人进行《电业安全工作规程》考试；并评定安全技术等级，发给安全工作证、登杆证，确定工作票签发人和停、发电权负责人，从组织上加强了安全生产管理；对生产班组，每周坚持半天的“安全日”活动，分析班组一周的安全情况，学习有关规章制度、事故通报，结合季节变化开展安全检查，组织安全基本功比赛等；对乡镇农村电工，由县乡镇电管站组织学习《农村安全用电管理条例》、《农村安全用电须知》、《农村电工服务守则》等安全技术业务知识，并结合农村季节性安全检查进行考核；对农电设备的管理，依据水利电力部和各省（市、自治区）颁发的有关规定，制定了运行管理规程、检修规程、基本建设工程管理办法等82种规章、制度和细则，加强了对运行设备的巡视和设备缺陷管理；并根据农村用电季节性强的特点，每年组织3～4次设备安全大检查，对一时不能消除的缺陷，做好记录，作为年度检修工作的依据。

三、季节性安全大检查

华北农村用电季节性强，每年在春播春灌、夏收抢种、秋收秋种、冬灌及兴修水利工程之前，各级供电部门召开包括乡镇专职电工参加的安全工作会议，落实安全措施，做好设备检修和维护工作；通过农村有线广播、张贴宣传标语及召开现场会等多种形式，宣传安全用电措施；组织人力对设备进行安全检查，及时解决威胁安全供电、用电的设备缺陷，确保农村用电高峰期间的安全供电。1973年，国家计划委员会批转了水利电力部《关于农村安全用电问题的报告》、《关于加强六、七、八三个月农村安全用电工作的紧急通知》以后，河北省电力局在全省农电系统开展以安全供电为主要内容的百日安全无事故竞赛活动，以使六、七、八月雷雨季节农电设备和人身事故降到最低限度。竞赛活动由省电力局农电处统一组织，制定出详细的竞赛条件，年终进行评比，对优胜单位予以奖励。因其效果较好，以后每年都坚持进行。1973～1979年，竞赛以安全为主，比赛规定时间为每年的6～8月；1980～1990年，竞赛内容主要是安全供电和降低线损率，并将比赛时间改为全年。此项活动对提高该省农村供电安全性、降低线损率发挥了较大的作用。

四、防止人身伤亡事故

50年代末，华北各省（市、自治区）农村办电形成高潮，各地私拉乱接线路的现象严重，加之农民缺乏用电知识，人身触电伤亡事故经常发生。

1961年春，河北省各通电县开始利用广播、报纸、幻灯等形式向农民群众宣传用电常识。1963年，北京市郊区电力局制定了《农村社队及社员安全用电规定》，由市政府办公厅进行转发，通知农村社队及广大社员学习并严格执行；供电部门制定了《停电、送电联系制度》，严禁社队电工及社员私拉乱接高低压供电线路，防止发生农民触电死亡事故。

“文革”期间，由于农村安全用电宣传工作的削弱，行之有效的规章制度一度被废弃，农村触电死亡事故上升，仅河北省1971年就触电死亡730人。为了保护农民生命财产的安全，河北省除继续做好宣传工作，坚持行之有效的规章制度外，还从技术措施上推广低压触电保安器，以防止人身事故的发生。1972年，河北省革命委员会提出推广触电保安器计划。1974年夏，河北省电力局提出“土洋并举，因地制宜，动作灵敏，讲求实效，反复试验，不断提高”的24字方针，成立保安器攻关研制小组，进一步进行研制和改进工作。1975年4月，水利电力部在望都县召开全国农电技术革新会议，推广河北省研制和安装低压触电保安器的经验。1977年，该省研制成功适用于动力线的HDBVO-77型保安器，适用于低绝缘电阻线路的HDBM1-77型保安器，适用于低绝缘电阻线路且具有反时限特征的HDBM2-77型保安器。1978～1986年，又经过定点生产、改型，不断完善保安器的性能。截至1990年，该省共安装保安器73784台，占应装数的80.18%，运行率和合格率分别为96.35%和92.77%。

第三章　农电机构与队伍

自1949年新中国建立以来，华北电业未设统一的农电管理部门，均按各省行政区划实行分省、地、县管理。各省（市、自治区）农电管理部门的发展变化大体经历了两个阶段，即1980年以前，实行以国家各级电业部门为技术业务指导，由地方各级农电部门自行管理的分散体制；1980年，华北电业管理局设农电处，对京津唐电网的农电工作实行业务指导，各省（市、自治区）电力工业局设农电处（局），按地区实行行业归口管理或代管。

第一节　管理机构

一、省（市、自治区）局

北京市：1956年，大兴县开始兴建农村电网，县政府成立了电管所，后与县水利局合并为水电局。1962年以前，各区、县设立的地方管电机构有通县电力站、怀柔县电管所、顺义县电管所、密云县电管所、延庆县电管站等。1962年9月，成立北京市农业用电管理处，后改为北京供电局农业供电公司，为北京供电局的直属企业，下辖远郊10个区、县的农业供电公司。1963年初成立北京市郊区电力局，下辖10个县电力局。1972年7月，北京供电局设立郊区电力办公室，各县改为供电局（所）。中共十一届三中全会以后，郊区县供电局（所）改建为供电局，为北京市属企业，由北京供电局负责管理，直至1990年。

天津市：1958年，在原河北省天津专署农村电气化办公室的基础上，成立天津市县社工业局电力处，翌年改为天津电业局农电处。1973年11月，原属河北省的静海、宁河、武清、宝坻、蓟县划归天津市，翌年6月成立天津市农村电力公司，负责5县的供用电工作，列天津市编制，由天津电业局代管。1976年7月，蓟县供电局改由天津市电力局直接管理，同年天津电力局成立农电处，与农电公司一套机构。至1990年，天津市5个县供电局，1个为直属企业，4个为业务指导企业。

河北省：1961年4月，河北省电力工业局设农电处；1963年1月撤销河北省电力工业局，成立河北省农业机械电力管理厅，设电力局为二级局，负责全省农电管理工作；1965年3月，河北省人民委员会根据农田水利建设对农电的需要，将农业机械电力管理厅电力局与省水利厅农田水利局合并，成立农田水利电力局，设电力处，负责全省农电管理工作；1972年1月，重建的河北省革命委员会电力局恢复农电处，负责全省的农电管理工作，至1990年。

山西省：1959年10月，山西省电力厅为加强农电管理，设地（市）县电业管理处；1962年10月，山西省人民委员会决定全省农电事业统一归口电力部门管理，成立山西省农业电气化管理局，负责全省农村用电管理；1963年，将农村电气化管理局改为山西省电力管理局地方电业局，省人民委员会委托山西电业管理局代管；1970年6月，山西省地方电业局划为山西省电业管理局的一个职能局；1972年山西省农电局撤销改为农电处；1976年10月经省革命委员会批准农电处改为农电局，至1990年。

内蒙古自治区：1960年10月，内蒙古自治区电力工业局设立农电处；1961年3月，撤销内蒙古电力工业局成立内蒙古水利电力厅，设农牧水利电力管理局，分管农电工作；1963年5月，水利电力厅撤销，成立内蒙古自治区电业管理局，恢复农电处；1964年7月，农电处改为地方电业处；1965年7月，又改为农电处；1970年6月，成立内蒙古自治区革命委员会水利电力局，下设水利农电管理站，为二级单位；1972年10月，水利和电力机构分设，在内蒙古电业管理局内设立农电处；1986年，经自治区政府批准成立内蒙古自治区农电局，对全区农电归口管理。

二、地、市（盟）局

河北省、山西省、内蒙古自治区均有地区（或盟）、省辖市级建制，其农电机构成立早晚不一，早期的在60年代初期，为专署的职能部门。70年代隶属地方管理的地区级农电机构逐步由地方划归电力行业管理，由纯属政府职能改变为企业兼政府职能的双重性质。1983年，河北省电力工业局将一个地区并存的供电、电力两个局合并为一个局。到1990年，河北省、山西省、内蒙古自治区的地区（盟）电业（供电）局均设有农电处，负责本地区农电管理工作。

三、县（旗）局

县（旗）级农电机构多随地区（盟）级电力机构的变动而变化。60年代初期，华北通电县大多设电力局或农电局。60年代后期，机构多变，称谓繁杂。到70年代中期，在全地区通电县中，称谓有18种之多，其中有专门管理农电的机构，也有与其他部门（水利、农机、林业）合并为一个机构管理农电的。

1981年，在全国电力工作会议提出加强电网集中管理的思想指导下，对华北电网供电范围内的县（旗）级农电机构上划一部分，直属省电力工业局管理。

1984年，水利电力部在全国农电会议上提出了农电管理体制的二十字方针，即“地方为主，县为实体，统一规划，集中调度，分级管理”。根据这一方针，华北各省（市、自治区）对未上划的县不再上划，而是实行趸售，进行实体县建设，将35千伏农电设施陆续下放到县电力部门管理。

到1990年，北京市10个郊区县供电局隶属北京供电局郊区电力办公室直接管理；天津市5个县供电局中，1个直属天津市电力工业局管理，4个为趸售县局，由天津市农村电力公司（郊区供电公司）进行业务指导；河北省147个县级电力（供电）局中，有39个直属电网统一管理，包括石家庄、张家口、承德3个地区，其余108个县局为趸售，由地区电业局进行业务指导或代管；山西省118个县级电业局中，有106个县电业局直属山西农电局管理，6个县电业局属地区电业局管理，6个县电业局为趸售；内蒙古自治区88个旗（县）农电机构中，有19个属电网直供管理，69个由旗（县）政府管理，实行趸售转供或自发自供。

四、乡镇电管站

1958年，河北省霸县堂二里公社设电管所，为华北最早的农村乡镇管电机构之一。

1961年，华北用电量较大的公社（区、工委）成立电管所，用电量较小的公社一般2～3个公社联合成立电管所。70年代中后期，华北地区乡镇管电组织称谓有电业科、服务站、电管站、管电委员会、电管所等。1985年以后，开始应用全国统一称谓——乡镇电管站。

1986～1990年，华北各省（市、自治区）按照全国统一部署，对乡镇电管站的组织机构、电工队伍、服务作风、财务管理、用电秩序和规章制度等6个方面进行了整顿，并进行标准乡镇电管站的建设。截至1990年底，全华北地区共有乡镇电管站7105个，其中北京市291个，天津市224个，河北省3387个，山西省1930个，内蒙古自治区1273个。乡镇电管站的隶属关系分三类：一类由电力部门直接管理，一类由电力部门代管（乡政府领导下的集体管电组织性质不变），一类以乡政府领导为主。

五、村级电管员

60年代，华北通电村设管电负责人。70年代，多数通电村建立管电委员会，由村干部、农村电工、贫下中农代表、赤脚医生组成。80年代以后，村级管电机构统称管电小组。1990年，华北地区共有村级管电组织10.0575万个。

第二节　农电职工队伍

一、农电职工

50年代，华北农村电力事业尚不发达，从事农电工作的人员很少。60年代，随着各有电县电力机构的建立，农电职工开始增加。70年代，农电职工增加迅猛，到1979年华北农电职工总人数为3.6697万人，其中工程技术人员1390人。

进入80年代后，由于改革开放政策的落实，促进了人才的流动，一些趸售县电力局，人员增长过快，使“以电养电”变成了“以电养人”。仅据1988年冀南电网6个地区统计，超编人数达2226人。1988年1月，水利电力部和劳动人事部联合颁发了《农电企业编制定员暂行标准》，华北各省（市、自治区）的农电系统普遍开展了定编定员工作。到1990年，华北各省（市、自治区）共有农电职工7.1617万人，其中工程技术人员7007人。

二、农村电工

从1958年开始，华北通电的农村生产大队（村）设置了农村电工，由公社、大队管理，业务上受电力部门指导。

1962年，各省（市、自治区）电力局针对农村电工业务水平较低的状况，要求各通电县电力部门做好农村电工培训工作。对电工的培训结合大修改造和低压设备整改进行，组织练习基本功，理论联系实际，在实践中增长才干。

1965年，部分县电力局实行社队电工“农忙务农、农闲务工”的做法，得到水利电力部农电司的肯定，并在全地区推广。“亦工亦农”电工的劳动制度于1979年被废止。

到 1979 年，仅据北京市、河北省和山西省统计，计有农村电工 7731 人。

1980 年，农村普遍实行联产承包责任制，农村用电管理一度出现混乱，部分农村电工报酬不落实，或不管低压电网，或承包电费、自负盈亏。为此，各省（市、自治区）制定了相应的《管理办法》、《管理条例》、《服务守则》等，加强了对农村电工的管理。到 1990 年，华北共有农村电工 18.2592 万人，其中北京市 1.8265 万人，天津市 1.4031 万人，河北省 9.3126 万人，山西省 4.1377 万人，内蒙古自治区 1.5793 万人。

第七篇　科技与教育

新中国建立后，华北电业的科技工作，主要是围绕着安全、经济、优质、高效这一中心，开展群众性的合理化建议和技术革新、技术革命活动。同时在生产建设中推行前苏联的技术管理经验。40多年中，随着华北电力工业的迅速发展，科技工作不断进步，科技队伍逐渐壮大，通过科学研究与试验，攻克了大量生产建设中的技术难题。由于不断采用新技术、新工艺、新材料、新产品，使科技成果一批批涌现并转换为生产力，促进了电力生产建设的发展和技术管理水平的提高。

华北电业的职工教育工作，也是伴随着电力工业的发展和科学技术的进步，而逐步发展、完善的。对在职职工，通过现场培训、业余教育、开办短期培训班及成人学历教育等，进行了文化、技术、业务培训和知识更新。同时，组建了技工学校、中等专业学校、高等专业学校进行职前教育，系统地培养了电力技术人才和各类专业人才。

第一章　科技开发与应用

科学技术开发，在华北电力生产系统，主要是通过科学研究和试验，解决调峰、防渗漏、消缺、节能、故障诊断、自动化技术、带电作业等生产技术关键问题，以提高电网运行的安全、经济性和现代化水平。在电力建设系统，主要是通过科学研究，采用新技术、新设备、新工艺，来提高设计施工质量，节省原材料，降低造价，改进施工机具，缩短工期，提高工效。

第一节　生产技术与应用

一、调峰技术

华北水电很少，电网调峰能力不足。对此，各省（市、自治区）电力局先后开展了调峰技术和手段的研究。1984 年，华北电业管理局制定了京津唐电网调峰原则，规定 5 万千瓦以下机组承担启停调峰；大型燃煤机组调峰幅度为 30%；燃油机组调峰幅度为 50%。为确保机组调峰中经济稳定运行，推广了预燃室技术，进行了多种调峰方式试验，还对发电机、炉主蒸汽管热疲劳做理论计算，完成了适应热态启动或低负荷运行的技术改造。这方面的成果主要有：内蒙古电力试验研究所研制的煤粉预燃室燃烧器，可以节省锅炉点火用油 90%以上，并能在 50%额定负荷时，不用助燃油使炉膛内保持稳定燃烧，为调峰创造了条件，这一成果已在全国推广。1987 年，大同第二发电厂在 670 吨/时的锅炉上加装了可调式旋流预燃室燃烧器，1 台炉启动 1 次，可节约燃油 35 吨。安装国产 10 万千瓦机组的电厂——天津杨柳青发电厂等，对“国产 10 万千瓦汽轮机少蒸汽运行调峰方式试验研究”。该成果的试验与应用，进一步扩大了机组的调峰能力，增加了调峰手段。

二、防渗漏技术

防止发电锅炉炉顶漏灰、漏烟，一直沿用珍珠岩混凝土作为炉顶密封保温材料，但这种材料极易搓碎、剥落。1986 年采用填充硅酸铝纤维棉浸渍粘结剂的新材料、新工艺作炉顶密封，再以高温胶泥抹面，降低了炉顶表面温度，解决了漏灰、漏烟问题，使炉顶保温层使用寿命可保持到两个大修期。

为解决发电厂各种带压设备在运行中发生泄漏时的停运检修，推广了“不停车带压带温强注式堵漏技术”，1987～1988 年，北京石景山发电总厂采用此项堵漏技术，成功地消除了 36 项设备缺陷，其中影响停机停炉的重大缺陷 17 项，直接经济效益达 640 万元。

三、多级节流调节阀

1986 年，包头第一热电厂研制的多级节流调节阀，解决了高压锅炉减温水调节阀的漏流量大、调节性能差等问题，技术性能达到国内先进水平，获得国家实用新型专利，已在全国普遍推广应用。

四、在线监测技术

1986 年，天津电力试验研究所应用 IBM 计算机，研制成 N100-90/535 型汽轮机转子寿命管理在线监测技术，进行转子寿命损耗值的实时计算。具有监测跟踪、计算、显示、打印、报警、人机对话等功能，并能在寿命终了时发出信号，为延长机组检修间隔提供了科学依据，对机组调峰和安全运行起到指导作用。

五、能损分析诊断技术

天津杨柳青发电厂和天津电力试验研究所等单位，在1987年利用等效热降法和计算机技术，研制成功国产10万千瓦燃油机组的实时运行能损分析诊断系统。这套装置能及时分析、计算煤耗率、厂用电率等小指标，并能分析产生损耗的原因，提供解决的措施。对机炉启停运行和常见事故，能进行诊断及热力试验。

六、可控硅励磁及改进

1972年，河北省电力试验研究所与邯郸热电厂共同研制了一套可控硅励磁装置，1975~1977年，将其应用到峰峰、马头电厂。1978年，河北省电力试验研究所又为邯郸热电厂研制了1台磁耦合多谐振荡式直流（220伏）—直流（±12伏）变换器，以代替原并联逆变式直流—交流—直流的备用电源，解决了并联变换器经常出故障，不能正常投入运行的问题。1984年，河北电力试验研究所，将马头发电厂原可控硅整流桥由单套改为双套，使机组在正常运行时能两套脉冲分别触发不同的整流桥，既可单桥运行，也可并联运行，满足了各种工况下出力要求，保证了机组的安全经济运行。该项技术在邢台电厂和国内20万千瓦机组上得到推广应用。

七、金属喷涂技术

1981年，北京地区各电厂使用金属喷涂技术，喷涂循环水泵轴、吸风机、排粉机、磨煤机大轴等近百根及小型转动机械近千件，节约检修费用百万元以上。1985年，又推广应用了更先进的金属刷镀新工艺，提高了辅机耐磨、耐腐蚀性能，延长了检修间隔，保证了检修质量。

八、焊接技术

1975年，山西太原第二热电厂成功地完成该厂3号汽轮机665毫米末级叶片断裂的焊接修复工作。1982年，山西娘子关电厂又成功地解决了410吨/时高压锅炉汽鼓集中降水管镶入式填角环形焊缝严重开裂及内部未焊透的缺陷。1984年，在山西神头发电厂，漳泽电厂又采用了焊接变形小，焊口根层无焊瘤的氩弧焊打底焊接新工艺。

1982年，河北微水电厂220吨/时锅炉汽包下降管角焊缝实施自行补焊成功。这个厂还研制出机械铣口装置，所铣坡口形状平整光洁。汽包补焊的预热和热处理，采用远红外加热新技术，并采取提高预热温度和适当提高焊后处理温度以及及时进行消氢热处理等措施，从而提高了焊接质量。

九、自动化技术

（一）热工自动化。新中国建立前后，华北投入运行的发电机组容量小、参数低，设备陈旧。运行监视手段落后，工人多为就地值班，手上操作，劳动强度大，仅靠一些简陋的仪表监视机组运行状况。50年代中期至60年代中期投入运行的机组，多为前苏联援建的“156”项工程，配备了仿苏的BTИ系列热工仪表和自动装置。60年代后期至70年代中期投入运行的天津军粮城电厂、北京高井电站的5万、10万千瓦机组，配备了国产DDZ-1

或 DDZ-Ⅱ型电动单元组合仪表,同时淘汰了仿苏 BTИ 系列仪表。70 年代末期至 80 年代末期投入运行的大同第二发电厂、神头发电厂、陡河电厂、大港电厂、邢台电厂国产 20 万千瓦及以上机组,均安装了国产 TF 系列、MZ-Ⅲ型或引进的组件组装式仪表和自动装置。

(二)发电机组计算机监视系统。从 70 年代末期开始，华北一些电厂的大型机组，安装了计算机监视系统。陡河电厂 3、4 号 25 万千瓦燃煤机组，安装了日立公司 HIDIC-350 小型计算机，5、6 号国产 20 万千瓦机组安装了 INTEL-8080 多微机系统，7、8 号 20 万千瓦机组安装了 HN-300 超小型计算机；石景山热电厂的 20 万千瓦供热机组安装了美国系统控制公司 MICRO VAX-Ⅱ型计算机；神头发电厂前捷克产 20 万千瓦机组配备了国产 FDS-8800 计算机分散监视系统。这一系列计算机监视系统的投入使用，打破了过去完全依赖盘上仪表进行运行监视的方式，实现了以 CRT 为中心，对机、电、炉集中控制的监视系统。内容包括：机组的数据采集和处理、CRT 显示、制表打印、事故追忆、事件顺序记录和性能计算。

(三)锅炉炉膛安全监视系统。80 年代中期，华北对 20 万千瓦及以上机组的锅炉加装了灭火保护装置的安全监视系统。随后，又在 10 万千瓦及以下机组的锅炉上也加装了灭火保护系统。其功能主要有：吹扫炉膛、监视炉膛火焰、炉膛灭火保护及锅炉自动点火等功能。

(四)调度自动化。由华北电网总调统一规划，贯彻实施的调度自动化系统，到 1990 年已形成统一调度自动化体系。总调可以对高井电厂、石景山热电厂、大港电厂、陡河电厂实行自动发电控制；可以对房山、吕村、聂各庄各枢纽变电站实行电网运行实时监控；可以对发电厂、220 千伏变电站及重点 110 千伏变电站实行基地站集中管理；还可以对 500 千伏及 220 千伏枢纽变电站，实行工频、音频等负荷控制技术。华北电网总调还利用 VAX-11/730-780 计算机系统，实现了自动发电控制、经济调度、系统安全分析和优化电网潮流等功能。

1981 年，北京供电局采用 DJS-130 双机系统，实现了地区调度自动化；内蒙古电力中调及呼和浩特、包头等地区调度所，也安装了具有一定电网监测功能的微机远动或计算机系统，使电网调度自动化上了一个新台阶；天津地区调度，从 1958 年开始，经历了有触点、无触点、调度自动化采用微机等几个发展时期。1984 年，塘沽供电局等单位研制的 YED 调度集中控制系统投入运行，实现了“三遥”(遥控、遥测、遥信)，并使 3 个 35 千伏变电站实现了无人值班。到 1990 年末，天津市区供电公司已实现了由天津市电力工业局调度所对赤峰桥等 4 座变电站的“三遥”，使全系统向调度自动化迈进了一步；山西省电力中调从美国引进了 VAX-3500 双机电网监控系统，可对 6000 多个遥测、遥信数据自动采集，具有 21 幅功能画面，35 幅厂站画面，可实现稳定极限自动计算及运行方式自动显示、越限自动报警等。

十、设备故障诊断技术

(一)电气设备故障诊断技术。

PTVSZ 红外热电视　1981 年，北京电力科学研究所研制成功 PTV 型红外热电视，利用红外热成像技术实现温度检测，是现代红外技术和电视技术的产物，能够对电力系统生产现场热潜在故障进行检测，并预防火灾。华北电网总调可以利用红外热电视对全网 12 个骨干发电厂、26 个变电站和 15 条高压输电线路的 6000 余处电气部分进行监测。

气相色谱分析 北京电力科学研究所采用气相色谱分析技术对变压器及其他充油电器故障进行诊断，可以早期发现并判断故障类型，采用局部放电和超声波检测技术确定变压器放电故障的部位。

高压配电线路故障探测器和高压输电线路故障探测装置 1974 年，内蒙古电力试验研究所用电磁感应接地探头，探测接地电流高次谐波分量的办法，研制出高压配电线路故障探测器。这一装置解决了查找变电站内故障线路和沿线查找接地点的难题。1989 年，山西省忻州电业局研制成高压输电线路故障探测装置，进一步实现了在调度室即能检测输电线路故障的位置。

（二）热力设备故障诊断技术。

河北电力试验研究所、华北电力试验研究所先后用振动频谱分析技术诊断回转机械故障，研制出振动监测仪，安装在马头发电厂、京西发电厂 20 万千瓦机组上。1988 年，山西省电力试验研究所以高温持久强度测量和无损探伤等金属检测技术，对主蒸汽管道、汽包及锅炉承压部件和金属老化及裂纹部位进行无损探测，为计划检修提供了可靠依据。1989 年，天津杨柳青发电厂安装的汽轮机组振动监测和故障诊断系统，可以预防由于振动引起的停机或跳闸事故。

十一、节能节水技术措施

新中国建立后，华北各电厂对设备进行了节能、节水的技术改造，降低了消耗指标和发电成本。

（一）节煤、节油。1949～1952 年，北京石景山发电厂改进设备操作方法，试烧劣质煤成功，使发电成本降低 60%，每年可节约优质煤 14 万吨。1973 年，北京热电厂将 4 号 10 万千瓦凝汽式机组改为采暖抽汽机组，改后供热量为 0.113 太焦/时，每年可节约标准煤 2.62 万吨，一个采暖期可节省燃料费 105 万元。

推行预燃室技术 推广这一新技术不仅给电网调峰打下良好基础，也节约大量燃料油，据 1985 年不完全统计，在全国推广后，年可节约点火用油 1.7 万吨。

凝汽器胶球清洗装置 是国外 60 年代大量采用的火力发电机组节能经验，华北电网从 70 年代中期起，普遍推广应用，一般可提高汽机真空度 1%～1.5%，降低煤耗率 1.5～2 克/千瓦时，每台 10 万千瓦机组，每天可节约标准煤 18 吨。

（二）节电。进入 60 年代后，华北各电厂普遍进行了给水泵和风机高效化的技术改造。

给水泵高效化 1968 年以后，北京热电厂及高井、京西等电站，先后将 7 台给水泵改造为高效泵，效率由 63%～67% 提高到 75%～82%。1986 年，从英国 WELR 公司引进了 10 套为国产 20 万千瓦机组配套的调速给水泵，提高了运行可靠性，效率由原来的 70% 提高到 80%。

70 年代初，山西地区各电厂开始进行给水泵高效化改造，到 1985 年末，太原第一、第二热电厂、霍县、娘子关等电厂都对原 60～70 年代的给水泵进行了改造，效率比改造前提高 16%～20%，改造 1 台 DG270/150 型给水泵，年节电 280 万千瓦时。

1977年，天津第一发电厂对DG150-59型给水泵进行了高效化改造，效率由59%提高到80%。80年代，军粮城、杨柳青电厂对DG500/200给水泵和DG270/150给水泵也进行了改造，效率分别由62.2%和69.2%提高到76%和81.3%。

风机高效化 1979年，北京京西电站1号炉的2台送风机和2台吸风机，由双速电机改为变速电机后，4台风机年节电83.2万千瓦时。1982~1983年，北京第二热电厂对10台送风机采取切割叶轮叶片和拆除风机出口挡板的措施，降低了厂用电率，每年节电30万千瓦时。1986~1987年，北京第一热电厂对5号炉的送风机进行了改造，效率由原55%提高到75%，年节电107万千瓦时。

1963~1975年，山西省太原第一、第二热电厂和大同一电厂等单位，自行设计制造机翼形叶片和直板形叶片的高效风机，效率一般由原来50%~60%提高到70%~80%，1台220吨/时锅炉的吸风机改造后，年节电70万千瓦时。

（三）节水。1980年后，华北电网所属电厂围绕节水开展了研究和试验工作，取得了较大的成效。

循环水加药处理技术 北京507电厂和高井电厂，采用聚磷酸钠进行循环水处理，使总磷酸根控制在2ppm①，水的浓缩倍率可维持在1.2~1.4，凝汽器铜管不结垢、不腐蚀，机组在缺水的情况下一般可不必限制出力。

天津杨柳青电厂采用“三聚碳酸钠处理循环冷却水”新工艺后，凝汽器铜管无硬垢，水塔淋水板结垢速率由原来每年2毫米下降到0.5毫米，并在凝汽器胶球清洗设备配合下，端差由16℃降到4~5℃。

1984年，山西省巴公电厂采用加H_2SO_4-ATMP型阻垢剂的方法，复合处理循环水，浓缩倍率达到3倍，年节水80万吨。阳泉电厂采用高浓缩倍率循环水处理，用离子交换强酸处理补水，浓缩倍率达4~4.5倍，年节水25万吨。

空冷塔 1982年，大同二电厂从匈牙利引进两套200MW海勒式间接空冷系统设备，安装在5、6号机组上，经有关单位对空冷机组进行大量试验研究后，1台20万千瓦汽轮机组采用空冷塔冷却，夏季时每天可节水1500余吨。

十二、电气新产品开发

进入80年代后，华北电业随着微机技术的普及，电气新产品得到广泛开发。1980年，永定河梯级电站的集中控制，就是以12台微机为核心的微机网络远程控制装置，集中控制中心设在下马岭水电站，对下马岭、官厅、下苇甸3个水电站进行协调控制；1989年，山西省天桥水电厂研制的微机水情自动测报系统，对天桥水电厂汛期安全运行和黄河中下游沿岸地区的安全及防汛指挥，都有非常重要的意义；1986年山西省阳泉供电局研制的“微机远动装置”，1989年山西省霍县电厂开发的“微机用于发电机运行参数实时监测与经济分析”，天津北郊500千伏变电站计算机绝缘在线监测系统，天津第一发电厂1985年完成的“水汽品质应用微机在线监控技术”，河北省石家庄热电厂1984年研制的“微机皮带秤”和1986年开发的“微机滑差自动准同期装置”，河北省电力局1984年研制的“高压线路微机保护”，内蒙古

① 1ppm为重量百分比浓度$=1\times10^{-6}$。

电力试验研究所1984年研制的“微电脑供热蒸汽热量计”和1989年研制的“微电脑多功能电能表”等,既解决了生产实践中的急需,又提高了现代化的管理水平。

从生产建设实际需要出发,华北电网各科研单位和生产、建设企业,研制了大量的新产品,收到了显著的社会效益和经济效益。从1985年开始,临汾地区电业局历经3年,研制成功了GJY-1型介损测试仪,为电容型介损角在线测试创造了条件,具有测量精度高、测试速度快、操作简便等优点;北京电力科学研究所于1985年研制出谐波电压表和谐波电流表;山西省晋中电业局1987年研制出JXD-1型电网谐波监测仪,这几项新成果都可对三相电压、电流的高次谐波进行测量,为谐波的控制和消除提供了依据。北京电力科学研究所1983年研制出分时记录电度表,1988年研制出0.005级精密电流互感器和电压互感器。北京供电局1983年研制出CF1-3-5型过电压幅值记录器。天津市电力工业局1983年研制出DF-2型电力负荷分配器。天津电力试验研究所于1985年和1988年,先后研制出大型变压器氢气报警装置和GLBK-1型过电压漏电保护器。河北省电力试验研究所1985年研制出20万千瓦汽轮发电机转子过电压保护装置。石家庄热电厂1986年研制出AMTS-5型无线电话自动拨号系统。内蒙古电力试验研究所1989年研制出大功率晶体管自励恒压装置。山西省晋中电业局1985年研制出DJT-100型电压监测仪,运城地区电业局1989年研制出胶体蓄电池直流电源屏等科技新成果,对减少事故,确保安全发供电,发挥了突出作用。在一系列科技成果中,1990年华北电力科学研究所研制成功并投入使用的FJR型发电机绝缘过热监测装置,效果更为突出。该装置性能稳定,抗干扰能力强,能在早期发现发电机内部的绝缘过热情况,并有定时打印、事故追忆、真假报警判断与自动取样等功能,可有效地避免误报警现象的发生。该装置已替代进口产品,为30万和60万千瓦机组配套,在国内已普遍推广应用。

十三、带电作业

1957年,华北电网开始进行带电作业研究。最初在10千伏配电线路上,更换直线杆绝缘子、横担和清扫瓷瓶等简单作业时采用,随后又研制出35~220千伏各电压等级的带电作业工具,使作业项目进一步扩大到拆接引流线、电容器,带电测试避雷器、电流互感器,用水冲洗污秽绝缘子,在变电站内带电拆接断路器引线,以及整体位移220千伏线路等大型复杂作业。1983年,对500千伏超高压输电线路带电作业工具进行试验研究,1985年后已投入使用。

第二节 基建技术与应用

一、勘测设计

新中国建立初期,勘测设计的重点是送变电及发电设备的恢复与改造。1954年对35千伏及110千伏变电架构及设备支架的设计,采用了以钢筋混凝土预制构件取代型钢;对发电厂的辅助建筑、主控制室和配电室的屋面板,也以钢筋混凝土“T”型薄腹屋架取代了型钢结构,可节约钢材50%以上。同年,为了提高设计效率,开展了标准化工作。“二五”计划期间,国家提出基本建设要节约占地。在设计中,对35千伏升压站采用屋内布置,110千伏和

220千伏升压站采用高型或半高型屋外布置。从50年代末期开始，开展了露天锅炉的电站设计。1959年，在北京高井电站的设计中，首次采用机、炉、电单元集中控制，并在该厂的二、三期工程中，设计了制粉、给水泵、锅炉定期排污、除氧器汽源倒换等多项子回路的程序控制。从70年代中期开始，20万千瓦及以上大型机组的设计，采用了计算机监视系统和先进的组件组装式仪表或带微机的仪表，并配备较完善的机炉保护装置。

随着科技进步，从70年代末起，各设计单位购置并应用微机，对辅助设计、制图和各种计算。编制了适用于电力工程设计的应用程序。在500千伏大房（大同—房山）二回线和房津（房山—天津北郊）线路工程设计中，运用电子计算机优选和航测技术，进行路径选择和山区排塔位工作。

1973年，国务院颁发了《工业三废排放试行标准》，华北电业对新建电厂采取高烟囱措施，以利烟气稀释和扩散。

二、土建施工

60年代末，为解决电厂铁路专用线卸油段的防火问题，并使漏掉的油能及时清理回收，北京热电厂采用以天然级配砂土作人工地基，在两轨道中间设置污油沟，达到了污油的及时清理回收。

1984年，石景山热电厂在旧厂房拆除中，施工场地狭小，建筑物及地下管线密集，地质条件复杂。施工中，采用了对原混凝土基础等障碍物用重锤砸、打眼爆破和膨胀无声破碎剂等施工方法进行清除。对土石方工程采用洞室爆破及小药量密集打眼分层爆破。对综合楼、输煤栈桥及空压机室等地基施工，采用振冲桩，处理深度可达3～8米。这个厂贮煤筒仓结构复杂，在浇灌基础板混凝土时，采用控制浇注速度、进行分层浇注、注意覆盖保温等措施，防止了混凝土裂缝。这个厂主厂房上部钢结构安装，要求精度高，施工中采用钢模、钢支撑，并用外钢架固定柱脚螺栓，保证了柱脚螺栓的准确度。

北京热电厂二期扩建工程中，汽机房扩建端建成移动式悬吊山墙，该山墙可在天车轨道上移动，厂房扩建时，不必拆卸，可连续使用。在四期工程中，厂房楼板改在构件厂预制生产来取代现场浇灌，减少了施工占地。1969年又采用预应力钢筋混凝土技术，浇灌3000吨和5000吨油罐，防渗性好。北京第二热电厂还采用预应力钢筋混凝土承插口管代替循环水进水口钢管，并将水管枕基设置在水管的中间位置，使承插口悬空，解决了管子热胀冷缩问题，并节省了钢材。该厂还用雨污水下水管作循环水排水管，代替一般采用现浇钢筋混凝土方沟，缩短了工期，且防水性能好。

华北电业管理局电力调度通讯微波塔，采用预应力钢索斜拉，建在调度通讯楼第10层的楼顶上，塔尖标高117米，塔重389吨，施工中采用对焊、旋转焊和反应力焊等施焊法，使柱段的制孔偏差和组焊变形控制在最小限度。

三、火电安装

50年代初期，火电安装机械很少，主要是手工操作，仅有滚杠、绞磨、钢丝绳、滑轮等简单的起重运输工具。50～60年代，大件设备装卸、起吊改用铁撬棍、卷扬机、大滑轮和龙门吊等。70年代初期，开始采用大型起重机，内蒙古电建第四工程处制造的50吨塔式起重机，山西省电建二公司和四公司分别制造的TQ2220/120塔式起重机和60吨门式起重机，在施工中都发挥了重大作用。

1959～1961年，在北京热电厂锅炉施工中，采用“三点起吊法”和“多点起吊法”代替前苏联设计的“两点起吊法”，解决了大型组件起吊变形问题，并节约了加固钢材，缩短了工期。

从1960年起，锅炉安装采用了预组装、预配制技术。即将锅炉本体划分为几十个，甚至100多个组合件，组合中同时采用叠置式等组合法，加快了对汽机本体及调速系统等设备的组装进度。在北京第二热电厂施工中，采用激光准直仪进行汽轮机台板就位、汽机找正和隔板找中心。在北京热电厂施工中，首次采用“橡胶衬里”的方法，对化学水设备进行防腐处理。

下花园电厂扩建施工中，采用氩弧焊打底、电焊盖面工艺，保证了承压焊口的焊接质量。陡河电站施工中，首次采用了混凝土砂浆垫块，节约了钢材；在3号机组施工中，首次采用工频机热处理工艺，安装质量好、工效高、耗电量小。

1969年，山西电建保温材料厂研制成功“大颗粒膨胀珍珠岩的烧结工艺”，并生产出多种定型产品。1984年山西省电力建设工程局研制出“轻质高强度微孔硅酸钙保温材料”，这一产品性能优良，在施工中推广应用。

四、送变电施工

（一）杆塔基础。新中国建立初期，在土石方工程中靠人工开挖；在混凝土施工中靠人工搅拌、人工振捣、现场浇注，劳动强度大，施工效率低。60年代初，开始研究用岩石基础和压固爆破杆坑技术，使工效提高10倍。70年代，应用爆沉桩、爆沉群桩、钻孔灌柱桩、沉井、承台基础及大爆破、定向爆破土石方开挖等新技术，使工效提高4～10倍。1985年，在500千伏超高压输电线路施工中，首次应用砂卵石地层混凝土护壁倒滑模掏挖深井式大基础施工工艺和八基基础，缩短了工期，降低了造价。此外，还试验推广了无声爆破技术。

（二）杆塔组立。新中国建立初期，采用人力绞磨，单杆起立，高空组装，分节组立铁塔。1954年，研究采用了在地面整体组合杆塔，用木制抱杆，倒落式整体组立杆塔的施工工艺；以后又改用铝合金抱杆，机械牵引组立。对山区铁塔和特殊高塔先后采用过内拉线抱杆、内外拉线抱杆、内悬浮抱杆组立杆塔的工艺。1961年，首先采用64米高的吊车组立高84米、重100吨的铁塔。80年代，又研究采用通天抱杆、摇臂抱杆、双牵引平衡牵引组立铁塔的工艺。1983年，采用吊车与摇臂抱杆组合施工工艺，成功地吊装了高110米的铁塔。1985年，山西送变电工程公司在500千伏输电线路施工中制造的内附着250米塔吊，组装了特高铁塔。

（三）架线施工。50年代，使用人力或畜力地面拽引放线。60年代，采用拖拉机或汽车牵引放线。1968年，首先在北京高井电站—507电厂线路和原轩线进行循环索道张力放线和“一牵三”张力放线的试点，获得成功。1985年，山西送变电工程公司在500千伏输电线路施工中，研制了跨江大跨越张力架线工具，解决了施工中的难题。1987年，山西供电承装公司研制了QF-500型发射器牵引放线（炮弹放线）与简易张力放线机，解决了电力线路跨越江河山谷的难题。同年，北京送变电公司首次在国内应用充氢气球高空跨江放线技术，开创了送电线路跨江施工的新途径。特殊山区采用索道运输。大房500千伏输电线路施工中，试用了直升机运送砂石。

（四）设备安装。户外的配电架构装置，50～60年代采用A型矩型截面现场浇制混凝土架构，70年代采用环形混凝土杆预制架构，80年代发展为钢管架构。在设备安装中，50～60年代，靠人担肩扛，简单施工工具是木抱杆和三角架。80年代，普遍采用50吨汽车吊车、高空升降作业车等大型施工机械，并采用倒装法和整体组装法的安装新工艺。在母线安装中，60年代以前，用手动液压方式联接，1968年开始用爆炸压接技术，后又采用电动液压螺栓线夹联接和牵引悬挂工艺。

第三节　计算机应用

一、科研、设计

1964年，北京电力设计院研制成功电子管M161型计算机和晶体管SDJ-167、170型计算机。1978年，该院又引进INTERGRAPH-200型计算机系统。华北电力试验研究所的前身北京电力中心试验所早于1974年即安装了DJS-8型计算机，1985年后更换为VAX-11/780型计算机。1982年，内蒙古电力试验研究所安装了BC3-80型8位微机。1984年，内蒙古电力中心调度所安装了LSI-11/236型16位微机。1979年，山西省电力中心调度所购置了DJS-210，130计算机。进入80年代后，各单位都大量购置微机，据不完全统计，到1990年底，山西省电力系统有700多台，内蒙古有400台，天津有326台。各电力科学研究院(所)，根据工作情况，编制了大量应用软件，开展了计算机辅助设计和科研计算，用于绘制部分施工图，进行杆塔计算、土建结构计算、管道应力计算、主厂房框架计算、线路铁塔计算、电力系统潮流计算、电压和短路电流计算、稳定计算、线损计算、电网负荷预测和经济负荷调度计算及科研、设计和生产管理工作等。

北京电力设计院编制的“工程测量通讯接口软件”及部分地物、地貌图，应用到北京第三热电厂扩建工程中。内蒙古电力设计院编制的“电厂化学水处理通用设计绘图软件”，曾荣获国家银质奖，在全国得到推广应用。1984年，蒙西电网应用经济调度程序，实现了按等微增煤耗率原则分配发电功率，达到经济运行。华北电力试验研究所曾用计算机进行密云水库防洪等重大课题的计算，为安全防汛作出贡献。

二、企业管理

电子计算机在电力企业生产和管理系统已用于电力建设、物资供应、修配制造、财务、劳资、人事、教育、科技、生产计划、燃料管理、供用电管理等方面。

（一）财务、劳资及用电管理。华北电业在财务、劳资及用电管理等方面，普遍采用了计算机。其中，会计核算实现电算化后，报表汇编的工效提高了25倍，财会指标分析的工效，提高了23倍。河北、天津、内蒙古电力局所属各单位已实现用计算机进行工资管理，劳动工资年报表的录入、校核和汇编打印。1987年起华北电业管理局财务决算，全部使用计算机处理数据，财会人员已从手工记账、算账中解脱出来。

用电管理部门一般都建立了用电情况数据库，促进了用电管理走上现代化的轨道。天津市电力工业局利用PDD-11/23微机实行了电费管理。1978年，北京供电局开始应用320

计算机进行电费计算，并开发了户务资料管理、历史账务的存贮与查询、用电与电费的资料分析。1982年北京供电局还在“三电”管理、电费综合统计等方面应用计算机程序。

（二）燃料与物资管理。华北电业管理局1985年编制的“燃料标煤单价分析”软件，1986年编制的“电力工业电子计算机应用资料编码手册”软件；内蒙古电管局编制的“电力物资管理软件和报表”软件；山西省娘子关电厂1986年编制的“燃料管理”软件，山西省太原第一热电厂编制的“仓库管理”软件，山西省神头发电厂编制的“物资供应管理”软件等，都为降低燃料费用提供了决策依据，对物资调度、计划平衡、经济指标分析及汇集市场经济信息处理，起到很大作用。

在计划管理、人事管理、教育与科技管理、基建施工预算管理等方面，都广泛应用了微机，开发了应用软件，大大提高了工效和管理水平。

第四节　获奖科技成果

一、国家级成果项目

发明奖

表7－1－1

序号	受奖项目	受奖单位	公布日期	获奖等级
1	煤粉预燃室燃烧器	清华大学、北京锅炉厂、内蒙古电力试验研究所	1984年6月22日	3
2	PTV红外过热故障探测电视	华北电力试验研究所	1984年12月3日	4

科学进步奖

表7－1－2

年度	序号	受奖项目	受奖单位	获奖等级
1986	1	京津唐电网双计算机实时监视系统	水利电力部电力科学研究院、华北电业管理局总调度所	2
	2	北京热电厂双缸凝汽式汽轮机供热改造	华北电业管理局、北京热电总厂、华北电力试验研究所	2
	3	预燃室节油技术在火电厂锅炉上的推广应用	华北电业管理局、清华大学、华中电业管理局、山东省电力工业局、华东电业管理局	2
	4	火电厂频率及有功功率自动调节装置	水利电力部南京自动化研究院、华北电力设计院、华北电业管理局	3
	5	京津唐电力系统经济调度程序	水利电力部电力科学研究院、华北电业管理局总调度所	3
1987	6	DG750-180电动液力调速给水泵组	北京电力设备总厂	3
1988	7	自然循环蒸发冷却的水轮发电机和汽轮发电机	中国科学院电工研究所、北京电力设备总厂	2
1989	8	0.005级精密电流互感器、电压互感器的研制	华北电力试验研究所	3
	9	WXB-01，WGXL-1型微机高压线路保护装置	华北电力学院、南京自动化设备厂、北京电力自动化设备厂、河北省电力工业局	2

二、部级成果项目

应用性重大科技成果科学技术进步奖

表 7－1－3

年度	序号	受奖项目	受奖单位	获奖等级
1980	1	京津唐电网调度安全监视信息显示系统	北京供电局等	1
	2	超高压 500 千伏输电线单回路杆塔结构	北京电力设计院等	1
	3	解决反击式碎煤机含尘空气排放量问题	北京电力设计院、河北电力设计院、内蒙古电力设计院等	2
	4	DZ 系列 30-120 公斤米电站阀门电动装置	北京电力自动化设备厂等	2
	5	火电厂汽水管道静力计算的“等值刚度法”、“有限单元法”、“追赶位移法”及电算程序	北京电力设计院	2
	6	固定式汽轮发电机组轴承振动表	高井电站等	3
1981	7	500 千伏静电感应的测试技术及效应的研究	北京电力设计院等	2
	8	500 千伏输变电设备绝缘配合原则、参数的试验论证	北京电力设计院等	2
1982	9	长效化学接地电阻降阻剂的研究	北京电力设计院、华北电力试验研究所、北京供电局、秦皇岛电厂等	2
	10	PTV 红外热电视	华北电力试验研究所	2
1983	11	提高大型变压器安全运行水平措施	华北电力试验研究所等	2
	12	ZJ-4 型绝缘地线载波机	河北省电力工业局等	2
	13	电站锅炉煤粉预燃室旋流燃烧器	内蒙古电力试验研究所、包头第三发电厂、呼和浩特发电厂、乌达发电厂	2
	14	DLFJ-2 型电缆敷设机械装置	北京电力建设公司	3
	15	发电机超低频耐压试验技术试验装置	华北电力试验研究所、山西电力试验研究所	3
	16	CF1-3-5 型过电压幅值记录器	北京供电局清河变电站	3
	17	中频电源加热弯制合金钢管工艺	天津电建公司综合加工厂	3
	18	凝汽器铜管涡流探伤仪	华北电力试验研究所	4
1984	19	高温高压主蒸汽管道材质寿命研究	北京热电总厂、华北电力试验研究所、华北电力设计院、山西省电力试验研究所等	2
	20	HGT 型火电厂频率及有功功率自动调节装置	华北电业管理局、华北电力设计院、河北省电力工业局中心调度所	2
	21	分时记录电度表	华北电力试验研究所等	3
	22	火电厂输煤系统高压静电除尘应用技术及 GJD 电源装置研究	北京电力自动化设备厂等	3
	23	DG270/140C 型和 DG270/150 型给水泵技术改造	霍县电厂、山西省电力试验研究所、天津第三发电厂等	3
	24	汽轮机和发电机转子中心孔超声波检测装置	华北电力试验研究所等	3
	25	LCP 流量测量节流装置	高井电厂等	4
	26	汽水流量补偿装置及积算装置	华北电力试验研究所	4
	27	ZGS-500 自同步概率筛	高井电厂、华北电力设计院等	4

续表

年度	序号	受奖项目	受奖单位	获奖等级
1985	28	SD-176电网安全监视双计算机系统	华北电业管理局等	1
	29	北京第一热电厂4号汽轮机凝汽机组改采暖机组工程	北京热电总厂、华北电力试验研究所	1
	30	带电水冲洗技术及安全措施	天津市电力工业局等	1
	31	国外500千伏线路保护（瑞典行波保护、前联邦德国距离保护）引进、消化和提高器	华北电业管理局等	1
	32	电厂粉煤灰用于农业研究	太原第一热电厂、华北电力试验研究所、天津第一发电厂等	1
	33	高精度感应分压器、电压互感器	华北电力试验研究所等	3
	34	变压器故障连续监测装置	北京供电局等	3
	35	北京区调双机监控系统	北京供电局调度所	3
	36	表用电压互感器二次导线压降测试计算技术改进及京津唐电网220千伏网损计量查定	华北电力试验研究所	3
	37	变径阴离子双室、双层浮床新工艺研究	天津第一发电厂等	3
	38	北京热电厂高温螺栓钢试验研究	北京热电总厂、华北电力试验研究所	3
	39	燃煤炉采用高效切向进气旋风子多管除尘器	石景山发电总厂、华北电力试验研究所	3
	40	发电厂凝汽器选材导则	华北电力试验研究所等	3
	41	500千伏变电站相对地和相间外绝缘特性的试验研究	北京电力设计院等	4
	42	高压断路器切合电容器组的试验研究	华北电力试验研究所等	4
	43	大型发电机失磁异步运行的试验研究	山西省、河北省电力试验研究所，霍县、马头发电厂等	4
	44	半导体致冷零点槽	天津电力试验研究所	4
1986	45	发电机参数及运行方式计算方法、程序及应用	河北省电力试验研究所等	1
	46	双卷筒直槽式无极绳调度绞车	华北电力设计院	2
	47	官厅水电站1万千瓦水轮发电机制动停机试验研究	石景山发电总厂、华北电力试验研究所等	3
	48	QFN-100-2型氢内冷汽轮发电机加装气隙隔板技术	华北电力试验研究所、山西省电力试验研究所等	3
	49	大型汽轮发电机转子过电压保护装置	河北省电力试验研究所、邢台发电厂、马头发电厂	3
	50	修、制订《火力发电厂燃料试验方法》和编写《火力发电厂燃料试验方法说明》	华北电力试验研究所等	3
	51	火电厂钢球磨煤机采用BP橡胶衬瓦降低噪声的研究和应用	石景山发电总厂、华北电业管理局科技环保处等	3
	52	燃煤单元机组协调控制	华北电业管理局、下花园发电总厂、华北电力试验研究所	3

续表

年度	序号	受奖项目	受奖单位	获奖等级
1986	53	轴流转浆式水轮机降低水压上升和转速上升的新方法	峰峰发电厂等	4
	54	下马岭水电站机组增容的技术改造	石景山发电总厂、华北电力试验研究所等	4
	55	华东电网调度自动化人机会话系统、安全监控及在线应用程序	水利电力部电力科学研究院、华东电管局调度所、华东电力试验研究所、北京电力自动化设备厂等	4
	56	利用高精度时间继电器压缩电力系统时间级差	北京供电局	4
	57	陡河电厂 $5^{\#}$ 机组采用多微机监控系统软件开发与应用	唐山发电总厂、华北电力试验研究所、华北电力设计院	4
	58	火电厂水汽品质应用微机在线监控	天津第一发电厂等	4
1987	59	陡河电厂翻车机卸车线程序控制技术	唐山发电总厂、陡河发电厂	2
	60	《电气设备预防性试验规程》（1985 年 7 月第一版）	华北电力试验研究所等	3
	61	AMTS-5 型微电脑无线电话自动拨号系统	石家庄热电厂、河北省电力工业局	3
	62	环形混凝土电杆纵向裂缝研究	北京送变电公司线路器材厂等	3
	63	进口大容量电站锅炉、汽机、发电机及其励磁系统技术谈判指南	北京电力设备总厂等	3
	64	《火力发电厂供水水文地质勘测技术规定》(SDGJ61-64)	华北电力设计院、山西省电力设计院等	3
	65	霍县发电厂 10 万千瓦汽轮发电机快速减部分负荷提高电力系统稳定性的试验研究	山西省电力试验研究所、山西省霍县电厂	3
	66	电晕电场特性测试技术及应用（二维）	保定热电厂等	3
	67	华北 500 千伏系统电磁暂态及无功补偿电容投切与谐波分析	华北电业管理局、华北电力设计院等	4
	68	大容量汽轮机末级动叶片防止水蚀破坏的焊补及嵌焊司太立合金工艺	石景山发电总厂、马头发电厂等	4
	69	F-102 氢氟酸酸洗缓蚀剂的研究	山西省电力建设总公司、山西省电力试验研究所等	4
1988	70	陡河电厂四期工程 HN-3000 计算机安全监视系统	华北电力设计院、唐山发电总厂等	1
	71	JJF-1 发电机绝缘连续监测装置	马头发电厂	2
	72	火电站多级节流调节门	包头第一热电厂	3
	73	国产 12.5 万千瓦汽轮机高压缸通流部分的改造	北京电力设备总厂等	3
	74	环保治理油污水絮凝法处理工艺	天津杨柳青发电厂	3
	75	大房 500 千伏输变电工程单项人工接地试验	华北电力试验研究所	3
	76	华北电网微机运动数据转发系统	华北电业管理局总调度所	3

续表

年度	序号	受奖项目	受奖单位	获奖等级
1988	77	大同二电厂国产20万千瓦燃煤机组协调控制系统研制	华北电力试验研究所、大同第二发电厂	4
	78	马头电厂国产20万千瓦机组调峰性能试验研究	马头发电厂、河北省电力试验研究所等	4
	79	火力发电厂化学水处理设计技术规定（SDGJ2-85）	华北电力设计院、河北电力设计院、山西电力设计院	4
	80	大型锅炉汽包端部壁温差超限的试验研究及改进	石景山发电总厂	4
	81	《3-500千伏高流电力系统金属氧化物避雷器技术条件》及《使用导则》	华北电力试验研究所等	4
	82	充氢气球高空跨越放线技术	北京送变电公司	4
1989	83	WXB-01、WGXL-1型微机高压线路保护装置	北京电力自动化设备厂、河北省电力工业局等	1
	84	10千伏高压开关柜加强绝缘型验证及改进	华北电力试验研究所	2
	85	火电厂温排水对湖泊、水库生态系统和渔业影响的研究	华北电力设计院等	2
	86	永定河梯级水电站集中控制系统	石景山发电总厂	3
	87	10万千瓦氢冷发电机密封瓦及其油系统的改造	石景山发电总厂	3
	88	500千伏四分裂导线用新型飞车	张家口供电局、河北省电力工业局供用电处	3
	89	火力发电厂电缆架空敷设与防火阻燃措施	华北电力设计院、天津军粮城发电厂等	3
	90	电力勘测设计制图统一规定	华北电力设计院、山西省电力勘测设计院	3
	91	火电厂汽轮机叶片可靠性分析	华北电力试验研究所等	3
	92	汽轮发电机励磁系统运行改进技术	滦河发电厂	4
	93	改进型预制钢筋混凝土桩头设计	华北电力设计院、山西省电建二公司、山西省机械化公司、神头发电厂	4
	94	200～500千伏变电所直流系统典型设计、火力发电厂直流系统及直流屏典型设计	华北电力设计院等	4
	95	胶带运输机三类部件典型设计	华北电力设计院等	4
1990	96	FJR型发电机绝缘过热监测装置	华北电力试验研究所	1
	97	北方岩溶泉水资源评价及开发利用	山西省电力勘测设计院	2
	98	水处理系统优化	华北电力设计院等	2
	99	汽轮发电机组振动监测和故障诊断系统研究	天津杨柳青电厂、天津市电力工业局科技处、天津电力试验研究所等	2
	100	输电线路大直径灌注桩超声脉冲检测技术	山西省供电工程承装公司等	3

续表

年度	序号	受奖项目	受奖单位	获奖等级
1990	101	火力发电厂工程地质勘测技术规程（SOJ24-88）	华北电力设计院	3
	102	汽轮发电机护环超声波检测方法的研究	华北电力试验研究所等	3
	103	水利电力部标准《高压并联电容器技术条件》（SD205-87）	华北电力试验研究所等	4
	104	直吹式锅炉汽压与球磨机负荷协调控制系统	微水发电厂、河北省电力工业局等	4
	105	大跨度龙门吊在主厂房施工中的应用	山西省电力建设四公司	4
	106	煤灰成分分析方法《SP323-89》	华北电力试验研究所	4
	107	汽轮机运行指导装置的研制	大同第二发电厂、山西省电力试验研究所等	4
	108	锅炉炉内检修用轻质铝合金吊架	北京电力设备总厂等	4

论文、研究报告科学技术进步奖

表 7－1－4

年度	序号	受奖项目	受奖单位	获奖等级
1980	1	汽轮机叶片振动强度的综合研究（防止叶片疲劳断裂的主要措施）	华北电力试验研究所等	2
1982	2	再热机组旁路系统研究	华北电力设计院等	2
	3	梁上挑耳在集中负荷作用下计算方法的试验研究	河北省电力勘测设计院、华北电力设计院	3
1984	4	双曲线冷却塔风压分布及阵风响应研究报告	河北省电力勘测设计院、河北省马头发电厂、内蒙古电力勘测设计院、山西省电力勘测设计院等	1
1985	5	京西发电厂 HG-670-1 型超高压锅炉汽包水位异常原因分析和改造	石景山发电总厂等	3
1990	6	火力发电厂的地理信息系统及 CAD 制图	华北电力设计院	3

第二章　技术监督

新中国建立后，华北电业各单位的一般性试验工作均由各电力试验研究所（简称试验所）承担，各地区试验所作为各省（市、自治区）电力工业局的职能部门，依国家标准和部、局颁发的规程，对化学、热工、电气仪表、电气绝缘、金属等五项专业进行技术监督，并将技术监督工作列入年度工作计划进行考核。同时，建立设备技术档案、统计报表、各种规程、制度、标准和条例。“文革”开始后，华北电业的技术监督工作被迫中断，70年代初逐步恢复，1978年后，各试验所都装备了比较先进的技术监督设备，充实了五项技术监督人员，使技术监督工作进一步得到健全和发展。

1981年，华北电业管理局颁发了技术监督制度。到1990年，五项监督的技术管理工作不断完善，步入正规化和规范化。各省（市、自治区）电力局均建立了年会、专业互查、抽查、编制、统计报表等制度，出版了电力技术监督通讯，进行了设备认证，每年召开一次技术监督会议，进行总结评比，布置工作任务，研究技术监督工作中的主要课题。以各专业 为主，组成互查评比小组，不定期地对发、供电单位进行互查、抽查、检查技术监督指标的完成情况，解决存在的问题。经过一系列调整、整顿，华北电网已有一套比较完善的技术管理规程和制度，形成以电力试验所为中心，包括各发、供电及施工企业的监督管理网络，实行华北电业管理局、省（市、自治区）电力局、基层企业的三级技术监督管理体制，以保证电力设备和系统的安全、经济、稳定运行。

第一节　化学监督

50年代初期，华北各发电厂先后组建了化学车间或化学分场，供电局普遍成立了油务组。1953年石景山发电厂在原化验室及化学水处理自然沉淀池等装置的基础上成立了化学分场，开始进行正常的水汽质量监督和水处理工作。同年，北京供电局建立了油化验室，开始对北京地区变电站的变压器油质进行分析。1954~1958年，华北5省（市、自治区）试验所相继成立了化学专业室，主要进行水处理分析、煤灰及油质分析、腐蚀及离子试验等工作，并对各发、供电企业进行技术指导和监督。试验所及发、供电企业还制订了《化学监督规程》、《水汽监督规程》、《汽水油分析规程》、《水处理运行规程》等规程制度。1975~1978年期间，华北和山西等试验所都陆续配置了原子吸收分光光度计、离子色谱仪等先进设备，用作水、盐垢及煤灰等的成份分析，同时进行低分子有机酸和无机酸的分析测定。1980~1990年，华北各发、供电企业没有因绝缘油质劣化而发生事故；汽水合格率每年都高于考核指标。

一、汽水监督

（一）锅炉的水处理。从50年代末期软化介质逐步改用磺化煤，以提高钠离子交换质量。到60年代中期软化介质则采用氢钠离子交换树脂。后随着高温高压机组的投入，对汽水品质的要求更高，又改用阴阳离子树脂除盐，顺流再生改为逆流再生，及电渗析、二级除盐加混床、凝结水精处理、弱酸树脂交换法等新工艺。采取这一系列水处理措施，对高温高压机组防腐、防苛产生了明显效果。各电厂认真贯彻水利电力部锅炉防腐工作会议精神，相继制订了三防（防腐、防垢、防结盐）的汽水监督措施，严格按照部颁汽水监督标准进行考核，推动了防腐工作的开展。

60年代末期，山西省电力试验所和大同热电厂合作对凝汽器铜管采用硫酸亚铁镀膜，使凝汽器铜管生成保护膜抑制铜管腐蚀，减少铜管泄漏。内蒙古包头第一热电厂和乌拉山电厂为解决凝汽器空抽区铜管氨蚀问题，研制并投入使用了镀镍防氨蚀管的新工艺。自80年代中期至1990年底，山西省神头发电厂4台20万千瓦机组和大同第二发电厂5、6号机组投产后，凝结水系统引进精处理装置，提高了凝结水的质量。

自80年代初至1990年底，贯彻执行部颁《化学监督制度》，明确各级人员的化学监督职责和监督标准。华北各电厂水汽平均合格率一直保持在95%以上，均达到或超过规定指标。

（二）循环水处理。新中国建立初期，各发电厂对循环水不作处理。从1952年开始，石家庄电业局逐步应用六偏磷酸钠对电厂循环水进行水处理，以加漂白粉处理水中有机物孳生。60～70年代初期，有的电厂也曾用过炉烟处理循环水。1975年，河北和内蒙古等地区的发电厂逐步推广应用三聚磷酸钠处理循环水，为防止水中有机物的孳生，还曾应用液氯来处理。1982年，各发电厂相继改为有机磷复合处理循环水。1983年，太原第二热电厂采用三聚磷酸和ATMP复合处理工艺，使循环水含磷量在2～4毫克/升之间。1986年以来，邢台电厂一直用弱酸和三聚磷酸钠混合处理循环水。

80年代初到1990年，各电厂在化学水处理系统实现测量仪表化和程序控制方面取得了新进展。太原第一热电厂自行研制1台DJ-16计算机，用以检测水处理系统和锅炉水质。对汽水品质的监督，各电厂先后采用了PNQ计、终点计、pH计、硅表、导电度仪等表计，监督手段日趋完善，使汽水品质能较快、较准确地反映出来。大同第二发电厂、高井电厂、军粮城电厂还利用微机进行化学水程序控制，减轻了操作人员的劳动强度，提高了自动化水平。

二、油务监督

50年代初期，各发电厂和供电局逐步开展了油务监督，重点对绝缘油和透平油的油质防劣问题进行了研究，推广应用了硅酸再生法，油中加抗氧化剂，变压器油充氮保护和薄膜密封保护等新技术。从70年代中期开始，开展了气相色谱分析法，测量绝缘油中的气体成份和含量，以判断变压器内部潜伏性故障，采用添加746防锈剂并进行油的液相锈蚀试验，使因油中含水造成金属锈蚀的问题得到解决。80年代中期以后，又进行了801吸附剂再生变压器油试验，取得省工、省时、显著降低油处理成本的效益。到1990年，华北全网的润滑油、绝缘油合格率都稳定在98%以上。同时加强了新油运行质量的监督，预防油质劣化，降低油耗和提高油的再生利用率，健全管理考核制度，排除了油耗的超标现象。

三、燃煤监督

华北各电厂均配有煤质化验员，在省（市、自治区）电力工业局试验所内建立了煤的试验机构，逐步完善技术手段，全面开展对电厂原煤、煤粉、飞灰和炉渣的定期取样试验，每年进行抽查和校对试验。1974年，大同热电厂成立煤灰试验班，加强煤灰分析一体化，对入厂煤质分析、水份变化、煤量亏吨、煤质热量亏卡、飞灰可燃物等都及时提出监督报告。1987年，大同第二发电厂成立燃煤管理科，下设煤化验班，专门对入厂小窑煤进行化验分析。山西及内蒙古等地区的电厂，普遍应用微机测定燃煤热量。80年代，各电厂实现了机械化采样，及时掌握入厂原煤的质量标准。

第二节　热工监督

新中国建立初期，华北电业各发电厂热工设备简单，数量又少，当时没有专门的检验及量值传递机构，也未开展技术监督工作。从50年代中期开始，随着机组容量的提高，热工仪表和自动装置的增加，各发电厂先后成立了热工车间（或热化车间），负责热工仪表及自动装置的维护、校验、检修和技术监督工作。各试验所也相继成立了热工室，开展了计量标准工作和技术监督与试验工作，建立了一等和二等温度、压力标准，二等恒温标准以及转速、振动等热工标准的试验室。80年代初，各省（市、自治区）电力工业局都成立了热工技术监督网，有了较为完善的监督制度和各项规程导则，使热工监督工作步入正轨。

“文革”初期，热工监督工作一度停顿。70年代中期逐步恢复了热工“四率”（自动投入率、保护投入率、仪表校验率、仪表调前合格率）的统计报表。1983年，水利电力部以（83）生字第75号文颁发《火力发电厂热工仪表及控制装置条例》，将“四率”改为完好率、合格率、投入率“三率”，包括68项。加强了管理与考核，开展热工专业的互查活动，恢复了一年一度的监督会议制度，进行总结评比，制订年度技术监督工作计划等。

在70年代中期，各发电厂相继开展了无汞差压计的改装工作，实现了无汞化，避免了汞中毒的发生。推广了氧化锆氧量计，安装了流量测量压力、温度补偿装置，以解决变参数运行偏离设计值时蒸汽、给水流量的准确测量问题。

80年代中期，为贯彻国家法定计量单位，各发电厂开始进行标准器具的改制及试验所热工标准计量器具的认证工作，推行法定计量单位，还进行了压力表的改制。

随着高参数大机组的出现，热工控制技术愈来愈复杂，热工技术监督显得尤为重要。各省（市、自治区）电力局认真贯彻“准确第一，讲求实效”，为机组安全、经济运行服务的方针，加强热工仪表和自动化装置的技术监督。热工测量系统的准确度和自动、保护系统的投入率及可靠性都得到提高。1990年，华北全网的自动投入率为79.05%，保护投入率为99.65%，仪表校验率为99.98%，仪表调前合格率为99.17%，均超过或达到原计划指标。

第三节　电气仪表监督

50年代中期，华北电业各试验所都相继成立了以提高仪表修理和调试质量为主要环节的电测室，使电气仪表的调前合格率逐年提高。同时，各局试验所也不断完善测试手段，陆续建成0.1级仪表试验室、二等标准试验室、数字仪表试验室、互感器试验室、电子仪表计量试验室等。各发供电企业利用试验所在技术和设备上的优势为生产第一线服务。各发、供电企业，对各类电气仪表坚持进行定期校验、调整、修理和清点，达到不坏、不丢、不脏、不乱、准确统一。从华北电业管理局、省（市、自治区）电力局、试验所到发供电企业都设立了电气仪表监督负责人，建立技术监督网。每年召开电气仪表监督会，检查电气仪表的送检率、现场指示仪表的调校率，总结监督中存在的问题，制定相应的措施。“文革”初期，技术监督工作受到干扰，1972年起逐步恢复电气仪表的标准量值传递系统和电气仪表的监督工作，完善了电气仪表监督工作条例和制度。

1986年开始，各省（市、自治区）电力局贯彻国家颁布的计量法，制定计量管理制度，将电度计量纳入计量法制管理轨道。建立了0.02级功率标准，开展0.1～0.2级标准电能表的校验，为电能计量准确性提供了条件。到1990年，华北电网电气仪表和标准仪器的校验率及调前合格率均达到或超过部规定要求。

第四节　电气绝缘监督

50年代初，华北电业各发、供电企业都开展了电气设备的预防性试验，当时由于试验仪器少而简陋，只能以测量绝缘电阻、直流耐压、泄漏电流等一些简单的试验手段，根据自己制定的试验规程来判断设备绝缘的优劣。1951年，北京供电局首先对低压电动机、配电变压器、电焊机等电气工具及设备进行预防性试验检测工作。太原电业局于1951年建立了电气试验室，具备耐压试验、泄漏试验、绝缘介质损耗试验条件，帮助发供电企业作预防性试验，使绝缘监督工作陆续开展起来。

1958年后，华北各省（市、自治区）试验所相继建立高压试验室，陆续配置较为完善的试验仪器，其中有500千伏高压工频试验变压器等精确度高、性能先进的设备，用于220千伏及以下电气设备的工频耐压试验。70年代中期以后，开始承接220千伏及以上变电站的预防性试验，并加强对发供电企业“一大四小”（一大：主变压器，四小：电压互感器、电流互感器、耦合电容器、避雷器）的色谱和带电测试检查，杜绝了“四小”电器的爆炸事故。到80年代初，已具备对超高压设备及大型变压器空载短路等特性的试验能力。在技术监督方面，颁布了电气绝缘监督制度，并建立了绝缘监督网。

为了保证电网的安全运行，各试验所和发供电企业共同开展绝缘监督工作，解决了设备存在的问题，消除了隐患，提高了设备健康水平。北京电力试验所早在50年代末期就与发供电企业合作，共同解决BM-35、BWS-110型多油断路器因自身缺陷引起的进水受潮问题。河北省、山西省电力工业局，推广应用气相色谱分析仪表检验电气设备绝缘油中气体组分含量监测电气设备潜伏性故障，推广了220千伏互感器、避雷器等耐压设备的带电测试。为了消灭雷害与污闪事故，对避雷器进行了改压装配，并测定冲击放电电压和冲击伏秒特性，对新投运的磁吹避雷器加强运行监测，用高压阻抗万能表带电监测其泄漏电流，以保证设备的安全运行。在防污闪方面，推广了水冲洗高压瓷绝缘子，采用防污瓷瓶，绝缘瓷件涂硅油等新技术，大大减少了雷害和污闪事故。

80年代以后到1990年，绝缘监督工作逐渐走向正规化、规范化，继续贯彻“预防为主，综合治理”的方针，以“五防、五反、三加强”为主要内容，开展绝缘监督工作。(“五防”：发电机，主变压器防烧；充油设备防进水；电流互感器、电压互感器、避雷器、耦合电容器防爆；外绝缘防污闪；电气设备防止过电压。“五反”：五种电气设备的反事故措施。“三加强”：加强对绝缘损坏事故和电气设备缺陷分析，及时提出消除缺陷的措施，指导基层厂、局的绝缘监督工作；加强对新建、扩建准备投入运行的电气设备及新产品的测试把关；加强对绝缘预防性试验及电气设备大修试验的审核管理工作。)

第五节　金属监督

50年代初期，华北电业的发电设备大都为低温低压或中温中压机组，材质多为碳钢，受监部件不多，金属测试工作比较薄弱。以后，随着高温高压机组的出现及合金钢材在机炉设备上的广泛应用，钢材品种也多样化。机组在投产初期，爆管、螺栓断裂、管道焊缝开裂等事故屡有发生。从50年代末期起，各试验所和电厂相继开展了金属化学分析和金相分析专业的监督工作。试验所的金属室也建立了金属化学分析试验室、金相试验室、无损探伤试验室和强度试验室等，负责金属试验和技术监督工作。

从60年代初到80年代末期，各省（市、自治区）电力局对于金属监督工作都十分重视，先后开展了金属钢材、汽缸、汽机转子及高中压锅炉汽包主焊缝和汽包内外壁的普查工作。对电厂超设计期限的主汽管道也进行了普查，经过监督和普查发现错用钢材，焊口未焊透，汽缸断裂，管道内壁，过热器联箱管内壁及汽机对轮螺栓、叶环、叶轮有裂纹等，都采取了相应的补救措施，保证了机组的安全运行。各发电厂、试验所无论在金属探伤、金相分析、金属的力学性能测试和金属的化学元素分析等方面，都取得很多成果。

进入80年代后，各局试验所都添置了精密仪器，加强了金属监督的科学性、准确性。金属化学分析方面，在原有光电比色计的基础上，添置了X射线晶体分析仪，用于发电厂主蒸汽管道和过热器的金属结构分析及材料老化寿命评价研究。金相试验方面添置了扫描电镜、卧式显微镜、能谱分析仪等仪器，对发电厂重要设备构件进行失效及断口分析。在无损探伤试验方面，除γ射线，λ射线、磁力探伤外，又购置了超声波探伤仪、工业纤维窥镜等仪器设备，对汽机叶轮键槽、锅炉焊缝、发电机转子线圈实施监督，对汽机叶片实施不揭盖探伤。在强度试验方面，也不断更新设备，开展金属材料力学及断裂力学的试验研究，测定铜管和奥氏体钢过热器管焊缝的残余应力，进行发电厂主蒸汽管道等高温金属材料性能试验及寿命鉴定。

“文革”期间，金属监督一度受到了干扰。1987年起开展企业整顿，金属监督工作得到了恢复。到 1990 年，金属监督工作已走上规范化、正规化，颁布了一系列金属监督制度和规程、导则等，建立了金属监督网，有力地保证了机组安全运行。

第六节　环境保护

一、环保管理

华北电业的环境保护管理工作始于 70 年代。1973 年 8 月，全国第一次环境保护工作会议后，华北各省（市、自治区）电力局陆续成立了环境保护办公室，负责所属企业的“三废”（废水、废气、废渣）治理，并进行环境保护监测工作。

1983 年，华北电业管理局科技处改为科技环保处，原环保办公室撤销，环保业务受水利电力部职能司指导。各省（市、自治区）电力局相继成立了环境保护中心监测站，承担对电力工业生产环境的监测任务。1986 年，华北电业管理局环境保护领导小组成立。同年，转发了水利电力部颁发的《火电建设项目环境保护管理办法（试行）》，加强了对新建、扩建、改建工程项目的环境管理，严格控制新污染，并开始对工程项目进行环境影响评估的审查工作。

为加强对火电厂环境保护的管理，华北电业管理局于 1988 年下发了《华北电管局直属火电厂环境保护考核办法（试行）》，考核指标主要为污染物排放量和污染物排放达标率。经过治理，北京地区各电厂污染排放物及排放量均有所下降，基本达到了排放标准。京西发电厂成为北京电力学院第一家取得排污许可证的企业。1990 年，北京电力学院围绕迎亚运保环境质量开展互查，重点检查治理了烟囱冒黑烟、水源污染、污染事故隐患和环保治理项目的落实，确保环境质量符合要求，为第十一届亚运会的圆满举行创造良好环境。天津市电力工业局于 1981～1990 年底，共完成污染治理项目 67 项，总投资 6900 万元。重点解决了烟尘污染，含油污水处理，排放物达标，对外环境噪声影响，粉煤灰综合利用等问题。同时在环境保护的科研、监测、基建前期环保管理等方面也取得了一定的进展。

河北省电力工业局为了加强环境保护管理工作，确保监测数据的可靠，先后制定了《环境监测实验室安全规程》、《环境监测规程》、《河北省电力工业局环保评比办法》等一系列规程、制度，坚持了环境统计年报和监测月报的统计上报。

山西省电力工业局自 1986 年起，对新开工的项目，均按基建程序要求，列入环境保护项目。从厂址选择、环境影响报告书审查、环境保护设施设计审查、施工监督、直至竣工投产均实行建设项目环境保护的全过程管理。1986～1990 年间建设和投产的火电工程，其“三同时”（环境保护项目同时设计、同时施工、同时投产）审批率和执行率均为 100%。

内蒙古电业管理局环境中心监测站设在内蒙古电力试验研究所内，对全自治区电力生产中的大气、烟气、气象、水体、粉尘、噪声等方面的环境实施监测。在各大中型电厂的生技科或安监科内还配备了环保专职人员，有的还建立了监测站，形成全区的环保监测网。

内蒙古电业管理局环境中心监测站经能源部及内蒙古城乡建设环境保护厅考核，取得承担自治区内新建、扩建电厂的综合评价资格。

二、综合治理

（一）烟尘治理。为减少对大气的污染，达到烟尘排放标准，从70年代初开始，华北各火电厂陆续开展了烟气治理工作。

1972年，北京热电厂将1～6号炉由燃煤改为燃油，并将7号炉水膜除尘器改为多管除尘器。1979年又将3、4号炉水膜除尘器改为文丘里除尘器，提高了除尘效率，减少了烟尘排放量。

1977年，太原第一热电厂在4号炉除尘器改造中，采用立式文丘里湿式组合式结构，系统由烟道、文丘里管弯头脱水器、罐体旋风分离器组成，增加了溅锥式喷水装置，投资24万元。投入运行后，效果良好，除尘率达96.7%～97.1%。1981年，该厂在2号炉多管除尘器后加装1台高压静电除尘器，与多管除尘器串联运行，综合除尘效率达99.6%，烟尘排放量由1234千克/小时减少到17千克/小时。

内蒙古丰镇发电厂在防止大气污染方面采取了高效率三电场静电除尘装置，建造210米烟囱实行高空排放，达到国内先进水平。包头第一热电厂、包头第二热电厂在“七五”计划期间，共投资430多万元对锅炉除尘器进行改造，除尘效率由原来的70%～80%。提高到94%～95%。

1985年，天津第一发电厂结合供热改造扩建工程，建成1座195米高的烟囱，并将在装的5组水膜除尘器逐个改为静电除尘器，1986年2月全部投入运行，除尘效率达98%。从此，结束了该厂近50年的“白龙”污染市区大气的历史，获天津市人民政府授予的“消烟除尘，造福人民”锦旗。

1986～1990年，河北省电力系统为根治烟尘污染，共投资3644.2万元改造除尘器。保定热电厂1、2号除尘器的除尘效率分别从85.2%和87.5%提高到98.7%和97%。唐山发电厂对3台旋风式除尘器进行了电除尘改造，烟尘排放量从1986年的5.84万吨降低到1990年的1.42万吨。

（二）废水治理。华北电力工业的废水处理，主要采取直接回收或经处理后回收利用或排放，达到减轻污染、节约用水的目的。

1976年，京西电站将含油废水掺入燃油系统进行燃烧，每日掺烧30～40吨，减少了含油废水排放量。1978年，北京热电厂大型酸碱废水中和池及污水治理系统投入使用，改善了排水质量，合格率达90%。1981年，太原第一热电厂针对化学酸、碱废水间歇外排的问题，修建了150立方米的中和池，并安装了汽力搅拌装置。1982年太原第二热电厂改造中和池，整修除盐排水系统，经测试pH值最大为8.78，悬浮物在486毫克/升以下（国家规定为500毫克/升）。河北省150电厂、邯郸热电厂、微水发电厂、滦河发电厂等单位相继翻建或新建了中和池，以减少废水对环境的污染。

1982年，杨柳青发电厂开始研制“油污水絮凝法处理新工艺”，1985年投入使用。该工艺能除去水中乳油及水中有机物（COD·SS），有毒金属离子除油率达99%。1987年通过技术鉴定，1988年获能源部科技进步三等奖。

1985年，包头第二热电厂投资20万元建成化学污水处理系统，将废水排全冲灰系统，使厂前区明沟内废水排放量减少50%。1987年在排水道系统增设了回收水池和水泵，实现了机炉工业废水全部回收，年回收量38万吨。除用于煤场喷淋除尘、输煤皮带间地面冲洗和锅炉除尘器用水外，余水全部用于冲灰。

1987～1989年，大同第一发电厂建设二期废水回收工程，采用石灰—凝聚处理工艺，对水塔排污水和轴瓦冷却水经过处理后再补入循环水中，减少了废水外排，缓解了生产用水的紧缺。1990年太原第二热电厂的废水回收工程被能源部列为废水治理示范工程，当年完成现状摸底、方案论证、委托设计等工作,。

（三）噪声治理。华北电业各火力发电厂噪声治理工作始于60年代初。北京507电厂投产后，锅炉开停时对空排汽20～30分钟，严重干扰职工和附近居民休息，后装设排汽扩容池，降低了噪声。1965年大同第一发电厂对原联邦德国产75吨/时链条锅炉对空排汽管安装防噪声设备——多孔消声器。

进入70年代后，各火电厂开始采取消音措施，陆续安装了汽机、锅炉、化学值班人员隔音值班室，汽机房噪声由87～91.5分贝降到74～79分贝。80年代开始，各火电厂对噪音影响较大的锅炉磨煤机加装隔音罩；在发电机励磁机上加装消声罩，使其噪声下降至规定的标准。对空排汽噪声也普遍得到治理。

北京第二热电厂在北京市劳保科研所协作下，对全厂6台锅炉、4台汽轮机噪声进行治理，使厂房内噪声下降了14分贝，水泵房噪声下降了12分贝。到1990年底，华北电业新建机组的锅炉均装有排汽消声设施，大大降低了噪声的污染。

第三章　科技信息

60年代中期以后，华北电业各电力试验研究所，相继设立了技术情报室，是各省（市、自治区）电力局科技情报工作的职能管理机构和情报中心。技术情报室的设立，建立健全了情报网络，开展了技术情报交流，加强了情报检索和资料管理，实现了为生产、建设、科研、企业管理和领导决策服务。

第一节　情报网络

1981年9月，华北电业管理局为加强专业科技信息交流，召开首次局情报网工作会议，研究讨论建立技术情报网和电力技术协作网问题。1982～1984年间，陆续组建了汽机、锅炉、水电、高压、开关、修造、金属、化学、热工、电气、绝缘、电测、系统、火电安装、调试、建筑、送变电等专业情报网，并于1984年7月制订了专业情报网工作条例。

山西省电力工业局在1985年和1990年，两次召开科技情报工作会议，制订了《山西省电力工业局科技情报工作暂行条例》，建立了全省科技情报网，下设发电、供电、电力建设、修造、院校等5个分网。河北省电力工业局在组建的科技情报网内又分别建立了以邢台发电厂为站长单位的发电专业情报站，以石家庄供电局为站长单位的供电专业情报站和以河北省电力勘测设计院为站长单位的综合技术情报站。内蒙古电管局在1975年曾召开直属单位科技情报工作会议，制订了《内蒙古电力生产科技情报网暂行组织办法》，1983年进行了整顿，使科技情报工作走上正常轨道，在全局范围内建立了发电、供电、基建、农电等4个专业情报网。

各省（市、自治区）电力局专业情报网在开展活动中，依靠各科研试验所、院校、发电、供电、基建、农电企业的情报员和广大科技、专业管理干部，有组织有计划地进行了情报交流，由各电力试研所情报室负责归口管理。

1985年底及1987年夏，召开了两次华北电业电力科学研究所情报工作交流协调会。会上交流了情报工作经验，并就情报调研课题及共同关心的问题进行了讨论和协调。

第二节　情报调研

一、专题报告

华北各省（市、自治区）电力工业局科技情报网组建后，制定了科技发展规划，拟定了科研课题，分别进行了可行性研究。为解决生产、建设中的关键技术课题，各情报网还开展了大量情报调研工作，编写和翻译了大量资料。各省（市、自治区）电力试研所还联合编写了《全国20万千瓦发电机组科技资料专集》。在编写过程中，各所都分别进行了专题调研，编写出丰富翔实的资料和报告，其中有电网调峰文集，节能文集，20万、30万千瓦火电机组专题情报调研，80万千瓦机组译文专辑，褐煤燃烧技术专辑，亚临界参数直流炉的稳定运行，电力系统稳定文集，超高压电气设备绝缘诊断技术，汽轮发电机扭振与快控，配电网过电压及其防止措施，高次谐波对策新技术等专题调研报告或论文。

二、声像成果

从80年代初开始，华北电业各电力试研所情报室先后成立录相组，添置了录相摄影设备。华北电力科学研究所购置了计算机图形系统和时基校正器，组成一套较完整的摄录系统，1986年还建设了演播室，建筑面积132平方米，演播室具有前期野外拍摄，演播室拍摄，多机位联机拍摄，后期编辑制作，字幕叠加，室内外录音、配音、音乐合成等功能，除发射及数字特技外，已具备电视台节目制作的全部条件。山西省电力试验研究所购置了DXC-M3103/4系列摄影录相设备。河北省电力试验研究所购置了NV-3000，DXC-1800、1820，M_3PK，NN-300、3000，VD-4800录相机7台，以及编辑等配套设备12台。各电力试研所均建立起电力系统的录相中心，摄制了各类专题片，为科研、技术管理、经验交流和培训提供信息和典型案例，为解决生产建设和经营管理中的关键问题提供资料，并对大型项目的施工调试、电网重大经营和双文明建设活动进行了及时报道。

华北电力试验研究所1981～1990年共录制了144部录相片，其中科技片38部，安全教育片8部，建设及动态专题新闻片77部。山西省电力试研所共录制52部录相片，天桥水电站排水和水情录相片，为以后的凌汛提出了防范措施。在华北电业各单位制作的录相片中，带电作业、落实安全规程、操作标准化等片为职工培训提供了直观醒目的教材。大同第二发电厂2号机超速事故、两票操作程序、兴建中的上安电厂，王段—衡水、娘子关—铜冶220千伏输电线路倒塔事故，马头、邢台电厂20万千瓦机组设备静态诊断等等技术录相片，都发挥了较好的教育作用。

第三节　情报检索

1985～1986年，华北电业各电力试研所对中文科技图书、技术档案及电网内5万千瓦以上机组的参数进行全面的微机检索管理，对中文图书均按国家颁发的《中国图书分类法》进行编目、登记、著录。1986年3月，在呼和浩特市召开了华北电业各省（市、自治区）电力试研所科技图书微机检索工作研讨会，拟定了中文科技图书检索项目、格式、软件设计的要求，确定由华北电力试研所情报室负责编制统一的软件，内蒙古电力试研所情报室为应用检索与管理系统的第一家，该系统安装使用后，能满足图书馆“采、编、流”工作流程的需要，大大提高了工作效率和服务质量。

1989年，华北电力试研所、河北电力试研所先后建成电网国际联机情报检索终端系统，为科研立项、成果鉴定及解决生产建设中的问题，作了大量卓有成效的工作。

第四节　技术资料管理

技术资料管理直接为科研和生产建设、经营管理提供信息，其工作流程为汇集、整理、保管、服务4个环节。到1990年底，华北各电力试研所的情报室总藏书达6.8542万册，中外文期刊共有1000多种，其中华北电力试研所藏书2万册，中外文期刊338种，资料2万份；山西电力试研所藏书1.2642万册，外文期刊78种，全国各电力试研所出版的电力技术通讯29种，技术文献1万多份；内蒙古电力试研所藏书7000册，期刊250种，技术资料6000册；河北省电力试研所藏书2.03万册，期刊465种，技术资料1.2832万册；天津电力试研所藏书8600册，科技期刊和资料3000册。

为了加强信息流通，交流各专业的新技术、新趋势，及时反映生产建设和企业管理中的新情况，华北电业各电力试研所的情报室，自60年代初以来，都出版了各种刊物、简讯等。华北电力试研所出版了《华北电力技术》、《华北电力技术情报》、《华北电力技术消息》；山西省电力试研所出版了《山西电力技术》、《山西电力技术简讯》；内蒙古电力试研所出版了《内蒙古电力》、《内蒙古电力简讯》；河北省电力试研所出版了《河北电力技术》、《国外电力科技文献选译》、《情况反映》；天津电力试研所出版了《天津电力技术》、《天津电力情报简讯》。其中，华北、河北、山西、天津出版《电力技术》及《内蒙古电力》，系华北电网和各省（市、自治区）电力局的网刊和局刊。《华北电力技术》和《河北电力技术》经国家有关部门批准，可以在国内外公开发行。

1960年以前，华北电业各发电厂、供电局、设计施工、修造企业的技术档案资料，虽由生产技术部门管理，但许多技术资料和技术档案都分散在各部门或技术干部个人手中。60年代初，各企业开展了一次技术档案、资料还家活动，集中到生产技术部门统一管理，使技术档案工作逐渐走向完善化、规范化。“文革”开始后，各级技术档案工作受到干扰，全部停顿，1978年经过企业整顿才得以恢复。1982年12月，华北电业管理局印发了科技档案工作恢复整顿标准，对各单位按专业编组进行联查验收。1987年9月，华北电业管理局又转发了国家《关于加强科学技术档案工作的意见》，要求各直属企业建立以科学技术档案为主体的企业档案综合管理系统，以便更好地为提高企业经济效益服务。各单位还进行了档案升级工作，各电力试研所对科技档案进行了一次全面清理，分类登记，并设置专用的档案室。

第四章　科研机构与队伍

新中国建立后，华北电业逐步建立健全技术管理规章制度，一般的科技业务由生产技术部门兼管。1964年，北京电业管理局设立技术处，负责京津唐电网更新改造资金的使用，设备及重点技术改造任务的安排与管理工作。“文革”初期，技术处并入生产组内，1973年重新成立技术处，1976年将生产处与技术处合并成立生产技术处，1977年又从生产技术处分出组成科技处。在大型生产、建设和修造企业内设技术科，中小型企业内设技术组，主管科技工作。

1972年，山西省电力局设科教处，主管该局的科技和教育工作。1976年又单独成立科技处，基层企业也都设立技术科或配备科技管理负责人。1976年6月，内蒙古电业管理局成立科技处，归口管理内蒙古电力科研技术工作。

1978年全国科技大会召开，明确提出“科学技术是生产力”，“知识分子是工人阶级的一部分”，极大地调动了广大科技人员和知识分子的积极性，推动了电力科技事业的蓬勃发展。同年，河北省及天津市电力工业局也相继成立了科技处。其所属企事业设科技专管机构或配备专职管理人员。华北各省（市、自治区）电力局在设立科技主管职能部门的同时，还组建了电力试验研究机构——电力试验研究所。试验研究所是电力企业的技术监督中心、技术服务中心、技术开发中心和科技情报中心，以坚持为电力生产建设和经营管理服务，以解决电网和发供电企业生产建设和经营中的关键技术问题为主要任务。同时，对电力工业发展中的技术课题进行攻关。

全国科技大会后，华北电业在完善科研组织建设的同时，科技队伍也得到迅速发展，逐步形成一支集电力科研、发电、供电、调度、施工、修造等多学科、多门类的科技队伍和自下而上的科技管理体系，为推进华北电网科技进步作出了积极的贡献。

第一节　研究所

一、华北电力科学研究所（北京电力科学研究所）

华北电力科学研究所是华北电业管理局直属的电力科学试验研究机构，是华北电力企业的技术监督、技术服务、技术开发和技术情报的中心，是华北电业管理局的技术参谋部门。该所于1953年3月开始筹建，1954年8月正式成立，当时称华北电业管理局中心试验所。1956年4月，中心试验所划归电力工业部技术改进局领导，1957年下半年又划归北京电业局领导，称北京电力中心试验所。1975年9月，北京电力中心试验所同北京电力建设调整试验所合并，成立北京电力试验所，1980年4月改称华北电力科学研究所。

1990年，华北电力科学研究所有职工620人。其中，研究生25人，大学本科208人，大专100人，中专125人，中技和高中59人；有教授级高级技术职称4人，高级技术职称104人，中级180人，初级159人。

华北电力科学研究所内设有专业试验室59个，建筑总面积4548平方米。其中有为电网220、500千伏输变电技术提供试验研究手段的高压试验室及沙河试验站；为华北电网电测、热工仪表传递标准的电测、热工标准试验室；为监督汽、水质量及锅炉主蒸汽管道、汽机叶片质量提供测试依据的化学、金属试验室；为电力系统安全稳定运行提供计算手段的计算机室及动模试验室；为风能利用及其装置研究提供试验手段的风力发电试验站及13个试验室（站）。各专业试验室配置了国产精密仪器、设备，还从国外引进了精确度高、性能先进的测试仪器和设备。全所共有仪器设备2453台件，资产原值3499.8万元。该所能承担大机组、超高压输变电工程的全部基建调试和发、供电关键技术试验研究及一些新测试仪器的研制任务和技术开发功能。

华北电力科学研究所和北京电力科学研究所为一个机构两块牌子，履行其电力科研试验职能。组建以来的36年中，在主要完成技术监督、技术服务、技术开发、技术情报工作的同时，又协助北京电力系统所属企业建立了绝缘、化学、金属、电测、热工仪表及自动控制的技术监督组织，形成三级管理的技术监督网；对发、供电企业进行了水汽合格率、电气设备绝缘、计量表计准确度等9项指标的考核；制订了5项技术监督制度及其规程、导则；建立了季报表和年度总结制度；进行了计量考核和计量法的贯彻及设备认证。同时完成了华北电网74台发电机组、8台调相机、21座变电站和500千伏大同—房山Ⅰ回、Ⅱ回线路及房山—天津线路的启动调试，并协助省（市、自治区）电力试研所完成了90台发电机组的启动调试。组织了电网技术情报网和情报交流。编印技术刊物，收集技术资料，建立技术档案，负责事故分析、科技教育、安全教育、重大活动的录像和照相等。1990年，全所已配备各种型号计算机51台，应用于技术监督、科技管理、更改资金管理、设备管理、企业考核指标、工资管理、固定资产管理、人事档案管理、干部年报、职工在职教育、职称评定、图书资料和技术档案管理以及仓库和记帐管理等方面，提高了管理水平和工作效率。

华北电力科学研究所在1978年以后共获得国家奖励5项，水利电力部、北京市奖励46项，华北电业管理局奖励99项。其中，基建调试新技术10项，生产改进34项，技术开发49项，新技术推广3项，新仪器设备研制48项。

1979～1990年，该所受到水利电力部、北京市、华北电业管理局授予的各种荣誉称号32项，其中，生产建设奖12项，精神文明建设奖12项，综合奖8项。

二、天津电力试验研究所

天津电力试验研究所（简称电研所，前身为电力中心试验所），是天津市电力工业局领导下的试验研究机构和天津电力企业的技术监督中心、技术服务中心、技术开发中心和科技情报中心。成立于1978年。所址在天津市和平区哈尔滨道184号。

电研所设有高压、电测、系统、锅炉、汽机、化学、热工、金属、情报室、电器开发中心等10个专业室和一个试验加工场，拥有一批精密先进的技术装备及测试手段。截至1990年底，全所有职工342人，其中干部213人（技术干部176人、行政干部37人）。研究生11人，大专及以上文化程度117人，中专及高中文化程度61人。具有高级技术职称的22人，中级技术职称的69人，初级技术职称的81人，工人技师4人。

1978～1990年建所10多年间，全所的电力试验研究工作逐步完善，现已步入正轨，科技队伍不断扩大，技术人员素质不断提高，科研设施、监测手段不断增强。广大工程技术人员和全所职工以确保发、供电设备的安全运行和降低能源消耗为目标，认真钻研新课题，积极组织科技攻关，取得了一系列的可喜成果，受到生产企业的信任。1978～1990年，有30余项科研成果获得水利电力部、天津市政府、华北电业管理局、天津市电力工业局的奖励。1987、1988年连续两年荣获天津电力工业局“双文明单位称号”；1987、1988年经上级考核验收，连续两年被评为华北电业管理局二级企业；1988年荣获天津市“先进企业”称号。

三、河北省电力试验研究所

河北省电力试验研究所是河北省电力工业局直属的电力试验研究机构，是河北省电力企业的技术监督、技术服务、技术开发和技术情报中心，其前身是1958年2月成立的河北省电业局石家庄中心试验所。1959年2月，改为河北省电力工业局技术改进所。增设热机组、化学组、金属组、通讯组和继电保护组。对保定、石家庄、秦皇岛、邯郸、承德等地区发供电企业进行技术服务。1962年因机构调整而撤销。1963年7月1日，河北省农机电力厅在天津组建电力局中心试验所，设技术组、电测组、高压组、油化组、修配组和研究组，主要任务为解决农电系统安全、经济等技术问题。1965年5月，农机电力厅电力局中心试验所随着省厅局机构变化，改称河北省农田水利电力局电力试验研究所，所址由天津迁到保定。增建高压试验室（装有25万伏工频发生器、测量铜球Φ750毫米）和图书资料室，引进瑞士和日本0.2级与0.5级交直流和直流指示仪表试验台，购置各种仪器设备，承担省局二级仪表标准传递和35千伏及以下电气设备全部常规试验，校验电流互感器和电压互感器，承担小火电厂的部分基建调试。1968年11月8日，全所职工到宣化“五·七”干校接受“再教育”，仪器设备或封存或散失，试验研究工作中止。

1972年5月2日，河北省革命委员会电力局在保定恢复试验机构，定名为河北省电力试验研究所，设生产组、高压组、电气组、机炉组和电测组。1975年5月，增设金属组和化学组。1978年12月6日专业设置调整为生产组、高压组、电气组、电测组、金化组、热工组、机炉组，增设技术情报组。

1979年10月，河北省电力试验研究所在石家庄筹建新的试验研究基地。1983年2月迁入新址，建有500千伏工频电压发生器，2400千伏冲击电压发生器，机、电、炉、化、金属等各专业试验室和情报资料室。1984年11月成立环境检测中心。1988年9月成立电压质量检测中心。

至1990年底，河北省电力试验研究所共有高压试验大厅、高压电桥、六氟化硫物化特性、气相色谱分析、微水分试验、风洞、振动、金属化学、力学、金相、无损检测、热处理、焊接热模拟机、焊接工艺、煤分析、油化验、水化验、化学小型试验、环境化学、环境物理、天平、温度、压力、热工自动、指示仪表、直流仪器、电能计量、互感器、计算机房、电子仪器、声像室及通用常规试验等33个试验室以及技术开发部、调试室等机构，固定资产原值达1574.5万元。全所职工有269人，其中：高级工程师24人，工程师66人，助理工程师和技术员85人，技师1人，技术工人37人。该所的主要工作内容是：

对生产单位的仪表、绝缘、化学、金属、热工等专业进行技术监督和指导，进行计量标准传递；参与重大事故的调查分析和反事故措施的制订；总结运行经验，进行科学试验，推广国内外新技术，改进和完善现有发供电设备，参加新设备的调整试验和考核试验；针对生产和发展中的关键技术问题进行攻关，学习消化吸收国外引进或国内其他行业先进技术，结合电力系统需要进行应用和推广；负责收集和保管技术资料，开展情报研究、情报交流和提供情报服务。

四、山西省电力试验研究所

山西省电力试验研究所是山西省电力工业局领导下的电力试验研究机构，是山西省电力企业的技术监督、技术服务、技术开发和技术情报中心。该所前身为太原电业局修试所，1958 年 7 月改为山西省电力工业厅研究所，1961 年 3 月更名为山西省电力工业厅中心试验所，1978 年 12 月更名为山西省电力试验研究所。

该所经 33 年建设，具有专业配套齐全、技术力量雄厚、试验设备仪器先进的优势条件。到 1990 年底，设有汽机、锅炉、化学、金属、高压、系统、继电自动、电力、热工、电测和技术情报等 11 个技术专业室；拥有振动自动采集系统、电子扫描显微镜、数据采集系统、热工计量二级标准、直流仪表二级标准等国内先进的电力试验研究设备，固定资产值达 2680 万元。到 1990 年末，该所有职工 306 名，其中专业技术人员 206 名，占全所职工总数的 67.5%；在专业技术人员中，高级工程师 46 名，工程师 66 名。

该所近 10 年来完成了神头第一发电厂 4 台前捷克 20 万千瓦机组的调试，大同—房山 500 千伏输电线路，大同—神头 500 千伏输电线路（二线）的调试，神头第二发电厂 2 台 50 万千瓦机组的调试等任务。先后荣获山西省电力工业局、华北电业管理局授予的“先进单位”、“先进集体”称号。连续多年被评为山西省和太原市电力系统“文明单位”、“文明单位标兵”荣誉称号。

五、内蒙古电力试验研究所

内蒙古电力试验研究所是内蒙古电业管理局直属科研机构，是自治区电力系统主要的生产试验基地和技术服务中心。该所始建于 1958 年 9 月，称内蒙古自治区电力工业管理局中心试验所（简称中试所）。

1961 年，中试所与水利科研所合并，成立内蒙古自治区水利电力厅科学研究所。1963 年 5 月水电分开，恢复电力中试所，设锅炉、汽机、热工、化学、金属、高压、继电保护、仪表、情报 9 个专业组和 1 个综合室。

随着自治区电力事业的发展，1978 年中试所改为内蒙古自治区电力试验研究所（简称内蒙古电研所）。1985 年该所专业室增至 11 个，即锅炉、汽机、热工、高压、系统、电测、金属、化学、计算机、环保、情报，达到专业配套、功能齐全。

80 年代以来，内蒙古电研所的试验场所和技术装备得到扩充，先后建成了高压试验大厅、电气试验楼和恒温室，拥有 38 个试验室，除装备有各专业需要的常规测试仪器外，近年还陆续添置了一些国产和国外引进的高精度新型仪器设备，包括 500 千伏工频和 1800 千伏冲击波高压试验设备，激光两相流风调试室，0.05 级全电子高精度三相电度表校验台，振动标准试验装置，金属电子显微镜等。1987 年底，各专业室拥有试验仪器设备共

871台，全所固定资产原值935.88万元，生产和办公用建筑面积7167平方米。

经过30余年的发展，到1990年内蒙古电研所有职工202人，其中科技人员193人；有高级工程师22人，工程师55人，助理工程师83人，技术员12人。已成为一个装备完善、专业齐全、技术力量雄厚、颇具规模的企业科研机构。

内蒙古电研所建所以来，除完成大量生产服务工作外，还完成自治区内外29座电厂、32座变电站（升压站）的调试任务。30余年间，该所共完成科研和技术开发项目200多项，其中有82项先后获内蒙古电业管理局以上的科技成果奖，为自治区电力生产、建设做出了积极的贡献。

第二节　科技队伍

华北电业电力科技队伍，随着电力工业的发展和科技进步逐渐壮大。新中国建立前，据不完全统计，北京电业有工程技术人员192人，天津电业有46人，河北电业有32人。到60年代中期，一批大学和中专毕业生陆续走上电力战线的各个岗位，为电力工业的大发展增添了新生力量。经过生产建设实践的锻炼，已成为华北电业的技术骨干。“文革”期间，教育事业受到严重破坏，人才来源锐减，大量科技人员离开技术岗位，下放劳动。中共十一届三中全会后，落实知识分子政策，技术人员陆续回到技术岗位，科技队伍有了明显的壮大，队伍结构有了较大改观，人员素质也有显著的提高。1980年初，各省（市、自治区）电力局都成立了专业职称评定委员会，进行技术职称考核和评定工作。

到1990年底，华北电网共有工程技术人员2.4452万人，其中，中级师及以上职称的有9685人。分布情况是：华北电业管理局直属共有工程技术人员5827人，其中具有工程师及以上职称的2850人；河北省电力工业局共有工程技术人员4325人，其中高级工程师406人，工程师1650人，助理工程师和技术员2269人；天津市电力工业局共有工程技术人员2030人，其中高级工程师191人，工程师704人，助理工程师和技术员1135人；内蒙古电管局共有工程技术人员4227人，其中高级工程师314人，工程师1125人，助理工程师1309人；山西省电力工业局共有工程技术人员8043人，其中高级工程师624人，工程师1821人，助理工程师和技术员5598人。

第五章　教　育

新中国建立后，华北电业职工教育开始起步，从开办职工业余文化学校入手，进行群众性的扫盲教育工作。1950～1960年，在完成扫盲教育的基础上，相继开展了初级和中级文化教育。

随着电力建设事业的发展，自1958年以后，新工人迅速增加，华北电业各省（市、自治区）电业局从两个方面加强了职工教育：一是创办电力技工学校、中等和高等专业学校；二是进行岗位培训和技术业务培训，开展技术练兵、技术比赛和各种形式的讲习班、训练班等。“文革”期间，北京、河北、山西的部分电力企业，开办了“七·二一”工人大学，到80年代初陆续停办。

1978～1990年间，职工教育发展很快，各省（市、自治区）电力工业局普遍建立了教育管理机构，开展了文化、技术补课，加强了中等和高等专业的职前教育，开办了电视大学、函授大学、自学考试及委托大专院校代培等对职工进行再教育，为华北电力工业的发展培养了大批专业人才。

第一节　学校教育

一、大专院校

1958～1985年，华北电业先后创办了4所电力大专院校。1962年，内蒙古水利电力学院停办，改为中专学校。到1990年末，有华北电力学院、太原电力专科学校、北京电力专科学校在继续兴办。

（一）华北电力学院。创建于1958年，初期为北京电力学院，校址在北京海淀区，1960年6月迁往清河镇小营村。“文革”期间于1969年迁到河北省邯郸岳城水库工地，1970年10月迁入保定市，易校名为河北电力学院，1978年2月，经国务院批准列为全国重点高等院校，同年9月改名为华北电力学院。

建院初期，设3个系5个专业。在动力工程系内设电厂热能动力装置专业、热工测量与自动化专业；在电力工程系内设发电厂电力网及电力系统专业、电机电器制造专业；在电厂化学系内设电厂化学专业。1961年，哈尔滨工业大学发电厂电力网及电力系统专业、高电压技术专业、动力经济与企业组织专业的教师及四、五年级学生、研究生和教学实验设备，并入该院，扩大招生规模。1964年，将该院电厂化学系和高电压技术专业师生并入武汉水利电力学院。自1962年以后的25年间，陆续增设机械工程系、电子工程系和10个专业（专科），即：电力系统继电保护及自动化、电力系统通讯、计算机技术与应用、环境工程、农村电气化（干部进修科）、电力系统通讯（干部进修科）、电厂集中控制运行、电厂燃料输送系统及其自动化、城市供电、电力企业管理。院内还设立了社会科学、基础科学、电化教育、体育训练等4个教学部及电力科学研究所、电力设计所、函授部和管理干部学院。

到1990年，全院在校生总数4559人，其中，全日制学生3139人，函授生1420人。全日制学生中，本科生2314人，专科生643人，研究生182人。自建院到1990年末，共毕业本科生1.0521万人，研究生701人；各类技术训练班、研究班学员4200余人。全院教职工1654人，其中，教师674人，教师中具有教授职称23人，副教授124人，高级工程师33人，其他系列高级职称者5人，讲师309人。

学院及研究生部拥有的各类实验室、专业实验室居国内先进水平。其中，交直流联合系统动态模拟实验室属国内首创并达到国际水平。荣获部、省级以上表彰奖励的课题项目36项。高压输电线路故障测距项目曾向英国CSD公司提供技术转让，为中国首次向英国出口的软件项目。

学院图书馆大楼面积4631平方米，藏书47万册，其中中文38万册，外文9万册。科技情报室与国内外1100多个单位建立了情报资料交流关系，建立了国际计算机检索终端。

该院占地39.7公顷，其中保定一校区占地14.3公顷，保定二校区占地15.5公顷，北京研究生部占地3.6公顷，保定生活区及工厂等占地6.3公顷。保定院本部建筑面积11.9万平方米，北京研究生部建筑面积2.6966万平方米。

（二）太原电力专科学校。1958年，太原电力中等技术学校兼办电力专科班，学制4年，当年招收专科生100名。1960年，太原电力学校升格为山西电力专科学校。1961年仍改为中等专业学校。1978年，经山西省文教厅批准，山西省人民政府同意，在山西电力学校开办太原工学院电力专科班，并列入高校招生计划。1981年1月改为太原工学院电力分院，招收本科生，学制4年。1987年，经国家教育委员会批准，定名为太原电力专科学校，学制为大学专科3年。设“3系1部”5个专业，即电力系、动力系、土木系、基础部。5个专业为：发电厂及电力系统、热能动力装置、火电厂建筑工程、电力企业管理、电厂集控运行。

到1990年末，在校学生总数939人，共培养本科毕业生768人，大专生499人。学校占地15.6公顷，校舍建筑面积5万平方米，有教室25个，实验室23个；图书馆楼3884平方米，藏书8万余册，教职工479人，其中，教师155人（教授1人，副教授34人，讲师62人，高级试验师2人，试验师3人）。

（三）北京电力专科学校。1985年7月，以北京电力学校为基础，建立北京电力专科学校，附设中专部。专科班招收高中毕业生，学制3年，设发电厂电力系统和火电厂集中控制运行2个专业；中专部招收初中毕业生，学制4年，设电厂热能动力设备、发电厂及电力系统、电力系统继电保护、电力系统通信、电厂化学、输配电等专业。

1986～1988年，共招收大专生399人，招收全日制中专生480人，在校学生数达1354人。到1990年末，全校拥有固定资产4585万元，其中，教学实验设备646万元。专科学校成立后，加强了实验室建设，在原有中专实验室的基础上，增加到32个，又增设了电工、通信网络、电信测量、载波实验室，能开出225项实验，占应开出实验项目的88.2%。图书馆藏书10万册，报刊杂志861种。全校有教职工545人，其中，干部208人、教师226人、工人111人。具有高级职称的43人，其中教授1人，副教授6人，高级讲师 32 人，高级工程师 4 人。中级职称的 114 人，其中，讲师 79 人，工程师、实验师 35 人。初级职称的 187 人。

二、中专学校

1950～1990 年，华北电业共兴建 6 所正规中等专业学校，即：北京电力学校、保定电力学校、内蒙古电力学校、太原电力学校、石家庄电力学校、内蒙古电力管理学校。同时，各省（市、自治区）电力工业局，在技术学校和电力企业中还普遍地开办了中专班，有些几年之后停办。河北省电力工业局，在 80 年代有 10 多个电厂和供电局兴办电厂和局的职工中专班，到 1990 年仍在继续坚持办学。

（一）北京电力学校。北京电力学校始建于 1950 年，前身是燃料工业部电业管理总局职工学校。设电气和动力专业，学制 3 年。1951 年末在校生 406 人。因师资、校舍不足，学校迁往天津市，与天津市工业学校合并，成为天津市工业学校“一部”。1952 年 6 月，学校迁回北京，改名为“北京电气工业学校”，专业设置分为火电、水电两大类。火电设 7 个专业，即：锅炉装置、汽轮机装置、发电机、输配电、电厂化学、土木、金工专业。水电设混凝土工程、基础工程、测量、施工机械、应用电工等专业。1953 年 5 月，改称“北京电力工业学校”，同年 8 月，水电专业分出，成立水力发电学校。这年暑期第一届 159 名毕业生参加工作。9 月，进行教学改革，学制（除电厂化学外）由 3 年改为 4 年，专业设置调整为锅炉装置、汽轮机装置、电力系统继电保护与自动化、电厂化学等 4 个专业。10 月，校名改称“北京电力学校”。1956 年，被高等教育部列为全国重点中等专业学校，当年在校生 1368 人。1958 年 9 月，以北京电力学校为基础，成立“北京电力学院”，北京电力学校作为学院的中专部。1960 年，北京电力学院迁清河新址，与电力学校分开。1961 年 8 月，北京电力工人技术学校 109 名中专班学生并入北京电力学校。1965 年 3 月，怀柔技工学校的学生 249 人和教师 44 人也并入北京电力学校。“文革”开始后，学校停课，在校生 1141 人陆续分配，教职工参加校内实习工厂和农场劳动。

1972 年春，学校复课。到 1976 年，共培养 2 年制毕业生 579 人。由于受“文革”影响，这些毕业生的理论课和专业课均未学满课时，达不到中专应有的水平。

1978 年起，北京电力学校实行国家统一招生。到 1985 年末，共招收全日制中专生 2186 人，毕业生 1909 人。1980 年 11 月，再次被教育部确定为全国重点中等专业学校。1982 年 1 月，经国家计划委员会同意，在北京电力学校装设 1 台从美国引进的 30 万千瓦模拟培训装置，1988 年 1 月建成，开始为全国大机组电厂培训运行人员，到 1990 年末，先后为山东石横电厂、安徽平圩电厂、广东黄埔电厂及河北沙岭子电厂开办 29 期培训班，共培训学员 645 人。

北京电力学校，从 1950 年 10 月建校到 1985 年 7 月升格为北京电力专科学校，共培养出电力建设人才 1.294 万人。其中，全日制中专毕业生 7106 人，在职中专毕业生 2870 人，校外在职中专毕业生 2964 人。到 1986 年 6 月，北京电力学校有实验室 28 个，能开出实验项目的 82%。图书馆藏书 6.9253 万册，报刊杂志 290 余种。全校有教职工 460 人，其中，教师 151 人，干部 160 人，工人 149 人。教师中有副教授 4 名，讲师 77 名。在校生 596 人，其中，全日制中专生 335 人，在职中专生 261 人。

（二）保定电力学校。保定电力学校创建于1957年7月，隶属北京电业管理局。1961年11月，与保定电力专科学校合并，仍称保定电力学校，受河北省电力工业局和列车电业局双重领导。1962年8月，改为保定电力技工学校，隶属水利电力部，1983年，改属华北电业管理局。1988年恢复保定电力学校，与技校一套班子，两块牌子，1989年起招收中专生。

该校招生对象原为初中毕业生，学制2年，从1986年起，改招高中毕业生，学制3年，毕业生面向华北电网分配。1990年，在校学生1200余人。自1957～1988年，共毕（肄）业动力学院学生347人，中专生1265人，技工3764人。

该校占地约10公顷，建筑总面积4万平方米。建有金工、力学、物理、电工、电子、继电保护、电机、热工等14个实验室，1988年实验室开出率90%以上。图书馆藏书7万余册。全校教职工224人，其中，教师117人中有高级技术职称的4人，中级技术职称的50余人。

（三）内蒙古电力学校。内蒙古电力工业学校成立于1958年，校址在包头市东河区，当年招生340人，其中，中专生140人，技校生200人，从1959年起，只招收中专生。1960年，经自治区人民委员会批准成立内蒙古电力学院，电力工业学校改为学院的中专部，学院规模为8000人。当年在包头市未经考试和审查，招收了一批中专生（绝大部分是从农村流入城市的人员），使在校中专生人数达到1114人。年末经精简，学生总数为839人，分为电、动2个专业。1961年，内蒙古电力学院迁往呼和浩特市与内蒙古水利水电学院合并，成立内蒙古水利电力学院，1962年7月，该学院停办，改为内蒙古水利电力学校（中专），设电、动2个专业，招生对象均为初中毕业生，学制改为4年。“文革”开始后，教学活动全部停止。1972年恢复教学，招收“工农兵学员”，实行开门办学，与学军、学工、学农劳动相结合，到1978年9月，历届“工农兵学员”全部毕业。1977年全国恢复统一考试制度，该校参加自治区中专统考录取新生，初、高中毕业生兼收，学制3年。1981年改招高中毕业生，学制2年半。

1982年，内蒙古水利电力学校改为水利、电力分别办学，成立内蒙古电力学校，学校规模为960人，水利电力部与自治区联合投资，在呼和浩特市新建校园。原内蒙古水利电力学校的电、动2个专业划归到内蒙古电力学校，包括相应的教师和教学设备。1985年9月首次招生，到1990年，中专毕业生1996人。该校有教师255人，其中93.6%的教师具有大专以上学历，37.3%的教师具有10年以上的教学经验；有少数民族教职工30人，其中蒙古族17人。

学校教学设备逐步健全，到1990年末，化学、物理实验室开出率均达100%，计算机室初具规模，有40台微机，配置有线电视传输系统，为开展电化教学创造了条件。动专业实验室开出率25%，电专业实验室开出率50%。为改善学生实习设施，新建厂房1000平方米（原有1500平方米），设钳工、机工、热处理、电焊车间，各类机床10台，固定资产6万元。增设动力设备装配、电气设备检修两车间。图书馆藏书3.4万余册，中外文期刊168种。

（四）太原电力学校。1958年，原华北电管局太原电力技工学校改为太原电力学校。

1961年后10年间，学校两度停办占去了8年。1972年复学后，改名为山西省电力学校，学制2年半。1981年学校升格为太原工学院电力分院，暂行两套学制，其中的中专部于在校生毕业后停办。1984年，山西省电力工业局将山西省电力技工学校改为中等专业学校，定名为太原电力学校。设6个专业，即：发电厂及电力系统、热能动力装置、用电管理、工业与民用建筑、农村供用电、热力过程自动化。到1990年末，在校生1208人，有教职工313人，其中教师148人（高级技术职称的16人，中级技术职称的47人）。

该校占地面积8.8公顷，教学楼7500平方米，教室48个，可容纳2000名学生上课，实验楼5300平方米，实验设备价值153万元。

（五）石家庄电力学校。石家庄电力学校成立于1984年4月。原为河北省电力职工中等专业学校。1986年经水利电力部和河北省教育委员会批准改为石家庄电力学校，隶属河北省电力工业局，与电力职工中专和电力技术学校为一套机构，3块牌子。

建校之初，设热能动力、发变电、热力自动化3个专业。到1990年，增设用电管理、电能计量、热力设备等10个专业，在校学生2513人，教职工307人，其中教师129人(含高级技术职称的12人，中级技术职称的53人)。

该校几经扩建，到1990年，占地总面积达12.4公顷，建筑面积3.43万平方米，固定资产1029万元。各种实验室14个，开出率约70%。图书馆藏书2.5万余册。教师图书资料室藏书万余册。

（六）内蒙古电力管理学校。内蒙古电力管理学校的前身是兴安盟工业学校，校址在兴安盟乌兰浩特市。1989年4月，经内蒙古自治区人民政府批准，将兴安盟工业学校改为内蒙古电力管理学校，隶属内蒙古电管局。设计划统计、工业企业管理、工业企业财务、工业与民用建筑等4个专业。1990年在校学生238人，教职工44人，其中教师20人，少数民族教职工15人，其中蒙古族10人。

三、技工学校

（一）北京电力技工学校。北京电力技工学校始建于1953年，名为“华北电业管理局北京技工学校”，校址在房山区良乡镇。1954年3月，招收变电安装、送电安装专业第一批新生405名，学制1年半，同年秋季招收电气安装专业新生100名，学制1年。1955年8月，第一届505名毕业生走上工作岗位。同年暑假，招收第二届新生450名，分1年制和2年制，增加电气试验专业。1956年8月，招收初中毕业生250名，学制全部改为2年。1957年10月，培养对象转向本系统内部在职技工，以提高中级技工的技术理论水平和初级技工的操作工艺水平为重点，当年底招收初中文化程度的现场工人50名，设变电专业，学制2年。1958年“大跃进”后，学校开设发电厂、电力网及电力系统和电厂热能动力装置4个中专班，学制3年。1959年9月，4个中专班并入北京电力学校。1960年，扩大办学规模，创办热能动力大专班，2个中专班，6个技工班，分设大专、中专、技工3个部，学校挂“北京电力专科学校”和“北京电力工人技术学校”两块牌子。同年9月，电力专科学校停办，1961年8月，中专部停办，大专生和中专生分别转入北京电力学院和北京电力学校。同年12月和1962年5月，通州发电厂技工学校209名学生及30名教师和北京市供电技工学校停办后203名学生，分别转入该校。

1965年5月，北京电力技工学校改名为“北京电力建设技工学校”，实行半工半读，办学规模定为960人，当年有教职工269人。1964年入学的新生，执行过渡性的3年制教学计划，1965年入学的新生，学制改为4年，增设表盘制作专业。“文革”开始后，学校停课，最后两届半工半读学生，于1968和1969年分配工作。1969年3月，该校停办，改为“北京电力建设局修配厂”。北京电力技工学校从创办到1969年停办的16年中，共培养14届毕业生5088人。

1983年2月，北京电力技工学校复校，仍以培养电力中级技术工人为主，兼办电气中专班和各种短训班，办学规模定为680人，实行定向招生、定向培养、定向分配。设电气设备安装与检修、电厂汽轮机设备安装与检修、电厂锅炉设备安装与检修、焊接技术等4个专业。到1990年末，在校生1208人，教职工249人。从建校到1990年末，共培养电力安装技术工人6416人，其中，1983年复校后毕业生1328人。

（二）北京市供电技工学校。北京市供电技工学校于1959年建立。校址在海淀镇南苏州街。设线路安装与检修、变电运行与检修、继电保护等专业，学制除继电保护为3年外，其他专业为2年。学生来源于农村和部分的城市高小及初中毕业生。1962年5月，学校停办，学生全部转到北京电力技工学校。1973年2月，北京市供电技工学校复校，新校址在清河镇安宁庄，设输配电、变电、电缆、用电专业，学制2年半。1975年2月，该校停止招生，8月改招在职生产工人，举办“七·二一”大学班、农村电工培训班及班组长、安全员等各种短训班。1977年12月，该校恢复招生，设变电运行与检修、输配电运行与检修专业，学制2年。1979年改招应届高中毕业生，学制2年。1982年7月，改招应届初中毕业生，学制3年。从1973年复校到1990年末，共招收14届学员2591人，已毕业13届学员2457人。

（三）天津电力技术学校。天津电力技术学校组建于1960年2月，校址在和平区成都道，设发变电、汽机、锅炉、热工仪表等4个专业。1963年停办。1973年6月复校，校址在河东区龙潭路，设发变电、汽机、锅炉3个专业，学制2年。1983年，校址迁至河东区中山门新村二号路，占地面积1.6公顷，建筑面积1.4万平方米。到1990年末，在校生1056人，教职工188人（其中高级技术职称5人，中级技术职称24人）。校内设发变电、汽机、锅炉、热能动力、热工仪表、电厂化学、继电保护、输变电、用电、农村电气化等10个专业，有实验室12个，钳工实习场1个。图书馆藏书2800册，各类期刊100余种。从该校组建到1990年末，共培养毕业生2537人，大部分分配在天津电力系统，有244人由水利电力部统一分配到13个省、市的电力部门。

（四）内蒙古电力技工学校。内蒙古电力技工学校的前身是包头电力技工学校，1960年4月组建，校址在包头第三发电厂厂区，隶属内蒙古电力工业局，由包头第三发电厂代管。设汽机、锅炉、发配电3个专业，当年春季招生，学制2年。1962年学校停办，学生分别转入劳动局技工学校继续学习或到发电厂工作，有的精简回原籍。1963年10月，水利电力部批准恢复包头电力技工学校，在校生规模600人，每年招生200人。校址仍在包头第三发电厂内。1965年3月，技工学校改为半工半读中等专业学校，同年4月，内蒙古电管局决定将包头第三发电厂与电力技工学校合并，按厂校合一的形式进行半工半读试点。“文革”开始，学校停课，1964、1965级在校生共315人，于1968年6月和12月分配工作。1969年学校停办。

1977年4月，内蒙古水利电力学校附设技工班，校址暂在呼和浩特市内蒙古电力第三工程处院内。1978年8月，在此基础上建立内蒙古电力技工学校，隶属内蒙古电业管理局。1985年1月，内蒙古电力技工学校与内蒙古电力学校实行一套机构两块牌子。1989年，两校分开，内蒙古电力技工学校迁往丰镇发电厂，在校生规模480人，教职工120人。

（五）大同电力技工学校。大同电力技工学校于1978年建校，设发电厂及变电站电气运行与检修、发电厂热工仪表及自动化装置、输配电电气运行与检修、电厂热能动力运行与检修等专业。学校占地18.5公顷，建筑面积4万平方米。到1990年末，在校生1780人，有教职工290人，其中教师125人（高级讲师4人，讲师28人，实习指导教师33人）。建校以来，共培养电力技术工人5657人。

（六）临汾电力技工学校。临汾电力技工学校建于1984年7月，其前身是山西省电力职工大学，设电气安装与检修、汽机安装与检修、锅炉安装与检修、电厂建筑、焊接技术、输电工程施工、发电厂及变电站电气运行与检修、输配电电气运行与检修、起重技术等专业。

学校坚持“一从严、二为主、三提高、四结合”的办学原则，即：从严办学；学校工作必须以教师为主，教学必须以技能教学为主；努力提高教学质量，提高文明建设水平，提高教职工的政治、文化、业务素质；坚持教学与生产劳动相结合，校内教学与校外实践相结合，教学与科研相结合，学校教育与家庭社会教育相结合。有自己的校徽、校章、校旗、校歌、校树（桐树）、校花（月季）、校庆日。有监督师生精神风貌的整容镜。对学生管理摸索出一套“关心、爱护、引导、理解”的经验，达到“一日生活制度化，队列操练军事化，宿舍管理旅馆化，环境卫生公园化，课外活动多样化”。制订了提高教学质量的12字方针，即：高质量，多贡献，严管理，好校风。1987年，后勤生活工作被山西省电力工业局命名为“全优单位”，同年，被华北电业管理局和华北电力工委授予生活达标景泰蓝奖杯。日本秩父市友好访华团曾两次到该校参观访问。

临汾电力技工学校占地7.13公顷，建筑面积2.1946万平方米。到1990年末，在校生1307人，有教职工253人，其中教师93人。从建校以来，共培养电力技术工人1459人。

第二节 职工教育

一、专业教育

为适应华北电力事业迅速发展的需要，从50年代中期开始，各省（市、自治区）电业局先后开展了中等专业和高等专业教育，为电网的生产建设培养了大批的业务专门人才。

（一）中等专业教育。华北电力系统开展职工中等专业教育，是50年代从北京、天津和河北省开始的。北京电力学校在开展职工中专教育中，与各地电力企业一道，以联合创办职工中专分校、中专班或进行业务指导等方式，使职工中专教育有了迅速发展。

北京电业　1955～1956年，北京电力学校先后与石景山发电厂、北京供电局、良乡修造厂、北京电力设计分院等单位，建立15所职工中专夜分校，共开办30个班，有1553名职工入学，北京电力学校派专业教师巡回讲课与辅导。1960年后，各夜分校陆续停办。1963年，职工中专教育开始恢复，北京电力学校与北京供电局联合举办了业余中等技术学校，招收学员50人，设发电厂电网及其系统专业，学制5～6年。1966年“文革”开始后，职工中专教育停办。1978年后逐渐恢复，在京各单位办起在职职工中专班，由北京电力学校统一制定教学计划、教学大纲、选用教材、命题考试，负责对各单位教学指导。学制1年半，经考试合格后，发给北京市电力工业局承认的学历证明。1979～1984年，先后开办电气、热动、机修、机械等15个专业，24个专业班级，共培养职工中专毕业生1867人。1984年6月，华北电业管理局批准成立了华北电业职工中等专业学校，以培养具有中专水平的运行值班人员、安装检修人员和管理干部为重点，工科专业学制2年半，文科专业学制2年。招生工作纳入国家教育事业计划，学员一律参加水利电力部和北京市统一组织的入学考试。毕业后发给国家承认的学历证书。北京市电力工业局所属在京单位，从1984～1990年，共开办国家承认学历的职工中专班108个，毕业生3798人。

函授中专教育在北京电力系统开展也比较早。1958年，北京电力学校首先开办发电厂电网及电力系统专业，学制4年。到1961年暑假后，函授班停办前，共招收3届学员107人。1981年9月，北京电力学校受华北电业管理局委托开办了京津唐电网直属单位财会函授班，学制2年半，1500个学时，经考试5门课程全部合格，由北京电力学校和华北电业管理局财务处联合发给毕业证书，在转干、提干、评定技术职称时，视为中专学历。共招收284名学员，有218人取得毕业证书。1985年5月，成立华北电业管理局电视函授中专学校，设财务会计、物资管理、用电管理、劳动工资、计划统计等专业，各专业总学时为3000学时，课程一般为13门，经考试取得规定学分后，发给国家承认的函授中专学历证明。到1990年，北京电力系统函授中专毕业生达4189人。

河北省电业　1955年，峰峰发电厂与北京电力学校联合开办北京电力学校峰峰发电厂业余分校，定为职工中专，38人入学，1960年停办。1956年9月，峰峰发电厂与郑州电力学校联合开办郑州电力学校峰峰发电厂业余分校，42人入学，原定5年完成1890课时的教学计划，达到中专水平，后因1958年学员调动，仅剩23人，遂与北京电力学校峰峰电厂业余分校合并，后又与职工业余学校合并为1个中专班，1960年停办。1978年9月，唐山发电厂开办业余职工中专班，到1979年有学员219人，中专预备班17人，1981年9月停办。1983年12月，经北京电力学校统一考试，81人获单科结业证书。从1981年起，河北省电力系统部分单位，受华北电业管理局委托，举办脱产职工中专班，设发电厂电力系统、热能动力、电气等专业，学制2年，华北电力系统承认学历。1986年，河北省电力职工中等专业学校成立后，河北省电力工业局所属单位举办的中专班作为该校的校外班，学制改为3年。在“七五”计划期间，共招收学员1049人，毕业120人。1987年3月，河北省电力系统有691名职工报读华北电业管理局函授中专学校，主要是基建、劳资、物资管理3个专业，学制2年。基层企业设有11个函授辅导站。

天津电业　1956年7月，组建了天津中等技术夜校，北京电力学校负责教学业务指导，学员经考试合格后升入中专，1958年9月，学校升格为天津电业业余大学。1960年2月，组建天津中等技术专业学校，只招收1届学员100人，设汽机、继电保护专业，1963年毕业后学校停办。进入80年代后，北京电力学校职工教育科，承办了华北电业管理局系统职工中等专业技术学校，开设了各类中专班。设电力网、热动、电气、机炉检修、线路、机械、会计、统计等13个专业，共培养毕业生650人。1989～1990年，劳动、物资、基建3个中专班54人毕业，农电专业函授11人毕业。天津电力局共287人取得岗位专业证书。

山西省电业　1981年，大同第一热电厂、太原第二热电厂开办了职工中专班，学籍由北京电力学校管理，学制1年半，招收学员153名，设汽机、锅炉、电气、热工、机械等5个专业，145人获得北京电力学校颁发的职工中专毕业证书，合格率95%。1982年，永济热电厂、雁同电力公司、晋东南电力公司、太原供电局、神头发电厂等单位，先后办起职工中专班，招收学员220名。1983年，山西省电力技工学校、大同电力技工学校、山西省电力职工大学、山西电力学校共开办6个职工中专班，招收学员222人（其中省外学员74人）。山西省电建工程局、太原第一热电厂、忻州地区电业局也开办职工中专班，招收学员640人。1984年4月，太原电力学校、大同和忻州电力职工中专学校办起5个农电职工中专班，招收县电业局学员192人。7月，经部批准，成立山西省电力职工中专学校，校址设在太原电力学校内，分校设在太原第一热电厂、忻州地区电业局、晋东南电力公司。同年，经山西省人民政府批准，成立大同电力职工中专学校。1985年，经部批准，成立山西电建职工中专学校。1981～1990年，职工中专共招生2309人，毕业1474人。

内蒙古自治区电业　从1981年开始，乌拉山发电厂、包头第一热电厂、包头第二热电厂、呼和浩特发电厂、乌兰察布电业局、包头供电局、呼和浩特供电局、送变电工程公司先后开办职工中专班，受北京电力学校业务指导，共有学员281人。后因办学条件所限，部分单位中途停办。到1983年，毕业181人。1984年，按内蒙古教育厅规定，139人参加学历资格考试，134人取得毕业证书。华北电业职工中专学校成立后，内蒙古电业管理局安排在内蒙古电力学校、乌兰察布电业局、呼和浩特发电厂、内蒙古电建二公司办校外班，设农电和热动各2个班，变电站运行1个班，共招生240人。1987年，内蒙古电业管理局组织所属单位562人参加华北电业职工中专学校的报考，录取240人。1986～1988年，共录取中专函授学员332人（主要是基建、物资、劳资、财务、农电等管理专业）。

（二）高等专业教育。1958年9月，天津电力系统首先成立了天津电业业余大学。70年代中期，许多电力企业开办了“七·二一”工人大学（根据毛泽东主席1968年7月21日关于走上海机床厂的道路，从工人中选拔培养工程技术人员的指示而得名）。从1979年开始，各省（市、自治区）电业部门普遍开办了电视大学、函授大学学习班。1986年，华北电业管理局在各地电力职工大学的基础上，开办了华北电业联合职工大学。

“七·二一”工人大学　华北电业从1975～1983年，先后办起十几所“七·二一”工人大学，北京电力系统有北京电力建设公司、北京供电局、北京发电设备修造厂、北京送变电公司、北京热电厂、石景山发电厂办起6所“七·二一”工人大学，到1983年，共培养

369名毕业学员。河北有邢台发电厂、唐山发电厂、峰峰发电厂、微水发电厂、石家庄热电厂、下花园发电厂等单位，也办起“七·二一”工人大学。山西有永济发电厂、541电厂、中条山电厂、闻喜电厂、运城电厂等5个单位，在永济发电厂联合举办“七·二一”工人大学，招收学员22名，于1981年毕业。学员入学是由职工群众推荐，企业中共党组织批准。教材由工人大学“三结合”（专职教师、工程技术人员和老工人结合）教师队伍自编。设热动、发电、电力系统、变电、送电、线路、机械加工、起重、仪表自动化等专业。由于缺乏系统的理论教材，教学水平不高，毕业生与正规大学相比有很大差距。到80年代初陆续停办。

电视大学　北京电业管理局于1979年1月建立电视大学工作站，组织北京电业各单位在职职工报考广播电视大学，经入学考试，录取学员134名。设机械、电力类专业。对少数不具备办学条件的单位，采取以一个单位为主，几个单位联合办学的方式，将6个教学班分散在石景山发电总厂、北京供电局、北京发电设备修造厂、北京电力科学研究所、北京送变电公司、北京电力设计院。为充分利用北京电力学校的师资力量和办学经验，1980年9月，将北京电力设计院、北京送变电公司、北京电力科学研究所的68名学员集中到北京电力学校学习。1985年初，北京市电力工业局成立电力电视大学筹备处。1987年5月，电力电视大学筹备处与华北电业联合职工大学合并，成立华北电业联合职工大学第四分校，即北京广播电视大学电力分校。1979～1990年末，北京电力系统共培养电视大学毕业生1784名。

河北省电力工业局根据1979年少数职工报读中央电视大学外语专业的情况，当年举办了电视大学校外班，省局统一招生，基础课由中央电视大学统一出题判卷，专业课由河北省电力局根据需要向河北省电视大学报送计划、课程安排、出题阅卷，由省电视大学负责。招生对象，以省电力系统职工为主，一般为全脱产，学制3年。后因工学矛盾突出，学生来源不足，从1985年开始招收待业青年，毕业后分配到电力系统工作。职工电大生改为半脱产或业余授课。1979～1988年，共招生2332名，毕业1763名。1989年1月，省局决定在河北电力职工大学内设立河北省电视大学电力分校。

内蒙古电业管理局及所属部分企业，于1979年秋，开办了电视大学业余单科生班和脱产全科生班（电子专业）。1980年，部分学员被淘汰，全科生集中到内蒙古电管局全科生班，学员共18人。单科学员改为自由收看生。1982年秋，全科生班全部毕业，从中选送5名平均85分以上的学员，在华北电力学院电大毕业生进修班学习1年。1980年，内蒙古电管局在呼和浩特地区招收电视大学电子专业80人，其中，在职职工50人，应届高中毕业生30人。到1983年，职工班学员毕业31人，知识青年班毕业24人。从职工毕业生中选送17人去华北电力学院进修，知识青年毕业生在内蒙古电力系统分配工作。从1983年起，内蒙古电管局呼和浩特电大工作站，又陆续开办工业企业管理、工业与民用建筑等专业，到1987年，共录取电大班学员244人。

华北电业联合职工大学　1986年9月，在华北电业管理局干部学校和局党校的基础上，建立华北电业联合职工大学，总校设在北京，下设山西、天津、河北、北京（即北京电大电力分校）4个分校。实行总校和分校联合办学体制，统一规划，分层领导，分校相对独立的管理方法。面向华北电网招生，培养大专以上学历的工程技术人员和企业管理人员。同时，承担局（厂）长、总工程师、总经济师、总会计师和党委书记的培训任务。1990年，总校有教职工107名（其中高级技术职称8名，中级技术职称22名，初级技术职称63名）。在校学生665名。设思想政治教育、电力企业管理、发电厂及电力系统、用电管理、电厂热能动力、劳资管理等专业，学制3年。从总校建立到1990年底，共举办各种类型的短训班82期，培训各类人员4478人。

山西省电力职工大学，即华北电业联合职工大学第一分校，于1982年4月，在“七·二一”工人大学的基础上建校，设发电厂及电力系统、火电厂热能动力专业，招生对象为具有一定工龄的35岁以下的电力系统职工。1984年4月，山西省电力职工大学由临汾迁到太原，利用太原工学院电力分院的师资、设备，相对独立办学。1987年7月，山西电力职工大学与山西电力干部学校合并，设发电厂及电力系统、火电厂热能动力、电视大学财务会计与集控运行等专业，还有函授班，共16个班，学员514名。山西电力职工大学参加山西省、水利电力部组织的职工大学数学、电力基础等统考，都名列榜首，有5名考取了研究生。

天津电力职工大学，即华北电业联合职工大学第二分校。天津电力职工大学的前身是天津电业业余大学，于1958年9月建校，设发电厂电力网、热能动力装置2个专业，学制为全业余5年。因办学成绩显著，1960年被评为全国文教卫生系统先进单位。“文革”期间停办。1978年11月恢复办学，1979年2月，业余大学附设天津电视大学电力局电大班。1983年增设工业会计和企业管理专业。1984年9月，业余大学、电大班、党校、供电公司职工学校合并，建立天津市电力工业局干部学校，1988年6月，干部学校更名为天津电力职工大学，附设电力职工中等专业学校。职工业余大学、电大班自开办到1990年末，共培养毕业生506人，其中，业余大学毕业生226人，电大毕业生280人。“文革”前职工业大肄业生176人。

河北省电力职工大学，即华北电业联合职工大学第三分校。该校于1986年9月成立，设电厂热能动力装置，继电保护及电力系统自动化，发电厂及变电站、输变电工程、用电管理等5个专业，学制3年。1987年开始在全国成人高考及普通高考中录取新生。1990年，在校各类学生总数1416人。教职员工200人。该校开设多种专业的专业证书岗位培训及其他各种短期培训班。学历教育的招生对象，以华北电力系统为主，学员毕业后回原单位工作。由普通高考录取的电大生，实行定向培养，定向招收录取。其他培训，以河北电力系统为主，也为其他省（区）电力系统代培学员。

二、岗位培训

新中国建立后，华北电业职工岗位培训，大体经历四个阶段：从新中国建立初期到1956年，遵照政务院1950年6月发布的《关于开展职工业余教育的指示》精神，以扫除文盲为重点，各地电力部门办起职工夜校，开办小学班、初中班。对职工的技术教育，工人按岗位或工种学规程，进行技术练兵比武；干部学习业务，学习前苏联管理经验。1956～1966年，继续提高办学档次，开办了高中班及业余中专、夜大学、函授大学等专业班。1966～1976年，由于“文革”的影响，岗位培训工作基本停止。中共十一届三中全会后，岗位培训同各项工作一样，又逐步开展起来，内容更系统，更科学，要求更高，使岗位培训工作走上科学发展的轨道。

（一）领导干部培训。局（厂）级领导干部的培训，以提高领导水平和工作能力为重点。对从专业干部提为行政领导干部的人员，以学习企业管理理论，提高领导水平、领导艺术、领导能力为重点；对不掌握专业知识的行政领导干部，除进行领导艺术、管理方法的培训外，主要是进行专业理论的培训。1957～1964年，各省（市、自治区）电力部门都选送部分干部去有关大学动力系、经济系特别班，财务会计专修班等进行继续教育。同时，组织干部学习党的路线、方针、政策和电力企业管理知识等。进入80年代，为适应四个现代化的要求，组织大中型企业领导干部进行国家统考培训，分批参加全国统考，华北电业参加全国统考的局、厂长共701名，合格率100%。在“七五”计划期间，各地区对县（旗）电力局（供电局、农电局）领导干部分期分批地进行轮训，参加华北电业管理局组织的统一考试。还选送部分局、厂长、总工程（经济、会计）师、党委书记去外省（区）进行有关专业培训。

（二）专业干部培训。从50年代中期开始，加强了对专业干部的培训。华北电业各电力企业相继组织了财务、劳资、物资、计划统计等各种专业训练班、学习班。“文革”期间被迫停办，粉碎“四人帮”后又逐步得到恢复和加强。各地区电力企业陆续开办了现代化管理研讨班，电子计算机培训班。对广大专业干部，普及了现代化管理知识，提高了现代化管理水平。同时，根据国家经济委员会、国家教育委员会《关于科技干部继续教育的暂行规定》的精神，举办了新技术革命知识专题班、电网新技术学习班、工程经济分析研讨班等。此外，还多次选派工程技术人员出国考察，分赴美国、日本、法国、前联邦德国、加拿大、意大利等国学习先进技术和管理经验。

（三）工人技术培训。工人技术培训，主要是通过现场培训、签订师徒合同、岗位技术练兵等形式，提高工人的技术素质。

现场培训以反事故演习、现场考问讲解、技术问答栏、技术讲座等为主。1951年，天津电力系统，推行东北电力工业科学安全运行法的经验，普遍开展了现场培训，进行反事故演习，逐步形成制度，每年还有针对性地举办短期培训班，进行一事一训。1955年，燃料工业部颁发《电业生产人员培训制度》，华北各电业部门，对各类人员提出具体培训要求，对新工人主要是进行政治思想教育和传统教育，进行规章制度、发供电生产过程及专业技术培训，经考试合格后方可分配到班组；对运行人员主要是开展技术问答，反事故演习，背画系统图，技术讲座等；对检修人员主要是要求掌握检修质量标准、新工艺信息及工艺规程等；对大中专毕业生，要求跟班实习，学习安全知识，专业规程，熟悉设备及系统布置、运行操作及事故处理。

随着电力工业的发展，新机组迅速增多，单机容量增大，自动化程度提高，新工人大量上岗，岗位技术培训多采取现场实习与重点讲解相结合，同时开办单元集中控制、钳工、焊工等专项培训班。

师徒合同制是技术培训的另一种形式。新中国建立前，一些老电厂的传统作法是“师傅带徒弟”。1950年，唐山发电厂曾创“师徒合同制”，师傅与徒弟签定合同，包教包学包会。在华北电业普遍推行。1958年，水利电力部颁发了《电力企、事业单位学徒期限和学徒技术标准》，延长了学徒期限，严格了徒工培训标准，提高了培训质量。

1964年，在开展“工业学大庆”、“学习解放军”的活动中，普遍开展了以“三熟三能”为基本内容的岗位技术练兵比武活动。这是技术培训的又一种形式。要求发电厂运行人员熟悉设备构造、性能，熟悉有关系统设备与布置，熟悉运行操作和事故处理办法；能分析判断仪表活动和异常情况，能看设备系统图纸，能处理一般设备缺陷。要求检修人员熟悉设备工艺和质量标准，熟悉钳工基本工艺，熟悉设备构造、性能和系统布置；能了解常用材料的规格、性能和使用范围，能看设备构造图，能掌握本专业范围内安全知识与设备缺陷。

“文革”期间，岗位技术培训基本停滞。1978年，通过企业整顿，岗位技术培训逐步恢复。1981年，中共中央、国务院发出《关于加强职工教育工作的决定》，1982年，全国职工教育委员会、教育部、劳动人事部、中华全国总工会、共青团中央联合下达《关于1968～1980年入厂青壮年职工文化技术补课工作的意见》（简称“双补”），华北电业各企事业单位，普遍开展了“双补”工作。到1985年末，文化补课合格率平均为91.9%，技术补课合格率平均为96.1%。1985年以后，华北电业管理局对工人岗位培训工作进行了改革，将以学历教育为主转为岗位培训为主，试行技术等级认定为主的培训，并使达到的技术等级与工资挂钩。逐步向培训后上岗，培训、使用相结合的方向发展，促使职工整体技术、政治和业务素质全面提高，以适应电力改革与发展的需要。

第八篇　修造与多种经营

华北电业的修造业始于 1922 年，当时为配合石景山发电分厂的设备安装，设置了石景山修配场。1942 年，唐山、下花园发电所相继设立了修配班组，进行零星配件加工。

新中国建立后，随着电力建设的发展和发、供电设备的不断更新，修造业得到迅速发展。1953 年 1 月，组建了华北电业最大的修造企业——良乡修造厂，下设 4 个分场。1957 年 2 月，保定电力修造厂投产。1958 年，内蒙古包头第三发电厂改建为以修造为主、发电为辅的修造基地。1970 年，山西省电业局为提高电力生产备品配件和电力建设非标准设备的自给能力，先后组建了修配、水泥杆、修造、保温材料和电力开关等工厂。1971 年，北京电业管理局组建了北京电力器材二厂（后更名为北京电力自动化设备厂），河北邯郸电业局组建了修配厂（后更名为邯郸电力修造厂）。

1970 年后，华北电业的修造企业经过更新改造，逐步成为全国或本地区电力系统的综合性、专业性修造基地。到 1990 年，北京电力设备总厂已发展成拥有生产设备 1411 台（其中大型和精密设备 120 台），具有从冶炼、毛坯浇铸、热处理到整机制造的生产能力，并能为 20 万、30 万千瓦机组提供 12 种辅机配套产品，成为全国机械行业重点骨干企业之一。北京电力自动化设备厂先后为华北电力系统的生产、建设提供了 7 个系列、53 个品种、121 种型号的自动化设备，成为研制开发、生产制造、经营销售电力自动化设备的专业定点厂。冀南电网的修造企业已发展到 30 家，拥有各类机械设备 1936 台，其中大型、精密设备 67 台。山西电网已组建成电力设备厂、电力开关厂、电力制杆厂、电建修造厂、电建机械厂、电建保温材料厂等 6 家企业，主要产品形成五大类（电站辅机、电力电器、水泥制品、保温材料、电站备品）、七个系列（环式碎煤机、捞渣机、高压多油断路器、电除尘器、混凝土电杆及预应力混凝土大口径管、微孔硅酸钙膨胀珍珠岩、磨煤机配件及配制品系列）。包头电力修造厂已形成年产铸钢件 250 吨、铸铁件 150 吨、结构件 200 吨、锻件 50 吨、切削加工件 150 吨、锻制钢球 300 吨的生产能力。

华北电业的多种经营起步于 1958 年“大跃进”时期的职工家属生产服务组织。当年，山西大同平旺发电厂组建了以劳动服务为主要内容的家属生产服务社。之后，在华北许多电力企业内也先后兴办了家属队等劳动集体组织，从事生产辅助和生活服务工作。“文革”中期，华北各地电力企业中又纷纷组建“五七工厂”和“五七服务社”，从事种田、养猪、缝洗、理发、托幼、制砖、五金机具加工等多项生产服务和劳动服务，其规模为十几人、几十人到数百人，在经济上自筹资金、自给自足。

中共十一届三中全会后，国家为解决待业青年就业问题，提出了努力办好城镇集体所有制经济，将待业青年组织起来，在集体单位就业的方针。水利电力部也提出了“一业为主，多种经营”和搞好两个安置（安置待业子女和全民企业富余人员）、三个服务（为生产服务，为职工生活服务，为社会服务）的要求。从此，华北电业多种经营企业得到蓬勃发展。到1990年底，华北电业管理局多种经营企业的数量、生产规模、固定资产拥有量、产品、产值、利润都有了较大幅度的增长，其中天津电力局多种经营企业由1981年的5家增长为77家，内蒙古电力局由16家发展到68家，北京、河北、山西电力局也分别达到28家、60家和56家。

第一章 修 造

新中国建立前，为保证发电厂的正常生产，发电设备的修配任务由发电厂设置的修配班组来完成。新中国建立后，随着电力事业的发展，开始组建修造企业，由零星配件的加工扩大到备品配件的生产，并逐步制造主设备和施工机械，形成了一定的生产能力。

第一节 生 产

一、设备抢修

50～60年代，京津唐电网的良乡修造厂承担了全国各地发电设备的修复和检修任务，在此期间共修复、检修锅炉23台、428吨/时；汽轮机62台，19.08万千瓦；发电机70台，28.31万千瓦；励磁机10台，214千瓦；电动机450台，7.0427万千瓦；水泵机291台。

70年代，随着发电单机容量的逐渐增大和各地修造力量的发展，北京发电设备修造厂（良乡修造厂）主要以优质、高速为华北电网抢修发电设备，保证电网安全稳定运行为工作重点。1975年，该厂在抢修高井电站2号汽轮机过程中，从三段叶片的拆除、测绘到加工更换，仅用了13天11小时，在抢修速度与水平上创造了建厂以来的新记录。

从70年代起到1990年，北京电力设备总厂（发电设备修造厂）共抢修汽轮机206台，总容量1163.31万千瓦，其中10万千瓦以上汽轮机44台，总容量708.5万千瓦。

二、制造备品配件

50年代，华北电业只有良乡修造厂为修复残旧发电设备配制一些汽轮机叶片和隔板。从60年代起，华北各省（市、自治区）电力局相继组建了电力修造企业，为本地区电力生产提供部分备品配件。但有些主要备品配件，尤其是技术较为复杂的配件仍然依靠北京修造厂加工和研制。60年代，北京修造厂生产了2000毫米以下的汽轮机铸铁隔板和辐流式汽轮机轴封，并以大型精密铸造工艺试制出合格的高温高压汽轮机喷嘴，为电力生产解决了保证设备健康水平的关键问题。

70年代后，北京发电设备修造厂研制的主要备品配件有：重庆电厂和青山电厂委托生产的全长765毫米的汽轮机叶片；EM－70型中速磨煤机钢球及磨环；陡河电站8.5E型中速磨煤机用的空心大钢球及851汽轮机叶片。

到1990年末，北京电力设备总厂共生产备品配件3万吨，其中汽轮机叶片460万标准片；冀南电网各修造企业共生产电站备件1.1061万吨、送变电备件2.1271万吨；山西电网各修造企业共生产电站备件4863吨，开关备件670余吨。

三、新产品开发

从60年代起，华北的电力修造企业除生产备品配件外，开始致力于新产品开发研制工作。60年代，北京电力修造企业开发生产了6000千瓦汽轮发电机组、3.15万千伏安电力变压器、6万千伏安三相调压变压器、单项给煤机、阻波器、滤波器等产品。70年代，北京电力修造企业相继研制了5万千瓦高温高压汽轮机、全连式封闭母线、晶体管继电保护装置等产品；冀南电网的电力修造企业开发生产了2万千伏安以下22种规格的电力变压器；山西电网的电力修造企业开发生产了环式碎煤机、微孔硅酸钙及其制品、新型断路器等产品；内蒙古电业管理局所属电力修造企业开发生产了1500千瓦汽轮机。80年代以后，华北电力修造企业着重研制为电力基本建设配套的产品。北京电力修造企业为大型发电机组配套，先后研制了仿苏DG380/200型定速给水泵、ZQM－261（8.5E）型中速磨煤机、DTM350/600型滚筒磨煤机和3种型号的电动（汽动）调速给水泵；为电网自动化控制配套，研制了7个系列的自动化设备。冀南电网的电力修造企业研制了胶球清洗装置和制氢装置。山西电网的电力修造企业开发生产了大口径混凝土管、高压静电除尘器、刮板式和螺旋式捞渣机等产品。内蒙古电业管理局所属电力修造企业研制了多级节流调整阀。这些新产品的研制、开发成功，不仅解决了电力生产建设的需要，有些还填补了国内机电产品的空白，成为华北电业的创汇产品。各电力修造企业开发的主要新产品见表8－1－1。

1952～1990年电力修造企业主要新产品开发统计表

表8－1－1

序号	新产品名称	开发年度	开发单位
1	水泥电杆	1952	良乡水泥杆厂
2	2000千瓦汽轮发电机组	1958	北京修造厂
3	6000千瓦汽轮发电机组	1960	北京修造厂
4	3.15万千伏安电力变压器	1960	北京修造厂
5	6万千伏安三相调压变压器	1960	北京修造厂
6	KII－4型单项给煤机	1961	北京修造厂
7	阻波器	1962	北京修造厂
8	LI型结合滤波器	1963	北京修造厂
9	防雷电抗器	1966	北京修造厂
10	1500千瓦汽轮机	1971	包头电力修造厂
11	5万千瓦高温高压汽轮机	1972	北京发电设备修造厂
12	发电厂厂用电系统晶体管继电保护装置	1974	北京电力器材二厂
13	全氟利昂自循环蒸发冷却式1200千伏安汽轮发电机	1975	北京发电设备修造厂
14	变电站晶体管继电保护及集控装置（“四合一”）	1976	北京电力器材二厂
15	同步电动机失步保护装置	1977	北京电力器材二厂
16	全连式封闭母线	1978	北京发电设备修造厂
17	环式碎煤机	1978	山西电力设备厂
18	微孔硅酸钙	1977	山西电力制杆厂
19	DW1－35GD型断路器	1977	山西电力开关厂
20	胶球清洗装置	1980	邯郸电力修造厂

续表

序号	新产品名称	开发年度	开发单位
21	ZQM216 型中速磨煤机	1980	北京发电设备修造厂
22	LQM－1 中间变流器	1980	山西电力开关厂
23	DG380/200 型定速给水泵	1981	北京发电设备修造厂
24	工频（音频）脉冲电力负荷管理装置	1981	北京电力自动化设备厂
25	红外热电视成套装置	1981	北京电力自动化设备厂
26	DTM－350/600 型滚筒磨煤机	1982	北京发电设备修造厂
27	DG750/180 型电动液力调速给水泵	1982	北京发电设备修造厂
28	零序音频脉冲电力负荷管理控制装置	1983	北京电力自动化设备厂
29	U－200 和 V－125 压型钢板	1984	山西电建修造厂
30	2500－10 型大型阻波器	1984	北京电力设备总厂
31	JL5 型结合滤波器	1984	北京电力设备总厂
32	大型变电站集成电路型编码集中选控装置	1984	北京电力自动化设备厂
33	多级节流调整阀	1985	包头电力修造厂
34	微机型高压输电线路成套保护装置	1987	北京电力自动化设备厂
35	集成电路电气化铁道 AT 供电系统故障点探测装置	1987	北京电力自动化设备厂
36	DG560/240 型汽动给水泵	1987	北京电力设备总厂
37	800～2600 毫米混凝土管	1987	山西电力制杆厂
38	刮板式捞渣机	1988	山西电力设备厂
39	MPS－190 中速磨煤机	1988	北京电力设备总厂
40	ZGM－95 型磨煤机	1989	北京电力设备总厂
41	空芯电抗器	1989	北京电力设备总厂
42	WXB－11 型微型机高压线路成套继电保护装置	1990	北京电力自动化设备厂
43	WZB－1 型微型机频率保护装置	1990	北京电力自动化设备厂
44	高压静电除尘器	1990	山西电建修造厂
45	螺旋式捞渣机	1990	山西电力设备厂
46	制氢装置	1990	邯郸电力修造厂

四、技术进步

1958 年 7 月，北京修造厂研制成功的 2000 千瓦汽轮发电机组全油压式调速器，接近当时国际先进水平。1974 年，北京电力器材二厂与北京电力设计院、石景山发电厂合作，研制成功在国内第一个 20 万千瓦机组厂用电系统全部采用晶体管保护装置。山西电力开关厂于 1974～1977 年间，对 DW1－35G 断路器改型为 DW3－35 型和 DW1－35CD 型，优化了产品性能。1975 年，北京发电设备修造厂与中国科学院电工研究所合作，研制成功中国第一台具有国际领先地位的全氟利昂自循环蒸发冷却式 1200 千伏安汽轮发电机，这项成果获 1978 年全国科学大会奖和中国科学院重大科研成果奖。

1976年，北京电力器材二厂按照水利电力部下达的重点科研任务，研制成功集控制、测量、信号、保护四种功能为一体的JCXB－1型变电站晶体管继电保护及集控装置的新型成套设备（简称“四合一”装置）。该装置获1978年全国科技成果奖，1983年9月获中华人民共和国国家质量银质奖章及奖状，是华北电力修造企业获得的第一个国家银质奖产品。该厂研制的KGSP型可控硅中频电源装置，1987年获全国科学大会科技成果奖。

1978年，北京发电设备修造厂与北京电力设计院合作，试制成功第一套20万千瓦机组的全连式封闭母线。1986年7月，产品通过部级鉴定，标准达到国际80年代初先进水平。1987年该产品获北京市优质产品奖。同年，山西电力设备厂研制成功HCSQ－300型环式碎煤机。1988年该厂又为填补50万千瓦机组配套碎煤机空白，研制成功被列为国家“七五”计划重点科研项目的HCSQ12型1200吨/时超重型环式碎煤机，使环式碎煤机形成轻型、重型、超重型3个系列、13种规格的系列产品。

1980年，邯郸电力修造厂开发研制的汽轮机凝汽器胶球清洗装置被评为省、部级优质产品，被全国20多个省（市、区）近百座大中型发电厂采用。同年，山西省电力开关厂为山西省第一条500千伏超高压输变电工程设计、研制的用于母线差动保护的LQM－1型中间变流器，获山西省电力局科技进步二等奖。

1982年，北京发电设备修造厂研制成功的4台DTM350/600型滚筒磨煤机，经唐山陡河电站进行空载、装球、投煤三项试验，达到三个一次启动成功，1983年12月安装在陡河电站5号机组正式投产运行。这一产品获1986年华北电业管理局科技成果三等奖，1987年获水利电力部优质产品奖。同年，该厂又研制成功DG750/180型电动液力调速给水泵组，填补了国内大型发电机组辅机生产的一项空白，结束了调速给水泵长期以来依赖进口的局面。该泵组获1987年国家科技进步三等奖。

1984年，北京电力设备总厂为填补国内机电产品空白，研制成功并用于500千伏超高压线路上的2500－10型大型阻波器。同年，该厂与北京邮电学院合作研制的JL5型结合滤波器，获1987年北京市优质产品称号。

1986年5月，北京电力设备总厂引进加拿大PE公司生产的阻波器技术和设备，生产出大型阻波器，经国外专家鉴定，所有项目都达到设计规定值，符合国际电工委员会IEC－353标准。

包头电力修造厂与包头第一发电厂合作，于1987年研制成功T96△D－200CP/J多级（四级）节流调整阀，解决了锅炉减温水和连续排污调节阀性能差、泄漏大、自动投入率低的问题。该产品在全国推广应用。

1990年，北京电力自动化设备厂研制开发了WXB－11型微型机高压线路继电保护装置和WZB－1型微型机频率保护装置。以上两项保护装置各项性能均处于国际领先地位。

五、产品质量管理

为保证产品质量，华北电力修造企业自建厂起，均设立了技术、质量管理部门，并从1979年起，相继推行了全面质量管理，制定了产品质量检验、产品工序交接管理、外购外协件检验、仪器仪表管理、计量器具周期检定等质量管理制度。在实施中，北京电力设备总厂实行了质量否决权；北京电力自动化设备厂实行了产品质量跟踪卡；包头电力修造厂采取了对各道工序的跟踪检验等措施。

随着生产力的发展，华北电力修造企业对产品的技术、质量管理，逐步形成集科研与管理为一体的综合管理体系。1984年，北京电力设备总厂成立了技术开发部，下设汽轮机、发电机、液压机械、燃煤机械、封闭母线、焊接、情报、计算机等8个室，负责新产品、新技术的总体开发和质量鉴定。1986年，将技术开发部更名为电力设备研究所。到1990年末，北京电力设备总厂有技术（通用）标准26项，试验大纲7项。北京电力自动化设备厂，1987年成立设计研究所，下设自动化一室（以集控装置为主）、自动化二室（以微机装置为主）、继电保护室、结构组、计算机及试验室、资料室、技术管理组及试制组等部门，负责产品的开发、研制和质量管理。到1990年末，该厂实施的产品技术标准及产品调试规程（大纲）有45种。

在检验手段上，华北电力修造企业均配置了必要的计量、测试设备。其中主要设备有：可进行封闭母线大电流（6万安培）温升试验和大型阻波器温升试验的大型电气试验站；面积150平方米具有恒温、恒湿、防尘、防震性能，装有精密测量设备的精密测量室；可进行5000、8000千瓦汽动给水泵组全负荷出力试验的试车装置；面积300平方米可防γ射线辐射，装有γ射线、X射线、超声波探伤、磁力探伤等设备的无损探伤试验室；全套由加拿大引进的大型阻波器现场试验室等。具有国际先进水平的检测设备有：探伤深度可达250毫米的前联邦德国TK100钴60γ射线探伤仪、蔡斯万能工具显微镜，英国泰勒索夫5型轮廓仪，意大利塞克罗普1型投影仪，瑞士SP－130型测齿机和ES－40型周节自动测量仪以及721型高压双线脉冲示波器和3米测长机等。

第二节 经 营

一、方式

华北电力修造企业在1979年以前主要为电力生产、建设服务，属生产型企业。产、供、销执行计划经济体制的经营方式，生产计划由上级下达，主要原材料由上级分配，产品由上级包销，利润上缴主管部门，亏损由主管部门补贴，企业的任务就是生产。

1979年后，随着国家经济体制改革的不断深化和国务院《关于扩大国营企业经营管理自主权的若干规定》的贯彻实施，修造企业为充分发挥其生产能力，提高自身经济效益和社会效益，在坚持为电力生产、建设服务的前提下，着眼于开发新型产品，开拓产、供、销渠道。企业的经营方式由纯生产型转变为生产经营型，使企业的经营状况转亏为盈。

二、经济责任制

1982年，华北电业管理局对直属修造企业实行奖励基金按全额利润留成办法。1985年改为内部利改税。山西省电力工业局对所属修造企业实行了工资总额包干办法。内蒙古自治区电业管理局对所属修造企业实行了亏损补贴包干，超亏不补，减亏四六分成，如扭亏为盈，倒四六分成（企业留60%）。

从1985年起，华北电力修造企业普遍实行了以承包为内容的各级经济责任制。1987

年，北京电力设备总厂与各分厂和生产技术、经营管理科室签订了阶段任期目标承包合同书。山西电建修造厂对应聘干部实行了抵押承包办法。

三、资金

华北电力修造企业到1990年末有固定资金原值2.3495亿元，净值1.436亿元；占用流动资金1.3195亿元；流动资金周转天数为279天。各企业占用资金情况见表8-1-2。

1990年华北电力修造企业资金占用情况

表8-1-2

企业名称	固定资金（万元）		流动资金（万元）						定额流动资金全年平均余额（万元）	定额流动资金周转天数（天）
	原值	净值	合计	储备资金	生产资金	成品资金	超储积压资金	待处理资金损失		
总计	23494.9	14360.2	13195.3	5213	4541.7	3312.5	20.5	107.6	13624.9	279
北京电力设备总厂	13577.8	7194	7439.3	3365.3	2349.6	1698.7	20.4	5.3	7889.9	254
北京电力自动化设备厂	935.9	611	715.8	165.4	351.4	199	—	—	657	617
邯郸电力修造厂	1705.3	1115.8	891.6	415.9	268.2	207.4	0.1	—	823.6	210
山西电力设备厂	2414.3	2058.8	1052.6	345.1	317.7	287.5	—	102.3	1039.8	363
山西电力开关厂	1484.6	1163.2	1233.2	220.2	449.2	563.8	—	—	1099.1	1272
山西电建修造厂	1234.2	955.4	696.7	381.1	284.5	31.1	—	—	1000.1	236
山西电力制杆厂	774.6	479	480.7	192	8.9	279.8	—	—	533.4	262
山西电建机械厂	966.5	631.9	202.4	83.9	95.7	22.8	—	—	240.2	160
山西电建保温材料厂	112.7	47.1	115.8	9.7	83.7	22.4	—	—	194.4	347
包头电力修造厂	319	104	367.2	34.4	332.8	—	—	—	147.4	204

四、效益

华北电力修造企业1990年完成工业总产值1.8605亿元；产品销售收入1.7562亿元；实现利税4298万元；百元产值占用流动资金71.37元。各企业主要经济指标完成情况见表8-1-3。

表 8－1－3

1990 年华北电力修造企业主要经济指标完成情况

指标名称	单位	合计	北京电力设备总厂	北京电力自动化设备厂	邯郸电力修造厂	山西电力设备厂	山西电力开关厂	山西电建修造厂	山西电力制杆厂	山西电建机械厂	山西电建保温材料厂	包头电力修造厂
工业总产值	万元	18604.7	11349.1	659.9	1248.5	1061.7	666.8	1608.3	828.1	618.3	200	364
工业净产值	万元	6201.6	3596.3	250.7	290	462.2	448.9	527	215.4	249.6	60.1	101.4
产品销售收入	万元	17562.4	11168	383	1409.7	1032.4	310.9	1522	733.5	540.8	201.7	260.4
产品销售税金	万元	692.8	494.2	24	21.8	31.9	3.4	61.7	36.9	3.8	1.1	14
产品销售利润	万元	1867.5	1255.6	64	171.4	116.1	29.6	144.4	24.2	41.8	10.4	10
实现利润	万元	1697.4	1209.4	45	80.3	81	50.9	140.7	43.3	26.4	10.4	10
实现税金	万元	2600.8	1838.6	69.4	114.8	131	73.5	212.1	87.2	36.1	14	24.1
全部商品产品总成本	万元	17990.7	11644.8	484.4	1270.5	861.8	369.9	1678	777.5	479	188.6	236.2
销售收入利润率	%	9.66	10.83	11.75	5.7	7.85	16.37	9.24	5.9	4.88	5.16	3.84
产值利润率	%	8.89	9.96	6.82	6.72	7.63	7.63	8.41	8.48	4.27	5.2	2.76
资金利润率	%	9.29	12.19	5.47	5.92	4.23	3.25	10.85	8.61	4.14	5.8	9.59
百元产值占用流动资金	元	71.37	64.98	99.56	68.93	97.94	164.83	59.80	104.49	38.85	97.20	40.62
职工总数	人	9507	4653	631	724	895	628	610	455	426	125	360

第二章　多种经营

第一节　综合利用

一、粉煤灰

（一）土法取锗。1958年9月，石家庄热电厂根据水利电力部提供的粉煤灰综合利用资料，抽调职工组建了601车间，在厂内2号皮带栈桥下建灰池，利用粉煤灰土法提取锗。1959年12月，因成本高而停产。产品于1960年全部售出。唐山发电厂和辛集电厂也曾用土法从粉煤灰中提取过锗和氧化铝。

（二）磁选铁粉。1977年，石家庄热电厂投资2万余元自制磁选机1台，安装在锅炉与除尘器之间，从粉煤灰中磁选铁粉。到1978年6月累计磁选铁粉186吨，以每吨价格22元售给焦作矿务局。后因铁粉含灰量大、售价低、产量少而停产。

（三）制砖。1959年，邯郸热电厂利用粉煤灰制砖成功，并进行了试生产。1966年7月，设计规模为年产2000万块的粉煤灰砖厂开工，1970年7月正式投产。后由于动力及原材料影响，粉煤灰的质量和产量达不到设计要求，于1972年5月改建为年产8000万块砖的粉煤灰烧结砖厂。1975年10月，粉煤灰烧结砖厂正式投产，这是华北电力系统具有一定规模的粉煤灰综合利用企业。该砖厂于1981年停产。石景山发电厂、马头发电厂、邢台电厂、阳泉电厂、太原第一、二热电厂的多种经营企业于1980年以后，相继利用粉煤灰生产普通砖和各种型号的空心砖、加气混凝土块等，但规模均较小。

（四）生产水泥、加工漂珠。石景山发电厂、娘子关电厂在70年代初曾利用煤粉生产出低标号水泥。邢台发电厂劳动服务公司1986年在本厂4号、5号炉旁建漂珠池。将粉煤灰渣经过二次漂选、烘干、筛选后生产出60目、80目和100目3个品种的漂珠500吨，销往河南、新疆等地油田，收入10万元。保定热电厂粉煤灰资源开发公司漂珠生产能力达到每月40吨，1990年漂珠销售盈利达10万元。1982年，娘子关发电厂和神头发电厂开始在贮灰场捞取漂珠，年最高产量达800吨，远销东北、山东、安徽、四川等地。1985年军粮城发电厂设计制造了漂珠捞取装置，日产漂珠90~100公斤，每立方米可创效益264元。

（五）灰渣加工。保定热电厂粉煤灰资源开发公司将粉煤灰磨细至200目后，作为橡胶、塑料、蚊香的添加剂出售，1990年售出2000余吨，盈利7万元；其他粉煤灰渣经粗加工后，分别作为混凝土制品添加剂、保温材料、制砖原料出售。石景山发电总厂生产的磨细漂灰曾出口香港及东南亚地区，1990年销售粉煤灰26.6万吨。太原第一、二热电厂不但利用粉煤灰生产建筑材料、保温材料，而且还用于防洪筑堤、修造公路、填沟造田。据统计，华北电网1990年粉煤灰利用率为33.24%，其中阳泉电厂的利用率达80%

二、养鱼

邢台发电厂于1978年利用循环水建立了温流水养鱼场，共建鱼池43个，水面积

3399.5 平方米。1990 年该鱼场产罗非鱼 4 万公斤，向社会提供鱼种、鱼苗 77 万多尾，连年被河北省畜牧水产局评为先进单位。

保定热电厂于 1978 年利用循环水建成鱼池 4 个，新鱼池（孵化鱼苗）16 个，总面积 5800 平方米。每年生产成鱼 5000 多公斤，并将鱼种、鱼苗出售给当地养鱼场，获得较好的效益。

马头发电厂为改善职工生活，投资 1 万元在本厂凉水塔西侧建养鱼池 8 个，水面积 859 平方米，养罗非鱼 25 万尾。此外，石景山、高井发电厂和北京第三热电厂也先后利用循环水开展养鱼。

三、退役机组发电

1987 年 4 月，华北电业管理局电力开发公司将下花园发电厂退役的 3、4、7 号机组和 8、9 号炉进行了大修，与下花园发电厂以议价煤联营发电，发电装机容量共 5.5 万千瓦，1990 年发电量达 1.12 亿千瓦时。

峰峰发电厂劳动服务公司经上级同意于 1987 年 8 月将停运的 1 号机（5000 千瓦）和 11 号炉（35 吨/时）重新启运，实行独立核算。该机组年发电约 4000 万千瓦时。到 1990 年末，冀南电网有 4 个电厂，7 台（套）6.46 万千瓦的退役机组得到重新利用，年发电量 2.38 亿千瓦时。

漳泽电厂劳动服务公司于 1985 年利用直流供水落差和晋东南电力公同、漳泽水库等联合集资，建起“四联水电站”，安装 500 千瓦水轮发电机 2 台，到 1990 年底共发电 1791.56 万千瓦时，总收入 151.75 万元。忻州地区电业局劳动服务公司于 1987 年将五台县河口电厂的 1 台 3000 千瓦发电机组修复发电。阳泉发电厂劳动服务公司于 1990 年利用原有旧厂房、旧设备与郊区地方政府联营，安装 1 台 3000 千瓦发电机组。

1989 年，华北电业管理局电力开发公司与天津军粮城电厂、北京送变电公司、北京第三热电厂的多种经营企业联合为一方，同深圳供电局、香港向嘉有限公同、深圳沙头角城建公司为一方，合资在深圳组建了中外合资深圳协和电力有限公同。华北电业管理局将军粮城电厂退役的两台 2.3 万千瓦燃汽轮发电机组进行大修后，作为投资，安装在深圳盐田港，一年后两台机组全部投产，1990 年发电量 6000 余万千瓦时。华北电业管理局一方分利 200 余万元。

第二节　技术开发

一、承建工程

（一）承装小电厂工程。1988 年 4 月，邯郸电力建设开发公司承包了河北省武安县热电厂两台 6000 千瓦机组的安装调试工程，当年 7 月 1 日 1 号机组并网发电。按承包合同规定，邯郸电力建设开发公司获提前发电奖 8 万元，共收入 60 万元。同年 9 月，峰峰发电厂劳动服务公司安装队承包了邯郸矿务局王凤矿矸石发电厂两台 1500 千瓦发电机组安装试运工程。1989 年 6 月，两台发电机组试运成功，收入承装费 20 万元。

（二）承建电厂辅助工程。唐山发电厂劳动服务公司电力安装队，于 1982 年 10 月承包了陡河电厂小梁山除灰管道延伸工程，工程造价 27.2 万元，电力安装队奋战两个月完成了施工任务。

1987 年 1 月，邢台发电厂劳动服务公司承包了本厂扩建指挥部四期工程的南沙河灰场工程。经过 10 个月的奋战，完成主坝 1.24 万米，副坝 840 米。其中土方 34 万立方米，石方 150 立方米，浇注水泥桩 1736 根、连梁 1240 条，安装铆钉装置 250 套。邢台发电厂扩建指挥部于 1988 年 3 月一次验收合格。南沙河灰场工程设计造价 1393 万元，承包费 820 万元，为国家节约资金 573 万元。

天津第一发电厂多种经营企业配合承担本厂机、电、炉的大修；天津杨柳青电厂多种经营企业承担本厂冷却水塔大修；邯郸电力修造厂劳动服务公司工程队承揽了上安电厂输煤皮带架构安装工程，上安电厂工地准予该工程质量“免检”，此项工程在试运行和正式运行中，各项指标均达到或超过了设计要求。

（三）承建输变电工程。1984 年初，峰峰发电厂劳动服务公司安装队承包了邯郸地区大名县捻头 35 千伏变电站安装工程，收取安装费 7000 元。邯郸供电局劳动服务公司电力安装队于 1986 年 8 月承包了河北省永年县河北东风制药厂 35 千伏输变电工程，在 7 个投标单位中以 106 万元一举中标。经过 40 天奋战实现了安全送电，并以投资少、施工快、质量高评为优质工程，受到邯郸市通报表扬。施工企业创利 20 万元，获提前竣工奖 2.7 万元。

1985 年，山西电力实业总公司所属的太原输电工程公司，为配合漳泽电厂投产发电，承担了 220 千伏双回路进出线施工和浑源—广灵 60 公里 110 千伏输电线路施工，以工期短、质量好受到水利电力部表扬。

内蒙古送变电公司第三工程处是多种经营施工队伍。1988 年中标山东省胜利油田两座高 109 米跨越黄河 220 千伏输电铁塔工程。经精心施工，仅用 73 天即安全、优质、高效完成，被誉为“山东第一高塔”，受到建设单位和当地人民赞扬。

（四）承揽承建其他工程。唐山发电总厂服务公司电力安装队，1984 年 4 月，承揽了唐山发电厂二、三期锅炉房顶抗震加固工程，工程造价 60 万元，安装队提前完成任务，仅用工料费 33.83 万元，节约 26.17 万元。

沧州电业局劳动服务公司电力承装队，1986 年承揽了沧州电业局本部微波通讯安装工程。经全队职工共同努力，按期完成高 90 米、重 49.6 吨的微波塔和泊头市高 78 米、重 33.3 吨的微波通讯塔安装任务。工程质量受到日本厂家的称赞。

华北电力多种经营施工企业，从承揽、承建本单位小型工程起，逐步跨向全行业、跨向社会。山西省晋东南电力公司送变电公司本是一家多种经营小企业，他们从 10 千伏业扩工程开始，逐步发展到能够完成国家重点工程——太（原）焦（作）电气化铁路 110 千伏线路工程。1980 年组建的山西省电建一公司知青工程队，经过几年发展，成为一支实力雄厚的建筑安装施工队伍，知青工程队更名为云电建筑安装公司后，承建了雁同电力公司大楼、太原电力大厦等结构复杂的高层建筑。

二、技术服务

（一）咨询服务。1985 年 4 月，河北省电力试验研究所与华北电力学院电力设计所合作，为唐山市缸窑热电站进行了厂址选择、建厂条件论证、工程设计、工程投资估算和经济效益分析、环境保护措施及评价、存在问题及结论等可行性研究。1986年，邯郸市电机工程学会就马头余热电厂利用马头电厂现有锅炉蒸汽余量建设1台6000千瓦凝气式汽轮发电机组进行了可行性研究。1987年1月，邯郸市电机工程学会又为魏县热电厂进行了厂址选择、建厂条件、工程设想、工程投资估算、经济效益分析、环境保护措施及评价、结论及存在问题等可行性研究。1988年2月，河北省电力试验研究所与国家机械委员会北方设计院合作，为灵寿县热电厂（化肥厂自备电厂）进行了厂址选择、建厂条件论证、工程设想、工程投资估算和经济效益分析、环保措施及评价、结论及存在问题等可行性研究。同年4月，河北省电力试验研究所与石家庄煤矿设计院合作，为赵县热电厂1.2万千瓦机组进行了可行性研究。

上述可行性研究报告，为有关工程提出了方案，作为初步设计的依据。

（二）技术培训。河北省电力建设公司1981年开办了技术培训班，每期2～3个月，凡学员理论考试及格者，电力系统学员发给能源部监制的焊接合格证书；非电力系统学员发给劳动人事部监制的焊接合格证书。

1987年10月，峰峰发电厂劳动服务公司受武安县热电厂委托，培训新工人224名，学员结业考试及格率达百分之百。劳动服务公司经济收入7万元。

山西省电力工业局从1985年9月至1990年底，共举办各种短期在职专业技术培训班14期。其中财会培训班6期，学员293人；统计培训班2期，学员55人；劳动工资培训班1期，学员25人；温流水养鱼培训班1期，学员22人；锅炉安装培训班1期，学员50人；领导干部培训班2期，厂长（经理）学员43人。山西电力系统各单位也举办了各种专业技术培训班，培训学员2800余人次。

三、产品开发

（一）氧化锌避雷器。北京电力设备总厂电器厂自1979年起，与能源部电力科学研究院、西安热工研究所合作，先后研制出110千伏及220千伏等级氧化锌避雷器。截止到1990年10月，该厂共生产氧化锌避雷器74相，累计运行185相年。该产品分别获国家和能源部颁发的科技进步奖。

（二）双套管对流式高效冷却器。下花园发电厂化学车间，1980年研制成双套管对流式高效冷却器，该厂劳动服务公司综合修理厂接受生产任务，于1987年8月试产成功。后经张家口市标准计量局产品质量检验所审定，已批量生产，远销内蒙古、山西、河南、四川、广西等省（自治区）24家电厂。

（三）电子皮带秤。石家庄热电厂电子研究室，1984年6月研究成功JK－10A电子皮带秤，获河北省电力工业局科技成果二等奖。同年11月，在西安全国第一届计算机应用展览会期间，被评为三等奖。

石家庄热电厂三宝电气工程公司科技人员在JK－10A电子皮带秤的基础上，1986年结合用户需要又研制成功ICS－ST系列电子皮带秤，先后获国家B级、A级产品证书。

（四）电话自动拨号系统。石家庄热电厂电子研究室，1985年12月研制成功AMTS-5型微电脑无线电话自动拨号系统。该系统采用微机控制、数字信号等电路，可以实现网内全向自由选址通讯和有线无线自动接续，具有调度优先、通话限时、禁发禁听等功能，被水利电力部科学技术进步奖评审委员会评为三等奖。国家科学技术委员会为该产品颁发了科技成果证书。1987年，河北省电力电子设备厂批量生产后，被河北省经济委员会评为省优秀新产品，并授予一等奖。产品运销全国26个省（市、自台区），年产值250~300万元。

第三节　经　营

一、产供销渠道

华北电业多种经营企业所用原材料，基本上没有正常供应渠道，大多数采取来料加工、产品交换、市场采购或自找门路、自行解决原材料 。在计划经济体制下，许多重要生产资料实行“双轨制”的价格，有些主办单位将自己掌握的一部分生产资料采取有偿调拨或无偿支援边角料的方式扶植多种经营企业。生产产品的销售，由生产企业自找客户、自己开拓市场。产品销售价格除国家或地方政府有明令价格外，一般情况下随行就市。产品的生产规模大小，还要看市场需求。多种经营企业在产品生产上采取品种对路、以销定产的方法。

二、资产与资金

华北电业多种经营企业资产和资金随着企业的发展而快速增长。1981年，天津电力系统多种经营企业的固定资产原值只有6.12万元，1990年增加到1298.3万元，9年增长了212倍；北京电力系统多种经营企业固定资产原值从1979年的84.8万元增加到1990年的5461万元，增长了64.98倍；北京电力系统多种经营企业的自有资金从1979年的382万元发展到1990年的1.2137亿元，增长了31.87倍。

华北电力系统多种经营企业的资产资金来源，大部分为自身积累，滚动增值形成的，其中主管或主办单位有偿调拨或扶植的投资也占一定比例，也有很少一部分是职工集资的。

三、经济效益

根据北京、天津、河北、山西、内蒙古五省（市、自治区）的统计，1990年末，华北电力系统有多种经营企业289个，从业人员5.6608万人，固定资产总额（原值）2.8638亿元，当年总收入10.69亿元，实现利税总额1.163亿元，全员劳动生产率达到1.8885元/人·年。多种经营企业经济效益状况见表8－2－1。

1990年华北电力系统多种经营企业经济效益状况表

表8－2－1

项目/单位/地区	企业数（个）	职工总数（人）	生产经营总收入（万元）	固定资产总额（万元）	实现利税（万元）	全员劳动生产率（元/人·年）
北　京	28	8033	23807	5461	3808	29637
天　津	77	3370	11600	1298.3	2905	34423
河　北	60	14071	25084	6841	1224	17827
山　西	56	18350	30420	9454	2564	16800
内蒙古	68	12784	15993	5584	1129	13030
合　计	289	56608	106904	28638.3	11630	18885

第四节　重点企业

一、包头第一热电厂劳动服务公司

包头第一热电厂劳动服务公司的前身为该厂家属工厂，1972年8月成立，有83名家属工，承担电厂锅炉大修、电缆沟治理等劳务。当年劳务收入2.1万元，积累办厂资金900元。第二年，根据市场需要自行研制生产325、650型力车条机器，1974年8月投入生产，每年生产力车条600万套，产值30.5万元。产品经内蒙古自治区机械局等部门鉴定，质量合格。1978年市场变化，企业被迫转产，226名职工先后组织建筑维修队，开办豆腐坊、饭馆，生产磨煤机钢球，制作木器家具，生产氧气，开办百货门市部等。

1983年正式成立劳动服务公司，下辖：综合一厂、综合二厂、建筑工程队、装卸队、机电设备安装处、合金冶炼厂等。该公司历年已安置待业人员1751人，富余人员64人。1990年总收入765.2万元，实现利税103万元，职工平均收入2256元。

二、华北电业管理局电力开发公司

华北电业管理局电力开发公司是华北电业管理局主办的多种经营企业，组建于1985年。主要经营范围有：电力开发与经营、工程承包、设计咨询、器材销售等。下辖：机关第一、第二劳动服务公司，机房安装部，印刷厂及两个招待所。1990年，电力开发公司在中俄边境满洲里与国内几家电力多种经营企业共同兴办了易货贸易的“华满电力进出口公司”，电力开发公司为公司的最大股东。1990年，华北电业管理局电力开发公司的各项生产、服务总收入达3056万元，实现利税总额328万元，给局机关提供副食福利60万元。

三、北京供电局劳动服务总公司

北京供电局劳动服务总公司是北京供电局多种经营企业的龙头。其前身为北京供电局劳动服务公司。经过10多年的发展，北京供电局劳动服务总公司从无到有，从小到大，逐步形成包括电力工程安装、电力器材销售、电力咨询服务及商贸、汽车运输、加工、制造、餐饮服务等多行业、多部门的企业群。这个企业群背靠主业，充分发挥电业优势，面向社会，既为主业、为职工解决后顾之忧，增加了职工福利，又为社会创造了财富。总公司1990年经营总收入1.158亿元，实现利税总额1510万元。

四、山西省电力系统劳动服务总公司

山西省电力系统劳动服务总公司（简称总公司）成立于1985年7月，与山西省电力工业局集体经济办公室合署办公，是山西省电力系统多种经营企业的归口管理单位。总公司在发展多种经营中充分发挥行业优势，围绕主业开展了非标准设备综合加工，兴办小水、火电和小煤矿、汽车运输、粉煤灰利用、建筑安装、联营办厂等项生产经营和种植、养殖、商业、服务业等。到1990年末，全系统有多种经营企业56家，从业人员1.8375万人，固定资产总值9454万元。1990年生产、服务总收入3.042亿元，实现利税2564万元。

第九篇 管 理

自1888年华北有电到1940年的53年间，由于出资办电厂的目的不同，经营管理方式也各不相同。清宫廷办电是自发、自用、自管，不对外营业；民族资本所办电厂的经营管理是独立核算，自负盈亏；企业自备电厂由企业自行核算。1940年起，侵华日军总部仿照东北满洲电业股份有限公司（又称满洲电业株式会社）体制，成立华北电业公司，实行高度集权的垄断性组织形式。主要权力和经营管理工作集中在华北电业公司，并实行了“日制”财务会计核算制度和统一的工资标准。1945年抗日战争胜利后，国民党政府废除了华北电业公司的建制和管理制度，由国民党政府资源委员会成立冀北电力有限公司，统一管理北平、天津、唐山、察中等地区电业。冀南地区和山西省电业分别由国民党政府资源委员会和西北实业公司电业部管理。

新中国建立初期，为保证电力企业接收工作的顺利进行和尽快恢复生产，华北各地在经营管理上均采取了“原职、原薪、原制度”的方式。1950～1957年间，华北电力企业逐步改革旧有的规章制度，整顿企业，学习前苏联企业管理模式，结合本单位生产管理的特点，建立和健全了各项管理制度，使企业的经营管理工作逐步走上正轨。

1958年的“大跃进”，使刚刚建立起来的规章制度和管理方法受到冲击。电力企业正常的生产秩序和管理工作秩序被打乱，致使电力生产事故增多，严重威胁着电网安全供电。为克服“大跃进”给电力企业管理造成的混乱状况，1962年华北各省（市、自治区）电业管理部门遵照中共中央制定的《国营企业工作条例（草案）》（简称《工业七十条》），对电力生产企业进行了以“五定”（定综合出力、定人员、定各种消耗定额和储备定额、定固定资金和流动资金、定协作关系）为内容的整顿，使行之有效的规程、制度和企业正常的生产、管理秩序得以恢复。

“文革”开始后，行之有效的规章制度被诬为“管、卡、压”，“安全第一”的方针受到批判，企业管理工作又一次陷入困境。为消除“文革”影响，华北电力企业于1978年结合工业学大庆活动，进行了第二次企业整顿。在企业内部开展了以安全生产为中心，以加强企业管理为重点，以整顿领导班子、生产指挥系统、岗位责任制为主要内容的恢复性整顿。通过整顿，健全了岗位责任制，强化了生产指挥系统，加强了企业管理工作，提高了安全生产水平。

中共十一届三中全会后，华北电力企业按照国家统一部署，于1982年进行了以“三项建设”（建设一个又有民主、又有集中的领导班子；建设一支又红又专的职工队伍；建设一套科学文明的管理制度）为内容，以“六好”（国家、企业、个人三者兼顾好；产品质量好；经济效益好；劳动纪律好；文明生产好；政治思想好）为目标，从“五项工作”（经济责任制、财经纪律、劳动纪律、劳动组织和领导班子）入手的企业全面整顿工作。并从 1984 年起开始了以转换企业经营机制，增强企业活力为中心的经济体制改革。经过一系列整顿、改革措施的实施，华北电业的管理思想、管理方法、管理手段和管理水平都有了明显的改善和提高，经济责任制逐步完善，企业管理初步实现了系统化、标准化、程序化和高效化，安全生产步入了正轨，电力建设进入了新的发展阶段，经济效益有了明显提高。

第一章　管理体制与机构

华北自有电开始，相当一段时间办电企业是自发、自用、自管、自负盈亏，独立核算。1940年日军侵占华北后，华北电业公司对电力企业实行高度集权和垄断性管理。1945年抗战胜利后，国民党政府的冀北电力有限公司实行统一管理，但也处于混乱状态。新中国建立后，企业的经营管理才逐步走上正轨。

第一节　体　制

一、企业管理体制

华北电业管理体制，随着历史的发展和变迁而变化。1888～1910年，北京电业由清宫廷管理。清末，民族资本创办了京师华商电灯股份有限公司。1914年，民国政府将接收的京师华商电灯股份有限公司改为北京华商电灯股份有限公司，管理北京电业，直到1937年。华北其他地区没有统一的管电部门。天津电业以外商为主，河北地区多为民营和企业自备电厂，山西太原、大同和内蒙古的满洲里、呼和浩特、包头等地都开办了电灯股份有限公司。这些民族工业企业兴办的自备电厂和外商开办的公用电厂（公司）均各自管理。

1937年"七七"事变后，日本侵略军占领北平，将北平华商电灯股份有限公司划归"北京特别市"公用事业管理总局管理，改称"北京电气事业管理局"。1938年成立"北京电业公司"。1940年成立华北电业股份有限公司后，将"北京电业公司"改为该公司的"北京分公司"，并设立了天津、唐山"分公司"、"蒙疆电业股份有限公司"、"南满电业株式会社"、"华北电业株式会社太原管理事务所"等机构，分别管理华北各地电业。

1945年日本投降后，华北电业公司由北平市政府接收委员会接收。1946年3月移交国民政府资源委员会，华北电业公司改称冀北电力有限公司，下辖北平、天津、唐山分公司。冀北电力有限公司通过各分公司管理京、津、冀电力工业。山西省电业由西北实业公司电业部接收管理。以上管理体制沿袭到1949年初。

1949年1月，北平和平解放后，北平联合办事处将接管的冀北电力有限公司移交给华北人民政府领导。华北人民政府将冀北电力有限公司与察哈尔省所属察中电业局合并组建为华北电业公司，下辖北平、天津、唐山、察中分公司。1949年10月，将石家庄电灯公司，太原电力公司均划归华北电业公司领导。1949年12月，华北电业公司改名为华北电业管理总局，隶属于燃料工业部，下辖北京、天津、唐山、察中、石家庄、太原电业局。1950年撤消华北电业管理总局，1952年成立华北电业管理局，1955年改名为北京电业管理局，管理北京、天津、河北、山西、内蒙古和南京、徐州、淮南、鲁中、青岛等地电力工业。1958年1月，北京电业管理局撤消，除管理京、津、唐电网的北京电业局由电力工业部直接领导外，华北其他省（自治区）电业局相继下放地方管理，成立河北省电业局和山西省电业局。同年7月，北京电业局与北京电力建设局合并成立北京电业管理局，隶属水利电力部领导，仍负责管理京、津、唐电网的电力生产建设。1964年10月，生产与基建分开，成立华北电力建设公司，管理华北电力建设工作。北京电业管理局进行“托拉斯”试点，改名为北京电力公司。1968年6月“托拉斯”试点终止，恢复北京电业管理局名称。华北电力建设公司改称北京电力建设局，管理京、津两地施工企业，河北、山西两省和内蒙古自治区的电力施工企业下放给当地电力部门管理。1970年11月，北京电业管理局及其所属北京供电局与北京电力建设局合并成立北京电力工业局，1975年11月改称北京电业管理局。其他省（自治区）的电业管理体制是：河北省电力局，山西省电力工业管理局，内蒙古自治区电业管理局。1980年1月成立华北电业管理局，是电力部的派出机构，负责对北京、天津、河北、山西、内蒙古的电力生产、基建实施管理，并兼有北京市电力工业局职能。天津、河北、山西的电业管理部门统称省（市）电力工业局，内蒙古自治区为电业管理局。1988年12月30日，经国务院批准，中国华北电力联合公司正式成立，与华北电业管理局为一套管理机构、两块牌子。山西省电力公司、天津市电力公司、河北省电力公司、内蒙古自治区电力公司分别于1989年1月18日、2月4日、1989年11月28日、1990年9月1日成立。与省（市、自治区）电力工业局和电业管理局也是一套管理机构、两 块牌子，行使电力企业与政府管电双重职能。

二、企业领导体制

50年代初，华北电力企业实行党委领导下的厂长负责制，企业的工作部署和实施方案，均须经党委讨论通过。企业行政领导在组织完成生产任务和行政管理工作中，对同级党委负责。

1954年，学习前苏联企业管理经验，华北电力企业根据中共中央华北局《关于在国营工矿企业中实行厂长负责制的决定》，实行了“一长制”。厂长对完成国家计划和企业的生产，经营管理工作负全面责任。党委的任务是对企业的政治思想领导和对生产、行政工作的监督、保证。

1956年，中共第八次全国代表大会提出企业的领导体制实行党委领导下的厂长负责制和党委领导下的职工代表大会制。但由于在“大跃进”中事事以“书记挂帅”，大搞群众运动，这一制度未能贯彻实施。

1961年9月，中共中央颁布了《工业七十条》，把党委领导下的厂长负责制作为企业领导体制的根本制度肯定下来。华北电力企业全面实行了在党委领导下，厂长负责对企业生产，行政工作统一指挥的企业领导体制。

“文革”期间，在群众夺权，党组织瘫痪，领导干部“靠边站”等一系列“左”的思潮冲击下，党委领导下的厂长负责制被冲垮，代之以“三结合”（革命领导干部、军代表、革命群众代表）的革命委员会。企业的党政财文大权均归革命委员会，这一领导体制一直延续到1972年中共党组织恢复工作，共产党员恢复组织生活。党组织恢复工作后，华北电力企业曾一度实行党的“一元化”领导。1978年7月，中共中央发布了《关于加快工业发展若干问题的决定》（即工业三十条），又重新建立了党委领导下的厂长分工负责制和党委领导下的职工代表大会制。

1981～1983年，中共中央、国务院先后颁发了《国营工业企业职工代表大会暂行条例》、《国营工厂厂长工作暂行条例》、《中国共产党工业企业基层组织工作暂行条例》和《国营工业企业暂行条例》。按照以上各《条例》规定。华北电业实行了党委集体领导，职工民主管理，厂长行政指挥的企业领导体制。

1984年以后，华北电业根据《中共中央关于经济体制改革的决定》和正式颁发的《厂长工作条例》、《中国共产党工业企业基层组织工作条例》、《职工代表大会条例》，全面实行了厂长负责制和厂长任期目标负责制。

第二节　机　构

新中国建立以来，华北电业管理的机构，除管理京津唐电网的北京电业（管理）局一直属中央主管部领导外，山西省、河北省和内蒙古自治区的电业管理部门均经过1958年下放地方、1963年上划中央、1970年再次下放地方和1980年起由华北电业管理局统一管理的变化。每次变化都涉及管理机构的变更。华北电业管理局及各省（市、自治区）电力（电管）局组织机构见图9－1～图9-16。

一、华北电业管理局（北京市电力工业局）组织机构

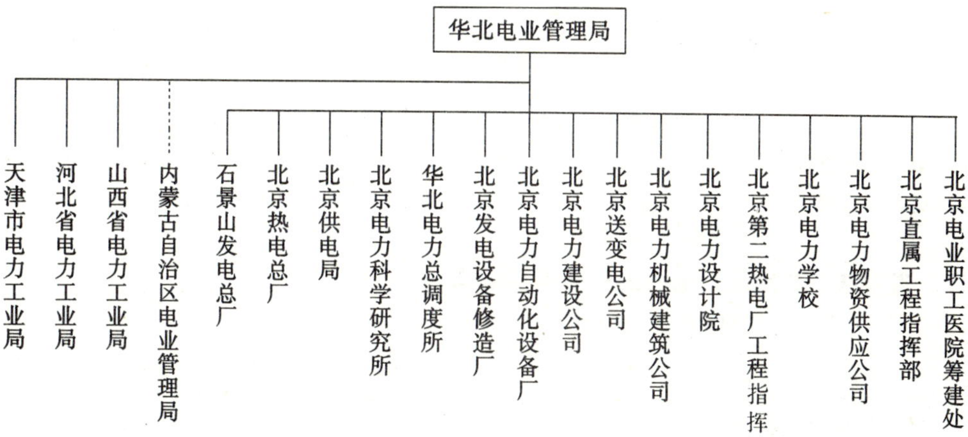

图9－1　1980年华北电业管理局(北京市电力工业局)组织机构

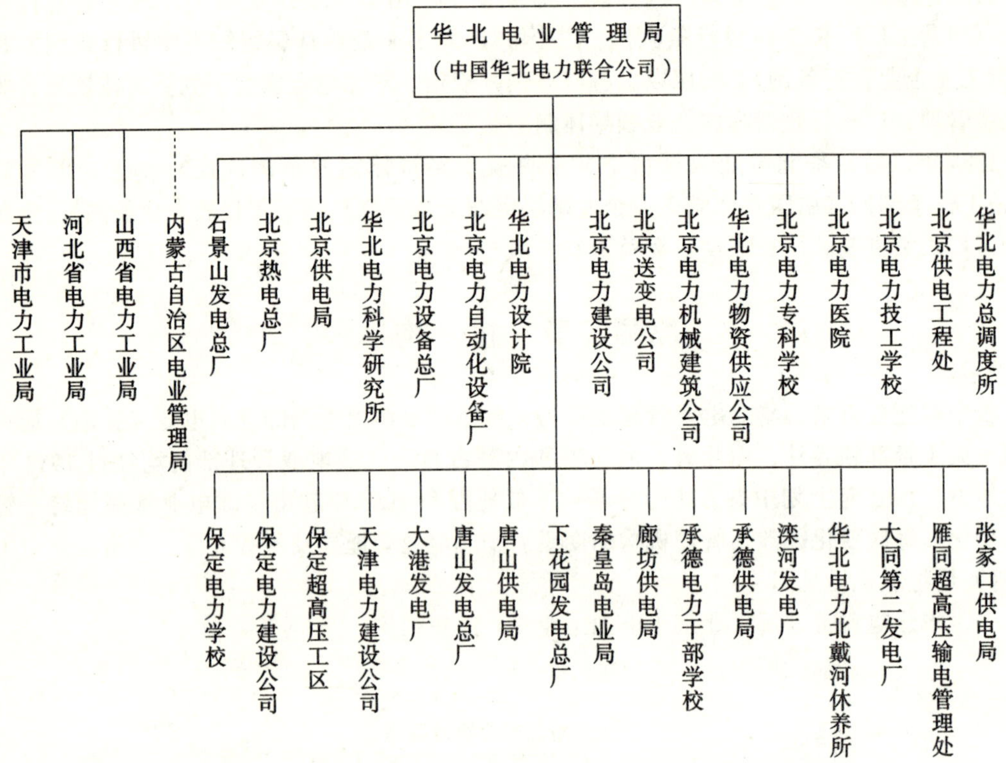

图 9-2 1990 年华北电业管理局(北京市电力工业局)组织机构

注：华北电业管理局与北京市电力工业局为一个机构、两块牌子，北京市电力工业局主管华北电业管理局所属在京各单位。

二、省（市、自治区）电力工业局组织机构

（一）北京市电力工业局

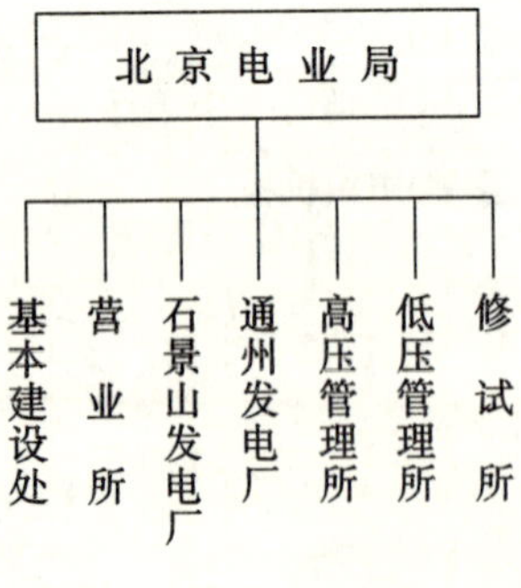

图 9-3 1950 年北京电业局组织机构

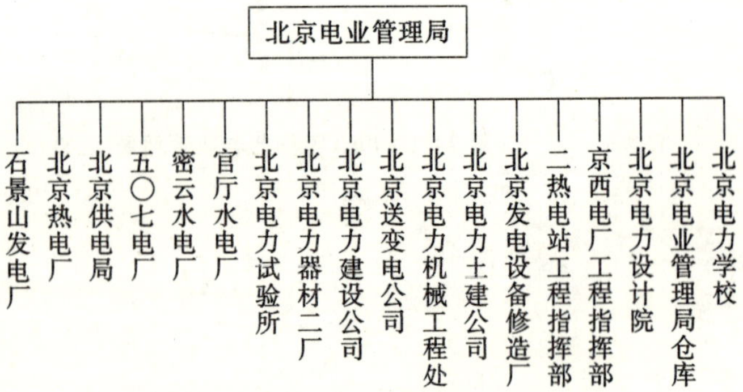

图 9-4 1975 年北京电业管理局组织机构

（二）天津市电力工业局

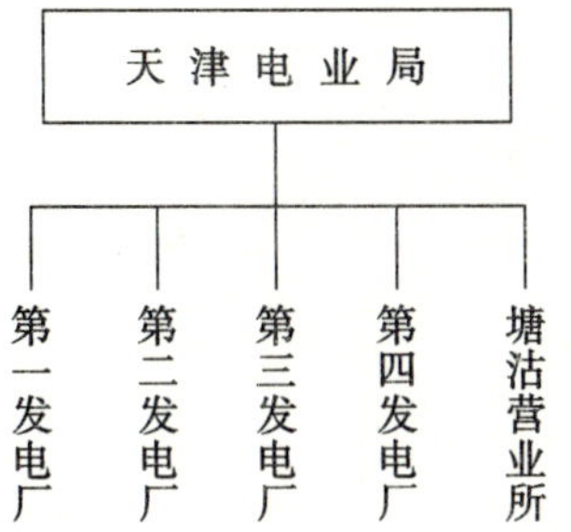

图 9－5　1950 年天津电业局组织机构

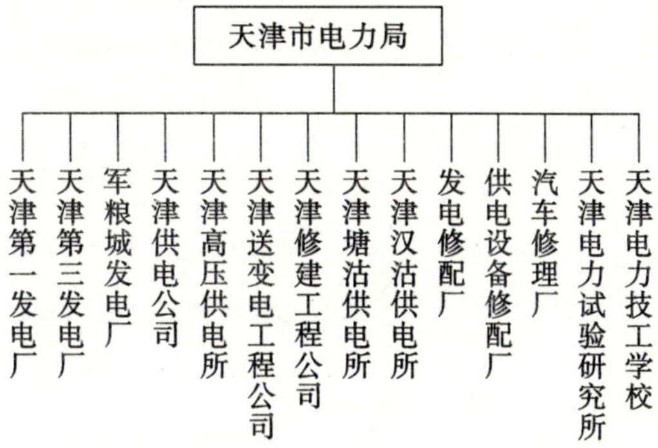

图 9－6　1979 年天津市电力局组织机构

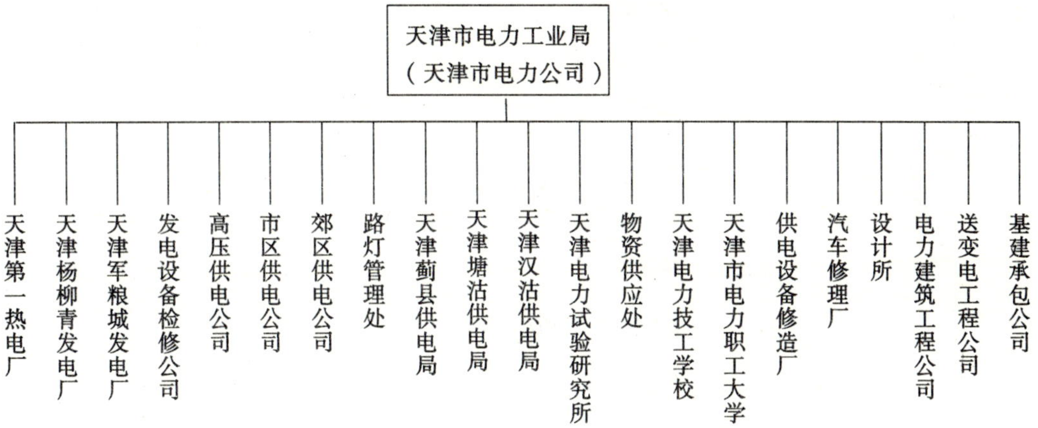

图 9－7　1990 年天津市电力工业局组织机构

（三）河北省电力工业局

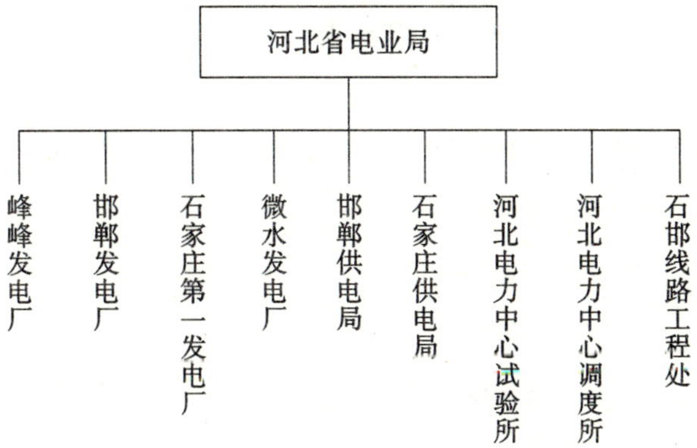

图 9－8　1958 年河北省电业局组织机构

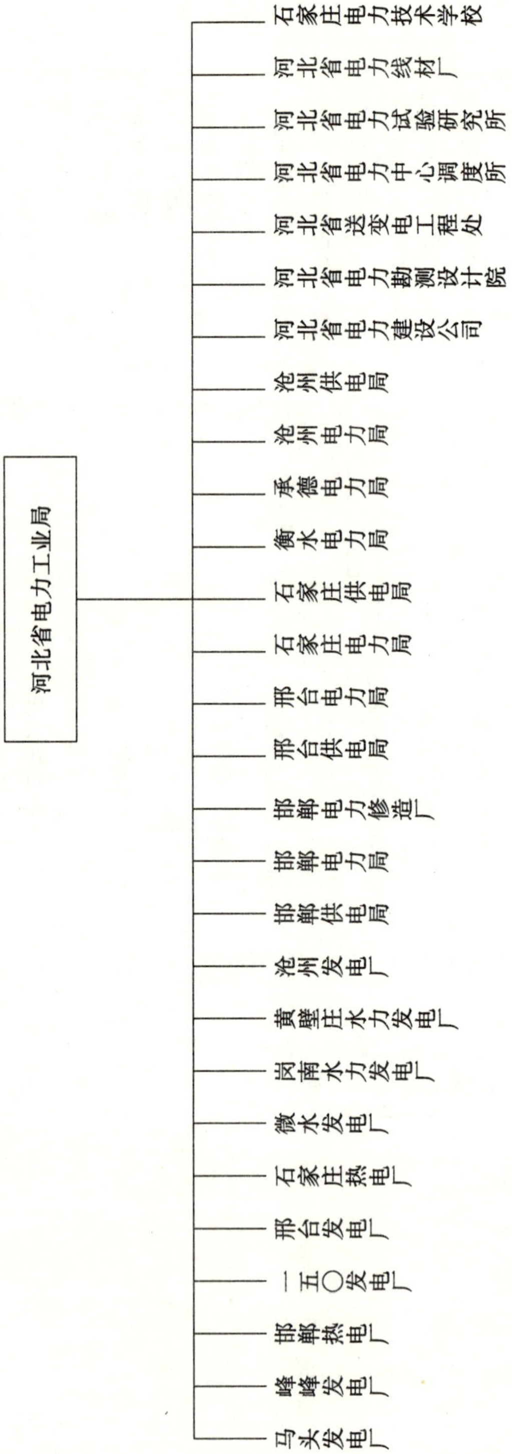

图9－9　1980年河北省电力工业局组织机构

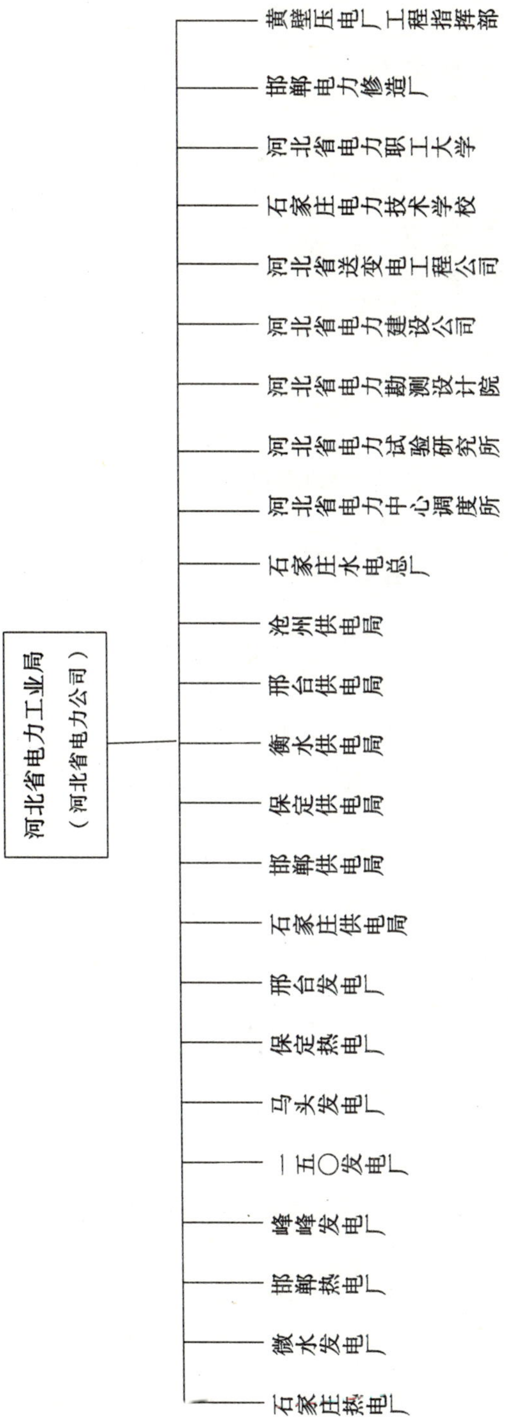

图9－10　1990年河北省电力工业局组织机构

（四）山西省电力工业局

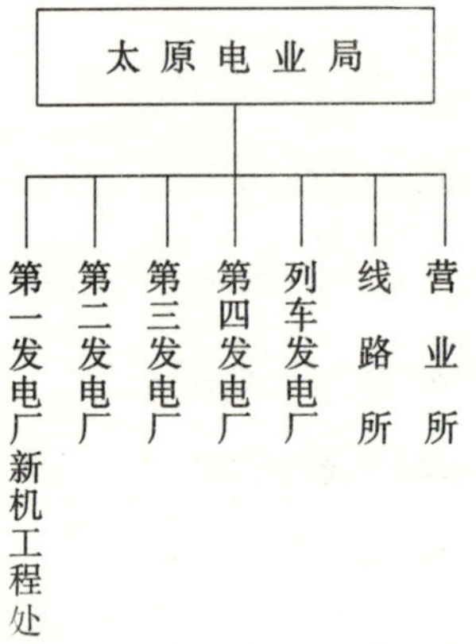

图 9－11　1955 年太原电业局组织机构

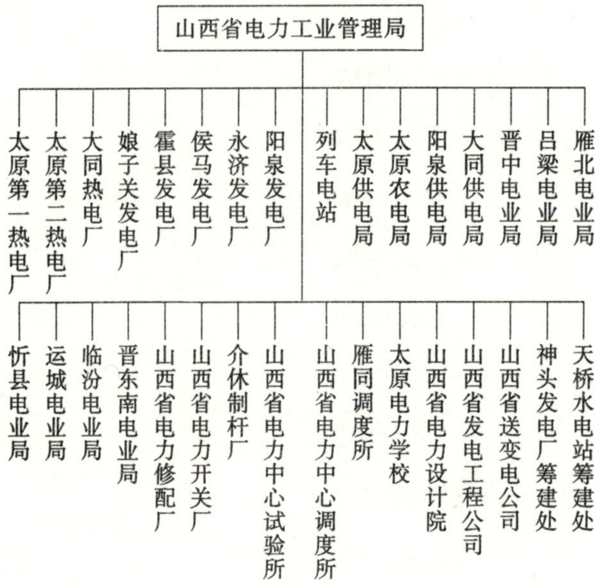

图 9－12　1975 年山西省电力工业管理局组织机构

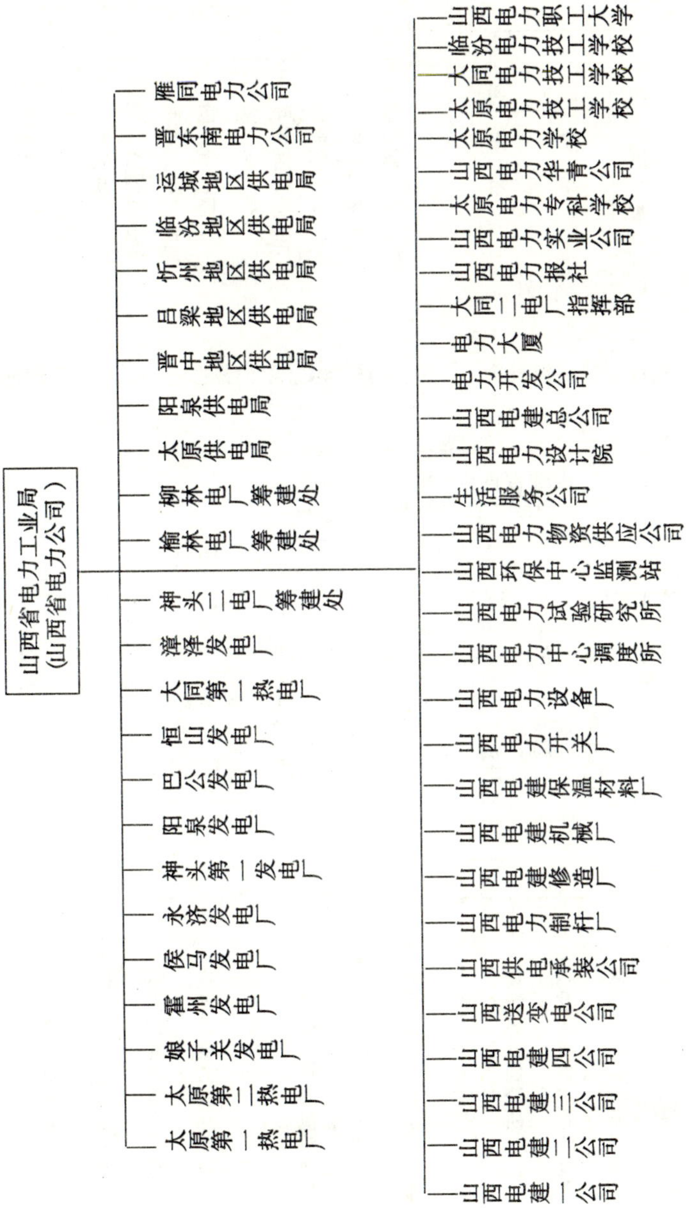

图 9－13　1990 年山西省电力工业局组织机构

（五）内蒙古自治区电力工业局

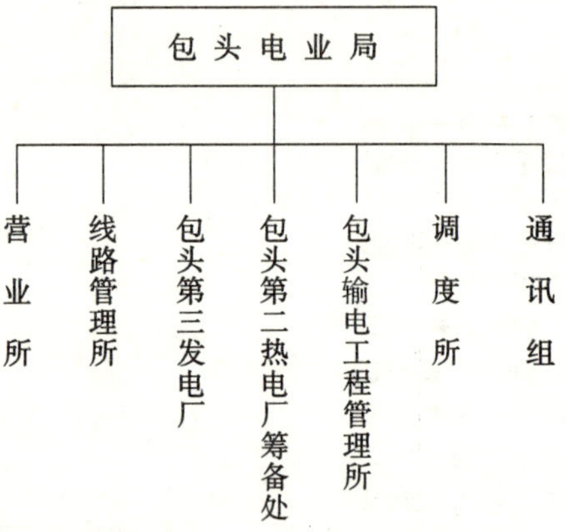

图 9－14　1956 年包头电业局组织机构

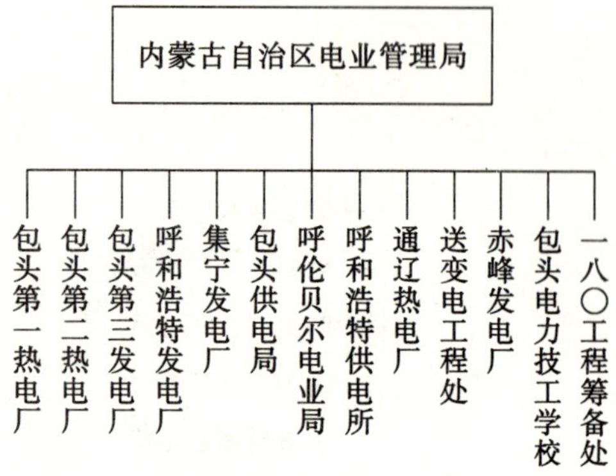

图 9－15　1963 年内蒙古自治区电业管理局组织机构

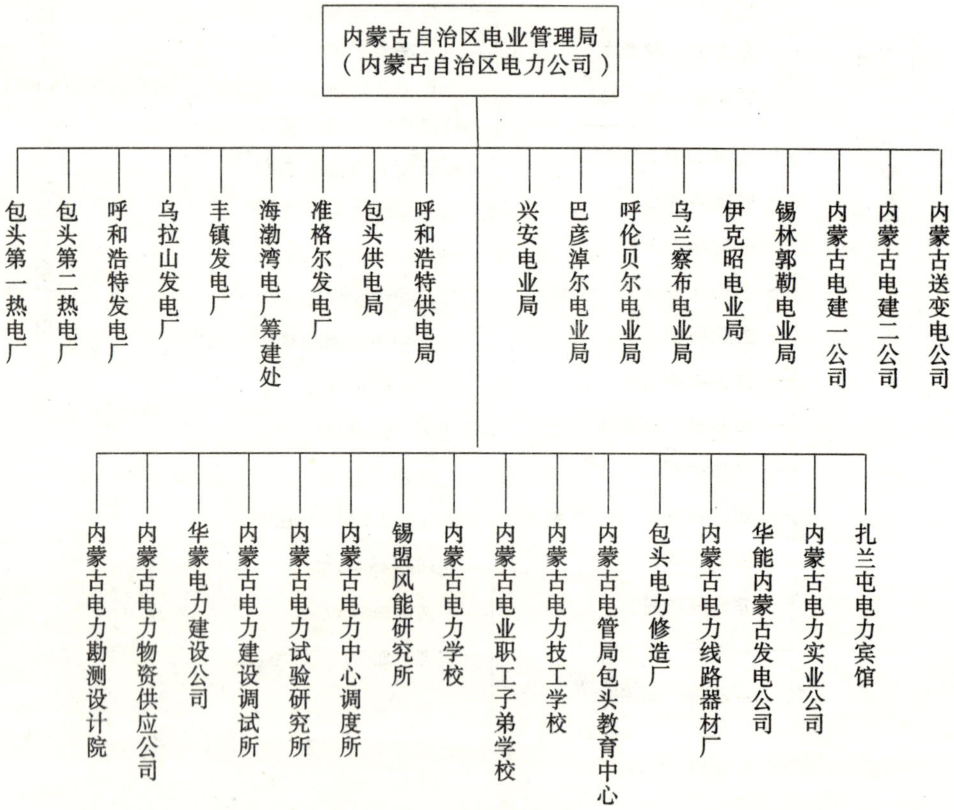

图 9－16　1990 年内蒙古自治区电业管理局组织机构

第二章　整顿与改革

新中国建立以来，华北各省（市、自治区）电力企业根据国家统一部署进行三次企业整顿工作。1962年，针对“大跃进”造成的管理制度废弛、设备失修等问题，进行了第一次整顿；1978年，为消除“文革”遗留问题，进行了第二次整顿。以上两次整顿均为恢复性整顿。经过整顿，恢复和健全了各项管理制度，使企业纳入了正常的生产管理秩序。1982年进行的第三次整顿，是伴随经济体制改革而进行的企业全面整顿。通过这次整顿，提高了企业领导班子素质；加强了企业的各项管理基础工作；促进了安全、经济效益水平的提高和企业的转轨变型；加快了企业经济体制改革的步伐。

第一节　企业整顿

1962年，华北各省（市、自治区）电力生产企业，为克服“大跃进”期间给管理工作造成的混乱状况，遵照中共八届九中全会提出的“调整、巩固、充实、提高”八字方针和《国营工业企业工作条例（草案）》（即工业七十条），进行了以“五定”（定综合出力、定人员编制、定各种消耗定额和储备定额、定固定资金和流动资金、定协作关系）为内容的恢复性整顿。经过整顿，建立健全了行之有效的各项管理制度，恢复了企业正常的生产管理秩序。

1978年，为纠正“文革”对企业管理工作造成的影响，北京电业管理局和山西省电力工业管理局根据国家有关规定，结合全国工业学大庆，对所属企业进行了以整顿领导班子、生产指挥系统、岗位责任制、设备维修、厂容厂貌、职工队伍等方面为内容的全面整顿工作；内蒙古电业管理局进行了以生产为中心，以管理为重点，以调整领导班子、建立和恢复规章制度为主要内容的企业整顿。经过整顿，健全了生产指挥系统，恢复和完善了各项规章制度，加强了设备维修和管理，建立了岗位责任制，使企业面貌发生了较大的变化，生产秩序走上了正轨。

1982年3月，华北电业管理局根据中共中央、国务院《关于国营工业企业进行全面整顿的决定》，成立了企业整顿领导小组，并召开了全系统的第一次企业整顿工作会议，部署了以“三项建设”为内容，“六好”为目标，从五项工作入手的企业全面整顿工作。各省（市、自治区）电力工业局（电业管理局）均成立了企业整顿领导小组，并结合当地有关部门要求，部署了所属单位的企业全面整顿工作。

根据水利电力部颁发的《基层企业验收合格标准》，华北电业管理局于1982年7月召开了全系统第二次企业整顿工作会议，制定了电力生产、施工、修造企业的《验收实施细则》。按照《标准》和《细则》的要求，华北电业管理局于1983年二季度首先对石景山发电总厂、北京供电局和山西省电力建设一公司进行了示范检查验收。通过示范验收，推动了华北电力系统企业整顿工作进程和检查验收工作的开展。

为巩固企业整顿成果，华北电业管理局于1984年2月召开了企业整顿例会，部署了对重点单位企业整顿验收后的复查工作。到1985年末，华北电力系统101个县团级以上单位的企业全面整顿工作全部结束。

经过整顿，北京电力系统8个大中型企业的领导班子，由75人减少到65人；平均年龄由51.3岁降低到48.9岁；中专及高中以上文化程度的比例由64.4%上升到90.8%，其中，大专及以上文化程度的比例由19%上升到54.8%；有专业职称的比例由52%上升到67.7%。天津电力系统的企业领导班子由111人减为77人；平均年龄由54.3岁下降为46.1岁；高中以上文化程度的由47人上升到56人；助理工程师以上职称的由29人上升到41人。河北省电力系统的企业领导班子由201人减少到129人；平均年龄由55.2岁降低到48.6岁；高中及中专以上文化程度的由36.3%上升到71%；有专业职称的由39.3%上升到69%。山西省电力系统33个企业的领导班子总人数减少了16.9%；平均年龄由55.3岁下降46.1岁；高中以上文化程度的比例由29.97%上升到63.2%；具有专业技术职称的由23.7%上升到58.5%。内蒙古电力系统直管企业的领导班子，平均年龄由51岁下降到48岁；具有中等以上文化程度的由30.7%上升到69.5%。

通过企业全面整顿，华北各省（市、自治区）电力企业，完善了各种规章制度，建立健全了各级经济责任制。在发供电和修造企业中普遍实行了以“包”、“保”为主要内容的各级经济责任制；在施工企业中，除以“包”、“保”为内容的经济责任制外，还实行了工程承包、内部独立核算和百元产值工资含量包干的分配办法。各级经济责任制的建立，给企业注入了活力，促进了安全生产。北京电力系统的事故率1983年比1982年下降了73%，1983年北京供电局实现连续安全供电101天，创全国大城市供电安全最高纪录。到1985年末，石景山发电总厂实现安全生产863天，创造了全国发电总厂安全生产时间最长的记录。天津电力系统1984年未发生五种特大事故，发、输、变、配电事故率均低于华北电业管理局下达的指标。军粮城发电厂和天津第一发电厂安全生产记录分别达到760天和728天。河北省的邯郸热电厂1983～1986年创安全生产960天记录。山西省霍县发电厂1984年创连续218天安全运行无事故记录。内蒙古电力系统1985年发供电安全运行记录分别达到525天和773天。1984年山西省电建一公司在全国首创一年投产两台20万千瓦机组的新记录。

第二节 改 革

中共十一届三中全会以来，华北电力企业按照中共中央、国务院关于经济体制改革的一系列方针、政策，在深化改革中，先后建立和完善了各级经济责任制和经营承包合同制；贯彻“政企分开，省（网）为实体，联合电网，统一调度”的方针和“因地因网制宜”的原则，深化电网管理体制改革，开展了集资办电；推行了多种电价；进行了劳动、人事、内部分配和干部等管理制度的配套改革。从而加快了电力建设步伐，改善了内部经营机制，促进了企业管理工作，增强了企业活力，提高了电网的经济效益。

1978年，华北各省（市、自治区）电力企业，根据国务院国发（1978）246号文实行了企业基金制。企业完成各项考核指标后，可按工资总额的5%提取企业基金。根据国务院《关于扩大国营工业经营管理自主权的若干规定》和《关于国营企业实行利润留成的规定》，北京电业管理局在京津唐电网的生产企业中试行了按基数利润1.7%和增长利润5%分别提取企业留利的办法。河北省财政厅核定河北省电力局基数留利2.14%，增长留利5%。1980年将增长留利核定为10%。

1980年，内蒙古电业管理局按照企业性质对独立核算的盈利企业，实行利润包干，超额四六分成，完不成包干任务，取消利润留成；对施工及修造企业，实行亏损补贴包干，超亏不补，减亏四六分成，如扭亏为盈，按倒四六分成（即企业留60%）；对事业单位实行事业费包干，超支不补，节约归己；对电网包干的企业，以网内发电企业包燃料单位成本和固定费用，供电企业包电费收入和固定费用为主要内容，超额部分四六分成；对以大修理和改进工程费用包干的企业实行节约费用四六分成。

1981年，山西省财政厅对山西省电力工业局实行利润包干、超额分成办法。完成包干上交利润和各项考核指标，电力工业局按工资总额的5%提取企业基金；超额完成包干上交利润按超额部分的40%分成。

1983年，国家实行第一步利改税后，华北电力生产企业实行了税后利润定额上交办法，超定额部分企业自留后按3:2:2:3比例建立奖励、福利、后备和生产发展4项基金。

按照国务院《关于进一步扩大国营工业企业自主权的暂行规定》和水利电力部《关于电力工业简政放权的规定》，华北电业管理局于1985年制定了《华北电网经济体制改革要点》、《华北电业管理局关于对省（市）电力局实行内部经济责任制的方案》、《华北电业管理局对直属发供电企业经济责任制方案》和《华北电业管理局关于下放管理权限的规定》，并在华北电力系统内实行了指令性计划、指导性计划、双增双节的梯级计划目标管理。在华北电业管理局直属单位中分别对发供电企业实行了内部价格、内部核算、内部利润，内部留成，加指标考核的经济责任制；对施工企业实行了百元产值工资含量包干，加指标考核的经济责任制；对修造企业实行了内部利改税办法；对设计院实行了设计产值承包分成办法；对事业单位实行了经费包干、节约分成的办法。同时，还实行了专项工程承包、工资总额包干、厂长负责制、运行岗位工资试点、干部聘任制等一系列配套改革措施。

为深化电力工业改革，加快电力建设步伐，华北各省（市、自治区）电力工业局按照国家《关于鼓励集资办电和实行多种电价的暂行规定》和《关于征收电力建设资金暂行规定的通知》，除按0.02元/千瓦时，征收电力建设资金外，还采取了卖用电权、发行电力建设债券等办法筹集建设资金。同时，推出了集资办电的还本付息电价、峰谷电价、力率调整电价、煤运加价、指导性电量电价、高来高去电价、多电源保证金等一系列符合价值规律的经济管理办法。在基建工程管理上，实行了设计、施工招标、工程项目承包、工程项目经理负责制。

从1988年1月1日起，能源部对华北电网的生产企业实行了为期三年的“两包、一挂、四考核”（即包上交利润和技术改造任务；工资总额与售电量挂钩浮动；考核安全、指令性发电量、频率合格率和财经纪律）的经济承包合同制。据此，华北电业管理局对直属发供电企业原来实行的内部价格、内部核算、内部利润、内部留成的经济责任制改为

“两包、两挂、八考核”（即包内部利润和上交利税、包技术改造任务；可调电量和发电量、售电量与工资总额挂钩；对发电企业考核安全、供电煤耗率和燃料到位率、电网运行、技术改造任务，对供电企业考核安全、线路损失率、电网损失、技术改造任务）的经济责任制。并实行了厂长（经理）任期目标责任制。

为推动华北电网的经济体制改革，1988年底成立了中国华北电力联合公司，由原来两省（河北、山西），两市（北京、天津）统一核算的华北电网改为河北南网（冀南电网）、山西电网和京津唐电网等三个独立核算的经济实体。

第三节　企业上等级

1986年7月，国务院以国发（1986）71号文颁发了《关于加强工业企业管理若干问题的决定》，要求全国工业企业在“七五”计划期间把“抓管理、上等级，全面提高企业素质”当作一项主要任务来抓，并把提高产品质量、降低物质消耗和提高经济效益作为考核工业企业管理水平的主要指标。同时，制定了国家特级企业、国家一级企业、国家二级企业和省（自治区、直辖市）级先进企业的主要标准。

按照国发（1986）71号文要求，华北电业管理局于1987年3月成立了企业上等级工作领导小组。4月，召开了全网“抓管理、上等级，全面提高企业素质”工作会议。5月，下发了《企业上等级工作若干问题的暂行规定》。在国家规定的企业等级基础上，增设了华北电业管理局一级企业和二级企业两个等级，并按企业性质分别制定了等级标准。根据华北电业管理局的部署，各省（市、自治区）电力工业局分别成立了领导小组，召开了所属企业的上等级工作会议，制定了上等级的《规划》、《办法》和《标准》。从此，华北电力系统企业上等级工作全面展开。

经各级领导和全体职工的努力，1987年末，石景山发电总厂，北京热电总厂，北京供电局和北京送变电公司首批达到华北电业管理局一级企业；北京电力机械建筑公司，华北电力科学研究所，华北电力设计院和北京发电设备总厂进入华北电业管理局二级企业；天津电力试验研究所和天津电力设计所进入市级先进企业。1988年2月，北京市经济委员会批准石景山发电总厂和北京热电总厂为北京市首批市级先进企业。8月，国务院加强企业管理指导委员会批准石景山发电总厂为全国电力行业首批国家二级企业；内蒙古自治区加强企业管理领导小组批准包头第一热电厂、包头第二热电厂、包头供电局、内蒙古电建一公司和赤峰电业局为自治区级先进企业。年末，天津市市区供电公司、郊区供电公司、蓟县供电局、塘沽供电局、天津电力建设公司进入市级先进企业行列；天津电力试验研究所被批准为华北电业管理局二级企业；北京供电局、北京电力设备总厂和北京送变电公司被批准为市级先进企业。1989年8月，国务院加强企业管理指导委员会批准北京热电总厂、北京电力设备总厂、北京送变电公司、天津电力建设公司、包头供电局为国家二级企业；内蒙古自治区批准呼和浩特供电局、内蒙古送变电工程公司和哲里木盟电业局为自治区级先进企业。年末，天津电力试验研究所进入华北电业管理局一级企业。1990年12月，经国务院企业管理指导委员会批准，石景山发电总厂为国家一级企业。唐山发电总厂、邢台发电厂、马头发电厂、石家庄供电局、河北省送变电工程公司、晋中地区电业局、晋东南电力公司、山西省电建三公司、吕梁地区柳林县电业局等，于1990年先后被批准为国家二级企业。此外，天津市的供电系统和天津第一热电厂，山西省的太原第二热电厂等单位均在1990年末达到了国家二级企业标准。太原第二热电厂还被能源部命名为安全文明创水平达标企业。河北省有15个电力企业进入省级先进企业行列。

第四节　现代化管理

为适应经济体制改革的不断深化和企业上等级的需要，华北电力系统加快了管理手段现代化的进程。进入80年代后，除在科学计算、辅助管理和生产过程监测3个方面逐步普及微型计算机应用外，为使整个华北电力企业管理工作系统化、标准化、程序化、高效化，重点加强了PQCoC—MPt 考核系统的完善（P——数量，Q——质量，Co——消耗或成本，C——管理效率，M——定员，Pt——岗位系数）。

从1982年10月起，华北电业管理局的发供电企业在推行全面质量管理的基础上，开展了可靠性管理，并将可靠性指标纳入经济责任制考核或企业评价工作中；将方针目标管理、量本利分析、预测技术、网络技术、库存管理、系统工程等现代化管理手段，均应用到各项管理工作中。

在基础工作方面，华北电业管理局将标准化、计量、定额、信息、规章制度、基础教育等6项工作，归纳为标准化、数据信息和基础教育3个体系，并首先加强了决策支持系统的数据信息体系管理和管理思想的转变。即由定性管理转向定量管理；由执行型管理转向决策型管理；由专业管理转向综合管理；由手工管理转向计算机管理。石景山发电总厂于1985年建立了总厂数据信息系统，实现了6个子系统的联网运行。内蒙古电力系统在管理信息系统开发软件100余种，其微机财务核算系统曾获华北电业管理局一等奖；在科学计算和生产过程监测方面开发了一批微机应用项目，包括电网监测系统微机远动装置、电网等微增率经济调度计算、电网潮流和稳定计算、电网频率自动连续监测装置等。

为普及现代化管理知识，华北电业管理局于1986年编写出版了《现代化管理方法及在电力工业中的应用》一书，在各电力专业学校增设了现代化管理课程，对局（厂）长和在职管理干部普遍进行了培训和考试。

第三章　计划与统计

新中国建立以来，华北电业的电力计划管理体制曾几经变化。“一五”计划期间，国家对电力工业实行直接指令性计划和中央集中管理为主的分级管理体制。电力生产计划为国家指令性计划，一本帐到底。电力基本建设项目及投资由中央主管部门统一安排。华北各省（市、自治区）电业管理部门直接对中央主管部。

“二五”计划期间，华北的电力企业除管理京津唐电网的北京电业管理局仍由中央主管部直接管理外，河北省、山西省、内蒙古自治区的电力企业均下放地方管理。计划管理体制实行条块结合。计划指标实行“两本帐”，中央下达的指令性计划为“一本帐”，地方增订的为“二本帐”。

三年经济调整时期，国家为解决国民经 济比例失调，加强宏观控制，又将计划管理权限集中到中央，实行由中央集中管理的计划体制。

“文革”期间，打破“条条专政”，华北各省（市、自治区）电力企业的计划管理部门被取消，大部分计划管理人员下放劳动，计划管理工作处于瘫痪状态。

中共十一届三中全会后，国家在进行经济体制改革的同时，加快了计划管理体制改革进程。1980年，华北电业管理局对华北的电力企业实行了统一计划、分级管理。计划指标由单一指令性计划改变为指令性计划和指导性计划。

第一节　发展规划与前期工作

一、发展规划

新中国建立前，华北电业只有伪满铁经济调查委员会于1937年10月拟定的《华北发送电网计划》，提出建立平、津、唐（154千伏）、秦（66千伏）电网规划设想。按计划先后建成平、津、唐77千伏输电线路，初步形成了跨省市的平、津、唐电网。

（一）京津地区。新中国建立初期，由于对电力需求的预测缺乏资料和经验，在编制“一五”计划预测电力电量时，因数字偏低，装机较少，造成1956年以后京津唐地区的缺电局面。随着国民经济的发展，电业管理部门注意收集和整理各行业的实际用电资料，建立了预测网络，逐步完善了预测方法，为编制各个时期的发展计划提供了依据。

“一五”、“二五”计划期间，北京电业局于1953年10月提出并上报了《北京地区电力系统五年发展计划意见》。意见中计划“一五”期间在石景山发电厂扩建两台2.5万千瓦机组，或在石景山发电厂和通州发电厂各建1台2.5万千瓦机组。1954年4月，北京电力设计分局提出《京津唐张电网五年远景发展设计》，预测全网“一五”期间电力负荷（供电）为31万千瓦，需新增装机13.5万千瓦。1957年2月，电力工业部规划设计院提出《北京动力系统设计》，预测到1962年北京地区电力负荷（供电）为33万千瓦，1958～1962年需新增装机23万～33万千瓦。

天津电业局于1953年提出了电网升压和电压结构改造规划，逐步取消77、22、5、3.3千伏电压。实现110、35、10千伏电压结构的改造目标。

天津供电局于1958年9月编制了《天津地区电力系统规划》，预测1962年天津地区最大供电负荷为106万千瓦，提出1959～1962年需新增装机容量100万千瓦以上。

在电网建设的中长期计划中，根据北京市城市建设规划的布局，“一五”计划期间建成东北郊、南苑两座110千伏变电站；京津唐77千伏输电线路升压至110千伏；官厅—东北郊110千伏输电线路投入运行。形成自西、南和东、北方向均有枢纽电源向市区供电，提高北京地区电网的供电可靠性。“二五”计划期间，原计划新建北郊（清河）和西郊（八里庄）两座110千伏变电站，实际上新建了古城、后屯、衙门口、211、老君堂、八里庄6个110千伏变电站，形成了北京地区110千伏环网。

天津地区在电网建设方面，新建杨柳青、天津北郊、永利、铁东等110千伏变电站6座，扩建白庙等变电站3座，新增110千伏主变压器总容量38.65万千伏安，输电线路261公里。

“三五”、“四五”计划期间，水利电力部计划司于1965年4月组织北京电力公司、电力建设总局和北京电力设计院，根据“靠山、分散、隐蔽”建设电厂的方针，选择北京怀柔，河北承德、山西朔县和娘子关建设电厂向北京送电。当年10月，北京电力公司正式上报“三五”计划，提出在高井电站扩建20万千瓦，北京第二热电厂新建3.6万千瓦，密云水电站新建3.5万千瓦，新建113地下电站5万千瓦及紫荆关水电站15万千瓦，怀柔和朔县电厂开工建设。

1970年8月～1972年10月，北京电业管理局曾三次提出“四五”计划，最后确定在京西建设2×20万千瓦靠山电厂和在双庙（陡河）建厂（第一期工程2×12.5万千瓦）。在电网建设方面，计划建成京西电厂—清河—通县—南苑—坨里—京西电厂220千伏环网及京津唐220千伏三角环网。

天津电业局于1971年8月和1972年5月分别编制了《天津地区第四个五年计划期间电力规划设想》和《关于“四五”、“五五”期间天津电业发展规划设想》，提出在电源建设方面，建设杨柳青发电厂（37.5万千瓦），新建大港发电厂、汉沽热电厂，扩建军粮城电厂。在电网建设方面。基本形成杨柳青—北郊—白庙—汉沽—大港及南郊—杨柳青的220千伏环网。

“五五”计划期间，北京电业管理局于1975年编制了《京津唐电网十年规划纲要》，提出建设北京第二热电厂、改建石景山发电厂，成为北京地区新的区域性大厂。建设十三陵抽水蓄能电站，作为北京地区的调峰电源。配合北京地下铁道工程，建设第二座地下战备电厂。建设陡河、大港两个百万千瓦大厂，向北京送电。京西电厂继续建设。并根据华北油田“五五”、“六五”计划期间石油开采量的预测，计划京西电厂，北京第一、二热电厂和大港电厂烧油发电。在电网建设方面，计划建成高井电站经南苑至天津白庙变电站的220千伏送变电工程，形成高井电站—南苑—老君堂—通州—东北郊—清河—京西电厂的220千伏开口环网。

（二）河北地区。河北省的电力发展计划是从“二五”计划期间开始编制的，1958年

10月河北省电力工业局成立后，编制了《河北省1958～1962年电力工业发展规划》，提出到1962年水电装机容量达80万千瓦，火电装机容量达561万千瓦，河北全省与京、津形成统一电网，并与山西大同和东北锦西电网连结。经实践，于1959年12月重新编制了《河北省1960～1967年电力工业发展规划》，将“二五”计划后三年的目标调整为1962年发电总装机容量283万千瓦。并实现石邯电网（石家庄、邯郸）与京津唐电网通过110千伏线路联网运行。1960年，经过全省范围内的“反右倾”，河北省电力工业局又将“二五”计划目标调整为1962年全省发电装机总容量达到353万千瓦，3年内新增装机容量211.5万千瓦。

河北省电力局于1975年7月编制了《河北省电力工业“五五”发展计划》，预测到1980年全省共需电量224亿千瓦时，最大电力负荷377万～395万千瓦。“五五”计划期间全省需新增火电装机容量232.5万千瓦，水电装机容量6.56万千瓦，共239万千瓦。在南部地区，重点扩建马头电厂60万千瓦（2×10万+2×20万千瓦），邢台电厂20万千瓦（2×10万千瓦），新建井陉威州电厂20万千瓦（2×10万千瓦），续建沧州电厂5万千瓦（2×2.5万千瓦），共105万千瓦；在北部地区续建陡河电站62.5万千瓦，扩建唐山电厂30万千瓦，秦皇岛北山电厂2.5万千瓦，承德滦河电厂5万千瓦，保定热电厂10万千瓦和下花园电厂20万千瓦，共130万千瓦。在电网建设上，南部地区计划建设马头—邢台—石家庄，石家庄—衡水，马头—武安—邢台，邢台—衡水等220千伏输变电工程；北部地区计划建设陡河—迁安—秦皇岛，迁安—承德，吕家坨—滦县，房山—高碑店—保定，下花园—宣化—张家口，天津西—沧州等220千伏输变电工程。使河北省南、北部，分别形成以220千伏为主网架的电力网。

（三）山西地区。1974年8月，山西省电业局编制了《山西省电力工业发展十年规划》讨论稿，1975年3月进行了修改。该规划根据“五五”计划期间全省国民经济发展状况，预测到1980年全省共需电量150亿千瓦时，最高电力负荷250万千瓦。“五五”计划期间需新增装机容量206万千瓦。重点建设娘子关、霍县、朔县、太二、漳泽等电厂，到1980年末，全省发电装机总容量预计达到375万千瓦。

（四）内蒙古地区。内蒙古电力工业管理局成立后，于1958年7月首次编制了《内蒙古自治区1958～1962年电气化规划》，根据对各地区电力负荷预测，提出呼包电网新建呼和浩特热电厂和清水河区域性电厂；西部地区建设乌达区域性电厂、黄河三盛公和三道坎水电站，将乌达、三盛公、陕坝联成网，并与宁夏石嘴山电网相联接；东部地区建设扎赉诺尔发电厂和富拉尔基—扎兰屯110千伏输电线路。

1963年，内蒙古水利电力厅虽根据当时对各地电力负荷的预测，编报了《自治区电力工业5～10年发展规划》，但因“文革”开始和行政区划变更而没有完全实施。

内蒙古电业管理局于1977年编制了《内蒙古电力工业1976～1985年发展规划》，提出在此期间，包头第一热电厂装机容量达到31.2万千瓦，呼和浩特电厂装机容量达到7.4万千瓦，乌拉山电厂装机容量达到10万千瓦，新建丰镇电厂和前房子电厂各40万千瓦，以解决呼包电网的缺电局面。

“六五”、“七五”计划期间，华北电业管理局根据水利电力部《关于加强电力规划工作的若干意见》和《关于加强跨省电网集中统一管理的若干规定》，成立了规划领导小组，对华北电网的电力发展进行统一规划。

1981～1985年，华北电业管理局遵照中央提出的“调整、改革、整顿、提高”，八字方针，重新修订了在全国超赶世界先进水平，短期内建成12个电力基地的指导思想下编制的“六五”计划，编制了《华北电网1981～2000年电力发展规划》和“七五”计划。按《发展规划》安排，到2000年全网装机容量翻两番；本世纪末建成安全、稳定的现代化电网。在电源布局上，采取建设坑口电站和蒙西、雁同电力基地与负荷中心建厂相结合的方针。采用20万、30万、60万千瓦的大型机组，一次设计，一次施工，加快建设步伐，提高经济效益。“七五”计划期间，强化各地区220千伏网架；到2000年形成西电东送的500千伏坚强网架。

“六五”、“七五”计划期间，计划为北京地区用电新增的电源有：石景山热电厂60万千瓦（3×20万千瓦，其中1台顶替京西电厂燃油机组），陡河电厂20万千瓦，沙岭子电厂120万千瓦（2×60万千瓦）顶替电网燃油机组，大同第二发电厂60万千瓦（3×20万千瓦），神头第一发电厂40万千瓦（2×20万千瓦），神头第二发电厂100万千瓦（2×50万千瓦），以及沙岭子二期、蓟县、秦皇岛等电厂。此外，天津地区计划新增电源点有：天津军粮城电厂扩建2×20万千瓦，大港电厂扩建2×32万千瓦，新建北塘电厂和改造第一发电厂；河北地区计划新增电源有：保定热电厂5万千瓦，下花园发电厂40万千瓦，丰润电厂80万千瓦，紫荆关水电厂5万千瓦，潘家口水电厂23万千瓦，石家庄热电厂5万千瓦，上安电厂一期70万千瓦（2×35万千瓦），邯郸热电厂5万千瓦，邢台发电厂60万千瓦（3×20万千瓦），马头发电厂20万千瓦；山西地区计划新增的电源有：娘子关电厂10万千瓦、漳泽电厂40万千瓦（2×10万+1×20万千瓦）、太原第一热电厂40万千瓦（2×20万千瓦）、永济电厂10万千瓦（2×5万千瓦）、太原第二热电厂40万千瓦（2×20万千瓦），并新建大同西坪电厂、潞城（王曲）电厂、汾河电厂、霍县二电厂等，总装机容量880万千瓦，“七五”计划期间投产460万千瓦。为解决山西地区调峰问题，这期间还计划建设黄河军渡水电站25万千瓦，汾河一、二级梯级电站4.7万千瓦和汾河二库蓄能电站40万千瓦。“七五”计划期间，内蒙古电业管理局实行“投入产出”承包经营，承包目标是：到1990年末，内蒙古电业管理局直属发电装机总容量在1985年75万千瓦的基础上实现第一个翻番，达到150万千瓦。计划新增主要电源点有：丰镇电厂40万千瓦（2×20万千瓦），乌拉山电厂10万千瓦，包头第一热电厂10万千瓦，包头第二热电厂20万千瓦（2×10万千瓦）。在电网建设方面，各地区建成220千伏环网或双环网。北京地区建成房山、昌平、安定3个500千伏变电站和大同—房山第二回500千伏超高压输电线路，形成联接雁同电力基地的500千伏马蹄形环网。

二、前期工作

1963年，全国电力工作会议要求，预选一批备用厂址，提前编制一批设计任务书，将设计年度提前，为电力先行创造条件。华北各省（市、自治区）电业管理部门按照会议要求，根据本地区煤、水、油资源情况和负荷特点，进行了部分选厂工作。“文革”期间，电力建设采取边设计、边施工、边投产的做法，削弱了前期工作。

1983年，华北电业管理局在编制《华北电网1981～2000年电力发展规划》的同时，拟订了《发电工程前期工作规划》，规划中提出，1985年华北发电工程的在建容量、设计容量和选厂容量之比达到1:4:6，为本世纪末华北电力工业翻番创造条件。此后，华北电业每年滚动编制前期工作计划，每年召开一次前期工作会议，安排费用，落实任务。经过5年的努力，基本扭转了前期工作的落后局面。

到1990年末，除建成、在建和正在筹建的发电工程外，京津唐地区已完成大郊亭、高碑店、宋家庄热电厂，天津北塘电厂、三河电厂、陡河第二发电厂和丰润电厂扩建的可行性研究及蓟县电厂和秦皇岛电厂的初步设计，正在进行沙岭子电厂二期、滦河电厂扩建，并完成怀柔电厂的规划选厂和北京北郊热电厂的初步踏勘。河北地区已完成或正在进行初步设计的有：西柏坡电厂一期、上安电厂二期等工程；已完成或正在进行可行性研究的有：邯峰电厂、马头电厂扩建、易县电厂、黄骅电厂、滦平电厂等工程；已进行或正在进行初步可行性研究的有：蔚县电厂、涞水电厂、王滩电厂、定曲电厂、衡水电厂、卢龙电厂、抚宁电厂等工程。山西地区对规划点上的柳林电厂、榆社电厂、阳泉二电厂、河津电厂、霍县二电厂、阳城电厂、王曲电厂、漳泽二电厂、河曲电厂、保德电厂等工程进行了规划选厂，并分别提出初步可行性研究报告、可行性研究报告和初步设计。蒙西地区对海勃湾、岱海、龙王沟、关房子、薛家湾、达拉特、托克托等电厂进行了规划选厂。

前期工作的加强，为华北电力工业的高速发展奠定了基础。

第二节　年度计划

一、基建计划

1980年以前，河北省、山西省、内蒙古自治区的电力基本建设计划由各省、自治区电业管理部门负责编制与管理；京津唐地区的电力基本建设计划由北京电业管理局负责编制与管理。1980年华北电业管理局成立后，华北的电力基本建设计划由华北电业管理局统一平衡、汇总、编制与管理。

电力基本建设计划包括：基本建设投资计划；基本建设项目计划；新增生产能力和新增固定资产计划；施工和竣工的房屋建筑面积及竣工房屋价值计划。

电力基本建设计划的编制依据是：上级规定的方针、政策及控制指标（投资额及新增生产能力）；电力发展计划；经审批后的初步设计及工程概算（估算）；设备和材料供应的可能性；施工组织设计及施工单位的工程综合进度。

在编制程序上，50年代实行的是“一上二下”，即先由上级下达控制数字，根据控制数字编制上报计划草案，再经上级审批下达。60年代实行“二上二下”，即在上级下达控制数字之前，增加一次上报计划建议意见。“文革”后期改为“一上一下”，一般在每年七八月份编报下年度计划。

计划实施措施：上级下达的年度计划，在一个月内下达基层单位；大中型发电工程、大型送变电工程和跨地区送变电工程，组建工程筹建处或工程指挥部；从1985年起，对大中型工程实行项目投资包干责任制：包建设规模，包工期，包质量，包投资，投资结余和提前发电的收益，施工企业可按比例分成，用于职工奖励和职工住宅建设；建立定期统计报告制度，控制计划进度。

二、生产计划

华北电业的电力生产计划，由各省（市、自治区）电业管理部门根据本地区发电设备运行状况、检修计划安排、燃料供应、电网高峰低谷负荷差和发电设备的调峰能力以及新机组投产日期和投产后的运行情况，结合所属发供电企业编制的发电量、供热量、售电量和各项技术经济指标进行编制。

电力生产计划以发电量、售电量、供热量、供电煤耗率、水力发电厂用电率、供热煤耗率、供热厂用电率和线路损失率等项指标为主要内容；实行两种计划后，改为编制发电量、售电量、供电煤耗率和线路损失率4项指标的指令性计划和指导性计划。

在编制方法上，首先进行电力电量平衡。在电力供应正常情况下，根据电力需求，平衡检修计划，按电网经济运行原则分配各电厂负荷，确定全网电力电量计划；在电网缺电，电力供不应求时，主要根据发电厂的可调出力和可调电量确定发电量和售电量计划。大型发电机组投产后的第一年，10万、20万、30万千瓦发电机组，分别按年设备利用小时5000、4800、4500小时计算发电量；从第二年起，按电网年平均利用小时计算。煤耗率、厂用电率等技术经济指标，采用“定额法”或“水平法”进行编制。

电力生产计划采取“二上一下”的程序进行编报与下达。首先由发供电企业提出下年度生产计划建议指标，经主管局综合平衡后汇总上报电力工业部，待审批下达后，再编报正式计划。1980年前，京津唐电网、冀南电网、山西电网和蒙西电网的生产计划由电力工业部分别下达到各省（市、自治区）电力工业局。1980年后，华北电业的生产计划均经华北电业管理局下达给各省（市、自治区）电力工业局和直属发供电企业。

为计划的实现，华北电业管理局采取了5条措施。(1) 层层分解指标，下达计划。各发供电企业根据上级下达的计划，实行小指标管理，将指标分解落实到运行值和车间、班组。60年代曾实行过“两本帐”或“三本帐”办法。国家计划是第一本帐，争取计划或增产节约计划是第二、三本帐。用第二本或第三本帐考核基层计划，以确保国家计划的完成。(2) 加强省煤节电管理。各地电业管理部门每年召开一次基层省煤节电会议，除交流经验外，并落实技术组织措施。(3) 采取行政手段与经济手段相结合的办法，1979年以前以行政手段为主，兼有少量的安全生产奖和省煤节电奖；推行各级经济责任制后，即以经济手段为主。(4) 推行“月度计划任务书”制，这一制度与各项经济责任制相结合，收到了良好的效果。(5) 坚持统计报告制度，并结合企业整顿、上等级和安全、文明生产双达标活动，促进计划的实施。

第三节　统　计

一、原始记录

新中国建立后，华北各发供电企业根据燃料工业部的要求，整顿和建立了生产经营工作的原始记录。发电企业的原始记录包括：锅炉、汽机、发电机、化学、燃料运输等运行记录，燃料化验分析报告和来煤记录，水库水情记录等。供电企业的原始记录包括：各变电站、营业站的运行和抄、核、收记录，线路、变电站巡线、检修记录等。电网调度和区域调度有调度记录。

二、统计调查

50～70年代初，华北各省（市、自治区）电业管理部门，对新中国建立以来本地区电力工业发展状况进行了多次的统计调查工作，为国家制订国民经济和社会发展计划提供了依据。山西省电力局通过调查，不仅出版了1949～1958年《山西省电力工业十年统计资料汇编》和1958～1960年《山西省电力工业三年大跃进统计资料汇编》，还通过对1909～1949年山西省电业历史情况的调查和整理，汇集了新中国建立前40年山西省电力工业发展概况的统计资料。河北省电力局通过调查整理，出版了《1949～1972年河北电力工业统计资料汇编》。内蒙古电业管理局出版了《1958～1962年内蒙古自治区电力工业统计资料汇编》。北京电业管理局汇集了1949～1972年统计资料，编印了《京津唐电网基本情况手册》，对京津唐地区电力工业发展情况作了较详尽的记述。

三、工业普查

新中国建立后，华北各省（市、自治区）电业管理部门进行了两次工业普查。

1950年，华北各地区电业管理部门遵照燃料工业部和所在地人民政府的部署，对本地区1949年末的发电量、生产职工人数等进行了普查上报。

第二次工业普查准备工作是从1983年11月国务院发出通知后开始的。为搞好这次普查，华北电业管理局和各省（市、自治区）电力局工业均成立了普查领导小组及办事机构，并抽调计划、发电、供用电、劳动工资、财务、物资供应等专业人员，分宣传、培训、整顿企业基础工作、试填表、填表5个阶段进行。普查结果用电子计算机汇总，打印出版了《第二次工业普查资料汇编》和《工业普查研究分析资料汇编》，于1986年4月分别上报国务院和各省（市、自治区）工业普查主管部门。

华北电业第二次工业普查工作，受到国务院、水利电力部和各省（市、自治区）主管部门的表彰。国务院工业普查领导小组授予华北电业管理局国家级工业普查先进单位称号，水利电力部和北京市工业普查领导小组授予部级、市级工业普查先进单位称号。河北省电力工业局荣获全国第二次工业普查先进单位称号。

四、统计报表

（一）基建统计。1985年前，华北电业的基本建设投资由国家拨款，这个时期的基建统计报表有：月电讯快报、月报和年报。其主要内容为：投资完成情况、新增生产能力、新增固定资产、房屋建筑面积及大中型工程完成情况。1985年后，由于基本建设投资改为贷款制和实行集资办电，报表增加了资金来源和财务拨款等内容。

华北电力基本建设统计报表由建设单位编制，经各省（市、自治区）电业管理部门汇总，上报上级主管部门和所在地统计局。

（二）生产统计。华北电力生产企业的统计报表有：企业报表、基本统计报表和专业统计报表。报告期分为日报、月报和年报。企业报表是日报，其他是月报和年报。

生产日报分基层生产日报和电网生产日报。基层生产日报由发供电企业逐日编制；电网生产日报由各省（市、自治区）电力局逐日编制。其内容包括：发电量，主要机、炉开停及检修情况，电力平衡及拉路、限电情况，电能质量，燃料供应，计划用电，安全，新机组投产等 8 个方面，以供各级生产调度会议安排部署工作。

从 1983 年起，华北电业管理局建立了“生产统计公报”，由局计划部门将各基层单位每月上报的电讯快报和逐日的生产日报汇总，并附简要分析，向每月召开的局务会议进行汇报，以总结检查，计划目标的执行。

基本统计报表和专业统计报表，是国家规定的月报和年报，分别按国家统计局和国务院主管部的规定填报。其基本内容包括：工业总产值和净产值，电力热力生产情况，新机投产利用情况，电厂技术经济指标完成情况，供电情况，电力收支平衡及行业用电情况和工业用电分析，发供电设备情况等 7 个方面。

根据国家统计局和水利电力部决定，从 1986 年起，华北电力工业总产值不变价格计算标准由过去的发电量单价 65 元/千千瓦时改为按发电量 50.8 元/千千瓦时，售电量 19.7 元/千千瓦时，机关 10 元/千千瓦时综合计算。从 1990 年起，总产值计算不变价格又改为按发电量 79 元/千千瓦时，售电量 29.5 元/千千瓦时，机关 20 元/千千瓦时。总产值现行价格由华北电网统一计算改为由各省（市、自治区）电力局分别计算。净产值由只按“生产法”计算改为按“生产法”和“分配法”两种办法计算。按“生产法”计算的工业净产值，是从工业总产值中减去物质消耗价值求得；按“分配法”计算的工业净产值，是根据工业生产新创造价值中属于国民收入初次分配的各项要素相加求得。

第四章　劳动工资

华北电业的劳动计划和工资政策，在1984年以前均由国家和主管部统一制定和下达，各省（市、自治区）电业管理部门组织实施。1984年以后，随着经济体制改革的不断深入，华北电网形成了统一领导、分级管理的体制，在劳动工资管理方面，不仅华北电业管理局有了较多的自主权，而且各省（市、自治区）电力工业局也在机构设置、人员招聘、工资调整、奖金分配等方面享有较大的自主权。

第一节　劳动管理

一、组织

新中国建立以来，华北电力企业的劳动组织形式，随着生产力的发展和形势的变化，进行过几次调整。

50年代初，学习前苏联电力企业管理经验，对生产基建企业旧的劳动组织进行了改革。发电企业建立了“小分场”（车间）制，设汽机、电气、锅炉、运输、修理等车间，下设班（组）；供电企业设线路管理所，分设高压、低压两个工区；施工企业为工程队，按汽机、锅炉、电气、修配等专业下设工地或班（组）。

50年代末期开始，在石景山发电厂试行“大分场”制，撤消了生产车间，建立了运行分场和检修分场。运行分场设4个运行值，下设专业班（组）；检修分场设各专业工段或专业检修队下设专业班（组）。这一组织形式在华北电业逐步得到推广。供电企业按输电、变电、配电、用电设车间或工区。

1968年，在全国学习解放军的号召下，各发供电企业将车间、工区改建为连队制，各连下设专业班。1972年后，这一组织形式相继取消，恢复了车间、工区建制。

到1990年末，华北电力联合公司所属基层企业的劳动组织形式一般为：发电企业分大分场、小分场制两种，设值队（车间），下设班（组）；供电企业分设输电、配电、变电工区或管理所（处），下设班（组）；施工企业分设锅炉、起重、汽机、电气、仪表、管道、焊接、建筑、修配等工地，下设班（组）；修造企业按产品分专业车间，下设班（组）。从管理层次看，基本上形成厂（局、公司）、车间（队、工区、工地）、班（组）三级管理的组织形式。部分企业为总厂、分厂、车间、班（组）四级管理的组织形式。

二、定员

新中国建立初，华北电力企业无定员标准，基本上是按生产岗位实际需要配备各岗位生产人员。

1952年，华北各省（市、自治区）电业管理部门按照电业管理总局的部署，组织查定队深入发供电和施工企业班组，采取跟班写实方法，进行了工时查定工作。通过查定，虽然基本清楚了各工种岗位对人员的实际需要和工时利用情况，但未形成比较系统的定员资料。

1953年，电业管理总局制定了《新建发电厂定员标准（草案）》，华北电业的太原第一热电厂等新建电厂执行了这一标准。

1956年，电力工业部根据国务院1955年颁发的《关于控制企业、事业单位人员增长和加强劳动管理的指示》，制定了《电力工业部所属电业局、发电厂、电网及营业管理所定员编制草案》，为电力企业定员工作的开展提供了依据和标准。据此，华北各省（市、自治区）电业管理部门在所属发供电企业开展了编制定员工作。

为扭转“大跃进”以来电力企业人员失控的情况，水利电力部于1963年先后颁发了《火力发电厂编制定员标准》、《供电企业编制定员标准》和《火力发电厂和送变电建设工程建设单位编制定员标准》。华北电业各发供电企业经贯彻执行部颁《标准》，有效地控制了职工总人数的增长和非生产人员的比例。

“文革”期间，定员工作处于停顿状态。

1979年，华北各省（市、自治区）电业管理部门，根据国家经济委员会、国家计划委员会联合发出的《关于做好企业编制定员和劳动定额工作的通知》和水利电力部《关于征求火力发电厂和供电企业编制定员标准（修改草案）意见的通知》，在所属发供电企业进行了编制定员的调查和整顿工作。

1982年，中共中央、国务院发出《关于国营工业企业进行全面整顿的决定》后，国家经济委员会和劳动人事部先后发出《关于在企业整顿中加强定员工作的通知》和《关于加强企业编制定员和劳动定额工作的试行办法》。水利电力部于1983年重新颁发了修订后的《火力发电厂机构定员标准》、《供电企业机构定员标准》和《火电送变电施工企业编制定员试行标准》，并下发了《关于加强电力企业定员管理的暂行规定》。根据以上要求，华北电业管理局结合企业全面整顿，对所属基层企业的编制定员进行了全面核定，基本上做到了按定员组织生产，并将非生产人员比例控制在18%以内。

1988年，华北电业管理局根据水利电力部和劳动人事部联合颁发的《农电企业编制定员暂行标准》和《农电企业编制定员标准制定依据》，对所属农电系统进行了定员定编工作。

三、定额

（一）生产定额。50年代初，华北各省（市、自治区）电业管理部门，学习前苏联工业管理方法，培训了一批记工员，在所属发供电企业的设备大修中开展了工时查定工作。但由于设备大修项目变动较大和查定方法不够科学等因素，没有形成一套比较完整的工时定额。

1962～1963年，华北电业各发供电企业根据水利电力部关于“加强定额管理，进一步开展定额工作”的要求，先后编制了发电设备大修标准项目、输配电线路检修、变电设备检修、配电变压器检修与更换、电能表定期更换等项工时定额，使电力生产企业的定额管理工作初步走向正轨。

“文革”期间，除供电企业的部分定额外，其余均被视为“管、卡、压”而停止执行。

1979年，国家经济委员会、国家计划委员会发出《关于做好企业编制定员和劳动定额工作的通知》后，华北电力系统的定额工作逐步得以恢复。北京供电局于1987年制定出31个工种696项劳动定额；天津电力工业局从1981年下半年到1982年初完成了输、配电线路运行、检修和变压器检修、用电等四大项34个工种的定额方案，到1982年末，完成了全系统的劳动定额编制工作。

1982年，华北电业管理局在陡河发电厂召开了定额工作会议，要求各省（市、自治区）电业管理部门加强定额管理，开展劳动定额编制工作。到1984年，天津第一发电厂编制了2.5万千瓦机组检修定额，军粮城发电厂和天津第三发电厂编制了5万、10万千瓦和12.5万千瓦机组大修定额，马头发电厂编制了2.5万、10万千瓦和20万千瓦机组标准项目大修工时定额，山西省电力工业局颁发了《山西省电力局发电设备大修标准项目劳动定额》和《山西省电力局供电劳动定额》。这些定额的编制与实施，使发供电企业的定额管理工作得到了加强。

华北电业管理局根据各地编制的劳动定额，1984年底至1985年初，先后颁发并试行了《发电设备大修标准项目劳动定额》和《供电设备检修标准项目劳动定额》。前者包括：1.2万～32万千瓦汽轮机10种容量22种机型；65～1050吨/时锅炉9种等级容量22种炉型；1.2万～32万千瓦发电机10种容量19种机型等11大类79种312项1902个定额。后者包括：输电、变电、配电、用电、修试等114个单项劳动定额标准。与此同时，还组织各地发电企业制定了《劳动定额管理办法》和《附属设备综合检修定额》、《10万千瓦机组非标准项目检修定额》、《磨煤机标准项目工时定额》以及各种型号水轮发电机组大小修定额等十几种工时定额。这些定额标准，为实行检修承包和制定奖惩办法提供了依据。

（二）基建施工定额。华北电业电力基建施工定额的最初形式是50年代初推行的“工程任务单”制。电力施工企业利用“工程任务单”对工程用工、用料和工程进度进行了较好的控制。

1953年，燃料工业部颁发了《火电、送变电建设施工劳动定额》，为华北电力建设、施工单位编制概、预算提供了依据。

1964年，水利电力部颁发了《电力建设施工定额》和《水利水电建筑安装工程工料、机械施工指标》，这些定额标准在华北电力基建施工企业中，实行不久，由于“文革”开始没有很好贯彻实施。

1978年，全党工作重点转移到以经济建设为中心的轨道上以后，水利电力部先后颁发了一系列定额标准，华北电业执行的有：1981年颁发的《火电、送变电建设工程施工定额》和《电力建设班组定额》；1982年颁发的《水电建设工程建筑施工定额》；1983年颁发的《水利水电建筑安装工程统一劳动定额》和《定额水平调整意见》；《1984年定额调整意见》；1985年颁发的《水电建筑安装施工定额》等。这些定额标准，不仅是电力建设，施工单位编制概、预算的依据，而且成为1984年后电力施工企业实行百元产值工资含量包干责任制，计算工资含量包干系数的重要依据。

第二节　职工队伍

新中国建立时，华北电力企业有职工7110人。随着电力工业的发展，华北电业职工队伍，在数量上、素质上和队伍结构上不断壮大和提高。到1990年末，华北电业共有职工22.774万人，是1949年职工总数的32倍。华北电业各时期职工人数见表9-4-1。

华北电业各时期职工人数表

表9-4-1 单位：人

年份（时期）	合计	北京电力系统	天津电力系统	河北电力系统	山西电力系统	内蒙古电力系统
1949（建国初）	7110	2006	1926	641	1993	544
1952（三年恢复）	11683	3645	2616	1241	3438	742
1957（“一五”）	20595	5032	3337	2304	5147	4776
1962（“二五”）	40135	11562	5140	6012	10903	6518
1965（三年调整）	43683	12286	4709	6512	12124	8052
1970（“三五”）	62971	16140	5914	10408	20357	9352
1975（“四五”）	102261	21699	8415	16505	39964	16038
1980（“五五”）	148490	28289	12096	26871	61040	20194
1985（“六五”）	187531	32864	14671	43868	72793	23336
1990（“七五”）	227740	41376	19932	41317	86594	38521

第三节 工资奖励

一、工资

1949~1950年间，华北电力企业职工实行的是实物工资制。即将原薪折为小米，再按当时当地政府公布的小米牌价折算成货币发放给职工。

1951~1955年，华北电力企业根据政务院规定，实行了工资分制。即以粮、油、布、盐、煤5种实物含量和政府有关部门公布的上述5种实物零售牌价折算出工资分值，用分值乘以工资分，再以货币形式发给职工。在此期间，华北电业的工资分值一般在0.22~0.25元之间。同时，在工人中实行了8级工资制；在管理人员中实行了职务工资等级制。生产工人最低115分，最高380分；工程技术人员最低160分，最高760分；管理人员最低150分，最高710分。但由于地区差别，不同地区同一等级的职工，其工资分亦有所区别。

1956年，华北电力企业根据国务院《关于工资改革的决定》，取消了工资分制，实行了货币工资制。改革后，电力生产和基建安装工人仍实行8级工资制；电力建筑工人实行7级工资制；干部实行职务工资制。按地区差别，发供电运行、检修工人1~8级的工资标准为：京津地区36~113.4元；石家庄、邯郸、峰峰等地32~100.8元；唐山、张家口、保定等地35~110.25元；山西地区34~107.1元。电力建筑、安装工人实行统一的工资标准：建筑工人1~7级的工资标准为33.66~94.2元；火电、送变电安装工人1~8级的工资标准为34~107.1元。企业领导干部、工程技术人员和经营管理人员均根据职务高低、责任轻重、技术复杂程度等因素，分别规定了不同的工资标准。各种职务的工资标准都有较大交叉，在同一职务内又分为若干工资级。按地区、产业、企业划分标准，京津地区干部工资标准为最低36元，最高252元；河北和山西地区一般为最低36元，最高220元。

1963年，华北电力企业按照劳动部《关于职工升级若干具体问题的通知》精神，为40%的职工晋升了工资。同时，对1956年制定的干部工资等级标准进行了修订，取消了企业干部职务工资制，将工资标准简化为19个等级，所有干部不分职务高低，都统一在19个工资等级之内。各职务均以最高、最低等级线加以限制，各职务之间的等级相互交叉。1963年华北电力企业干部简化工资标准见表9-4-2。

1963年华北电力企业干部简化工资标准表

表9-4-2

等级		1	2	3	4	5	6	7	8	9	10	11	12	13	14	15	16	17	18	19
工资标准（元）	京津唐地区、内蒙古自治区和山西省的太原、大同、阳泉地区	280	250	220	198	178	160	145	133	121	109	95	85	76	66	57	50	43	38	34
	河北省的石家庄、邯郸、邢台、衡水地区和山西省的其他地区	265	235	205	187	169	152	136	124	113	102	92	82	73	64	56	49	42	37	32

1971年，华北电力企业根据国务院《关于调整部分工人和工作人员工资的通知》，为1957年底前参加工作的3级工，1960年底前参加工作的2级工以及与上述工作年限相同，工资级别相似的工作人员调整了工资。

1977年和1979年，华北电力企业分别按照国务院《关于调整部分职工工资的通知》和《关于职工升级的几项具体规定》，以两个40%的升级面为职工调整了工资。1981～1983年，分批为电力文教、卫生等人员调整了工资。

按照国务院批转劳动人事部《关于1983年企业调整工资和改革工资制度问题的报告》，华北电业从1983年10月起，为1978年底前参加工作的固定职工和1971年底前参加工作的计划内长期临时工调整了工资。此次调整工资，把固定升级改为浮动升级，凡升级的均暂不固定，经2～3年的考核期，合格后再予固定。这次调资没有升级面限制，凡符合条件的均可升1级工资，但调资金额规定为每人每月增加7元，其中国家和企业各负担50%。

1985年，国务院发出《关于国营企业工资改革的通知》，劳动人事部颁发了《国营大中型企业职工工资标准》。这次改革采取企业工资与国家机关、事业单位工资改革和工资调整脱钩；职工工资总额与企业经济效益挂钩的浮动办法。企业职工工资随着企业经济效益的提高而增长。国家不再统一安排企业职工的工资改革与调整。企业之间经济效益不同，工资水平也可以不同。根据以上精神，水利电力部制定了《水利电力部直属电力企业行政、专业技术人员职务工资等级表》。华北电业执行的是六类工资区标准：干部最高270元，最低37元；工人最高111元，最低37元。但对发电厂、变电站的运行人员规定了以岗位为主的岗位等级工资在8级以上延长3个等级，按岗位序列和工种确定最高和最低工资。其划分标准见表9-4-3。

表 9-4-3

电力企业行政、专业技术人员职务工资等级表（六类工资区）

等级	1		2		3		4		5		6		7		8	
工资标准（元）	正	副	正	副	正	副	正	副	正	副	正	副	正	副	正	副
	270	256	243	231	220	210	201	193	185	177	169	161	154	146	139	132

等级	9		10		11		12		13		14		15		16		17
工资标准（元）	正	副	正	副	正	副	正	副	正	副	正	副	正	副	正	副	正
	125	118	111	104	97	90	84	78	72	66	61	56	52	48	44	40	37

从1987年起，华北电业管理局对所属单位的职工实行了效益工资制。凡完成各项技术经济指标，且未发生重大事故的单位，均在1987年和1988年分别为职工升了半级和1级效益工资。

1989年，华北电力系统用自有资金为职工进行了效益工资升级，并将1988和1989两年的基本工资升级指标（每年30%）用于效益工资转为固定工资。

1990年上半年，华北电业在为职工进行效益工资升级的同时，将各类人员效益工资最高等级线在原标准上延伸了两个级差。下半年，利用当年30%的基本工资升级指标为60%的职工各升半级基本工资，其余40%的职工各升半级效益工资。

二、奖励

新中国建立初期，华北电力企业为安定职工生活，保留了以考勤为主要内容的年终双薪奖。凡职工全年出满勤，未请病、事假者，年终加发本人1个月工资的奖金。

1950～1951年，北京电业局为贯彻《生产定额管理制度》和《事故处理暂行规定》，制定并实行了定额奖励办法，无事故奖励办法，合理化建议、创造发明奖励办法和记功奖励办法；天津电业局建立了合理化建议奖、发供电无事故奖和以降低煤耗、厂用电、线路损失等为主要内容的超额奖；河北省电业局建立了发供电企业安全累进奖；山西省电业局在发供电企业建立了降低煤耗、厂用电和线路损失奖。这些奖励制度的建立，对国民经济恢复时期提高电力安全生产水平和职工的生产积极性起到了较好的作用。

1953年，华北电力企业遵照中共中央《关于国营企业中的工资、年终双薪、年休假问题的指示》，取消了年终双薪奖。

1954年9月，华北电业管理局颁发了《发供电无事故奖励条例》，将以发供电企业为考核单位的安全奖改为以个人为考核对象。据此，各发供电企业分别建立了运行、检修、运输、继电保护、用电监察、调度等人员的无事故奖，并制定了各类人员的奖励办法。这一奖励制度的实施，虽对调动生产人员的积极性起了一定的作用，但由于奖励名目较多，考核手段不够完善，奖金率较高等因素，从而出现了片面追求奖金，甚至隐瞒事故或人为缩小事故的现象。

1957～1958年，华北电力企业按照电力工业部1956年修订的《发供电无事故奖励暂行条例》，相继简化了奖励办法，将无事故奖、省煤节电奖等合并为电业安全经济生产奖。停发了企业领导人员的无事故奖。在管理人员中实行了综合奖。

1959年，北京电业管理局为解决不合理的奖励制度及系统内各单位之间不统一、不平衡的矛盾，下发了《关于整顿与统一奖励制度的通知》，将所属京津唐地区电力企业的奖励名称统一为社会主义劳动竞赛奖。以季度为受奖期。受奖范围，除厂（局）级党、政、工、团领导外，全体职工均可得奖。

1961年，北京电业管理局根据水利电力部对有关工资、奖励、劳动福利待遇问题的处理意见，对京津唐地区所属单位的奖励作了以下规定：发供电企业运行人员，实行以安全生产为主的安全经济奖；检修、维护、修配人员，实行以保证质量为主的保证质量完成任务奖；工程技术人员、经营管理人员和服务人员，实行综合奖；局属单位的党、政、工、团领导干部，不实行生产奖励制度。奖励标准定为：发电运行、检修人员，每月不超过基本工资总额的15%，个人所得奖金每月不超过本人月基本工资的25%；供电运行、检修和火电、送变电安装人员，每月不超过基本工资总额的12.5%，个人所得奖金每月不超过本人月基本工资的20%；实行综合奖的人员，奖金总额每季不超过基本工资总额的20%，个人所得奖金每季不超过本人月基本工资的30%。

“文革”期间，华北电力企业相继取消了奖励制度，将奖金全部改为附加工资。除工资在100元以上的干部外，凡在1960～1966年间享受过季度综合奖的人员，均实行了附加工资。附加工资一直延续到1977年后工资调整时才逐年冲销。

1978年，华北电力企业根据水利电力部转发国务院《关于实行奖励和计件工资制度的通知》，恢复了奖励制度。北京电业管理局下发了《关于实行奖励制度方案的通知》，除对具备条件的单位可从1979年1月起实行奖励制度外，还批准基层单位实行原材料节约、包装品回收、钢铁屑利用、业余装卸、全优工程等单项奖励办法；天津市电力局拟定了《安全经济奖励办法（试行）》；河北省电力局除恢复综合奖外，并对发供电、修造、施工等单位实行了安全生产综合奖、完成任务奖和安全质量奖等；山西省电力局和内蒙古电业管理局恢复了综合奖。各基层单位均结合本单位具体情况，制定了奖励实施细则和具体考核办法。

1980年，华北电业管理局下发了《关于实行长周期安全生产奖励的通知》，在华北各发供电企业实行长周期（发电180天，供电60天）安全奖励。奖励标准，按本单位期末在册人数每人5元计算。

1981年，华北电业管理局在京津唐电网发电企业中试行了设备大修嘉奖。奖励标准为：20万千瓦及以上机组5000元；12.5万千瓦机组4500元；10万千瓦及5万千瓦机组4000元；2.5万千瓦及以上机组2000元；2.5万千瓦以下机组1200元。河北省电力工业局在所属发供电企业和施工企业中分别实行了记分计奖和联产计奖办法。

1982年，华北电业管理局下发了《关于提高发供电运行人员奖金水平问题的通知》，其划分标准见表9－4－4。

1984年，水利电力部将省煤节电奖的审批权限下放给各电业管理局和直属省（区）电力局后，华北电业管理局规定了省煤节电奖提取标准：煤耗率降低10克/千瓦时以下部分，每节约1吨标准煤，提奖8元；煤耗率降低10克/千瓦时以上部分，每节约1吨标准煤，提奖5元。线损率降低1%以下部分，每节电1千千瓦时，提奖4元；线损率降低1%以

华北电力系统发供电运行人员年奖金标准

表 9-4-4

发电厂总容量	50 万千瓦及以上	30万千瓦以上，单机20万千瓦以上	20万千瓦及以上，单机10万千瓦及以上	10万千瓦及以上，单机5万千瓦及以上	10万千瓦以下
供　电变电站	500千伏	220千伏重要枢纽	220千伏	110千伏	35千伏
奖金控制（月标准工资）	3个月	2.8个月	2.6个月	2.4个月	2.2个月

上部分，每节电 1 千千瓦时，提奖 3 元。1985 年，水利电力部核定华北电业管理局 1986～1988 年的供电煤耗率为 414 克/千瓦时；线路损失率为 8.82%。

1985 年，华北电业管理局在直属火力发电厂实行了设备检修年千瓦时数包干办法，以核定的计划检修和非计划检修千瓦时数作为定额，如提前完成，按电量计算提奖。奖金提成额见表 9-4-5。

1985 年后，一切奖励均纳入企业经济责任制考核。

设备检修千瓦时数包干奖金提成表

表 9-4-5

容量等级	计划检修提成额 元/千千瓦时	非计划检修提成额 元/千千瓦时
30万千瓦及以上	0.60	1.20
30万～25万千瓦	0.73	1.46
25万～20万千瓦	0.85	1.70
20万～12.5万千瓦	1.05	2.10
12.5万～10万千瓦	1.15	2.30
10万～5万千瓦	1.50	3.00
5万～2.5万千瓦	2.00	4.00
2.5万千瓦以下	2.50	5.00

三、津贴

新中国建立以来，华北各省（市、自治区）电业管理部门根据国家规定和当地情况，相继建立了：回民津贴、施工津贴、冬季取暖津贴、夜餐津贴、洗澡理发补贴、电贴、野外作业津贴、职务津贴、班组长津贴、运行岗位津贴、交通费补贴、偏僻地区津贴、有害健康工种津贴、高温作业津贴、防暑保健津贴、教龄津贴、护龄津贴、学校班主任津贴、粮贴、副食补贴等。补贴标准各地不一，并随物价变动而调整。

第四节　劳动保护

新中国建立初期，华北电力企业没有劳动保护用品发放制度。当时，为了保证职工在生产劳动中的安全与健康，根据不同工种工人的需要，发放了安全帽、胶靴、工作服、雨衣、雨鞋、棉大衣、毛巾、手套、口罩等劳动保护用品。

1953年，北京电业局制定了《劳动保护用品领用办法》和《劳动保护衣着用品暂行办法》，将劳保用品分为保管与消耗两类：保管品包括工作服、雨衣、棉大衣等21种；消耗品包括毛巾、手套等5种。并按不同工作岗位制定了具体发放标准。

1956年，华北电力企业根据电力工业部颁发的《电力生产单位工作人员劳动保护用品发放制度》的规定，发放劳动保护用品63种。其中：发电24种，供电17种，管理22种。

1957年，北京电业局根据北京市劳动局制定的工矿、建筑企业露天作业职工防寒用品发放原则，制定了京津唐地区电力线路安装工等19个工种，线路检修工等17个工种，接户线工等18个工种的防寒用品标准。

1963年，华北电力企业依据劳动部颁发的《国营企业职工个人防护用品发放标准》，对46个工种的23种防护用品的发放作了具体规定。

1981年，华北电业管理局颁发了《职工个人防护用品发放标准》及《职工个人防护用品管理办法》。从1982年1月起，在华北电力系统发供电、基建、修造、设计等单位202个工种和岗位中执行。1989年增加到259个工种和岗位。

此外，为保护职工健康，华北电业对工作在高温、有害作业岗位上的职工给予一定的物质补助。

第五章 财 务

新中国建立以来，华北电力企业除京津唐电网的财务关系一直归中央主管部管理外，其他地区的财务管理体制均经过几次变化。1957 年前，河北省南部，山西省和内蒙古自治区的电力企业都归原华北（北京）电业管理局管理。1958 年体制下放，财务关系也随之划归地方。

1980 年前，北京电业管理局（含天津电力局）、河北省电力工业局、山西省电力工业局和内蒙古自治区电业管理局均独立进行经济核算，除北京电业管理局为中央企业外，其他三个局均为地方企业。

1980 年，华北电业管理局成立后，最初两年财务关系尚未改变。1982 年根据国务院指示，将河北、山西两省电力企业的财务关系上划华北电业管理局，华北电网（不含内蒙古）开始实行统一核算，统一提取利润留成。京津唐、石邯和山西电网分别实行内部独立核算，网间互送电量统一按水利电力部规定的价格结算。

1982 年 10 月和 1983 年初，张家口供电局、滦河发电厂、承德供电局、保定热电厂和保定供电局等 5 个单位的行政关系和财务关系相继划归河北省电力工业局。1989 年 1 月，张家口供电局、滦河发电厂、承德供电局又划归华北电业管理局直属。天津市电力工业局和华北电业管理局直属的生产、管理单位，同各省局一样都作为华北电业管理局内部核算单位，分别核算内部利润（华北电业管理局直属部分为 1 个内部核算单位）。从此，华北电网形成统一核算下、内部相对独立的“四大块”管理体制。

第一节 资产与资金

一、资产

（一）资产划分。新中国建立以来，华北电力企业的固定资产划分，一直是以国家统一规定的使用年限和单位价值作为标准。1951 年，按照国家关于《国营企业资产清理及估价暂行办法》的规定，将有效使用年限在 1 年以上，单位价值在旧人民币 100 万元（折合新人民币 100 元）以上的物品列为固定资产。1957 年，根据电力工业部颁发的《电力工业企业固定资产目录》规定，将使用年限 1 年以上，单位价值 500 元以上并能发挥独立作用的物品，列为固定资产。并按规定将单位价值虽不足 500 元，但符合：(1) 数量甚多，且构成企业业务上主要用品的，如电能表等；(2) 不论价值大小的工程技术蓝图；(3) 规格符合固定资产目录中所规定的标准，列为固定资产。1966 年，根据水利电力部重新颁发的《电力工业企业固定资产目录》（试行本），将固定资产的单位价值提高到 800 元以上。供电企业的售电计量电能表及表用变压器，单位价值虽低于规定标准，但因数量甚多，亦作为固定资产管理。

（二）资产管理。1980 年以前，华北电力企业执行国家统一规定的固定资产管理办法。1981年，华北电业管理局正式颁发了《华北电业管理局固定资产管理办法》，1988年，华北电业管理局根据水利电力部1986年颁发的《电力工业企业固定资产目录》和《电力工业企业固定资产管理办法》，制定了《贯彻〈电力工业企业固定资产管理办法〉的实施细则》，对网内固定资产的折旧提取、调拨转移、盘盈盘亏和清理报废的审批权限以及各部门、各单位管理固定资产的职责分工都作了具体规定，使华北电业的固定资产管理得到了加强，基本做到：有产即有卡，有卡即有账，账、卡、物相符。

（三）资产折旧。华北电力企业的固定资产折旧率，在50年代执行电业管理总局规定的综合折旧率，基本折旧率为3%左右。60年代和70年代执行水利电力部规定的分类折旧率，综合平均折旧率为3.5%~3.7%。

1981年，财政部规定，对扩大企业自主权的试点单位，可将机器的折旧率提高0.5%。华北电业管理局是水利电力部的扩权试点单位，按照财政部规定，华北电业1981~1986年间的平均综合折旧率为4.5%。

1987年，水利电力部按照国务院颁发的《国营企业固定资产折旧试行条例》规定，核定了电力工业企业各类固定资产的折旧年限、净值、残值和折旧率，按核定的分类折旧率计算，华北电业综合折旧率为4.7%。

（四）折旧基金的上交与留用。1966年以前，华北电力企业按照中央财经委员会1952年颁布的《国营企业提缴折旧办法》规定，其基本折旧基金除供电部门的电能表折旧金外，全部上交国家财政。

1967年，实行折旧基金抵留办法后，华北电力企业的折旧基金上交财政60%，上交水利电力部10%，企业自留30%。1976年改为上交财政30%，上交水利电力部25%，企业自留45%。1978年改为上交财政50%，上交水利电力部10%，企业自留40%。1979年改为上交财政30%，上交水利电力部20%，企业自留50%。

1980年，基本建设资金实行拨改贷制度后，华北电业的基本折旧基金不再上交财政，只交水利电力部30%。1983年起，上交能源交通重点建设基金15%。1989年增交国家预算调节基金10%，交水利电力部的比例由1985年的20%，改为12%。企业自留部分，用贷款建设的项目，其自留折旧基金作为归还贷款本息的一项资金来源，其他自留部分用于固定资产更新改造。

（五）清产核资。1951年，华北电力企业根据中央财经委员会颁布的《关于国营企业清理财产核定资金的规定》，对固定资产进行了清理、登记和重新估价。

按照国务院清产核资领导小组和水利电力部的部署，1971年，华北电力企业进行了第二次清产核资工作。经过对固定资产的清理、登记、建卡，做到了帐、卡、物相符。

1978年，华北电力企业进行了第三次固定资产的清查和流动资金的核定工作，清理出大量闲置设备和多余物资。

经过3次清产核资工作，建立健全了固定资产管理制度，加强了固定资产管理。1990年末，华北电业固定资产拥有量见表9-5-1。

1990 年末华北电业固定资产拥有量

表 9-5-1 单位：亿元

固定资产	网局直属单位	天 津	冀南地区	山 西	内蒙古
原值	86.8	22.3	36.9	64	23.2
净值	58.4	15.3	25	46	16.9

二、资金

（一）基本建设资金。华北电力企业自 1953 年开始进行电力基本建设至 1980 年的 28 年中，所需基本建设资金均由国家预算直接安排。1980 年后，随着国家经济体制改革，改变了新中国建立以来一直实行的基本建设投资由国家财政拨款的办法，华北电业的重点基建项目由国家拨款改为向建设银行贷款。1984 年，国家计划委员会、财政部发布了《关于国家预算内基本建设投资全部由拨款改为贷款的暂行规定》。华北电业从 1985 年起，凡是由国家预算安排的基本建设项目，其投资全部由银行贷款。并从 1987 年起，实行了发行电力债券等多渠道集资办电办法。

“七五”计划期间，华北电业累计完成基本建设投资 122.8 亿元，其中：拨改贷 12 亿元，建设银行贷款 18.9 亿元，利用外资 8.5 亿元，煤代油 20.4 亿元，集资 13.8 亿元，节能贷款 5.9 亿元，建设债券 9.7 亿元，电力债券 5.6 亿元。

用拨改贷资金进行的基本建设项目，其贷款用投产后的利润、折旧、基建其他收入和减免产品税 4 种方式归还。对产品税的减免，华北电业管理局与有关税务部门共同协商后制定了《对华北电网减免产品税归还贷款的实施办法》。《实施办法》规定：发电环节产品税由贷款新建和扩建的电厂向所在地税务部门办理减税手续，贷款新建电厂和机组生产的电量，按本年实际厂供电量每千千瓦时 3.3 元计征产品税，减征的 6.7 元产品税，用于归还该项目的贷款；供电环节免税还贷办法，由华北电业管理局按全网数字统一计算，并按各省、市电力局上年度售用户电量的比例分配免税额，按上年末新建电厂和机组未还贷款数额比例分配还贷额。

（二）流动资金。华北电力生产企业的流动资金分定额流动资金和非定额流动资金两种。定额流动资金的构成：1952 年为辅助材料和燃料。1958 年定为辅助材料、燃料、应收电热费和待摊费用，并把企业进行专项工程（技措、安全、劳保措施）所需储备也并入流动资金。1962 年，将备品资金从材料项目中划出单列一项。1972 年，增加了为更改、大修、业扩工程储备的通用材料（大宗专用物资由专用基金储备），并将应收电热费划为非定额流动资金。1980 年后，定额流动资金包括：储备资金（燃料、材料、备品），生产资金（产品、自制半成品、待摊费用）和成品资金；非定额流动资金包括：特准储备物资、货币资金、结算资金（发出商品、应收电热费、其他应收款、预付款、待处理财产损失）。

华北电力生产企业所需流动资金，1980 年前由国家财政拨款，无偿占用。从 1981 年起，按照财政部、中国人民银行颁发的《关于国营工交企业清产核资划转定额贷款和国拨流动资金实行有偿占用的通知》规定，将 1980 年以前国家拨款的自有流动资金划为国家流动资金，每月按 2.1‰交纳流动资金占用费。超定额占用的流动资金划转为银行贷款，按月利率 2.1‰向银行交纳贷款利息。1982 年，月利率调整为 3‰。

按照国务院批转财政部、中国人民银行《关于国营企业流动资金改由人民银行统一管理的报告》，从 1983 年 7 月 1 日起，华北电业的新增流动资金由所在地人民银行按信贷政策予以供应。新建电厂和扩建电厂所需定额流动资金，企业须有 30%和 70%的铺底资金，银行才给予贷款。企业的自有资金可以补充流动资金。非定额流动资金由企业专用基金参加周转，银行不予贷款。1990 年，华北电力生产企业定额流动资金平均占用额为 6.5844 亿元。其中：华北电业管理局直属单位 2.5793 亿元，周转天数 24.8 天；天津市电力工业局 5347 万元，周转天数 14 天；河北省电力工业局 1.0735 亿元，周转天数 19.6 天；山西省电力工业局 1.5236 亿元，周转天数 24.5 天；内蒙古自治区电业管理局 6933 万元，周转天数 87 天。

（三）专用资金。华北电力企业的专用资金，包括更新改造资金、大修理基金、业务扩充基金、生产发展基金、后备基金、职工福利基金、职工奖励基金和专项拨款等。

更新改造资金　1952 年时称固定资产复置金，来源于企业按规定提取留用的专用基金和固定资产变价收入留用部分以及国家拨款。1958 年后，改称“四项费用”，即：技术组织措施费、新产品试制费、劳动保护措施费和零星固定资产购置费。以上支出中，凡构成固定资产的费用，均由“四项费用”列支。1958 年实行利润留成后，其资金来源从利润留成中提取。1962 年改为国家预算拨款。1963 年，将新产品试制费从“四项费用”中划出，改称“三项费用”（亦称专用拨款），仍由国家预算拨款。1967 年合并资金渠道，把“三项费用”中的固定资产更新资金和基本建设中属于简单再生产的投资划出，合并为固定资产更新改造资金。资金来源由上交给国家的基本折旧基金中提留、固定资产变价收入和主管部由上交的资金中返还。

大修理基金　50 年代，华北电力企业按照电业管理总局制定的《1952 年国营企业提取折旧基金办法》提取大修理折旧基金，由人民银行专户储存，各省（市、自治区）电业管理部门统一管理，用于固定资产大修。1960 年，按照水利电力部规定，将大修理折旧基金的提取改为按月从生产成本中预提。1967 年，实行包括大、中、小修在内的检修基金提存制度。1969 年，按照水利电力部规定，取消了检修基金提存制度，固定资产的大、中、小修费用直接从生产成本中列支。1973 年，恢复了大修理基金提存制度，华北地区电力企业的大修理基金提取率为应计折旧固定资产总值的 1.4%。

业务扩充资金　1956 年，电力工业部制定了 10 千伏以下供电工程收取贴费办法，华北电业的收取标准为每千伏安 50 元，其中线路贴费 30 元，配电变压器贴费 20 元。1962 年，水利电力部规定，业务扩充资金作为“专用拨款”——用户投资和贴费核算，由企业按照合同或有关收费办法向用户收取，用于增加或改善用户用电而新建、扩建、改建的有关工程及业务支出。该项拨款不得挪作他用。

根据国家计划委员会批准的《水利电力部关于 110 千伏以下供电工程收取贴费的暂行规定》，从 1984 年起，华北供电企业以征收贴费的方式向用户筹集 110 千伏以下（不含 110 千伏）输变电工程的建设资金。收费标准按用户报装容量：380/220 伏受电，每千伏安150~180元；10千伏受电，每千伏安120~140元；35千伏受电，每千伏安80~110元。

生产发展基金 华北电力企业的此项基金是从1980年扩大企业自主权后建立的，主要用于科技研究、智力开发、小型基建自筹投资、开展多种经营、扶持集体企业、弥补更新改造及大修理资金之不足和补充流动资金。这项基金的提取由基数确定，先核定基数，超过基数部分按企业留利的30%提取。

后备基金 华北电力企业从1983年开始建立这项基金。该项资金是企业的机动财力，自企业利润留成中提取，主要用于生产发展和以丰补欠。未经主管部门批准，不得用于其他项目。

职工福利基金 1953年，按照中央财经委员会统一规定，职工福利基金是附加工资中的一部分，列入附加工资进行核算管理。附加工资的提取比例为工资总额的15.74%~17.74%。其中：医药卫生补助金7%，福利补助费2.5%。1959年，将附加工资的提取比例调整为13%。其中：医药卫生补助金调整为5.5%。1969年，将职工福利费、医药费与奖励基金合并为职工福利基金，按上月工资总额的11%提取。1978年建立企业基金后，企业基金中的80%用于职工福利基金。

职工奖励基金 1952年，华北电力企业根据国家规定，执行了在完成上交利润后，可自计划利润中提取3.5%，超计划利润中提取15%，作为职工奖励基金的办法。1953年改为由计划利润中提取3%，超计划利润中提取18%。但提取总额不得超过当年基本工资总额的10%；最低不能低于全年基本工资总额的4%。提取额已达到工资总额10%的企业，按提取总额的20%上交；已达8%的企业，按提取总额的10%上交；提取总额不足工资总额8%的，企业全部留用。此办法一直实行到1956年。1957~1962年，职工奖励基金按计划工资总额的5%提取，但此项基金大部分用于职工生活福利及弥补福利补助金之不足和职工困难补助。1963年改为企业在完成国家批准的各项指标的前提下，可按工资总额的3.5%和超额利润的10%提取职工奖励基金。1966~1977年，废止了企业奖励基金和职工奖励制度。1978年，财政部在颁发国营企业中试行企业基金的同时，恢复了职工奖励基金。1979年后，随着企业自主权的扩大和利润留成制度的实施，职工奖励基金从企业利润留成中按比例提取，由各省（市、自治区）电力局统一核算，并按制定的内部经济责任制对所属基层单位考核、兑现。

第二节 电价与热价

一、电价

新中国建立初期，华北电业各省（市、自治区）电价由当地人民政府核定，电价水平高低不同，电价制度也不统一。

1952年，电价管理权限由燃料工业部统一管理后，在京津唐电网实行了两级制计费办法：电光电价实行递增法，即每月用电量在10千瓦时以下者，按1级电价（1250元/千瓦时）计费；10千瓦时以上者，按2级电价（1550元/千瓦时）计费。电力电价实行递减法，即按用户设备容量每马力（0.746千瓦）月用电量在25千瓦时以下者，按850元/千瓦时计费；25~50千瓦时者，优待10%；50~100千瓦时者，优待20%；超过100千瓦时者，优待30%。(自新中国建立至1954年间，电价计费为旧币。旧币1万元=新币1元。)

“一五”计划期间，为适应国民经济发展需要，经燃料工业部批准，自1953年3月起，华北电业对受电变压器容量在50千伏安及以上的工业用户，全部实行两部制电价（即基本电价加电度电价）和力率调整办法。照明用电、非工业用电和普通工业用电仍实行单一制电价。两部制电价的实行范围为用电设备容量在50千瓦或受电变压器容量在50千伏安及以上的高低压工业用电户。两部制电价的基本电价以用户用电设备的容量计算，每月每千瓦或每千伏安：京津唐地区为3万元，石家庄为2.7万元，包头为7万元；按最大需量计费，每月每千瓦：京津唐地区为5.2万元，石家庄4.6万元，包头8.5万元。两部制电价中的电度电价，电压不满1千伏者：京津唐地区为700元/千瓦时，石家庄为670元/千瓦时，包头为750元/千瓦时；1~10千伏者：京津唐地区为680元/千瓦时，石家庄为650元/千瓦时，包头为730元/千瓦时；35千伏及以上者：京津唐地区为650元/千瓦时，石家庄为620元/千瓦时，包头为700元/千瓦时。力率调整电费办法，以自然调整的标准值为0.75，机械调整的标准值为0.85，达不到标准者增收电费，超过标准者可减收电费，最高档次可减收7.5%。

“二五”计划期间，国家为了扶植急需短缺产品，从1960年起，对华北耗电量最大的电解铝、硅铁和电石工业实行了优待电价。电解铝用电实行一类优待电价，每千瓦时0.035元；硅铁和电石用电实行二类电价，每千瓦时0.05元。以上优待电价不分电压等级，但基本电价不实行优待。为缩小两部制电价的实行范围，从1961年起，国家将实行两部制电价的起点改为用电设备容量100千瓦及以上、受电变压器容量100千伏安及以上的工业用户，并将力率调整标准一律改为0.85。

三年调整时期，为贯彻“以农业为基础”的方针，华北电业从1963年起，对农业排灌、农业生产用电实行优待电价，电网直供低压电价每千瓦时0.06元。并对电解烧碱和合成氨产品实行了每千瓦时0.05元的优待电价。从1965年起，对人民公社、生产队打井、打场、脱粒、积肥、育秧、社员粮食加工、牲畜饲料加工和防汛临时照明用电均实行了优待电价：1千伏电压以下供电的每千瓦时0.06元；1~10千伏电压供电的每千瓦时0.05元；35千伏及以上电压供电的每千瓦时0.03元。农村有线广播站用电一律按非工业用电电价计费。同时，扩大和调整了工业优待电价范围：电解铝和电石为一类优待电价；电炉铁合金、电解烧碱、合成氨、电炉钙和磷肥为二类优待电价。基本电价仍不实行优待。

“三五”计划期间的1967年，华北电业对用于政治宣传用电的电价实行了优待，包括对外营业的电影院、剧院和宣传演出队一律按普通工业电力电价计费。

“四五”计划期间，根据水利电力部规定，华北电业从1974年5月起对电炉黄磷用电实行二级优待电价。1975年，按照水利电力部《关于农田基本建设用电电价的通知》规定，华北地区的农田基本建设照明用电一律按农业生产用电电价计费。并将两部制电价范围缩小为受电变压器容量320千伏安及以上的大工业用户。

“五五”计划期间，按照水利电力部1978年下发的《关于现代化养猪、养鸡用电电价的通知》，华北电业从当年12月起，对此类用电实行单一制电价，每千瓦时0.06元。1980年，根据国家规定，对电解铝等11类工业产品的新增工厂或车间，不再实行优待电价；对已实行优待电价的产品，在未取消优待之前必须执行单耗定额，超定额电量不予优待。

“六五”、“七五”计划期间的1982年6月，国务院以107号文取消和减少了关内八省市部分耗能高的工业产品优待电价。北京、天津、河北三省、市从当年7月起，取消了电炉铁合金等6种产品的优待电价；减少了电解铝、电石产品的优待电价。山西、内蒙古两省（自治区）未作调整。

1983年12月，国家物价局和水利电力部颁发了新的功率因数调整电费办法。华北电网从1984年1月1日起，分期分批按新规定执行。新规定扩大了实行功率因数调整电费用户的范围，由原来320千伏安及以上的大工业用户，扩大到100千伏安及以上的大工业用户、非工业、普通工业、农业和趸售用户。并按不同用电类别，将功率因数标准修订为0.90、0.85、0.80。

1984年12月，水利电力部下发了《关于试行峰谷用电浮动电价办法的通知》，华北电网从1985年起，在大工业用户及有调峰能力的用户中试行了这一办法，低谷用电电价为0.04元/千瓦时，高峰用电电价为0.095元/千瓦时。

1985年，国家决定煤炭加价和铁路运煤加价，并通过用电加价代收煤运加价，华北电网除城乡居民生活照明用电以外的各类用电一律按用户实际用电量的6%计算加价电量，每千瓦时加价0.04元。也可按加价范围内的全部实用电量每千瓦时加价0.024元。

为加快电力建设步伐，促进国民经济的发展。国务院以（1985）72号文批转了国家经济委员会等部门《关于鼓励集资办电和实行多种电价的暂行规定》，对部分电力实行多种电价：（1）国家分配加价燃料所发电量，增加的燃料费用纳入成本，并相应提高售电价格；（2）允许电网自行组织议价燃料多发电，对这部分电量电网可以加收燃料附加费；（3）电网可以组织用户自筹燃料，由电网组织有关电厂多发电，电网统一收取合理的加工费；（4）对有调荷能力的用户，采取高峰低谷电价办法；（5）对水电比重较大的电网可采取丰枯电价办法；（6）中外合资或利用外资办电企业，在还本付息期间所发电量全部进入市场调节；（7）对超计划用电要按现行电价的5～10倍加价收费。

为贯彻国务院72号文件精神，华北电业管理局于1986年制定了计划内煤运加价实行用电加价的实施办法和加价标准：1986年每千瓦时加价0.0056元，1987年加价0.0067元，1988年加价0.0115元。并制定了《来油加工用电管理办法》和《关于京、津、冀北地区组织议价燃料发电供应计划外用电的收费办法》。

1987年，水利电力部下发了《关于多种电价实施办法的通知》，对多种电价的执行原则和方法作了具体、系统的规定。

1989年，经能源部和国家物价局批准，将煤运加价实行用电加价标准定为每千瓦时0.0306元。1990年调整为0.05元。并经北京市人民政府批准，北京地区的指导性电量电价实行综合加价办法，标准为每千瓦时0.03元；石景山热电厂实行新电新价，标准为每千瓦时 0.153 元。1990 年调整为 0.161 元。

1990 年，根据财政部、能源部规定，华北电网实行了电费和电能表保证金制度。

二、热价

华北电力企业的热价是在 50 年代末和 60 年代初本着“保本微利”的原则制定的。在燃料多次涨价、供热成本大幅度上升的情况下，本应提高热价，而一直未实现，因而形成供热越多亏损越大的局面。据 1984 年统计，华北全网 11 个供热电厂年亏损额高达 8703 万元。亏损最为严重的是北京热电总厂。

1958 年 9 月北京热电厂投产后，经北京电业管理局与北京市煤气热力公司共同协商，将供热价格定为每百万大卡（合 0.4186 太焦，下同）5 元。1960 年 1 月，水利电力部以“保本微利”原则和北京热电厂的实际供热成本核定每百万大卡 4.2 元向北京市热力公司结算热费。当时，这一价格基本保证了北京热电厂供热成本的补偿和税金的支出。1959 年该厂供热 1792.36 太焦，收回热费 214.85 万元，盈利 23 万元，单位利润 0.54 元/百万大卡。

1961 年以后，由于燃料成本上升，固定费用增加，供热开始出现亏损。并随着供热量逐年增加，亏损也越来越多。到 1985 年，供热成本由 1959 年的 4.06 元/百万大卡，上升到 18.03 元/百万大卡，当年，该厂热力亏损竟达 5905 万元。

北京第二热电厂于 1977 年 11 月投产后，北京电业管理局根据该厂测算出的供热成本，本着不亏损原则，提出供热价格方案为 11.5 元/百万大卡，经水利电力部核批为 9 元/百万大卡，从 1980 年 1 月 1 日起执行。但因北京市热力公司坚持按北京热电厂 1960 年定的热价付费，使批文未能实施。到 1985 年，该厂供热成本为 18.19 元/百万大卡，当年亏损额达 1287.5 万元。

北京第三热电厂（又称云岗电厂、507 电厂）于 1967 年由第七机械工业部三院划归北京电业管理局领导后，当时，该厂供热价格为 5.7 元/百万大卡，这一价格长期以来未作调整，该厂 1985 年亏损 148.9 万元。

针对热力产品严重亏损问题，华北电业管理局曾多次向有关部门反映，并向地方政府、国家物价局和水利电力部报告，要求调整各热电厂的供热价格。1986 年 4 月，水利电力部以（86）水电财字第 35 号文决定，将北京地区供热价格统一调整为 10 元/百万大卡，从 1986 年 4 月 16 日起执行。

由于燃料价格和生产用水收费继续上涨和北京市热水厂供热工程投产后需自筹议价燃料，北京市物价局于 1988 年以京价（重）字（1988）248 号文下发了《北京市热水厂销售价格问题的通知》，规定从当年 8 月 1 日起，实行调整后的供热价格：北京第一热电厂以全年供热 6824.16 太焦为正常供热基数，基数以内采暖用热按出厂价格 16 元/百万大卡计算；超过基数供热时，由热水厂供热，价格为 76 元/百万大卡。北京第二、第三热电厂的供热价格分别为 19.1 元/百万大卡和 13.35 元/百万大卡。高井电厂的供热价格由电厂与用户协商确定，凡 1986 年 11 月以前的用户，临时价格为 17.25 元/百万大卡；以后的用户，临时价格为 19.07 元/百万大卡。临时价格还随燃料价格和供热成本的变化作相应调整。

第三节　成本与利税

一、生产成本

（一）成本项目。华北电力生产企业，50年代时按国家统一规定，将燃料、厂用电、辅助材料及水、工资、附加工资、厂外开支、厂内辅助生产开支、折旧、经常修理、其他生产开支、企业管理费、销售费、购电费等项列为成本项目。1960年后，执行水利电力部颁发的《电力工业企业会计核算办法》，将燃料、辅助材料、工资、附加工资、折旧、其他费用和购入电力费等7项列为成本项目。1964年，按照水利电力部制定的《水利电力部电力工业企业成本计算规程》规定，成本项目改为燃料、辅助材料及生产用水、生产工人工资、生产工人附加工资、车间经费、企业管理费和购入电力费等7项。1979年后，按照水利电力部颁发的《成本管理办法》和《关于加强电力工业企业成本管理工作的规定》，改为燃料、购入电费、水费、材料，工资、基本折旧、预提大修理费和其他费用等8项。华北电业管理局1985年制定的《会计核算办法》中的成本项目，比水利电力部1979年规定的8项增加了提取的职工福利基金1项。

（二）成本核算。50年代，华北电力生产企业没有统一的成本核算办法。从1960年起，华北各省（市、自治区）电力局按照水利电力部统一规定，采用单一成本计算法计算电热成本。发电企业以厂为成本计算单位，核算发电生产中所发生的一切费用；供电企业以每一供电局或只管供电业务的电业局为成本计算单位，核算送电、变电、配电及对用户售电中所发生的一切费用。发电单位成本按厂供电量计算；供电单位成本按售电量计算；售电成本由供电局或兼管发、供、售电业务的独立发电厂核算。热电厂的燃料费以发电、供热耗用的热量按比例分摊。供热厂用电费摊入供热成本。固定费用的分摊方法是：电气和汽机分场费用计入发电成本；汽机热力化部分和其他专为供热而发生的费用计入供热成本；燃料运输和锅炉分场的费用根据发电、供热的计划固定费用比例分摊；电厂管理费按各项计划生产费用比例分摊。1979年，水利电力部又规定，燃料费按发电、供热实际耗用的标准煤量的比例分摊。固定费用的分摊是：在产品中热力所占比重较大时，按分项目测算分摊比例；产品中热力比重较小较稳定时，按发电、供热实际耗用的标准煤量比例分摊。

（三）成本管理。1952~1953年，华北各省（市、自治区）电业管理部门按照电业管理总局《关于推行燃料成本定额的指示》，试行了燃料成本定额管理。

“大跃进”时期，在破除“陈规旧制”的影响下，华北各省（市、自治区）电力企业推行以单代帐、以表代帐，因而削弱了成本核算，放松了成本管理工作。

1961年，各省（市、自治区）电力局按照国家计划委员会、财政部《关于加强国营企业成本管理工作的通知》的要求，加强了成本计划、原材料和定员定额管理，压缩了集团购买力和费用开支。

1973年，华北各省（市、自治区）电业管理部门根据财政部颁发的《关于加强国营企业成本管理工作的若干规定》和《国营工业交通企业若干费用开支办法》的规定和要求，制定了本系统的成本开支范围和开支标准。

1979年，水利电力部颁发了《关于加强电力工业成本管理工作的规定（草案）》。为贯彻这一规定，山西省电力局举办了以成本核算、成本计划和成本分析为内容的学习研究班；内蒙古电业管理局在加强所属企业成本计划、预测、监督、考核、分析的同时，提出了“统一经营，分级管理，统一核算，分级考核”的原则。

为进一步加强华北电网的成本管理，华北电业管理局于1982年下发了《关于加强成本管理的意见》、《关于电热成本核算的若干规定》、《关于编制成本计划的意见》、《关于1982年费用定额管理的意见》、《关于实行材料消耗定额管理的意见》等5个文件。并按应计折旧固定资产总值核定了各单位的材料消耗率。

二、销售收入

北京地区　新中国建立后的三年经济恢复时期，售电量逐年增加，售电收入由1950年1091万元上升到1952年的1545万元。“一五”计划期间，售电量稳步增长，1957年售电量4.9366亿千瓦时，售电收入4790万元。“二五”计划期间的前三年，由于处于“大跃进”年代，地区电力负荷急剧上升，售电量猛增，1960年售电量18.3192亿千瓦时，售电收入达到1.6672亿元；后两年处于经济困难时期，售电量有所下降，1961年比1960年只增长1.09%，1962年比1961年下降9.03%，1962年售电量16.7189亿千瓦时，售电收入1.5418亿元。三年经济调整时期，售电量保持了适度增长，1965年售电量25.038亿千瓦时，售电收入2.0389亿元。“三五”、“四五”计划期间，由于“文革”影响售电量增长缓慢，1975年售电量58.175亿千瓦时，售电收入3.7241亿元。“五五”、“六五”计划期间，电力销售稳步上升，1985年售电量比1975年增长82.5%，1985年售电量106.1738亿千瓦时，售电收入7.4802亿元。“七五”计划期间，由于煤运加价和实行多种电价，售电单价不断提高，1990年售电量138.9781亿千瓦时，售电收入12.1765亿元。

天津地区　1949～1952年，售电量8.6687亿千瓦时，售电收入9655万元，1953～1955年，售电量11.7662亿千瓦时，售电收入1.043亿元；售热量15.0748万百万大卡（合6.3103万太焦），售热收入80.8万元。1959～1964年，售电量66.5978亿千瓦时，售电收入5.8938亿元；售热量80.4706万百万大卡（合33.685万太焦），售热收入537.7万元。1965～1982年，售电量763.4446亿千瓦时，售电收入53.9315亿元；售热收入1777.9万元。1983～1990年，售电量从1983年的74.4991亿千瓦时，增至1990年的105.7413亿千瓦时，售电收入由5.3332亿元，增至8.6845亿元；售热收入由1983年的136.9万元，增至1990年的3052.7万元。

河北地区　1949年售电量1807万千瓦时，售电收入136万元。1952年售电量4355.6万千瓦时，售电收入383万元，1957年售电量2.671亿千瓦时，售电收入2286万元。1962年售电量7.2418亿千瓦时，售电收入6242.4万元。1965年售电量11.5208亿千瓦时，售电收入9450.5万元。1970年售电量26.7196亿千瓦时，售电收入1.6088亿元。1975年售电量48.332亿千瓦时，售电收入2.8999亿元。1980年售电量88.7659亿千瓦时，售电收入5.8088亿元。1985年售电量162.1348亿千瓦时，售电收入10.9279亿元。1990年售电量174.1063亿千瓦时，售电收入19.2039亿元。

山西地区　1949～1952年，售电收入1352万元。1953～1957年，电热销售收入1.343亿元。1958～1962年，售电收入5.2542亿元；售热收入3187万元。1963～1965年，售电收入4.0257亿元；售热收入2754万元。1966～1982年，售电收入62.0637亿元。售热收入3.0285亿元。1985年售电收入10.1127亿元，售热收入2252.1万元。1990年售电收入21.9228亿元；售热收入2946.3万元。

内蒙古地区　1952年售电量717.6万千瓦时，售电收入117.9万元。1957年售电量4242万千瓦时，售电收入695.7万元。1962年售电量6.1928亿千瓦时，售电收入5409.3万元，售热收入1073.8万元。1965年售电量9.5837亿千瓦时，售电收入6779万元；售热收入1053.7万元。1970年售电量15.0754亿千瓦时，售电收入1.0064亿元；售热收入2250.9万元。1975年售电量17.0524亿千瓦时，售电收入1.1919亿元，售热收入2143.3万元。1980年售电量17.0524亿千瓦时，售电收入1.1919亿元，售热收入1990.2万元。1985年售电量39.177亿千瓦时，售电收入2.893亿元；售热收入3787万元。1990年售电量70.8455亿千瓦时，售电收入9.0193亿元；售热收入5247.8万元。

三、税金

1949～1951年，电力产品不向国家纳税。从1952年起，华北电力企业向国家纳税的税种有：工商业税（含营业税和所得税）和印花税，税率为销售收入的2%。

1958年，国家取消了营业税和印花税，改为工商统一税，华北电力企业的工商统一税率为5%，由供电部门缴纳。从1965年7月1日起，工商统一税率由5%提高到15%，仍由供电部门缴纳。

自1982年起，改变纳税环节，由原供电部门缴纳改为由发电和供电两个环节缴纳。发电环节由发电厂按厂供电量每千千瓦时6元缴纳；供电环节由供电部门按电力销售收入的6%缴纳。综合税率大体仍相当于销售收入的15%。

1984年10月，国家将工商统一税改为产品税。华北电业的产品税仍按两个环节缴纳。发电环节按厂供电量每千千瓦时10元，供电环节按电力销售收入的10%缴纳。综合税率相当于销售收入的25%。

华北电业的热力税金，1984年前包含在工商统一税中缴纳，税率为销售收入的5%。1984年改为按产品税缴纳，税率为销售收入的3%。但因热价过低，热力是亏损产品，在未全面调价前，国家暂免征税。

华北电业按照国家规定，从1985年起，按产品税的7%缴纳城市维护建设税。从1986年起，按产品税的1%缴纳教育费附加。华北电业各年段缴纳税金情况见表9－5－2。

四、利润

华北电力企业的利润，由电力产品利润、热力产品利润、修造产品利润、其他销售利润和营业外收支净额组成。各年段实现利润情况见表9－5－3。

华北电业各年段缴纳税金情况

表 9-5-2　　单位：万元

年段	北京	天津	河北	山西	内蒙古	合计
1949~1952		51.1	18	17	8.6	95.2
1953~1957		206.1	145	253.9	35.3	640.3
1958~1962	3204.3	1727.4	2084	2586	1249.3	10851
1963~1965	2771.6	1030.4	2286	2755.8	1470.4	10314.2
1966~1970	16173.6	9671.1	10162	13943	6850.9	56800.6
1971~1975	27991.8	20611.8	17780	21085.7	9064.1	96533.4
1976~1980	41471.3	30093	34264	38591	12063.7	156483
1981~1985	59947.7	39766.7	70746	72626.7	34351.3	277438.4
1986~1990	108006.4	77114.1	165090.9	186265.4	71739.6	608216.4
合计	259566.7	180272.2	302575.9	338124.5	136833.2	1217372.5

华北电力企业各年段实现利润情况

表 9-5-3　　单位：万元

年段	北京	天津	河北	山西	内蒙古	合计
1949~1952	369.6	2592.5	103	221	83.1	3369.2
1953~1957	7925.6	4909	3215	6553.6	731.9	23335.1
1958~1962	48688.1	16257.9	27226	37864.9	12232.2	142269.1
1963~1965	40964.6	9717.5	14263	24028.2	9069.7	98043
1966~1970	88889.5	173.2	37091	43933.2	20713.7	190800.6
1971~1975	109638.6	309.2	57407	68528.4	24863.1	260746.3
1976~1980	110076	-344.7	102323	88687.8	25539.8	326281.9
1981~1985	55411.7	18629	117337	96833	7951.8	296162.5
1986~1990	47319.5	15048	72470	55091.4		189928.9
合计	509288.2	67291.6	431435	421741.5	101185.3	1530936.6

第四节　施工企业财务

华北电业电力施工企业现行财务体制一般为两级核算、三级管理。即：公司为独立核算单位，工程处为二级核算单位，工程处下属工程队。

一、资产与资金

华北电力施工企业的固定资产，由生产用固定资产、非生产用固定资产、未使用固定资产、不需用固定资产、封存固定资产和土地构成。固定资产的折旧，按分类规定出统一的平均使用年限、基本折旧率和大修理提存率，按月（季）提取折旧基金和大修理基金。大型施工机械和运输设备，按照水利电力部颁发的《施工机械台班费定额》的台班和运输里程计提折旧；周转性固定资产（如钢模板、钢脚手架）则按水利电力部规定的周转使用定额次数或周转使用年限计提折旧。

施工企业的流动资金，分自有流动资金和非自有流动资金两种。按照水利电力部规定，自有流动资金来源于国家拨款和企业利润留成参加周转的资金。自有流动资金定额，按计划承包工作量计算，最高不得超过15%。非自有流动资金来源于向建设单位收取的预付备料款和银行提供的短期贷款。1985年，根据财政部和中国人民建设银行规定，施工企业的国拨流动资金转为建设银行贷款。1986年，华北电业管理局对施工企业的流动资金实行了有偿占用，费率为月6.6‰。

施工企业的专用资金，在50年代时称“企业基金”，包括投资包干结余、利润留成资金、医药卫生补助金、固定资产复置金和大修理基金等项。经过几十年的演变，到1990年形成了更新改造资金、大修理基金、生产发展基金、后备基金、职工福利基金、职工奖励基金、投资包干结余和工资含量包干结余等8项。除此之外，还有技术装备基金，临时措施包干基金、企业劳保基金和离退休统筹基金等4项特种基金。

二、成本

施工企业成本核算的对象是电力建设项目中的单位工程或扩大单位工程和大型主体工程。属于建筑安装成本构成，但未包括在预算定额内的各项独立费用（如远征费，夜间施工增加费，冬、雨季施工增加费等），可按费用项目作为核算对象，然后再按规定摊入有关工程成本。成本项目按生产费用的用途分为直接费用和间接费用。直接费用包括直接用于工程项目的人工费、材料费，机械使用费和其他直接费；间接费用包括组织和管理施工中所发生的各项经营管理费。

三、利润

施工企业的利润，由结算利润、产品销售利润、作业销售利润、材料销售利润、其他销售利润、营业外收入、营业外支出7项构成。

1972年前，施工企业实现的利润，由各工程处按规定比例自留外，分别上交公司和主管局。1973~1982年，施工企业实现的利润全部上交水利电力部。从1983年起，施工企业实行利改税，企业上交国家的利润以所得税形式按应税所得额20%的税率缴纳，并在税后利润中缴纳15%的能源交通重点建设基金。

第六章 审 计

1984年12月，水利电力部以水电审字第2号文下发了《关于建立审计组织开展审计工作的通知》，根据《通知》要求，华北各省（市、自治区）电力工业局从1985年起相继建立了审计处。各基层单位也从1986年开始陆续建立了审计组织。到1990年末，华北电业已形成自下而上的审计工作体系。

第一节 内部审计

1986年3月，华北电业管理局在京召开了第一次审计工作会议，讨论并通过了《审计工作暂行条例》，明确了审计部门的职权范围。会后，各省（市、自治区）电力工业局在全面组建审计机构的同时，按照“边组建、边工作”的方针，开展了内部审计。

1987年，北京市电力工业局对1986年会计决算、经济合同、自筹资金、供电贴费、财务开支、经济效益、物资管理、财经法纪等项进行了审计，共审查纠正各种有问题金额3741万元，促进增收11.6万元。在常规审计方面，1987年北京电力系统的财务报表和会计决算的审计面达到80%，并将经济合同审计列为常规审计内容。北京电力设计院审计勘测设计和技术咨询合同65份，金额768万元；北京电力设备总厂审计11个部门的经济合同3400余份，纠正了合同条款不完备，手续不健全，责任不明确和加大预算，高套定额，重复计费等问题。北京供电局对所属范围内的用电计量准确性进行了抽样审计，在6个高压用户计费电能计量装置的审计测试中，发现少计多损失电量111.7万千瓦时，追回少收电费6.3万元。北京电力科研所对沙河试验电站进行了全面审计，纠正错帐41.9万元。为促进廉政建设，北京电力系统的各级审计部门配合有关部门开展了财经法纪审计。北京供电局审计科与有关部门一起，经多方内查外调，破获了怀柔供电局以两任局长为首，财务组长、电费班长等32人合伙贪污受贿的重大经济案件，追缴赃款20余万元，法办与免予起诉7人。1988年，北京电力系统的常规审计得到进一步加强，财务报表、会计决算的审计覆盖面达到95%，并实行了月审计、季报告、年签证制度，做到了编决算与审决算同时进行，对合同、预算的审计已形成经常化、制度化、规范化。北京电力建设公司审计合同35份，金额1506万元；北京电力设计院审计合同196份，金额2239万元；北京热电总厂在对33项工程40份预算的审计中，剔除不合理收费40余万元。1990年，华北电业管理局在北戴河召开了第5次审计工作会议，为贯彻会议提出的“积极发展，逐步提高”的方针，北京电力系统全年共开展审计项目98项，纠正违纪金额1772万元，促进增收17万元；查出万元以上经济案件3起，贪污受贿金额11.2万元。

天津市电力工业局审计机构组建后，主要开展了财务收支与会计决算审计、专控商品审计，重要经济合同审计和基建自筹资金审计。同时开展了厂长（经理）任期经济责任审计、承包经营审计、经济效益审计和专项审计调查。1987年审计项目5项，查出违纪违规金额 82 万元。1988 年审计项目 84 项，查出违纪违规金额 31.4 万元。1989 年审计项目 123 项，查出违纪违规金额 23.8 万元，促进增收节支 24.7 万元。1990 年审计项目 303 项，查出违纪违规金额 55.6 万元，促进增收节支 4.2 万元。

山西省电力工业局从 1986 年起，对财务、经济效益、经济责任、财经法纪等进行了审计，并开展了固定资产，债权债务、专项工程、经营管理等方面的专项审计调查。1986～1989 年，山西省电力工业局组织审计、监察、纪检等部门对运城地区电业局等 5 个供电单位，神头电厂、恒山电厂及山西省电建一、二公司、电建修造厂等单位进行了财经纪律联合审计，查出问题 24 件、违纪金额 91.9 万元；山西省电力工业局审计处对神头电厂、巴公电厂、阳泉供电局、电建三公司、送变电公司、电力修造厂、太原电力学校等进行了财经纪律专项审计，审计项目 11 项，查出违纪金额 57 万元。1987 年，山西省电力工业局所属发供电单位、修造企业、生活服务公司等对年度会计决算、报表进行了审计，查出问题 135 项，金额 1039.8 万元；山西省电力工业局审计处对晋东南电力公司所属单位和大同第二发电厂 1986 年度会计决算进行了就地审计，查出违纪金额 204.2 万元。1987～1990 年，霍县电厂等 13 个单位对债权债务进行了审计，共审计债权 2038.1 万元，债务 112.1 万元，清理收回资金 280.8 万元；山西省电力工业局对所属 36 个单位的债权债务进行了审计调查，共调查核实债权金额 8134.6 万元，债务金额 8263.6 万元，清理收回资金 1980.4 万元，清理债务 623.3 万元；临汾地区电业局和雁同电力公司进行了电费审计，分别收回欠费 98.2 万元和 12.8 万元；局审计处在专项工程审计中，查出霍县电厂二期除灰工程财务管理中存在成本不实，多列投资完成 310.5 万元等问题。1988～1990 年，太原第一、二热电厂，神头第一、二发电厂，霍县发电厂，侯马发电厂，大同第二发电厂，晋中地区电业局，阳泉供电局，电建一、四公司等单位的审计部门，对本单位的全部合同、协议进行了审签，共审签合同、协议 1655 份，减少损失 33.3 万元；神头第一发电厂、霍县发电厂、大同发电总厂等单位对工程预、决算进行了审计，共挽回经济损失及节约资金 14.4 万元；太原第二热电厂、霍县发电厂、雁同电力公司、晋中地区电业局、运城地区电业局等单位开展了成本审计，查出挤占生产成本等金额 158.8 万元。1989 年，山西省电力工业局审计处组织神头第一发电厂、霍县发电厂、漳泽发电厂、太原第二热电厂、大同第一发电厂、娘子关发电厂、永济热电厂等单位，对燃料管理进行了审计调查，发现由于煤质下降加大燃料成本 508.8 万元，煤量累计亏吨 3.6086 万吨；由于煤价上涨增加燃料费用 1.0659 亿元。

河北省电力工业局与内蒙古自治区电业管理局自组建审计机构后，逐步开展了财务收支审计、会计决算审计、基建自筹资金审计、经济合同审计、专控商品审计和厂（局）长、经理离任经济责任审计。经审计，查出了一些乱挤成本，虚列成本，滥发奖金、补贴和实物，擅自购买专控商品等问题，并开展了审计调查。到 1990 年末，内蒙古自治区电业管理局共审计 68 单位·次，342 项，查出各种违纪金额 2343 万元，纠正违纪金额 1659.7 万元，增收节支 188.3 万元。

第二节　政府审计

1988年，政府审计部门对北京、山西两地的部分电力企业进行了财经纪律审计，查出北京地区违纪金额771.2万元；山西地区违纪金额304万元。两地分别上缴国家财政281.3万元和217.4万元。

1988年3月，北京市审计局对北京供电局进行审计，发现该局1987年提取的各项专用基金少交能源交通基金118万元。石景山区审计局对石景山发电总厂进行审计，发现高井电厂1、2号机大修工程结余款57.5288万元中有51.7759万元形成专用基金，漏交能源交通基金7.7663万元；北京热电厂交该厂的干灰试验费30万元，误入更改资金以及挤占成本1.345万元，重列教育经费8.1001万元，造成漏交所得税5.2498万元，漏交能源交通基金6443元。

同年4月，房山县审计局受北京市审计局委托，对北京电力设备总厂进行了审计，发现该厂挤占成本3.2691万元，造成少交所得税1.798万元，少交调节税1883元，少交能源交通基金1924元。

同年4～9月，国家审计署基本建设局与能源部组成15人的审计组，对华北电业管理局直属4个施工企业和北京市电力工业局财务处1987年度财务决算进行了审计，共审计出各种有问题金额1507万元（含天津电力建设公司，下同）。经部分谅解，上审计报表的违纪金额为893万元。其中：虚增成本167万元；少列收入241万元；虚增含量工资384万元（含免予处理123万元），应补交奖金税81万元；违反社控规定20万元。

从1990年起，国家审计署驻能源部审计局的审计组对华北电业管理局机关实行定期审计，预计一审3年。当年8月，驻部审计局组成12人审计组对华北电业管理局的生产财务、机关财务和北京电力开发公司财务进行了审计，纠正了一些问题。

第七章　物　资

新中国建立以来，华北电力企业随着电力生产、建设的发展，在物资管理方面逐步加强了物资计划、物资定额、物资仓储等管理工作；在物资供应方面采取了平衡调剂，合同催交、节约代用、挖潜利库、开拓供应渠道等措施，有效地保证了电力生产、建设的需要。

第一节　物资管理

一、计划管理

新中国建立初期，华北电力企业的物资供应主要来源于市场，各基层单位通过市场采购或直接订货，来满足生产需要。从1953年起，随着国家物资管理体制的形成和物资计划分配办法的实施，物资计划管理逐步走向正轨。

1959年，北京电业管理局为加强物资计划管理，以确保电力生产、建设任务的完成，在全局物资工作会议上提出以抓计划管理为纲，全面开展物资供应工作的措施。要求所属单位的物资计划人员在电力基本建设物资供应中做到“三掌握”、“两审查”，即：掌握工程项目、设计资料和施工进度，审查工程量和需用计划；在电力生产物资供应中做到“三熟悉”、“两控制”，即：熟悉生产过程、设备缺陷和材料消耗规律，控制特殊材料和大批量用料。并建立了物资定期平衡和巡回平衡制度。

1962年9月，北京电业管理局制定并颁发了《物资供应工作规程（草案)》，共10章85条。其中物资计划管理6条，内容包括：物资供应计划的编制方法、编制依据、审批程序以及执行中各个环节的工作。

“文革”初期，物资管理工作处于瘫痪状态，用料无计划，消耗无定额，造成物资大量积压。

1972年9月，北京电力工业局重申了北京电业管理局1962年颁发的《物资供应工作规程（草案)》，并制定了《几项物资管理制度（试行)》。在此基础上，北京电业管理局物资供应公司于1978年12月拟定了《物资管理制度（草案)》，经搜集意见和整理修改后于1980年印发试行。

华北电业的物资计划编制程序为：各基层单位根据上级下达的电力生产、基本建设和产品制造任务，分别编制物资需用计划；各省（市、自治区）电力局物资部门对基层单位的物资需用计划进行审查核实、综合平衡后，编制物资供应计划。物资计划的编制依据是：生产维修按物资综合消耗定额；基本建设工程按国家批准的项目、投资、工期、形象进度、实物工程量以及设计图纸、资料；产品制造按生产任务和产品单耗定额。

为进一步加强物资计划管理，提高物资计划的准确性，华北电业管理局物资供应公司于1981年7月印发了《对主要材料计划准确程度实行年、季度考核办法》。对电力生产单位和修造企业实行季度考核，以季度物资计划需用量与当季物资统计报表中的实际消耗量进行比较；对电力施工单位，采取在年中修订物资计划的基础上实行年度考核，以修订后的年度物资计划需用量与当年物资统计报表中实际消耗量相比较。通过比较，考核物资计划准确程度。这项考核，从1981年起结合物资专业竞赛进行了4年，收到较好效果。

根据电力建设总局下发的《关于电力建设工程需用物资实行按施工图纸用料预算申请、分配、核销暂行规定》，从1981年起，华北的火电，送变电建设项目所需钢材、木材、水泥等主要物资全部实行按建设项目专项核算、专项安排、专项核销（简称核算、核销）办法。在此之前，陡河电站和大港电厂两项国家重点工程曾实行了核算、核销办法。

1984年4月，水利电力部转发了国家计划委员会、国家经济委员会、国家物资局联合颁发的《按合理工期组织建设的重点项目物资计划、供应管理办法》，对国家确定的按合理工期组织建设的重点项目分为3类：配套承包项目，核算、核销项目，跨省区的输变电工程项目。陡河电站三、四期工程和晋京500千伏超高压输变电工程列为核算、核销项目；石景山发电厂改建工程、神头发电厂、大同第二发电厂列为地方物资部门配套承包项目。

二、定额管理

60年代初，北京电业管理局曾组织所属发供电企业对历年主要物资消耗资料进行了整理和分析，制定了各电力生产企业的物资储备定额和77种主要物资消耗定额。并通过对高井电站10万千瓦机组、京西电站20万千瓦机组和北京第二热电厂5万千瓦机组3个基本建设工程资料的积累、整理，分别提出每千瓦装机容量和每万元投资设备安装所需钢材、木材、水泥的参考消耗定额，作为在没有设计资料的情况下编制物资需用计划和物资供应计划的参考依据。

进入70年代，华北电力企业物资定额管理工作有所加强。1973年，北京电力工业局选定23个材料品种，制定了1.2万千瓦、2.5万千瓦、5万千瓦、10万千瓦4种容量发电机组维修、大小修及一般改进项目的年消耗定额。经过两年试行，于1976年在京津唐电网正式颁发执行。其中，钢材、木材、水泥3种主要材料（简称“三材”）的年消耗定额见表9－7－1。

电力生产维修“三材”年消耗定额

表9－7－1

物资名称	单位	机组容量及消耗定额			
		1.2万千瓦	2.5万千瓦	5万千瓦	10万千瓦
钢材	吨	30	40	70	105
木材	米^3	20	23	30	40
水泥	吨	20	25	45	70

从1979年起，水利电力部对电力生产维修需用“三材”实行按万千瓦综合定额分配（3年核定一次）。1988年以后，不再核定定额。水利电力部核定1979～1987年华北电力生产维修综合定额情况见表9－7－2。

水利电力部核定生产维修“三材”综合定额

（1979～1987年）

表9－7－2

年　　度	钢　　材〔吨/（万千瓦·年）〕	木　　材〔米^3/（万千瓦·年）〕	水　　泥〔吨/（万千瓦·年）〕
1979～1981	25	10	35
1982～1984	25	10	35
1985～1987	24	9	35

经过1982～1985年的企业全面整顿，华北电力企业的物资定额管理工作得到进一步加强。各省（市、自治区）电力局普遍制定和完善了“各类发电机组生产维修材料消耗定额”，“各类发电机组大修理标准项目材料消耗定额”，“经常储备定额”，“事故备品储备定额”，“轮换性备品储备定额”等。为编制物资需用计划和保证安全生产提供了依据和条件。

三、仓储管理

新中国建立初期，华北电力企业的仓储管理只有简单的物资收、发、领、退办法。1953年，学习前苏联先进经验，推行了簿记核算制，材料稽核制和保管专责制，建立了库存物资巡回盘点制度。物资保管人员既管物资数量，又管物资金额，加强了财务监督，使仓储管理工作逐渐走向正轨。

1962年，北京电业管理局颁发了《物资供应工作规程》，其中仓库管理11条。对仓库设施、人员配备、器材入库验收、发放、记帐、盘点、保管保养以及二级库和车间的物资管理均作了明确规定。

1964年，华北电力企业学习大庆油田仓库管理经验，推行了库存物资“五五码放”（即5个成堆或5个成捆或5个成串码放）、“四号定位”（即库号、架号、层号、货位号）和保管员大练基本功，使仓储面貌为之一新。

“文革”初期，物资管理制度遭到废弃，仓储管理出现了堆放无次序、领用无手续，帐、卡、物不符的混乱局面。为扭转这种混乱局面，北京电业管理局于1976年在重申《物资供应工作规程》的同时，并在京津唐电网推广了北京热电厂“四化”、“五清”、“八个有”的仓库管理经验。即：思想革命化、库容整洁化、四防经常化、专库专责化；数量清、质量清、用途清、帐卡清、资金清；入库有计划、码放有数量、保管有保养、料位有标签、存料有盘点、出库有手续、储备有定额、资金有控制。使仓库管理工作很快得到恢复和发展。

1977年，华北电力企业在工业学大庆活动中，仓储管理工作除坚持“五五码放”、“四号定位”和物资的验收、发放、盘点、保养、记卡等制度外，还提出以实现“六化”（仓库专责化、管理科学化、四防经常化、资料档案化、储备定额化、回收制度化）为内容的学大庆仓库管理目标；制定了《建设大庆式仓库规划》和《验收标准》。使仓储工作由传统管理向科学管理迈进了一步。

1980年，华北电业管理局对各基层单位的仓库管理工作提出“两快”（收料快、发料快），“三无”（无差错、无事故、无霉烂变质）、“四相符”（料、卡、物、资金相符）的新要求，并作为物资专业竞赛的内容之一。在此基础上，1981年制定了以库容整洁化，工作制度化，保管保养科学化，技术资料档案化，装卸搬运机械化为内容的“五化仓库”标准。经各省（市、自治区）电力局和各基层单位的共同努力，到1984年底，经验收，华北电力企业的863个自然库中有774个达到“五化仓库”标准，占自然库总数的90%。详见表9-7-3。

1984年华北电力企业“五化仓库”数量

表9-7-3

地　　区	自然仓库数	“五化仓库”数	占自然仓库%
北京电业管理局直属企业	186	167	90
天津市电力企业	69	69	100
河北省电力企业	177	162	91.5
山西省电力企业	285	280	98.2
内蒙古电力企业	146	96	65.8
全网合计	863	774	90

为全面提高物资管理水平，华北电业管理局于1986年制定了《电力企业物资工作标准和先进目标》，使华北电力系统的仓储管理工作在科学化、现代化进程中迈了一大步。

四、物资统计

华北电力企业的物资统计报表主要有两种，即：原材料统计报表和机电设备统计报表。两种报表的统计内容主要反映统计期内物资的收入、消费与结存情况。物资统计报表由各基层单位编报，经各省（市、自治区）电力局汇总后分别上报主管部门和地方统计部门。

（一）原材料统计。1953年，国家在实行物资计划分配的同时建立了物资统计制度。1956年，华北电力企业按照国家统计局要求，对1952~1955年的统计资料进行整理，补充上报了生产用原材料、燃料消费与结存（物资三表）；基本建设用原材料、燃料消费与结存（物资四表）；单位产品原材料、燃料消费量（物资五表）三种报表。

1963年，华北电力企业按照上级要求，加强了物资统计工作的管理，充实了各基层单位的物资统计人员，进行了各级物资统计人员的业务培训，建立了物资统计数字的审核制度，提高了统计报表的质量。

“文革”期间，物资统计工作处于自流状态，造成有些年度资料不全或数字不实的局面。

1978年，华北电力企业按照水利电力部要求，上报了“主要物资收入、拨出、消费、库存季（年）报”（水电18表）；“本单位消费和拨出施工、加工使用方向表”（水电18表附表)。北京市物资局布置了中央在京单位 1978 年和 1979 年物资统计定期报表，种类为："生产用主要物资收支与结存年（季）报"（统物 3 表甲）；"基本建设用主要物资收支与结存年（季）报"（统物 6 表）；"供应机构主要物资收支与结存年（季）报"（统物 8 表）。

为进一步提高物资统计质量，北京电业管理局物资供应公司于 1979 年在京津唐电网建立了物资统计报表质量通报制度。并从 1981 年起开展了以百分计分办法的评比竞赛活动，制定了《材料统计竞赛检查评比办法》。每季组织评比，并通报评比分数及名次，年末进行总评，对优胜单位进行表彰。

（二）机电设备统计。华北电力企业的机电设备统计制度建立较晚，1975 年开始向水利电力部报送"机电设备使用情况统计季报"。同年 11 月增加了"全国机电设备库存情况统计年（季）报"和"库存主要统管、部管设备收入和使用情况分析表"。前表增添了全部机电设备库存总金额，并按使用方向分解库存总量；后表要求分析 19 种主要统管、部管设备的年初库存，本年收入及收入来源、本年使用及使用方向以及年末库存量。

1977 年，水利电力部转发了国家计划委员会和国家物资局《关于切实做好机电设备统计工作的通知》，并规定了机电设备的两种统计年报，即："全国机电设备库存情况统计表"（物综 5 表甲）；"全国机电设备使用情况统计表"（物综 5 表乙）。统计目录为：全部机电设备总金额，其中一、二类机电设备总金额。对 44 种主要设备进行数量统计。

从 1987 年起，华北电业的机电设备统计年报改为"机电设备（产品）收拨与库存"。统计项目为：年初库存、累计收入、累计使用、累计拨出、期末库存及库存中的积压设备和期末待验收入库。统计目录为：377 种机电设备金额，其中进口设备金额；377 种以外的机电设备金额，其中进口设备金额。对 48 种主要机电设备按数量统计。

随着企业管理工作的现代化，华北电力物资统计工作到 1990 年末初步实现了微机管理。各省(市、自治区)电力局的"水电 18 表"、"水电 18 表(附表)"等报表均由电子计算机汇总上报。各电力工业局主要物资消耗(供应)情况统计见表 9－7－4～表 9－7－7。

北京市电力工业局各时期主要物资消耗量统计

表 9－7－4

年　份	钢材（吨）	木材（米^3）	水泥（吨）	机电设备（万元）
1952	264	539	1766	—
1957	711	546	5737	—
1962	8043	8608	6843	—
1965	1222	1382	1008	—
1970	3754	5692	2195	—
1975	—	—	—	—
1980	27717	6376	34277	5927
1985	38892	9471	62898	10715
1990	71762	18037	149925	16724

天津市电力工业局各时期主要物资消耗量统计

表 9－7－5

年　份	钢材（吨）	木材（米³）	水泥（吨）	机电设备（万元）
1952	254	104	601	81
1957	278	110	643	179
1962	575	300	1339	179
1965	560	224	1303	179
1970	1307	567	3104	608
1975	3200	1310	7597	608
1980	3137	1285	7448	608
1985	14207	2500	16300	5892
1990	15251	1163	29811	11864

河北省电力工业局各时期主要物资供应量统计

表 9－7－6

年　份	钢材（吨）	木材（米³）	水泥（吨）	机电设备（万元）
1952	270	360	1000	86.7
1957	2100	3100	5300	747
1962	950	400	2200	223
1965	2600	1100	5500	944
1970	5500	1800	12100	2620
1975	13056	11412	34397	3078
1980	23641	8867	39977	5704
1985	26000	10500	50000	7300
1990	41403	19634	91054	12126

山西省电力工业局各时期主要物资供应量统计

表 9－7－7

年　份	钢材（吨）	木材（米³）	水泥（吨）
1957	3627	1724	8528
1962	5902	1800	13610
1976	13887	8629	26882
1981	16992	11095	47840
1986	64400	18100	92000
1990	63280	11995	84987

第二节　物资供应

一、材料

新中国建立后的三年经济恢复期间，国家对钢材、木材、水泥等8种（1952年扩大到55种）主要材料实行大区之间平衡调拨，其他材料由企业自行采购。

“一五”计划期间，国家对223种主要材料实行由国家计划委员会和主管部统一分配（简称统配部管物资）。凡列入《统配部管物资目录》的材料，均纳入国家计划分配渠道。华北电力企业所需统配部管材料按行政隶属关系逐级申请分配；统配部管以外的材料由企业自行采购。

“二五”计划期间，材料供应实行“地区平衡、块块包干”的办法。华北电力企业所需统配部管材料由各省（市、自治区）电力局向所在省（市、自治区）有关部门申请分配。

三年经济调整时期，国家对统配部管物资实行“统一计划、综合平衡、条块结合、分级管理”的办法。华北电力企业需要的统配部管物资恢复到按行政隶属关系逐级申请分配。

1966～1971年，由于物资管理权限下放，各省（市、自治区）管理方法不一，物资供应渠道较为混乱。

1972年，华北电力企业根据国家计划委员会制定的《关于华北地区和江苏省物资包干试点暂行办法》，试行了统配部管物资由省（市、自治区）进行综合平衡、统筹安排、统一供应的办法。在试行中，因华北电力工业的行政隶属关系和计划管理体制均属中央，物资分配渠道的改变，形成计划安排与物资供应脱节，使电力生产、建设所需材料得不到有效保证。因此，试行1年后，从1973年起，除水泥以外的统配部管物资均改回到按行政隶属关系申请分配。

1980年12月，华北电业管理局物资供应公司根据电力工业部《关于加强跨省电网集中统一管理的若干规定（试行)》中提出的物资管理体制必须与企事业管理体制相适应，按行政隶属关系分配物资的原则，制定了《关于扩大物资集中储备的实施方案》，对39种常用、通用和用量大的材料，从1981年起实行由华北电业管理局物资供应公司统一计划、统一订货、统一分配、统一调度、统一储备的“五统一”管理办法。

1984年以后，随着国家经济体制改革的深入发展，电力生产计划执行指令性计划与指导性计划相结合的方针，国家分配物资逐渐缩减，市场调节物资逐年扩大。华北电力企业所需主要材料除国家按行政隶属关系分配外，市场调节和企业自行开拓资源成为主要供应渠道。

二、备品配件

50年代，华北电力生产企业的备品配件供应主要依靠发电设备制造厂。进口设备随机组引进，国产设备向生产厂订货，少量配件由电力修造厂或发供电单位自行加工解决。从60年代起，随着新机组的相继投产，备品配件的供应与管理已成为电力生产中的重要一环。为加强备品配件管理，以确保发供电设备安全运行，北京电业管理局于1961年8月制定了《生产设备备品配件暂行管理制度》，内容包括：备品范围、备品管理、定额与资金、加工制造、图纸测绘、集中储备等共七章34条。

1962年，水利电力部颁发了《电力工业生产设备备品管理试行办法》，根据发供电设备的特点和备品配件本身的性质分为：设备性备品、材料性备品、配件性备品以及轮换性备品、消耗性备品和事故性备品。并对轮换性备品和事故性备品规定了部、网（省）局、现场三级储备原则及分级储备的范围，数量。据此，华北各省（市、自治区）电业管理部门及基层发供电单位分别制定了各自的《备品管理办法》，编制了《备品配件清册》，设立了专库，配备了专人，使备品管理得到了加强，备品供应得到了保证。

1964年，北京电力公司试行“工业托拉斯”体制后，为减少储备资金，根据三级储备原则制定了京津唐电网《通用性备品配件实行公司集中储备（草案）》，对集中储备原则和第一批储备方案及领用办法做了具体规定。后由于“文革”的开始和“托拉斯”的解体未能实施。

1976年，水利电力部成立配件公司后，华北电力企业所需备品配件均通过配件公司组织的全国电力修造企业排产订货会议解决，需要进口的备品配件亦由配件公司统一申请进口解决。

为进一步做好备品配件的供应与管理工作，华北电业管理局物资供应公司于1980年汇编出《华北电网电站在装主要设备手册》，将各电站在装的汽轮机，发电机、锅炉、主变压器等20大类主要设备的名称、规格型号、技术参数、制造厂家、出厂编号及安装投产日期等作了详细记载。

1980年5月，华北电业管理局根据电力工业部颁发的《电力工业生产设备事故备品管理办法》和《电力工业生产设备事故备品参考定额》，制定了《关于网局集中储备事故备品的试行办法》和《网局集中储备定额目录》。对2.5万千瓦以上同类型发电机组的事故备品由华北电业管理局集中储备。1981年，华北电业管理局按照《定额目录》对有关单位的物资和资金进行了划转，到当年末共集中储备资金175万元，减少重复储备56万元。核划物资占储备定额的58%。

1983年，华北电业管理局物资供应公司配合局发电处对《网局集中储备定额目录》进行了修订与完善，并对储备品种做了调整。按照新的定额目录和调整后的品种，需要储备资金768万元。由于资金不足，在1984年和1985年的备品订货会议上本着“量少、品种全”的原则，对《定额目录》内的空白品种作了适当补充。

1987年，水利电力部重新颁发了《电力工业发供电设备事故备品的参考目录》，各单位可参照《参考目录》自行确定事故备品的储备品种和数量；可在分级管理、分级储备的基础上，采取多种形式的联合储备，以减少资金占用。并要求各省（市、自治区）电业管理部门充分利用自有修造力量提高备品配件的自给率。

三、成套设备

50年代，华北电业的北京热电厂，太原第一、第二热电厂和包头第一、第二热电厂，都是前苏联援建项目。上述电厂的主机组和配套设备均由前苏联成套供应。用国产机组建设的项目，由建设单位向有关生产厂加工订货。

1959 年，国家和各省（市、自治区）成立了设备成套局，将 332 种机电设备列入成套设备供应范围。华北电业管理部门负责组织所属电力基本建设项目成套设备的计划编制与供应工作。

1962 年 5 月，国务院批转了国家计划委员会、第一机械工业部《关于加强设备成套工作的报告》和《关于设备成套工作的几个问题和当前工作部署的通知》。按照以上文件要求，华北电力基本建设所需配套设备实行了“成套安排生产、成套供应”办法。

1963 年 9 月，国家计划委员会颁发了《成套供应设备项目设备分交和组织供应暂行办法（草案)》，将成套供应范围调整为 306 种，并从 1964 年起，凡是成套需用的二类机电产品均由地方成套部门交所在省（市、自治区）机电设备公司组织供应。

1977 年 8 月，国家建设委员会、国家计划委员会、国家经济委员会颁发了《国家基本建设成套项目成套工作暂行条例》。按照《条例》要求，国家建设委员会、水利电力部、国家成套总局发出《关于电力建设项目设备成套工作的分配意见》，明确电力基本建设项目成套设备由水利电力部成套设备公司负责。华北电力基本建设所需成套设备由各省（市、自治区）电力局直接报送水利电力部成套设备公司。

1981 年 9 月，电力工业部发出《关于试行电力基本建设项目成套设备供应工作暂行规定》的通知，从当年 10 月起，华北电力建设项目所需成套设备由电力工业部成套公司统一组织供应和统一归口管理。

1988 年，国家对物资管理体制进行改革，将机电产品的管理权限重新划分为：国家指令性分配 3 种，国家合同订购 93 种，国家组织产需衔接 106 种，其余均由市场调节。同年 10 月，物资部颁发了《国家合同订货机电产品管理办法》和《国家重点成套项目需要机电产品安排供应办法》。11 月，能源部和国家能源投资公司下发了《关于明确成套设备局职能范围的通知》，强调能源部成套设备局是全国电力建设大中型项目成套设备归口管理单位。对电力建设成套设备实行统一管理、统一订货、统一调剂、统一调度。华北电力基本建设所需成套设备由各省（市、自治区）电力局物资管理部门直接对口能源部成套设备局。

第十篇　党　　群

1926年初，华北电业最早的中国共产党（简称中共）地下组织在华北电灯股份有限公司成立。之后，以星火燎原之势燃向华北各地电力企事业单位，使处于饥寒交迫、水深火热之中的华北电业职工迅猛觉醒。石景山发电分厂、山西省长治西关电厂、天津第一发电厂的电业职工分别于1938年6月、1945年10月、1948年在地下党组织的领导和影响下，为夺取政权，争取自由，求得解放，与反动势力开展了积极的斗争。1948年12月17日，中国人民解放军解放石景山地区时，由于北平发电所地下党组织和广大职工的护厂斗争，当时华北最大的火力发电厂——冀北电力公司北平发电所，终于完整地回到了人民手中。

新中国建立后，华北电业各级中共组织带领广大职工以主人翁的姿态，积极投入到以巩固政权、发展电力生产为内容的社会主义劳动竞赛，进行电力生产和自身组织建设。

中共十一届三中全会后，华北电业广大职工坚持以邓小平建设有中国特色的社会主义理论为指针，坚持四项基本原则，在政治上、思想上和行动上坚持同中共中央保持高度一致，巩固和发展党在企业中的领导地位；充分发挥各级中共党组织的战斗堡垒作用和党员先锋模范作用；保证、监督党和国家各项方针、政策在企业中的正确贯彻执行。

1980年华北电业管理局成立后，华北各省（市、自治区）电力企业中的工会、共青团和各种协会、学会等群众团体、群众组织，也迅速发展壮大，有力地促进了华北电力工业的蓬勃发展。

第一章　中国共产党的组织

第一节　党的地下组织与活动

1925年秋，中共在华北电灯股份有限公司（又称张垣电灯公司）内开始秘密发展党员，10月成立党小组，翌年2月成立党支部，是华北电业中建立中共组织最早的企业。

1938年6月，中共北平市南区区委派党员到石景山发电分厂帮助建立北平地区电力企业中第一个地下党支部。在地下党支部领导下，秘密组织了“工人救国会”、“黎明”、“曙光”和“晨光”社，示意黑暗即将过去，光明就在前头，利用墙报等开展抗日救国宣传。

1942年5月，日伪军警对北平地下党组织进行了大搜捕，“北京发电所”第一个地下党支部遭到破坏。

1945年4月，城工部特派员到“北京发电所”重新建立了“北京发电所”中共第二个地下党支部。后因特派员调离，“北京发电所”党支部与上级失去联系。

日军投降后，八路军曾在接管的河北省峰峰发电所建立了中共党支部；在张家口民生电业公司恢复了中共党支部。山西省长治西关电厂于1945年10月建立了中共党支部，成为山西电力企业中最早建立的党组织。

1946年6月，北平发电所建立了第三个地下党支部，由城工部领导。

1947年5月，山西省阳泉发电厂建立了基层中共党支部，1948年，临汾发电厂建立了党支部。河北省石家庄、保定、唐山、承德、沧州、邢台等地的电业单位在当地解放后相继建立了中共基层组织。

1948年，冀北电力公司北平分公司中共地下党组织，按照上级党组织的指示，积极发展党员，壮大组织，建立了党的外围组织——职业青年联盟，将一大批进步人士吸收入盟，为迎接北平的和平解放做好了组织准备。

1948年秋天，为迎接天津的解放，冀中军区城工部派员与天津第一发电厂中共地下党员联系，布置了具体工作：给厂内负责人发信，提出“约法三章”，勒令他们保护工厂安全、封仓库、保护物资；瓦解驻电厂厂警巡官；组织工人护厂队。同年底在震惊中外的平津战役打响时，电厂地下党组织积极配合解放军攻城行动，在电厂四周不时打起彩色信号弹，为保护电厂提供目标，也为解放军攻城指明方向。

1948年12月，北平正处在中国人民解放军的重重包围之中。中共北平市委城工部根据中共中央军委对解放北平的战略部署，发出：“为保证解放一个完整无损的文化古都而斗争”的号召。中共北平发电所地下党组织，在职工中成立了护厂委员会，提出“大烟囱不能倒，工人饭碗不能丢，谁也不能破坏机器”的战斗口号。广大职工积极响应，发出“人在机器在”的誓言。由于护厂委员会和广大职工的积极斗争，在中国人民解放军解放石景山地区时，华北最大的火力发电厂——冀北电力公司北平发电所终于完整地回到了人民的手中。

与此同时，中共冀北电力公司北平分公司地下党组织为响应中共北平市委城工部的号召，积极行动起来，组织了护厂纠察队，提出："保饭碗、不失业，人在厂在，不准破坏，谁搞破坏就跟他干"的口号。对公司领导层人员以劝告方式，宣传党的方针政策和人民解放战争取得胜利的大好形势，促使总经理鲍国宝和一大批工程技术人员改变原意，弃暗投明；组织工程技术人员和工人冒着生命危险，出城抢修石景山至城内的通讯线路和输电线路，把电送入北平。

1949 年 1 月 31 日，中国人民解放军胜利进城，北平和平解放，冀北电力公司北平分公司获得新生。

第二节　省（市、自治区）党组织

一、北京市电业党委（组）

北平解放后，冀北电力公司北平分公司于 1949 年 2 月 4 日实行军事管制。同年 7 月 1 日，冀北电力公司北平分公司地下党组织向群众公开，由中共北平市委领导。12 月，北平分公司改称北京电业局。1950 年 1 月，成立中共北京电业局总支委员会。

1952 年 12 月，经中共北京市委批准，北京电业局党总支改为中共北京电业局委员会（简称北京电业党委），党员由 42 人发展为 148 人。

1953 年，中共北京电业党委经过调整、整顿，党委下设两个总支委员会，一个分总支委员会，16 个党支部。

自中共北京电业党委成立至 1958 年，先后召开了 3 次党员代表大会。第一次党代会于 1955 年 5 月 15～16 日召开，正式代表 39 名，列席代表 46 名，选举产生了由 8 名委员组成的党委会。第二次党代会于 1956 年 4 月 23～24 日召开，正式代表 67 名，列席代表 31 名，会上通过了《关于加强党的领导，推动工业生产的高涨的决议》，选举产生了由 13 名委员、2 名候补委员组成的党委会。第三次党代会于 1957 年 1 月 7～9 日召开，正式代表 56 名。

1958 年 7 月，北京电业局与北京电力建设局合并为北京电业管理局，同时建立中共北京电业管理局委员会。同年 8 月 20～22 日，召开了中共北京电业管理局第一次代表大会，大会通过了《关于发动群众、迅速开展工业大检查，千方百计完成跃进计划的决议》，并选出了第一届委员会和 9 名常务委员。

1964 年 10 月，北京电业管理局易名为北京电力公司，并建立中共北京电力公司委员会，下设 10 个基层委员会。

"文革"期间的 1968 年 6 月，北京电力公司恢复原北京电业管理局名称。在此期间，党委瘫痪，党的活动停止，由革命委员会实行党政一体的一元化领导。

1970 年 11 月，北京电业管理局及其所属北京供电局与北京电力建设局合并，成立北京电力工业局。1971 年 3 月 3 日，北京市革命委员会以京革发（71）025 号文，批准成立北京电力工业局革命委员会，并建立了中共党的领导小组。1972 年 6 月 26～30 日，召开了中共北京电力工业局第一次代表大会，选出 27 名委员和 6 名常务委员，中共北京电力工业局委员会下设12个基层委员会。

1975年11月26日，北京电力工业局改称北京电业管理局，并建立中共北京电业管理局委员会。1978年10月，经水利电力部批准，中共北京电业管理局委员会改为党组。

1980年8月，根据中共北京市委（1980）51号文件规定，北京市电力工业局成立中共北京市电力工业局党组，受中共北京市委直接领导。

根据中共北京市委关于同意建立北京市电力工业局党委的批示，中共北京市电力工业局党组于1988年6月15～16日召开了第一次党员代表大会，选举产生了第一届中共北京市电力工业局委员会和纪律检查委员会。中共北京市电力工业局委员会下辖16个基层党委，党员数量由1950年的121人，发展到1990年的9211人。历年党员人数见表10－1－1。

北京电力系统中共党员人数统计

表10－1－1

年 份	人 数	年 份	人 数	年 份	人 数
1950	121	1961	3112	1988	8700
1953	532	1971	3424	1989	9205
1956	660	1978	6017	1990	9211
1959	2079	1987	8281		

二、天津市电业党委

1949年1月15日，冀北电力公司天津分公司实行军管。7月，经中共天津市委批准，天津分公司成立中共华北电业天津分公司总支委员会。1950年1月天津分公司改称天津电业局，党总支改称中共华北电业管理总局天津电业局总支委员会。1955年7月6日，局党总支撤销，改建中共天津电业委员会。下属7个基层党组织。1956年4月，天津电业局撤销，电业党委也同时撤销，党组织划归天津市重工业党委直接领导。1958年5月，中共天津市委为加强电力工业的领导，成立中共天津电业委员会。1966年“文革”开始后，各级党组织瘫痪，党的生活停止。

1971年6月，天津电业局召开第一次党员代表大会，选举产生了中共天津电业局委员会。1975年12月，天津电业局改称天津市电力局，并建立了中共天津市电力局委员会及政治部。1977年10月，随着机构名称的改变，中共天津市电力局委员会改为中共天津市电力工业局委员会。

1983年9月，根据中央干部“四化”方针，华北电业管理局党组调整了天津市电力工业局党委班子。到1990年末，天津电力系统有党员2887名，12个基层党委、7个直属基层党总支、3个直属基层党支部。历年党员人数见表10－1－2。

三、河北省电业党组（委）

新中国建立后，河北省电力系统中共党的组织不断发展壮大。1958年3月，中共河北省电业局党组成立，10月改称河北省电力工业局党组。

1965年3月，河北省农田水利电力局成立，经中共河北省委批准设党组。1966年，“文革”开始后，党的组织瘫痪。

1970年2月，河北省革命委员会电力局成立。1971年11月，经中共河北省委批准，

天津电力系统中共党员人数统计

表 10－1－2

年　份	党员数（人）	年　份	党员数（人）	年　份	党员数（人）
1949	125	1965	1063	1980	1791
1955	377	1971	1246	1985	2210
1960	884	1975	1722	1990	2887

成立中共河北省革命委员会电力局委员会。1978 年 8 月改称中共河北省革命委员会电力局党组。

1980 年 2 月，中共河北省革命委员会电力局党组改称中共河北省电力工业局党组。到 1990 年底，河北省电力系统（不含县电力局）共有党员 1.3577 万人。

四、山西省电业党组（委）

1949 年 4 月 24 日，太原解放，中国人民解放军接管太原电灯公司和西北实业建设公司电业处。同年 6 月 5 日，太原电力公司成立，并建立了中共太原电力公司总支委员会，下属 3 个党支部，有党员 65 名。

1949 年底，太原电力公司改为太原电业局，党组织更名为中共太原电业局总支委员会。

1953 年 6 月 23 日，中共太原电业局总支委员会升格为中共太原电业局委员会。

1958 年 1 月 1 日，太原电业局与大同电厂合并成立山西省电业局。随之成立了中共山西省电业局委员会。同年 7 月 3 日，成立山西省电力工业厅，8 月组成中共山西省电力工业厅党组。

1963 年，因管理体制上划中央，山西省电力工业厅改组为山西省电业管理局，原厅党组改为山西省电业管理局党组。

1966 年“文革”开始，党组织瘫痪。1967 年 5 月，山西省电业管理局实行军管后，成立了中共山西省电业管理局核心小组。

1971 年 5 月，中共山西省革命委员会电业局委员会成立。

1975 年，山西省革命委员会电业局改称山西省电力工业管理局，设中共山西省电力工业管理局委员会。

1983 年 2 月，山西省电力工业管理局改为山西省电力工业局，设中共山西省电力工业局党组。到 1990 年底，全省电力系统共建有县（处）级党委 48 个，党员 1.5317 万名。历年党员人数见表 10－1－3。

山西省电力系统中共党员人数统计

表 10－1－3

年　份	党员数（人）	年　份	党员数（人）
1949	65	1985	11987
1965	1455	1990	15317
1978	7541		

五、内蒙古自治区电业党组（委）

1958年1月，电力工业部内蒙古自治区电业局成立，党的组织也由包头电业局党委转为电力工业部内蒙古自治区电业局党委。

1959年5月，经中共内蒙古自治区委员会常委会议决定，内蒙古电业管理局成立党组，由5人组成。

1960年12月，水利与电力机构合并，成立内蒙古自治区水利电力厅，厅党组由6人组成。

1963年5月，内蒙古自治区水利电力厅撤销，成立水利电力部内蒙古自治区电业管理局，局党组由5人组成。

"文革"期间中共党组织瘫痪。1970年6月，内蒙古电业管理局划归地方领导，成立内蒙古自治区革命委员会水利电力局。1972年10月，水利电力局撤销，成立中共内蒙古自治区电业管理局委员会。

1977年11月，经中共内蒙古自治区党委决定，内蒙古电业管理局党委改为党组，党组成员5人。

1990年6月，中共内蒙古自治区委员会决定，撤销中共内蒙古自治区电业管理局党组，成立中共内蒙古自治区电业管理局委员会，为自治区党委的派出机构。同年9月1日，内蒙古自治区电力公司成立，实行一套机构两块牌子，保留内蒙古自治区电业管理局名称，行使对全区电力企业的管理职能。到1990年末，内蒙古自治区电力系统有中共党员3196人，历年中共党员人数见表10－1－4。

内蒙古自治区电力系统中共党员人数统计

表10－1－4

年 份	党员数（人）	年 份	党员数（人）
1962	717	1980	1378
1965	627	1985	1941
1972	667	1990	3196
1975	1045		

第三节 华北电业党组及工作决策

1980年1月,在成立华北电业管理局的同时,成立了中共华北电业管理局党组(简称局党组)。局党组成立后,认真贯彻中共十一届三中全会以来的路线、方针、政策,率领全局党员和职工在坚持"安全第一、质量第一、人民电业为人民"方针的前提下,解放思想,更新观念,开拓前进,在改革开放的道路上迈出了较大的步伐。

1980年2月20日，局党组决定，为加强对科研工作的领导，更好发挥科技人员的作用，将北京电力中心试验所更名为华北电力试验研究所，与华北各省（市、自治区）电力中心试验所是业务领导关系，并兼北京电力科学研究所职能。同年5月，成立唐山发电总厂。7月，成立石景山发电总厂和北京热电总厂。12月，成立华北电力总调度所，并兼北京电力中心调度所职能。

1980年4月23日，局党组根据电力工业部《关于加强电力规划工作的若干意见》和《关于加强跨省电网集中统一管理的若干规定》，成立了华北电网规划领导小组，对京津唐电网和华北电网的电力发展进行统一规划。

按照局党组决定，华北电业管理局于1981年3月18日在石景山发电总厂召开了第一次全面质量管理研讨会，学习和讨论了全面质量管理在电厂中的运用。

根据中共中央、国务院《关于国营工业企业进行全面整顿的决定》，局党组在1982年2月23～27日的全体会议上决定成立华北电业管理局企业整顿领导小组，并确定企业整顿是全系统1982年的重点工作，明确了网局直接联系和验收的36个重点企业及第一批重点整顿的企业名单。按照局党组部署，华北电力系统的企业整顿工作从4月起全面展开。

1982年5月，局党组根据国务院转发水利电力部《关于实行计划用电包干办法》的通知，决定在华北实行计划用电包干。

1983年2月，华北电业管理局确定了对所属单位采取的经济责任制形式：对供电企业，实行内部核算利润，基数包干，增长分成，指标考核；对发电企业，在原指标计分的基础上，实行包干责任制和指标考核相结合；对直属修造企业，实行利润包干，超额分成，指标考核；对施工企业，实行盈亏包干；对事业单位，实行经费预算包干和增收节支分成。

同年4月10日、4月22日和6月6日，华北电业管理局组织企业整顿检查验收团分别对北京供电局、石景山发电总厂和山西省电力建设一公司进行了供电、发电、施工企业的企业整顿示范检查验收。

1984年5月17日，局党组研究确定，石景山发电总厂、北京供电局、北京电力设备修造厂和北京送变电工程公司为华北电力系统全面改革的试点单位，并进行厂长（经理）负责制、工资总额包干和百元产值工资含量包干的试点。

按照中共中央关于整党的决定和中共北京市委的部署，局党组决定，从1984年6月起，在北京电力系统分期分批地进行整党，并成立了整党领导小组。整党分为：学习文件，对照检查，组织处理和党员登记3个阶段进行。经过整党，认真清理了“左”的思想影响，提高了对改革开放的认识，增强了同党中央在政治上保持一致的自觉性。整党工作于1987年5月结束。

1985年7月，局党组决定，以北京电力学校为基础，建立北京电力专科学校，实行兼办中专部的办学方式。专科招高中毕业生，学制3年；中专部招初中毕业生，学制4年。北京电力专科学校于1986年6月21日正式成立。

根据国务院《关于进一步扩大国营工业企业自主权的暂行规定》和水利电力部《关于电力工业简政放权的规定》，华北电业管理局于1985年制定了《华北电网经济体制改革要点》、《华北电业管理局关于对省（市）电力局实行内部经济责任制的方案》、《华北电业管理局对直属发供电企业经济责任制方案》和《华北电业管理局关于下放管理权限的规定》，实行了指令性计划、指导性计划、“双增双节”（增产节约、增收节支）的梯级计划目标管理。对发供电企业实行了内部价格、内部核算、内部利润、内部留成，加指标考核的经济责任制；对施工企业实行了百元产值工资含量包干，加指标考核的经济责任制。并在华北地区试行“高峰低谷用电浮动电价”、“超指标用电加价”和随燃料价格“高来高走”电价。

1985年，局党组根据改革干部管理制度的精神，制定了《关于实行干部任期制的规定》，对企业党政领导干部经过调整已经实现了高文化结构的单位，从当年9月1日起，均实行厂长（经理）任期制，任期为3~4年。

为加快华北电力建设步伐，华北电网领导小组根据国务院《关于鼓励集资办电和实行多种电价的暂行规定》和水利电力部关于《集资办电部分实施办法》，于1986年4月制定了《华北电网集资办电实施细则》，对集资办电的形式，资金来源，工程项目的审批程序，办电范围，产权、分电、分利、电价、经营管理等均作了明确规定。

1986年，局党组根据中共中央关于端正党风的指示精神，作出《关于端正党风，纠正行业不正之风的决定》和《关于建立抓党风责任制的决定》，要求局机关要成为全系统端正党风的表率，必须从党组、从领导做起，分工负责一级抓一级，书记、局长直接抓，其他领导按分工分头抓，纪检部门专门抓，明确职责，各负其责，对行业不正之风进行清理和纠正。

同年，局党组根据中共中央有关精神，加强了对统战工作的领导，要求各级党组织提高对新时期统战工作重要意义的认识，积极解决遗留问题。按照局党组要求，各级党委对统战对象落实了各项政策，并对归侨、侨眷、港、澳、台同胞和亲属做到在政治上一视同仁，在工作上大胆使用，在生活上关心照顾。

同年10月，局党组决定，在华北电业管理局干部学校和北京市电力工业局党校的基础上，建立华北电业联合职工大学。总校设在北京，下设北京、天津、河北、山西4个分校。实行总校和分校联合办学体制，统一规划，分层领导，分校相对独立的管理办法。华北电业联合职工大学面向华北电网招生，设思想政治教育、电力企业管理、发电及电力系统、用电管理、电厂热能动力、劳动管理等专业，学制3年，以培养大专以上学历的工程技术人员和企业管理人员为主要任务，同时承担局（厂）长、“三总师”和党委书记的培训任务。

在企业全面整顿的基础上，华北电业从1986年起，开展了企业上等级工作。为加强对这项工作的领导，局党组决定成立了华北电业管理局企业上等级工作领导小组，召开了“抓管理、上等级、全面提高企业素质”工作会议，制定了《企业上等级工作若干问题的暂行规定》，并在国家规定的企业等级基础上，增设了华北电业管理局一级企业和二级企业两个等级。

为进一步贯彻干部“四化”方针，局党组于1987年对基层领导班子建设提出要求：第一，厂长（经理）、党委书记、“三总师”、工会主席都应具备大专以上文化程度，专业要配套；第二，年龄形成梯形结构，以中青年为主，要有40岁以下成员1~2名，任职年龄不超过55岁；第三，班子总人数（含“三总师”）不超过7名；第四，要有后备干部储备。

1987年，根据局党组部署，各级党委以轮训形式对全体党员进行了坚持四项基本原则，反对资产阶级自由化的教育。通过批判资产阶级自由化，使广大党员明辨了是非，树立了正确的政治方向，巩固和发展了全系统安定团结的大好形势。

同年5月，局党组决定，蓟县电厂筹建工作由北京热电总厂负责；京东电厂和十三陵抽水蓄能电站的筹建工作由石景山发电总厂负责。

1988年11月24日，华北电业管理局召开新闻发布会，委托建设银行北京市分行为石景山热电厂2号机组筹集资金，代理发行电力建设债券3000万元。

为推动华北电网的经济体制改革，1988年底成立了中国华北电力联合公司，由原来统一核算的华北电网（不含呼包电网），改为河北电网、山西电网和京津唐电网3个独立核算的经济实体。

为贯彻落实中共中央纪律检查委员会关于领导干部廉洁自律的各项规定，局党组于1989年先后制定了《关于领导干部保持廉政的若干规定》、《关于收取佣金、回扣财务处理问题的暂行规定》和《关于加强咨询管理的暂行规定》。各级党委建立了廉政领导小组或廉政办公室。一些供电部门还聘请了社会监督员，监督检查"吃、拿、卡、要"等行业不正之风。

1989年3月，局党组决定，在政工部门实行思想政治工作干部专业职务聘任制。

同年5月20日，北京市部分地区实行戒严，30日，局党组决定，组建维护首都秩序工作队共1500人。6月3日，工作队进驻人民大会堂西侧北京供电局院内。在平息政治风波中，工作队抢救了23名严重受伤的解放军、武警官兵，并转送到医院。

1990年9月，北京举行了第十一届亚洲运动会（简称亚运会）。为保证亚运会期间的安全供电，局党组在全系统广泛开展了各种思想教育，将"亚运为国添光彩，我为亚运做贡献"的口号变成全体职工的自觉行动，保证了亚运会期间的优质安全供电。

历任中共华北电业管理局党组书记、副书记名单，见表10-1-5。

表10-1-5　　历任中共华北电业管理局党组书记、副书记名单

姓　名	职　务	任　期
李　鹏	书　记	1980.1~1981.3
杜书润	书　记	1981.3~1983.1（代）
李寿祺	书　记	1983.1~1985.6
张绍贤	书　记	1985.6~1990.12
杜书润	副书记	1980.1~1983.1
李寿祺	副书记	1980.1~1983.1
韩峻峰	副书记	1980.1~1983.1
史　一	副书记	1983.1~1985.6
赵　江	副书记	1983.8~1985.6
刘学忠	副书记	1985.6~1990.12

第二章 党的工作

第一节 组织工作

党的组织发展　50年代，华北电业各级党的组织重点发展了一批在新中国建立前受阶级压迫，苦大仇深，有政治觉悟的老工人和进步的高级知识分子加入中国共产党的组织。

60年代初期，由于天灾人祸，国家处于三年困难时期，中国共产党的发展工作比较缓慢。“文革”期间，各级党组织瘫痪，党的发展工作停止。

1970年后，各级党组织相继恢复，组织发展工作逐步走向正轨。1978年中共十一届三中全会后，华北电业各级党委为了保证党员质量，普遍制定了一些必要的培训、考察、管理制度和办法。一些基层党委组建了业余党校，要求入党的积极分子，除填写申请外，必须参加业余党校学习党史、党的基本知识、党纲党章、党的基本理论、方针、政策和路线，并需考试合格，以此作为积极分子入党的基本程序。

1980年1月中共华北电业管理局党组成立后，要求各级党委在“坚持标准、保证质量、改善结构、慎重发展”的原则下，有计划地发展优秀知识分子、生产一线工人，特别是优秀青年工人、青年知识分子加入中国共产党，使华北电业党员队伍不断发展壮大。到1990年底，全系统共有中共党员4.4万余名。其中：北京地区9211人，天津地区2887人，山西地区1.5317万人，河北地区（不含县电力局）1.3577万人，内蒙古自治区3196人。

党内各项制度　新中国建立后，中共华北电业各级党委普遍建立与健全了各项民主生活会制度，包括下级党组织定期向上级党组织汇报工作制度、上级党组织定期对下级党组织工作检查制度和“三会一课”制度（即定期召开党员大会、党支部生活会、党小组生活会和定期上党课）。

根据中共中央组织部《关于建立民主评议党员制度的意见》通知精神，1985年以来，各级党委结合每年年终工作总结或召开职工代表大会，建立了对党员或党员干部民主评议制度。仅天津市电力工业局党委统计，1990年全局2887名中共党员中有2440名参加了民主评议。

“争先创优”活动　在安全生产、电力建设和其他各项工作中，各单位党委以不同形式，在党内开展了“争先创优”活动，结合每年庆祝“七一”党的生日进行评比表彰，充分发挥了共产党员的先锋模范作用。1985～1988年，中共北京市电力工业局党委在争先创优活动中，有5个基层党支部和20名共产党员被中共北京市委评为先进党支部和优秀共产党员，受到表彰。

1988年，华北电业开展了“新时期党员形象大讨论”。通过讨论使广大党员明确了新时期共产党员的标准和应有的形象，努力以自己的实际行动为党增添光彩。中共山西省电力工业局党组通过组织开展“党员身边无事故”、“我为党员添光彩”、“党员责任区”等活动，涌现出一批优秀共产党员的典型。据统计，1985年以来，华北电业历年评选出来的各类先进人物中，70%是共产党员。

第二节 宣传工作

华北电业党的宣传工作始终围绕着各个时期党的中心工作和电力生产建设的特点进行。新中国建立后，各级党委结合企业民主改革，对企业职工进行全心全意依靠工人阶级和当家做主的教育，激发了广大职工的革命和生产热情。

50年代初，“抗美援朝”战争爆发后，华北电业各级党组织立即向党员、群众进行了国际主义和爱国主义教育，在系统内迅速掀起抗美援朝，保家卫国、增产节约竞赛高潮。天津市电业职工捐款1.98亿元（旧人民币）支援前线，有80多名青年职工报名参军。山西太原第二电厂职工通过竞赛，发电设备出力由2600千瓦，提高到3200千瓦；煤耗由2.4千克/千瓦时，降到1.4千克/千瓦时。河北凤山电厂在全国率先实现安全生产300天记录，被燃料工业部电业管理总局授予“安全发电的先锋”光荣称号。天津第三发电厂和石家庄电业局职工以确保安全生产的实际行动支援抗美援朝，还上书毛泽东主席。1950年9月11日，毛主席亲笔回信给燃料工业部陈郁部长。信中说：“陈郁同志，转来石家庄电业局全体职工给我的信及天津电业局第三发电厂全体职工给我的签名信，均已收到，请你转告两处电业职工同志们，感谢他们的好意，希望他们团结一致，努力工作，为完成国家的任务和改善自己的生活而奋斗。”毛泽东主席的回信，对广大职工给予极大鼓励。这一年的9月25日，华北电业有9名职工荣获全国劳动模范称号，并光荣地出席了在北京召开的全国工农兵战斗英雄、劳动模范代表大会。

1951年，中共华北电业各级党委按照中共中央组织工作会议精神，在党内开展了共产党员八项标准和忠诚老实教育。年底，各单位开展了“三反”运动（反贪污、反浪费、反对官僚主义）。

1956年，中共第八次全国代表大会后，华北电业各级党的组织，对全体党员分期分批进行脱产轮训，学习新党章，解决从思想上入党的问题。同年，还在党内外进行了政策、时事的宣传教育。

1957年2月，毛泽东主席在最高国务会议上发表了“关于正确处理人民内部矛盾的问题”的重要讲话。3月，毛主席又在中国共产党全国宣传工作会议上提出知识分子改造问题和“百花齐放、百家争鸣”方针；提出要在全党进行一次普遍、深入的反对官僚主义、宗派主义和主观主义的整风运动。根据以上精神，华北电业开展了党内整风运动。

60年代初，国家出现三年暂时困难，华北电业各级党委为宣传贯彻中共中央提出的“调整、巩固、充实、提高”的八字方针，对职工进行了正确认识形势，发扬自力更生、艰苦奋斗精神，克服困难，渡过难关的教育。

1963年，毛泽东主席发出“向雷锋同志学习”的号召，中共华北电业各级党的组织立即掀起学雷锋见行动的热潮，在广大职工中发扬了干一行、爱一行、钻一行的雷锋精神。

1966年，“文革”开始，由于受“左”的思潮影响，给职工思想造成混乱，尽管如此，华北电业职工始终坚持“安全第一”、“质量第一”和“人民电业为人民”的方针，发扬了当家做主的精神，经受住了严峻考验，做到没因“左”的干扰而停电。

1978年，中共中央召开了十一届三中全会，华北电业着重宣传新时期党的总任务和“团结一致向前看”的方针，及一切从实际出发，按客观规律办事，实事求是的思想路线。并开展了“实践是检验真理的唯一标准”的大讨论，为在华北电业职工中纠正“左”的错误，拨乱反正，解放思想，坚持贯彻执行“一个中心、两个基本点”的党的基本路线打下了良好的思想基础。

1979年，为了实现周恩来总理生前的指示：“把首都电网建设成安全稳定的电网”，中共北京电业管理局党组作出《全局职工动员起来为建设安全稳定现代化电网而奋斗》的决定，宣传动员全体职工用实际行动实现总理遗愿，加快电网建设。

1980年1月，华北电业管理局成立。为了更好地宣传党对电力工业的方针政策，宣传局党组的意图，宣传各省（市、自治区）电力工业局及各基层单位的先进经验、先进典型，促进团结治网，局党组决定创办《华北电力报》，作为局党组的机关报。刘澜波部长为该报提写了报名，李鹏同志为该报写了发刊词。《华北电力报》的创办，切实发挥了党组的喉舌、党联系职工群众的纽带作用。

1981年，中共华北电业各级委员会，组织干部职工认真学习中共中央《关于建国以来党的若干历史问题的决议》。天津电业职工开展了学决议精神，树革命目标，讲远大理想，立革命事业心，查干劲，查遵章守纪，制订职工守则的大讨论，做到理论联系实际。

1982年，华北电业在广泛宣传贯彻中共中央批转的《国营企业思想政治工作纲要〈试行〉》的基础上，在35岁以下青年工人中开展了爱国主义传统教育。河北省电力工业局党组，有领导、有计划地分期分批组织全局青年工人学习《中国近代史》、《科学社会主义》和《中国工人阶级》三本书。山西省电力系统1万多名35岁以下青年职工通过学习“三本书”，从理论上武装了自己，进一步了解了工人阶级艰苦奋斗的历史，明确了工人阶级的光荣传统和前进的目标，牢固树立了工人阶级主人翁思想，表示决心当好山西电力战线的主力军。

1983年，全国开展了以“五讲四美三热爱”为内容的精神文明建设活动。中共北京电业各单位党组织，联系实际，掀起了以创造优质服务、优良秩序、优美环境、学习雷锋为内容的三优一学活动。北京供电局、石景山发电总厂、北京热电总厂和北京送变电公司，被北京市授予“首都全民文明礼貌月先进集体”称号。

1984年，中共河北省电力工业局党组作出《在全省系统内普遍深入开展创建文明单位活动的决定》，成立了领导小组并颁布《创造文明单位试行办法》，总结了保定供电局军民共建变电站、热电厂与街道办事处共建文明家属院、沧州电业局和市公安警民共建等经验，先后在华北电业和全国电力系统精神文明建设大会上介绍推广。

1985年，在全网职工中开展了“七五”规划和贯彻执行《厂长工作条例》、《中共基层党组织工作条例》和《职工代表大会条例》以及普法的宣传、学习。山西省电力工业局党委联系实际，在全省电业职工中广泛开展了以“树理想、比贡献、做主人”为内容的理想纪律教育。除了请老山英雄和曲啸同志做报告外，大张旗鼓地宣传山西省电力建设第二公司副经理、优秀共产党员张务琪的先进事迹，编印了10万册《这就是共产党员》一书，举办了张务琪事迹报告会70多场和个人事迹展览，还摄制了《普通的牺牲者——张务琪》电视剧，引起了全省强烈反响，在群众中掀起学张务琪热潮。

1987年，华北电网各单位党委分别组织党员短期脱产轮训，进行坚持四项基本原则，反对资产阶级自由化的教育。使之认清形势，明辨是非，树立正确的政治方向，从而巩固和发展了全网安定团结、深化改革的大好形势。其间，华北电业管理局党组举办了17期，有800多名所属厂、处级以上干部参加的领导干部读书班，系统地学习党的路线、方针、政策和法律。经过学习使800余名厂、处级领导，进一步清除了“左”的思想影响，树立了社会主义社会的根本任务是发展生产力，集中力量实现现代化的新观念；明确了改革是社会主义发展的重要动力，是富民强国的必由之路；明确了在企业发展中必须两个文明建设都要抓，都要硬的道理。

1989年春夏之交，在北京发生了一场政治风波。中共华北电业各级组织及时召开紧急会议，传达学习中共中央有关文件，学习《人民日报》“稳定是压倒一切”的重要社论。教育干部群众认清电力安全生产与社会稳定的重要关系。从而使广大党员、群众在思想上、政治上和行动上同中共中央保持一致，保证了全网安全发供电，受到中共中央、国务院和各地党政领导的表彰。

1990年，为了保证亚运会期间的安全优质供电，中共华北电业管理局党组向全体电业职工发出：“亚运为国添光彩，我为亚运做贡献”的号召。各级党、政、工、团组织广泛开展了宣传活动，广大职工积极响应中共华北电业管理局党组号召，以实际行动，保证了亚运会期间的安全供电。

第三节 统战工作

中共华北电业各级组织，为了团结一切爱国力量，充分发挥统战对象的积极性，更好地为发展华北电力工业服务，普遍加强了统战工作的领导，设立了统战工作机构，建立了日常的工作制度，坚持每年结合重大节日或重大事件，召集统战人员代表座谈，开展联谊活动，通报情况，听取意见。

1986年，各级党委统战部门，按照中共中央统战工作会议精神，积极对个人历史遗留问题进行处理，对原国民党起义投诚人员发了证书，安置了工作，落实了对统战对象的私房政策；对归侨、侨眷、港澳台同胞和亲属做到政治上一视同仁，工作上大胆使用，生活上关心照顾。

1987年2月，北京市电力工业局成立了归国华侨联合会（简称侨联）。6月，召开了第一次侨联委员扩大会议，研究讨论了侨联工作。随后对在京的107户415名归侨、侨眷、外籍华人亲属状况进行了调查了解，建立了卡片，并从实际出发帮助解决实际问题，使侨眷们深受感动。

第三章　党的纪检工作

第一节　纪检机构

新中国建立后，中共中央作出《关于成立中央和各级党的纪律检查委员会的决定》。按照这一决定，北京电业局党委于1955年建立了纪律检查委员会。所属各基层党支部设兼职纪律检查委员，接受党支部和局纪律检查委员会的双重领导。同年3月，按照中共中央关于各级“纪律检查委员会”改为“纪律监察委员会”的决定，北京电业局、太原电业局建立了纪律监察委员会。

1956年4月，在北京电业局党委召开的第二次党员代表大会上，民主选举产生了纪律监察委员会。

1959年12月，天津电业局党委建立了纪律监察委员会。

河北省电业局党组，经民主选举在党组内设一名纪律监察委员，负责处理党员违纪问题。

1966年“文革”开始后，各级党的纪律监察机构遭到破坏，监察干部下放，监察工作中断。

1979年后，根据中共十一届三中全会提出的《县以上单位建立纪律检查委员会的决定》精神，按照华北各省（市、自治区）党委的部署，北京、天津、河北、山西、内蒙古等省（市、自治区）电力工业局党组（委），先后重新组建了党的纪律检查机构，加强了纪检队伍建设，为纪检工作的顺利开展奠定了基础。

1980年，中共华北电业管理局党组决定设纪律检查组。

1983年，山西省电力工业局、河北省电力工业局党的纪律检查委员会相继改为纪律检查组。

1985年2月，根据中共内蒙古自治区委员会决定，内蒙古电业管理局纪委改为中共内蒙古自治区委员会派驻内蒙古电业管理局纪律检查组，检查组设专职干部4人。同年3月，山西省电力工业局根据《中共山西省纪委关于向有关部门派驻纪律检查组的决定》，中共山西省电力工业局纪律检查组改为中共山西省委派驻的纪律检查组。

1987年7月，经中共水利电力部党组批复，同意中共山西省电力工业局党组纪律检查组改为纪律检查委员会。

1988年6月，在中共北京市电力工业局第一次代表大会上，选举产生了中共北京市电力工业局纪律检查委员会。

1989年4月，内蒙古电业管理局成立了行政监察处，局党委决定该处与纪律检查组合署办公，一套机构，两块牌子。

1990年6月，中共内蒙古自治区委员会决定，撤销自治区党委派驻内蒙古自治区电业管理局的纪律检查组，成立中共内蒙古自治区电业管理局纪律检查委员会。

到1990年末，北京电力系统16个单位中，已有15个单位成立了纪律检查委员会，有专职纪检干部41人；天津电力系统有11个单位成立了纪律检查委员会，有专职纪检干部42人；河北省电力系统有30个单位成立了纪律检查组织，有专职纪检干部177人；山西省电力系统的15个县、团级单位，均成立了纪律检查委员会，共有专职干部108人。

第二节　纪检工作

中共华北电业各级党的纪检工作，在局党组和各地方党委的领导下，集中精力抓端正党风，纠正不正之风，开展党性、党风、党纪教育，严肃查处各种违纪案件，有力地保证了全网发供电生产、电力建设、经营管理、深化改革和精神文明建设等各项任务的顺利完成。

1980年，中共山西省电力工业局党组纪检组，组织全局党员认真学习《关于党内政治生活的若干准则》，结合本局实际，制定了局级干部生活待遇7条规定并公布于众，监督执行。内蒙古电业管理局纪检组制定了《党组成员注意事项》，向全体职工公布，监督实施。

1983年，山西省电力工业局纪律检查委员会（简称纪委）按省纪委要求，对干部多占住房进行清理。全局有55名厂处级干部超标，总面积达1182.8平方米，其中：28人退了房，23人加收了房费。

1984年，内蒙古电业管理局经纪委查证，及时制止和纠正了部分单位发厂服和用公款、公物请客送礼等问题，并制定了《关于制止新的不正之风的八条规定》。天津市电力工业局党委作出《关于在整党过程中开创全党抓党风新局面，实现党风根本好转的措施决定》，纪委制定了抓党风责任制，检查纠正了住新房不交旧房和购买豪华卧车等不正之风。

1985年，天津市电力工业局重点纠正了以权谋私和严重官僚主义问题，清理了党政干部经商办企业的问题。中共内蒙古电业管理局委员会制定了《党风根本好转的细则》，从局机关到各基层，层层制定了党风责任制。中共山西省电力工业局党组下发了《关于坚决纠正新的不正之风的几项制度》，并制定了《关于实现全省电业系统党风根本好转的规划》。

1986年，中共华北电业管理局党组，根据中共中央“执政党的党风问题是关系党的生死存亡的问题”、“纪律检查委员会的中心工作是端正党风”等指示精神，作出《关于端正党风，纠正行业不正之风的决定》。北京市电力工业局认真组织党员、干部学习贯彻，并对全局厂处级以上党员干部进行民主评议。

1987年，中共华北电业管理局党组先后作出《关于检查党风责任制落实情况》、《关于进行党风检查和领导班子过好民主生活会》的工作部署。山西省电力工业局党委先后制定了《关于党内定期对各级党组织领导班子进行评议的实施草案》、《关于评议党员干部的决定》、《关于党员干部加强政治纪律、改进工作作风的若干问题》，进一步督促、检查、贯彻落实了各级党风责任制。天津市电力工业局为贯彻中纪委《关于立即刹住公款请客送礼吃请受礼的歪风的通知》和《关于坚决查处共产党员索贿问题的决定》，在系统内进行了一次全面检查，并开展了党风调查和案例分析，运用正反两方面的典型对党员进行党性、党风、党纪教育。

第四章　干部管理

第一节　党政干部

华北电业的干部管理工作，始终坚持“党管干部”的原则，实行分级管理。在干部的培养、选拔、调整、考核、聘任等管理中，逐步向专业化、规范化、科学化迈进。

新中国建立初期，华北各省（市、自治区）电力系统的干部管理方式，是在党委领导下，由组织部门审查，人事部门统管。到“一五”计划末，北京电力系统的干部人数已由1949年的486名增加到1541名。其中股级以上干部增加了386名。1958～1962年间，北京电力系统共提拔科级以上干部931名，到1962年末共有干部3668名，其中厂处级以上干部285名。

1964年，华北各省（市、自治区）电业管理部门对所属基层领导班子进行了考察，并对一些单位领导班子中存在的不团结、不健全或技术力量不足等问题，进行了调整。山西省电业管理局调整了厂处级干部12名，科级干部19名。翌年，提拔了67名中青年干部进入基层领导班子，平均年龄为43岁。

1966年“文革”开始后，华北各省（市、自治区）电力系统各级党政领导班子被夺权，由革命委员会取代。

1975年后，开始落实党的各项政策，平反了冤假错案，被“批斗”、下放的领导干部逐步恢复了工作。

中共十一届三中全会后，华北各省（市、自治区）电力工业局按照中共中央提出的干部革命化、年轻化、知识化和专业化（简称“四化”）标准，加强了对各基层领导班子的建设。1979年，北京电业管理局对基层领导班子建设提出五条要求：第一，党政分开，班子人数为5～7名；第二，中专以上专业技术干部要达到班子总人数的50%；第三，班子成员的平均年龄应在50岁以下，其中中青年干部要占1/4；第四，班子成员中中专及高中以上文化程度的达到65%；第五，1981年底前选好5名青年厂级后备干部，其中1982年内要有2～3名进入领导班子。经过调整，到1983年北京电力系统的基层领导班子已基本达到“四化”标准。调整后的领导班子与调整前比，平均人数由8.4人下降到6人；平均年龄由54.6岁下降到48.1岁；中专及高中以上文化程度的比例由42.3%上升到72.3%，其中：大专以上文化程度的比例由20.5%上升到37.9%；专业技术干部的比例由35.8%上升到67.5%。

山西省电力工业局按照干部“四化”方针和“精干、团结、高效、互补”的原则，对所属11个大中型企业领导班子进行了调整，共调整厂处级干部52名。到1983年，全省电力系统县（团）级领导班子成员由275人减至234人，减少了15%，平均年龄降到47岁；具有高中以上文化程度的达到60.3%；具有专业职称的由25.3%，上升到56.4%；

新提拔厂处级干部106名，有83名厂处级干部退居二线。

天津市电力工业局按照领导班子“四化”要求，对厂处级班子进行了逐步调整，共撤换了112名厂处级领导干部，提拔了84名中青年干部。调整后局领导班子7人，平均年龄51.2岁，有专业技术职称的5名，占72%；大专以上文化程度的5名，占72%；厂处级干部117人，平均年龄45.9岁，有专业技术职称的65名，占56%，大中专以上文化程度81名，占69%。

河北省电力工业局党组根据国务院（1979）184号文关于“电业单位的干部，由电业部门分级管理”的规定，经中共河北省委组织部批准，原属石家庄、邯郸、邢台、保定、衡水、廊坊、承德、沧州、张家口等地（市）委管理的电业单位厂（局、处）级干部，陆续移交省电力工业局统一管理，唐山、秦皇岛、下花园电业单位交由华北电业管理局直接管理。形成干部管理以电业部门管理为主，地、市委协助的管理体制。

1985年，华北电业管理局党组根据水利电力部改革干部管理制度的精神，制定了《关于实行干部任期制的规定》，对企业党政主要领导经过调整已实现了高中文化结构的单位，从当年9月1日起均实行厂长（经理）任期制，任期为3～4年。同年，在石景山发电总厂进行了民主选举厂长的试点。在北京电力设备总厂、北京送变电公司和北京供电局进行厂长（经理）负责制试点。

实行厂长任期制后，天津市电力工业局为了做到知人善任，对108名厂处级干部，采用本人撰写述职报告，领导进行多层次了解，职工按德、能、勤、绩进行测评计分的方法，对其任职情况进行投票，局党委对考核情况逐一作出评价后进行调整。共调整了31名，其中副职提为正职的17人，同级职务调动的8人，充实基层领导的4人，免职的2人。

山西省电力工业局党组在实行厂长负责制中，按照“稳定、充实、完善、提高”的精神，加强企业的领导班子建设，提拔了14名40岁以下的，具有大专以上学历的青年充实到部分领导班子中。经充实、调整，改变了少数领导班子软弱、涣散、臃肿、老化现象。

1987年，华北电业管理局党组为了进一步贯彻干部“四化”方针，提高领导班子群体素质，提出加强领导班子建设的四条要求；第一，厂长（经理）、党委书记、总工程师、总会计师、总经济师和工会主席，都应具备大专以上文化程度，专业要配套；第二，年龄形成梯型结构，以中青年为主体，要有40岁以下成员1～2名，任职年龄不能超过55岁；第三，班子总人数（含“三总师”）不超过7人；第四要有后备干部储备。

同年，根据中共中央组织部《关于调整不胜任现职领导干部职务的几个问题的通知》精神，各省（市、自治区）电力工业局党组（委）按照德、能、勤、绩四个方面，对管理范围内的干部进行了考核。

1988年，河北省电力工业局为了使干部管理逐步走向制度化、规范化、科学化，先后制定了《河北省电力工业局干部管理制度（试行）》、《河北省电力工业局干部管理程序（试行）》、《河北省电力工业局企业领导岗位规范（试行）》等。经过不断检查、评议、考核、调整，各级班子建设逐步加强。至1990年，河北省电力工业局所属单位领导班子平均年龄为48.8岁，大中专以上文化程度的占73%，具有高、中级专业技术职称的占

94.9%，并形成梯级年龄结构。共选拔了185名厂处级后备干部，经培养已有67名走上领导岗位。

天津市电力工业局制定了对干部考核的“七步法”（即述职、测评、谈话、鉴定、汇报、反馈、落实），按照这“七步法”，对所属26个基层单位、22个处室，共计202名厂处级领导干部进行全面考核、调整。与此同时，还开展了评选优秀厂、处级干部活动，全局有41名干部受到表彰和嘉奖。

新中国建立后，内蒙古自治区电力系统的干部队伍日益扩大，干部结构日趋完善。到1990年，全系统共有干部8783名，比1959年的1393人，增长6.3倍；其中：专业技术干部6824名，比1959年的387名增长17.6倍；少数民族干部916名，比1959年的145人，增长6.3倍。从干部的文化结构看，大专以上文化程度3014人，占干部总数的34%；中专学历的3102人，占35%。从干部的年龄结构看，25岁以下的1307人，占干部总数的14.9%；26～45岁的5231人，占59.6%；46～55岁的1936人，占22%；56～60岁的307人，占3.5%。

1989年，山西省电力工业局对所属44个基层单位的行政领导全部实行了聘任制。同时，明确了领导班子建设的三条规定：第一，加强政策理论教育；第二，坚持民主集中制，防止个人说了算；第三，抓廉政建设要严于律己。并为进一步加强领导班子建设，维护和巩固党对企业的领导地位，于1990年重新明确企业的党委书记、副书记不再兼任行政职务。200人以上的车间、工区、工地配备专职支部书记，确立了党组织在企业的政治核心地位。

第二节　技术干部

新中国建立后，华北电业各单位陆续配备了总工程师或主任工程师，建立起由总工程师负责的技术责任制。

1954年，燃料工业部下发了《关于干部管理制度规定》，明确技术干部分三级管理，即负责技术工作的局长、厂长、总工程师由华北电业管理局局长管理；技术科科长、副科长、车间负责技术工作的主任、副主任、工程师由各省（市、自治区）电业局局长管理；技术员、实习生由所在厂厂长管理。

1958年，北京各电业单位，将一批思想觉悟高、经验丰富并掌握一定技术理论的老工人提为工人工程师。到1962年末，北京电力系统共有工程技术干部1305名，其中工程师206名，技术员1099名。

1966年“文革”开始后，华北电业工程技术干部受到冲击，工程技术人员的考核、晋升制度遭到破坏。1978年全国科学大会后，又恢复了专业技术干部的考核、晋升制度。

1980年，根据国务院国发〔1979〕279号文《关于颁发工程技术干部技术职称的暂行规定》，华北电业管理局及各省（市、自治区）电力工业局分别成立了专业技术职称评定委员会和经济专业人员评定委员会，并按照国务院科技局《关于工程技术干部套改技术职称的有关通知》和电力工业部《关于套改的实施意见》进行了套改工作。北京电力系统共套改工程类技术干部3228人。其中：高级工程师40人，工程师888人。山西省电力工业局，对全系统3885名科技干部中的2423名进行了套改。其中：高级工程师40名，会计师96名。

1983年后，在套改的基础上，各省（市、自治区）电力工业局进行了专业技术职称评定工作。经过套改和技术职称评定，北京电力系统有各类专业技术人员7182人被评定了技术职称，其中，工程技术干部4982人，卫生、教学、经济及其他专业干部2200人。在7182名各类专业干部中，有高级职称147名，中级职称2087名。天津市电力系统，有599人被评定了工程技术专业职称，其中，高级工程师18人，工程师246人，助理工程师23人，技术员92人，技师12人。有123名被评定了经济类专业职称，其中：经济师9人、会计师11人，助理会计师10人，会计员19人，统计师1人，副主任医师1人，主治医师3人，医师29人，医（护）士40人。河北省电力系统有3046人被评定了专业职称，其中，高级工程师28名，工程师924名，助理工程师1054名，技术员735名；主治医师21名，医师120名，护士164名；会计师17名，经济师10名，统计师2名，会计员30名，统计员6名。内蒙古电力系统有1934名科技干部被评定了技术职称，其中，高级职称23名，中级职称566名。

1987年，遵照国务院《关于实行专业技术职务聘任制的规定》，华北各省（市、自治区）电力工业局分别成立了职称改革工作领导小组，按照水利电力部要求，采取先试点、后推开的方法，在评聘中强调要做到“四定”，即定岗、定编、定职责、定结构比例。

河北省电力系统为搞好技术干部职称评聘工作，组建了10个高、中、初级评聘委员会，涉及11个专业系统，共评聘了9245名各类专业技术人员。其中：高级职称639人，中级职称2992人，初级职称5614人。

山西省电力系统有6150名专业技术人员被聘任，其中高级工程师29人，工程师892人，助理工程师562人，技术员925人。为了打破科技干部和工人界线，让自学成才的工人出身科技干部参加聘任，1988年聘任了中、初级职称科技人员336人。1989年从工人中又聘任中、初级职称的专业人员1479人。1990年又聘任了1588人。

内蒙古电力系统到1990年末，有各类专业技术人员6842人，经过专业技术人员职称评聘，有339人受聘高级职称，1689人受聘中级职称，3455人受聘初级职称。

天津市电力工业局自1987年8月至1988年4月，相继成立了“工程专业技术职称评定委员会”、“经济统计、会计（审计）专业技术职称评定委员会”、“卫生专业技术职称评定委员会”、“教育专业职称评定委员会”、“图书、档案、翻译、新闻专业职称推荐组”和“行政职务系列评审委员会”。这些评定（审）委员会，总共评出各类专业技术人员2766人。至1990年底，天津市电力系统共有各类专业技术人员3661名，其中具有专业技术职称的3407人。北京电力系统共有9760名专业技术干部受聘，其中受聘任高级职称1070人，中级职称2614人，初级职称5044人。高、中、初级职称比例为：1:2.4:4.7。到1990年底，北京电力系统共有各类专业技术人员1.0122万名，其中，被聘任工程技术人员5153名，经济人员1346名，会计人员612名，统计人员135名，其他专业人员2876名。

第三节　离、退休干部

根据中共中央中发（1982）13号文《关于建立老干部退休制度的决定》精神，华北各省、（市、自治区）电力工业局成立了老干部处，负责离休干部的管理工作。各基层单位也相应成立了老干部科或离、退休办公室，有的单位在组织或干部科内设置专人具体负责这项工作。对退休干部的管理工作由各基层单位自行安排，多数单位由工会负责这一工作。

根据劳动人事部劳人老（1982）10号文关于《贯彻国务院关于老干部离职休养规定中具体问题的处理意见》的规定范围，到1990年末，北京电力系统符合离休条件的干部共728人，已办理离休手续的660人，占90.66%；其中，第一次大革命时期的1人，第二次大革命时期的7人，抗日战争时期的140人，解放战争时期的504人。天津市电力系统具备离休条件的干部有194人，已办理离休手续的163人，占84%，其中：司局级和相当司局级的30人；厂处级和相当厂处级的106人；一般干部27人。山西省电力系统已办离休手续的干部有1056人，其中：老红军6人，司局级和享受司局级待遇的135人，县处级和享受县处级待遇的572人。河北省电力系统共有离休干部739名，退休干部4038名。

本着中央关于干部离休以后政治待遇不变的精神和各地党委的具体规定，华北电业各单位定期或不定期组织离休干部学习中共中央和省（市、区）党委文件，凡在职干部发放的学习资料同样发给离休干部。山西省电力工业局为局本部离休干部配备了一套机要文件，供老干部阅读，对有些行动不便的送文件到家或当面传达文件精神。为了便于离休干部过组织生活，各省（市、自治区）局党组织还成立了独立的离休干部党支部、党小组。据山西省电力工业局和天津市电力工业局统计，共成立离休干部党支部33个，党小组83个，由老干部担任党支部书记、党小组长，发挥自我管理、自我教育的作用。

根据中共中央组织部中组（1984）11号文和劳动人事部老（1984）13号文关于《国营企业非国家机关行政干部离休后分别享受司局级、处级待遇的通知》规定，各省（市、自治区）电力工业局分别对离休干部办理了提高待遇的审批手续。据北京、天津、山西省（市）局统计，共为1232名离休干部提高了待遇。其中：享受司局级待遇的278名，享受处级待遇的849名。

在生活方面，按照国务院《关于老干部离职休养制度的几项规定》精神，华北各省（市、自治区）电力工业局为离休干部增发了生活补贴，对长期生活不能自理的人发给护理费；对享受司局级待遇和处级待遇的离休干部每月发给交通补助费；为享受司局级待遇的离休干部办理了医疗保健证，每年进行一次体检，并配备了必要的保健用品，组织离休干部健康疗养。每逢节日，各单位除组织集体活动外，还发给一定数额的节日补助费。为丰富离休干部的文体生活，普遍建立了离、退休干部活动室，组织老干部门球、歌咏、书法、美术、棋类、钓鱼等比赛，以及气功学习班等。

第五章 工 会

第一节 工会组织

1922年，河北石家庄中国内地电灯公司10余名工人加入京汉铁路工会正定分会，被编为一个工会小组，成为华北电业最早的工会组织。1925年，张家口华北电灯股份有限公司在中共的秘密领导下成立了工会组织，首批会员37人，后遭国民党破坏。在“二七”大罢工的影响下，北平华商电灯股份有限公司和石景山发电所于1928年5、6月份先后成立了工会。1945年，抗日战争胜利后，八路军在接管的河北峰峰电厂、下花园发电厂及张家口民生电业公司，分别成立了工会组织。同年，山西长治解放，长治西关电厂建立了工会委员会，这是山西省电力系统最早的工会组织。1946年，唐山发电所和冀北电力公司唐山分公司成立了工会组织。1947年，又成立了唐山发电所抬煤工工会。5月，山西省阳泉发电厂成立工会委员会。

1948年，唐山市解放，军事管制委员会驻唐山发电所工作组宣布解散冀北电力职业工会和抬煤工工会，建立了中共领导下的工会组织。1949年，华北解放后，各电业单位普遍建立了基层工会组织。4月，北平发电所和冀北电力公司北平分公司分别召开了第一次工会代表大会，选举产生了新的工会委员会。8月，山西太原电力公司召开工会成立大会。1951年，天津电业工会成立。1955年，中华全国总工会作出《关于要在一、二年内把已有的和应该建立的产业工会建立健全起来，实行垂直领导》的决定。在中国电业工会全国委员会的领导下，同年5月，召开了北京市电业工会第一次会员代表大会。7月，中国电业工会山西省委员会召开第一届会员代表大会。天津电业工会召开第二次会员代表大会。

1956年，北京电业局、天津电业局和唐山电业局合并成立了北京电业局。随之成立了北京电业工会，撤销了天津和唐山两市的电业工会，设立了北京电业工会工作委员会。1958年，根据中华全国总工会关于行业工会组织以地方领导为主的精神，北京电业工会解体，北京市、天津市又分别成立了市电业工会。同年，内蒙古自治区电业局成立，内蒙古电业工会也随之成立。

“文革”开始后，华北电业各级工会组织瘫痪，活动停止。1973年，各级工会组织逐步恢复，北京电力工业局工会召开了第一次会员代表大会。天津电业局召开了第四次会员代表大会，选举了新的工会委员会。1980年，北京市电力工业局工会召开第二次代表大会。

1984年，中国水利电力工会华北工作委员会召开第一届全委（扩大）会议，宣布华北电业管理局党组关于建立华北电力工委的决定及组织名单。

1987年9月，北京市电力工业局工会召开第三次代表大会。

第二节 工会工作

一、民主管理

新中国建立初期，华北各电业单位普遍建立了有职工代表参加的工厂管理委员会，参与了企业的民主改革。

1956年，中共中央作出《关于确定在企业中实行党委领导下的厂长负责制和党委领导下的职工代表大会制的决定》。华北各省（市、自治区）电力系统根据这一精神普遍建立了职工代表大会制度。并制定了《职工代表大会暂行组织章程（草案）》。明确职工代表大会在企业中行使以下权力：1. 听取和审查厂长的工作报告，审查和讨论生产、财务、技术和劳动工资计划及实现这些计划的重要措施，定期检查计划执行情况；2. 讨论和审查企业奖励基金、福利费、医药费、劳动保护拨款、工会经费以及其他有关职工生活福利的经费开支，在不违背上级有关指示、命令的条件下，可以作出决议，交企业行政或其他有关方面执行；3. 在必要的时候，向上级管理机关建议撤换某些行政领导人员；4. 对上级管理机关的规定有不同意见时，可以向上级管理机关提出建议，但如果上级管理机关经过研究仍旧坚持原有决定时，必须贯彻执行。

1966年“文革”开始后，各单位职工代表大会随着工会活动停止而中断。

1973～1978年，华北各省（市、自治区）电力系统恢复和建立了职工代表大会制度，加强了民主管理。

1986年，华北电业管理局下发了《华北电业管理局所属企业职工代表大会暂行条例》进一步强调加强企业的民主管理，推动职工代表大会制度的规范化。

1987年，华北电业管理局党组，根据党中央、国务院颁发的《全民所有制工业企业厂长工作条例》、《中国共产党全民所有制工业企业基层组织工作条例》和《全民所有制工业企业职工代表大会条例》精神，下发了《关于贯彻三个条例的补充规定和实施细则》。其中进一步明确了三个条例之间的相互关系，职工代表大会的性质、作用、权力与义务。山西省电力工业局党组下发了《关于企事业单位职工代表大会条例实施意见》和《关于企事业单位职工代表大会民主评议干部暂行办法》，并组织交流了加强民主管理，开好职工代表大会的经验。

到1990年，华北电业普遍建立了职工代表大会制，并下设了各专项民主管理委员会。一些生产企业还在车间、班组开展了民主管理活动，形成厂、车间、班组三级民主管理体系，体现了职工当家作主，是企业主人的地位。

二、劳动竞赛

华北电业工会组织，始终把组织职工开展以“多发、多供、低耗，安全生产”，“优质、高速搞基建”为内容的社会主义劳动竞赛，作为工会组织的主要工作。

新中国建立前的解放战争时期，河北省峰峰发电厂和石家庄、唐山、张家口等电业单位的工会组织，在中国共产党的领导下，组织发动职工开展了“增产献金，支援前线”竞赛，为支援全国解放作出了贡献。

1949年5月，山西省电业职工，为响应中共中央关于迅速恢复国民经济的号召，掀起了抢修设备，恢复生产的劳动竞赛。在竞赛中，太原第一发电厂仅用一个月时间就完成了需两个月完成的修复3号炉任务。太原第二发电厂用18天完成了3000千瓦发电机的抢修任务，扩大了太原地区供电范围，受到中共山西省委和省工会领导的表彰，被授予“发挥工人阶级集体智慧、创造优异技术成果”的锦旗。这一年9月，在恢复生产竞赛中，石景山发电所在前苏联专家帮助下，以刘德珍小组为主，承担了因汽封盘摩擦振动而严重损坏的6号机修复任务。

1950年，唐山发电厂在增产节约竞赛中，发电标准煤耗率创562克/千瓦时全国最好水平。竞赛中，厂工会与行政签订了安全发电的集体合同。该厂这一经验在中国电业工会第一次全国代表大会上作了介绍。会议就此作出并通过《关于开展生产竞赛，签订集体合同的决议》，要求全国电力系统贯彻执行。

同年6月25日，朝鲜战争爆发，华北各省（市、自治区）电业单位的工会组织，立即发动职工，响应中共中央号召，掀起“抗美援朝、保家卫国”的竞赛热潮。各单位职工一方面积极报名参军参战；另一方面开展安全发供电，用实际行动支援“抗美援朝，保家卫国”的战争。在竞赛中，涌现出许多先进集体和先进生产者。河北凤山电厂在全国率先实现安全生产300天长周期记录，被燃料工业部电业管理总局授予“安全发电的先锋”称号。下花园电厂马应诚小组创造了“科学连锁作业”经验。天津第一发电厂化验员发明了水处理pH值比色计。石景山发电厂推广了刘德珍创造的快速检修汽轮机和刘光金研究出的烧低质煤及设备巡回检查经验。刘德珍荣获全国劳动模范称号。是年，在全国电业工会组织下，华北与华东的27个电业单位之间开展了爱国主义厂际竞赛。大同市和张家口市电业单位之间还开展了爱国主义友谊赛。

1953年5月，大同发电厂，天津第四、第五发电厂，微水发电厂，下花园发电厂共同签订了爱国主义安全发电厂际竞赛合同。同年10月23日，燃料工业部、华北电业管理局、中国电业工会华北区工作委员会在大同电厂联合举行了上述5个厂厂际竞赛评比颁奖仪式，大同电厂荣获优胜红旗。

1954年，山西、河北、内蒙古地区供电局与河南、辽宁省供电局之间开展了同类型局际竞赛。华北地区有唐山、秦皇岛、保定、张家口、石家庄、太原、大同、呼和浩特和包头等单位参加。

1956年，在北京电业职工的倡议下，京津唐、华东、东北三大电网之间开展了社会主义同行业竞赛。采取互通情况，轮流主持，互相检查，互相学习，取长补短，评比流动红旗的办法。

1957年，中共中央发出“在全国职工中掀起增产节约运动”的号召。华北各电力单位的工会组织，发动广大职工积极响应，以多种形式开展了“安全、经济、优质、高速”为内容的社会主义竞赛。其中，有百次操作无事故竞赛，千次操作无差错竞赛，经济小指标红旗赛等。在班与班、组与组、值与值间，开展了指标压红线运行的对口赛。在检修和基建工地开展了各工种之间的对口赛和对手赛。

1959年，华北各电力单位在竞赛中广泛开展了技术革新、技术革命和提合理化建议活动。北京供电局试制出抬、扛、抡、挖、砸、搬、拉等66种160多件设备和工具，使供电工人从笨重的体力劳动中解放出来。10月，在全国工业、交通运输、基本建设、财贸社会主义建设先进集体和先进生产者代表大会（即群英会）上，官厅电厂获全国红旗厂称号，石景山发电厂电气运行甲组、北京供电局西城变电站、北京电业管理局基建工程公司第一工程处保温班和第二工程处起重班，获全国先进集体称号，北京供电局卢静平和石景山发电厂刘光金获全国先进生产者称号。

1963年，北京电业管理局基建工程公司第五工程处的工人、干部和技术人员，以“三结合”形式，研制出架设输电线路的“飞车”，经电力建设总局专家现场鉴定，结论为：“结构可靠、操作安全、使用方便、有广泛推广价值”，并决定由南京线路器材厂批量生产。

“六五”计划期间，华北电业管理局组织全系统的发电、供电、火电施工、送变电施工企业，开展了以保证安全生产、确保工程质量、降低物资消耗、提高经济效益为中心内容的厂际竞赛。在竞赛中各单位普遍开展了群众性的技术协作活动。工会组织配合行政有关部门把本系统、本单位的能工巧匠和工程技术人员组织起来，针对不同单位存在的技术关键问题，开展技术会诊、技术攻关活动。天津市电力工业局工会成立了技术协作委员会，制定了章程。河北省电力系统有10个基层工会建立了职工技术协会或技术交流站，开展了有偿技术服务。天津市电力工业局工会通过组织技术协作活动，到1988年，攻克技术难关91项，签订有偿技术服务合同97项，创经济效益价值437万元。河北省电力系统到1989年，开展技术有偿服务活动272项，其中企业内部145项，外协127项，共创利润140多万元。同年，他们还开展了无偿技术服务和技术扶贫41项，创经济效益167万元。

“七五”计划期间，华北电业在社会主义劳动竞赛中，普遍开展了群众性的提合理化建议活动。据天津市电力工业局工会统计，1986～1990年，该局职工共提合理化建议9271条，采纳7347条，创经济效益3412万元，奖励金额6万元。

河北省电力工业局工会统计，到1990年，全省电力职工共提合理化建议37465条，采纳16476条，实施11709条，创经济效益1.1亿多元。在这些合理化建议和技术改进项目中，有61项获省局级科技成果奖，有6项获网局级科技成果奖，有7项获部级科技成果奖。省送变电工程公司青年工人马克志发明的磁力保险电源开关，获国家专利。

三、劳动保护

1954年10月，燃料工业部电业管理总局颁发了《电业生产单位制定安全技术劳动保护措施计划暂行办法》，对电力系统发放劳动保护用品及签定劳动保护协议书作了明确规定。中国电业工会全国委员会在石景山发电厂进行了签定劳动保护协议书的试点工作。同年12月，太原电业局组成党政工联合检查组，对太原第一、第二、第四发电厂，线路营业管理所劳动保护措施执行情况进行了检查，发现违反和未执行劳动保护条例的有33项。针对存在的问题，这个局用国家拨付的劳动保护经费，对锅炉红火渣、输煤粉尘浓度高、回转设备噪声大等进行有计划、有步骤地改进，增设防护设施，确保职工安全健康。大同发电厂工会在协助行政编好安全措施的基础上，发动群众检查有关威胁人身安全与健康的设备缺陷和降温、通风、防尘、防病、防伤措施，并召开职工代表大会，由厂长和工会主席在《劳动保护协议》上签字，作为集体合同的附件，列入行政措施之内。协议分安全技术、生产卫生、通风降温、厂房辅助设备、安全卫生宣传等5项共46条。

20世纪初建成的天津发电三厂除灰工作靠人拉肩扛，除灰工人长期在阴暗潮湿、红火渣熏烤的恶劣条件下劳动，都患有关节炎、肺吸尘等职业病症。1957年该厂改成水冲灰，彻底改变了灰尘多、空气污浊的恶劣环境，改善了除灰岗位工人的劳动条件，工人们称之为“第二次解放”。

1960年，山西省电力工会为加强对劳动保护工作的领导，在发供电单位建立了以工会主席为首的安全劳动保护委员会，并在车间、班组和工区设置安全劳动保护员，加强了劳动保护的监督管理工作。

1963年，华北各发供电单位根据当地劳动部门有关规定，制定了《关于加强妇女劳动保护的暂行规定》，对女职工“五期”保护（经期、孕期、生育期、哺乳期、更年期）作了明确规定，并对从事有毒、有害、高温、粉尘及高空作业的职工，给予了特殊保护、保健，每年夏季为职工发放防暑降温药品及清凉饮料。

1973年，工会组织恢复后，劳动保护工作重点是加强群众性的安全思想教育，以增强职工的自我保护意识。各单位开展“安全月”活动，举办安全教育展览，办劳动保护积极分子培训班，及时表彰安全生产中的好人好事，批评违章事例。特别是当发生人身伤亡事故后，各级工会协同行政组织分析，举一反三，找出原因、找出经验教训和事故责任者，制定出防范措施。

根据全国第三次群众劳动保护工作会议精神，从1980年起，华北电力系统各基层单位相继建立了各级劳动保护组织，形成厂、车间、班组三级劳动保护网。到1990年，天津市电力系统已有12个基层单位建立了劳动保护委员会，有4个单位12个车间建立了劳动保护小组，有310个生产班组设有劳动保护检查员。山西省电力系统共建立劳动保护监督检查小组542个，拥有劳动保护检查员3041人。

四、文化建设

文体设施　新中国建立后，各级工会普遍建立了职工俱乐部、设有图书馆、游艺室、剧场、体育场、舞厅等。天津市电力职工俱乐部1950年建立，占地面积2667.30平方米。“文革”后拨款25万元重新修复。修复后不仅内设小礼堂、舞厅、图书室、棋室、文艺排练室、摄影室、美术室，并购置了电子游戏机、彩色电视投影机等。1989年该俱乐部又进行了扩建，增设了网球场、大型录像厅、台球室、健身房。到1990年，天津电业职工在这里共组织各种联欢会、庆祝会、书画展览等大型活动275次，近10万人次参加，俱乐部已成为职工业余文化活动的阵地。

河北省电力工业局到1990年末，所属各基层单位的图书馆，一般藏书为3000～5000册，其中河北省电力建设公司藏书近万册。各俱乐部都配备了专职干部，设有文体组、美工组、影视组。有的单位还建立了乐队、模特表演队。

华北电业各单位普遍建有篮球场和足球场。1980年后，一部分单位还兴建了露天或室内游泳池。河北省沧州电业局还建立了武术馆。这些设施为开展职工文体生活，促进精神文明建设，提供了物质条件。

文艺活动 解放战争期间，华北电力职工组成秧歌队、腰鼓队上街表演，欢迎解放军入城，庆祝解放。50年代，北京、天津、河北、山西等地电业职工组成话剧、京剧、晋剧、评剧、歌舞等业余文艺团体，结合“抗美援朝”，颁布《婚姻法》，开展文艺宣传。下花园发电厂职工业余评剧团演出的《小女婿》轰动了张家口、宣化市，场场爆满，他们将票房收入全部捐献给“抗美援朝”。60年代，结合电业安全生产和歌颂雷锋精神，大搞职工业余创作，取得较大收获。天津市电业局创作的科技电影脚本《防止停电事故》，被上海电影制片厂摄制成电影在全国放映，成为电业职工安全教育的活教材。太原供电局职工创作演出的《线路工人之歌》和大同热电厂的五幕话剧《壮志凌云》，深受电业职工欢迎。70年代后期以来，职工业余文艺活动极为活跃，各地区组织演出团，多次参加了部、局或地方举办的文艺调演、会演。1978年，山西省电力文艺演出团自编自演的组歌《电业工人之歌》、舞蹈《银线架到虎头山》，荣获山西省工交系统职工会演优秀奖。1984年7月，河北省电力职工业余演出团参加了华北电业管理局举办的华北电业职工文艺汇演，获优秀奖和创作奖各5项。1987年10月，山西省电业职工组成演出团，参加了华北电业首届职工文艺汇演，获“优秀演出团”称号。1989年5月，神头第一发电厂职工业余演出团，参加了山西省第二届民间艺术节企业文艺大奖赛，荣获团体“金杯奖”。

体育活动 在毛泽东主席“发展体育运动，增强人民体质”方针的指引下，华北电业各单位在50年代就普遍开展了篮球、排球、羽毛球、乒乓球等体育活动，有些单位还组建了业余篮球队。承担建设太原第一热电厂的原360工程公司男子篮球队，曾获得太原市和山西省职工篮球比赛冠军。60年代初，北京供电局男子篮球队和石景山发电厂女子篮球队，在全国电力和首都职工篮球赛中都名列前茅。70年代，太原供电局男子篮球队曾多次获太原市、山西省职工篮球比赛冠军。中共十一届三中全会后，华北电业职工体育活动更为活跃，北京、天津、河北等省市电力局曾组织全局性的职工田径运动会和各类单项比赛。一些基层局、厂、院、校定期举办职工运动会。1982年，大同电厂女子篮球队代表大同市获第三届省运动会冠军。1985年，河北省沧州电业局武术队，派7人代表水利电力部参加了全国第二届职工运动会获金牌2枚、银牌2枚、铜牌4枚。1988年，河北省电力男子羽毛球代表队获全国水电系统第二届羽毛球赛团体亚军。山西省电力工业局1988～1990年连续3年被评为全省群众体育工作第一名。1990年天津市电力工业局举办的第四届职工田径运动会，共设58个比赛项目，有11132名职工参加了开幕式。

第六章 共青团

第一节 组织建设

新中国建立前，华北已解放地区的电业单位，相继建立了新民主主义青年团组织。

新中国建立后，北京、天津、石家庄、太原等电业局，在50年代初，相继建立了中国新民主主义青年团总支委员会或委员会。

1954年，北京、天津、太原电业局分别召开了第一届团员代表大会，选举产生了第一届中国新民主主义青年团委员会（简称团委会）。

1957年，中国新民主主义青年团更名为中国共产主义青年团。

1958年，北京电业局与北京电力建设局合并后，召开第一次团员代表大会，选举产生了由15人组成的北京电业管理局第一届团委会。

1959年，内蒙古自治区电力工业局团委会成立。

1960年4月和1961年3月，北京电业管理局分别召开了第二、三次团代会，选举产生了二、三届团委会。1964年，北京电业管理局团委会改为北京电力公司团委会。

继太原电业局1954～1957年召开的第二、三、四次团代会，山西省电力工业厅于1962年4月召开了第五次团代会，选举出由10名委员组成的团委会。

1966年“文革”开始，各级团委受到冲击，工作停止、组织瘫痪。

1973年，共青团工作恢复后，北京电力工业局召开了第四次团代会，选举产生了由21名委员、7名常委组成的团委会；天津电业局召开了第二次团代会，选出21名委员、7名常委组成的第二届团委会；山西省电业局召开了第七次团代会，选举出15名委员、6名常委组成的团委会；内蒙古自治区电业管理局召开了第一次团代会，选举产生了由8名委员组成的团委会。到1990年，北京电业团委会共召开团代会7次，天津电业团委共召开4次，山西电业团委共召开9次，内蒙古电业团委共召开4次。每次团代会都分别选举产生了新一届团委会。

为指导华北电网的青年工作，经华北电业管理局党组批准，从1989年起，各省（市、自治区）电力工业局相继建立了青年工作处，与团委“一套班子，两块牌子”，合署办公。

到1990年末，北京电力系统有团员9105人，专职团干部84人，分团委23个，团总支34个，团支部438个；天津电力系统有团员3322人，团委11个，团总支7个，团支部144个；山西省电力系统有团员1.8997万人，专职团干部111人，基层团委46个，团支部758个；内蒙古电力系统有团员1.1843万人，专职团干部88人，团委37个，团总支54个，团支部519个。

第二节　团的工作

华北电业各级团组织，在各级党组织的领导下，紧密围绕党在每个时期的中心工作和电力安全生产特点开展各项团的工作。其中重点是思想教育和发挥生力军作用。

一、思想教育

1950年，华北各省（市、自治区）电力系统团的组织对团员青年进行抗美援朝、保家卫国的宣传教育，激发团员、青年的爱国主义和国际主义热情，鼓励团员、青年积极报名应征，参军参战；对没被应征的团员、青年，要求在本岗位上开展支援前线，增产节约运动，以实际行动响应中共中央的号召。

1951年，全国开展了“三反”、“五反”运动，在运动中，各级团的组织普遍对团员青年进行了反贪污、反浪费、反盗窃；勤俭建国、勤俭办企业、勤俭持家，发扬电业优良传统，爱电业、做主人的“四项教育”。

1958年，开展了“鼓足干劲、力争上游、多快好省地建设社会主义”总路线的教育，各级团的组织在广大电业青年中掀起了争当社会主义青年积极分子活动。

1960～1962年的三年经济困难时期，各级团组织教育青年艰苦朴素，节衣缩食，自力更生，共渡难关，为抗拒自然灾害做出了贡献。

1963年，毛泽东主席发出“向雷锋同志学习”的号召。各单位团员、青年，迅速掀起学雷锋热潮。山西省电力局团委引导青年做好本职工作，确立全心全意为人民服务思想，树立远大革命理想，发扬社会主义新风尚，促进青年健康成长。

1978年中共十一届三中全会后，各级团组织对广大团员、青年进行了建设有中国特色的社会主义基本理论、基本路线和党的方针政策教育，要求每个团员、青年自觉地坚持党的四项基本原则，坚持改革开放，坚持以经济建设为中心，在思想和行动上同中共中央保持一致。

1980年华北电业管理局成立后，各省（市、自治区）电业团委加强了对青年热爱党、热爱祖国、热爱社会主义教育，在广大团员、青年中掀起大唱革命歌曲《没有共产党就没有新中国》和《社会主义好》的高潮。

山西省电力工业局太原电力专科学校团委，对团员、青年进行了光荣革命传统教育，组织学生赴革命老区进行社会实践教育，在革命老区黎城县还建立了社会实践基地，受到共青团中央和山西省团委好评。1985年，天津市电力工业局团委，结合开展严厉打击刑事犯罪活动，举办了案例图片展览，对青年进行法制教育。组织4名少年在押犯，向团员、青年讲述了不学法、不知法、不懂法，给社会、家庭及个人带来的危害，使团员、青年受到一次生动的法制教育。同年，这个局团委还组织团员青年开展了“美的语言、美的心灵、美的发型和美的服装”评比活动，引导青年树立正确健康向上的审美观。

1988年，山西省电力工业局团委配合学习贯彻中共第十三次代表大会精神，对广大青年进行形势教育，开展了评选“十佳青年”活动。组织优秀青年先进事迹演讲比赛，组成“当今电力青年”演讲报告团，在山西省电力系统内巡回报告，收到良好效果。

二、组织活动

1958年，山西省电力系统的团员、青年在生产建设中涌现出许多青年技术革新能手。该省电力设计院技术员施大鹏提出合理化建议152条，其中24条属重大项目。当年，他应邀出席了全国和全省青年建设社会主义积极分子大会。

1959年，山西省电力厅团委召开青年向“五一”、“五四”献礼誓师大会，提出“迎五四、献厚礼，人人争当红旗手”的号召。广大青年积极响应，组建青年突击队23个，利用业余时间收集废钢铁4万多公斤，提出技术革新建议366件。天津市电业局团委号召青年争当突击手，为安全生产做贡献，组织了71支突击队。利用业余时间，承揽了供电报装任务，解决了积压的报装工程难题，并提合理化建议1080件，有977件被采纳。北京电业管理局团委在团员和青年中开展了“红旗支部”、“红旗小组”、“红旗青年”的评比竞赛活动和消灭“四不”（对规程制度不懂、对设备情况不清、对缺陷不详、对技术操作不熟）活动。当年，北京供电局19号变电站被北京市团委授予“北京市青年红旗集体”的光荣称号。北京供电局的青年班班长卢静平及崔顺玉等人获北京市青年红旗手称号。

1976年，天津市电业局团委，组织青年开展以修旧利废为内容的短距离竞赛，修复了电话39部、各种仪表80只、各种阀门90个、各种电器225件。

1979年，北京电力工业局团委，组织青年开展“争当新长征突击手”竞赛，竞赛中要求每个青年做到安全生产100天，节约100元。经过这项“双百”竞赛活动，全年共创价值400多万元。山西省电力工业局团委，在开展“学雷锋，树新风，争当新长征突击手”活动中，召开了表彰命名大会，命名9个新长征突击队和10名新长征突击手，并向全局青年发出：“同心同德，大干四化，争当新长征突击手”的倡议。

1981年，北京市电力工业局团委在争当新长征突击手活动中，组织青年义务劳动666次，贡献工时13.3021万小时，节约各种物资折合人民币10.9万元。还组织青年学科学、学文化、学技术和岗位练兵竞赛76次，有1150人参加。组织27名青年参加了北京市青年学数学、学语文竞赛，其中2人获一等奖，1人获二等奖，4人获三等奖。

1985年，华北电业团员青年掀起了“理想在岗位比武”竞赛活动。山西省电力工业局团委，在组队参加的华北电业管理局比武中，获机、电、炉三个专业比武的团体第一名。北京市电力工业局团委还组织发电厂的青年运行工人和高压焊工，开展了“为人民建功立业，做电业主人”的技术大赛。

1986年，内蒙古自治区电业管理局团委，召开了全系统青年工作研讨会，制定了《内蒙古电力系统共青团工作暂行条例》。同年4月，召开了首次共青团命名表彰大会，命名先进团委12个，先进团支部31个，优秀团员71人，优秀团干部85人，新长征突击手21人。命名内蒙古电力安装公司一处为“宁城救火先进集体”，内蒙古电建一公司子弟学校曹建平为“身残志坚的优秀少先队员”。并组织内蒙古电力系统青年工人参加华北电力系统“理想在岗位青工技术大赛”，获电度计量团体总分第一名，电度计量和汽机专业个人第一名。

1987年，山西省电力工业局团委制定了《山西省电力局青年职工岗位业务技术比武暂行规定》，要求在团员、青年中贯彻执行，各发供电单位举办了“青工争优夺杯生产知识竞赛”。天津市电力工业局团委开展了“安全杯”和创无事故团支部、无事故团小组竞赛，成立了以青年知识分子为主体的青年技术咨询服务协会，为青年施展才干提供了条件。

1988年，山西省电力工业局团委为发挥青年在安全生产中的先锋模范作用，建立青年监督岗（哨）1300多个。同时，还在青年中开展了小发明、小创造、小改革、小建议、小设计的“五小”活动，取得626项成果，获直接经济效益300多万元。

同年，北京电力系统有3名青年被共青团北京市委员会授予“青年行业技术标兵”和“新长征突击手”称号。北京电力建设公司娄壮青年突击队被评为“80年代北京市青年突击队标杆”，有5项青年工程、4支青年突击队、5名青年指挥分别被北京市授予“优秀青年工程”、“优秀青年突击队”和“优秀青年指挥”称号。

1990年，天津军粮城发电厂青年工人周建和天津郊区供电公司青年工人李家辉被评为“80年代全国电力优秀青年”称号。天津电力试验研究所青年梁群被评为天津市先进青年工程师。他所研制的g113k-1型过压漏电保护开关获第三届全国青工“五小智慧杯”二等奖。

第七章 学会、协会、研究会

第一节 学 会

一、电机工程学会

华北电业设有电机工程学会5个，即北京市电机工程学会、天津电机工程学会、河北省电机工程学会、山西省电机工程学会和内蒙古电机工程学会。

北京电机工程学会 前身是中国电机工程师学会北平分会，成立于1947年，有会员41人。

1957年6月，成立中国电机工程学会北京分会。

1963年10月，北京电机工程学会召开第一届理事会。“文革”期间，学会停止活动。

1978年3月，北京市科学技术协会决定恢复北京电机工程学会。7月，召开第二届理事会。会议明确学会是电机工程界群众团体，在北京市科学技术协会领导下，受中国电机工程学会业务指导，挂靠在北京电业管理局。学会的任务主要是组织学术交流，不定期出版《北京电机工程学报》，开展专题研究，承担咨询服务，组织技术培训和科普活动。

1979年11月，召开了本年度工作年会，宣读论文128篇。

1984年1月，召开会员代表大会，进行第三届换届改选。设组织、学术、科普、教育、编辑、外事、技术咨询七个职能工作委员会，下设17个专业委员会和7个专业组。

截至1990年，北京电机工程学会累计组织各种学术报告、专题研讨、技术培训、咨询服务450余次，有3万人次参加。宣读和印发论文650余篇，编印论文集三册，《电》杂志60期，出版《电机工程学报》25期。

天津电机工程学会 成立于1962年4月，会员72名。“文革”后，于1978年3月恢复活动，召开了第二届理事会，会员80名。下设学术交流、组织工作、科普工作和编辑出版4个工作委员会。

1984年10月召开第三届会员代表大会，会员637名。增设了国际科技交流和科技咨询两个工作委员会。

1988年10月，召开第四届会员代表大会。下设14个专业组。

从中共十一届三中全会后到1990年，该会共组织大型技术交流13次，有5000多人次参加了活动。

河北省电机工程学会 成立于1978年12月，隶属于河北省科学技术协会，挂靠河北省电力工业局，接受中国电机工程学会的业务指导。设发电电气、热机、供用电、农电、科学普及5个专业委员会。1981年3月，学会办事机构设在省电力工业局科技处内。1983年11月按处级建制独立，调整和组建了8个专业学术组织，即动能经济、电力系统及自动化、火电、电机电器、理论电工、供电、农电、用电委员会，增建了普及与教育、编辑、咨询工作3个委员会。并开始出版学会内部不定期刊物《学术动态》。到1990年底，该学会会员有2200多名，分布在全省160多个单位。

山西省电机工程学会　成立于1958年5月，前身是中国电机工程学会太原分会。在第一次会员代表大会上选举产生了第一届理事会，会员125人。

1964年，学会召开第二次会员代表大会，会员382人。下设热动、输变电、电机制造、企业自动化等4个专业组。

“文革”期间，学会停止活动。

1978年，学会恢复活动，1979年，会员632人。下设计算机应用、电力建设等11个专业小组。同年组织了“山西省电力系统现状及存在问题”学术讨论会。

1981年，学会召开第三次会员代表大会，会员648人。把原专业组改为专业委员会，并增设了学术、组织、科普3个工作委员会。同年参加了“山西省煤炭能源基地”学术研讨会。1983年，学会参加了“山西省电力弹性系数学术研讨会”。1986年，参加了“山西省电力工业发展论证”。

1987年，山西电机工程学会召开第四次会员代表大会，会员发展到2100人。

1988年，学会征集学术论文104篇，其中：《电力系统在线经济负荷分配新算法——简化B系数法》（徐奇著）等51篇获奖。1989年，学会召开第一届学术会议，交流论文106篇，征集论文240篇。《神头发电厂7号炉水冷壁管顶频繁爆破原因》（于世侃著）获优秀奖。1990年，学会出版论文集，其中《35kV真空断路器开断电容变压器时的截流过电压及其限制措施》（罗国祥著）等62篇获优秀论文奖。

山西省电机工程学会还创办了不定期的《学会动态》、《山西电力技术》季刊和《晋电科普》月刊等。

内蒙古电机工程学会　1964年6月成立，在第一次代表大会上选举产生了第一届理事会。

二、水力发电工程学会

山西省水力发电工程学会是山西省电力工业局和山西省水利厅共管的学术团体。该学会于1989年6月经山西省科学技术委员会批准成立，并选举产生了第一届理事会。理事会下设学术、组织、咨询和科普4个工作委员会，并设水文水能、电机、水工、施工概预算4个专业委员会。

1990年10月，山西省水力发电工程学会发起组织召开了黄河北干流综合开发考察及战略研讨会。同年11月组织61人参加了在汾河水库管理局电站举办的首期“水电运行管理技术学习班”。当年还征集学术论文28篇，编写了《开发黄河北干流的规划纲要》、《黄河北干流水电开发意见》、《省水力发电工程学会通讯》刊物。

三、电力会计学会

华北电力会计学会于1987年11月经华北电业管理局党组批准正式成立，同时召开了第一届理事会，通过了《华北电力会计学会章程》。经民主协商产生了华北电力会计学会。

华北电力会计学会有团体会员10个，下设会计核算与电算化、设计施工财务、电力投资管理、电热价格、成本研究、财务资金、审计研究及集体经济管理等8个学术研究专业组。

山西省电力会计学会于1989年成立，是华北电力会计学会的团体会员。全年征集论文157篇，向上级学会推荐论文28篇。

1990年6月，由山西省电力会计学会企事业财务资金组牵头，邀请华北兄弟学会在大同第一热电厂就资金问题进行研讨交流，该省会计学会选送论文23篇。

第二节 协 会

一、科学技术协会

1987年11月，华北电业管理局科学技术协会（简称科协）成立，同时召开第一次全体委员会，通过了1988年科协工作计划，科协咨询服务章程、组织机构及领导成员。会议明确科协是企业科学技术工作者的群众团体，是企业党政领导联系科技工作者的纽带，是促进企业科技进步的助手，也是科技工作者之家。科协任务以提高企业产品质量、经济效益为中心，组织广大工程技术人员开展科学技术交流，把科技成果以技术贸易形式投入技术市场，转化为生产力。

1988年，根据华北电业管理局科协《关于科协工作有关事项通知》精神，天津、山西、河北、内蒙古电力局分别成立了科协组织。

1989年，各地电力科协组织开展了“讲理想、比贡献”竞赛活动。山西省电力工业局科协还制定了竞赛奖励办法，开展了跨行业、跨部门的技术咨询服务工作。华北电业管理局科协开展了评选优秀工程师和优秀青年工程师工作。山西省电力系统有58人被网局评为优秀工程师和优秀青年工程师。

1990年，山西省电力科协召开了工作会议，调整了部分委员，调整后委员76人。科协下设14个专业委员会。并创办了《山西省电力工业局科协通讯》会刊。

自华北电业管理局科协成立至1990年底，共主持论证和审查技术方案20项，参加的专家、学者127人次。其中由科协主持开发的“大型锅炉检修平台”，首次在发电厂推广应用，取得了较好的效果。北京地区共建立基层科协组织11个，总人数1480人。山西地区共建基层科协组织41个，总人数1421人。

二、企业管理协会

华北电力企业管理协会（简称华北电力企协） 成立于1983年10月。同时，召开了第一次会员会议。会议决定企协主要开展设备管理、质量管理、企业管理和施工管理4个方面的工作。同年12月，华北电业管理局录像中心成立，由华北电力企协领导。1984年12月，华北电力企协组建了“咨询服务社”。

1985年4月，华北电力企协召开了第一届理事会，修改了《华北电力企业管理协会章程》并决定出版《华北电力企业管理》刊物。

1986年8月，华北电力企协成立“华北电力设备诊断技术专业协会”，1987年4月创办了《诊断技术通讯》。1988年1月，“咨询服务社”加入“北京市企业管理协会咨询中心”，成为该中心的“华北电力工作站”，为电力生产、建设的发展和企业管理现代化提供咨询服务。

到1990年，华北电力企协共举办各种座谈会、研讨会20余次，召开诊断技术应用交流会6次，发表论文70余篇，编辑出版了《发电厂大机组热效率》、《物资管理选编》等书。华北电力企协有团体会员106个，其中直属单位企协17个，天津、河北、山西、内蒙古等地电力企协89个。

天津电力企业管理协会（简称天津电力企协） 成立于1984年1月，是中国水利电力企业管理协会、华北电力企协和天津市企业管理协会的团体会员。1985年，召开第一次年会，通过了《天津市电力企业管理协会章程》。1986年7月，召开了第二次年会，颁发了1985年度企协工作奖和优秀论著奖，表彰了28名企协活动积极分子。

天津电力企协成立以来，配合有关部门完成《物资供应人员大练基本功》和《负荷限电器》两部录像片的制作工作；组织有关专业人员编写了《农村电工技术考试问答》一书和《用电营业管理人员培训教材》；会同基层单位举办各种专业培训班182期。天津电力企协的《浅谈发电设备集中检修改革》论文，被中国设备管理协会评为优秀论文，并在华北电力企协第二次年会上获“优秀论著奖”。天津电力企协曾被中国水利电力企协和天津市企协分别评为1986、1987年度企协工作单项优秀和企协工作先进单位，并在华北电力企协第二次年会上获“企协工作单项奖”。

河北省电力企业管理协会 成立于1984年6月，是中国水利电力企业管理协会、华北电力企协和河北省企业管理协会的团体会员。

山西省电力企业管理协会（简称山西电力企协） 成立于1983年9月，是中国水利电力企业管理协会、华北电力企协和山西省企业管理协会的团体会员。在同年召开第一届理事会。1985年6月，召开第一次年会，成立了企业厂长研究会。1987年4月，召开了第二届理事会（第二次年会）。1990年7月，召开第三届理事会，（第三次年会）。

山西省电力企协成立以来，在山西省电力系统推广了全面质量管理、目标管理、网络技术、可靠性管理、ABC分类法、价值工程、量本利分析等现代化管理方法；组织全省电力系统职工3.5万余人次参加了全面质量管理知识全国统考；在第一次年会上评选出优秀论著19篇；在第二次年会上评选出39篇优秀论著；在第三次年会上有15篇被评为优秀论著。

到1990年末，山西省电力企协共举办各类培训班45期，培训管理骨干3000余人。共发布优秀成果281个，其中《210米烟囱创新水平》、《大房50万伏线路混凝土基础优质》、《PDCA循环在大型磨煤机安装中的应用》、《彻底改造除尘器减少大气污染、保证设备满出力》等12项成果被评为国家级优秀成果，43项被评为部、省级优秀成果。山西省电力企协连续两次被中国水利电力企协和华北电力企协授予“优秀企业管理协会”称号。

内蒙古电力企业管理协会（简称内蒙古电力企协） 成立于1985年1月，是中国水利电力企业管理协会，华北电力企协和内蒙古自治区企业管理协会团体会员。在同年召开第一届理事会。

内蒙古电力企协成立后，承担了全区电力系统的调查研究、组织培训、推行现代化管理方法、开展咨询服务等任务。1986年制定了《内蒙古电管局推行现代化管理细则》。并先后完成磴口水泥杆厂新产品可行性调研、闲置小机组转让中介服务、退役机组技术鉴定和申报“现代化管理优秀企业”等多项综合咨询。从1987年起在全区电力系统推行了全面质量管理，并创办了《内蒙古电力企业管理》期刊。到1990年，共组织各种培训班16期，640余人参加学习。包头第二热电厂被内蒙古自治区企协命名为“企业管理优秀单位”和“推行现代化管理先进企业”。呼伦贝尔电力企协和包头第二热电厂企协被评为自治区级优秀企协。包头第二热电厂的《加强设备管理使老设备保持安全运行》、《编制管理程序图促进科室管理标准化》和《应用人机工程学提高锅炉安全运行水平》，获自治区管理成果及论文二等奖。

除科协、企协外，华北电力系统还先后成立了华北电力体育协会和华北电力文学艺术协会，均设在华北电力工会委员会宣教文体部内。

第三节 研究会

华北电力职工思想政治工作研究会（简称“政研会”）于1985年7月成立，是企业职工思想政治工作研究的群众性团体，是协助企业领导在改善和加强思想政治工作方面的参谋和助手。其宗旨是，坚持党的“一个中心，两个基本点”（以经济建设为中心，坚持四项基本原则，坚持改革开放），坚持“两个文明”（物质文明和精神文明）建设一起抓的方针，推动企业思想政治工作的研究。到1990年底，北京电力系统16个基层单位均成立了政研会。山西、河北、天津、内蒙古等省（市、自治区）电力系统也相继成立了政研会。在政研会内组织了发电、供电、基建、青年工作等思想政治工作研究组，共计召开专业研究会和成果发布会619次，撰写论文4335篇。

政研会紧密结合企业实际，注重应用研究，先后围绕端正党风和行业作风、优质服务、培育企业精神、贯彻厂长负责制、发挥党组织政治核心作用、加强党的建设、做好安全生产和企业上等级达标中的思想政治工作开展研究活动。

1988年1季度，华北电业管理局政治部政研会创办了《华北电力政工》，作为对基层指导性刊物，并作为政研会会刊。

天津电力职工政治思想研究会编著的《安全意识100忌》、《四职规范》《情系光明》先后荣获华北电力政研会和中国电力职工政研会优秀成果奖。

内蒙古电力职工政研会1986～1990年，围绕《企业思想政治工作与安全生产》等重点课题进行研究探讨，共撰写论文260篇，召开专题研讨会7次，培训了近百名政工干部，30篇优秀论文受表彰，创办了《政研信息》会刊。

人　　物

全国劳动模范

（1980年1月华北电业管理局成立至1990年末）

彭时雄　男，汉族，1933年8月生，湖南省湘乡县人，中共党员，高级工程师[①]，华北电力科学研究所副总工程师，1957年毕业于清华大学电机工程系。他紧密结合生产，研制成功中国第一套4万安培交流大电流比较仪和升流器，将全国计量事业10年科研规划中的该项目提前8年完成。这套设备填补了国内空白，准确度达到国际先进水平。1983年，他又研究出电压互感器二次导线压降测试改进技术，在电网推广试用后，仅京、津、唐地区每年可纠正少计电量1.64亿千瓦时，增收186万元。他先后获北京市劳动模范，北京市、水利电力部特等劳动模范，全国“五一”劳动奖章。1978年在全国科学大会上获全国优秀科技工作者称号。1989年在全国劳动模范和先进工作者表彰大会上被评为全国先进工作者。

王占文　男，汉族，1952年3月生，山西省山阴县人，中共党员。包头第一热电厂锅炉车间架瓦班班长。他带领全班，在历次设备检修中，不分份内份外，有求必应，干必干好，日夜奋战，为检修“铺路搭桥”，出色地完成任务。工作中重视安全，在他任班长的7年中未发生重伤以上人身事故。他严于律己，重视班组建设，关心群众，增强了班组的向心力和凝聚力。架瓦班1990年被评为能源部先进集体，他1988年被评为包头市劳动模范，1989年被评为内蒙古自治区和全国劳动模范。

马怀瑞　男，1934年4月生，河北省井陉县人，1952年参加工作，中共党员，山西省送变电工程公司经理。他先后在省内外组织建设了8项国家重点输变电工程，平均优良品率达98%，其中神头—大同500千伏超高压输电线路工程获国家优质工程银质奖，为山西省建筑业夺得第一块银牌。在广东沙南—江汀500千伏超高压输电线路工程中，他参与决策，制订出内附着式250米塔吊分解组塔新技术，提前75天在珠江虎汀口建起两基240

① 享受教授级待遇。

米高的世界最高的输电铁塔，架通跨距3810米宽国内最大的跨江输电线路，达到国际一流施工水平和电工标准，赢得国内外专家的高度赞誉。1989年5月被评为山西省特级劳动模范，同年10月被评为全国劳动模范。

梁新勇　男，1951年11月生，山西省榆社县人，1969年参加工作，中共党员，太原第一热电厂电气配电班班长。工作中，他甘当“老黄牛”，加班不计酬，年年出满勤，天天干满点，创班组安全生产纪录达4775天。1988年他在班组积极推行满负荷工作法，除完成正常工作外，还超工4095个，实现技术革新32项。在班组建设上，他实行科学管理，建立健全各种台账30多种，实现了班组管理图表化，任务考核数据化，奖金分配公开化。他不因外界干扰，坚持在全班开展双增双节活动，组织全班人员回收废旧变压器油8000公斤，废铜1789公斤，改进3台560千伏安变压器，共节约13万元。1988年被评为山西省优秀班组长。1989年5月被评为山西省劳动模范。同年10月被评为全国劳动模范。

张福太　男，1955年10月生，山西省大同市人，中共党员。大同第二发电厂运行分场值长。他任值长以来，时时把“电厂生产，安全第一”放在首位，多次果断、冷静、沉着、正确地处理了机、电、炉、网控等运行中的问题，避免了设备损坏和停机事故，保证了晋电向北京输送。为了降低煤耗，提高效益，他解决了3号机真空运行带不上满负荷的问题，一年为国家节约标准煤1500吨，创造了20万千瓦机组撤全部油枪的运行纪录，节约用油160吨。他在技术上一丝不苟，生产上严细要求，管理上发扬民主，分配上坚持公开，带出了一个稳定持久，能打硬仗，作风踏实，团结一致的先进集体。1987年被评为山西省优秀班组长。1989年5月被评为山西省劳动模范。同年10月被评为全国劳动模范。

赵珠明　男，1932年生，河北省临漳县人，中共党员。1975年任河北省永年县电力局局长。他在10年中主持建成7座变电站，使全县供电能力提高了8倍，在全国率先建立起乡管电站，并为农村电工评定技术职称，这些经验受到水利电力部肯定，在全国推广。1989年被评为河北省劳动模范，同年又被评为全国先进工作者。

局级领导干部简介

（入志人员为1980年1月华北电业管理局成立至1990年末，曾任华北电业管理局正、副局职的领导干部，排列顺序为正局职、副局职，以任职时间先后为序）

李鹏　男，四川省成都市人，1928年10月生，汉族，大学文化，高级工程师，1941年参加革命，1945年11月加入中国共产党。1948年赴前苏联留学，就读于莫斯科动力学院，学习期间任中国留苏学生总会主席。1955年后，历任吉林丰满水力发电厂副厂长兼总工程师、东北电业管理局副总工程师兼调度局局长、阜新发电厂厂长、北京供电局党委代书记、北京电业管理局副局长、局长、党组书记等职。1980年1月，任电力工业部副部长兼华北电业管理局党组书记。1981年3月调任电力工业部部长。

杜书润　男，山东省菏泽县人，1921年1月生，汉族，相当高中文化，1938年7月参加革命工作，同年10月加入中国共产党。曾任鲁西南青年救国会巡逻队长，中共曹东县委组织部部长，考城、菏泽、定陶县委书记，华北行政委员会工业局人事处副处长。

1953年调入电力系统工作，历任华北电业管理局修建工程局局长，华北电力设计院院长，北京基建局局长，水利电力部电力建设总局副局长兼西南电力建设局局长，北京电业管理局副局长、党组副书记等职，1980年1月任华北电业管理局局长、党组副书记，1990年6月离休。

李寿祺　男，河北省昌黎县人，1923年10月生，汉族，大专文化。1944年8月到北平发电所工作，1947年1月加入中国共产党。新中国建立前夕，参加了石景山发电厂护厂斗争。1948年12月石景山解放后，历任石景山发电厂总值长，党总支组织委员、副书记、书记。1957年1月后，任北京热电厂筹建处党支部书记、北京热电厂党委书记。1976年1月后，任北京电业管理局党委常委兼政治部主任、党组副书记、副局长。1980年1月华北电业管理局成立后，任党组副书记、副局长兼政治部主任，1983年1月任局长、党组书记。1987年8月病逝。

张绍贤　男，河北省大厂回族自治县人，1935年11月生，汉族，1963年毕业于清华大学夜大本科，高级工程师①，1952年6月参加工作，1955年3月加入中国共产党。历任北京供电局用电监察科监察员，用电处党支部书记，北京供电局政治部副主任、局长、党委副书记等职，1983年1月任华北电业管理局副局长，1985年6月任局长、党组书记，1988年12月兼任中国华北电力联合公司总经理。

韩峻峰　男，河北省南宫县人，1918年9月生，汉族，相当高中文化，1938年1月参加革命工作，同年8月加入中国共产党。曾任冀中深县抗战学院指导员，冀中区党委军事科长、交通总站站长，石家庄人民政府人事处长、市政府秘书长。1954年8月调入电力系统工作，历任峰峰发电厂党委书记、厂长，河北省电力工业局副局长，北京电业管理局副局长兼北京热电厂党委书记，1971年后，任北京电业管理局副局长、党组副书记等职。1980年1月任华北电业管理局副局长、党组副书记。1990年6月离休。

吴祖光　男，安徽省和县人，1916年12月生，汉族，大学文化，高级工程师②，1948年10月参加革命工作，1957年3月加入中国共产党。1940年从事电业工作，曾任四川五通桥岷江发电厂副工程师，上海江南电力局筹备处副工程师，冀北电力公司北平分公司供电课设计股股长。1949年后，历任北京电业局副总工程师、副局长，北京电业管理局副总工程师、总工程师等职，1980年1月任华北电业管理局副局长兼总工程师。1986年4月离休。

赵景辰　男，河北省深县人，1914年4月生，汉族，相当高中文化，1938年参加革命工作，同年加入中国共产党。历任冀中军区十分区二十七团三营教导员，第六分区政治部组织科科长，白求恩医科学校政治部主任，晋察冀军区第三后方医院总院政委，河北省供销总社干部处处长，中共唐山市委副秘书长、文教部长、市委委员，唐山专员公署副专员，河北省轻工业局局长，物资厅厅长等职，1971年任河北省电力局副局长，1973年任局长、党组书记。1980年1月兼任华北电业管理局副局长。1983年离休。

傅少云　男，山西省沁县人，1920年3月生，汉族，初中文化，1938年参加革命工作，

①② 享受教授级待遇。

1942年4月加入中国共产党。历任沁县县政府乡村工作指导员、区县督学、区长、区委书记，太岳区地委党校副书记，太岳行署硝碳管理局党委书记、副局长、局长，燃料工业部电业管理总局秘书处处长，财务处处长，电力工业部财务司副司长，黑龙江省电业管理局副局长、局长、党委书记，黑龙江省委工委秘书长，东北电业管理局副局长等职。1975年7月～1983年6月任山西省电力工业管理局党委副书记、副局长，山西省电力工业局党委书记、局长。1980年1月兼任华北电业管理局副局长。1983年6月任山西省电力工业局顾问。1985年7月被选为山西省顾问委员会委员。1990年8月离休。

乔明礼　男，山东省肥城县人，1923年6月生，汉族，1938年4月参加革命工作，1940年3月加入中国共产党。曾任山东泰西分区警卫营党支部书记，七分区县大队指导员，二十二团连长，东北法库县区长等职。1949年9月后在江西南昌任副县长、地委工业部部长等职。1955年7月后，任包头市委基建部、工业部副部长、部长，包头市第一工业办公室主任、经济委员会主任，包头市革命委员会副主任。1979年3月转入电业部门工作，任内蒙古自治区电业管理局局长、党组书记。1980年1月兼任华北电业管理局副局长。1985年3月离休。

张克森　男，河南省偃师县人，1916年3月生，汉族，相当高中文化，1938年7月加入中国共产党，同时参加革命工作。曾在洛阳、豫西从事地下工作，后任洛阳抗日县政府公安局长，华北十三纵队政治指导员、营副教导员，华北炮兵33师政工科长，志愿军炮兵团政委。1956年转业到电力系统工作。历任北京基建局党总支书记，北京电业管理局党委副书记，华北电力建设公司党委副书记兼政治部主任，五〇七电厂党委书记，北京电业管理局政治部主任、副局长等职，1980年1月任华北电业管理局副局长。1982年12月离休。

王其渊（曾用名李一沈）　男，河北省元氏县人，1919年6月生，汉族，1932年参加革命工作，1938年加入中国共产党。曾在元氏县游击队、公安局，石家庄市一区宣传部、市委党校、公安局等处任职。1950年调入电力系统工作，历任天津电业局党总支书记、副局长，天津第一发电厂厂长。1959年后任天津电业局局长、党委书记、革命委员会主任等职。1978年任北京电业管理局副局长、党组成员兼天津市电力局党委书记、局长。1980年1月兼任华北电业管理局副局长。1983～1985年任天津市电力工业局顾问。1990年4月离休。

史一（曾用名史泽民）　男，河北省蠡县人，1925年1月生，汉族，大学文化，高级工程师，1938年9月参加革命工作，同年加入中国共产党。曾任中共蠡县县委宣传部干事、区委书记、县委宣传部长，遵化县委副书记，卢龙县委书记，共青团唐山市委书记。1952年调入电力系统工作，历任张家口电业局局长，下花园发电厂厂长，包头第二热电厂厂长，包头第一热电厂党委书记，内蒙古电业管理局副局长兼包头电业局党委书记、局长，北京电业管理局副局长兼唐山发电总厂党委书记、厂长等职，1980年1月任华北电业管理局副局长，1983年1月任副局长、党组副书记，兼河北省电力工业局局长、党组书记。1990年6月离休。

郭维新　男，北京市延庆县人，1926年8月生，汉族，大学文化，高级工程师，1944

年参加革命工作，1945年9月加入中国共产党。曾任延庆县民政干事、民教助理，湖南省大庸县区委书记、县长。1953年调入电力系统工作，历任中南电业管理局土建公司党委副书记，燃料工业部电业管理总局人事处副处长，北京基建局人事处长，北京电业管理局基建公司党委书记，华北电力建设公司政治部副主任，京西电站工程指挥部指挥，北京电力建设公司党委书记，北京电业管理局副局长等职，1980年1月任华北电业管理局副局长。

潘燕生　男，山东省掖县人，1935年10月生，汉族，中技文化，1950年12月参加工作，1952年12月加入中国共产党。历任石景山发电厂技术员、检修大队副队长、党总支书记、副厂长，中国驻前苏联电站组总代表兼副总工程师，北京电业管理局副局长兼陡河电站地震后恢复生产指挥部和大港电厂工程指挥部副指挥等职，1980年1月任华北电业管理局副局长。1953～1955年连续三年获北京市劳动模范称号。1983年调水利电力部工作。

张　震　男，河南省尉县人，1922年11月生，汉族，大学文化，1948年10月参加革命工作，同年12月加入中国共产党。曾任中共华北局城工部学员，中共石景山区委员会秘书。1949年5月调入电力系统工作，历任石景山发电厂工会秘书、副主席、副厂长兼高井电站扩建工程指挥部副指挥，北京第二热电厂工程指挥部副指挥，石景山发电厂厂长等职，1980年7月任华北电业管理局副局长。1981年12月调电力工业部工作。

王宏超　男，吉林省怀德县人，1933年1月生，汉族，大学文化，高级工程师①，1952年3月参加工作，1953年1月加入中国共产党。历任东北工兵局基建处技术员，第二、一、三机械工业部办公厅部长秘书，水利电力部办公厅部长秘书，石景山发电厂高井电站党总支书记，石景山发电厂办公室主任，北京电业管理局办公室主任、政治部副主任，北京供电局党委书记等职。1983年1月任华北电业管理局副局长，1988年12月兼任中国华北电力联合公司副总经理。

刘学忠　男，辽宁省锦州市人，1932年6月生，汉族，大专文化，高级工程师②，1952年2月参加工作，1956年12月加入中国共产党。历任东北电业管理局火电第三建筑公司技术员、科长，哈尔滨热电厂科长、副总工程师，黑龙江省电力建设公司副总工程师，天津电力建设公司副总工程师、经理、党委书记等职。1983年1月任华北电业管理局副局长，1985年6月任副局长、党组副书记，1988年12月兼任中国华北电力联合公司副总经理。

李常熺　男，湖北省竹溪县人，1922年3月生，汉族，大学文化，高级工程师③，1948年12月参加革命工作，1950年2月加入中国共产党。1942年北大工学院毕业后，曾任冀北电力公司北平发电所工务员、副工程师、运行股长。1949年后，历任石景山发电厂汽机分场主任、厂总工程师，北京电力设计院副总工程师，石景山发电总厂厂长兼总工程师等职。1983年1月任华北电业管理局总工程师。1987年5月离休。

①②③　享受教授级待遇。

赵　江　男，北京市房山县人，1929年7月生，汉族，初中文化，1948年12月参加革命工作，1949年12月加入中国共产党。历任石景山发电厂车间党支部书记，共青团厂总支书记，中共北京市委工业部干事，石景山发电厂检修大队党总支书记、厂工会主席、党委副书记，北京发电设备修造厂党委书记、厂长、华北电业管理局政治部主任、1983年8月任华北电业管理局党组副书记兼北京供电局党委书记，1985年6月任华北电业管理局纪检组组长兼中共北京市电力工业局纪委书记。1990年6月离休。

田时君　男，河北省束鹿县人，1925年8月生，汉族，初中文化，1940年5月加入中国共产党，同时参加革命工作。曾任束鹿县小学教员，第十高小校长，冀中、晋察冀热辽军区司令部机要员。1947年调入电力系统工作，历任河北省微水发电厂工务员，北京石景山发电厂车间主任、党支部书记、工会主席，北京电业局工会主席，北京电业管理局党委副书记，北京供电局、北京送变电公司、北京电力土建公司党委书记等职，1984年1月任中国水利电力工会华北电力工作委员会主任兼北京市电力工业局工会主席。1987年9月离休。

焦亿安　男，湖南省武冈县人，1944年4月生，汉族，大学文化，高级工程师①，1964年6月加入中国共产党，1968年9月参加工作。历任北京五〇七电厂政工干事、技术员，北京电业管理局发电处技术员、工程师，华北电业管理局发电处副处长等职。1985年6月任华北电业管理局副局长，1988年12月兼任中国华北电力联合公司副总经理。

李成义　男，福建省南安县人，1933年11月生，汉族，大学文化，高级工程师②，1959年4月加入中国共产党，1961年9月参加工作。历任北京热电厂汽机车间技术员、副主任、主任，北京热电总厂检修处党委副书记、副主任、党委书记，华北电业管理局干部处副处长、处长等职。1985年6月任华北电业管理局副局长，1988年12月兼任中国华北电力联合公司副总经理。

叶万仁　男，浙江省慈溪县人，1945年3月生，汉族，大学文化，高级工程师③，1966年4月加入中国共产党，1968年12月参加工作。历任北京发电设备修造厂技术员、党委秘书、政治处副主任、副厂长、厂长等职。1985年6月任华北电业管理局副局长，1988年12月兼任中国华北电力联合公司副总经理。

陈鼎瑞　男，辽宁省绥中县人，1930年11月生，汉族，大学文化，高级工程师④，1949年2月参加革命工作，同年9月加入中国共产党。历任北京电业局党总支干事、低压线路管理所副主任，北京供电局变电工区主任、政治处副主任兼办公室主任，中国援助几内亚输变电专家组长，北京供电局副总工程师，华北电业管理局供用电处处长等职。1985年6月任华北电业管理局总工程师，1988年12月兼任中国华北电力联合公司总工程师。

吴文华　男，河北省沧州市人，1933年3月生，回族，业大二年文化，工程师，1952年8月参加工作，1956年5月加入中国共产党。历任石景山发电厂金属试验室主任，技术科副科长、检修大队党总支副书记、团委书记、政治处副主任、主任，北京电业管理局政治部副主任、党委副书记兼北京供电局党委书记，共青团北京市委书记，华北电业管理局

---

①②③④享受教授级待遇。

政治部代主任，北京市电力工业局党组副书记等职。1986 年 9 月任中国水利电力工会华北电力工作委员会主任兼北京市电力工业局工会主席。1957 年、1959 年两次获北京市劳动模范称号。1977 年、1983 年曾被选为北京市第七、八届人民代表大会代表。1978 年出席共青团第十次全国代表大会，同时当选为共青团第十届中央委员会委员、常委会委员。1988 年当选为北京市总工会第八届委员会委员，同年当选为全国总工会第十一届执行委员。

大 事 记

清光绪十四年（1888 年）

夏季，天津德商世昌洋行绒毛厂安装小型直流发电机 1 台，供荷兰领事馆内照明使用。

清宫廷在仪銮殿（今中南海怀仁堂）西墙外（今国务院西门外），安装发电设备 1 套，容量不超过 20 马力（约 15 千瓦），供照明使用。设西苑电灯公所，归奉宸苑管辖。于 12 月 14 日前发电。

清光绪十七年（1891 年）

9 月 27 日　清宫廷自德国购进 20 马力（约 15 千瓦）发电机 1 台，安装在颐和园宫门东南角，供照明用，设颐和园电灯公所。

清光绪二十年（1894 年）

清朝北洋大臣李鸿章开办北洋水师大沽造船所（今新河船厂前身），安装 2 台 47.5 千瓦直流发电机，供本厂照明。

开平矿务局北宁铁路唐山工厂建发电房，安装 40 千瓦直流发电机 1 台，供本厂高级员司照明使用。这是河北省有电之始。

清光绪二十八年（1902 年）

天津法租界公议局在法国桥旁（今解放桥西岸）建直流发电厂（容量不详），供法租界用电。这是天津第一座电厂。1910 年 6 月，公议局将这座直流发电厂转让给该厂工程师克·布吉端，由其在 2 年内另选厂址建交流发电厂。1912 年，克·布吉端在法租界 26 号路 211 号（今哈尔滨道南京路口）建电厂，安装 2 台 200 千瓦蒸汽引擎直流发电机，供租界内照明用电。

清光绪二十九年（1903 年）

开平矿务有限公司在唐山煤矿和林西煤矿兴建发电厂。唐山煤矿安装 3 台 1040 千瓦发电机组，1906 年建成发电。林西煤矿安装 2 台 1040 千瓦发电机组，翌年投入运行。

俄国商人在内蒙古胪膑（今满洲里）开办 1 座电灯厂，安装 1 台 40 千瓦直流蒸汽发电机。此为内蒙古有电之始。1906年，俄国侨民自治会与胪膑官府联合组建电业股份有限公司，双方投资将电灯厂扩建为发电所。增装168千瓦蒸汽交流发电机2台。

清光绪三十年（1904年）

4月26日　天津德商世昌洋行军火商海礼、比国领事嘎斯德与北洋大臣袁世凯的代表津海关道唐绍仪，候补道蔡绍基、天津道王仁宝、天津府凌福彭签订契约，承办天津电车电灯公司。契约规定：该公司供电范围以鼓楼为中心，半径6华里，50年为限，期满后无偿交还中国政府。即日，天津比商电车电灯公司成立。

9月26日　清廷批准记名御史、刑部员外郎史履晋奏办成立“京师城厢华商电灯股份有限公司”（后改称京师华商电灯股份有限公司），由商部咨文各衙门立案。初期股本白银8万两。承办人除史履晋外还有御史蒋式瑆、候补同知冯恕。嗣后，选定前门西城根（今前门西大街北京供电局址）筹建电厂。

清光绪三十一年（1905年）

京师华商电灯股份有限公司正式成立，这是北京地区民族资本办电的开端。

清光绪三十二年（1906年）

11月25日　京师华商电灯股份有限公司前门西城根电厂建成发电。安装200马力（149.2千瓦）蒸汽引擎2台，150千瓦交流发电机2台，供官府衙门、市内较大商店及路灯照明用电。这是北京地区最早的配电电网。

是年　天津比商电车电灯公司在小鬼庄（今天津市河北区金家窑）建发电厂，安装2台1500千瓦汽轮发电机组，这是天津首次安装汽轮交流发电机。同年，还安装2台900千瓦回转变流机，供电车动力用电。

清光绪三十三年（1907年）

山西大学堂购置发电机1台，专供中、西两斋照明，是山西省有电之始。

清光绪三十四年（1908年）

山西省商会会长刘笃敬创办太原电灯公司。公司位于太原市南肖墙（今山西省电力工业局址），安装1台60千瓦直流发电机，供城区部分商号照明用电。1920年，又自天津美商慎昌洋行赊购1台300千瓦交流发电机，当年安装发电。后因经营不善，无力偿还赊欠款项，于1923年8月由徐子澄（山西省银行经理）、南佩兰（警务处长）等出资将电厂接收，更名为“太原电灯新记股份有限公司”。

德商在天津德租界内（今解放路电灯房胡同10号）建电灯房，安装200千瓦直流发电机，供租界内照明用电。

清宣统元年（1909年）

呼伦城（今海拉尔市）官商开办1座电灯房，装机410千瓦，电压440伏，直流供电。

清宣统二年（1910年）

唐山启新洋灰公司建自备电厂，安装1000千瓦发电机组1台。1912年投产。

民国元年（1912年）

华商电灯股份有限公司前门西城根电厂增建1000千瓦汽轮发电机2台。这是华北地区第一次出现低压汽轮发电机组。全厂发电装机容量达到3035千瓦。

民国3年（1914年）

9月12日　民营华记唐山电力厂成立。这是河北省第一家专司供电和售电业务的企业。

是年　京师华商电灯股份有限公司经民国政府农商部批准注册，改称北京华商电灯股份有限公司。

民国4年（1915年）

5月21日　天津资本家李干忱经中华民国交通部电政司立案，在张家口筹建华北电灯股份有限公司，董事长为卢木斋，经理为范祥甫。1917年在北莱园动工兴建发电厂，安装98千瓦发电机1台，1918年投产。

民国5年（1916年）

10月19日　天津法商电力股份有限公司成立。1917年安装500千瓦汽轮发电机1台。

是年　开滦矿务局秦皇岛经理处成立开滦发电所。翌年，投产100马力（约74.6千瓦）发电机2台。1929年12月，开滦发电厂建成投产，安装1000千瓦发电机2台。原开滦发电所的发电设备全部拆除。

是年　开滦矿务局林西、唐山、马家沟、赵各庄4个煤矿变电所相继建成。林西—赵各庄—马家沟30千伏输电线路投入运行，是河北省第一条高压输电线路。

民国6年（1917年）

5月　保定电灯股份有限公司成立。1919年2月10日在中华民国交通部电政司立案。1921年投产175千瓦发电机1台。

是年　天津将德商电灯房收归国有。这是天津地区第一个由中国自营的公用发电厂。

民国8年（1919年）

8月　华商电灯股份有限公司因前门西城根电厂受水源和储煤场地限制，开始在北京西郊石景山广宁坟村筹建石景山发电分厂。前门西城根电厂改称前门总厂。

是年　石家庄部分绅士和商人在大桥街（今大桥路）集资开办电灯公司，安装32千瓦发电机6台，供附近厂、商用电。

是年　天津商人沈文炳在绥远省归绥县（今呼和浩特市）筹建电灯厂，称电灯股份有限公司。资本20万元，规模100千瓦。在筹建过程中，与1921年成立的绥远电灯公司筹备处发生纠纷。经绥远省都统署调解后，双方停办，改由大盛魁联号承办，更名为绥远地方电灯股份有限公司。股份3000股，总额30万元。1922年1月在归绥县火车站西侧购地建厂，安装62千瓦发电机1台，当年5月发电。1929年，大盛魁经理段履庄（字敬斋）对绥远地方电灯股份有限公司进行改组，更名为绥远塞北第一电灯股份有限公司。公司改组后，自瑞士购进新式500千瓦发电机1台，4吨/时锅炉2台，于12月21日投产运行。1937年10月14日侵华日军占领归绥，日本随军电力联盟派遣队接管了绥远电灯股份有限公司。

民国9年（1920年）

农历年关，天津比商电车电灯公司锅炉房工人为争取“双月”（发两个月工资）举行罢工。

是年　山西省保晋矿务有限公司阳泉铁工厂附设的电灯处成立，安装100马力（74.6千瓦）交流发电机和20马力（约15千瓦）直流发电机各1台，供本厂及镇内商肆等照明用电。

民国10年（1921年）

10月　石景山发电分厂新建的1台2000千瓦汽轮发电机组投产发电（即2号机）。后因输电线路未完工，不能向北京市内送电。

民国11年（1922年）

2月　石景山发电分厂正式发电，通过2条26公里33千伏输电线路向前门送电。前门变电所安装2600千伏安主变压器3台，1000千伏安主变压器3台。这是北京地区33千伏供电电网建设之始。

是年　石家庄中国内地电灯公司工人李学斌等10余人加入京汉铁路工会，被编为正定分会工会小组。翌年，随正定分会的工人参加了“二·七”大罢工。

民国13年（1924年）

12月8日　华商电灯股份有限公司向电车公司供电，北京城内第一次出现有轨电车。

民国14年（1925年）

6月　华北电灯股份有限公司（又称张垣电灯公司）工会成立，会员37人，参加了张家口市万名工人声援“五卅”大游行。同年10月，中国共产党在张垣电灯公司秘密建立党小组。翌年，成立党支部，书记陈儒仁。2月8日，党支部领导工人与资本家开展第一次罢工斗争。资本家被迫与电灯工会签订了《电灯工会、电灯公司劳资互惠合同》。

民国15年（1926年）

天津英租界发电所3、4号机相继投产，容量各为2500千瓦。1、2号机（各为1000千瓦）于1921年建成投产。

绥远绅士李占九、方慰农、王鸿一、朱桂山、米阶平等人，集资18万银元在包头筹建电力面粉加工厂，后改为包头电灯面粉公司。购德国西门子100千瓦锅驼发电机1部，1929年秋动工，1930年夏投产发电。1931年9月，该公司又集资12万元，增装260千瓦发电机1台，管式锅炉2台及电动磨粉机4台，架设线路3公里。至此，该公司发电装机总容量360千瓦，可日产面粉600袋。1937年10月17日，侵华日军占领包头，包头电灯面粉公司被接管。

民国17年（1928年）

2月　北京电车公司在通县（今通县小圣庙村）建自备电厂，安装1500千瓦汽轮发电机1台，750千瓦发电机2台，100千瓦发电机1台，发电装机总容量3100千瓦，以33千伏输电线路向哈德门（今崇文门）变电所送电。哈德门变电所安装1000千伏安主变压器2台，专供电车行驶用电。

民国22年（1933年）

7月　华商电灯股份有限公司新建铁家坟开闭所，铁家坟—青龙桥33千伏输电线路15公里，向青龙桥送电。9月，新建青龙桥变电所投入运行，安装33千伏安主变压器3台，向香山、八大处、温泉等地供电。

是年　侵华日军强占了满洲里电灯厂、通辽电灯厂和赤峰电灯厂。

民国23年（1934年）

1月27日　华商电灯股份有限公司在国民政府实业部注册立案，并发给营业执照。

4月　经国民政府建设委员会协调，北平电车公司将通州发电厂的剩余电力售给华商电灯股份有限公司。北平市区的电力营业由华商电灯股份有限公司独家经营。

年初　日本人任广信公司海拉尔火磨电灯部驻在员，名为监督业务，实为接管。不久，日本侵略军通过“日满制粉（面粉）厂”吞并了广信火磨电灯部，改为海拉尔电灯厂，划归伪满洲银行齐齐哈尔分行管理。

11月1日　满洲电业株式会社在新京（今长春市）成立，开始全面接管伪满洲国境内的电力工业。满洲里、海拉尔、博克图、牙克石、赤峰、通辽等地电灯厂均划归满洲电业株式会社管辖，并将电灯厂改称发电所。

民国25年（1936年）

8月　日本驻军迫使天津市政府与日方合办天津电业公司。8月20日，由日方兴中公司与天津市政府签约成立天津电业公司，张自忠任董事长。并着手进行天津特一区电厂（今第一热电厂）的建设。

民国26年（1937年）

8月　日本侵略军在下花园始建发电所（即下花园发电一所）。1939年3月，2台1000千瓦发电机组投入运行，隶属张垣电灯公司宣化营业所。

12月1日　侵华日军先后将魏榆电灯股份有限公司、太谷同记电灯股份有限公司、太原新记电灯股份有限公司、西北电气厂等9个电厂实行军事管理。

12月8日　伪冀东防共自治政府与满洲电气株式会社所属兴中公司合资300万元，成立冀东电业股份有限公司。翌年1月1日开始营业。

是年　侵华日军陆续对华北各地电业实行军事管理。

民国27年（1938年）

2月　北平华商电灯股份有限公司由北平市政府公用事业管理总局管理，改名为电气管理局。

3月1日　天津特一区发电所第一台1.5万千瓦发电机组建成投产。6月，第二台1.5万千瓦机组竣工，装机总容量3万千瓦。同时，架设了4条22千伏输电线路和4条5千伏配电线路。

4月12日　伪华北"临时政府"改北平市为北京市。

5月27日　伪蒙疆自治政府与满洲电气株式会社兴中公司、东亚电力兴业株式会社合资3600万元蒙币，在张家口成立"蒙疆电业股份有限公司"。6月30日，在张家口南菜园建发电厂，安装1000千瓦发电机1台。12月8日建成发电（称南厂）。公司成立后，山西大同电业划归其所辖。收买了绥远电灯股份有限公司，更名为"蒙疆电业株式会社厚和支店"（侵华日军将归绥市改称厚和市）。后又收买了包头电灯面粉股份有限公司，成立了"蒙疆电业株式会社包头支店"。兼并了华北电灯股份有限公司（即张垣电灯公司）。

是年　北平电气管理局更名为"北京电业公司"，由日本的"兴中"与"东亚电气"为一方，北京市政府为一方，共同管理北京地区的发供电业务。

民国28年（1939年）

2月6日　侵华日军兴建下花园发电二所和下花园发电三所。二所装机容量为4000千瓦（2台1500千瓦、1台1000千瓦），1941年8月1日建成投产。三所装机容量为1.2万千瓦（1台10000千瓦、1台2000千瓦），1943年2月建成投产。

8月　侵华日军开始建造蒙疆地区装机容量最大的发电厂——大同平旺发电厂。1944年1月，第一台2000千瓦机组投产。同年7月，第二台1.5万千瓦机组投产。

民国29年（1940年）

2月1日　华北政务委员会与“日本开发股份有限公司”合资，在北平成立“华北电业股份有限公司”。逼购华商电灯股份有限公司各股东的股票，使华商电灯股份有限公司董事会宣告解散，将“北京电业公司”改为“华北电业股份有限公司北京分公司”。吞并冀东电业股份有限公司，改称“唐山支店”。新设“石门（石家庄）支店”。将太原、榆次、太谷、祁县、平遥、临汾等地实行军事管理的电厂均纳入“华北电业股份有限公司”，并设“太原支店”。在天津设立“天津支店”。对华北地区电业实行全面垄断。

是年　侵华日军为掠夺承德大庙钒钛铁矿资源，在承德双头山（今双塔山）建火力发电厂，安装1500千瓦汽轮发电机组2台。1942年6月投入运行。

是年　阳泉发电厂建成，安装650千瓦发电机1台。1938年筹建时定名为蔡洼发电所，正式发电后更名为阳泉发电厂。

民国30年（1941年）

1月　石景山发电分厂改称“北京发电所”，由“华北电业股份有限公司”直辖。

5月26日　“华北电业股份有限公司”在唐山建发电所，安装1万千瓦汽轮发电机组1台。翌年11月17日投入运行。1944年10月，第二台1.5万千瓦发电机组投产。

12月　天津特一区发电所至塘沽的77千伏输电线路建成（暂以33千伏降压运行）。这是华北地区第一条77千伏电压等级的输电线路。

是年　“华北电业股份有限公司”在峰峰煤矿安装5000千瓦发电机组1台。翌年8月1日投入运行，定名为“华北电业公司石门支店磁县发电所”（即峰峰发电厂前身）。

民国31年（1942年）

3月1日　77千伏南苑变电所建成。站址在南苑镇新宫村（今丰台区），占地8.4亩。安装5000千伏安主变压器4台（其中1台备用）。受电于“北京发电所”和天津特一区发电所。平津间77千伏输电线路建成，全长114.4公里，暂以33千伏降压运行。

是年　晋冀鲁豫军区在河北省涉县西北部漳河边赤岸村建成1台10千瓦木质水轮发电机，供军工生产和部分照明用电。

民国32年（1943年）

4月　天津塘沽至唐山间77千伏输电线路建成，暂以33千伏降压运行。

是年　石景山制铁厂（今首都钢铁公司）自备电厂自1941年开始安装的3200千瓦及6400千瓦2台发电机投产发电，总装机容量9600千瓦，供厂内自用。

是年　“北京发电所”至南苑变电所77千伏双回输电线路建成，暂以33千伏降压运行。

民国33年（1944年）

11月3日　北平—天津—唐山77千伏输电线路投入运行。平（京）、津、唐电网初步形成。

是年　“华北电业股份有限公司”将天津特一区发电所改称天津第一发电所；将英租界发电厂和比商发电厂分别改称天津第二、三发电所。

民国34年（1945年）

8月19日　苏蒙联军进驻承德，冀热辽边区人民政府接管“满洲电业株式会社承德支店”及其所属，成立承德电业局。同月，张家口第一次解放，晋察冀边区人民政府接管“蒙疆电业股份有限公司”及张家口宣化支店，成立民生电业公司。

8月　国民党绥远省政府接管了“蒙疆电业株式会社厚和支店”和“包头支店”。9月，阎锡山的西北实业公司接收临汾发电厂。忻县电灯公司由国民党二战区阎锡山军队接管，改名为忻县发电厂。

10月　苏军撤出承德，将双塔山发电厂1部3000千瓦发电机组和2部1500千瓦机组的主要部件拆运回国。

民国35年（1946年）

3月1日　冀北电力有限公司成立，经理鲍国宝。公司下辖北平、天津、唐山3个分公司。

5月　东北民主联军陆续开进呼伦贝尔地区，苏军开始回撤。苏军撤走时，将海拉尔电厂尚未安装的4号机（1500千瓦）运回国。

7月1日　张家口民生电业公司党支部决定，派人赴延安为毛泽东主席安装电灯。27日，由11人组成赴延安工作队自张家口启程，10月中旬到达延安，受到毛泽东主席接见。因胡宗南部进犯延安，发电机未运到，工作队参加了保卫延安战斗。

8月6日　北平发电所增装的2.5万千瓦汽轮发电机1台和75吨/时中压煤粉炉1台竣工投产，是当时华北地区最大的汽轮发电机组。

民国36年（1947年）

1月6日　察哈尔省政府将下花园发电所移交冀北电力有限公司。

5月2日　阳泉解放，阳泉发电厂改称阳泉水电公司，由晋察冀解放区政府企业部直接领导。

7月　冀北电力有限公司在张家口成立察中支公司筹备处。

11月12日　石门市解放，石微电厂改称晋察冀解放区工业局石家庄电灯公司。1948年改称华北公营企业部石家庄电灯公司。

是年　察哈尔省政府将工业电气整理委员会划归张家口市，与张家口市电力厂合并为张家口市电力管理局。1948年2月，改称察哈尔省电力管理局。

民国37年（1948年）

1月25日　晋察冀解放区人民政府在河北省平山县沕沕水建成1座194千伏安（155千瓦）水电站。投运时，朱德总司令剪彩并亲手启闸放水发电。

5月17日　山西临汾解放。临汾发电厂由太岳军区接管。

12月12日　唐山市解放。市军事管制委员会对冀北电力公司唐山分公司实行军管。

12月17日　中国人民解放军解放了北平发电所。当日，电厂组织抢修队首先修复了门头沟至发电厂的输电线路，晚上即向北平城郊已解放了的地区送电。

12月23日　张家口市第二次解放。军管会派员接管下花园发电所；24日，接管冀北电力公司察中支公司；25日，接管察哈尔省电力管理局。

12月28日　自12月15日停止供电的北平市区，经联系完成线路修复，北平发电所恢复向市区供电。

1949年

1月15日　天津解放。中国人民解放军天津军事管制委员会接管冀北电力有限公司天津分公司，张彬为军代表。军事管制委员会对电业单位职工实行“三原”（原职、原薪、原制度）政策。是时，天津地区共有公用火力发电厂4座，发电装机总容量7.16万千瓦；输配电线路约1400公里；年发电量2.0528亿千瓦时；变电站23座，主变压器容量8.79万千伏安，最大供电负荷5.4万千瓦；1948年售电量1.44亿千瓦时。

1月31日　北平解放。2月4日，北平市军事管制委员会派任一宇为军代表、林松为联络员，接管了冀北电力有限公司，2月22日接管完毕。

3月7日　华北人民政府公营企业部在北平召开第一次平、津、唐、察电力工业会议。冀北电力公司各分公司及察中电业局的军代表和主要技术管理人员出席了会议。会议对平、津、唐、察的电力恢复和集中统一调度等问题达成了一致意见。

3月23日　冀北电力公司移交给华北人民政府公营企业部领导。鲍国宝任冀北电力公司总经理兼北平分公司经理。

4月24日　太原解放。太原公营轻重工业管理处接管太原西北实业公司电业处。

4月25日　华北人民政府令，冀北电力公司及所属分公司和察哈尔省察中电力局共同组成华北电业公司，下辖北平、天津、唐山、察中4个分公司。

6月4日　朱德总司令和聂荣臻司令员视察唐山发电厂。朱总司令说：“你们做的那两件事很好，办好工厂必须依靠工人阶级；对知识分子不要歧视，要同志式、朋友式，要忠诚、诚恳地对待他们。”

是日　为尽快修复大同煤矿发电设备及线路，华北电业公司大同工程队接受抢修任务。这是华北地区最早出现的电力专业施工队伍。

6月5日　太原电力公司成立，经理苏哲文，副经理李兴杰、刘庆予。原西北实业公司电业处撤销。

7月1日　华北人民政府批准在平、津、唐电网实行统一电价。电价随物价浮动，每月调整一次。

8月19日　华北人民政府公营企业部奉中央财政经济委员会令，华北电业公司及其所属分公司、厂，划归中央财政经济委员会财政燃料工业处领导。

9月19日　绥远省和平解放。包头电灯公司划归绥远省政府建设厅领导。萨县发电厂划归包头电灯公司管理，厂名改为包头电灯公司萨县发电分厂。

9月14日　华北地区最大的汽轮发电机组，石景山发电厂6号机（2.5万千瓦）因汽封盘摩擦震动，致使设备严重损坏。1950年2月28日经修复发电。

10月1日　中华人民共和国成立。中央人民政府成立燃料工业部，华北电业公司隶属燃料工业部领导。

10月　石家庄电灯公司划归燃料工业部华北电业公司领导。

11月　太原电力公司划归燃料工业部华北电业公司领导。

12月2日　中央人民政府燃料工业部以燃办字第54号文令，华北电业公司改为华北电业管理总局。下设北京、天津、唐山、石家庄、察中5个分公司和太原电力公司。太原电力公司改称电业局。

是年　将原属辽北省的哲里木盟和昭乌达盟划归内蒙古自治区。当时，自治区有乌兰浩特、扎赉诺尔、海拉尔、牙克石、扎兰屯、博克图、通辽、赤峰等8座电厂。

1950年

1月14日　蔡增杰任北京电业局局长。

1月15日　天津分公司改称天津电业局，党总支书记王其渊，代局长郑世燮，副局长陈宝诚。下属发电所改称发电厂。

1月　绥远省实业公司接管了包头电灯公司，更名为绥远省实业公司包头发电厂。1951年2月，绥远省实业公司撤销，包头发电厂直属绥远省人民政府工商厅领导。归绥电面厂改为归绥发电厂和归绥面粉厂。

3月11日　中共北京电业局党总支委员会成立，书记弓鉴民。

4月　朱德总司令到石景山发电厂视察。

5月1日　李岩任北京电业局局长。

5月25日　华北电业管理总局撤销，成立燃料工业部电业管理总局。

5月　京津唐电网实行统一电力调度，执行电网调度规程。

8月　石家庄电业局职工和天津第三发电厂职工分别联名上书毛泽东主席，表示要以实际行动支援抗美援朝运动，搞好安全生产。9月11日，毛泽东主席亲笔复信，全文如下："陈郁同志：转来石家庄电业局全体职工给我的信及天津电业局第三发电厂全体职工给我的签名信，均已收到，请转告两处电业职工同志们，感谢他们的好意，希望他们团结一致，努力工作，为完成国家的任务和改善自己的生活而奋斗。"

9月25日～10月2日　全国工农兵战斗英雄、劳动模范代表大会在北京召开。华北电业系统有9人荣获"全国劳动模范"称号，并出席了大会。

11月1日　电业管理总局成立职工学校。1952年9月，定名为北京电气工业学校。

1953年10月，改称北京电力学校。1985年7月，改建为北京电力专科学校。

是年　北京市人民政府决定，由北京电业局在收取照明电费时，代北京市收取路灯费和卫生教育附加费。路灯费按照明电价的5%收取，卫生教育附加费按照明电价的6%收取，并取消了包灯制。

1951年

春天　朱德总司令到下花园发电厂视察。

4月　北京供电局对电费管理工作进行改革。将原抄表、记录、核算、收费的分段条条管理，改为抄、核合一，由15个地区收费站收费的块块管理。

8月27日　太原地区电力生产实行统一调度，统一安排发电设备检修计划，频率统一为50赫兹。

9月12日　毛泽东主席根据中共石景山发电厂总支委员会所反映在恢复生产、安全发电和职工生活等方面的情况和问题，复信给中共石景山发电厂总支书记王自勉。回信说："八月二十七日的信看到了，谢谢你使我知道你们厂的情况和问题。我认为你的建议是有理由的，已令有关机关迅速和正确地解决这个问题。……"

10月　电业管理总局所属修建工程局和土木建筑工程公司成立。

1952年

7月7日　石家庄地区遭受11级以上暴风雨袭击。石家庄—获鹿段33千伏输电线路几乎全部倒杆断线。市内配电线路破坏严重。经抢修，3天后恢复供电。

8月22日　北京地区77千伏石景山—南苑输电线路30号杆遭雷击，造成前门等9座变电站停电。

9月3日　由于唐山发电厂在全国电业系统厂际竞赛中连续4次获优胜，燃料工业部和全国总工会奖励唐山发电厂职工工余疗养所1座，翌年落成。

12月1日　华北电业管理局成立，贺光华任局长，李岩、林心贤、季诚龙、刘英源任副局长。所辖北京、天津、唐山、察中、石家庄、太原等6个电业局及峰峰、大同两个电厂。

1953年

1月　华北电业管理局良乡修造厂成立。同月，电业管理总局所属修建工程局和土木建筑公司划归华北电业管理局领导。

1月14日和21日　北京南苑至天津77千伏输电线路，在高峰负荷时因接触不良，导线自接线管处烧断，连续两次发生断线事故，造成南苑变电站、前门变电站停电，京津电网解列。

2月10日　察哈尔省建制撤销。察中电业局改为张家口电业局，隶属华北电业管理局。

10月24日　新中国建立后华北地区第一座由前苏联援建的太原第一热电厂举行开工

典礼，本期工程装机总容量为4.9万千瓦（2×1.2万、1×2.5万）。1、2号机组（各1.2万千瓦）分别于1954年12月28日和1955年4月8日投产；3号机组（2.5万千瓦）于1955年10月25日投产，是华北地区第一台氢冷发电机。该厂经四期扩建，到1990年末有7台机组投入运行，总容量18.6万千瓦。第五期扩建工程于1987年11月23日开工，安装2台30万千瓦机组，到1990年底正在建设中。

11月14日　原天津法商电力股份有限公司华人经理杜用文提出申请，将公司交由天津电业局代管，改称天津电业局第五发电厂。

1954年

3月11日　包头新机工程处成立，隶属华北电业管理局。11月12日，新机工程处撤销，成立包头电业局筹备处，负责包头新建发电厂筹备工作（原隶属关系不变）。

4月12日　毛泽东主席视察官厅水库和官厅水电站工地。

6月27日　石景山发电厂发生全厂停电42分钟的严重事故，造成北京地区13座变电站停电1小时，首都6条电车线路和天津全部电车停驶，电网频率降到46.5赫。

9月15日　北京良乡修造厂厂长刘英源、石景山发电厂工人刘德珍当选为第一届全国人民代表大会代表。

10月　被牧民誉为“草原明珠”的内蒙古第一座牧区发电厂——锡林浩特发电厂2台276千瓦柴油发电机组投产发电。

11月4日　由中国自己设计、施工的第一条南苑至天津宜兴埠110千伏输电线路投入运行，全长108.3公里，暂以77千伏降压运行。工程始建于7月4日。

12月　下花园至官厅110千伏输电线路建成，全长45.29公里，降压35千伏运行。1955年12月升压110千伏运行。下花园发电厂从此正式并入京津唐电网。

1955年

1月　南京、徐州、淮南、鲁中、青岛5个电业局划归华北电业管理局领导。当月，华北电业管理局改称北京电业管理局。

7月　石景山发电厂党总支书记李寿祺当选为中共北京市第一届委员会候补委员（1956年8月，继续当选为第二届委员会候补委员，1962年6月，李寿祺在北京热电厂任党委书记时，继续当选为中共北京市第三届委员会候补委员）。

12月3日　北京地区第一座110千伏变电站——东北郊变电站建成，主变压器容量为4.05万千伏安。

12月26日　北京官厅水电站第一台1万千瓦水轮发电机组（3号机）开始发电。这是中国自行设计、制造、施工的第一座水电站。该站始建于1954年6月16日。1955年12月27日，举行了3号机组发电剪彩仪式，全国人大副委员长、北京市市长彭真剪彩并讲了话。2号机组和1号机组（各为1万千瓦）分别于1956年4月7日和4月30日投产发电。3号机组投产后，北京地区第一条110千伏输电线路（官厅水电站至东北郊变电站）投入运行。

12月28日　山西省第一座110千伏变电站在阳泉马家坪建成投产，初期安装1台0.75万千伏安主变压器。

1956年

3月28日　内蒙古自治区第一座高温高压热电厂——包头第二热电厂工程破土动工，第一台2.5万千瓦机组于1958年7月16日投产。到1990年末，全厂共安装发电机组8台，总容量42.5万千瓦。

4月1日　电力工业部撤销京、津、唐3个地区电业局，成立北京电业局，统管京津唐电网的生产和基建工作。北京电业局局长黄靖华，副局长宋海、王文斌、王介夫。

4月10日　石家庄热电厂第一台1.2万千瓦供热式汽轮发电机组投产。该厂始建于1955年4月1日。后经六期扩建，到1990年末全厂装机11台，总容量15.7万千瓦。

4月30~5月10日　全国先进生产者代表大会在京召开。华北地区各省（市、自治区）电力企业有6个先进集体受表彰；23人出席了大会，并荣获“全国先进生产者”称号。

5月1日　包头电业局成立。局长陈立新，党委书记赵津，总工程师余克稷。

7月　第二次工资改革。废除“工资分制”，实行货币工资制。

11月　10千伏中南海中心站建成，为北京地区第一座10千伏小区配电室。

1957年

2月15日　河北省承德地区寿王坟110千伏变电站及唐山至寿王坟110千伏输电线路建成，京津唐电网开始向承德地区供电。

夏　中共中央总书记邓小平视察太原第一热电厂。

秋　国务院副总理薄一波视察太原第一热电厂。

10月　以77千伏降压运行的北京南苑—天津白庙110千伏输电线路完成升压工作，北京地区与天津地区实现110千伏联网。

12月30日　包头电业局撤销，成立水利电力部内蒙古自治区电业局。局址设在包头市。

1958年

1月1日　北京电业管理局撤销，北京电业局划归电力工业部直接领导。同时划归的还有石家庄电业局与峰峰电厂合并后成立的河北省电业局，太原电业局与大同电厂合并后成立的山西省电业局。

1月13日　110千伏官厅—北京东北郊变电站输电线路199号转角弓子对铁臂放电，造成京津唐电网解列。

3月22日　包头第一热电厂动工兴建。第一台2.5万千瓦机组于1959年8月31日投产发电。到1990年末，全厂共安装发电机组7台，总容量41.2万千瓦。

4月3日　根据水利电力部基建总局决定，北京基本建设局与北京送变电工程公司合并。5 月 30 日，更名为北京电力建设局，局长杜书润。

5 月　河北省人民委员会第 28 次会议决定成立河北省水利电力厅，下设电力局，负责地方国营火电厂及水电站建设和管理。

6 月 14 日　太原第二热电厂 1 号 2.5 万千瓦高温高压发电机组投产。该厂于 1956 年 3 月 20 日开工兴建。到 1990 年末，全厂共安装发电机组 6 台，总容量 25 万千瓦。

6 月 20 日　根据水利电力部指示，北京电力建设局将所属京津唐电网外的施工企业分别移交给河北省、山西省、内蒙古自治区政府领导。

7 月 3 日　山西省电业局改称山西省电力工业厅，由山西省人民委员会领导。

7 月 8 日　内蒙古自治区包头至白云鄂博第一条输变电工程建成投产。输电线路全长 128.9 公里，变电容量 1 万千伏安。暂以 35 千伏降压运行。9 月 10 日移交生产，10 月升压到 110 千伏运行。

7 月 12 日　全国人大常委会委员长刘少奇参观天津工业技术革命展览会电力馆时，接见了天津第一发电厂的职工代表。

7 月 21 日　奉水利电力部令，北京电力建设局与北京电业局合并，成立北京电业管理局。局长索国仁（8 月 26 日，国务院第 91 次会议正式任命），副局长杜书润、宋海、郭玉民、韩俊峰。

8 月 12 日　毛泽东主席在参观天津工业技术革命展览会时，观看了天津供电局带电检修工具。

8 月 13 日　内蒙古自治区电业局改称内蒙古自治区电力工业管理局。

9 月 23 日　北京热电厂 1 号 2.5 万千瓦机组投产。该机组始建于 1957 年 7 月 25 日。该厂的全国第一台 10 万千瓦高温高压汽轮发电机组（4 号机，前苏联制造），于 1959 年 10 月 17 日投产发电；全国第一台 5 万千瓦超高温高压供热机组（5 号机，前苏联制造），于 1960 年 9 月 6 日投产。到 1990 年末，全厂共安装发电机组 9 台，总容量 34.34 万千瓦。

9 月 28 日　包头至呼和浩特 110 千伏输变电工程建成投产。输电线路 150.3 公里；变电容量 1.5 万千伏安。呼包电网初步形成。

10 月 4 日　经河北省人民委员会批准，省水利电力厅与河北省电业局合并，成立河北省电力工业局，隶属河北省人民委员会。

10 月　内蒙古自治区燃料化工厅以（58）196 号文撤销内蒙古自治区电力工业管理局，分别成立内蒙古电业基建局和呼包电网局，隶属燃料化工厅。

11 月　110 千伏塘沽变电站建成，主变压器容量 1.8 万千伏安。至此，天津地区 77 千伏输电线路全部改造升压为 110 千伏运行。

是年　北京地区开始进行线路升压和简化电压等级工作。将 33 千伏升压为 35 千伏；77 千伏升压为 110 千伏。取消 33 千伏和 5.2 千伏等电压等级。配电电压采用 10 千伏。该工作于 1960 年完成。

1959 年

4 月 1 日　撤销天津供电局，成立天津电业局。

4月　内蒙古自治区党委第222次会议决定，撤销自治区燃料化工厅。5月1日，内蒙古自治区人民委员会以（59）蒙办秘55号文通知，成立内蒙古自治区电业管理局。6月16日，内蒙古自治区人民委员会以（59）蒙编字54号文通知，将内蒙古自治区电业管理局改称内蒙古自治区电力工业局。

8月8日　北京地区第一次引入市中心的北京热电厂—前门变电站35千伏双回路电缆（2×8.8公里）投入运行。

10月26日～11月8日　全国工业、交通运输、基本建设、财贸方面社会主义建设先进集体和先进生产者代表大会在北京召开。华北电力系统有15个先进集体荣获“全国红旗厂”和“全国先进小组”称号；有8人荣获“全国先进生产者”称号，并光荣地出席了全国“群英会”。

11月2日　朱德委员长视察北京热电厂。

1960年

5月14日　山西省第一台5万千瓦发电机组在太原第一热电厂正式投产，这是当时国产容量最大的机组。

8月7日　5时24分，包头第一热电厂2号、3号炉屏式过热器管相继爆炸，停电23小时35分。时逢包头第二热电厂1号机检修，系统无备用容量，导致呼、包两市大面积停电，对外少送电量55万千瓦时。

12月26日　下马岭水电站—清河变电站220千伏输电线路投入运行，全长55.47公里。这是华北地区第一条220千伏输电线路。

12月　内蒙古自治区决定撤销内蒙古水利厅和电力工业局，合并成立内蒙古自治区水利电力厅。

1961年

4月28日　石景山发电厂高井电站1号机组（10万千瓦）投产。该站始建于1959年12月9日。该站安装的国产第一台10万千瓦机组（3号机组）于1967年2月16日投产。到1974年10月22日6号机组（10万千瓦）投产，该站共安装10万千瓦发电机组6台，总容量60万千瓦。

9月25日　2时04分，包头第一热电厂因黄河水含沙量剧增，澄清器出力下降，锅炉补给水中断，4号机被迫停运。随之，其他机炉亦相继关停，一直延续到翌日19时35分。此间，包钢供热中断，呼和浩特市和包头市市区用电近乎全停。

11月　天津第一发电厂7号机（2.5万千瓦）、8号炉（130吨/时）竣工投产。这是天津地区安装的第一台双水内冷发电机组。第一发电厂扩建完成，装机总容量15.5万千瓦。

1962年

5月23日　北京电业管理局提出“对全网进一步贯彻试行《国营工业企业工作条例

(草案)》(简称工业七十条),整顿企业工作的意见”,开展了企业整顿工作。

5月27日　北京地区110千伏八里庄变电站建成投入运行。北京地区110千伏单回闭式环形电网建成。

6月25日　石家庄电业局、秦皇岛电厂、石家庄发电安装工程处和石家庄输变电工程处划归北京电业管理局。

9月25日　呼伦贝尔盟的扎赉诺尔、扎兰屯、乌兰浩特、海拉尔、牙克石发电厂和牙克石热电站筹备处上划为内蒙古自治区直属企业,成立呼伦贝尔盟电业局,隶属内蒙古自治区水利电力厅。

1963年

1月　河北省电力工业局撤销,成立河北省农业机械电力管理厅,领导地方电厂、小水电及农电工作。

2月　北京电力设计院改称华北电力设计院,受水利电力部领导。

5月14日　内蒙古自治区电业管理局成立,由水利电力部与自治区双重领导,以水利电力部为主。

6月　山西省电力工业厅划归水利电力部领导,改名为水利电力部山西电业管理局。

8月上旬　河北省遭特大水灾。沧州、衡水地区全部及邯郸、邢台、石家庄、保定、天津地区东郊的农电设施被洪水荡涤殆尽。邯郸—邢台110千伏输电线路杆塔被冲毁16基,邢台地区停电32天6小时45分钟。洪水涌入邯郸发电厂厂房,使全厂停电。峰峰发电厂循环水泵房被冲毁,3名职工被洪水吞没身亡,全厂停电。其他发供电设施也遭受不同程度的损坏。

1964年

3月9日　官厅水力发电厂下马岭水电站因压力钢管施工质量低,在运行中破裂,管内结构破坏,导致山坡覆盖层滑坡,水淹厂房。少发电量1.5亿千瓦时,修复费用达120万元。

4月9日　水利电力部决定,北京电业管理局基建工程公司改称华北电力建设公司,并确定为“托拉斯”试点单位。同时决定,将山西电力建设局、内蒙古电力建设公司和邯峰安发电工程处划归华北电力建设公司领导。

6月4日　天津地区遭受风灾,造成大面积倒杆断线。35千伏输电线路倒杆30基,10千伏输电线路倒杆345基。永清县全部停电,武清、安次、霸县、固安大面积停电。

10月25日　北京电业管理局改称北京电力公司,进行“托拉斯”试点。

1965年

3月27日　国务院第154次会议通过,任命索国仁为北京电力公司经理,宋海、郭玉民、韩峻峰为副经理,赵锐成为总工程师。

5月　天津电力局改称北京电力公司天津分公司。

1966年

4月　周恩来总理视察岳城水库，指示要建水电站。1967年9月，岳城水电站开始兴建，1970年7月，投产1.7万千瓦水轮发电机1台。

11月7日　天津军粮城发电厂第一台高温高压1号机炉竣工投产。容量5万千瓦，230吨·时。该厂于1964年5月复工兴建。后几经扩建，到1990年末，共安装发电机组6台，总容量60万千瓦。该厂5、6号机组（各为20万千瓦）是由中央和天津市合资兴建项目。分别于1988年10月6日和1989年11月16日建成投产。第四期扩建工程于1990年5月1日开工，安装20万千瓦燃煤发电机组2台及配套的输变电工程，仍由中央与地方合资兴建。

是年　内蒙古自治区建成全区第一座110千伏农村变电站——呼市郊区羊群窑变电站。主变压器容量7500千伏安。

1967年

2月16日　国产第一台10万千瓦发电机组，在北京高井电站投产，并确定为国家的中间试验项目。

4月　天津汉沽变电站1号调相机竣工投运，容量3万千乏。

1968年

5月　全国第一台进口抽水蓄能机组（1.1万千瓦）在河北省岗南水电厂建成投产。

6月　"托拉斯"解体，恢复北京电业管理局名称，华北电力建设公司改称北京电力建设局。

12月18日　北京地区第一台调相机（1.5万千乏）在东北郊变电站投入运行。

12月　京津唐电网第一台DJS-21型晶体管电子计算机在北京中心调度所正式投入运行。

1969年

8月28～30日　龙卷风和特大暴风雨袭击天津，4条输电线路、73条配电线路故障跳闸，8月31日修复送电。

8月29日　北京市出现暴风雨与冰雹，配电线路有60多路停电，天安门广场、东西长安街的路灯灯罩和灯泡多数被冰雹砸坏。

8月　水利电力部在石家庄热电厂召开"提高发电设备出力现场会"，在全国总结并继续推广超出力做法。

12月1日　包头第一热电厂为搞超出力运行，对主设备做了多项改动。1970年12月，作综合超出力试验，全厂11.2万千瓦的容量，超出力达到16.8万千瓦，短时达17.2万千瓦，实现"一厂变一厂半"。但运行不久，引风机、高压电动机全部烧毁，锅炉受热面承压部件严重磨损，腐蚀，事故频发，不得不停止超出力运行。包头第二热电厂也对设备做了一些改动，全厂机组20万千瓦的容量，超发到25万千瓦。呼和浩特发电厂对2号机进行“超出力”改造，造成汽缸焊口开裂事故。1971年水利电力部下文，不再搞超出力运行。

是年　内蒙古自治区建成第一个牧区输变电工程——达茂旗白云鄂博至林场35千伏输变电工程。线路长35.8公里，主变压器容量1000千伏安。

1970年

1月25日　全国第一座装配式双曲线型冷却水塔在太原第二热电厂建成。这座水塔高62米，淋水面积1520平方米。

8月25日　北京老君堂变电站值班人员误操作，造成5条110千伏输电线路停电事故，致使京津唐电网解列运行。

10月21日　北京供电局昌平供电服务站在昌平县小汤山地区进行“两火一地”会战中，发生1871部队6名战士和1名供电工人触电死亡的特大事故。

11月20日　北京电业管理局及其所属北京供电局与北京电力建设局合并，成立北京电力工业局。

12月4日　河北省150发电厂1号炉发生灭火放炮事故，炉墙被炸塌，下联箱及水冷壁变形。29日，军宣队、工宣队、贫宣队进驻该厂。7名厂领导被停职，80多名职工被勒令停工“学习”。邯郸地区公、检、法军事管制委员会以“现行反革命”罪将3名事故责任者逮捕判刑。1979年1月和1980年5月经复查，先后宣告无罪，恢复工作。

12月21日　华北地区第一台液态排渣锅炉——娘子关发电厂1号炉建成点火，容量为410吨/时。

1971年

1月　华北电力设计院下放400余人到山西省，与山西电力设计院合并成立山西省电力勘测设计院，负责全省大、中型火电厂初步设计及220千伏及以上送变电工程设计任务。

4月2日　北京地区第一条220千伏高井电站—天津白庙变电站输电线路投入运行(原为110千伏运行)。实现了京、津两地220千伏线路联网运行。天津白庙变电站也由110千伏升压为220千伏。这是华北地区第一个投入运行的220千伏输变电设施。

5月31日　唐山发电厂输煤车间卸煤班长发错火车挂车信号，造成在车内清扫车底的3名工人被卸煤机绞龙挤死的重大事故。

10月20日　山西省第一台10万千瓦发电机组在娘子关发电厂建成投产。该厂是华北地区第一座采用阶梯式布置的主厂房。工程始建于1966年5月。

1972年

12月31日　内蒙古自治区乌拉山电厂—包头铝厂变电站110千伏输电线路建成，全长136.38公里，是呼包电网主干线之一。

1973年

1月9日　天津电力建设公司焊工在杨柳青发电厂油罐区用汽焊切割回油管引起1号油罐爆炸起火。大火持续燃烧38小时，烧掉原油2696吨，1号油罐、油泵房烧毁。造成7人死亡、6人重伤、20人轻伤，直接经济损失97万余元，延期发电半年多。

2月2日　18时08分，内蒙古自治区呼和浩特发电厂2台主变压器套管积污严重，又时逢降雪，35千伏隔离开关相继污闪，造成大面积停电事故。内蒙古自治区广播电台中断春节播音15小时。

8月22日　周恩来总理在人民大会堂接见了中共北京市委、市革命委员会负责人万里、杨寿山和北京电力工业局革委会主任张桂楠等，对确实保证首都用电作了指示，要求把首都电网建设成安全稳定的电网。

11月15日　中国制造的第一台抽水蓄能机组（1.1/1.35万千瓦）在密云水力发电厂白河水电站正式投产（2号机组）。

11月26日　220千伏通州变电站和南苑—通州220千伏输电线路建成投产。这是北京地区投入运行的第一座220千伏变电站。

12月5日　山西省第一座220千伏变电站—榆次使赵变电站建成投产。山西省自行设计、施工的第一条220千伏娘子关—榆次输电线路竣工。降压110千伏运行。该线路全长117公里。1974年12月12日升压220千伏运行。

12月14日　唐山陡河电站动工兴建。第一期工程安装2台12.5万千瓦汽轮发电机组。1975年12月31日第一台机组并网发电。1974年6月17日第二期工程2台25万千瓦机组主厂房开工。在施工过程中遇到唐山地震。恢复施工后，分别于1978年1月27日和3月30日建成投产。该厂经过四期建设，到1990年共安装发电机组8台，总容量155万千瓦。

1974年

8月7日　河北省电力建设公司汽车修理厂油库因大雨进水，在用汽车做动力排水时，火星引燃水面浮油，造成火灾，造成16人死亡，17人重伤，22人轻伤的重大伤亡事故。

9月27日　石景山发电厂高井电站应用国产电子计算机对国产第一台10万千瓦机组全面闭环调节和部分自动控制试运成功。该计算机安装于1968年。

12月16日　天津大港发电厂新建工程破土动工，安装32万千瓦燃油汽轮发电机组2台（由意大利引进）。1号机组于1978年10月2日投产，11月25日移交生产；2号机组于1978年底试运行，1979年4月18日移交生产。该厂于1988年4月开始扩建，安装2台由意大利引进的32万千瓦燃煤机组。

1975年

7月5日　内蒙古自治区境内最大的火力发电厂——元宝山发电厂开工兴建。首台30

万千瓦机组于1979年2月22日建成投产；第二台60万千瓦机组于1985年12月31日并网发电。该厂隶属东北电业管理局。

7月20日　北京地区第一台国产20万千瓦中间再热机组——石景山发电厂京西电站1号机组投产。该机组始建于1970年6月。

7月29日　北京电力器材二厂研制生产的全套晶体管保护装置在石景山发电厂京西电站20万千瓦汽轮发电机组的厂用电系统投入使用。这是国内大型发电机组厂用电系统全套采用晶体管保护的第一家。

9月1日　天津军粮城发电厂3号机油系统漏油着火，波及到4号机，造成全厂4台5万千瓦机组停机，地区大面积停电。汽机司机马先银在处理事故中殉职，1980年12月23日，经天津市政府批准，追认为烈士。

11月26日　北京电力工业局改称北京电业管理局。

1976年

1月19日　河北省石家庄地区电网与邯郸、邢台地区电网通过110千伏输电线路联网成功，石邯电网建成。

6月　呼和浩特—武川110千伏输电线路建成，全长38.8公里。

7月28日　河北省唐山、丰南地区发生7.8级强烈地震，并波及天津、北京地区。京津唐电网解列为三片，负荷由震前的225万千瓦降到94万千瓦。唐山发电厂、陡河电站遭到严重破坏。震毁发电设备110万千瓦、输配电线路128条，1724公里，生活区变为一片废墟，2133名电业职工、家属震亡（含陕西省电力建设公司、北京电力建设公司等参加陡河电站施工的职工和家属），日本日立公司3名指导陡河电站施工的技术人员震亡。天津市电力局8台发电机组停机，220千伏汉沽变电站4台主变压器脱轨倾斜，2台主变压器烧毁，调相机房山墙倒塌，24座变电站受到不同程度破坏，4条110千伏、12条35千伏输电线路跳闸，4座110千伏变电站、8座35千伏变电站全停，124条配电线路跳闸，88条受到破坏，近500处配电站停电。受损房屋约4万平方米，15名职工、家属死亡。全市供电负荷下降90%。地震发生当天，北京电业管理局组成以张桂楠为总指挥的电力抗震抢修指挥部，到现场指挥抢修。7月29日，首批抗震救灾人员奔赴唐山。30日晚8时，唐山市区主要街道恢复照明。8月11日，唐山发电厂2号机经抢修恢复发电。

10月18日　5时43分，包头第二热电厂3号炉自动给水失灵，司炉操作错误，使锅炉满水，4台机被迫相继打闸。加之处置不当，造成全厂停电，导致电网瓦解，少送电量71万千瓦时，少供热量2336百万千焦。

11月19日　110千伏老君堂变电站工地的临时低压线在风中对110千伏断路器放电，同时继电保护误动，造成北京热电厂与系统解列，东郊地区大面积停电。由于电压波动，影响到5个电台停播。

1977年

2月13日　天桥水电站第一台2.8万千瓦机组投产。这是黄河中游流经华北地区的第一座水电站，也是第一座低水头、大流量的河床径流电站。该电站建设始于 1970 年 4 月 29 日，1978 年 8 月全部建成投产，装机 4 台，总容量 12.8 万千瓦。

4 月 22 日　呼和浩特地区出现大风天气，呼包 110 千伏输电线 322 号杆因拉线腐蚀断裂，造成倒杆事故，导致呼包电网解列，呼和浩特地区大面积停电。

4 月 26 日　35 千伏前门变电站在处理电缆故障时，因误操作造成全站停电，影响中南海、人民大会堂、毛主席纪念堂工地等处部分供电。

8 月　中共北京电业管理局党委书记、革命委员会主任李鹏当选为中国共产党第十一次全国代表大会代表；天津军粮城发电厂马继明也被选为此次代表大会代表。

11 月 18 日　北京至唐山的 220 千伏陡河—蓟县—通州双回输电线路二线正式送电，全长 146.3 公里。北京与唐山 220 千伏联通。一线于翌年 1 月 17 日投入运行。

12 月 5 日　京西电站—张家口地区侯家庙变电站 220 千伏输电线路投入运行，北京与张家口地区联网。同日，宣化—北京 220 千伏输电线路送电。

1978 年

3 月 18 日　全国科技大会在北京召开。华北电力系统获全国科技成果奖 117 项次。

3 月 25 日　北京供电局长阳变电站值班工胡金升破坏变电站运行，于当日 20 时许放掉变压器油，拉掉为广播电台发射台供电的 4 路 6 千伏断路器，造成长阳变电站停电 7 小时，影响了中央人民广播电台的对内、对外广播。胡金升被北京市人民法院判处有期徒刑 15 年。

10 月 5 日　石家庄许营 220 千伏变电站投产；邢台王段 220 千伏变电站投产。马头—邢台—石家庄 110 千伏输电线路升压为 220 千伏联网运行。

10 月　中共北京电业管理局委员会改称党组，书记李鹏（兼局长），副书记杜书润、李寿祺、吴文华、韩峻峰。

12 月 31 日　乌拉山发电厂至包头麻池变电站送变电工程竣工。线路全长 99.83 公里，主变压器容量 9 万千伏安，是内蒙古自治区第一个 220 千伏送变电工程。同时完成麻池变电站至包钢总降压站的输电线路改造。至此，包头地区 110 千伏系统形成环网。

1979 年

6 月　山西神头第一发电厂—原平 220 千伏输电线路和原平 220 千伏变电站建成投产，将霍县、娘子关、太原、神头等电厂联为一体，沟通了晋北、晋中、晋南电网。

7 月 23 日　电力工业部下发《关于内蒙古自治区东三盟电力工业管理体制问题的通知》，决定从 1979 年 7 月 1 日起，昭乌达盟、哲里木盟电业局及其所属的赤峰电厂（2.4 万千瓦）、通辽电厂（1.95 万千瓦）为电力工业部所属企业，由东北电业管理局管理，呼伦贝尔盟电业局及其所属的电厂以及昭乌达盟、哲里木盟境内的农电和未与电网连接的水、火电厂等，划归内蒙古自治区管理。在昭乌达盟、哲里木盟境内的小火电厂、小水电厂、农业用电等业务管理仍由昭乌达盟、哲里木盟电业局负责管理。

12 月 11 日　山西省第一台 20 万千瓦发电机组在神头电厂建成投产。该厂至 1987 年

12月24日8号机组（20万千瓦）投产发电，全厂装机总容量为130万千瓦。

12月21日　220千伏上古林—大港发电厂一线建成投入运行，天津220千伏形成环网。环网为杨柳青发电厂—汉沽变电站—上古林变电站—杨柳青发电厂。

1980年

1月10日　根据国务院（79）184号文件及国发（79）303号文件通知精神，华北电业管理局正式成立。作为电力工业部的派出机构，负责对北京、天津、河北省、山西省、内蒙古自治区的电力生产、基建实施集中管理。华北电业管理局党组书记李鹏，党组副书记杜书润、李寿祺、韩峻峰。局长杜书润，副局长李寿祺、韩峻峰、吴祖光、赵景辰、傅少云、乔明礼、张克森、王其渊、史一、郭维新、潘燕生。

2月23日　晋中地区电业局在介休—大张110千伏输电线路上更换锥型耐张拉线塔时，发生3人死亡的严重事故。

2月24日　陡河电站由于运行人员操作过失，循环水泵房大量进水，因处理迟缓，排水设施失灵等造成泵房设备全部淹没，全站被迫停电。

5月17日　15时15分，山西恒山电厂的大轿车在电厂至唐庄水库之间翻车，造成7人死亡、15人受伤的严重事故。

6月13日　1时19分，京津唐地区大风，陡河—蓟县—通州220千伏双回输电线路64~168号段，发生顺线路倒杆、倒塔84基（长28公里）的重大事故，直接经济损失500多万元。8月14日恢复送电。

6月17日　220千伏清河—电科院输电线路、220千伏电科院变电站投入运行，这是北京地区第一个220千伏用户自备变电站。

8月24日　华北第一座高210米的锅炉烟囱在大同第二发电厂建成。

9月16日　北京至河北省新城县高碑店的220千伏输电线路正式送电，全长84.5公里。北京与保定地区联网。

10月13日　河北省送变电工程处在羊范—铜冶220千伏输电线路施工中，展放89~103号导线时，碰到10千伏输电线上，造成90人触电的群伤事故。其中2名民工抢救无效死亡。

是年　北京城区主要街道的路灯实现钠灯化（东西长安街除外），其他街道汞灯化，路灯照明度提高3~7倍。

1981年

2月16日　国家经济委员会、财政部、电力工业部联合下文，从1981年1月1日起，山西、河北两省电力工业局财政体制上划电力工业部。

6月10日　12时53分，石邯电网与京津唐电网经许营—高碑店220千伏输电线路实现联网。

9月28日　12时07分，山西电网与石邯电网实现联网运行。至此，京津唐电网、石邯电网、山西电网联成一个跨省、市的大电网。电网发电装机总容量为882.2万千瓦。

11月23日　110千伏前门变电站和110千伏北京第二热电厂—前门双回电缆线路投入运行。这是110千伏输电线路第一次进入北京市中心。

是年　由北京电力设计院设计、北京电力建设公司和西北电力建设一公司等单位施工的唐山陡河电站一、二期工程，被国家质量评定委员会授予银质奖章。陡河电站一、二期工程和天津上古林变电站，被国家建设委员会授予优秀设计奖。

是年　内蒙古电业管理局建成第一个牧区110千伏输变电工程——伊克昭盟鄂托克旗巴音陶亥工程。线路长15.6公里，主变压器容量1万千伏安。电源接自宁夏石咀山市，主要是为移民区电灌供电。

1982年

6月8日　水利电力部、财政部、河北省人民政府联合发文，河北省电力工业局划归水利电力部，实行水利电力部和省政府双重领导，以水利电力部领导为主的体制，隶属华北电业管理局。原华北电业管理局直属的保定热电厂、滦河发电厂和保定供电局、承德供电局、张家口供电局5个单位及天津市电力工业局管理的沧州地区内的输变电设施，北京供电局、天津市电力工业局在廊坊地区的供电系统，均隶属河北省电力工业局管理。

9月13日　山西娘子关发电厂4号机组正式投产发电。至此，该厂装机总容量达40万千瓦。

9月25日　连接大同—丰镇—呼和浩特的220千伏输电线路工程正式开工。线路全长203公里。1985年4月20日竣工，1987年7月13日并网试运行，19日移交生产。

11月12日　华北电力系统第一个光导纤维通讯工程——太原供电局调度所至亲贤变电站通讯工程投入运行。

11月　北京地区开始应用MC-68000微型电子计算机进行用电数据和大工业电力用户电费的管理工作。其电子计算机的软件程序于1985年11月经技术专家鉴定通过。

12月22日　北京电力医院筹建处和北京电力医院工程指挥部成立。1985年6月17日合并成立北京电力医院。医院建筑面积4.136万平方米，床位517张，日门诊量1500～1600人，为市级综合性职工医院。该院于1987年12月试开诊，1989年5月正式开诊。

1983年

1月8日　华北电业管理局领导变动。局长、党组书记李寿祺，副局长、党组副书记史一；副局长、党组成员郭维新、王宏超、张绍贤、刘学忠；顾问、党组成员杜书润；顾问韩峻峰。

4月9日　水利电力部第一副部长李鹏到内蒙古自治区视察工作，与自治区党委第一书记周惠、政府主席布赫等领导就准格尔电力基地规划的有关问题进行了会商。

4月28日　河北省马头发电厂四期工程20万千瓦7号机组投产。该厂自1966年10月22日复工建设。继1968年12月31日第一台2.5万千瓦机组投产，经四期扩建，全厂装机总容量达85万千瓦。

8月19日　石家庄—太原220千伏输电线路第二回线建成。山西电网向京津唐电网的送电能力增加1倍以上。

8月31日　国务院副总理李鹏同中央有关部委领导，针对能源交通情况到东北三省和内蒙古东四盟进行考察。李鹏指出：海拉尔、伊敏河、扎赉诺尔、霍林河等煤田储量大、煤层厚，埋藏浅，利于露天开采。开采规模要根据电站建设的需要来确定，以电定煤。

1984年

5月29日　山西大同—北京房山500千伏超高压输电线路第一回路工程竣工，全长285.72公里。6月30日完成系统调试后，暂以220千伏降压运行。1986年6月30日升压500千伏运行。该工程始建于1981年7月。

7月1日　大同发电总厂第二发电厂第一台20万千瓦发电机组建成投产，并向北京试送电成功。该厂始建于1978年10月14日。到1988年11月23日6号20万千瓦机组投产发电，全厂装机总容量为120万千瓦。7月21日，1号机组向首都送电剪彩仪式在厂区隆重举行。

9月29日　中国最长的一条复线电气化铁路——北京丰台经河北省沙城到山西省大同的110千伏供电工程全部完工送电。该线全长376公里，是晋煤外运的主要通道。

12月27日　石家庄兆通变电站—铜冶变电站220千伏二回线建成投产。至此，石家庄市区220千伏环网投入运行。

1985年

6月4日　当日7时，北京通州220千伏变电站2213线路断路器发生爆炸，除本站全部停电外，使华北电网瓦解成3片，停电23.1万千瓦，损失电量24.33万千瓦时，部分重要用户的生产用电受到影响。

6月15日　华北电业管理局领导变动。局长、党组书记（兼中共北京市电力工业局党组书记）张绍贤，副局长、党组副书记刘学忠，副局长、党组成员焦忆安、郭维新、王宏超、李成义、叶万仁。

6月20日　山西省电力工业局党组作出“关于开展向张务祺学习活动”的决定。张务祺是山西省电建二公司副经理、副总工程师，他一生兢兢业业、鞠躬尽瘁。1985年3月3日因积劳成疾，不幸去世。7月9日，《光明日报》和中央人民广播电台同时报道和播发了张务祺生前的光辉事迹。国务院副总理李鹏等领导为他题词。9月11日，水利电力部授予他特等劳动模范光荣称号，并作出向张务祺同志学习的决定。中共山西省委追授他为优秀共产党员，并号召全省共产党员向张务祺同志学习。

8月13日　通辽发电厂第一台20万千瓦汽轮发电机组正式投产。全厂装机总容量80万千瓦，1990年12月建成。

8月21日　石景山发电总厂实现了安全无事故两周年。到1985年末，安全运行863天，创全国同类型电厂最高记录。9月4日，高井电厂实现安全无事故1000天。

9月25日　山西大同—北京房山500千伏超高压输电线路第二回路竣工，全长285.4

公里，始建于1984年4月20日。10月，500千伏房山变电站竣工，该站始建于1981年，装有25万千伏安国产主变压器4台；26.7万千伏安前苏联生产的主变压器4台。

9月28日　神头—大同500千伏超高压输电线路竣工，全长115公里。12月16日，该工程输变电系统与大同—房山二回线合环，向北京送电。

11月27日　零时，山西省漳泽发电厂1号10万千瓦机组完成72小时试运行，比计划提前6个月投产。该厂始建于1984年3月15日，设计规模104万千瓦。

12月6日　大同—房山500千伏超高压输电线路第二回路和500千伏房山变电站投入运行。这是北京地区第一座500千伏变电站和第一条500千伏超高压输电线路。同月，房山—天津的500千伏超高压输电线路天津段（60.65公里）和500千伏天津北郊变电站竣工。

1986年

1月21日　房山—吕村—聂各庄的220千伏双回输电线路投入运行。至此，北京地区220千伏双回闭式环形电网建成，为北京地区主网架。

2月20日　邢台发电厂四期工程2台20万千瓦机组开工建设。分别于1988年2月10日和1989年3月4日建成投产。该厂第一期工程始建于1970年4月13日。1972年12月26日第一台2.5万千瓦机组投产。后经三期扩建，到1990年末，全厂共安装发电机组7台，总容量89万千瓦（其中三期工程2×20万千瓦机组为中央与地方合资兴建）。该厂五期扩建工程于1989年12月25日开工，安装2台国产20万千瓦机组。

6月22日　高井发电厂3号机因运行人员带电误合接地刀闸，造成110千伏双母线全停，1、2号机停机，影响首都钢铁公司电厂与主系统解列，城子煤矿、大红门水泥制品厂、北京钢厂、东方红炼油厂等厂矿甩负荷。

7月1日　国家“七五”计划期间的重点工程项目——内蒙古自治区丰镇发电厂工程破土动工，建设规模为80万千瓦（4×20万千瓦）。1、2号机组分别于1989年11月21日和1990年12月19日建成投产。

7月26日　唐山陡河发电厂至吕家坨变电站的220千伏输电线路田线隔离开关故障，使陡河发电厂4台（共75万千瓦）发电机组停机。在故障过程中，两台20万千瓦机组与系统振荡跳闸，陡河发电厂6台共115万千瓦发电机组全停，7条220千伏出线全部停电。

10月4日　华能上安电厂一期工程2台35万千瓦机组正式动工兴建，规划总容量240万千瓦。该电厂是华能国际电力开发公司与河北省合资兴建的。两台机组分别于1990年8月12日和12月5日移交生产。

10月15日　天津北郊500千伏变电站3台主变压器一次试运成功，比计划工期提前7个月，总容量80.1万千伏安（3×26.7万千伏安）。同日，北京房山—天津东北郊的500千伏超高压输电线路从220千伏升压为500千伏投入运行。该线路始建于1985年3月，全长126.3公里。

11月23日　一场罕见的暴风雪袭击了晋北高原，致使神头—原平、神头—新店两条220千伏输电线路严重覆冰，中断山西电网北电南送4.5万千瓦，并造成忻州地区及以南的太原市等6个地区、4个市大量限电。

1987年

1月10日　遵照李鹏副总理指示，为缓解首都用电紧张局面，保证首都政治、经济、文化活动用电，从即日起将山西高峰负荷时间的东送电力，在原定50万千瓦的基础上增送13.5万千瓦。

4月24日　北京供电局的地区调度，实现了安全调度10周年无责任事故。

5月11日　呼包电网改称“内蒙古自治区西部电网”（简称蒙西电网），呼盟岭北电网改称“呼盟岭西电网”（简称岭西电网）。

7月18日　16时02分，山西省与内蒙古自治区联网。通过大同—丰镇—呼和浩特220千伏联络线向内蒙古自治区送电。至此，华北两省、两市、一区联成统一电网。

10月4日　由华能发电公司和天津市计划委员会、天津市电力工业局开发公司合资进行的杨柳青发电厂改造、扩建工程协议书，在天津举行签字仪式。协议规定，1992年前完成该厂现有37.5万千瓦燃油发电机组改为燃煤供热机组任务，扩建2台单机容量30万千瓦发电机组，并分别于工程开工后的24个月和33个月交付生产运行。

11月26日　由河北省电力勘测设计院设计，河北省送变电工程公司施工的邯郸—南宫—衡水220千伏输变电工程获国家优质工程银质奖。

12月1日　下花园发电厂至上花园变电站220千伏3公里输电线路采用光纤保护作为主保护投入运行，为国内首创。

12月5日　京西电厂发生220千伏隔离开关瓷瓶断裂、母线短路事故。因事故扩大，造成下花园发电厂1、2号机掉闸，张家口地区220千伏系统全停，影响了电气化铁路、宣化钢铁厂等重要用户用电。

12月7日　由山西省送变电工程公司施工的神头—大同500千伏超高压输电线路工程，被评为1987年度国家优质工程银质奖。

12月19日　北京电力专科学校从美国引进的30万千瓦发电机组仿真机200小时考核性试验通过验收，并于1988年1月27日正式成立大型火力发电机组模拟培训中心。

12月31日　山西省年发电量跃居全国第六位，达到262.67亿千瓦时。超发电量42.9亿千瓦时，全年东送电量突破50亿，达到52亿千瓦时，比上年增长50.3%。

1988年

2月26日　国家计划委员会批准北京十三陵抽水蓄能电站项目建议书。该电站建设规模为80万千瓦，安装4台20万千瓦单级混流可逆式水泵水轮发电机组。由水利电力部和北京市合资建设，工程总投资为8.9亿元。投产后所发电量全部由北京市包销。

5月16日　首都电网首次实现了输电系统安全生产1000天。

6月2日　乌海市人民政府、内蒙古电业管理局和长江动力公司、东方重型机械集团公司合资建设海渤湾电厂和硅铁厂联合企业举行协议签字仪式。协议规定，采取合资建设，合作经营，搞股份制的方式，在乌海市建设4台5万千瓦机组的火力发电厂和年产6

万吨硅铁的联合企业。1989年7月1日工程正式开工。要求开工后24个月内投产2台5万千瓦机组。后2台5万千瓦机组在前2台投产后8个月建成投产。海渤湾电厂建设总规模为140万千瓦，一期工程在总体布置时，要考虑以后扩建要求。

6月4日　由河北省电力建设公司承建的邢台发电厂三期扩建工程，被能源部评为1988年度部级优质工程。同年12月14日该工程又荣获国家优质工程银质奖。

6月10日　华北电业管理局新建微波通信塔工程进行鉴定验收。这是亚洲第一座预应力悬索式通信塔。

6月30日　神头—太原500千伏超高压输电线路一次试运成功。7月1日降压220千伏正式并网投入运行。

7月　石景山发电总厂经能源部、北京市经济委员会考核、评审后，8月，经国家有关部门批准，成为全国电力系统首批国家二级企业，也是华北电网第一个国家二级企业。

9月3日　下午4时30分，河北省沧州市遭受暴雨、冰雹袭击，造成35千伏北郊变电站557断路器爆炸；代庄110千伏变电站10千伏547线路电流互感器爆炸，母线隔离开关烧毁；市区10条10千伏配电线路停电。晚8时，石家庄市遭暴风雨袭击，6条10千伏配电线路被大树砸断，市区大面积停电，4名行人触电死亡。

10月4日　根据能源部能源电字［1988］第11号文，决定将原由山西省电力工业局管理的大同第二发电厂和雁同电力公司高压工区划归华北电业管理局直接管理（实际划归时间为10月27日）。神头电厂二站由山西省电力工业局建设和管理。其中，中央投资部分的电力、电量，扣除厂用电和按国家政策留成部分后，山西省分配60%、东送40%。

11月7日　唐山发电厂灰场大坝突然坍塌，灰水泄出，冲淹了唐山建筑陶瓷厂、纸制品厂、玻璃纤维厂、保温材料厂等9个企业的部分设备和宿舍，造成13人死亡，附近居民财产遭受严重损失。

11月29日　500千伏房山变电站安全运行1000天。

12月1日　国家质量审定委员会通告，北京电力设备总厂生产的全连式离相封闭母线获国家银奖。

12月30日　中国华北电力联合公司正式成立。总经理张绍贤，副总经理刘学忠、焦忆安、王宏超、李成义、叶万仁。

1989年

1月1日　原河北省电力工业局管理的滦河发电厂、承德供电局、张家口供电局划归华北电业管理局管理。

1月10日　内蒙古电业管理局同美国风能公司就引进美国单机容量100千瓦风力发电机5台签订合同。这些风力发电机安装在朱日和并网风力发电试验站，是内蒙古电业管理局引进的第一批风力发电成套设备。同年12月30日，5台风力发电机并网运行。

4月12日　沙岭子—昌平500千伏超高压输电线路奠基开工，线路总长168.73公里。同年9月工程竣工。1990年9月投入使用。

4月28日　由石家庄热电厂隰伯林等人与河北省电力工业局科技处共同完成的

AMTS－5型微电脑无线电话自动拨号系统，经国家科学技术委员会审定，被列为1988年国家级重大科技成果。

7月　在北京国际博览会上，北京电力自动化设备厂研制生产的WGXL－1型微型高压线路成套继电保护装置获金奖。

8月22日　由能源部电研所设计、常州电力机械厂制造、山西省电力建设二公司现场组装的GYT－200型钢索式液压提升装置，在神头二电厂一期工程锅炉吊装中一次试滑成功。该装置是引进国外先进技术研制的，为全国吨位最大的起吊设备，在国内电站施工中首次使用。

12月8日　经能源部、中国电力企业联合会、北京市经济委员会、华东电业管理局、东北电业管理局、华北电业管理局组成的国家一级企业考评工作组考评，石景山发电总厂达到国家一级企业标准。

12月15日　由能源部电力规划设计总院主持，在达拉特旗审查通过了达拉特发电厂工程可行性研究报告。达拉特发电厂是内蒙古自治区“八五”计划期间的大型建设项目，规划装机总容量为500万千瓦的特大型电厂。一期工程规模为120万千瓦，安装4台单机容量30万千瓦机组。在“八五”计划期间，建成2台30万千瓦机组。

1990年

1月1日　天津市电力工业局高压供电公司吴庄变电站220千伏母线接地刀闸绝缘瓷瓶闪络，母差保护动作，3条220千伏线路开关掉闸，造成市重点用户轧钢五厂、冶金实验厂、棉纺四厂等单位短时停电。大港发电厂2号机被迫与电网解列，任丘油田停电20分钟。

2月10～19日　天津地区连续15天出现雨雪和重雾天气，造成220千伏蓟县—通县、老君堂—天津北郊等9条输电线路跳闸30余路次，多次强合闸不成功，北京、天津、唐山电网解列；石家庄电网与系统解列，分成4小块孤立运行。石家庄地区大面积停电，负荷下降50%，北京地区被迫压负荷限电。

5月17日　国家计划委员会以计工［1990］565号文批复，同意建设黄壁庄电厂（即西柏坡电厂），规模为120万千瓦，并留有扩建余地。一期工程安装30万千瓦燃煤发电机组2台，工程总投资10.5亿元。

7月15日　20～24时，沧州地区发生特大风暴，瞬时风速39米/秒，风力12级。造成该地区电力设施大面积破坏。经抢修，到8月3日全地区恢复正常供电。

7月19日　全国最高的270米双筒壁烟囱在神头第二发电厂建成。

8月25日　全国最高的（120米），淋水面积最大的（5554平方米）冷却水塔在神头第二发电厂建成。

8月25日　能源部正式批准呼和浩特供电局为1989年度电力工业国家二级企业。

9月2日　内蒙古电业管理局至华北电业管理局480路微波电力通讯工程开工兴建。工程投资1200万元，由内蒙古电业管理局、华北电业管理局、能源部三方共同集资，预计1991年2季度竣工。

9月17日　河北省元氏县电力局工程师李树贤研制的反窃电数盘通过国家专利鉴定，并获发明专利。

9月21日　山西省太原冶峪变电站建成，为国内第一座220千伏室内变电站。该站是太原第一热电厂五期扩建项目的配套工程。

附　　录

一、电力工业部转发“国务院批转电力工业部关于成立华北电业管理局的报告”的通知

电力工业部文件

〔急件〕　　(79) 电劳字第 102 号

转发“国务院批转电力工业部关于成立华北电业管理局的报告”的通知

北京电管局、天津市电力局、河北省电力局、山西省电力局、内蒙古自治区电管局：

我部《关于成立华北电业管理局的报告》，国务院已以国发〔1979〕303 号文批准。现将这个报告和国务院的批文转发给你们，望遵照执行。印章由部颁发。

附件：如文

一九七九年十二月三十日

抄送：部直属各单位，各省、市、区电力（电管、电业、水电）局。

国务院文件

国发〔1979〕 303 号

国务院批转电力工业部关于成立华北电业管理局的报告

北京市、天津市、河北省、山西省、内蒙古自治区革命委员会（人民政府），国家经委、电力工业部：

国务院同意电力工业部《关于成立华北电业管理局的报告》，现转发给你们，望贯彻执行。

成立华北电业管理局，建设华北电网，对于促进华北地区国民经济的发展，具有重要意义。电力工业部要在有关省、市、自治区和有关部门的协助与支持下，搞好调查研究，制订全面改革华北电力工业管理体制条例，把电网体制改革工作搞好，加快华北地区电力建设，更好地为四化建设服务。

一九七九年十二月二十六日

关于成立华北电业管理局的报告

国务院：

为了贯彻执行国务院〔1979〕132 号和 184 号文件精神，加强电力工业的集中统一管理，今年五月以来，在国家经委主持下，我们对改革华北电力工业管理体制问题进行了调查研究。八月，国家经委在成都全国增产节约工作会议期间，召集华北各省、市、自治区有关负责同志进行了座谈，一致赞成建设华北统一电网，认为成立华北电业管理局，有助于推动华北联网工作，有助于加速华北电力工业的建设。会上并决定成立华北电网领导小组，筹备成立华北电管局。十月中旬召开了华北电网领导小组第一次会议，研究了建立华北电业管理局及其职责范围和改革步骤等问题，现报告如下：

（一）华北电业管理局是一个电力联合企业，同时又是电力工业部的派出机构，代部行使职权，对华北地区的电力工业实行统一领导，分级管理。

（二）要按照经济区域、电网结构和生产特点，因地制宜地设置管理机构。华北各省、市、自治区电力（电管）局，既是网局的直属企业，又是省、市、自治区政府管电的职能部门。京津唐电网结构紧密，由华北电管局继续实行集中统一管理的体制。华北电管局设在北京，北京市不另设电力局，由华北电管局代行北京市政府管电的职能。在联网以前，河北省电力局直接管理冀南电网，实行内部经济核算。对京津唐电网冀北地区的电力企业，河北省电力局在电力规划、用电指标的分配和调整、综合统计、农电工作方面起到政府的职能作用。山西、内蒙电管局也实行内部经济核算。

（三）华北地区的电力工业计划由电力部下达华北电管局，由华北电管局下达到省局。物资、劳动计划等，由华北电管局向部申请，统一分配，并可跨省、市、自治区调配。财政体制，1980 年暂维持现状，待与财政部商定改革办法后再行改革。长远规划和年度计划，由华北电管局统一编制，综合平衡，归口上报，统一下达。

（四）各地电力部门党的关系在地方，党的工作和群众团体工作由地方党委领导。华北电管局和省、市、自治区局以及重点企业的领导干部，按照干部管理权限，在与地方党委协商一致的基础上，分别由电力工业部和华北电管局呈报和任免。专业干部，可以根据需要，在全局统一调配。

（五）计划用电是社会主义计划经济的重要组成部分。各供电局要在地方政府统一安排下，按照择优供电的原则，进行统一分配，严格执行计划用电制度。

（六）根据电力工业需要集中统一管理的要求，一个地区一般只设一个供电机构，统一管理供用电事业。鉴于农电管理体制多样，问题复杂，暂不宜强求一致，各供电局内可设精干的农电机构，根据各地的要求，直接管理或代地方管理农电和小水、火电。以后再通过进一步调查研究，逐步进行改革。

（七）为了鼓励地方建设电厂和向外送电，需要改革目前的电力分配办法和电价政策，如采用分电留成，改变纳税环节，给送电地区以补贴；鼓励低谷用电、计划用电、节约用电和安装无功补偿设备等等。这些，拟由我部提出具体改革办法，在华北电网试点。

改革华北电力工业管理体制，要兼顾中央和地方的利益。决心要大，步子要稳，拟采取以下步骤：(一）今年内成立华北电业管理局。筹备小组已经组成，领导班子由我部与五省、市、自治区党委协商后，由中央和我部分别任命。(二）从明年起，河北、山西、内蒙古电力（电管）局划归华北电管局统一管理，同时省局仍然是所在省、市、自治区的管电职能部门。在未制订具体改革办法以前，各项工作照常进行；财政体制、燃料供应渠道不变；省局内部的生产、基建、设计、修造企业的管理体制，暂不变更，业务上归华北电管局领导。(三）由华北电管局继续进行体制改革调查，经过充分协商，提出全面改革华北电力工业管理体制条例，提请华北电网领导小组审议，报我部和国家经委审批后实施。

以上报告，如无不妥，请批转有关省、市、自治区执行。

电力工业部

一九七九年十一月十三日

二、经验和教训①

30多年来，华北电力工业，在发展中取得了可喜的成就，积累了宝贵的经验和有益的教训。

一、电力要先行必须加速基本建设

（一）电是国民经济的基础设施，必须先行一步。国民经济中各行各业的发展和城乡事业的建设以及人民生活电气化水平的提高，都需要以电做为能源和动力。因此，电力发展要走在工农业生产和人民物质文化生活增长的前面，是国民经济发展的客观要求；发展电力主要靠扩大再生产，是电力工业本身特点决定的。对此有个认识和实践的过程，是付出了代价的。必须认真地总结和吸取几十年来的经验和教训，进一步加深理解和全面贯彻执行国家关于电力工业发展的方针和政策，促进电力工业的迅速发展。

（二）30多年来，华北地区的电力工业有了相当的发展，为全区的经济建设和社会发展以及人民生活的改善作出了很大的贡献。但是，在经济建设中，电力工业的发展一直不能超前，严重地制约着国民经济的发展和城乡人民生活水平的提高。据不完全统计，华北地区从1949年到1965年，发电量与工农业总产值的发展速度之比为1.07,1966年到1978年为1.01,1980年到1985年为0.95,呈逐渐下降的趋势。电力发展的超前系数,在经济发达国家一般为1.3,我国从1970年至1980年为1.22,美国为1.26,前联邦德国、法国分别为1.51和1.59,而华北地区,从1979年至1985年仅为0.56。其中,京津唐电网,从1949年到1978年装机容量平均每年递增13.8%，按照实际需要每年应递增15%以上，29年中有14年处于缺电状态。由于电力发展弹性系数低，建设速度上不去，造成华北地区长期严重缺电。为了解决电力不足，曾一度靠提高原有设备出力，不仅不能解决根本矛盾，反而损坏了许多设备。所以，要扭转缺电的局面，首先必须确定适当的电力发展超前系数即弹性系数，加大电力建设的投资比重。以适应国民经济发展的需要。

二、做好规划和前期工作是加快电力建设的基础

自60年代以来，电力建设规模逐渐增大，对规划和前期工作提出了更高的要求。“十年动乱”时期，把担负规划、前期工作和设计工作的机构拆散，人员下放，使正常的规划工作基本停顿，对电源布局缺乏长远打算。在相当长的时间里，由于机构不健全，人力和经费不落实，也影响了前期工作的正常进行，致使从1966年至1978年的13年间，电源点的储备量甚少，近年来虽然狠抓了规划和前期工作，但仍然不能适应电力建设的需要。同时，由于大电厂、大机组越来越多，自动化水平越来越高，对燃料、水源、铁路运输、排灰除尘的要求，愈加严格。实践使我们进一步认识到，规划和前期工作，对电力发展的总体布局，工程项目的确定，设计施工工作的顺利进行，工程质量的好坏、造价的高低，以

① 本文引自华北电业管理局1986年编辑出版的《华北电力工业三十五年》。

及投产后的安全经济运行，都具有重要的意义。要加快电力建设，必须把规划和前期工作放在首位。搞好规划和前期工作需要注意的三个主要问题。

（一）从实际出发，确定合理的电源建设方针，搞好电源点的布局。建设大电网的实践证明，电源建设的方针，应该是能源基地、海岸港口和负荷中心相结合，特别是在严重缺电的情况下，应加速负荷中心的电源开发。在执行这一方针的时候，应以大容量机组为主，以骨干电厂为主，在大电网的边远和有煤炭运不出的地区以及利用大企业的余热，可以搞小火电；应实行新建与扩建相结合。发展超高压远距离送电是个方向，可以发挥能源基地的优势，但是在近期，由于受输变电设备制造条件所限，远距离送电设施的建设要根据设备水平来安排。

（二）电网的发展，要着重解决节水、调峰和网络建设三大关键。华北地区缺水较为突出，发电所需冷却水源不足的矛盾日益尖锐，因此，在选厂、机组选型上，要充分考虑节水，并要注意利用海水。大港电厂利用海水作为冷却水发电已有经验，应在东部沿海地区大力推广。华北电网，现在峰谷差30%左右，将来可能达到35%左右，主要矛盾是缺少调峰能力。水电少，油机不是发展方向，更缺少煤电调峰机组，常规煤电调峰能力有限，必须大力发展抽水蓄能和煤电调峰机组，还要创造条件与西北联网。多少年来，在电网网络建设上投资比例较小，造成输变电卡脖子，发、送、变、配不配套。另外，二次系统的建设本应与电源建设同时安排或超前安排，而实际却远远落后，这一问题若不能迅速解决，即使电源点上去了，电力也送不出去。

（三）前期工作的深度必须加强。水文地质、工程地质资料要齐全，初步设计要细致。大型电站建设周期长、资金密集，必须确保前期工作的广度和深度。

为了把电力建设搞上去，在规划选厂上，一定要结合华北的实际，电源点的布局要选择优化方案；建厂规模要一次规划，分期建设；扩大单机容量，做到机组划一；设计选优，方案定型，实行标准化设计。

三、基本建设管理体制要适应电力建设的发展，队伍建设必须加强

建国以来，电力基本建设管理体制几经变化，基建与生产几分几合，基建单位下放上收，专业队伍分散集中，加之在思想上重工程轻管理，重机组投产轻队伍建设等，致使基本建设的管理体制不能适应建设任务的要求，也影响了队伍建设和素质的提高。造成设计队伍专业比例失调，施工队伍人员老化，后继乏人，技术进步缓慢，装备不配套，调试力量严重不足，建设单位机构不健全，人员不固定，力量相当薄弱。所有这些都不适应电力建设的需要。

在基本建设管理上，长期不按基建程序办事，采取边设计、边准备、边施工，拖长了建设周期，影响工程的投产经济效益。如京西电厂不具备施工条件就盲目开工，施工队伍三进三出，一台20万千瓦机组，从开工到投产用了72个月的时间。施工管理、土建、安装缺乏统一指挥，互相干扰，施工技术与管理落后，设计水平不高，有些工程不是靠先进技术与管理，而是靠“人海战术”。有的建设项目，缺乏统筹安排，工程分期建设不能连续进行，施工队伍几进几出，不讲求经济效益。如高井电厂6台10万千瓦机组，分5期建设，每期间隔2～3年，从1959年底第一台机组破土开工，到最后一台机组于1974年投产，先后共用了15年的时间。在经营管理方面，不重视经济效益，建设单位和设计单位按事业单位管理，实行报帐制，施工企业按自营单位管理，投资失控敞口花钱，管理水平低，经济效益差。

1980年华北电管局成立后，华北地区的电力生产、基建实行统一领导和管理，为生产支援基建，基建为生产服务创造了条件，加强了对基本建设的领导，分级成立了由第一把手为首的基建领导小组和前期工作领导小组，1983年制定、颁发了基本建设管理体制改革提纲，并进行了试点，推动了整个基本建设工作的发展，为提前超额完成“六五”投产任务，提高投资和企业效益，起了积极作用。

实践证明，要加快电力建设速度，提高投资和企业效益，必须进行基本建设管理体制的改革。电网基建系统体制改革正在着重解决以下几个方面的问题：进一步加强对基本建设的领导；建设项目逐级实行承包制；设计、施工推行招标投标承包；结合基本建设的特点，按系统工程实行综合管理；建设单位逐步实行专业化、企业化，对建设项目承包；设计单位企业化，实行设计承包，设计标准化；施工企业保持三大骨干（干部、技术工人、大型机械）减少管理层次，改革用工制度，精干队伍，以定额为依据，企业内部逐级承包，改进分配制度，加快技术进步，提高装备水平。

总之，要使电力建设高速发展，一靠改革，二靠技术进步，三靠管理，既要有长远安排，又须落到实处，加强管理。

四、加快电力建设，必须实行多渠道办电

30多年来，华北电网电力建设有较大的发展，但同国民经济和人民生活日益增长的用电需要相比，电力供需矛盾突出，缺电十分严重。造成缺电的原因是多方面的，然而，千家万户要电，电力部门一家办电是一个重要原因。

为了扭转华北电网严重缺电的局面，遵照党和国家关于“坚持开发和节约并重的方针”，“电力的开发，是‘七五’期间能源工业发展的中心环节”，鼓励地方、部门和企业集资办电，实行“谁投资、谁用电、谁得利”的政策。一方面需要国家对华北电网多安排一些投资和项目，以保证首都用电。同时，要大力贯彻执行多渠道办电的方针，打破“千家万户用电，电力部门一家办电”的传统做法，充分调动各地区、各部门、各企业办电的积极性，开展（包括外资在内）多渠道的集资办电，把电搞上去。

1984年开始，华北电网开展了集资办电工作，起步比较早的是石邯电网，在邢台电厂集资办电16万千瓦。在水电部和两市两省人民政府的正确领导和积极支持下，到1985年末，全网已确定在河北邢台、上安、天津军粮城和山西永济等4个电厂、8台机组集资11亿元、办电127万千瓦。其中邢台第一台20万千瓦机组已于1985年正式投产，地方集资40%，计8万千瓦已经投产受益，其余7台计划在“七五”投产。

根据国务院《关于鼓励集资办电和实行多种电价的暂行规定》的指示精神和水电部有关集资办电的实施办法，网局曾多次召开会议讨论研究，提出了《华北电网集资办电实施细则》和《华北电网出售用电权实施细则》，经过华北电网领导小组第二次会议审议通过后，业经水电部正式批准执行，这将有助于推动华北电网集资办电顺利地开展。

虽然“七五”计划国家已经增加了华北电网的电力投资和电力建设规模，但负荷预测

“七五”末期华北电网仍缺装机容量300多万千瓦，电力供需矛盾比“六五”期间将更加严重。为此必须进一步贯彻执行中央多渠道办电的方针，大力开展集资办电工作，进一步加快集资办电的步伐，这是解决华北电网严重缺电的一条重要途径。为做好这项工作，要注意以下几点。

（一）提高认识，统一思想。社会主义经济是公有制基础上有计划的商品经济，电力是商品。要发展电力工业，电力部门必须根据商品生产的特点，真正从独家办电的思想束缚中解脱出来，坚持多途径、多渠道办电，这是加速电力工业发展的一项重大改革。集资办电决不是权宜之计，而是我国发展电力工业的一条新路子。

（二）加强领导，建立健全集资办电机构，以适应多渠道办电的需要。网局最近决定，省局及直属供电局均要设立集资办电机构，当好地方政府集资办电的参谋，并积极开展集资办电工作。

（三）落实办电资金，加快办电项目的前期工作。华北电网领导小组第二次会议要求：“七五”期间全网计划集资30~35亿元，可以建设180~200万千瓦规模，其中争取投产80万千瓦。

集资办电的资金来源要广开渠道，要充分利用国内和国外的资金，包括：

1. 地方政府、部门和企业的机动财力；

2. 地方政府按国家规定超收留用的能源交通重点建设基金；

3. 企事业单位（包括乡镇企业）的各项可用于办电的自有资金；

4. 投入电力工程的土地、劳务、物资按规定标准折算作为向电力工程的投资；

5. 按国家规定，发行的股票、债券。

（四）贯彻落实水电部批准的《华北电网集资办电实施细则》和《华北电网出售用电权的实施细则》并加强行业管理工作。随着集资办电工作的深入开展，电网内将出现多种所有制形式，多种经营方式并存的电力企业，电网必须做好协调与集资企业的经济关系，主要的有：

1. 做好电网的统一规划，合理布局集资办电的电源点，实行电网的统一调度；

2. 组织签订集资办电的协议，认真贯彻鼓励集资办电的政策；

3. 做好代营、代管工作；

4. 支持、指导自营集资办电企业的经营管理和生产技术管理工作。

五、电力生产安全第一的方针，任何时候不能动摇

电力生产必须坚持安全第一的方针，这是由电力工业的特点所决定的。电力的生产、输送、销售、分配和使用同时完成，不能储存；电力的供应不能间断，一旦电力生产发生事故中断送电，不仅影响电力企业本身的经济效益，而对社会造成的损失则更大。1953年毛主席曾一针见血地指出“电力生产事故已成为工业界的一大灾害”。

30多年来，华北电业职工为确保发、供电的安全，与事故和不安全现象进行了长期不懈的斗争，就是在“十年动乱”当中，安全生产的规章制度受到了严重的破坏，安全第一的生产方针受到批判，广大职工为确保电力的安全生产，仍然默默的努力，保证了华北地区的电力供应。实践使我们认识到，电力生产必须安全是一条客观规律。

（一）确保电力安全生产是电业对社会承担的义务和职业道德。电力生产发生事故，不仅少供了电量，而对社会的生产和对人民生活的损失和影响要大几十倍，甚至是无法计算。随着电气化程度和人民生活水平的提高，这种损失就越大。因此，确保电力安全生产是电业职工的神圣职责。

（二）电力的生产设备和生产过程的特点，要求坚持安全第一。发、送、变电设备，长期处在高温高压、高转速、高电压、大电流的状况下连续运行；遍布华北的送配电网络，经常要经受各种自然灾害的袭击和人为的破坏，整个电力系统中成千上万台设备，任何一个环节发生故障，都可能酿成重大事故，造成大面积停电。所以，电力生产和装备和特点，决定了电力工业必须坚持安全第一的生产方针。

（三）“安全第一”是在长期生产活动中，与事故斗争的经验总结。对电力生产安全第一的方针，有逐步加深认识的过程。正反两方面的经验教训证明，对这一方针，什么时候认识上受到干扰，产生动摇，什么时候就受到挫折，给生产带来巨大的损失。在华北电力生产发展的30多年中，这样的反复，比较大的有过两次。

1958年“大跃进”中，电力系统掀起所谓“痛捣陈规”群众运动，使行之有效的规章制度被破掉，安全管理工作被削弱，动摇了安全生产的基础，加上基建安装新设备遗留问题多，造成电力生产的设备事故猛增，仅京津唐电网的发电设备事故，就从1958年的16次增加到1959年的59次（增加了2.7倍，事故率达到1.44次/台·年），到1960年又猛增到133次（事故率达到了2.71次/台·年）。安全生产受到了一次大的挫折。

1966年“文化大革命”开始，“安全第一”的方针遭到了更加猛烈的冲击，把各种规章制度，统统说成是“管、卡、压”，无政府主义泛滥，劳动纪律松弛，生产指挥系统失灵，设备失修，重大事故连续发生，有的新机组运行不稳定，有的新电厂机组交替停修，只是因为有些行业“停产闹革命”，用电量下降，加上设备自身吃老本，电力生产才勉强维持。但是由于电能质量低下，电网运行可靠性很低。这次干扰和破坏，是建国以来时间最长，对电力生产破坏最严重的一次，直到粉碎“四人帮”，特别是十一届三中全会后，安全第一的生产方针，才得以正名和重新贯彻执行。

30多年来，电力生产正反两方面的经验和教训，充分证明电力生产必须坚持“安全第一”的方针。在企业实行转轨变型，以经济效益为中心的现在，同样，安全生产是基础，它不仅影响本行业的经济效益，而且更关系着全社会的经济效益。因此，坚持安全第一的方针，任何时候都不能动摇。

（四）必须正确的处理好电力安全生产与提高经济效益的关系。历史上由于两次忽视安全生产吃到了苦头，但是，也有过把安全与经济对立起来，片面强调安全，甚至认为有了安全就有了一切，长期忽视经济效益的倾向。总结历史的经验教训，使我们进一步明确，社会主义的基本规律决定了电力企业经营的目的，是为了满足国民经济和人民生活不断增长的电力需要，电力工业要以充足的、可靠的、合格的、廉价的电力满足用户的需要。因此，电力企业必须加强经营管理，提高经济效益，积累资金发展电力工业，以满足社会的需要。为了达到这一目的，必须加强电力企业的经营决策，正确处理安全与经济的关系，要以提高经济效益为核心，以确保安全生产为前提，才能全面提高电力企业的生产经营水平和效果。所以，安全生产是取得经济效益的基础，又是手段，而提高经济效益才是目的。

（五）确保安全生产的主要经验：

1. 坚持不懈地对职工进行安全生产重要性的教育，认真总结和吸取事故的教训，提高防止事故的警惕性和主动消灭事故的积极性；

2. 坚持以预防为主，加强四项监督（金属、化学、绝缘、仪表），对设备坚持按计划检修，加强运行维护，把事故消灭在萌芽之中；

3. 制订科学的规章制度，并且要严格执行；

4. 加强生产中的培训并定期进行考试，提高职工队伍的素质，增强反事故的能力。

六、必须以提高经济效益为中心，加强企业管理

长期以来，由于“左”的思想影响及片面理解电力生产经营特点，在工作中，存在着忽视经济效益的倾向。主要表现在：生产上重发、轻供、不管用，重技术、轻管理，重生产、轻经营，重安全、轻经济，重“产出”、轻“投入”，重视使用价值（实物）指标、忽视价值指标，重视行政技术手段、忽视经济手段；基建上，在前期工作中，对上马项目在经济上的可行性缺乏论证，投资决策分析薄弱，在施工中，重数量、轻质量，重速度、轻效益；电网经营管理松弛，铺张浪费、大手大脚、应收未收的现象相当普遍。

近年来，特别是中央提出一切经济工作必须以提高经济效益为中心的方针以来，电网的经营管理逐步加强，应变能力逐步提高，实现了利税与产量同步增长，开始走上良性循环的轨道。

电力企业要实现以提高经济效益为中心，加强管理，几十年来特别是“六五”期间的实践使我们体会如下。

（一）必须端正电网经营的指导思想。由于多种原因，在电力企业的一部分干部中，单纯生产型的思想倾向是相当顽强的，必须反复抓，抓反复。端正指导思想，关键是端正各级领导干部的指导思想。在提高经济效益问题上，既要看到电力生产经营的特点，又要破除“电业特殊论”；既要看到电力行业的社会性、服务性，又要充分认识在社会主义条件下的电力生产同样是有计划的商品生产，电力也是商品；既要重视使用价值，又要重视价值；既要重视“产出”又要重视投入；要处理好社会效益和企业效益、全局效益和局部效益、生产和经营、安全和经济的辩证统一关系，在谋求全网最佳经济效益的前提下，努力提高各单位的效益，从单纯生产型转向生产经营型，自觉地把自已的思想转变到以提高经济效益为中心的轨道上来。

（二）必须建立健全各级经济责任制。实践证明，只有建立健全全网和网内各级的经济责任制，全网和各级企业才能做到外有压力、内有动力和活力，提高经济效益才有保证。建立健全经济责任制，就是要在重视用行政、技术手段管理电网的同时，重视经济手段，在加强统一核算的同时，强化内部分级核算，努力做到责、权、利的统一，克服平均主义和“大锅饭”的弊病。在目前的生产经营管理条件下，实行各种形式的“四内”（内部价格、内部核算、内部利润、内部留成）与指标考核相结合的方法，是电网内部经济责任制的一种重要形式，应在实践中逐步完善。

（三）必须加强目标管理。结合电力企业的实际，运用“计划（目标）—实施—检查—分析”循环的科学管理方法，以可能实现的高标准为目标，努力做到每个阶段“目标明确，措施具体，突出重点，兼顾一般，定期检查，反复落实”。

事实说明，凡是做到以上几条的，经济效益就逐步提高，否则电网经营就将处于困境。70年代中期，原京津唐电网狠抓营业普查，堵漏增收，连续抓了3年，增收达5000多万元。80年代头两年利润呈现下降趋势。由于华北联网，特别是利改税后，指导思想上逐步实现转轨变型，围绕燃料和电费两个大头，狠抓了分析预测和经营决策，经济效益逐年都有较大幅度的提高，全网同口径的实现利润，在“六五”期间增长48%，年均递增8．2%，超过了同期增产5．4%的幅度。同样，在基本建设上，凡是片面追求工期，仓促投产的项目，投产后效益就差。相反，凡是速度和质量、速度和效益处理得好的，投产后就见效快，利用小时高，增利贡献大。所有这些都说明，电力企业和其他行业一样，必须以提高经济效益为中心，全面加强企业管理，才能实现全网的经营目标。

七、建设和管理好大电网，是发展电力工业的客观需要

发展大电网是电力工业发展的必然结果，也是世界各发达国家电力工业发展走过的道路。

从华北出现第一个电网至今已40多年，解放后从建设若干中小电网到联成大电网，直到1981年形成华北电网，电网的优越性越来越体现出来。华北电网联网不久，结构还较薄弱，但联网以来的运行实践，已体现了大电网的优越性，突出有以下几方面。

（一）大大提高了电网抗御事故的能力。大电网中，小机组故障已不构成对系统运行的威胁，重大事故的影响也会减小到最低限度，如1981年华北电网组成后，当年10月14日大港电厂两台机组故障，减少发电出力53万千瓦，石邯电网、山西电网向京津唐电网送电17.6万千瓦，最大瞬时曾达21万千瓦，频率只降低到49.02赫，未出现临时拉路限电；而联网前的1980年9月3日，大港电厂1号机组跳闸，减少发电出力26万千瓦，京津唐电网频率降到48.95赫，临时拉路限电21.9万千瓦。

（二）提高了电能质量。特别是组成电网后，大电网的频率质量标准由50±0.5赫提高到50±0.2赫，改善了大电网供电地区的频率质量状况。

（三）初步发挥了能源基地的作用。联网5年多来，山西能源基地东送电量59.6亿度，支援了京、津、冀两市一省用电。

（四）有利于统一规划，合理地开发和利用能源。华北电管局新组建以来，新装机组270万千瓦，其中20万千瓦机组有10台，占新装容量的74%；联网后促进了华北500千伏电网的建设和电网配套工程的建设，促进了新技术的应用。

管电首先管网。管好大电网，不仅是一门科学，还体现国家能源开发的方针政策。电网的调度管理，既要符合电网本身特有的规律，又要有利于调动网内各地区和用电企业集资办电的积极性，要有利于保证电网的安全稳定。电网管理的方式，既要适合我国的国情，又要适合电网自身的特点，要因网制宜。根据华北电网的结构和特点，目前对于大电网宜实行统一调度分级管理的方式。

为了保证大电网的有效管理，除了严格执行调度纪律之外，中心调度机构要具有一定的实力，能够直接指挥部分大型骨干电厂，确保对主网架的统一调度操作权，使电网能够满足正常调频、调压需要和事故处理的有效指挥。

为了适应有计划的商品经济的需要，特别是电力成为商品的情况，电网管理要改变过去单一的行政手段的做法，采用行政的、经济的、技术的和法律的多种有效手段管理好电网。

为了保证大电网有效的调度指挥，必须有各种有效的通讯手段和自动化设备。

在电网管理上，30多年来，基本上保证了电网的生产需要，做了大量工作。但是在过去，既存在来自各方面的干扰，也存在过分强调电网利益，忽视地方和企业利益的倾向，都是需要防止的。

八、尊重科学，按客观规律办事

电力工业是资金、装备密集型产业，基本建设工期长，投资多；生产过程机械化、自动化程度高；电力生产的连续性和产、供、销几乎是同时完成。因此，要求电力工业的基本建设、安全生产和企业管理，必须严格地尊重科学，按客观规律办事。

30多年来，在电力生产和建设上，凡是这样做了，工作就顺利前进；凡是违背了科学规律，就受到挫折。这方面的经验教训是深刻的。

1. 基建工程中违反科学规律，仓促上马了一些“三边”（边勘测、边设计、边施工）工程，边干边改，施工中浪费大，投资效益差。例如，下马岭水电站的建设，1957年设计综合造价为1070元/千瓦，大鸣大放中多次修改设计，最后工程概算压到382元/千瓦，下降了61．3%。由于违反科学规律盲目砍项目，追求形式上的节约，造成工程质量差，多次返工，停机处理事故。结果，不仅没有节约投资反而使实际工程费高达1164元/千瓦。再如，大港电厂的建设工程由于没按基本建设程序办事，就浪费2000万元左右。

在工程施工中，为了片面追求缩短施工工期，采取了“简易发电，先简后全”的做法，没有正确的处理好速度与质量，质量与效益的关系，有些机组不经72小时试运行就报投产；有的工程为了片面追求速度，甩工程项目，系统不配套，就急于投产，给生产留下了大量的尾巴工程和后全结尾项目，这就不得不再用六七年的时间来进行“填平补齐”。

2. 发电设备的铭牌出力和其他参数规范有一定的余度，是设备寿命及可靠性的客观要求。然而，30多年来，为了解决缺电的矛盾，曾两次出现了发电设备超出力运行，由于违反了科学，导致了严重的后果。1958年在所谓“破除迷信，解放思想”的指导下，搞发电设备超出力运行，对设备带来了一系列问题。虽然在三年调整时期总结了这个教训，但是，在“十年动乱”中又重蹈覆辙，并把提高出力作为两条路线的斗争，提出了“一厂变一厂半”的错误口号。盲目地拼设备，甚至对设备动“开膛割肚”的大手术，不仅浪费了大量的人力、物力和财力，而且使设备遭到严重损坏，留下了长期的不治之症。发生了发电机烧毁、锅炉过热器、省煤器、减温器泄漏、爆管、汽轮机掉叶片等事故。由此，华北地区烧毁发电机11台。

此外，发电设备不按规定周期进行检修，临时检修增加，造成恶性循环也加剧了供电紧张的局面；电网被迫降低供电质量标准，低周波、低电压供电；对用户拉闸、限电、分区停电。这些办法既损害了广大用户的利益又给电力企业带来严重损失。

3.1958年“小土群”全民办电，制造了一批简易的小水轮机、土汽轮机、土锅炉和发电机，发电厂、供电局也搞设备制造。愿望是想解决缺电问题，但是由于违背了电力设备制造的科学规律，虽然也曾有若干台昙花一现的发电机组，用土办法制造出来，但后来几乎全部报废。这种傻办法，花了很大的学费。“十年动乱”中又重犯了这一错误。在供电上“两火一地”的群众运动，也带来了许多不良后果。

4.“山、散、洞”的电力建设方针，脱离实际，违背科学规律，带来了严重后果。60年代后期，在电力建设上，执行了进山、隐蔽、分散的方针，华北地区山西的娘子关、霍县、北京的京西、河北的150等电厂都选建在山和洞里，结果，给基本建设和生产运行带来了很大困难，浪费了大量的投资。像娘子关电厂安装4台10万千瓦机组，开洞多年，因山洞塌陷，又移址隐蔽靠山，浪费很大；京西电厂拟建2台20万千瓦大型机组而选在方圆1公里的山窝里，土建工程完工后因没有储煤场，排烟排渣等都不能解决，结果只装了一台机组，还被迫烧油发电。如此种种，山区远离城镇，给生产单位的职工生活也带来许多麻烦。

上述事实说明，我们办一切事情，特别是搞现代化的工业生产，必须按科学规律办事，违反了科学，事物本身就反过来给予惩罚。

九、开发智力、培养人才是电力工业发展的战略性措施

电力工业是知识密集型行业，自动化程度高，技术比较复杂。电力生产、建设的实践，使我们认识到，开发智力、培养人才是提高电力工业生产技术和管理水平的根本措施。30多年来，为了提高电业职工的文化、科学技术水平，进行了大量工作，特别是党的十一届三中全会以来，电网的教育工作蓬勃发展，取得了显著成绩，华北电网初步形成了较为完整的教育体系。在行政上成立了各级教育委员会及其职能机构。在教学上形成了全日制的大专、中专、技校后备教育体系和在职教育上形成了面授、电视、函授相结合、技术、管理专业相结合的大专、中专、枝校的教育体制。几年来的工作，对电网的建设和发展起了很大的作用，若继续坚持和发展下去，必将对电网发展发生深远的影响。

但是，目前电业职工的智力状况与新形势、新任务的要求，还不相适应。文化、技术水平低，管理水平更低，而且长期以来，教育工作赶不上电力工业发展的要求，一定程度还存在教育与生产、建设、管理需要相脱节的现象。因此，较长时间不能适时的配备足够数量和符合质量要求的电力生产、建设、管理人才。因而造成目前职工队伍素质差，技术和管理水平落后的状况。

实践使我们体会到，要加快电力工业的发展，提高电力工业发展的管理水平必须把提高职工队伍素质，作为一项战略任务抓紧抓好。必须加强对教育工作的领导，坚持教育、培训和电力生产、建设、管理的需要紧密结合，坚持全日制教育和职工教育两条腿走路，坚持多渠道，多形式办学，把教育质量放在第一位，培养德、智、体全面发展的优秀人才。

教育工作必须成为华北电网的一项重要战略任务，列入工作的重要议事日程，从组织上，人力、物力、财力上为教育工作的大发展创造良好条件。

要克服教育培训与生产建设不能紧密结合，甚至一部分人单纯追求文凭的倾向。要根据逐年生产建设发展的需要，加强教育培训的统筹规划和人才预测。按照生产、建设、科技，管理等多方面的需要、制订较长期规划，要立足于靠电网自力更生为主，国家分配为辅，培养符合专业要求和足够数量的各类人才。并坚持提前几个年度，实行定向招生，先培训后上岗和招生不招工的办法，以满足各地区需要，并有利于职工队伍的稳定。

教育工作，也要实现“转轨、变型”，要特别重视经济管理人才和企业领导者的培训，克服过去重生产技术忽视企业经营管理的倾向。从实际出发增设电力生产、建设急需、紧缺的专业学科。注意现有职工的基础文化和生产、管理业务培训和知识更新的教育。推广电化教育和职业学校等行之有效的方法。力争到1990年，初步形成一支政治觉悟高，在数量上能够基本满足需要，质量上能掌握现代化科学技术和经营管理知识，专业配套、年龄结构比较合理的干部队伍；形成一支以中级技术工人为主体，技术等级结构比较合理，具有较高政治、文化、技术素质的工人队伍。以适应华北电力工业发展的需要。

十、必须坚持两个文明建设一起抓的方针

华北电力工业的发展和职工队伍成长的历程证明，在进行社会主义物质文明建设的同时，必须大力加强社会主义精神文明建设。

电力企业如同其他企业一样，担负着建设两个文明的光荣任务。不仅要为社会提供合格的电能，而且要培养造就一代社会主义新人。30多年来，华北电业各单位继承和发扬了党的思想政治工作的优良传统，在两个文明建设中取得了很大的成绩，也有不少的经验教训。

经济工作是中心，思想政治工作是经济工作顺利进行和健康发展的保证。思想政治工作必须结合经济工作和其他工作一道去做。电力企业的思想政治工作必须为“四化”建设服务；要保证企业的社会主义性质和发展方向；要保证企业正确贯彻执行党的路线、方针、政策；要保证电力生产建设各项任务的完成和电网、社会经济效益的提高。每当企业的思想政治工作按照上述原则去做的时候就获得成功，反之就会受到挫折。

50年代初期，我们的思想政治工作结合电力生产的恢复、发展和“一五”计划的执行，结合电力企业的民主改革以及各项中心任务，在职工中进行了全心全意依靠工人阶级的教育，关于工人阶级当家作主的启蒙教育，关于社会发展史和历史唯物主义的普及性教育和关于过渡时期总路线的宣传教育等，有力地保证了经济工作和其他工作的顺利完成。思想政治工作总的看是成功的。企业的党群、干群关系比较好，党风比较端正，党的威信很高；广大电业职工生活有了明显改善，社会主义积极性得到了较为充分的发挥。这一时期，物质文明和精神文明建设都发展得比较快。

从50年代后期开始，由于受“左”的思想的影响，片面夸大了思想政治工作的作用。突出政治和政治挂帅，使企业的思想政治工作在一定程度上偏离了正确的轨道。长期以来，在“以阶级斗争为纲”的口号下，不是说服教育而是压服批判，甚至混淆了两类不同性质的矛盾，错整了好人，大大挫伤了群众的积极性。直至在“文化大革命”中，接二连三地开展政治运动，冲击甚至破坏了生产。这一时期，由于把思想政治工作凌驾于经济工作和其他一切工作之上，政治脱离了经济，给经济工作造成了较为严重的损失。思想工作脱离群众，给党在群众中的威信也造成了很大的损失。

党的十一届三中全会以来，党在指导思想上进行了一系列的拨乱反正，把工作重点转移到了社会主义现代化建设上来。党的十二大又进一步明确了两个文明建设一起抓的方针，使企业思想政治工作逐步摆脱“左”的思想枷锁，走上以四化建设为中心的轨道上来。在这新的历史时期，华北电业各单位恢复和发扬了党的思想政治工作的光荣传统，加强和改进了思想政治工作。几年来，通过青工政治轮训和干部培训，进行了马列主义理论的普及教育；在职工中广泛进行了形势和政策、理想和纪律、职业道德及法制教育；全局普遍开展了创建文明单位活动。广大干部职工的政治素质有了一定的提高，思想政治工作取得了新的进步。

上述正反两方面的实践证明，一个社会主义企业，必须正确处理政治和经济的关系，做到两个文明建设一起抓。只有这样，才能把握好企业的社会主义方向，才能充分调动广大职工的社会主义积极性，才能在为社会创造财富的同时，培养造就出一代有理想、有道德、有文化、有纪律的劳动者。

三、抗御自然灾害①

地理环境和自然条件，同电力安全生产有着密切的联系。华北地区受地形、气候、地质构造等自然因素的影响，30多年来几次发生了重大自然灾害，对电力生产和人民生命财产的安全危害很大，华北电业职工为了确保电力的安全生产，同自然灾害进行了顽强的搏斗。

第一节　历次自然灾害简况

一、华北地区幅员辽阔，自然环境比较复杂，各地气候条件很不一样，尤其是京津唐和河北平原地区，处于海河流域，受地形、气候等自然因素影响，解放以来发生几次重大水灾和风灾

1949年8月，唐山地区连降暴雨，洪水泛滥，使刚获解放、百废待兴的唐山发电厂遭淹停电。大量器材被冲走，损失严重。电厂职工奋不顾身，与洪水博斗。抬煤工、共青团员信宝池烈士为抢救国家财产光荣献身，被追认为共产党员。

1963年8月，海河流域发生特大水灾，河北衡水、沧州地区全部，邯郸、邢台、石家庄、保定、廊坊地区东部，农电设施被荡涤殆尽；洪水冲进邯郸电厂和峰峰电厂，被迫停电；峰峰发电厂的3名工人被洪水卷走牺牲，其他电厂和供电设施也遭到不同程度的破坏。海河水势猛涨，严重威胁天津市，电业职工积极投入抗洪救灾斗争，战胜了水灾，恢复了生产。

1969年8月，天津地区遭龙卷风和特大暴雨的袭击，使电力设施受到损失，4条输电线路和73条配电线路故障，经电业职工突击抢修，恢复了送电。

二、我国是多地震国家，地震活动分布广，华北地区又正处在新华夏系断裂带与其他构造体系复合交合的地区，也是地震最容易发生的地区之一。建国以来，华北地区发生的几次强烈地震，对电力生产和人民生活影响很大

1966年3月8日和22日河北邢台地区连续发生两次强烈地震，频临震区的农电设施遭到严重破坏，石家庄、邯郸地区的发供电设施也受到影响。

继1976年7月28日唐山大地震之后，11月15日天津宁河裴庄地区又发生6.9级较强地震，并波及唐山、北京等地。京津唐电网负荷由246万千瓦下降到194万千瓦，周波上升至51.09赫。受影响较大的天津地区，用电负荷由63.75万千瓦下降到27.59万千瓦；军粮城电厂4台机掉闸；天津第一发电厂1、6号锅炉厂房山墙外闪，部分倒塌；天津杨柳青电厂4号炉因水冷壁墙脱落而停止运行；全市69条配电线路发生故障，约占全市配电线路的30%。受7月28日强烈地震破坏，刚恢复生产不久的唐山电厂又一次受到冲击，3台锅炉灭火，机组停运，负荷由24.7万千瓦下降到18.9万千瓦。造成承德地区、滦河

① 本文是华北电业管理局1986年编辑出版的《华北电力工业三十五年》中的一章。

电厂与京津唐电网解列。经过积极抢修，很快恢复了生产。

严重的自然灾害，给电业生产和人民生命财产造成很大损失。全网职工在中国共产党的领导下，发扬了大无畏的精神和工人阶级的优良传统，表现了高度的组织性、纪律性，团结协作，战胜了一次又一次的重大自然灾害。

第二节　唐山大地震及抢险救灾

1976年7月28日凌晨3点42分，河北省唐山、丰南一带发生强烈地震，并波及天津、北京。这次地震的震级为7.8级，震中烈度为11度。唐山，这座百万人口的工业城市，在强烈的摇撼中顷刻间夷为平地，死亡24.2万多人，重伤16.4万多人。

地震发生后，在党中央的领导下，全国数十万支援大军从四面八方迅速赶赴灾区，同灾区人民一道展开了抗震救灾的斗争。

一、强烈地震，使唐山成为一片废墟。处于极震区的唐山电厂、陡河电厂及输变电系统遭到严重破坏

唐山电厂10台机组、9台锅炉受到损坏；主厂房房顶塌落，山墙外闪；烟囱基础下沉，中间震裂；2号机基础倾斜下沉，锅炉房房顶倾斜位移；煤粉、循环水、深井水、除灰系统管道断裂、损坏。新建成的陡河电厂两台共25万千瓦机组主厂房房顶和天车塌落；正在建设中的两台机组厂房框架倾斜，柱子裂纹；一号烟囱折断倒下，并砸断了输煤栈桥；循环水、除灰、化学水及上煤等系统均遭破坏。共损坏发电设备110万千瓦，约占京津唐电网发电设备的30%。

唐山地区36座35千伏及以上的变电站，有34座受灾。变电站的主控制室、开关室倒塌，二次设备和控制、通讯系统严重破坏。震坏输配电线路128条1724公里，占总长的76%，通讯全部中断。

唐山、陡河电厂和供电局的办公楼以及职工住房绝大部分震为平地。唐山电厂、陡河电厂和唐山供电局及参加陡河电厂建设的施工单位共伤亡职工1877人。其中震亡固定职工1526人，民工77人；重伤职工274人。在陡河电厂建设中进行技术指导的日本日立公司技术人员有3名殉难。

唐山大地震，涉及面之广，破坏力之大，是我国历次强烈地震所罕见的。

地震发生时，唐山地区的电业职工舍生忘死地同地震进行了顽强的斗争。强烈地震使唐山电厂顿时房倒地颤，砖石乱砸，煤烟倒流，所有仪表的读数都出现异常，刹那间整套设备自动掉闸，全厂一片漆黑。当班的运行丙值职工本能地听从值长命令，坚守岗位，在机房塌落险情严重的情况下，凭着平时积累的运行经验和熟练的技术，摸黑操作，紧急停止了部分仍在运行的机炉设备，检查了200多组刀闸，150多台开关，16条母线，最大限度地保护了发电设备，有几位运行人员在操作中被砸死在工作岗位上。供电所、变电站的职工，在通讯联络中断的情况下，各自为战，保护了供电设备。

从废墟瓦砾堆里爬出来的幸存者们展开了紧张的自救，自动地组成了一个救死扶伤的集体。不管身边是随时可能倒塌的断柱、残壁，还是头顶有晃动着的断梁、悬板，冒着强烈的余震，凭一双手，扒碎石，掀楼板，拽钢筋，千方百计抢救一息尚存的生命。

二、强烈地震波及北京、天津地区，京津唐电网被解列，负荷由 225 万千瓦下降到 94 万千瓦，频率高达 51.28 赫

天津第一发电厂、军粮城电厂部分厂房震裂、倒塌，部分设备砸坏，共有 8 台机组停机，6 台不能立即恢复。汉沽变电站严重破坏，4 台主变压器脱轨倾斜，2 号主变烧毁，调相机房倒塌，汉沽地区全部停电。天津其他地区 24 座变电站受到不同程度损坏，26 台主变压器、2 台 220 千伏开关、7 组 110 千伏及以上刀闸等受损；4 条 110 千伏、12 条 35 千伏送电线路掉闸，造成 4 座 110 千伏变电站、8 座 35 千伏变电站全停。124 条配电线跳闸，88 条受到破坏，近 500 处配电变压器停电，全部路灯停电。天津电力局所属 1/3 厂房受损，约 4 万平方米需大修，5000 平方米需重建。大修重建面积约占天津电力局厂房面积的 20%。15 名职工、家属死亡。全市供电负荷下降 90%。

面对地震灾害，天津的电业职工奋起抗震救灾。许多干部、职工震后立即奔赴岗位，一些职工家中受损、亲人受伤也全然不顾，广大职工冒震坚守岗位，全力抢修，艰苦奋战，当天上午恢复了市委机关、铁路、通讯、电台、报社、自来水、医院、食品加工等重要单位的供电。8 月 31 日恢复了正常发电。

受地震波及的石景山发电厂、北京热电厂和北京供电局等单位的职工，也迅速奔赴现场，同当值职工一起排除了故障，修复了发供电设备，保证了电力的正常供应。

三、地震发生后，唐山灾区人民迫切需要电力供应，以解决生活用水、照明、抢救伤病员的急需，恢复生产，重建家园

大自然毁灭一个城市只需要几秒钟，而人们恢复它的生机，却需要更多的时间。水、电、通讯、交通是灾区人民的当务之急。

北京电业管理局迅速成立了以李鹏同志为首的电力抗震抢修前线指挥部，组织了医疗队，陆续派出了 4 批共 2000 多人（最多时达 5000 余人）的电力抢修专业队伍，赶赴现场，抢救人员，抢修设备，以最快速度恢复供电。地震当天中午就从北京开出了两部发电车，当晚给唐山市抗震救灾指挥部机关送了电。在震后第二天修复了玉田贾安子变电站的高压输电线路，把北京的电力送到了唐山。震后第三天向市区水源地、机场、路灯和开滦煤矿供了电。之后，一大批工矿企业也陆续恢复了供电，唐山地区的九个受灾县，县县都送上了电。在紧急抢修设备、恢复供电的同时，赴唐参加抢修的北京、天津、河北、东北等地的电业职工和灾区的电业职工一起，冒着余震的危险，积极抢救伤员，救出被埋在瓦砾堆里的职工、家属和附近村庄的农民。

为了使唐山地区的发电能力尽快恢复到震前水平，北京电业管理局确定了“先唐山、后陡河”的抢修复产原则。面临着无数难以想象的困难，如遇到了基础下沉、倾斜，转子扬度超标等从未遇到的技术难题，广大电业职工在余震不断的情况下，冒着生命危险，日夜奋战在抢修现场，重新铺设 2000 多米管道，架设 4000 多米电力和操作电缆。8 月 11 日 19 时 19 分，唐山电厂 2 号机组恢复发电，其他 9 台机组也于 11 月 25 日前全部投入运行，发电能力达到了震前水平，成为唐山市工矿企业第一个恢复震前水平的佼佼者。同时，加快了陡河电厂重建工程进度，经过艰苦努力，震前待试运的 2 号机组于 1977 年 11 月 6 日修复并网发电，震前已投产的 1 号机组也于 1978 年 8 月 10 日修复发电。

唐山地震后电力的迅速恢复，电网起了关键作用，若没有电网送电，发电厂在设备严重损坏，发电又需要解决燃料、铁路运输、水源等一系列问题，迅速恢复发电是比较困难的。因此，无论是大规模地进行四化建设，还是抗御自然灾害，加强电网的建设，具有十分重要的意义。

四、在抗震救灾、抢修恢复生产中、全网涌现出许多闪耀着共产主义思想光辉的动人事迹

1976年9月1日，中央在北京召开了唐山丰南地区抗震救灾先进集体和模范人物代表会议，表彰在抗震救灾中的英雄模范事迹。京津唐电力系统共有45名代表出席了中央在京召开的唐山丰南地区抗震救灾先进集体和模范人物代表会议。唐山发电厂被命名为抗震救灾先进集体。

第三节　抗灾防震是电力建设的长期任务

唐山大地震对电力生产造成的破坏是严重的。抗震救灾的实践告诉我们，只要采取有效的抗震防震措施，是能够减轻损失和较快地恢复电力生产的。目前，我国仍处在地震活动高潮期，华北地区仍有发生强烈地震的背景，特别是华北电网所处的地理位置，正在华北断裂带的周围，又有工业生产集中、人口稠密的大中城市。北京是祖国的首都，是全国政治、经济、文化的中心，电力供应一时一刻不能中断。因此，抗震防震工作是华北电力建设的一项长期任务。

唐山强烈地震中电力设备被损坏，主要由于建筑结构倒塌砸坏设备所致。因此，对重要电力设施及其建筑物的抗震加固，是减轻地震对电力破坏的重要手段。地震后，在京、津、张、秦地区，按照国家地震局规定的设防烈度，对12个重要发电厂和71个重要变电站建筑物进行了抗震加固，从1977年到1984年，京津唐直属单位总加固面积达60.34万平方米，此外对发电厂和变电站的机电设备做了防移动，防倾斜、防中断、防烧毁、防误动作及其他次生性灾害的加固措施，提高了设备自身的防震性能。

与此同时，网局成立了地震办公室，配备了专职人员，各单位指定了分管地震工作的机构或人员，配备了必要的技术力量，建立了必要的规章制度和岗位责任制，开展了全局地震测报的组织培训，新技术推广，数据的汇总分析和会商等工作，在国家地震局的大力帮助指导下，广泛开展了群众性的地震预测预报工作，在北京、天津、唐山、张家口、保定、承德等地区设置了地震群测点，测试手段从单一土地电增加了磁偏角、地应力、水氡等11种，初步形成了独立的群测群报网，并列为国家地震局群测点之一，进一步推动了抗震工作的开展。

编后记

《华北电力工业志》(简称《华北志》)的编纂工作，是在中国电业史志编委会的统一领导和部署下进行的。1987年2月，华北电管局史志办公室成立。中共华北电管局党组于当年成立以局长、党组书记张绍贤为主任的华北电力工业志编委会，副局长、党组成员王宏超为常务副主任兼任主编。当时，根据编纂《华北志》和《北京市电力工业志》(简称《北京志》)任务的实际情况，决定《华北志》的编纂工作，在华北各省(市、自治区)电力志的搜集资料工作基本完成后再行起动。1994年初，《天津市电力工业志》已出版，《北京志》和河北省、内蒙古自治区电力工业志已具备送审条件，《山西省电力工业志》亦在抓紧编撰中，至此，起动《华北志》的编纂工作，条件已经具备。1994年6月中旬，史志办公室在做好资料准备工作的基础上，开始集中精力拟订《华北志》篇目，经反复研究，多次修改，于1995年1月确定了《华北志》篇目。1995年4月，《华北志》编委会进行调整，由现任局长、党组书记焦亿安任主任，为保持编撰工作的连续性，局党组仍聘请原副局长、已调任中国电力企业联合会担任领导的王宏超同志继续任编委会副主任兼主编。为加快《华北志》编纂进度，经编委会研究，聘请部分老同志分别承担有关篇章资料长篇的撰写。1995年6月至1996年1月，各篇的资料长篇陆续完稿，史志办公室采取随收随编的方法，于1996年5月份完成各篇初稿的编撰。5月至8月进行通纂。9月中旬，《华北志》(初稿)送中国电业史志编委会领导、《华北志》编委、局机关各部、室、有关专家、华北各省(市、自治区)电力局领导和史志办公室审阅，1996年10月中旬召开《华北志》评议会。会后，根据与会同志提出的修改意见，史志办公室在周名立同志组织指导下进行了修改补充，于1997年2月上旬完成送审稿。2月下旬，中国电业史志编委会王宏超、肖根兴等领导对《华北志》送审稿进行了终审。他们对篇目设置、记述的内容、体例、史实、文字逐字逐句进行推敲、修改和补充，王宏超同志并亲自动手改写《华北志》概述。他们严把政治关、体例关、史实关、文字关，以高标准、严要求、精益求精的态度和扎实工作的精神，同我们一道完成了最后的通纂任务。在此基础上，史志办公室在3月份进行了再修改，并对全书又逐篇进行了润色，终使这部志书告竣付印。

《华北志》在编纂与修改过程中，始终得到中共华北电管局党组和各级领导的重视和支持。华北电管局两任党组对《华北志》编撰工作十分重视，经常给以关怀和指示。华北各省(市、自治区)电力局领导和史志办公室的同行，网局机关各部门、局属各单位对

《华北志》的编撰给予大力的支持和配合，特别是中国电业史志编辑室的领导、专家，在本志修编全过程给予指导和帮助。在此，向所有领导、参与、支持《华北志》修编工作的单位、部门和同志们致以衷心的感谢。

在《华北志》的编撰中，参与修志的全体同志深深地体会到，这是一件新事、好事，也是件难事。大家以热爱修志的赤诚之心，潜心钻研修志业务，默默无闻地辛勤耕耘，做好这件事。参与修志的同志尤其是老同志，克服困难，精心研究和探讨，撰写出高质量的资料长篇，在通纂和修改中，史志办公室全体同志不分节假日，加班加点，按要求完成了编纂任务。这部华北电力百年志书的出版问世，全体修志人员感到由衷的欣慰和鼓舞。

编修百年《华北志》，是电力企业文化建设的重要内容，也是社会主义精神文明建设的重要组成部分。但由于时间跨度大，资料不全，编修人员水平所限，经验不足，书中难免有疏漏、不妥之处，敬请读者不吝赐教。

华北电管局史志办公室

1997年3月